宗教中国化研究丛书

张志刚 卓新平 总主编

誓愿宏深

首届九华山地藏论坛文集

张志刚 主编

宗 学 执行主编

宗教文化出版社

图书在版编目（CIP）数据

誓愿宏深：首届九华山地藏论坛文集 / 张志刚主编；宗学执行主编 . -- 北京：宗教文化出版社 , 2023.12

（宗教中国化研究丛书）

ISBN 978-7-5188-1509-8

Ⅰ . ①誓… Ⅱ . ①张… ②宗… Ⅲ . ①禅宗 – 文集 Ⅳ . ① B946.5-53

中国国家版本馆 CIP 数据核字 (2024) 第 005717 号

誓愿宏深
——首届九华山地藏论坛文集

张志刚 主编　宗学 执行主编

出版发行：	宗教文化出版社
地　　址：	北京市西城区后海北沿 44 号　（100009）
电　　话：	64095215（发行部）　64095265（编辑部）
责任编辑：	王志宏
版式设计：	武俊东
印　　刷：	河北信瑞彩印刷有限公司

版权专有　侵权必究

版本记录：787 毫米 ×1092 毫米　16 开　41.25 印张　700 千字
　　　　　2024 年 10 月第 1 版　2024 年 10 月第 1 次印刷
书　　号：ISBN 978-7-5188-1509-8
定　　价：135.00 元

第十届、第十一届全国政协副主席黄孟复先生为论坛题字

论坛开幕式上，举行了九华山佛教中国化研究中心揭牌仪式

中国人民政治协商会议全国委员会

传承中华文化 弘扬大愿精神
——首届九华山高峰论坛致贺辞

各位高僧大德，各位嘉宾朋友：

今天，九华圣境高僧云集、大德齐聚，举行首届九华山高峰论坛，献礼中国共产党百年华诞，传承正法，普利众生，为增进人类福祉、建设和谐世界贡献佛法智慧。谨向这一盛会的召开表示诚挚祝贺！向来自五湖四海的佛教界朋友和各位嘉宾表示热情的祝福！

首届九华山高峰论坛，以"弘扬地藏精神，践行佛教中国化"为主题，把握地藏信仰与九华文化在建设社会主义现代化国家中的积极作用，促进新时代佛教中国化文化发展与学术创新。这一盛会具有重要的现实意义和时代价值，也将成为佛教界与学术文化界增进交流与友谊的平台，在更广阔的范围内凝聚中国智慧、中国力量、中国方案，助力人类文明进步与世界和平发展。

佛教重视人类心灵和道德的进步与觉醒。两千多年来，佛教以其圆融中道、开放包容的精神，融入中华文化土壤，与儒、道

第十届、第十一届全国政协副主席
黄孟复先生为论坛发来贺词

中国佛教协会

贺 信

安徽省佛教协会并转池州市九华山佛教协会：

欣悉你会于10月23日—24日隆重举行"弘扬地藏精神，践行佛教中国化"九华山高峰论坛，谨致以热烈祝贺。

池州九华山坐落于长江三角洲地区，人杰地灵，资源丰富，是世界闻名的地藏菩萨道场，有着深厚的佛教文化底蕴和历史传承。本次会议以"弘扬地藏精神，践行佛教中国化"为主题，充分展示独特的九华山地藏文化和地域文化，弘扬地藏菩萨精神，探索新时代佛教中国化的实践路径，既体现佛教优良传统，又富有时代气息，因缘殊胜，意义重大。

希望安徽省及九华山佛教界，以此次论坛为契机，努力践行地藏菩萨精神，始终坚持佛教中国化方向，积极挖掘和弘扬地藏文化中有利于社会和谐、时代进步、健康文明的内容，着力发挥佛教界在落实"长三角一体化发展规划"中的积极作用，为促进佛教事业健康发展，为实现中华民族伟大复兴的中国梦作出新贡献。

预祝"九华山论坛"圆满成功！

敬祝与会各位身体健康，六时吉祥！

中国佛教协会为论坛发来贺信

日本妙心寺为论坛发来贺信

中国佛教协会副会长、北京大学东方学研究院副院长湛如法师在论坛上做主旨发言

教育部特聘教授，南京大学特聘教授洪修平先生在论坛上做主旨发言

论坛现场

论坛期间进行的高峰对话之一，主题为"佛系与大愿——何为地藏真精神？"

论坛期间进行的高峰对话之二，主题为"烦恼与智慧——何为地藏正法门？"

论坛期间,举办了"地藏法音——开启心地的宝藏"主题晚会

"地藏法音——开启心地的宝藏"主题晚会现场

与会嘉宾、学者合影留念

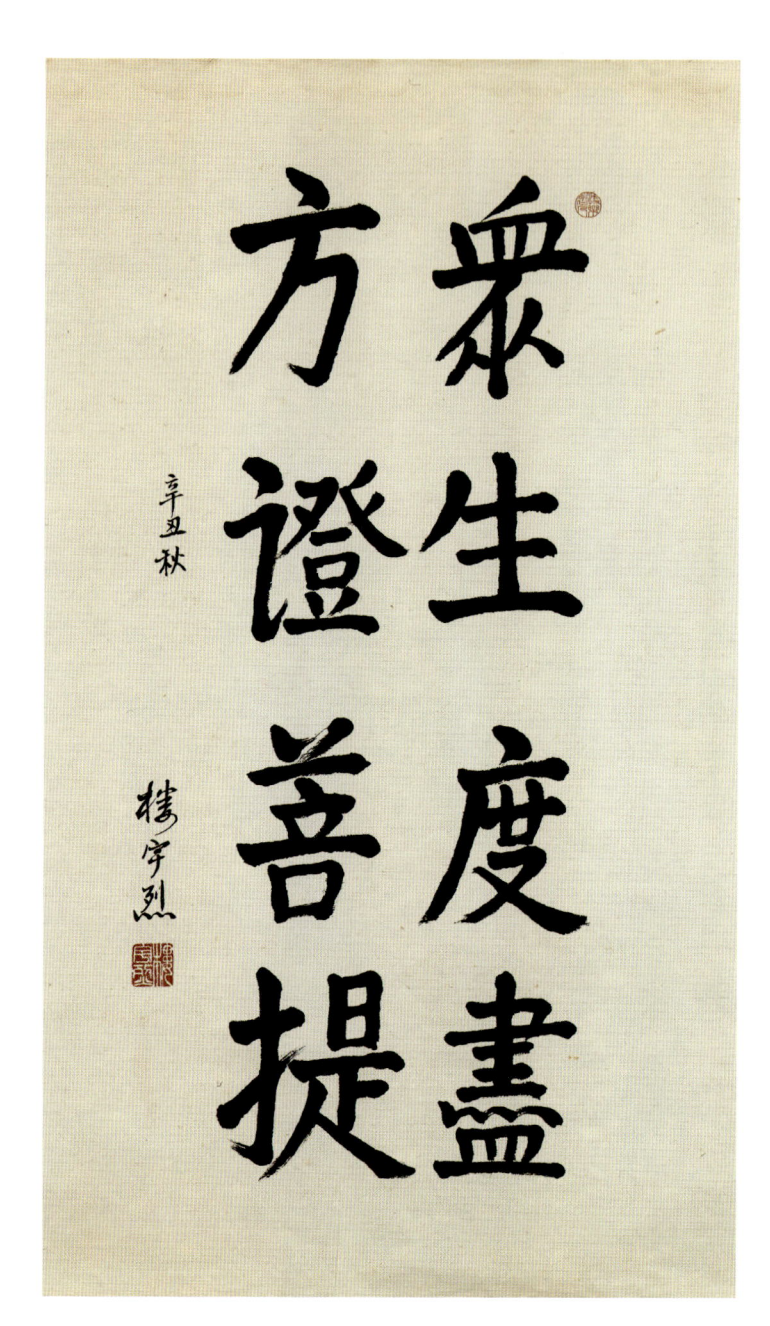

北京大学教授楼宇烈先生为论坛题字

誓愿宏深——首届九华山地藏论坛文集 编委会

顾　　问：慧　庆
主　　编：张志刚
执行主编：宗　学
编　　委：慧　深　　慧　开　　智　文　　慧　光　　宽　容　　传　德
　　　　　圆　藏　　界　心　　性　空　　圣　富　　道　源　　无　垢
　　　　　天　通　　界　山　　宗　行　　汤传志　　果　卓　　开　豪
　　　　　意　彻　　宏　学　　果　心　　果　尚　　印　刚　　万稼祥
　　　　　尹文汉　　黄复彩　　费业朝

传承中华文化　弘扬大愿精神

各位高僧大德，各位嘉宾朋友：

今天，九华圣境高僧云集、大德齐聚，举行首届九华山高峰论坛，传承正法，普利众生，为增进人类福祉、建设和谐世界贡献佛法智慧。谨向这一盛会的召开表示诚挚祝贺！向来自五湖四海的佛教界朋友和各位嘉宾表示热情的祝福！

首届九华山高峰论坛，以"弘扬地藏精神，践行佛教中国化"为主题，挖掘地藏信仰与九华山文化在建设社会主义现代化国家中的积极作用，促进新时代佛教中国化的文化发展与学术创新。这一盛会具有重要的现实意义和时代价值，也将成为佛教界与学术文化界增进交流与友谊的平台，在更加广阔的范围内凝聚中国智慧、中国力量、中国方案，助力人类文明进步与世界和平发展。

佛教重视人类心灵和道德的进步与觉醒，两千多年来，佛教以其圆融中道、开放包容的精神，融入中华文化土壤，与儒、道思想结合，形成了具有中国特色的佛教文化。地藏菩萨的孝道精神、报恩精神，更是将中华传统文化中的精髓——孝养父母、奉事师长、尽忠爱国、济世安民等思想，融入佛教的菩萨道精神，强化了佛教在思想精神、伦理道德教化方面的重要作用。

地藏菩萨以"众生度尽，方证菩提，地狱未空，誓不成佛"的大愿成为大乘佛教的典范，彰显了大乘佛教普度众生、普世慈悲的根本理念。这种"大愿"文化与平等精神是地藏菩萨及其道场九华山文化的核心内容，也是佛教的"人类命运共同体"精神的重要体现。

所谓"地藏"者，即是心地之宝藏。地藏菩萨是中国佛教和东亚社会广泛崇奉的大乘菩萨，地藏菩萨精神蕴藏着深邃的佛法智慧与卓越的中华传统文化精髓，是中国文化贡献于世界的重要宝藏。当前，在复杂的国际环境下，面对地区冲突、贫富差距、气候变化等全球性问题，面对重大疫情、自然灾害、恐怖主义等安全挑战，更加需要弘扬地藏菩萨的"大愿"文化与担当情怀，以促进人类携手合作、和衷共济。希望以本次论坛为契机，进一步深入挖掘地藏菩萨及其道场九华山文化的当代价值，开发和弘扬中华优秀传统文化的"心地宝藏"，为构建人类命运共同体，建设持久和平、普遍安全、共同繁荣、开放包容、清洁美丽的世界，开创多元文明和谐共处的美好未来积极贡献智慧与力量。

最后，祝本届论坛取得圆满成功！祝各位高僧大德、各位嘉宾朋友吉祥如意！

黄孟复

2021 年 10 月 23 日

"弘扬地藏精神，践行佛教中国化"

尊敬的各位领导、诸山长老、各位法师、专家学者：

大家上午好！

风清雨也妙，秋气飒然新。我们相聚在这风光秀丽、历史悠久、素有"莲花佛国"之美誉的九华名山上，隆重举行"弘扬地藏精神，践行佛教中国化"论坛，实乃因缘殊胜，善妙吉祥！在此，我谨代表九华山佛教协会，向今天出席论坛开幕式的各位领导、法师和专家学者们，致以热烈的欢迎和衷心的感谢！

今年是中国共产党建党百年华诞，百年以来，中国共产党带领中国人民披荆斩棘，开拓进取，取得了一个又一个伟大的胜利。回顾百年发展历史，看到的是中国共产党对人民群众深切的爱，勇往直前的坚强力量，以及开辟道路的高度智慧。为了进一步拓宽发展道路，2021年6月，推动长三角一体化发展领导小组办公室印发了《长三角一体化发展规划"十四五"实施方案》。以这次论坛为契机，九华山及安徽省佛教界积极响应长三角一体化发展规划，与浙江省省长三角生态寺院建设相呼应，共同推动长三角一体化发展进程。

九华山自唐代新罗高僧金地藏卓锡之后，佛教文化日益繁荣，涌现出胜谕、性莲、古洞等诸多高僧大德。至明清时期，九华山以地藏菩萨道场的身份跻身中国佛教四大名山之列。明末高僧智旭大师驻锡九华之时，大力弘扬地藏文化。地藏文化及地藏精神逐渐成为九华山佛教文化的核心。

20世纪下半叶，在仁德法师的带领下，九华山僧人修复寺院，庄严道场；创建九华山佛学院，培养弘法人才；恢复九华山庙会，成立金地藏研究会，召开金地藏国际学术研讨会，邀请名僧讲解地藏经典，开展地藏文化研究与交流，传承地藏文化；发大愿建设99米地藏菩萨大铜像。改革开放以来，仁德法师在落实党和国家宗教政策的过程中，以地藏菩萨的大愿、奉献、慈悲精神，带领九华山僧众，庄严九华山地藏道场，弘扬地藏文化，取得了卓越成绩，做出了杰出贡献。

今年也是仁德法师圆寂20周年，我辈应继承仁德法师"誓作地藏真子"的精神，谨记"弘法是家务，利生是事业"的教诲，更好地坚持佛教中国化方向，不断提高佛教与社会主义社会相适应的广度与深度，坚持无我利他的菩提信念，做促进社会和谐、民族团结、人民幸福、世界和平的善事。

地藏文化及地藏精神以地藏菩萨的宏愿为根本依据，地藏菩萨怀悲悯之心，发誓"若不先度罪苦，令是安乐，得至菩提，我终未愿成佛"，我辈应该继承地藏菩萨的大悲大愿，导人以八正。现世渴求菩提、望得法音者已经不仅限于寺庙浮屠，而是遍于佛经所云的大千世界。今之佛法转向因缘和合、人人般若的新境界，已至新的思想解放之关键点。这些都是佛教走出中国、引领世界文化的机遇所在。

"坚牢地神白佛言：'地藏菩萨教化六道一切众生，所发誓愿劫数，如千百亿恒河沙。'"我辈应发愿持此不可思议、不可言说之恒心，传承地藏法音，发扬地藏精神，解脱无量众生。如此，将是无边的、莫大的功德。

谢谢诸位，阿弥陀佛！

慧 庆

2021 年 10 月 23 日

目 录

传承中华文化　弘扬大愿精神 …………………………………… 黄孟复 1
"弘扬地藏精神，践行佛教中国化" ……………………………… 慧　庆 3
跟着赵朴老讲"佛教中国化"
　　——重读赵朴老"九华山一席谈"发微 ……………………… 张志刚 1
论佛教的中国化与中国特色的佛教文化
　　——兼论佛教的儒学化与大乘菩萨精神 ……………………… 洪修平 6
从弘扬地藏精神看佛教中国化的路径 …………………………… 孙亦平 18
《十轮经》与唐代地藏信仰
　　——兼议佛教中国化 …………………………………………… 湛　如 27
试论地藏大愿精神的中国化与新时代的使命担当 ……………… 慧　光 36
新时代地藏信仰的中国化特征 …………………………………… 果　卓 42
新见《十王经》所示之拓展变化 ………………………………… 张　总 47
中国佛教史上金乔觉法师及其地位 ……………………………… 金　勋 80
《大集地藏十轮经》的地藏菩萨信仰及其所见之地藏精神 …… 程恭让 91
图像学视角：地藏信仰的中国化 ………………………………… 尹文汉 116
洛阳龙门石窟初盛唐地藏菩萨像及相关文献分析 ……………… 王德路 134
晚唐以来佛教阴司祭祀信仰的中国化发展 ……………………… 张雪松 170
探寻四世纪的死亡体验和宗教救赎
　　——以《幽明录》中的志怪故事为例 ………………………… 魏　翔 192

1

"佛教中国化"举隅
　　——净土观念的渊源与发展 ················ 李　想 205
育子地藏与送子观音
　　——试论日本地藏信仰的叙事结构 ············ 何欢欢 231
日本地藏学研究一瞥 ···················· [日]堀内俊郎 245
日本中世东大寺的地藏信仰 ···················· 刘　翠 262
从金乔觉登陆浙江临海小议中韩文化交流 ······ 陈寿新　陈允万 275
九华山位列中国佛教四大名山考论 ··············· 景天星 287
九华山高僧无垢莲公行谊考述 ··················· 韩传强 298
明代书画家董其昌与九华山无相寺行迹考
　　——从古徽道上的一处摩崖石刻说起 ·········· 黄复彩 309
《地藏菩萨本愿经》满文译本再探
　　——兼论满文佛经对佛教中国化内涵的丰富 ······ 杨奇霖 320
清光绪《九华山志》隐士群像探析 ··············· 史晓琳 346
从追荐救赎法事仪轨探析地藏菩萨信仰在明清时期的发展
　　——以瑜伽焰口、水陆法会仪轨文本为例 ········ 李曼瑞 357
地藏宝卷与明清时期地藏信仰的民俗化 ············ 徐慧茗 375
《大乘大集地藏十轮经》的根本罪探究 ············ 雒少锋 391
《占察善恶业报经》之哲学浅析 ················ 张允升 407
忏愿文、"圆教"主义与蕅益智旭的佛魔之辨 ········ 吴忠伟 418
蕅益智旭对地藏信仰体系的完善 ················ 费业朝 429
中国佛教的主动流
　　——试析太虚大师对佛教中国化历史经验的总结 ···· 裴　勇 440
地藏精神解析
　　——太虚讲《地藏经》的诠释与增补 ·········· 邓子美 463
浅论宣化法师的地藏菩萨愿行 ··················· 李福标 472
安立道场端正好
　　——赵朴初对地藏道场的关心支持 ············ 殷书林 486
誓作地藏真子
　　——仁德法师对地藏信仰的弘扬及对佛教中国化的启示 ····· 余世磊 499

地藏菩萨精神的当代价值	[韩] 如 山	510
九华山寺院弘扬中华孝文化所发挥作用的调查报告	杨天舒	517
论地藏法门中的"人间佛教"思想	果 尚	534
关于如何依教修行的构思	印 刚	544
中国佛教菩萨信仰及其当代意义		
——以弥勒菩萨信仰为例	能 仁	555
晚唐社会经济背景下的九华山佛教		
——以甘贽为例	宗 伟	562
《地藏经》的菩萨精神与地藏信仰中国化	刘田田	576
从《地藏菩萨本愿经》和《梵网经》论佛教孝道精神	彭瑞花	586
地藏信仰与佛教的临终关怀	张敬川	598
佛教本土化与地藏信仰的人文精神		
——兼论楼宇烈先生《中国的人文信仰》	曾 辉	610
具有文明类型意义的整体性思维方式		
——读《中国的智慧》有感	孙国柱	616
菩萨行履处		
——地藏精神之大愿与孝道	宗 学	625
后 记		**636**

跟着赵朴老讲"佛教中国化"

——重读赵朴老"九华山一席谈"发微

张志刚 [①]

内容提要： 九华山是中国佛教的名山圣地，是一座国际性的佛教道场。如何坚持我国宗教中国化方向，健康传承地藏菩萨精神，此乃新时代赋予九华山佛教圣地的新课题。重温赵朴老所撰《发扬地藏菩萨精神，建设好九华山》，可从佛教中国化义理上得以数点开示：全面把握"大乘佛教的四大精神"，可使我们深刻理解佛教融入"中国文化、中华民族、中国社会"的精神根基；"安忍如地、代众生苦"的地藏菩萨精神，可使我们深刻感悟"佛教中国化之家国情怀"；信持"众生度尽，方证菩提；地狱未空，誓不成佛"的地藏菩萨大愿，便能发扬人间佛教积极进取的思想，从而彻悟"佛教中国化之神圣使命"。

关键词： 赵朴初；九华山；佛教中国化

冯友兰先生在其系列哲学名著《贞元六书》之《新理学》里所阐释的"照着讲"与"接着讲"，令人在"为学之道"上茅塞顿开。为学之道，尤其是义理思路，不但有"照着讲""接着讲"，也还有"正着讲""反着讲""顺

[①] 作者为北京大学博雅特聘教授，哲学系宗教学系博士生导师，宗教文化研究院院长，中国宗教学会副会长，九华山佛教中国化研究中心主任。

着讲""跟着讲"等等。这篇短论尝试"跟着赵朴老讲佛教中国化",盖因重读赵朴老"九华山一席谈"有感而发,即"照着此文所开示的真知灼见"而"接着讲佛教中国化的义理思索"。

1990年金秋时节(9月18日),九华山隆重举行"地藏菩萨铜像开光法会",赵朴老亲临现场发表了一篇热情洋溢、文采飞扬、意味深长的讲话,这就是他事先精心准备好的《发扬地藏菩萨精神,建设好九华山》(该文收入《赵朴初文集》下卷,华文出版社2007年版,第1034-1036页。下文引述赵朴老观点,均出自此文)。

该文首先全面地指出:中国佛教有四位广受崇敬的大菩萨,这四位菩萨各有一座应化度生道场,即人们所说的中国佛教四大名山。这四大菩萨与四大名山所体现的就是"大乘佛教的四种根本精神"。文殊菩萨"表大智",体现了"佛教重智慧的精神",其应化度生道场是山西五台山;普贤菩萨"表大行",体现了"佛教重实践的精神",其应化度生道场是四川峨眉山;观世音菩萨"表大悲",体现了"佛教重慈悲的精神",其应化度生道场是浙江普陀山;地藏菩萨"表大愿",体现了"佛教重誓愿的精神",其应化度生道场就是安徽九华山。"智慧、实践、慈悲、誓愿"四大精神,完整地体现了大乘佛教的"利生济世思想",是每个佛教徒必须精进修学的"佛法总纲"。

赵朴老接着开示:说到"地藏菩萨的誓愿",大家皆知名言:"我不入地狱谁入地狱"。这既是"地藏菩萨的精神表达",也是"大乘佛教的精髓所在"。佛教在中国流传两千年,多次遭到摧残和危难,但依然生存下来。佛教在中国为什么具有如此坚强的生命力呢?不是靠别的,就是"大乘佛教的四大精神",特别是"安忍如地、代众生苦"的地藏菩萨精神,地藏菩萨更有"大愿"——"众生度尽,方证菩提;地狱未空,誓不成佛"。这种大愿,这种思想,充满了伟大的牺牲精神和奉献精神。每个中国佛教徒若能如是信解,如是行持,就能发扬"人间佛教积极进取的思想",为社会做贡献,为众生谋福利,也就能令正法久住,佛日增辉。

今日重温如上两段开示，依笔者之见，若能着重圈点其中的关键词，并留心感悟它们所表述的核心论断，确能启发我们深思"佛教中国化的微言大义"。譬如，赵朴老所概述"大乘佛教的四种根本精神"与"务须精修的佛法总纲"，如今仍能启发我们拓展与深化中国佛教史研究，特别是在探究"佛教中国化"义理上下功夫，通过全面把握"大乘佛教的四大精神"，深刻阐释佛教之所以能够真正融入"中国文化、中华民族、中国社会"、且能成为中国传统文化有机组成部分的精神根基。

再如，赵朴老所解读"安忍如地、代众生苦"的地藏菩萨精神，可使我们深感"佛教中国化之家国情怀"。回顾中国佛教史，"家国情怀"可谓"佛教中国化的第一关"。佛教传入中土之初，就因"出家修行"而与中国传统文化特别是儒家思想发生尖锐矛盾，后经佛法教规与儒家义理的会通融合，才被国人逐渐理解接受，如东晋慧远等高僧相继说法：僧众出家乃是为了"忠孝之大愿"——护国利民。

又如，赵朴老所强调，若能信持"众生度尽，方证菩提；地狱未空，誓不成佛"的地藏菩萨"大愿"，便能发扬"人间佛教积极进取思想"，令正法久住，佛日增辉，则可使我们彻悟"佛教中国化之神圣使命"。从世界宗教史所揭示的生存发展规律来看，能否如中西方俗语所言"入乡随俗"（Do in Rome as Rome does），能否与其所在国家和社会相适应，为其普罗大众化困苦而求幸福，堪称任何一种外来宗教得以扎根、开花与结果的基本要求。正因扎根中华大地的大乘佛教信持"地藏菩萨大愿"，"佛教中国化"在世界宗教史上堪称"本土化典范"。

假若笔者所着重诠释的上述诸点，基本合乎赵朴老的原文精髓，那么，我们便可进一步领会，这位爱国爱教的护法使者当年留于九华山的谆谆教诲了。赵朴老在结束"地藏菩萨铜像开光法会"讲话之前，由心发出如下希望：九华山是以佛教为中心而形成的一座名山，一切设施和建设都要围绕佛教这个中心，而决不能背离或冲淡。九华山是中国佛教的名山圣地，也是一座国际性的佛教道场。要建设好九华山，就要发扬九华山的佛教优势，认真加强寺庵管理工作，加强人才培养，树立纯正道风，深入开展爱国爱教、遵纪守法教育，把九华山真正建成"东南佛国，人间净土"。佛教主张"知恩报恩"，我们的佛教、我们的名山大寺，能有今天这样的欣欣向荣、兴旺发达的盛况，是和我们国家改革开放、政治稳定分不开的。我们要以弘法利生、管好寺庙、爱护文物、培养僧才、做好海外联谊和对外友好工作、遵纪守法等爱国爱教的实际行动，报家国恩、报父母恩、报三宝恩。最后让我们共同发愿："众生度尽，方证菩提；地狱未空，誓不成佛"。

赵朴老当年提出的上述希望，今天看似已成为"平常知识"，其实并非如此简单。如果紧扣全文主旨再来加以潜心研读，我们不难重新发觉：这些殷切希望，不仅仅是寄望于九华山的，而且深含"佛教中国化的微言大义"，并对"坚持我国宗教中国化方向"的主要内涵早就有所明示。坚持我国宗教中国化方向主要包括两方面的丰富内涵：一是要用社会主义核心价值观引领我国各宗教，一是要以中华优秀传统文化浸润我国各宗教。这两方面的丰富内涵，实际上就是坚持我国宗教中国化方向的"两大任务或两大抓手"。就这二者的逻辑关联而言，"用社会主义核心价值观引领"乃是"宗教中国化"的首要实践原则，"以中华优秀传统文化浸润"则可谓"宗教中国化"的基本学理依据，二者相辅相成，其根本目的即在于，积极引导我国宗教与社会主义社会相适应。由此看来，我们便会顿悟：一篇不足三千字的讲稿里，为什么赵朴老要全面阐释"中国化的大乘佛教的四大精神"，尤其要信持"地藏菩萨大愿"，因为这可使我们沉思"佛教中国化"与中华优秀传统文化的缘缘关系；为什么赵朴老要一再强调"爱国爱教""报国家恩""为祖国文明做贡献""为祖国进步富强而献身"等，就是因为"爱国"是社会主义核心价值观对每个公民的首项要求，而报效祖国、奉献社会，则是每个公民的责任义务，更何况作为我国公民的佛家四众所信持的是"地藏菩萨大愿"，更应为中华民族伟大复兴做出重要贡献。

说到这里，我们便应深信不疑了，赵朴老的"九华山一席谈"，堪称深谙我国国情与教情，确有"坚持我国佛教中国化方向"的先知先觉，我们理应跟着他续写"佛教中国化""宗教中国化"的新篇章。

（本文根据"弘扬地藏精神，践行佛教中国化"九华山地藏论坛之高峰对话上的发言修改而成）

论佛教的中国化与中国特色的佛教文化[*]
——兼论佛教的儒学化与大乘菩萨精神

洪修平 [②]

内容提要： 外来佛教经历了中国化的过程，最终形成了"具有中国特色的佛教文化"。佛教同中国儒家文化和道家文化融合发展，最终融入到中华传统文化之中，这是中外文明交流互鉴的成功典范。中国佛教具有独特性和中国化色彩，并不影响其仍然是"佛教"。儒家思想是中国传统思想文化的主流和基础，儒学鲜明的人文精神引领着中国传统文化的主要特点和精神，也对佛教的中国化产生重要影响。儒家修齐治平的抱负和理想，是大乘佛教自度度人、自觉觉他的菩萨精神在中土生根开花结果的重要文化土壤。佛教儒学化既是佛教中国化的重要内容，也是大乘佛教得以在汉文化圈传播发展、大乘菩萨精神得以深入人心的重要路径。菩萨的特殊信仰既表达了民众百姓向往幸福生活的美好愿望，也体现了中国化佛教借助于儒学的人文精神传播发展并充分展示其"慈悲为本"的独特魅力。在"人间佛教"理论和实践的进一步推广中，在佛教坚持中国化方向的未来发展中，契理契机仍是必须遵循的基本原则，大乘菩萨精神则应得到更广泛的弘扬。

---

[*] 本文为国家社科基金重大项目"儒佛道三教关系视域下中国特色佛教文化的传承与发展研究"（项目批准号 18ZDA233）的阶段性成果。

[②] 洪修平，教育部特聘教授，南京大学特聘教授，南京大学东方哲学与宗教文化研究中心主任，哲学系宗教学系教授、博士生导师。

关键词：佛教中国化；中国化佛教的特色；契理契机；佛教儒学化；大乘菩萨精神

外来佛教经历了中国化的过程，才最终形成了"具有中国特色的佛教文化"。佛教的中国化经历了不同的途径与方法。佛教同中国儒家文化和道家文化融合发展，最终融入到中华传统文化之中，这是中外文明交流互鉴的成功典范。中国化的佛教表现出了许多独特性，但这并不影响其仍然是"佛教"。儒家思想是中国传统思想文化的主流和基础，佛教儒学化既是佛教中国化的重要内容，也是大乘佛教得以在汉文化圈传播发展、大乘菩萨精神得以深入人心的重要路径。菩萨的特殊信仰，则既表达了民众百姓向往幸福生活的美好愿望，也体现了中国化佛教借助儒学的人文精神传播发展并充分展示其"慈悲为本"的独特魅力。中国佛教未来的发展，契理和契机仍是必须遵循的基本原则，而大乘菩萨精神，则应得到更广泛的弘扬。本文拟从佛教的中国化与文明交流互鉴、中国特色的佛教文化及其契理契机、佛教的儒学化与大乘菩萨精神，以及人间佛教与菩萨精神等四个方面来对上述观点略作论述。

一、佛教的中国化与文明交流互鉴

习近平主席 2014 年 3 月 27 日在巴黎联合国教科文组织总部发表演讲时曾指出："中华文明经历了 5000 多年的历史变迁，但始终一脉相承，积淀着中华民族最深层的精神追求，代表着中华民族独特的精神标识，为中华民族生生不息、发展壮大提供了丰厚滋养。中华文明是在中国大地上产生的文明，也是同其他文明不断交流互鉴而形成的文明。"[1]

他特别提到了佛教："佛教产生于古代印度，但传入中国后，经过长期演化，佛教同中国儒家文化和道家文化融合发展，最终形成了具有中国

---

[1] 习近平：《在联合国教科文组织总部的演讲》，载《人民日报》，2014 年 3 月 28 日，第 03 版。

特色的佛教文化，给中国人的宗教信仰、哲学观念、文学艺术、礼仪习俗等留下了深刻影响。……中国人根据中华文化发展了佛教思想，形成了独特的佛教理论，而且使佛教从中国传播到了日本、韩国、东南亚等地。"[1]

习近平主席在这里提到了"佛教同中国儒家文化和道家文化融合发展"和"中国特色的佛教文化"。从文明交流互鉴和思想文化发展的角度看，"佛教同中国儒家文化和道家文化融合发展"，就是佛教中国化在思想文化领域的具体表现。外来佛教正是经历了中国化的过程，才最终形成了"具有中国特色的佛教文化"。

从历史上看，佛教的中国化是一个十分复杂的问题，呈现出了极其错综复杂的情况，通过了各种不同的途径和方法。它不仅表现在宗教信仰、哲学理论等方面，而且还表现在礼仪制度、组织形式和修行实践等许多方面[2]。就佛教中国化的途径与方法而言，也可以从佛典的翻译、注疏和佛教经论的讲习等不同的方面来理解。同时，由于中国是个多民族的国家，中华民族是个多民族的大家庭，不同的民族有不同的文化传统和习俗等，因此，"印度佛教传入中国后，形成了汉地佛教、藏传佛教和傣族等地区佛教三大支，佛教的中国化，一定意义上也可说就是佛教的汉化、藏化和傣化"[3]。

笔者曾从思想理论的层面，把汉地佛教的中国化概括为方术灵神化、儒学化和老庄玄学化等三个方面。当然，这三个方面是相互联系、并存并进的，但在不同的历史时期、不同的人物和不同的思想体系中又各有侧重。[4]

所谓佛教的方术灵神化，主要是说佛教对中土黄老神仙方术的依附和

---

[1] 习近平：《在联合国教科文组织总部的演讲》，载《人民日报》，2014年3月28日，第03版。
[2] 中国台湾学者李志夫教授曾从"佛教教仪、制度之中国化""佛学之中国化""佛教文学之中国化"和"佛教艺术之中国化"等四个方面对佛教的中国化作了专门的研究，请参见其《佛教中国化过程之研究》一文，载《中华佛学学报》第八期，1995年7月。
[3] 方立天：《佛教中国化的历程》，《世界宗教研究》1989年第3期。
[4] 参阅拙文《论汉地佛教的方术灵神化、儒学化与老庄玄学化——从思想理论的层面看佛教的中国化》，载《中华佛学学报》第十二期，1999年。

对灵魂不死、鬼神崇拜等宗教观念的融合吸收。外来佛教对神仙方术的依附，对中国传统宗教观念的融合，在客观上为佛教在中土的广泛传播开拓了道路。

佛教素有"哲学的宗教"之称，其在中国的发展，还经历了十分重要的老庄玄学化的过程。汉译佛经从一开始就借用了许多传统道家的术语，例如《安般守意经》中就用"气"来概括"四大"，代指"人身"，用"无为"来表示涅槃义，以至于有的中国人就以道家思想去理解佛教了。牟子《理惑论》中就说："佛与老子，无为志也"，认为两者本质上是一致的。魏晋时期，玄学盛行，佛学与玄学合流而产生了玄学化的佛教般若学"六家七宗"。正是通过与玄学的合流，佛教正式登上了中国学术思想的舞台。

佛教的儒学化主要表现在两个方面：一是对儒家伦理名教的妥协与调和；二是对儒家人文精神和心性学说的融合与吸收。对此，本文将在第三部分予以展开说明。这里只想强调两点：

第一，正是在与儒、道文化融合发展的中国化过程中，中国佛教融入了中华传统文化之中。中华思想文化，从纵向上看，大体经历了先秦诸子百家之学、两汉经学、魏晋玄学、隋唐佛学、宋明理学、明清实学等不同的阶段；从横向上说，它经过上千年的演变发展，最终形成了以儒家为主、佛和道为辅的"三教合一"的基本格局，儒、佛、道三教成为中国传统思想文化的三大重要组成部分，或曰三大主干。如陈寅恪先生所说："自晋至今，言中国之思想，可以儒释道三教代表之。此虽通俗之谈，然稽之旧史之事实，验以今世之人情，则三教之说，要为不易之论。"[①]中华传统文化在多民族融合、多文化交汇中不断地演化发展，表现出了中华文化的生生不息，充满活力。

第二，佛教中国化是佛教与传统思想文化相互影响的过程，外来佛教融入中华传统文化的历史，是中外文明交流互鉴的成功典范。外来佛教在

---

① 陈寅恪：《金明馆丛稿二编》，三联书店，2001年，第283页。

传统文化的影响下为适应中国社会的需要而不断改变自己，传统文化也在外来佛教的影响下不断发生变化，这两方面是紧密联系、相互交织在一起的。要从文明交流互鉴中把握中国思想文化的整体发展，更好地理解"具有中国特色的佛教文化"，并更好地把握中国佛教的未来发展①。

二、中国佛教文化的独特性及其契理契机

"佛教同中国儒家文化和道家文化融合发展，最终形成了具有中国特色的佛教文化"。具体来讲，中国佛教有哪些独特性呢？我们可以从不同的角度来看。

首先，从思想文化的角度看，中国佛教的独特性可以概括为以下一些方面：一是形成了以融会般若性空论为特色的心性学说。二是肯定人人皆有佛性，人人能成佛，鼓励每个人靠自己的努力来实现解脱。三是重"顿悟"的直观思维方式。四是崇尚简易性。在中国得到最广泛流传的是印度佛教中所没有的禅宗和净土宗，这两个宗派都以理论的简要和修行方式的简易为特色。五是努力调和与儒道等思想的矛盾冲突，不断援儒道等传统思想入佛，形成了显明的调和性特点。六是佛教内部的融合性。七是禅的精神和修行方法深深地浸淫到中国佛教的方方面面。八是中国佛教与社会政治和伦理有密切的关系。②

其次，如果从"哲学的宗教"角度看，博大精深的佛学传至中土后，经与儒、道为主要代表的中国文化融合发展，形成了中国佛学思想和中国佛学的独特精神。其主要表现为圆融精神、伦理精神、人文精神、自然精神、实践精神等多个方面，其中圆融精神、伦理精神和人文精神是中国佛学精神的最主要方面。圆融精神的主要内涵表现在中国佛教的儒佛道三教融合

---

① 请参阅拙文《从三教的交互融合看动态的国学——兼论佛教的中国化与中国文化的佛教化》，《道家文化研究》第32辑，中华书局，2019年。

② 请参阅拙文《试论中国佛教思想的主要特点及其人文精神》，《南京大学学报》2001年第3期。

思想,"立破无碍""会通本末"等判教思想,以及中国佛教"三谛圆融"等理论学说等方面。伦理精神则在中国佛教伦理的善恶观、戒律观、修行观和孝亲观中均有具体体现,特别是中国佛教对孝亲观的强调,成为中国佛学伦理精神融合吸收儒家伦理精神的突出表现。中国佛学的人文精神是最值得关注和加以强调的。印度佛教本是强调出世解脱的宗教,其根本宗旨是把人从人生苦海中解脱出来,其立论的基点是对人生所作的"一切皆苦"的价值判断。但佛教的终极理想,仍然是为了追求永超苦海的极乐,其业报轮回观念中也透露出了靠自己的努力来实现人生永恒幸福的积极意义。只是这种积极意义在印度佛教中并没有得到充分的彰显,但它在中国传统文化重视人和人生的氛围中却获得了新的生命力,并得到了充分的拓展。中国佛学的人文精神突出地体现在禅宗和人间佛教的理论和实践中。①

佛教虽有"哲学的宗教"之称,但它毕竟是宗教,信仰无疑是其最核心的内容,对人能够觉悟解脱的信仰构成了佛教的本质特征。但佛教与一般宗教的重要不同之处在于,它的解脱是"慧解脱";佛教的全部学说,都是围绕着如何通过信奉佛法而修行从而获得智慧实现解脱这一根本目标展开的。中国佛教在信仰方面的特色也值得注意。例如与中土善恶报应观相结合而形成的天堂地狱轮回报应说,成为中国佛教的重要信仰,其中蕴含着中国佛教的独特精神,即强化道德行为的责任感、每个人需对自己的行为负责。再比如,中国佛教特别强调人的解脱即心的解脱,对人心、佛性和解脱做了特别的发挥,从而与儒道分别在经国、修身和治心方面发挥各自独特的作用,如古人所说:"以佛治心,以道治身,以儒治世"②,并由"唯其心净,则佛国清净"发展出了人间佛教和建立人间净土,从而为佛教更好地与社会主义社会相适应提供了重要的思想基础。

中国佛教在信仰方面的特色还鲜明地表现于对佛菩萨的崇拜,这既是

---

① 请参阅拙文《论中国佛学的精神及其现实意义》,《世界宗教研究》2011 年第 1 期。
② (元)刘谧:《三教平心论》引南宋孝宗皇帝语。这既是对儒佛道三教实际发挥作用的概括,其实也指出了包括儒学在内的三教各自的理论局限性。

大乘菩萨精神深入社会人心的表现，也是大乘佛教与儒学精神相契合的生动体现。对此本文将在第三部分予以讨论说明。

在这里想要说明的是，以上种种中国佛教的特点及其精神的形成，原因是多方面的。其内在的根据主要有佛教"应病与药""随机设教"的方便法门等，其突出的外因则有中国自给自足的小农经济的生产方式、王权政治力量的强大、宗法伦理影响的深远和思想文化的现实主义、人文主义精神等。正是诸多的内因与外缘，促成了中国佛教的独特发展。而中国佛教的独特发展和中国化特色，并不应影响中国佛教仍然是"佛教"。这里的根本和关键，并不在于中国佛教有着怎样的文化外衣，藉着怎样的文化载体，其随机教化的方便与印度是否一样，而在于其根本的宗旨与佛陀创教的本怀是否一致。佛教的"真俗二谛"说和禅宗的"藉教悟宗"等为我们做了很好的提示，大乘佛教强调的"随机"和"方便"则是佛教"中国化"的内在理路和依据。从中国佛教的发展来看，契理和契机始终是佛教中国化的根本原则。佛教的中国化，其实就是佛教在中国传播发展过程中的"契理"和"契机"。契理，就是从根本上始终合乎佛法的根本道理，契合佛法的根本精神；契机，就是随顺时代的变化和大众的不同需要而不断地更新和发展，并应机接物，方便施教。佛教的缘起、无我、智慧解脱，可以通过儒道化的"法性论"（慧远）、"法界论"（华严宗）或"见性论"（禅宗）来接引众生，开示众生。历史地看，契理和契机如鸟之双翼，车之双轮，推动着佛教的中国化。中国佛教正是在既契理又契机中保持了它持久的生命力，一直从古代走向了现代。

三、佛教的儒学化与大乘菩萨精神

儒家思想是中国传统思想文化的主流和基础，儒学鲜明的人文精神引领着中国传统文化的主要特点和精神，也对佛教的中国化产生重要影响。儒家修身齐家治国平天下的抱负和理想，是大乘佛教自度度人、自觉觉他菩萨精神在中土生根开花结果的重要文化土壤。从历史上看，佛教的儒学化是佛教中国化的重要内容，也是大乘佛教得以在汉文化圈传播发展、大乘菩萨精神得以深入人心的重要路径。

如前所说，佛教的儒学化主要表现在对儒家伦理名教的妥协调和，以及对儒家人文精神和心性学说的融合与吸收两个方面。佛教本来是一种出世解脱的理论，这与中国儒家关注现实社会人生而重视君臣父子之道、仁义孝悌之情以及修齐治平的道德政治理想在表面层次上无疑是矛盾冲突的。而佛教徒不娶妻生子，见人无跪拜之礼的出家修行方式，更被认为与传统的社会伦理不合。因此，佛教初传，就受到了以儒学为代表的传统思想文化的排斥和攻击，被斥之为不忠不孝，违礼悖德。但事实上，大乘佛教的入世救度众生与儒家的人文精神在深层次上可以说是异辙而同归。

因此我们看到，佛教在中土的传播发展，始终对儒佛关系给予足够的关注和说明，并努力对儒家伦理名教采取了妥协调和的态度，大致表现在三个方面：其一是寻找相似点，以说明"释教为内，儒教为外"①，"内外两教，本为一体"，例如把佛教的"五戒"比同于儒家的"五常"，认为两者是"异号而一体"②的。其二是调整自己或适当做出变通，以求与儒家伦理相适应，有关这方面的突出例子就是中国佛教对"孝道"的阐扬。重视孝道，突出孝道，成为中国佛教伦理的一大特色。其三是沟通不同点，努力从两者都有助于社会教化的角度强调"周孔即佛，佛即周孔"③，两者可以并行不悖。当然，如果两得的差异太大，中国佛教也会以"苟有大德，不拘于小"④来回答。随着佛教在中土的传播发展，佛教的儒学化也逐渐从表面层次的对儒家纲常名教的妥协调和，进一步发展为深层次上的对儒家重现世现生的人文精神和思维特点、思想方法的融合吸收，特别是通过

---

① （北周）道安：《二教论》，《大正藏》第52册，第136页下。
② （北宋）契嵩：《辅教编》上《原教》，《大正藏》第52册，第649页中。
③ （东晋）孙绰：《喻道论》，《大正藏》第52册，第17页上。
④ （东汉）牟子：《理惑论》，《大正藏》第52册，第2页上。

与儒家关注现实社会和人生的人文主义精神的沟通而使大乘菩萨精神深入人心。

　　以儒家为主要代表的"中国传统思想文化的一个重要特点，就是具有很强烈的关注现实社会和人生的人文精神"[①]。这种精神在儒家思想中的突出表现之一，就是强调人的价值，重视对人的本质和人性的探讨，强调主体道德上的自觉完善，形成了以性善论为主流的人性学说和反身而诚的道德修养论，并提倡积极入世，有着"为天地立心，为生民立命，为往圣继绝学，为万世开太平"的豪迈气概和人生担当，其倡导"先天下之忧而忧，后天下之乐而乐"的崇高精神，而大乘佛教入世救度众生的菩萨精神，特别是地藏菩萨"地狱未空誓不成佛，众生度尽方证菩提"的慈悲大愿，与儒家上述精神有契合处。再加中国传统宗教有着神灵崇拜的悠久历史，当人们以此观念去理解并接受佛教时，就很容易会把佛教视为神仙方术的一种，佛教初传时人们认为佛陀能分身散体，飞行变化，通过祭祀能向佛陀祈求福祥，就是典型的例子。这种观念逐渐促成了延续至今民间的菩萨信仰和烧香拜佛活动，四大菩萨及其显灵说法的四大名山几乎家喻户晓，这既表达了民众百姓向往幸福生活的美好愿望，也体现了中国化佛教借助于儒学的人文精神传播发展并充分展示其"慈悲为本"的独特魅力。

　　正是在儒家的仁爱和"修齐治平"积极入世的现实主义精神影响下，中国佛教充分拓展了印度佛教本身蕴含的却又被整个思想体系窒息着的对人和人生的肯定，并以此为契机而与儒道为主要代表的中华文化融合互补，以其独特的大乘佛教精神与儒、道一起入世发挥着重要作用。近代著名高僧圆瑛法师曾强调："我佛设教，以慈悲为本……佛教大乘菩萨，视大地众生皆为一子。慈运无缘，悲含同体，平等普度。"[②] 这种慈悲精神与儒

[①] 请参见拙文《论中国佛教人文特色形成的哲学基础——兼论儒佛道人生哲学的互补》，《中国哲学史》1997年第1—2期。

[②] 明旸法师主编：《圆瑛大师年谱》，上海圆明讲堂，1989年，第147页。

家的仁爱"教殊而道契"①:"佛以慈悲为本,儒以仁义为归,佛儒之为教,虽则不同,而其利生救世之心,未尝有异也。"② 由于佛教的慈悲是一种基于平等无二的对万物众生的慈爱和悲悯,因而对儒家"爱有差等"的仁爱思想也起到了重要的补充作用,丰富了中国传统的仁爱观。

我们看到,外来佛教作为一种追求出世解脱的宗教,在儒家重人事、重心性和重视主体及其修养的思想影响下,将抽象的佛性与具体的人心人性结合在一起,极大地发展了中国化的佛性论和心性学说,并通过对主体自我的肯定而一步步走向了对人的生活的肯定,由此而确立了中国佛教"出世不离入世""入世以求出世"的基本特色。而儒学本身具有的"人文性与宗教性的两重性",又对中国社会接纳外来宗教和文化产生重要影响,成为"大乘佛教在华成功传播的重要条件"③。

四、人间佛教与菩萨精神

近现代发展起来的人间佛教思潮,一方面可以追溯到佛陀创教的根本情怀,另一方面也是佛教界有识之士有感于自晚明以来整个中国佛教的衰败,为顺应现代社会与文化的急剧变化而作出的积极回应与自觉调整,同时也是对唐宋以来中国佛教人生化、入世化倾向的进一步发展。中国佛教的人生化、入世化倾向,从佛教自身的发展来说,是大乘佛教的入世精神在中国社会文化历史条件下的新发展。中国佛教所倡导的"出世不离入世",实际上是印度佛教的"出世精神"在中国文化中的一种特殊表现。在"人间佛教"理论和实践的进一步推展中,在佛教坚持中国化方向的未来发展中,契理和契机仍应是必须遵循的基本原则,而大乘菩萨精神,则应该在人间佛教的理论和实践中得到更广泛的弘扬。

---

① (梁)刘勰《灭惑论》明确提出:"孔释教殊而道契。"《大正藏》第52册,第51页中。
② 明旸法师主编:《圆瑛大师年谱》,上海圆明讲堂,1989年,第268页。
③ 请参阅拙文《殷周人文转向与儒学的宗教性》,《中国社会科学》2014年第9期。

事实上，人间佛教的入世面向，这本来就是大乘佛教基本精神的体现，也是中国化佛教的重要特色之一。大乘佛教自度度他、自觉觉他的根本情怀和上求菩提下化众生的菩萨精神，在印度佛教中未能得到充分的彰显，但它传入中国后，在具有浓厚人文精神的中国传统文化氛围中却获得了新的生命力，并得到了充分的拓展。但近现代中国佛教的入世面向，有与历史上的"入世"不同的时代境遇、丰富内涵、新的特点及历史效应。就其历史境遇而言，它是在明清佛教衰落腐败、大乘精神失落而又遇国家民族危机、西方科学民主思潮冲击的多重压力下寻求的自救，比起佛教初传遭遇儒道的抵制而求生存发展，情况更为艰难复杂。就其内涵而言，入世不仅是与社会文化和民众生活的结合，更需在回应转型中的现代社会、科学理性、民主政治、学术研究等提出的一系列挑战中寻找到自己的定位与发展空间，在继承发展传统佛教入世精神的同时寻求新时代的拓展和创新。由此，我们看到近现代中国佛教的入世，表现出了许多区别于传统历史入世的新面貌、新特点，并推动中国佛教走上了人间佛教的道路。在这过程中，许多高僧大德不约而同地强调了弘扬大乘菩萨精神的重要性。

例如王恩洋就特别指出："佛法者，发大菩提心，发大悲心，自未得度而先度他，三大僧祇皆为度众；是故菩萨不舍众生，不出世间，宁自入地狱而不愿众生无间受苦。"①

太虚法师倡导佛教改革运动，提倡菩萨行就是他佛教改革思想中的一项重要内容。他曾认为，中国汉地的佛教衰败的原因有很多，其中最大的病源是空谈大乘，不重实行，行为与教理完全脱离。所以革新中国佛教，就要祛除佛教徒好尚空谈的习惯，使教理融汇到服务社会民众中去。他认为，"菩萨行"就是"要从大乘佛教的理论上，向国家民族、世界人类实际地去体验修学"②，而这菩萨行要能够适应今时、今地今人的实际需要。

---

① 王恩洋：《佛学论丛》，《王恩洋先生论著集》第二卷，四川人民出版社，2000年，第102页。
② 太虚：《太虚大师全书》第19卷，宗教文化出版社，2005年，第195页。

具体地来说:"今菩萨行的实行者,要养成高尚的道德和品格,精博优良的佛学和科学知识,参加社会各部门的工作……"[1]

印顺法师也大力提倡"从广修利他的菩萨行中去成佛"[2]的大乘精神。他将菩萨道视作佛法正道,将菩萨行视作人间正行[3],在他看来,人间佛教的核心即是从人而发心学菩萨行,由学菩萨行而成佛,人间佛教就是"从人间正行去修集菩萨行的大乘道","人生正行即是菩萨法门"[4],从而将佛法与人间善法密切结合起来。

赵朴初居士则将五戒、十善、四摄、六度作为人间佛教修行的重要内容,主张以五戒、十善净化自己,四摄、六度利益人群,强调"做好人"是学佛成佛的基础。同时他也强调,修行不能满足于"做好人",还应修学菩萨行,认为:"果真人人能够学菩萨行,行菩萨道……就是在当前使人们能够建立起高尚的道德品行,积极地建设起助人为乐的精神文明,也是有益于国家社会的,何况以此净化世间,建设人间净土!"[5]

中国佛教在今天和未来的发展,必须继续坚持中国化方向,积极与社会主义社会相适应,更好地挖掘和弘扬大乘菩萨精神,从而使中国特色的佛教文化与儒、道文化一起,继续成为中华民族生生不息、发展壮大的丰厚滋养和精神动力,并在世界文明的交流互鉴中发挥更大的积极作用。

---

[1] 太虚:《太虚大师全书》第19卷,宗教文化出版社,2005年,第195页。
[2] 印顺:《佛在人间》,《妙云集》下编之一,正闻出版社,1983年版,第22页。
[3] 印顺:《游心法海六十年》,印顺文教基金会发行《印顺法师佛学著作集》电子版。
[4] 印顺:《印顺集》,中国社会科学出版社,1996年,第155–158页。
[5] 赵朴初:《佛教常识答问》,宗教文化出版社,2016年,第215页。

从弘扬地藏精神看佛教中国化的路径

孙亦平 ①

内容提要： 安徽九华山上流传着许多有关地藏菩萨的故事，生动地表达了佛陀创教情怀。今天，九华山佛教既要保持传统地藏菩萨信仰的神圣性，又能时时面向世界、面向社会、面向现实、面向人生，特别是在现实社会生活中弘扬地藏精神，以良好的公众形象，更好地促进佛教为新时代文化建设服务。

关键词： 弘扬地藏精神；地藏菩萨；佛教中国化

在 21 世纪的今天，中国佛教在践行中国化的实践中已产生了广泛的社会影响力，但新形势、新环境、新时代的文化氛围，也向具有悠久历史和优良传统的中国佛教提出了一些新挑战。特别是近年来，党和政府还提出了要将新型城镇化作为国家发展新战略，都市佛教得以迅速发展。那么，地处中国佛教四大名山之一九华山佛教如何既保持传统地藏菩萨信仰的神圣性，又能时时面向世界、面向社会、面向现实、面向人生，特别是如何在现实社会生活中表现出良好的公众形象，更好地促进佛教为文化建设服务？通过弘扬地藏精神，以践行佛教中国化就是一个值得重视的思路，也是这次九华山佛教论坛的主旨。

---

① 孙亦平，南京大学哲学系、宗教学系教授，博士生导师，江苏省民族宗教研究会副会长、全国老子道学文化研究会副会长。

一、拯救诸苦的地藏精神

九华山上流传众多的地藏菩萨故事是接绪着佛陀创教情怀而来。据《宋高僧传》记载，地藏菩萨受释迦牟尼佛嘱咐，在佛陀既灭、弥勒未生之前，自誓必尽度六道众生，拯救诸苦，始愿成佛，故投身于新罗国王族。地藏菩萨本姓金，名乔觉，长大后出家为僧，于唐代时千里迢迢来到九华山："释地藏，姓金氏，新罗国王之支属也。慈心而貌恶，颖悟天然。七尺成躯，顶耸奇骨特高，才力可敌十夫。尝自诲曰：'六籍寰中三清术内，唯第一义与方寸合。'于时落发涉海，舍舟而徒。振锡观方。邂逅至池阳。睹九子山焉。心甚乐之。乃径造其峰得谷中之地。"① 地藏在九华山修行数十年，经历了毒螯、美妇等考验，居唯藏孤，然闭目石室，精进修行。圆寂之后，肉身不坏，以全身入塔，颜貌如生，成为民众莫不宗仰的地藏菩萨。九华山也成为地藏菩萨的道场。

《地藏本愿经》则记载了地藏菩萨曾向佛陀表达了他拯救人间的大愿："尔时，诸世界分身地藏菩萨，共复一形，涕泪哀恋，白其佛言：'我从久远劫来，蒙佛接引，使获不可思议神力，具大智慧。我所分身，遍满百千万亿恒河沙世界。每一世界，化百千万亿身。每一身，度百千万亿人，令归敬三宝，永离生死，至涅槃乐。但于佛法中，所为善事，一毛一渧，一沙一尘，或毫发许，我渐度脱，使获大利。唯愿世尊不以后世恶业众生为虑。'"② 显扬了大乘佛教自度度人的精神。

众所周知，佛教的创立虽然与当时的印度社会状况有着密切的关系，但其直接的动因却是释迦牟尼对人生问题的思考。释迦牟尼有感于现实人生的种种痛苦，而致力于追求永超苦海的极乐。他在菩提树下证悟的宇宙人生真谛就是用缘起说来分析生老病死等人生现象，说明人生无常，一切皆苦，并以苦、集、灭、道的理论揭示人生痛苦的原因以及摆脱痛苦的途径、

---

① 《宋高僧传》卷二十，《大正藏》第 50 册，第 838 页。
② 《地藏菩萨本愿经》卷上，《大正藏》第 13 册，第 779 页。

方法和境界，强调通过宗教实践获得人生解脱的重要性和迫切性。从根本上看，佛教起源于释迦牟尼佛对人的生存状态的认识。释迦牟尼佛通过这种认识，建构了一条解脱现实苦难、确立终极意义世界的通途。因此，从某种意义上说，佛教信仰的神圣性就在于要个体之人摒弃种种物欲和情欲，将超越世俗作为走向神圣的阶梯。法国宗教社会学家爱弥尔·涂尔干（Emile Durkheim）认为："所有已知的宗教信仰，不管是简单的还是复杂的，都表现出了一个共同的特征：它们对所有事物都预设了分类……用风俗的与神圣的这两个词转达出来。"① 涂尔干所谓"风俗的"是指人们日常的经验，以人的世俗活动为中心，而"神圣的"则是指所有涉及宗教崇拜的活动，以能够引起崇拜者的敬畏、崇敬感为其思想特征，表现为一种独特的超越精神。

地藏菩萨坚持了佛陀创教时所具有的精神，以戒为本来维持信仰上的神圣性，以九华山为应化道场表现出了良好的公众形象。相传，释迦牟尼在圆寂前曾反复强调"戒是正顺解脱之本"，谆谆教导弟子们要"持净戒""修善法"，这种持戒修行的传统保持至今，也成为地藏信仰神圣性的外在体现。

佛教戒律的根本精神是要信徒防非止恶，修习善行，完善道德，觉悟人生。"夫戒之兴，所以防邪检失，禁止四魔。超世之道，非戒不弘，斯乃三乘之津要，万善之窟宅者也。"② 释迦牟尼将持戒作为修持佛法的基础和获得解脱的重要保证，认为信仰佛教者首先得守持戒律，"一切众生，初入三宝海，以信为本；住在佛家，以戒为本。"③ 只有在持戒的基础上，才能进一步去修习禅定，证得智慧，超越生死轮回之苦海。因此，在释迦牟尼成道后的最初阶段，虽僧众清净，没有专门的戒律规定，但释迦牟尼仍时时告诫僧众，要注意约束自己的言行，保持身口意三业的清净，只有

---

① [法]爱弥尔·涂尔干：《宗教生活的基本形式》，渠东、汲喆译，上海人民出版社，1999年版，第43页。
② 《四分律序》，《大正藏》第22册，第567页。
③ 《菩萨璎珞本业经》下，《大正藏》第24册，第1020页。

如是，方能获得解脱。后来，随着信徒增多，僧团日大，释迦乃因种种因缘，制种种法规，以约束僧众，佛教的戒律也就逐渐形成了。释迦牟尼生前对戒律始终非常重视，不仅将其作为修行解脱的基础，而且视其为佛法生命力之所在。他还常告诫信徒："依因此戒，得生诸禅定及灭苦智慧。是故比丘当持净戒，勿令毁缺。"在他将入涅槃时，他于娑罗双树林间为诸弟子略说法要，又谆谆教诲众比丘，"汝等比丘，于我灭后，当尊重珍敬波罗提木叉，如暗遇明，贫人得宝。当知此则是汝等大师，若我住世无异此也。"[①] 要信徒以戒为师，在衣食住行和人伦关系等方面努力修持净戒，以保持佛法长住。地藏菩萨遵循佛陀精神，其完善人格在很大程度上也是通过持戒谨严而体现出来的。

佛教之所以能流传数千年而至今不绝，并在现代社会中仍有相当影响，与始终奉行戒律的做法是分不开的。遵照佛陀的教诲，印度佛教十分重视戒律的修持。小乘佛教注重修行者自身的解脱，倡导修习"三学""八正道"，其中就包括为善去恶的戒行。随着佛教的传播与发展，大乘佛教又进一步把追求自身解脱的"三学"扩大为具有社会内容的以自利利他为特点的"六度"，强调要布施、持戒、忍辱、精进、禅定、智慧。大乘六度中的前四度均属于戒学。可见，在印度佛教中，无论是小乘，还是大乘，都十分强调持戒的重要性，都把持戒作为修行的起点和基础，而这与戒律自身的特点也是分不开的。戒律作为佛教"三藏"之一，小乘"三学"之首，大乘"六度"之一，在佛教中占有重要的地位。从某种意义上说，弘法的基点在于弘戒，只有使众多信徒严守戒律才能保持佛教的神圣性与旺盛的生命力，这也是佛教公众形象的一个生动的体现。

二、地藏菩萨精神的现代意义

20世纪，随着现代化进程在全球各个地区的展开，各种宗教都顺应时

---

① 《佛遗教经》，《大正藏》第26册，第283页。

代发展的要求，以不同的方式为世俗化打开了大门，强调完善的世俗生活才是进入神圣之境的有效门票。这虽然与古代佛教所遵循的即世而超越的态度颇为相似。但毋庸置疑，今天以现代化为背景而出现的宗教世俗化对当代宗教的影响是全面而深刻的。因为现代化不仅仅是科学技术的进步、物质财富的增长和社会福利的发展，而且还涉及社会制度和思想观念方面。宗教世俗化是伴随着现代化而出现的一种文化现象。由于现代化本身就是一个十分复杂的问题，故宗教的世俗化现象也让人眼花缭乱。

美国宗教社会学家彼得·贝格尔（Peter Ludwig Berger）在分析基督教的世俗化时就指出："所谓世俗化意指这样一种过程，通过这种过程，社会和文化的一些部分摆脱了宗教制度和宗教象征的控制。"① 宗教的世俗化意味着传统宗教教义中的神圣性在科学、理性的衬托下正在逐步地淡化与减少，以至于不再能为人类提供一种共同的终极意义，从而导致一些现代人对曾经奉为绝对神圣的传统宗教产生信仰危机，这也是当代宗教面对挑战普遍强调要改革传统教义以适应现代社会发展需要的根本原因之一。

虽然中国佛教所面临的现代化之路与其他宗教有所不同，但是在今天的全球化过程中，它们的存在都有赖于一个共同的文化背景，这就是马克斯·韦伯（Max Weber）所言："我们时代的命运打上了理性化和知识化以及首先打上了'对世界不再迷信'的烙印。准确地说，终极价值和最崇高的价值从公众生活中消失了。"② 现代社会是一个工具理性或目的理性占主导地位的时代，实用与功利成为今天很多人关注的重要目标。

在 20 世纪后期，在中国改革开放的社会环境中，佛教逐渐得到了恢复与重振，其对社会的相适应的功能得到了广泛的认同，博大灿烂而富有智慧的佛教文化重新受到了人们的重视。但在今天的现代化过程中，很多人表现出来的强烈的功利主义、拜金主义而引发出的信仰虚无、精神危机、

---

① [美]彼得·贝格尔：《神圣的帷幕》，高师宁译，何光沪校，上海人民出版社1991年版，第1页。
② [德]马克斯·韦伯：《社会学科学方法论》，杨富斌译，华夏出版社1999年版，第32页。

价值混乱、道德衰败等许多新的社会问题，如"佛告地藏菩萨：'一切众生，未解脱者，性识无定。恶习结业，善习结果，为善为恶，逐境而生。轮转五道，暂无休息，动经尘劫，迷惑障难。如鱼游网，将是长流，脱入暂出，又复遭网。以是等辈，吾当忧念。汝既毕是往愿，累劫重誓，广度罪辈，吾复何虑？'"[①]这些社会问题不免要对佛教的发展、对佛教徒的生活产生影响。尤其是当今的世俗化的潮流使当代佛教有时也不得不面临两难的困境：一方面希望能够沿袭传统，以严行戒律来保持佛教信仰的神圣性；另一方面，又希望关注人的生活，通过人间化的道路，使佛教更能够契合现代社会人生的需要。因此在今天，弘扬地藏精神仍显得尤其重要，这也是佛教中国化的路径之一。

三、弘扬地藏精神与佛教中国化的路径

随着中国城市化进程的快速发展，城市不断向外围扩展，毗邻的农村逐渐从农业区变为工业区、商业区和居民区，成为大中型城市与传统乡村之间的城乡交错带，这是近年来中国现代化、城市化进程中令人瞩目的现象，其中牵涉众多的人口，直接改变了许多民众的生活状态。传统的山林佛教也在向都市佛教转化，以安徽九华山为代表的四大佛教名山，就需要通过佛教中国化的路径，来关注社会生活变化对人们精神世界的影响，通过弘扬地藏精神来发挥佛教信仰所特有的积极作用。

首先，要发挥中国佛教关注现世现生的人文主义精神。印度佛教本是强调出世解脱的宗教，其根本宗旨是把人从人生苦海中解脱出来，其立论的基点是对人生所作的"一切皆苦"的价值判断，但其终极理想仍然是为了追求永超苦海的极乐，在"自作自受"的业报轮回的说教中，更透露出了企求靠自己的努力来实现人生永恒幸福的积极意义，虽然这种积极意义在印度佛教中并没有得到充分的彰显，但它在中国传统文化重视人生的氛围中却获得了新的生命力，并得到了充分的拓展，其中摒弃贪、瞋、痴，

---

① 《地藏菩萨本愿经》卷上，《大正藏》第13册，第780页。

远离人间的争斗、忿怒、仇视等不良心理状态，保持一种宁静平和的精神就是特别值得珍视的人生态度了。地藏精神中所特有的"安忍不动犹如大地，静虑深密犹如秘藏"的深刻内涵所强调的佛法在世间，不离世间觉的当下即是，表现出对人性本真的一种追求，可为处于动荡中的人们带来一种精神安慰。

其次，要发挥佛教的"为善去恶"精神，把超验的信仰与现实的人性联系起来，帮助人正视人生的苦难，探讨人生苦难的原因，寻找人生幸福的道路。地藏菩萨不忍心母亲在地狱中受折磨，于是自己替母受过而喊出"我不入地狱，谁入地狱"的口号，之所以被后人广为流传，是因为地藏菩萨有孝顺而善良的美德，尤其是通过洞悉人性的弱点，建立起职责明确的清规戒律来督促人们为善去恶，如佛教倡导的"诸恶莫作，众善奉行"，在客观上有利于修行者不断摒除不良私欲、无明痴愚和不端罪性，由此而将提升人类的道德水平，促进人性向善作为排除精神困扰的良方。如美国宗教学家斯特伦（Frederick.J.Streng）所说："宗教是实现根本转变的一种手段。根本转变是指人们从深陷于一般存在的困扰（罪过、无知等）中，彻底地转变为能够在最深刻的层次上，妥善地处理这些困扰的生活境界。"[1] 这种根本转变的目标则是促进人的精神由世俗之渊提升到涅槃之境。佛教缘起论在洞悉人性弱点的基础上，引导人们认识什么是健康人格。让每一个人都明白，自我的每一个为善去恶的行为都是提升自我幸福和促进社会和平发展的一个重要因素。这虽然是一个带有理想化的价值设定，但其目的则在于发挥佛教信仰的神圣性，促进人的精神境界有所提升，这对于当今的新文化建设具有重要意义。

第三，要发挥地藏菩萨的大孝大愿的慈悲精神。在"三学"基础上发展起来的大乘"六度"，主要是在戒定慧之外又加上了"布施""忍辱"和"精

---

[1] [美]斯特伦：《人与神——宗教生活的理解》，金泽、何其敏译，上海人民出版社1991年版。第2页。

进",与小乘的偏重自利相比,更突出了大乘菩萨自觉觉他、自度度人的决心与慈悲精神,可谓"大慈与一切众生乐,大悲拔一切众生苦。大慈以喜乐因缘与众生,大悲以离苦因缘与众生"。[①]为救助一切有情生命而不懈努力,佛教特别推崇菩萨的自利利他的大乘精神。地藏菩萨克制自我欲望,以济度众生的慈悲情怀,又通过布施与忍辱表现出来。精进则体现了一种"地狱未空誓不成佛,众生度尽方证菩提",为达到觉行圆满的最终目的而百折不挠的精神。地藏菩萨所体现的大乘"六度"的修持方法通过个人解脱与众生得救的结合,成为当代佛教中国化的重要途径。今天,中国佛教为适应不同地区和民族的需要而日益伦理化,在适应社会需要的同时,也要思考如何发挥佛陀倡导的济度众生的慈悲精神,这对于佛教如何发挥在新时代文化建设中的作用有其特殊的意义。

笔者认为,当代佛教发扬地藏菩萨精神的优秀传统,从强调佛教信仰的神圣性出发,以为现代人提供一种参考,在世俗中体现出神圣,却不应该一味地随俗而消弭了本有的神圣性。也就是说,应当以神圣性来克服当前有人将世俗化理解为依人的本能需要来生活这么一种庸俗化的倾向。这样,佛教才能在今天的社会中,既以自己的特有智慧来积极地回应人们共同关心的问题,又能在社会生活中保持它的生机与活力。换言之,当代佛教一方面要始终高扬佛教的超越精神来提升人们的精神世界,以戒律的神圣性来对治人因过分的自私自利而导致争权夺利,因无边的贪心而导致对大自然的过度掠夺,因信仰危机而导致人的道德失落;另一方面,又要积极关注、主动参与现实社会生活,通过佛教中国化的路径,将参与当下的现实生活作为实现佛教理想的根本途径,在现实人生中甚至在世俗生活中去体悟神圣意趣或真谛。

只有在神圣与世俗的这种动态平衡中,当代佛教才能一方面用世俗化来克服那种因过度神圣化而导致的对人的生活的忽视,因为当人一旦虔诚

---

① 《大智度论》卷二十七,《大正藏》第25册,第256页。

地匍匐在神灵的脚下,他有时会忘记自己的生活,甚至毫不犹豫地扼杀人性;另一方面,则用神圣化来克服过度世俗化而导致的信仰神圣性之消解并趋于平面化。正如麦克斯·缪勒所说:"宗教的生命有赖于对存在于有限之中并超越有限之无限的情感和观点。"① 如果能够从神圣性出发,以佛教智慧为基准,在神圣性与世俗性之间寻求一种动态的平衡,才能使佛教在新时代,通过中国化的路径,更好地树立起应有的宗教形象、社会形象和公众形象。

---

① 孙亦平主编:《西方宗教学名著提要》,江西人民出版社,2002年版,第79页。

《十轮经》与唐代地藏信仰

——兼议佛教中国化

湛 如 [①]

内容提要： 唐代地藏信仰较为兴盛，进而推动仪轨走向制度化。但因文献资料的缺乏，现阶段无法对唐代地藏信仰成型化有清晰的了解。因此，本文试以《大乘大集地藏十轮经》的相关资料考察为基础，展开对唐代地藏信仰和仪轨进行探讨。

关键词： 地藏信仰；仪轨；十轮经

引 言

本文以《大乘大集地藏十轮经》（以下简称《十轮经》）的相关资料为基础，对以《十轮经》为基础展开的地藏信仰和仪轨进行探讨。

《十轮经》翻译后，其思想和内容在唐代的佛教著述、寺院壁画，造像等方面屡屡出现，成为8世纪地藏信仰的主流，这又为唐后期净土信仰与地藏信仰的融合提供了基础。而随着经典翻译的完善和信仰的兴盛，与之配套的仪轨的出现，是佛教中国化的一个重要进程。

众所周知，地藏信仰起源于北凉，而后逐渐发展，到唐代则出现了大

[①] 湛如，中国佛教协会副会长、北京大学东方学研究院副院长、北京大学佛教典籍与艺术研究中心主任。

量地藏信仰的实例。与此相关之研究成果众多，矢吹庆辉、尹富、张总、庄明兴、王微（F. Wang—Toutain）等人有专著探讨地藏信仰[①]，这些研究清晰勾勒出隋代地藏信仰伴随三阶教兴起，乃至唐初玄奘新译《十轮经》的过程。此外还有以敦煌文献和壁画为中心的研究，证明《十轮经》翻译后对造像和壁画有所影响[②]。他们从不同的角度分别证明了唐代存在由《十轮经》产生的地藏信仰，却未从以《十轮经》为基础，探讨唐代由《十轮经》展开的地藏信仰的背景及过程。

针对上述问题，本文着眼于经文内容和社会背景两个部分，对唐初地藏信仰进行如下两个方面探讨。

第一，唐代地藏信仰仪轨。

第二，从《十轮经》展开的唐代地藏信仰。

在唐代广阔的地域范围中，地藏信仰的兴盛以及仪轨制度化是一个漫长的过程，因文献资料的缺乏，现阶段无法对唐代地藏信仰成型化有一个清晰的了解。虽然如此，从《十轮经》考察唐代地藏信仰与仪轨的展开，仍然可大致解析当时的情况，为将来的研究提供一些基础。

一、唐代地藏信仰仪轨

在先行研究中已经言及，隋代兴起的三阶教沿用旧译本的《大方广十

[①] 张总《地藏信仰研究》，宗教文化出版社，2003年。尹富《中国地藏信仰研究》，巴蜀书社，2009年。王微（F. Wang—Toutain）《中国5-13世纪的地藏菩萨》，法国远东学院，1998年。庄明兴《中国中古的地藏信仰》，台湾大学出版委员会出版，1999年。[日] 矢吹庆辉《三阶教之研究》，岩波书店，1927年。其他另有众多与本论关系不大之地藏研究，可参见王惠民《地藏信仰与地藏图像研究论著目录》，《敦煌学辑刊》，2005年，第163-168页。

[②] 针对文本的研究有：汪娟《敦煌礼忏文研究》第七章《赞礼地藏菩萨忏悔发愿法》，法鼓文化事业公司，1998年。针对石窟的研究有：王惠民针对敦煌的《十轮经变图》展开一系列研究，包括辨识壁画，造像考察等。（《敦煌莫高窟若干经变图辨识》，《敦煌研究》，2010年，第1-7页；《唐前期敦煌地藏图像考察》，《敦煌研究》，2005年，第18-25页）。张景峰则考证了敦煌321窟《十轮经变图》的营造时间和思想表达（《敦煌莫高窟第321窟营建年代初探》，《敦煌学辑刊》，2016年，第77-91页；《佛教两种末法观的对抗与阐释——敦煌莫高窟第321窟研究》《敦煌学辑刊》，2021年，第60-73页）。

轮经》进行修行①，可以说是地藏信仰最早的仪轨化过程。而后在唐代出现了《赞礼地藏菩萨忏悔发愿法》和《地藏菩萨仪轨》，宋代则有《地藏慈悲救苦荐福利生道场仪》，这三份文献表明，在唐代已经形成了较为完整且兴盛的地藏信仰仪轨。

首先是敦煌文本《赞礼地藏菩萨忏悔发愿法》，反映当时已经形成了依照《十轮经》修行的仪轨。汪娟和尹富已经对此文稿有详细的解读，此处仅对他们的研究进行一些综述。该文本是在玄奘翻译的《十轮经》的序品基础上，经过重新创造而成，主要构成是赞礼、忏悔、发愿②，成立时间在7世纪中叶以后。而对该文本的归属，则有三阶教典籍和普通地藏信仰两种争论③。尽管该文本只在敦煌地区发现，不能作为唐代地藏信仰的整体代表，但是也可反映在唐初期，已经开始形成较为完整的地藏仪轨。

其次是《地藏菩萨仪轨》，该典籍为密教典籍，在中国散佚，所以推测其对地藏信仰的推动作用较少。该本仅见于《大正藏》20册，所用底本是日本永久五年（1117）的写本④，在中国散佚后由杨仁山在民国时期从日本取回。典籍中记载译者为"中天竺输婆迦罗奉诏译"，输婆迦罗即善无畏的梵文名⑤，因此可以推测为善无畏（637-735）翻译该典籍后，经入唐僧传入日本，中国则不见流传。简而言之，因文本散佚不见于历史文献，

---

① 关于《十轮经》新译和旧译的相关研究，可参考尹富《〈十轮经〉中土传播研究》，《社会科学战线》2006年，第148-152页。
② 对于仪轨内容，刘素兰认为本忏法的仪式程序主要分为赞礼和忏悔发愿两大部分（详见《中国地藏信仰之研究》，玄奘人文社会学院宗教学研究所，2002年）。汪娟认为它突出了五悔法中的忏悔和发愿两项。（详见《敦煌礼忏文研究》。）
③ 对于该文本的归属，有两种观点。如庄明兴认为该文本是三阶教典籍；理由是《赞礼地藏菩萨忏悔发愿法》与《七阶佛名经》《人集录依诸大乘经中略发愿法》这两部三阶教典籍在同一写卷上；而汪娟等则认为在没有确凿证据的情况下，不宜直接将该文本归为三阶教的文献。
④ 《地藏菩萨仪轨》现存于《大正藏》第20册，第652页。在该典籍的校注中有"永久五年七月二十三日书竟比校了"一行，因此推测所该经典在此前传入日本。
⑤ 《玄宗朝翻经三藏善无畏赠鸿胪卿行状》："三藏沙门输婆迦罗者，具足梵音，应云戍婆誐罗僧贺，唐音正翻云：净师子。以义译之，名善无畏。"《大正藏》第50册，第290页上。

所以推测其对地藏信仰无重要作用。

最后是《地藏慈悲救苦荐福利生道场仪》,此书到现在还在云南阿吒力僧人中使用,推测其对地藏信仰具有重要作用。该典籍由赵文焕在整理阿吒力僧人文献时发现,收录在《藏外佛教文献》第六辑中[①]。该典籍依据《地藏菩萨本愿经》编撰而成[②],编撰者为宋代的元照(1048-1116)[③]。该书在编撰后沿用至今,对地藏信仰具有较强推动力。

从上述三部仪轨的存在及内容,有以下两点推测。

第一,从印度传来的地藏仪轨未能普及,本土形成的仪轨则更为广泛的传播。《地藏菩萨仪轨》翻译后中土亡佚,《地藏慈悲救苦荐福利生道场仪》却延续千年,比较二者,可知本土形成的信仰仪轨更符合当时社会的信仰需求。

第二,唐代地藏信仰较为兴盛。《地藏菩萨仪轨》是善无畏奉诏翻译,《赞礼地藏菩萨忏悔发愿法》则是由民间编撰,二者出现的年代相差无几,说明当时上到皇室下到民间,都有较强的地藏信仰,才会主动推动相关典籍的出现。

综而论之,这三份文献不能代表唐代地藏信仰的全部状况,但是它们的存在,表明从唐代有较为兴盛的地藏信仰,推动仪轨走向制度化。而相较于生搬印度仪轨,本土形成的仪轨更具普遍性,这是佛教中国化的一部分。

二、从《十轮经》展开的唐代地藏信仰

如先行研究所说,地藏信仰的主要依据经典中,唯《十轮经》有前后两译,而新译本《十轮经》是唐代地藏信仰从其他信仰中分离出独立,并且兴盛

---

① 方广锠《藏外佛教文献》第6辑,宗教文化出版社,1998年。
② 参见张总《地藏信仰研究》,第131-136页。
③ 对于该典籍作者,有两种观点,第一是尹富认为此忏法更可能编成于明清时期。(详见尹富《中国地藏信仰研究》)。第二是国威指明此道场仪的作者是宋代的元照,撰写时间在元祐五年以后。详见《地藏慈悲救苦荐福利生道场仪》,《宗教学研究》,2014(1)。

《十轮经》与唐代地藏信仰

发展的基盘。针对《十轮经》的流传展开，尹富有做过一些研究[①]，他主要从玄奘弟子的角度展开，未曾探讨《十轮经》与唐代地藏信的关系。在其研究基础上，本文从义理和信仰的发展两个角度展开讨论。

《十轮经》的义理为唐初佛教与朝廷的交涉提供了一些理论支持。经由隋朝的发展，唐初佛教已经形成了较为庞大的势力。因此朝廷对佛教的管理也在不断加强，在这过程中主要有两大争议点，即"沙门拜俗"和"沙门治罪"。首先关于"沙门拜俗"这一纷争的具体过程，威斯坦因的《唐代佛教》中已经有详细论述，于此不再详述[②]。需要注意的是在争议的过程中，《十轮经》已经作为理论依据出现[③]。其次犯戒僧人的治理，在玄奘的努力下，从依照世俗法律更变为僧团自治。这一事件的具体过程为：在贞观九年（634），沙门玄琬（562-636）临终上表欲令唐太宗（599-649，626-649在位）将犯错僧人以佛教戒律处理，而不采用世俗法律，对此唐太宗进行回应，但是并未将僧人直接交付僧团，而是依据戒律制定了专门针对僧人的条令[④]。玄奘在永徽二年（651）翻译完《十轮经》，永徽六年（655）上书唐高宗（628-683，649-683在位），请求不要将僧人以俗法治罪，唐高宗下了一道《停敕僧道犯罪同俗法推勘敕》才将犯戒僧人的处理权归还僧团[⑤]。在《十轮经》出现之前，《涅槃经》《大集经》等经典中有国王

[①] 在尹富的研究中，新译本《十轮经》并无太大义理贡献，而是提高了它的佛教地位。详见《〈十轮经〉中土传播研究》，《社会科学战线》，2006年，第148-152页。

[②] [美]斯坦利·威斯坦因著，张煜译：《唐代佛教》，上海古籍出版社，2010年，第31-36页。

[③] 《集沙门不应拜俗等事》卷5："故《十轮经》云，象王见猎师着袈裟，敬故自拔其牙与此猎师。"《大正藏》第55册，第467页上。

[④] 《佛祖统纪》卷39："九年十月，玄琬法师终于延兴寺，遗表有云：'圣帝方尊事三宝，不应使沙门与百姓同科，乞令僧有过者，并付所属以内律治之。'帝嘉纳焉……朕在情持护必无宽贷诸犯过者。宜令所司依准内律明为条制。"《大正藏》第49册，第364页下。

[⑤] 慧立、彦悰《大唐大慈恩寺三藏法师传》卷9："道教清虚，释典微妙，庶物藉其津梁，三界之所遵仰。比为法末人浇，多违制律，权依俗法，以申惩诫，冀在止恶劝善，非是以人轻法。但出家人等具有制条，更别推科，恐为劳扰。前令道士、女道士、僧、尼有犯依俗法者，宜停。必有违犯，宜依条制。"《大正藏》第50册，第270页中。

31

可以参与治理恶比丘的理论，而《十轮经》则宣说世俗势力不能治理恶比丘。从时间顺序而言，玄奘上书要求僧团自治，所依的理论应当就是来自《十轮经》。总而言之，《十轮经》为唐初佛教与朝廷的交涉提供了理论依据。

地藏信仰在唐代虽然兴盛，但是形成过程分分合合。尹富的《中国地藏信仰研究》中对此略有涉及，但是并未进行具体阐述①。本文从三个方面进行讨论。

第一，在《十轮经》新译本出现之前，地藏信仰虽已出现，但分布散乱。如隋代地藏信仰多以念诵名号的方式出现在其他仪轨中。对于此点，尹富已经有所考察，此中不再赘述②。称诵名号的方式一直延续到《十轮经》新译本的出现。如前节所述，《赞礼地藏菩萨忏悔发愿法》就是从称诵名号到形成具体仪轨制度的一个代表。

第二，在《十轮经》翻译后，地藏信仰以《十轮经》为主要载体。其中一个重要表现就是经变图和沙门造像的盛行。在唐代敦煌石窟中，出现了大量的《十轮经经变图》③。第321窟还出现了《十轮经经变图》与《净土经变图》的对照，证明当时地藏信仰在敦煌形成了强大的势力，隐隐有与净土信仰相抗衡之力④。敦煌之外，洛阳的敬爱寺的东禅院和山亭院中存在《十轮经》经变图⑤。除此之外，8世纪从《十轮经》产生的沙门形象地藏的盛行，也说明地藏信仰以《十轮经》为主要载体⑥。另外一个重要的表现是对《十轮经》的读讲，以下略举两例。读诵《十轮经》的例子是思睿⑦，《宋高僧传》对思睿评价很高，认为思睿是贵精不贵多的象征。讲《十

---

① 详见尹富《中国地藏信仰研究》第二章，其中描述了新译《十轮经》对地藏信仰的作用。
② 详见尹富《中国地藏信仰研究》第一章第四节。
③ 王惠民《敦煌莫高窟若干经变画辨识》，第1—5页。《唐前期敦煌地藏图像考察》，第18—19页。
④ 张景峰《佛教两种末法观的对抗与阐释——敦煌莫高窟第321窟研究》，第60—73页。
⑤ 张彦远《历代名画记》，上海人民美术出版社，1964年，第71页。
⑥ 地藏菩萨形象，8世纪以前有多种，8世纪则开始以沙门形象为主，唐末五代则开始有披帽形。详见张总《地藏信仰研究》，王惠民《敦煌莫高窟若干经变画辨识》。
⑦ 《宋高僧传》卷24："释思睿……因诵《十轮经》，日彻数纸，翌日倍之，后又倍之，自尔智刃不可当矣。"《大正藏》第50册，第863页上。

轮经》的例子出自《释门自镜录》，部分原文如下：

①慈悲寺僧神昉，少小已来听学《十轮经》，精勤苦行特异常人，着粪扫衣，六时礼忏，乞食为业。

②每讲《十轮经》，常说众生不合读诵大乘经，读诵者堕地狱。①

该文献记载了神昉（生卒不明）对十轮经的修学以及宣讲过程。①处交代了神昉的相关信息以及修学方式。首先可以肯定的是神昉隶属于慈悲寺。慈悲寺是唐高祖李渊（566-635，618-626在位）在长安为所立②，神昉隶属其中，但此神昉与玄奘弟子神昉为一人否尚值得商榷③。②是神昉宣讲《十轮经》的内容。从记载来看，神昉反对专学大乘的做法，符合《十轮经》中强调三乘皆修的特点。神昉信奉《十轮经》的修学明显偏向苦行，加上《释门自镜录》接下来一段对信行禅师的描述④，可以推测神昉或与三阶教有所关联。尽管这一文献有重重疑点，但唐代讲《十轮经》这一事实的存在，可以证明唐代地藏信仰的重要载体是《十轮经》。

简而言之，唐代的地藏信仰是一个从首都到边境都存在的普遍信仰，而且该信仰的一个重要载体就是《十轮经》。

第三，随着地藏信仰的职能与净土信仰的重合，地藏信仰在唐中后期为净土信仰所吸收⑤。在义理层面上，尚未发现地藏信仰和净土信仰有所交融，尤其是7世纪末期，净土信仰者对三阶教的地藏信仰有过猛烈的批

---

① 《释门自镜录》卷1，《大正藏》第51册，第806页中。
② 《佛祖统纪》卷39："武德元年……以沙门昙献于隋末设粥救饥民，为立慈悲寺。"《大正藏》第49册，第362页上。
③ 尹富在《中国地藏信仰研究》中直接将两个神昉认为为同一人，此中有不妥之处。《释门自镜录》中说信奉《十轮经》的神昉为慈悲寺僧人，而从玄奘译经的相关记载来看，在追随玄奘之前，神昉为法海寺僧人，追随玄奘后，为慈恩寺僧人，所以两个神昉的关系还需要进一步考察。
④ 《释门自镜录》卷1："遂作业道中，见信行禅师作大蛇身，遍身总是口，又见学三阶人死者……"《大正藏》第51册，第806页下。
⑤ 关于地藏信仰被净土宗吸收的具体分析，可参考尹富《论三阶教与地藏信仰——兼论净土教对地藏信仰的吸收与排斥》，第二届中国俗文化国际学术研讨会论文，2007年，第485-490页。

判[①]，从这一角度而言，地藏信仰被净土信仰吸收的关键显然不是义理层次的融合。尹富认为，中国地藏信仰从普度众生到幽冥主宰的关键期在中唐，由华严宗的法藏推动[②]。这一义理可以看为净土宗吸收地藏信仰的基础，但是并未能发现其他相关文献进行理论支持。在民间信仰层面上，中国本土的幽冥世界观是"两世因果论（人－鬼两世）"，在佛教传入中国后形成了"三世轮回"的观念，伴随着幽冥世界观完整而产生的是亡者救度的概念。早期的信仰中，民众对救度亡者的佛菩萨并未有明确的指向[③]，而随着信仰的发展，唐代救度亡者的职能主要被划分给地藏信仰和西方净土信仰，从而导致二者在职能上有模糊重合的地方，为净土信仰吸收地藏信仰提供了基础。这从唐代，弥陀，观音，地藏的造像组盛行可以看出来[④]，地藏造像取代了西方三圣中的大势至菩萨造像，成为净土信仰的一部分。因此可以推论，净土信仰对地藏信仰的吸收，属于民间的自发组合。

综上所述，新译本《十轮经》是唐代地藏信仰展开的基盘，在义理层面上，它为唐初佛教在"沙门拜俗"和"沙门治罪"两个事件提供了理论基础；在信仰层次上，它是一个重要的切分点，将地藏信仰的形象，经变图，仪轨等各个方面统一到《十轮经》的范畴内。而这种信仰的归结，为后期净土信仰从民间层次上吸收地藏信仰提供了可能。

小 结

中外学者对地藏信仰的研究汗牛充栋，本文在众多先行研究的基础上，对新译本《十轮经》对地藏信仰的推动作用进行一些简要的归纳总结，主

[①] 对于三阶教地藏信仰的批判，主要是道镜的《释门自镜录》，其中有大量对三阶教的批判。尹富认为这些批判失之偏颇（详见《论三阶教与地藏信仰——兼论净土教对地藏信仰的吸收与排斥》）。

[②] 详见尹富《中国地藏信仰研究》第三章。

[③] 早期经典的不完善，导致信仰者只进行概要性的祈祷，随着经典翻译的完成，信仰者开始依照经典对佛菩萨进行职能划分，这一划分过程可以从造像记的相关研究中得到体现。

[④] 详见张总《地藏信仰研究》第三章。

要表现在两个方面。

首先，随着《十轮经》翻译的完成，随之出现了配套的仪轨。现存的唐代传世文献较少，难以推断唐代地藏信仰的全部状况，但是从现存的文献而言，唐代有较为兴盛的地藏信仰，而这种盛况推动仪轨走向制度化，且相较于生搬印度仪轨，本土形成的仪轨更具普遍性，这也可是佛教中国化的进程的一个部分。

其次，新译本《十轮经》为唐代地藏信仰的展开提供了基础。《十轮经》不仅在唐初佛"沙门拜俗"和"沙门治罪"两个事件中发挥作用，还在信仰层次上将地藏信仰进行归结。这些信仰基础为后期净土信仰从民间层次上吸收地藏信仰提供了可能。

唐代地藏信仰是一个庞大的课题，其中牵涉造像、文本、寺院构造等众多方面的研究，本文仅截取《十轮经》相关部分进行论述，虽是管窥蠡测，但是也可以对中古时代的地藏信仰进行一些补充。

试论地藏大愿精神的中国化与新时代的使命担当

慧 光 ①

内容提要：以"地藏三经"为依据，以九华山为信仰中心，地藏大愿精神实现了中国化的历程。地藏菩萨人格化，地藏大愿精神不仅与中国传统文化和九华山地域文化相融合，也和世俗政权相互认同。新时代弘扬地藏大愿精神，要高举爱国爱教旗帜，深入开展文化研究，推动地藏大愿精神与时代精神和中华文化融合；丰富实践载体，增强佛教中国化的感染力；注重做好宣讲工作，讲好佛教中国化的好故事，开创我国宗教中国化新局面。

关键词：地藏信仰；大愿精神；宗教中国化

据明嘉靖《九华山志》记载，东晋隆安五年（401），天竺僧杯渡在化城峰始建茅庵，此为九华山佛教传入之明确记载也。唐代，新罗僧金地藏在化城寺修行，圆寂后肉身不腐，建塔供奉，九华山从此被奉为菩萨道场，香火不绝。至明代，金地藏被尊为地藏菩萨应化。至此九华山也与山西的五台山、四川的峨眉山、浙江的普陀山并称为中国佛教四大名山，以九华山为传播弘扬中心的地藏菩萨信仰形成，地藏大愿精神开始广为传播。九华山地藏菩萨道场的确立、地藏菩萨大愿精神的形成过程，是我国佛教中

---

① 慧光，安徽省佛教协会执行会长、九华山佛教协会副会长、回香阁住持。

国化的凝练缩影和典型代表。新时代，佛教界要认真学习贯彻习近平总书记关于宗教工作的重要论述精神，积极传播和弘扬地藏大愿精神，努力开创我国宗教中国化新局面。

一、地藏大愿精神中国化的形成过程与主要内涵

（一）地藏大愿精神中国化的形成过程

1. 佛经中关于地藏菩萨的记述。《地藏菩萨本愿经》《大乘大集地藏十轮经》《占察善恶业报经》有很多关于地藏菩萨的记载。据佛经记载，地藏菩萨"安忍不动如大地，静虑深密如秘藏"，故名"地藏"，其在释迦既灭以后、弥勒未生以前代佛宣化，救度众生。无论是作为大长者子，还是一国之王、婆罗门之女，抑或光目女，都曾发下广大誓愿，这就是人们耳熟能详的地藏大愿："众生度尽，方证菩提；地狱未空，誓不成佛。"地藏菩萨形象，是现出家相，表爱护众生，也表持戒精严。在四大菩萨中，地藏菩萨因大愿心而著称，人们尊其为"大愿地藏王菩萨"。

2. 地藏菩萨信仰中心在九华山的确立。九华山被确立为地藏菩萨信仰传播中心，与唐代高僧金乔觉有密切的联系。在金乔觉之前的东晋年间，九华山就有僧人修行，只是当时的寺院都比较简陋。直到唐代，新罗王族金乔觉来九华山弘扬佛法，常栖居岩洞，进行苦修，因而感动而当地士绅及广大信众，修建了弘法的大道场。金乔觉99岁圆寂后，其弟子们认他是菩萨应世，进而被尊为地藏菩萨应化，成为中国佛教的四大菩萨之一，影响越来越大，信仰的人越来越多，九华山的声誉也越来越大，成为中国佛教四大名山之一和地藏菩萨信仰传播中心，鼎盛时期寺院达到30余座，僧众4000余人香烟缭绕、经年不绝，有"莲花佛国"之美誉。

3. 地藏菩萨信仰的传播和地藏大愿精神的中国化。地藏菩萨信仰的广为传播，除了与地藏菩萨代佛宣化的特殊地位和诵持《地藏经》的功德利益（《地藏经》第六品："若见有人诵是经，乃至一念赞叹是经，或恭敬者，

汝须百千方便,劝是等人,勤心莫退,能得未来现在千万亿不可思议功德。"),还与地藏大愿精神的中国化是分不开的。

《地藏经》的核心思想,被佛教徒概括为"众生度尽,方证菩提;地狱未空,誓不成佛"的地藏大愿精神,这天然地与中国传统儒家伦理思想相接近、相融合的。一是地藏菩萨不辞疲倦的入世救苦精神与中国儒家伦理中积极入世的精神相一致,从而使得代表了大乘佛教入世精神的地藏菩萨信仰,能为大多数中国人所接受。二是宣扬的孝道思想上也与儒家伦理思想相一致。《地藏经》不仅起因是佛陀在入灭前,上升到忉利天宫,为报母恩而说的一部经,从经中主要人物地藏菩萨在因地修行时,他所做的一些感人的事,所发的大愿,也多是出自他的孝心,所以《地藏经》有佛门《孝经》之称。这种孝道思想,也是儒家所推崇的,会得到历代以孝治天下的帝王们的首肯和推崇。这样,地藏菩萨信仰就能在佛教内部、民间和士大夫之间广泛传播了。三是《地藏经》主要讲的是地藏菩萨救度亡灵的事,这种对人的临终关怀,体现了菩萨救度众生时无限宽广慈悲的胸怀和精严、不苟的勤勉精神,这与儒家"慎终追远"的精神和重视祭祀(比如厚葬、三年守墓等礼仪)的传统也是相契合的。

(二)地藏大愿精神中国化的主要内涵

《地藏经》和地藏菩萨在佛教内都有很高的地位,但地藏菩萨信仰、地藏大愿精神真正广为传播、发扬光大,还是在九华山,这与佛教传入中国后和中国传统文化、九华山地区民俗等相融合密不可分。地藏菩萨信仰和地藏大愿精神的中国化,从内涵上讲,大致可以从以下几个方面来理解:

一是地藏菩萨成为人格化的菩萨。九华山作为地藏菩萨道场,与其他三座佛教名山不同的地方在于,其所供奉的地藏菩萨确有所指、实有其人。唐代以后,寺院里供奉的地藏菩萨,已经不仅是佛经中记载的菩萨,更多的是以唐代僧人金地藏为标准的地藏菩萨像,侍立在他身边的是一对父子,年轻的是道明,年长的是闵公,他们是本地最早跟从金地藏修行的徒众。

这就使地藏菩萨从佛经中记载的菩萨,逐渐成为人格化的菩萨,让信众觉得更加可亲、可敬、可信。因此,地藏信仰自唐以来,渐为隆重,风行中国,波及海外。

二是地藏大愿精神与中国传统文化相融合。如前文所述,地藏菩萨因其"众生度尽,方证菩提;地狱未空,誓不成佛"的大誓愿,而被尊为大愿菩萨,这种殊胜功德和利益众生的精神,与中国传统儒家的以天下为己任的精神天然相通。《地藏经》作为佛门孝经,与中国社会尊老敬老的孝亲思想相互契合。在传播过程中,地藏大愿精神的奉献、孝亲等精神被广为传播,进一步被阐释深化,为中国社会所广泛接受和深刻认同。

三是地藏大愿精神和世俗政权的相互认同。佛教讲"报四重恩",其中就包括"报国土恩",不依国主佛法难立。正是得益于这种认同,从金地藏在九华山修行起,九华山佛教就得到地方官府和乡绅的大力扶持。九华山成为地藏菩萨道场后,朝廷更是重视,明清两代帝王多有赏赐,至今尚保存有历代金玉印12枚,康熙、乾隆皇帝御书"九华圣境""芬陀普教"牌匾。

四是大愿精神与九华山地域文化相融合。九华山不仅是佛教名山,还是一座山水名山、文化名山。一千多年来,从帝王、高僧、名流到能工巧匠,还有九华山历代山民,在地藏道场这块平台上,施展才智,开发营建,促进了九华山经济和文化的发展。这里的儒释道文化、鬼文化、山水文化、建筑文化、石刻文化、民俗文化、饮食文化和生命文化(驰名中外的肉身舍利现象)等,异彩纷呈。这些促进了地藏大愿精神和地域文化的融合,使地藏大愿精神和地藏文化的内涵更加丰富和完善。

二、新时代弘扬地藏大愿精神的重要意义

目前,推动我国宗教中国化,成为新时代摆在党委政府、统战宗教部门和宗教界面前的一个重要课题。九华山是佛教名山、地藏菩萨道场,在

推动我国宗教中国化进程中，更要以其高度的政治自觉持续发力，更多担当作为，努力开创我国宗教中国化新境界。

1. 要高举爱国爱教旗帜。弘扬中国佛教爱国爱教的优良传统，积极开展"四进四有"等形式多样、内涵丰富的创建活动。积极学习宪法和宗教政策法规，进一步提高法治意识。加强党史国史和政策法规的学习，把提高僧众爱国主义和社会主义觉悟放在首位，自觉增进对伟大祖国、中华民族、中华文化、中国共产党和中国特色社会主义的认同，维护祖国统一、民族团结、社会稳定。广泛宣传社会主义核心价值观，重点从勤学、修德、明辨、笃实四个方面下功夫，争当培育和践行社会主义核心价值观的表率。

2. 深入开展文化研究推动地藏大愿精神与时代精神和中华文化融合。寺院在开展正常教务活动的同时，要加大佛教文化研究力度，坚持继承与创新相统一，坚持研究与运用相贯通，以当今主流意识形态为引领，对教义教规作出符合时代进步要求的新阐释，逐步形成具有中国特色、符合时代发展要求的佛教思想体系，夯实佛教与社会主义社会相适应的思想基础。佛教文化是中华文化的有机组成部分，要引导广大僧众不断深入研究中华文化，继承中华文化的优秀传统，大力弘扬佛教文化、地藏大愿精神与中华文化相契合的众生平等、慈悲为怀、济世爱民、怀实信厚等理念，深挖地藏大愿精神的时代价值，形成中国佛教文化的特色。

3. 丰富实践载体，增强我国佛教中国化的感染力。佛教界推动我国宗教中国化，要总结经验、守正创新，不断丰富平台和载体，为广大僧众和社会各方参与创造广阔空间。一要营造推动佛教中国化的浓厚氛围，深入推进"四进四有"活动，重点推进政策法规和社会主义核心价值观进场所，传统节日、重大活动开展升国旗、唱国歌活动，使佛教中国化融入寺院日常生活。二要常态化开展理论研讨和讲经交流，注重用社会主义核心价值观引领、以中华优秀传统文化浸润佛教，建设中国特色佛教思想体系和制度规范，推动佛教思想中国化居于统领和基础地位。三要鼓励僧众走出寺院广泛参与社会活动，赴爱国主义教育基地、革命历史纪念场馆等开展红色教育和革命传统教育。发扬济世利人、扶危助困的优良传统，依法有序开展公益慈善活动，为维护宗教和睦、社会和谐贡献积极力量。

4.注重做好宣讲工作，讲好佛教中国化的好故事。近年来，在党政有关部门的正确引导下，佛教界在推动佛教中国化的探索实践中取得了重要进展和一大批标志性的成果。佛教界要对这些经验做法和佛教界涌现出来的爱国爱教、坚持中国化的先进典型事迹进行梳理、总结提炼，用通俗易懂的而又具有佛教特色的语言，以僧众和信教群众喜闻乐见的形式呈现出来，持续进行广泛宣讲，发挥这些先进典型的示范引领作用，带动整个佛教界积极参与推动我国佛教中国化，扩大坚持佛教中国化方向的社会影响力，努力形成"众人划桨开大船"的良好局面。

新时代地藏信仰的中国化特征

果 卓[①]

内容提要: 来自全国各地和社会各界的专家学者们齐聚九华地藏论坛,围绕金地藏和尚和地藏菩萨展开深入的研讨,取得了丰硕的成果。唐朝中期,大唐藩属国新罗国僧人金地藏和尚来到九华山修持地藏法门,并应化为地藏菩萨。随后,地藏信仰体系逐渐在中国形成。以弘扬孝道为核心的地藏精神,在许多方面均与今天的社会主义核心价值观契合。在实现中华民族伟大复兴的进程中,中国佛教应该贡献出自己的一份力量。

关键词: 佛教中国化;地藏菩萨;九华山;和谐社会

多年以来,在各级宗教和文化主管部门和中国佛教协会的指导下,围绕中国佛教的地藏菩萨信仰和九华山的金地藏和尚生平,国内外多位专家学者多次来九华山聚会研讨,并取得过许多卓越的成果。但本次佛教中国化高峰论坛规格之高,论题之大,学者之多,却是史无前例的。今天,我们大家在九华山聚首,我确信,有在座的知名专家和关心佛教的大学者们的努力,我们这次论坛也一定会硕果累累。

自九华山地藏论坛和金地藏研究会等文化研究机构成立以来,围绕汉传佛教、地藏菩萨信仰、金地藏和尚和九华山的探讨和研究得到了学术界、

---

① 果卓,九华山佛教协会副会长、上禅堂方丈。

文化界等社会各界的广泛关注。佛教自公元前3世纪传入中国,发展至今,其发展过程的本身就是宗教中国化的过程。立足当今时代,再次提出坚持佛教中国化进程,说明我国的宗教发展进入了新时期。面对新时期新形势,我们再来研讨如何发挥宗教优良传统,如何在中国特色社会主义新时代更好地引领信教群众践行社会主义核心价值观,这不仅是我们佛教徒对当下社会发展的一份贡献,对推动我国宗教在核心教义、文化、学术等领域的交流发展,也有着更加现实的意义。

我以《新时代地藏信仰的中国化特征》为题,主要谈两个方面:

一、金地藏在中国修成菩萨这一史实就充分体现佛教中国化

1. 金地藏是地藏菩萨的化身

金地藏出生于中国大唐时期的藩属国新罗国,史料称其为新罗国王近属,也有"新罗王子"之说。据说金地藏是因宫乱出家,法名地藏。因受中国大唐文化与佛教影响,金地藏和尚24岁渡海来到中国,历经长途跋涉,后驻锡九华,最终成就了九华山地藏菩萨道场。金地藏初来九华时,先于山洞修行,后向当地一位闵阁老借"一袈裟之地"才有了属于自己的禅居。此后,金地藏和尚带领弟子们在九华山上开荒种地、建立寺院、收摄门徒、弘法教化、报答母恩、示现寂灭、肉身不腐,传至今日,有关金地藏一生的梵行,不一而足。

据史料记载,金地藏自24岁来到中国,驻锡九华后便一直不曾离开,无论是生活修行及至终老,均在九华。初来时生活艰苦,饥食黄精、观音土,渴饮溪水,山下财主吴用之见其修行刻苦,遂发心护持,助以米食。金地藏和尚在九华山开山建寺,度众弘法,仪轨传承,乃至生活方式等,均与中国佛教传承一致,与中国的文化认知、礼仪制度、思维逻辑等均一体相融。史料中记载金地藏初到九华时,过着"岩栖涧汲"的生活,这体现的是汉地佛教苦行僧的修行方式;金地藏和尚入住化城寺后,带领弟子胜谕等人

"相水㳽㳽,开凿稻田"体现的是汉地佛教的"农禅并重""中岁领一从者,居于南台,自缉麻衣"等等,说明当年的化城寺僧团制度严明,金地藏和尚因为要独自禅坐,为不影响僧团规约,便离开了化城寺,而去了今天上禅堂所在的南台龙女泉水池边结茅而居。凡此种种,金地藏和尚及其带领的化城寺僧团一直走的是中国化佛教的修行之路。

2. 金地藏在中国修行成为菩萨

金地藏,金姓为其出家前姓氏,法名地藏。在俗虽贵为王子,但出家之后,来到中国,金地藏能刻苦修行,示现神通(如袈裟借地、发石得泉等),后驻锡一方,直至99岁圆寂九华。金地藏示寂后,弟子们将其装缸收敛,三年后,其肉身不腐、身柔手软,叩其骨节有声。后人据佛经"菩萨勾锁,百骸鸣矣"的描述,遂认定其为地藏菩萨应化身。据《百丈清规·神僧传》记载:"金地藏是地藏菩萨的化身,降生到古新罗国,24岁出家,来到中国九华山,修行75年,99岁圆寂",从而认定金地藏即是地藏菩萨的应化身,其当年修行所在的九华山,也便成为地藏菩萨道场。明朝后期,汉地的僧信们将地藏菩萨与文殊菩萨、普贤菩萨、观音菩萨并称为中国四大菩萨。九华山也一并成为中国四大佛教名山之一。

二、地藏菩萨的大愿精神及其影响充分体现佛教中国化

1. 什么是大愿精神

自唐金地藏修行成为地藏菩萨的一千多年以来,地藏菩萨备受大众尊敬与仰慕,听闻地藏菩萨名字的人,就几乎没有不知道地藏菩萨的大愿精神。讲地藏菩萨的经典有三部,即《大乘大集地藏菩萨十轮经》《占察善恶业报经》和《地藏菩萨本愿经》。在《地藏菩萨本愿经》中就记述着十方诸佛菩萨都一致称赞地藏菩萨。因何称赞?皆因地藏菩萨的大愿精神。地藏的大愿究竟是什么?就是"地狱不空,誓不成佛;众生度尽,方证菩提"这十六

个字。大愿精神是解救苦难的精神、普度众生的精神，是救苦无有穷尽的精神，是救苦无有疲厌的精神，是究竟成佛的精神。

2. 大愿精神的内涵

大愿精神："地狱不空，誓不成佛，众生度尽，方证菩提。"前两句是讲孝道与慈悲、后两句是讲大愿及目的。

孝道是讲地藏菩萨发愿救度的动力，据《地藏菩萨本愿经》记载，地藏菩萨因地时，曾示现四次身份，其中二次分别为婆罗门女与光目女。示现这二次身份时，她们的母亲都因生前造作恶业，死后堕落地狱，孝女求佛（阿罗汉）加持，后通过佛（阿罗汉）教导的方法，帮助母亲脱离地狱并转生善道。中国传统文化的孝道精神，子女对父母要孝养，养父母之身、养父母之志，佛教的孝道除了做到这两点，还要从生命的本身，助父母得到生命的究竟解脱，这是圆满的孝道体现。婆罗门女与光目女见到地狱苦痛不堪的情景，在救度自己的母亲后，再次发愿，誓愿救度一切地狱众生如同自己的父母一般，这是慈悲的体现，符合中国文化仁义救人精神。

后两句，是讲大愿的体现与目的。大愿即为利众生愿成佛的愿，地藏菩萨度尽众生，然后自己才成佛，这种愿心无尽的精神，值得诸佛菩萨与大家敬仰。

3. 大愿精神的意义

大愿精神，是一种普度众生救苦救难的精神，这种精神在当今时代具有重要意义，与佛教传入的初心一致，佛教传入中国，即爱国爱教、护国佑民，为社会发展作贡献。学习大愿精神，践行大愿精神，永远热切地服务社会，帮助他人，并影响身边所有的人。

4. 大愿精神的影响

大愿精神是无我利他、救苦救难精神，在当今时代实为社会大众普遍的需要。

今天，这么多专家学者，大德高僧聚会一处，到南无大愿地藏王菩萨的道场九华山来共襄盛举，深研地藏法门，来同心同德，助力社会和谐愿，这在九华山一千多年的佛教发展史上是罕见的。这要感谢党和政府的关怀，要感恩社会各界的相助。

以上仅为贫僧的一家之说，不如法处，在所难免，敬请各位领导、各位大德法师、各位专家教授、各位来宾给予批评指正。

新见《十王经》所示之拓展变化[*]

张 总[①]

内容提要：陕西与浙江新发现塔藏《十王经》与敦煌藏经洞经本详校可获重大发现。既比定出早期经本类型，还表明耀州本具文偈本与图赞本的过渡形态。台州本经题与平等王之称体现了与海东本的传承关系。耀州本十分零碎，初刊仅以日本《卍续藏》经本作校勘底据，从而抹杀了其价值。本文采用"同经缀合"方法，依批量存文的敦煌本将缺字补入并缀合并确定经本类型，进一步比定《阎罗王经》《阎罗王授记经》与《佛说 / 预修十王经》三类型并阐明其间递进转变。而西藏文与西夏文本之发现更说明其发展变化，从而为十王经之研究开辟出新境界。

关键词：《十王经》；六菩萨；三菩萨；预修斋；西夏文经本；西藏文经本

一、学术史简说

《十王经》及相关属国际学界热点，因而论著研考颇多，跨度长，各

---

[*] 本文原为2018年秋在中国人民大学举办的"中韩日佛教会议"讲稿，此次修订增入了西夏文与西藏文《十王经》新材料与探究的内容。

[①] 张总，中国社会科学院世界宗教研究所研究员。

国参与者众,笔者曾整理学术史①,在此只能略及先后。日本学者冢本善隆、秃氏祐祥及弟子小川贯一、户田帧祐等文论年代较早,而美国太史文的《十王经》重要专著②,德国雷德侯教授的十王图专文,以及大陆杜斗城的敦煌经本校录,我国台湾萧登福③、潘亮文著论等④可谓中期研考。新世纪以来也有成果,国内外如日本小南一郎、本井牧之、荒见泰史等学者⑤,我国台湾王见川,大陆伍小劼、王娟及笔者等,还有一些侧重经本材料方面发现、如日本杏雨书屋《敦煌秘笈》,刊布四件《十王经》,两件为新知⑥。中村不折藏本《禹域墨书集成》刊一件⑦,再如黄征、王雪梅《陕西神德寺塔出土文献》⑧与台州文管会与黄岩博物馆《浙江黄岩灵石寺塔文物清理报告》、党燕妮续缀等⑨。另一亮点即多语种经本,如新披露俄藏

---

① 笔者自著有近20篇论文探讨这一问题,2001年《敦煌吐鲁番研究》五卷《〈阎罗王授记经〉缀补研考》就前期论著作过梳理。

② Stephen F. Teiser, *The Scripure on the Ten Kings and the Making of Purgaturt in Medieval Chinese Buddhism.*,Univertsity of Hawaii Press, 1994。张煜译、张总校《十王经与中国中古冥界的形成》,上海古籍出版社,2016年。

③ 萧登福:《敦煌俗文学论丛》第四篇"敦煌写卷《佛说十王经》的探讨"。第五篇"敦煌所见十九种阎罗王受记经(佛说十王经)"之校勘,台湾商务印书馆,1988年,与杜斗城校均19本,但有两三不同。

④ 潘亮文:《中国地藏菩萨像初探》,台南艺术学院,1999年,第38页。

⑤ 小南一郎《〈十王经〉的形成与隋唐民众信仰》,《东方学报》2002年。本井牧之《预修十王经的诸本》,《京都大学国文论丛》(11),2004年。荒见泰史《关于地藏十王成立和演变的若干问题》,《2004年石窟研究国际学术会议论文集》上册,上海古籍出版社,2006年。

⑥ 武田科学振兴财团编集《敦煌秘笈》(大阪:2009)。其中《阎罗王授记/佛说十王经》共有四件。李盛铎原藏两件编为羽408号与732号,而羽723号为稍残的长经本文,而羽1115则仅存9行。

⑦ [日]矶部彰编《台东区书道博物馆所藏中村不折旧藏〈禹域墨书集成〉》卷中,二玄社2005年,第232-233页。

⑧ 黄征主编、王雪梅副主编《陕西神德寺塔出土文献》,凤凰出版集团,2012年;同作者《陕西神德寺塔出土文献简目》,《敦煌研究》2012年1期。

⑨ 台州文管会与黄岩博物馆《浙江黄岩灵石寺塔文物清理报告》,《东南文化》1991年第5期。杨松涛《黄岩灵石寺塔出《〈预修十王生七经〉考察》,洪修平主编《佛教文化研究》,第一辑,2015年,此文是笔者相助作成。党燕妮《〈俄藏敦煌文献〉中〈阎罗王授记经〉缀合研究》,《敦煌研究》2007年第2期,第104-109页。

吐鲁番回鹘文精美图文残片[1]、俄藏西夏本的释译与新现拍品收藏等，西藏文《十王经》之刊布研究更出意料，捷克学者专著研介了早年流出的一件藏文经本[2]。另有石窟摩崖十王造像[3]，还有综论如中英文地藏专著[4]以及学位论文等等[5]。但良莠不齐，颇不平衡[6]。台湾王见川教授《近代中国地狱研究之一：十王的流传、演变与定型》，吕梁学院王娟《敦煌本〈十王经〉文本系统再考察——以经中长行为中心》[7]，是较有分量探讨全经体系之文。

---

[1] Dr. Simone-Christiane Raschmann The Old Turkish fragments of "The Scripture on the Ten Kings（十王经 Shiwang jing）" in the collection of the Institute of Oriental Manuscripts in St Petersburg，第二个百年国际敦煌学学术会，彼得堡，2012 年。

[2] 丹尼尔·贝劳尔斯基（Berounsky, Daniel），《藏文版〈十王经〉以及汉语对藏传佛教来世观念的影响》(The Tibetan Version of the Scripture on the Ten Kings and the Quest for Chinese Influence on the Tibetan Perception of the Afterlife)。布拉格（Prague）：文学院（Faculty of Arts），查尔斯大学（Charles University）。布拉格（Prague）2012。据兰州大学李志明承担《国内两种新见藏〈十王经〉对勘与研究》（2019M663856）可知西藏文《十王经》当不止一本。

[3] 江滔、张雪芬《9-13 世纪四川地藏十王造像研究》，《成都考古研究》2016 年，对经文中内证不了解。张亮《四川安岳云峰寺摩崖地藏十王地狱变》，《中国国家博物馆馆刊》2018 年第 1 期，第 26-37 页。图像解释错以地狱变解释中阴。

[4] Zhiru, The making of a savior Bodhisattva_ Dizang in medieval China, University of Hawaii Press 2006. 尹富《中国地藏信仰研究》，巴蜀书社，2009 年。四川大学博论增改，但作者对与成都近在咫尺的绵阳等四川重要龛窟不能调查，只是再征引。包括川大考古专业释见微的地藏菩萨硕士论文，存在同样问题。王卫民《大圣慈寺画史丛考》，相关部分既不了解学术动态，也不能恰当分析材料。

[5] 钱光胜《唐五代宋初冥界观念及其信仰研究》，兰州大学博士论文，2013 年。何卯平《东传日本的宁波佛画十王图》，《敦煌学辑刊》2011 年第 3 期。其文亦出自兰大博士论文，惜于铃木敬等《中国绘画史总合图录》中基本材料尚未读全。相关还有如王雪梅《四川营山大蓬秀立山普济寺众修十王生七斋记校录整理》，《西华师范大学学报（哲社）》2014 年第 6 期。杨富学、包朗《摩尼教〈冥福请佛文〉所见佛教地狱十王》，《世界宗教文化》，2014 年第 1 期。杨富学、杨琛《华化摩尼教冥界观与敦煌本〈十王经〉关系索隐》，《敦煌民族与宗教文化研究》，2021 年。

[6] 如复旦大学博士生孙健《〈十王经〉版本流传中转轮王形象转换的历史语境》，《三峡大学学报（人文社会科学版）》，2017 年第 2 期，第 87-95 页。未明学术史，所论无甚意义。姜霄《地狱三王体系演变考》，《史志学刊》2017 年第 4 期，第 59-68 页。观点似来自笔者又未看全。张金东《论阎罗形像的本地化历程》（扬州大学 2010 硕士论文），完全不解十王结构于中阴阶段，竟然将十王分配诸层地狱，几成笑话。

[7] 前文刊《历史、艺术与台湾人文论丛》12 辑，感谢作者赠文。后文刊《世界宗教研究》2021 年第 1 期。

二、耀州塔与台州塔出本

陕西铜川耀州神德寺塔与浙江台州黄岩灵石寺塔都有此经的重大发现，均为敦煌之外汉文本，其图文形态都有重大价值，对解明十王经的形成演进尤有意义，特别是耀州神德寺塔本，其存本具新创与过渡之意义；灵石寺塔本与敦煌及海东本有微妙差异。

（一）神德寺塔经本

陕西省铜川市耀州区北宋神德寺塔，通高35米，仿木楼阁式砖构，八面九级密檐环围，斗拱挑角镌刻精美，风格庄严雄浑。2004年9月维修塔身时发现拱券窗洞有抄写佛经纸本抄印及绢彩佛画30余种，残泐严重[①]。内有北宋"开宝九年（976）"和"雍熙二年（985）"纪年，且多避讳，可推其早者为唐代。

这批经卷曾得到黄征与王雪梅的整理，出版精装大开本四图册《陕西神德寺塔出土文献》[②]，并发表经文目录《陕西神德寺塔出土文献编号简目》[③]。共归纳14个此类经本号，给予了四个经名，即《预修十王生七经》《阎罗王授记四众逆修生七十斋经》《阎罗王经》《佛说阎罗王经》。其中后三者是根据经本尾题或经内出现经名给出。刊布这批佛经，并进行了整理，裨益于学界，贡献很大。但也无需讳言，其整理水平不高，问题不小。特别是对于疑伪经类此经系之阎罗、十王经。最主要的问题是全部依据日本卍续藏所刊《预修十王生七经》来进行校勘，仅偶然提及敦煌经本（虽然据说作者还将此塔券洞譬之于敦煌藏经洞）。但实际操作却将部分确可对应敦煌晚唐至北宋之写经，以约当明代刊刻的续藏经本作为校比。其定

[①] 据介绍9月24日清扫时发现有经卷掉落塔下，收取时还有些损失。因而残片出现混收应是自然。《耀州神德寺塔本藏经洞》，铜川市耀州人民政府网站《耀州文史》栏目，2017年1月16日刊。又据腾讯网《鸟粪积经中——瑰宝水化解》，说明塔券中鸟粪的部分保护作用。

[②] 黄征、王雪梅：《陕西神德寺塔出土文献》，凤凰出版集团，2012年。

[③] 黄征、王雪梅：《陕西神德寺塔出土文献编号简目》，《敦煌研究》2012年1期。

经名本根据不足。实因黄岩灵石寺塔本也具《预修十王生七经》题而可行，确是俗语所说"歪打正着"。其实，整理校勘时如若能以"每行/字数"均对准的方法，用刊布极多的敦煌经本缀足缺字，加以比对，就可查明其与敦煌经本的关系，进而解析其类型发展变化。

黄征与王雪梅校理的另一问题是完全没有缀合。例如对具有极为明显之相同特征之的 Y0076 号与 Y0155 号，未加缀理。或因此批经本发现后分为不同卷袱的状况，两作者似乎认为绝无缀合之条件与可能。但是实际情况应该重视，在字体内容与残缺形态之种种状况都符合的情况下，就应考虑其原经帙包袱的可靠性。本来这批经卷发现时就状况不良，原本掉落塔下残片收取时就有可能混淆。所以，至少应该在一定程度上考虑缀合整理，特别是残片已经呈现可以缀接之事实时，就应予以承认。

笔者前此的初步整理已缀 Y155 于 Y076 号之中（详后），曾在几文中列举并有所讨论[①]，就其属敦煌本之文偈"阎罗授记"与图赞"佛说十王"经本略有分类。当然，苛责别人易、严求自己难。虽如上举且较熟悉此经本，但现在看来，笔者前此整理中粗疏与错误也还不少，诸文皆仅大体核对，而非以缀理为主。但现在依此整理则颇有收获，要点有二者：首先遵循古代或出土文献整理中，严格对应原文行字的方法。因敦煌本此经存有大量文本，且有传诸海东诸本。因而，只要有两行以上存字，特别是行首与行尾之字，就可以缀补出行字的原状情况，基本出入不大。在此基础上还可以就段落内容缀补、并相互核对，争取主要关键段落甚或全本，以断定经本类型。其二即针对耀州神德寺本残损极为严重，多为残片的情况，再结合其写本中每行 15 字与每行 17 字对应于不同经本类型的特点，就此缀理提出了"同经缀理"的原则。因一般古籍文献的缀合整理是以"同件/同号"

[①] 《十王地藏信仰图像源流演变》，刘淑芬主编《信仰实践与文化调适（下）》，第四届国际汉学会议论文集，台北，2013 年。《十王经的新材料与研考转折》，《敦煌吐鲁番研究》第 14 册，北京大学出版社，2015 年。《疑伪经中编撰与摘抄例说——〈高王经〉与〈十王经〉》。刊方广锠主编《佛教文献研究》第一辑（佛教疑伪经研究专刊），广西师范大学出版社，2016 年。

为原则，发现残碎之片状，从一件出发而缀做拼理，尽量缀成一件。当然，孤本或少见内容者，基本无法做同经同号之处理。但在具体特殊的情况下，要有具体特殊之办法。或者说有灵活的方法论，才能解决问题。如此处所存，笔者指出其最大价值就在于显现出经本类型的状况。所以，用此方法，能够最好地解决经本类型问题，从而厘清十王经系之变化的关节。

1. 文偈本《阎罗王经》

此经本约由多个经号的残本缀理而成，又可分三段落，行均15字。首先有四残片咬合，即黑体字Y0199-3+舒体字Y0179+魏碑字Y0147-1+宋体字Y0226-2号（补入为下划线楷体字）。

Y0199-3号等四残片等缀合（图1）

1. 受苦转其中随业报身定生注死若复
2. 有人书写经受持读诵舍命之后必出
3. 三途不入地狱在生之日煞父害母破戒
4. 煞诸牛羊鸡狗毒蛇一切重罪应入地
5. 狱十劫善写此经及诸尊像记在业镜
6. 阎罗王欢喜判放其人生富贵家免其罪
7. 过若善男子善女人比丘比丘尼优婆
8. 塞优婆夷预修十会累七往生斋者每
9. 月二时供养三宝并祈十王修名进状上
10. 六曹官善业童子奏上天曹冥官等记在
11. 名案身到日时当使配生快乐之处不住
12. 中阴四十九日待男女追救命过十王若阙
13. 一斋乖在一王留连受苦迟滞一年是
14. 故劝汝作此要事祈往生报
15. 尔时地藏菩萨龙树菩萨救苦观世音
16. 菩萨常悲菩萨陀罗尼菩萨金刚藏菩萨
18. 赞叹世尊哀愍凡夫说此妙法救拔生死
19. 顶礼佛足 尔时二十八重一切狱主阎

非常有趣的是，原本并非一同号件的写经出现了严格缀接。相同的经本以相同格式写之，会有近同的格字，但出现如此似同件的缀合，还是令人吃惊。其Y0226-2号有两残片，其行15字，其"童子报/当"可吻合于此中，而"佛/子"或在其中后部①。此缀将原知异文"预修生七斋"明确为"预修十会累七往生斋"为最大收获，完整者更反映出其早初状态。

Y0211号②。行15字，约10行经文中8行存字。可录补为（具下划线为补字）：

1. 一切罪人<u>慈孝男女</u>
2. 若报生养之恩七七修斋造像以报
3. 父母恩<u>得生天上阎罗法王白佛言世</u>
4. 尊我发使<u>乘黑马把黑幡著黑衣捡</u>
5. 亡人家造<u>何功德准名放牒抽出罪人不</u>
6. 违誓愿<u>伏愿世尊听说检十王名字</u>
7. 第一七秦广王<u>第二七宋帝王第三七初江王</u>
8. 第四七五官王<u>第五七阎罗王第六七变成王</u>
9. 第七七太山王<u>第百日平等王第一年都市王</u>
10. 第十三年五道转轮王

---

① Y226-2号有两残片，图版中其前A片Y0195号内容有点重复，但依其格式应为行17字，更近于《十王经》吧，可补在此大段后部。图版中其后B片可补入上图中。另Y0194号等小残片存字应在残失的内容中。

② 黄征、王雪梅：《陕西神德寺塔出土文献》，凤凰出版集团，2012年，第794页。标为染黄细纸，长18厘米，存四残片。但原著中释文与图版有别，图版无前两行内容。

Y077号缀补整理（补入为下划线楷体字）。

> 1. 十斋具足免十恶罪我当令四大夜
> 2. 叉王守护不令陷没稽首世尊狱中罪人多是用三宝财物喧闹受罪报
> 3. 识信之人诚慎勿犯三宝业报难容
> 4. 得见此经者应当修学出地狱因
> 5. 尔时琰魔法王欢喜顶礼退坐一
> 6. 面佛言此经名阎罗王授记四众预修生七往生净土经汝当奉持流传国界依教奉行
> 7. 阎罗王经

由此三大段接并、对照于敦煌本《阎罗王经》(妙福等抄)，大多与关键处相同，可知耀州神德寺塔亦存此本，唯以六菩萨代替三菩萨，且自具"预修十会累七往生斋"之称。一般经本此词都为"预修生七斋"，此件中此词显出原初性，虽属孤例，亦足参考。

2. 过渡型偈颂本

此过渡本亦由多件片号缀理而成，且具重要的性质。尾题《佛说阎罗王经》。虽然内容前中多残，而十王偈颂的句式，先是"某七某某王下"，近同于《阎罗王经》的"某七某某王"、《阎罗王授记经》"第某七斋某某王下"，不同图赞本的"第某七过某王"。继以"以偈颂曰"，近同于《十王经》的"赞曰"，所以，此句式应是藏川署名本《十王经》之前的状况①。

---

① 藏川或只将"偈颂"改为"赞曰"，由绵阳北山院摩崖可知图像亦非藏川所为，这倒符合诸多创成的真实历史，很多人的努力才成一件事，但多归为一人。现在看来，藏川很可能只是一个托名。

Y0076+Y0155 号缀理

一七秦广王下以偈颂曰

  一七亡人中阴身躯将队队数如尘

  且向初王斋点检由来未度奈河津

二七宋帝王下以偈颂曰

  二七亡人渡奈河千群万队涉江波

  引路牛头肩挟棒催行鬼卒手擎叉

三七日初江王下以偈颂曰（Y0155①图2）

  亡人三七转恓惶始觉冥途险路长

  各各点名知所在群群驱送五官王

四七五官王下以偈赞曰

  左右双童业簿全 五官业秤向空悬②

  轻重岂由情所愿低昂自任昔因缘

五七阎罗王下以偈赞曰

  五七阎罗息诤声罪人心恨未甘情

  策发仰头看业镜始知先世事分明

六七变成王下以偈赞曰：

   亡人六七滞冥途切怕生人执意愚

   盼盼只看功德力天堂地狱在须臾

七七太山王下以偈赞曰

   亡人七七讬阴身专求父母会情亲

   福业此时仍未定更看男女造何因

  百日平等王下以偈颂曰

   后三所历渡③关津好恶唯凭福业因

---

① Y0155号中行清楚，两侧残存，对照此本实可识出前行"引路"残迹，后行"三七"残迹。

② 此句与常见次序相反，黄征等校录已指出。

③ 误"后"为"复"，径改。"渡"诸本为"是"。

不善尚忧千日内胎生产死拔亡身
一年都市王下以偈颂曰
　　下身六道苦茫茫十恶三涂不易当
　　努力修斋福业因河沙诸罪自消亡
三年五道转轮王下以偈颂曰
　　阎罗退坐一心听佛更悯勤嘱此经
　　名曰预修生七教汝兼四众广流行
尔时阎罗再白世尊□□□□□□□
预修十斋方便之时□□□□□□□
来世一切众生①
出家弟子若僧□□□□□□□□□
逆修十斋七分功德② □□□□□□□
堕十恶罪果感于□□□□□□□□③
是侵损三宝财物□□□□□□□□
发菩提心预修斋道尔时琰罗王佛言
名《阎罗授记预修生七往生净土经》阿难领
受流传国界
佛说阎罗王经

　　由 Y0076 号已体现出此本根本性的无图而具偈赞的特征，符合于敦煌具图赞本之形式，但是此处某王下以偈颂曰，明显为此图赞本的初创形式。更重要的就是此处冥王的名序、第二宋帝王与第三初江，与文偈本同而与图赞本第二初江、第三宋帝王恰为相反。结合上述赞句之前的句式变动之

---

① 黄征、王雪梅录文此有"阎罗天子及"，其所著图版上无显示，第521页。
② 所谓逆修功德，亡者仅得七分之一，在《授记经》中处于前面段落，所以不排除此数行有错置可能。
③ 黄征、王雪梅录文此有"当同力救"，图版上无任何痕迹，第522页。

情形，因可推定，此经本为敦煌本《阎罗王授记经》与《佛说十王经》的过渡形态，殆无疑义。但此经残失仍多，而另外一些残片所存字句，如碎为十四小片的Y0228号，或可为此段经文前后之句，并有《十斋经》之称。所以，还有一些其他排列或缀接的可能性。

3. Y014-2号

此号已是神德寺塔出本十王经中最近完整的一件。存有此经大部内容，其类别亦为无图的图赞本，文字可与敦煌本《佛说十王经》比定。因篇幅等因，附录于后。

（二）台州黄岩灵石寺塔本

浙江省台州市黄岩区灵石寺，位于头陀镇潮济乡灵石山南麓。两塔北宋乾德三年（965）建，原分立于大雄宝殿前东西两侧，东塔清初已毁，西塔1963年公布为省级文保单位，残高21米，六面七级砖筑。因年久于1987年11月大修，每层均出文物。其第四层南北平行设两座天宫，五卷《佛说预修十王生七经》出于北部天宫。

由图3（文后附图）可见诸卷有白描十王图画。其文字虽近同敦煌本《佛说十王经》，更与海东诸本接近，特别是经题与王名等关键处。如此经首题《佛说预修十王生七经》，尾题《佛说十王预修生七经》。韩国海印寺单印本（1236年）与朝鲜王朝15世纪多版刻本（天明寺1454年）及日本传本皆具此类题名[1]，国内明天顺年间（1457-1464）刊印本（国家图书馆善本16022号）《阎罗王经》才有此名。日本高野山宝寿院存早期抄绘经较台州画本仅多卷首画[2]；而《续藏经》刊《预修十王生七经》为朝鲜王朝刻经，经尾有明代

---

[1] 韩国金刚大学金知妍《巫俗所见的十王信仰》，列举了海印寺经本（1246）以后，朝鲜王朝有15世纪的天明寺（1454）、证心寺（1461）、刊经都监（1469）经本，16世纪续有兴栗寺（1574）、广兴寺（1576）、寺（1577）等多种经本。

[2] 《大正藏·图像部》所刊高野山藏《预修十王生七经》曾被认为唐宋影响之本，实际上其每王处众多人物皆对应于高丽海印寺的寺刊本（1246）此经变相。

成化五年（1469）六月记。由台州灵石寺本才知此名早已见于中国。此外海东韩日本内，"平等王"之称亦相同。

每王一图的构成，也使经图与绢绘宁波十王画贴合。在此本发现之前，已知此经图有全卷十四图与十三图两种形态（大理国本未全），但其卷仅有十王各一图，较日传本更为简洁。此经约属于北宋乾德至咸平年间，其塔铭云："东面报先师和尚度脱之恩……今世预修来世善，愿其福慧得双通""北面报亡妣袁三郎养育之恩，开宝八年（975）二月初二日寺主经律大德嗣卿记"。本铭文直接体现此经的预修思想，推知经本年代应贴近开宝八年，早于日本纳藏此经，亦早于宁波十王画集。灵石寺与高野山经本虽皆为十王各一图，前者诸王竟无公案，仅坐方座，旁或立善恶童子、官吏与狱卒，所绘人物妙洁，很多只有四人，如初江王处，一人乘小船上作揖，船夫与河中各一人，五官王处仅四人，业秤高大，一吏促亡者观其秤上善恶卷子之轻重。阎罗王衣冠带饰稍异余王，镜中有杀猪之景。最后五道转轮王一身戎装，官吏卷展，狱卒执刀。由此可知，省略各要素、只存十王画实用构成之图本，北宋初已具形态，而且是在宁波附近、同属浙江的台州。另外此数卷之间，诸王所坐，渐有屏风、台阶等，趋向于明州画坊的十王重彩分绘图。虽只细微迹向，却也见微知著。

三、西夏文与西藏文经本

西藏文与西夏文此经之新材料，俄藏西夏文经本的译释，是近年此经研考领域的亮点①。

西藏文《十王经》确知国外只存一本②，藏于布拉格国家美术馆，

---

① 笔者《西夏文与西藏文〈十王经〉关联新见》，《中国社会科学报》，2022 年 5 月 20 日"绝学回响"版。报刊发表时删去原注，此节部分采用此文。

② 上海梵典宫藏一件具图赞精美之本。西热桑布《上海"梵典宫"所藏梵藏文献文化价值初探》，认为其属藏译道教经典。见《亚洲佛教研究》（一），社会科学文献出版社，2020 年。但国内仍有发现，参见丹尼尔·贝劳尔斯基(Berounsky, Daniel)，《藏文版〈十王经〉以及汉语对藏传佛教来世观念的影响》(The

梵夹式58.5x16厘米，共85页每页6行（图4），15页为图绘（图5），部分隔页两端饰佛像，系约1917年捷克来华的画家奇蒂尔（V.Chytil）购自北平或内蒙古，1933年售回该国①。由捷克学者丹尼尔·贝劳尔斯基（Berounsky）英文专著——《藏文版〈十王经〉以及汉语对藏传佛教来世观念的影响》（*The tibetan version of the scripture on the ten kings and the Quest for Chinese influence on the Tibetan perception of the afterlife*）（Traton, Prague, 2012）详细译研，可知其内容在所有类型经本中最为丰多，构成复杂奇特，经中有"经"即将十王审讯浓缩再叙，还阐释轮回、以弥勒咒结尾；十王名称"狱帝"或"死主"突显藏地特色，更突出处是加入天竺《天使经》内容。藏文经本形成了具印度原典与本族文化的特色。

西夏本《十王经》现知有黑水城、定州出品与私藏三种。金澜阁私藏刻本曾在国家图书馆2019年所办传统典籍《百代芸香》展出，仅现卷首（图6），还有些类似私藏②及拍卖品③，如中贸圣佳公司2017年秋拍品1153号亦为此经，从卷首图知应为同版（图7），而后者残存较少，但皆有源自汉本的入冥传经故事序言。北京德宝公司2014秋拍的72号也有西夏文刻本《十王经》，具有骑马使者（图8）与前四王图画赞文等等。经核查稽对，可知其前四王的赞词等同于俄藏本，但赞词前引句都简化，第五王开首处文词

Tibetan Version of the Scripture on the Ten Kings and the Quest for Chinese Influence on the Tibetan Perception of the Afterlife）。布拉格（Prague）：文学院（Faculty of Arts），查尔斯大学（Charles University）。布拉格（Prague）2012年。据兰州大学李志明承担《国内两种新见藏〈十王经〉对勘与研究》（2019M663856）可知西藏文《十王经》当不止一本。

① 美国学者太史文（S.Teiser）专著汉译本序"学术回顾"提及此著言为晚近写本、大体依据敦煌的图赞本，"明显加入了仪式以及描绘阎罗王殿的部分"。但至西夏经文译介对比后，才能解出此经特点。

② 河北师范大学崔红芬教授答笔者询金澜阁本情况时，披露曾过目类似的民间藏品。而中贸圣佳2017年秋拍1153号，据卷首图等与此件也非常相似。据介绍可能为黑水城西夏晚期印品。

③ 拍卖品先现于北京德宝公司2014年秋拍。高山彬曾介绍过西夏文献多次拍卖情况。《关于韦力先生拍到的西夏文残经》，上海书评2017年10月25日。《过去两年上拍的西夏文文献》，《澎湃新闻·上海书评》2018-01-24。中贸圣佳这批文物可能出自宁夏佑启堂，德宝与中贸拍品或有联系。宁夏大学段玉泉等学者就这批材料已有一些研究，据说也有对《十王经》的讨论。

证其为"天使所问"内容，且几同于定州本。不过其第四王画面与定州本具有业秤不同（图9）。河北定州曾出过西夏文此经，王静如为《国立北平图书馆专刊－西夏文专号》（1932年）所写引论考订为《十王经》，刊出罗振玉所藏四页，并疑其非元夏纸墨，印制不出明清。近年高山彬查明其原出为旧雕经版，1920年或次年，经人刷印出售，为辛甸南与罗振玉等人购得①。明代中期河北保定一带有西夏遗民所立西夏文经幢，此经版之时代应约在其前②。黑水城1909年出品中的此经藏于俄罗斯彼得堡的东方学研究所，戈芭切娃与克恰诺夫1963年合编《西夏文写本和刊本目录》先有简要著录、克恰诺夫1999年著录后有较详介绍；Инв.No.819号为《狱帝成佛受记经》，Инв.No.4976号为《十王经》③。日本西田龙雄《西夏文华严经》简论中及此④，认为前者译自敦煌本S.2185、5450、5585号。后者译自S.3961、P.2870号，将西夏本与敦煌两类经本对应。但其究竟详情很值得关注。

2019年先后有张九玲叙略专文与蔡莉译释详录⑤，使西夏本面貌显露。笔者近已略译捷克教授专著（含藏本经文），因可对比深究夏本与藏本之间关系，获知两者确是"大同小异"，其构成与特色高度对应。张九玲《俄藏西夏本〈十王经〉述略》举其十余处西夏词汇译自藏文，从"明满"至"狱帝"，还有十王名附"狱主"称、依汉音译处现两特殊语音，加上与汉本不同的五天使问等诸多不解处，因而推测其底本"幻想着有朝一日能意外地得到西夏据以翻译的原本，那个未知本子无论是汉文还是藏文……"⑥蔡莉《西

---

① 高山彬：《旧纸片上的西夏史料学》，2014年5月25日《南方都市报－阅读周刊》。
② 河北保定莲池公园两通明弘治十五年（1502）西夏文佛顶尊胜经幢，录百余西夏人名。
③ 史金波：《西夏佛教史略》，宁夏人民出版社，1988年，第397、405页。И.Горбачеваи Е.И.Кычанов: Тангутские рукописи и ксилографы, Издательство восточной литературы[M]，1963，стр.123、120. Е.И.Кычанов, Каталог тангутских буддийских памятников, Киото: Университет Киото[M]，1999，стр.472-474.
④ 西田龙雄：《西夏文华严经》（三），京都大学文学部，1977年，第59、31页。
⑤ 张九玲：《俄藏西夏本〈佛说十王经〉述略》，《首都师范大学学报》2019年第2期，第30-34页。蔡莉：《西夏文佛教伪经考》，宁夏大学2019年硕士论文，第8-48，78-81页。
⑥ 张九玲：《俄藏西夏本〈佛说十王经〉述略》，《首都师范大学学报》2019年第2期，第34页。张九玲：《定州佛像腹中所出西夏文〈十王经〉残片考》，《西夏学》2019年2期，第311-319页。

夏疑伪经考》译释俄藏西夏本后言其底本为藏本，进尔讨论时仅列举笔者简介的西藏本，实未深入①。现知夏藏两本基本构成相同，都融合了汉本文偈《授记经》与图赞《十王经》内容，虽然现知西夏仅刻本有图。更重要的增变是加佛典《天使经》内容，具体两处，一为"阎罗王宫"，一为"五天使问"。西夏本特色在文体赞句繁丰多饰又前具序言，西藏本构成后部又多弥陀净域、阐释六道、浓缩全经及弥勒真言。根据现在经文释录对勘结果之证据，可知西田龙雄原先比定西夏具两经本全不成立。现知西夏本确实存在文本（写本）与图本（刻本），但其文字近同仅刻本较为简化，其内容从文体与构成都融合了汉本文偈与图赞本并有增添。西藏本的主体构成亦同，虽主要源出汉文图赞本但将文偈本重要特征段落汇入，又加入《天使经》及后部多项内容。将西夏本与汉、藏文本全文详勘对比的结果证明，夏、藏两本增入天使内容及经名等处高度对应；现存藏本后部内容多有后出可能，因而前期交融译汇必应存在。另外，由回鹘文相关文献《五天使经》的蛛丝马迹②，早期藏夏本与回鹘文本或许也有一丝联系。

实际上，丹尼尔的专著中一直强调苦于没有西藏《十王经》更早经本的具体证据，但列举不少应有更早藏本的理由，如献辞和发愿文，推测此经原抄于噶举派僧人③。而噶当僧人抑或有关④。专著深入考论汉地志怪小说与藏地德洛故事，目连救母在汉藏地的变迁，使我们清楚可见汉藏文化虽然各具系统，发展有自，但其间潜流融汇远超想象。河西西夏丧葬习俗

---

① 张总：《疑伪经中的摘抄与编撰例说》，《佛教文献研究》第一辑，广西师范大学出版社，2016年。蔡莉，宁夏大学硕士论文，第81页。

② 多位中外学者如艾维尔斯科（Elverskog）等都标列回鹘文《阎罗王五天使经》（译汉）。但实际仅是德国茨默教授从《天地八阳神咒经》的题跋中推出。现在看或为西夏或藏文的此经标题。参牛汝极《回鹘佛教文献》，新疆大学出版社，2000年，第109页。

③ 如给二世噶玛巴希（1204—1285）的献辞。与藏文经相关抄集中愿文还提及拉萨的明代乌斯藏司。见前注捷克教授著作，第145-146页。

④ 同经中善恶童子都用黑白石子计善恶数。萨尔吉：《藏地石经传统述略》，房山石经博物馆等编《石经研究》第三辑，第264-269页。

依《十王经》仪轨办斋会确有载记，规模极豪且增二年斋特色①，百日斋也有些许痕迹②，而夏本文体之严饰应与其高僧译者有关。

总之，经对比汉藏夏诸本后，可以认为，在汉文本流传后，出现了增入阎罗宫与五天使内容的藏译文本，曾在一定时地流传；藏传佛教在西夏曾密融广播，由此藏本译成西夏文，于偈赞多加文饰，并添出马某某入冥受托而传此经的故事③，且有文字抄写本与具插图的刻印本（甚至不止一种）流传，而且刻本词语较为简化精炼；而西藏本约并行或更晚渐次增出后数项内容，成为现存的西藏文本。这些个交流反映出了汉藏西夏等诸民族之宗教文化的深入交流。

四、《十王经》演进新析

上文所列，体现出新的材料与方法等于此领域的效用。灵石寺塔本面世已使人惊喜，其经名等确构了与海东传本之联系脉貌；而神德寺塔经本之最新缀理校录更带来新冲击，竟既可从残件中见出过渡经本、又可证原仅现敦煌本的《阎罗王经》为基本类型。结合王见川等学者的成果，从而归纳出《十王经》有三个类型，由《阎罗王经》向《阎罗王授记经》与《预修十王经》分别发展，或侧重于预修，或侧重于亡斋。更可以将此经的源起推定为唐中心地区之地或附近，西南、西北、东南等地的各有展拓，由西藏与西夏等文

---

① 崔红芬：《多元文化对西夏丧葬习俗的影响——以河西地区为中心》，《西南民族大学学报》（人文社科版），2007年第6期，第32-33页。认为河西西夏流行十王斋会，但材料零星。举俄藏西夏本TK-120号某故中书相之子为父办盛大七七斋会，还有一年与三年斋载记，特别是仁孝帝二年斋等情况，且及《天盛律令》规诫，唯言未发现百日斋材料。

② 俄藏西夏本TK-142号《普贤行愿品》"今安亮等恳斯威福，利彼存亡，属亡姒百日之辰，特命工印《普贤行愿品》经……"的题记，可补充上注所说。《俄藏黑水城文献》，第6、18页。上海古籍出版社，2000年。索罗宁《西夏佛教的"系统性"试探》，《世界宗教研究》，2013年4期，第22-38页。

③ 张九玲《新见西夏文〈十王经〉述略》（未刊稿）说明俄藏写本819号已具草书此序，而刻本金澜阁与中贸圣佳本皆具楷书此序（两者皆前全而后残，定州本前后残失），内容同汉文明代所刻国图善本16022号此经之序言。由汉夏本关系看，明代天顺年间此刻之前必已有汉本，为夏本所译据。

本的新见得到特别的充实，从而使十王信仰地域分布之状改观。

对此经的归纳与辨理，可以从经名标题（含首尾题与经中）、王名序次、菩萨数列、预修与亡斋（详简分合）、重要字词变更，多语种等六个方面来追索查比。图像部分则可由十王画雕等另作系统研究。其中诸王名序与菩萨数列分别是由台湾王见川与吕梁学院王娟提出，但仅从一线一索，恐难得出合理结论。而多个方面相互关联，变动更迭。除了细小微处或有些违和，大处的根本规律可以显明。不过，从提炼与代表性而言，还是经名标题最为鲜明。现以此为基础来尽力说明其发展变化规律。

总之，我们现知《十王经》系有四个类型，其中还有些亚型变化，但汉文本的前三类型为根本基础，即《阎罗王经》《阎罗王授记经》《佛说〈预修十王经〉》三者。西夏与藏语本等为多语种增变本。若考察经名、诸王名序、菩萨数列、预修与亡斋、重要字词五个方面，可以见出《阎罗王经》为基准，侧重增出预修功德（稍兼及亡斋）成为《阎罗王授记经》，敦煌本中最多见。而侧重于亡人斋、添赞词插图画并署有成都僧藏川名者，成为《佛说十王经》或《预修十王经》。前者即敦煌图赞经本及西南四川摩崖龛像显明有例；而后者续《阎罗王经》增出图赞，第八平等王名不同于敦煌本平正王，台州与明刻及海东韩日等同为此本。因而，此系经最为主干。回鹘经情况不明朗，西夏与西藏文等为多语种增变本。以下略作展开。

（一）经名标题

此经标题名有一定的复杂性。分列十殿冥王、讲述预（逆）修与亡人斋的十王经系，可以"十王经"来统称，首题都可以用正式名称《阎罗王授记四众预修生七斋往生净土经》的诸经，文体与内容均有不小差别。从藏经洞所出为数不少之经本，就可知其至少有文偈与图赞两种，且为多数学者承认、如杜斗城的甲乙两类及中国台湾和日本学者等，美国太史文则侧重卷册装帧与长短之别，也有更细甚至六分之类别①。但将尾题兼及署名来对应，却是笔者《〈阎罗王授记〉经缀补研考》所为②。即文偈本尾题《阎罗王授记经》，而图赞本尾题为《佛说十王经》，且具"成都府大圣慈寺沙门藏川述"之署名。此分析的意义，特别可扫诸本均出自藏川的谬说③。其说且将差别极大的类型间文字含糊为差不多，仅归之于抄传错衍。更使人不解处为此种谬说流传已久，仍有学人延用。虽然学界早有突破或指明④。现在析出原归《阎罗王授记经》中仅题《阎罗王经》之本，却有学术类型意义，不可轻视。虽然此标题还有些宽泛对应，如疑伪经目中《阎罗王经》与敦煌本《授记经》个别本以及明代版刻此经等，但以《阎罗王经》为类型确可成立。而图赞本《佛说/预修十王经》后世广泛流行并传播海东，也有脱离图画成为文字本者。但至少可知从北宋灵石寺塔本就有了"预修生七"的简称。联系起来看，有无赞词仍可作重要标准（包括神德寺塔"偈颂"本），用以析解《十王经》，有无图画则没有那么重要⑤。

所以，现在可用《阎罗王经》《阎罗王授记经》《佛说/预修十王经》三种尾题，对应于此系三类经本。现知三类经本间还有变化过渡型别本，如上举耀州偈颂本，其尾题虽为《佛说阎罗王经》，但可归于图赞本。《阎罗王授记经》内中有增出与删节本；《佛说〈预修十王经〉》，也有敦煌《佛说十王经》与余地《预修十王经》之别。此三种尾题之经本（虽然偶有例外，即《授记经》中有 3 件《阎罗王经》者），但整体上不是题目不同，而是下列内容形态皆不同，呈联动之态。

---

① 王娟：《敦煌本〈十王经〉文本系统再考察——以经中长行为中心》，《世界宗教研究》，2020 年 1 期。

② 《敦煌吐鲁番研究》第 5 卷，北京大学出版社，2001 年。

③ 如萧登福将日本伪经之伪本《地藏发心因缘十王经》亦归藏川，说藏川撰两种《十王经》等等。

④ 如日本学者早定上注《地藏十王经》为日本所造，太史文大著于此日本伪经亦划分清楚。

⑤ 以"赞"作为划分标准，早有萧登福等学者提出。

（二）诸王名序

王见川《近代中国地狱研究之一：十王的流传、演变与定型》之文，注意到了十王名称序次问题，提出了敦煌本甲乙丙三个经系之说，简明扼要，很有道理，但未言明其间变动关系①。其文跨度很大至于明清十王定称等，本文仅涉其前涉段并汇并一表内：

1．甲类	2．乙类	3．丙类
一七斋秦广王下	一七秦广王	一七日，过秦广王
二七斋宋帝王下	**二七宋帝王**	**二七日，过初江王**
三七斋初江王下	**三七初江王**	**三七日，过宋帝王**
四七斋五官王下	四七五官王	四七日，过五官王
五七斋阎罗王下	五七阎罗王	五七日，过阎罗王
六七斋变成王下	六七变成王	六七日，过变成王
七七斋太山王下	七七太山王	七七日，过太山王
百日斋平正王下	**百日平等王**	**百日，过平正王**
一年斋都市王下	一年都市王	一年，过都市王
三年斋五道转轮王	三年五道转轮王	三年，过五道转轮王
甲类《阎罗王授记令四众预修生七及新亡人斋功德往生净土经》	乙类《佛说阎罗王授记四众逆修生七往生净土经》	丙类《佛说阎罗王授记四众预修生七往生净土经》（即藏川述本）

上表的下格内王见川归所列名题，实有小误。其甲类之名，是经内出现之名，并非首尾题之名，且其在乙类也多有出现。而乙、丙所列，诸本亦有混用。其实此三类经符合于本文所说三种尾题，各有对应，已超出敦煌范围。

上述十王名序有两处变化，其一即"第二王宋帝"与"第三王初江王"及相反次序，其二即第八王为"平等王"仰"平正王"。诸王之"下"与"过"区别亦可见。从更大范围来看，唯其丙类中"平正王"不同于灵石寺塔与

---

① 《历史、艺术与台湾人文论丛》12辑，博雅文化公司，2017年。其主旨为地府十王名序演变等问题，延至晚期十王系统定型化发表论考。

海东本的"平等王"，余皆符合。

《阎罗王经》为二七宋帝、三七初江，百日平等王。除百日平等处残泐，四川绵阳北山院十王地藏龛之铭刻亦同。耀州 Y0211 号《阎罗王经》皆残。但过渡本具二七宋帝王下、三七初江王下（Y0155 缀入）、百日平等王下"。Y0076+155 号已入图赞本，仍具前类王名序。

《阎罗王授记经》为：二七斋宋帝王下、三七斋初江王下，百日斋平正王下。敦煌此本数量很大，数十件皆此组合（其中唯 S.4805 等三件仍题《阎罗王经》）。

《预修十王生七经》敦煌本《佛说十王经》（P.2003、P.2870、S.3961 号与董文员绘）均为"平正王"，但台州灵石寺塔本、日本宝寿院本，朝韩刻本刊入万续藏者，皆为"平等王"。因而，从更大时地范围，此类实有两分，平正王与平等王皆具。下表可示。①

《阎罗王经》	《佛说阎罗王经》	《阎罗王授记经》	十王经藏川/预修经
二七宋帝王 三七初江王 百日平等王	二七宋帝王下，以偈颂曰 三七初江王下，以偈颂曰 百日平等王下，以偈颂曰	第二七宋帝王下 第三七初江王下 百日斋平等王下	第二七斋过初江王 第三七斋过宋帝王 第八百日过平正王① **灵石寺塔及海东本** 第八百日过平等王

总之，十王名称与次序，似为最初之秦广、宋帝、初江、五官、阎罗、变成、太山、平等/正、都市、五道转轮；经历变化终成秦广、楚初江、宋帝、五官、阎罗、卞成、太山、平正/等、都市、五道转轮。其间变化即在第二、三王之次序与第八王之名称。

---

① 笔者曾在资中西崖两龛晚唐十王地藏像中，分别发现秦广王、平正大正之题记，亦可参考。

（三）菩萨数列

王娟《〈十王经〉系统再考察——以长行文本为中心》之文，另辟蹊径，从四种经本分具不同菩萨数量，提出此经以三菩萨、五菩萨、六菩萨与十一菩萨而演进发展的观点。打破了文偈与图赞本间孰先孰后、非此即彼之前说，通过整体考察来指明经内由简至繁、图本为后的观点，确具一些价值。

四种菩萨数量异同一览表

诸本	三菩萨本	五菩萨本	六菩萨本	十一菩萨本
尾题	阎罗王经	阎罗王授记经	十王经	多为阎罗王授记经①
菩萨名称	地藏、陀罗尼、金刚藏	地藏、陀罗尼、金刚藏	地藏、陀罗尼、金刚藏	地藏、陀罗尼、金刚藏
		文殊、弥勒		文殊、弥勒
			龙树、观音、常悲	龙树、观音、常悲
				普广、常惨、普贤

王娟文中表格还有诸多内容，由外在形态及内容核心，涉及较全。但其立论还是有问题。因为，一般来说菩萨数量多少不关此经性质。其增广或减少，于十王信仰有何意义呢？或应更关心其中地藏菩萨的地位与分量。如果菩萨日益增多，那么地藏岂不是分量越来越少，这与地藏信仰上升，似乎背道而驰。

因而，我们可见，耀州神德寺塔本中由多号缀成的《阎罗王经》，虽与敦煌所存妙福及张王仵抄本完全对应，却具有六菩萨而非三菩萨！而且全同于图赞本中的六菩萨。由此就可使仅以菩萨数列为标准的体系动摇或碎裂。此本不仅具有六菩萨，还有将极常见"预修生七斋"写为"预修十会累七往生斋"的说法。众所周知，此经此处几乎全是"预修生七斋"，而繁复且长的说法应证明其原始性，而六菩萨与此专称，合共说明其早初

---

① 此为王文原著：有尾题17件，其中14件尾题作《阎罗王授记经》，3件尾题作《阎罗王经》。

特征。如此来看，《阎罗王》经中就出现了将六菩萨减为三菩萨之变，而此变可使地藏更为突出。四川营山太蓬山晚唐文德元年（888）普济寺众作预修法会题铭，其标题所含"修十王生七斋"也为类似词称①，更可佐证这一点。另外，此经四川清代传本中，还有四菩萨之例。

（四）预逆修与亡人斋段

其实此经之根本仍在预修与亡斋。有了十王系统、既可用于预修斋、又可用于亡人斋。王娟其表中之意蕴分析，对经中预修与亡斋的分布变化之理解有误。其中有六个层格：预修生七斋、新亡人斋、斋日不能作斋、作斋功德分配、普广菩萨赞叹、何谓逆修斋。后者实出王娟表列中五菩萨之别本，其所增逆修法，恰是豪贵（逆）预修法，请49僧并施财，与其不知所云的"斋日不能作斋"经济角度恰恰相反，实际上这是预修斋的简便做法，只要烧两盘纸钱就可完成预修斋了，与上述别本中豪华做法恰成对比。写本文献研究中，将一件孤本作为类型，具有很大的危险性。归纳而言，不能认为增多就是发展。如此简单进化论地排比，会将经中关键的预（逆）修与亡人斋之情形搞乱而非厘清。

其另一问题是未理解一些《授记经》文中诸王检斋前的一段文字：

尔时佛告阿难，一切龙天……以报父母恩，令得生天。

此段意蕴即属亡人斋，而且以报父母为主，非常重要。其核心词句"当起慈悲，法有宽纵，可容一切罪人。慈孝男女修福荐拔亡人②"云云。

《阎罗王经》中预修与逆修，自然分布于前后，简洁平淡。《佛说十王经》继之。而《阎罗王授记经》则在预修段中，插入了大段经文，主讲预修，

---

① 同前注王雪梅文《四川营山〈大蓬秀立山普济寺众修十王生七斋记〉校录整理》，《西华师范大学学报（哲社）》2014年6期。

② 此段在杜斗城的校录中标点录为："……行道大王，当有慈悲法，有宽纵可容，一切罪人，慈孝男女"，殊不可解。《敦煌本〈佛说十王经〉校录研究》，甘肃教育出版社，1989年。

亦及新死亡人斋，兼及功德多少，简便预修法（纸钱两盘），以及普广菩萨下祝等内容。

此经从内容核心中预逆修与亡人斋之变化才是关键。但此变化一在文字、一在图画。从《阎罗王经》中预修与亡人斋简洁叙说，前后分布而言，《阎罗王授记经》在原预逆修段插入很多内容，预修时日、新死亡人斋时日、简宜预修法、功德获取多少，善神下等。皆明显是从《大灌顶经》卷十一《随愿往生经》摘取而来。《灌顶经》原设逆预修者的门槛，有功德者才能修，而十王经使人人都能修，都可为父母修斋。

《预修十王经》图赞本则无这些插语，较之《阎罗王/授记经》文字，只在前边阎罗王入冥理由处加了一条①。全经加30余段赞词，而且径在亡人斋后面，加上了十王的图画（或有卷道尾图）。由此形成此经的两个方向的增重。下表所列三种经本的变化，特别是《授记经》增出文句内容，可一目了然。

	预修	亡斋
阎罗王经	若有善男子、善女人，比丘、比丘尼，优婆塞、优婆夷，**预修生七斋者**，每月二时，供养三宝，祈设十王斋，修名进状，上六曹官，善业童子奏上天曹地府等，记在业镜，身到之日，当便配生快乐之处，不住中阴四十九日。待男女追救，命过十王。若阙一斋，乖在一王，留连受苦，不得出生，迟滞一年，是故劝汝，作此要事，祈往生报。	尔时佛告阿难：一切龙神，八部大神，阎罗天子、太山府君、司命司录、五道大神、地狱官典，行道天王。当起慈悲，法有宽纵，可容一切罪人。慈孝男女，修福追斋，荐拔亡人，报育养恩，七七修斋、造经造像，报父母恩，得生天上。

---

① 即：一是住不可思议解脱不动地菩萨，为欲摄化极苦众生，示现作彼琰摩王等。

阎罗王授记经预修与亡人斋及功德等	**预修时日、新死亡人斋时日** 若有善男子善女人。比丘比丘尼。优婆塞优婆夷。预修生七斋。每月二时。十五日卅日,若是新死,依一七计至七七百日一年三年,并须请此十王名字。每七有一王下检察。必须作斋。功德有无,即报天曹地府。 　供养三宝,祈设十王。唱名纳状,状上六曹官。善业童子。奏上天曹地府冥官等,记在名案。身到日时。当便配生快乐之处,不住中阴四十九日。身死已后,不待男女六亲眷属追救。命过十王。若阙一斋。乘在一王。并新死亡人留连受苦。不得出生。迟滞一劫。是故劝汝。作此斋事。	
	简宜预修法 如至斋日到,无财物或有事忙,不得作斋请佛延僧建福,应其斋日,下食两盘。纸钱喂饲。新亡之人并归在一王,得免冥间业报饥饿之苦。	
	功德获取 若是在生之日作此斋者,名为预修生七斋,七分功德尽皆得之。若亡殁已后。男女六亲眷属,为作斋者,七分功德亡人唯得一分。六分生人将去。自种自得,非关他人与之。	
	善神下祝 尔时普广菩萨言,若善男子善女人等,能修此十王逆修生七及亡人斋,得善神下来礼敬凡夫。凡夫云:何得贤圣善神礼我凡夫?一切善神并阎罗天子及诸菩萨钦敬,皆生欢喜。	
十王经	**预修** 若有善男子、善女人、比丘、比丘尼、优婆塞、优婆夷、预修生七斋者,每月二时,供养三宝,所设十王,修名纳状,奏上六曹,善恶童子,奏上天地府官等,记在名案,身到之日,便得配生快乐之处,不住中阴四十九日,不待男女追救,命过十王。若阙一斋,滞在一王,留连受苦,不得出生,迟滞一年,是故劝汝,作此要事,祈往生报。 赞曰:四众修斋及有时,三旬两供是常仪。……	**亡斋** 尔时佛告阿难,一切龙天八部及诸大神,阎罗天子、太山府君、司命司录、五道大神、地狱官等,行道大王,当起慈悲,法有宽纵,可容一切罪人。慈孝男女,修福荐拔亡人,报生养之恩。七七修斋造像,以报父母恩,令得生天。 赞曰: 佛告阎罗诸大神,众生造业具难陈。应为开恩容告福。教蒙离苦出迷津。 **插入十王图画、辅以赞词**

总之，不能从内容上抓住预修斋与亡斋的轻重分布，就不能掌握此经的核心。

（五）重点字词

其重点字词有一组，业镜、唱纳、善恶、名案、逆亡、廿八、宫。从报业镜到报、一年到一劫、到二十八重地狱主变成一十八重地狱主等，而上举"平正王"与"平等王"之名，也属相同。多是原《阎罗王经》中者，在敦煌本佛说十王经中有改动，而灵石塔本与海东本中未改。实际上对说明《阎罗王经》，或从耀州向东南，虽经藏川署名的图赞本，但其基本未变。而看起来不太合逻辑的一年、二十八重地狱主等，在敦煌本中多有改动。似可说明传播路线与地区的问题。

（六）多语种增变本

多语种《十王经》现知有回鹘、西夏、西藏文本。日本以汉语所造也可广义地收入。除了回鹘文本现在的研究还不太够以外，这些经本的最重要特点是增加了很多内容，篇幅大增，文体上也有一些变化。西夏本与西藏本增入天竺《天使经》，还混融了汉文中《阎罗王授记经》与《佛说预修十王》内容，文体也有些变化。插图由多相似汉本。由于主题关系，不予展开。

通过上文的多方考索，基本可以明了十王经系的变化演进。其中所含，实由侧重预修与亡斋。现在通过一二图表来作些进一步说明。

《十王经》文图增变表

一、《阎罗王经》	预修生七斋等	亡人斋	十王（名称）
二、《阎罗王授记经》	预修与新死亡人斋及功德、简宜法及善神赞	部分保留	十王下
三、《十王经》	预修生七斋	亡人斋	过十王 图画赞语

四、西夏文(《天使问》)	阎罗王宫、预修斋		过十王、天使五问、有图
五、西藏文(《天使问》) 附：日本《地藏十王经》	阎罗王宫、预修斋		过十王、天使五问、有图

（此表稍加了西藏文本与日本《地藏十王经》的情况，具体情况笔者另有析介。）

主线	辅线
具六身菩萨《阎罗王经》 预修与亡斋前后简洁分布	具三身菩萨《阎罗王经》 预修与亡斋前后简洁分布
无图具赞经本《佛说十斋经》 插图具赞经本《佛说十王经》（汉与回鹘文）	具五菩萨《阎罗王授记经》（别本） 十一菩萨《阎罗王授记经》后亡斋有或无
插图具赞经增变本《十王及天使示教经》 西夏与西藏文本	
卷首或无图本《预修十王生七经》印本	具四菩萨图赞

附录：Y0014-2号具赞《十王经》

耀州所存此经中最长为Y0014-2号，首稍缺尾有残，但分布较多，如果据行字因素补入（具下划线为补入），则具大部分经文。其中个别重要字词如"业镜"等等也可注意。

Y0014-2号

……（前缺卷首部分数行）

1. 释<u>四天大王</u><u>大梵天王阿修罗王诸大国王</u>
2. <u>阎罗天子太山府君司命司录五道大神地</u>
3. <u>狱官典悉来集会敬礼世尊合掌而立赞曰</u>
4. <u>时佛舒光满大千 普臻龙鬼会人天</u>
5. <u>释梵诸天冥密众 咸来稽首世尊前</u>

6. 佛告诸大众阎罗天子于未来世当得作佛
7. 名曰普贤王如来十号具足国土严净百宝
8. 庄严国名华严菩萨充满赞曰
9. **世尊此日记阎罗**不久当来证佛陀
10. **庄严宝国常清净菩萨修行众**甚多
11. 尔**时阿难**白佛言世尊阎罗天子以何因缘
12. 处断冥间复**于此会便得受于当来果记佛**
13. 言于彼**冥途为诸**王者有二因缘一是住不
14. 思议解脱不动地菩萨为欲摄化极苦众生
15. 示现作彼琰魔等王二为多生习善为犯戒
16. 故退落琰魔天中作大魔王管摄诸鬼科断
17. 阎浮提内十恶五逆一切罪人系闭牢狱日
18. 夜受苦轮转其中随业报身定生注死今此
19. 琰魔天子因缘**已熟是故**我记来世宝国证
20. 大菩提汝等人天**不应疑**惑赞曰
21. 悲**增普化示生灵**① 六道轮回不暂停
22. 教化厌苦**思安乐**故现阎罗天子形
23. 若复有人造此经受持读诵舍命之后不生
24. 三涂不入一切诸大地狱赞曰
26. 若人信法不思议书写经文听受持
27. 舍命顿超三恶道此身长免入阿鼻
28. 在生之日杀父害母破斋破戒杀猪牛羊鸡
29. 狗毒蛇一切重罪应入地狱十劫五劫若造
30. 此经及诸尊像**记在业镜阎王欢**喜判放其
31. 人生富贵家免**其罪过**赞曰

---

① 敦煌本多为"是威灵",灵石寺与宝寿院本为"示威灵"。

32. 破斋毁戒杀鸡猪业镜照然报不虚
33. 若造此经兼画像阎王判放罪销除
34. 若有善男子善女人比丘比丘尼优婆塞优
35. 婆夷预修生七斋者每月二时供养三宝祈
36. **设十王修**名纳状奏上六曹善业童子奏上
37. 天曹**地府官**等记在名案身到之日便得配
38. 生快乐之处**不住中阴**四十九日不待男女
39. **追救命**过十王**若阙一斋滞在**一王留连受
40. 苦不得出生迟滞一年是故劝汝作此要事
41. 祈往生报赞曰
42. 四众修斋及有时三旬两供是常仪
43. 莫使阙缘功德少始交中阴滞冥司
44. **尔时地藏菩萨龙树菩萨**救苦观世音菩萨
45. 常悲菩萨**陀罗尼菩萨**金刚藏菩萨各各还
46. 从本道光**中至**如来所异口同声赞叹世尊
47. 哀悯凡夫说此妙法拔死救生顶礼佛足赞曰
48. 足膝脐胸口及眉六光菩萨运深悲
49. 各各同声咸赞叹勤勤化物莫生疲
50. 尔时二十八重一切狱主阎罗天子六道冥
51. **官礼拜发愿若有**四众比丘比丘尼优婆塞
52. 优婆夷若**造此经赞诵一偈**我当免其一切
53. 苦楚送出地**狱往生天道**不令稽滞隔宿受
54. 苦赞曰
55. 冥官注记及阎王 诸佛弘经礼赞扬
56. 四众有能持一偈 我皆送出往天堂
57. 尔时阎罗天子说偈白佛南无阿罗诃众生
58. 苦业多轮回无定相犹如水上波赞曰

59. **阎王白佛书**① 伽陀 悯念众生罪苦多
60. 六道轮回无定相 生灭还同水上波
61. 愿得智慧风飘堕法轮河光明照世界巡历
62. 悉经过普救众生苦降伏摄诸魔四王行国界传
63. 佛修多罗赞曰
64. 愿佛兴扬智慧风飘归法海洗尘朦
65. 护世四王同发愿常传经典广流通
66. **凡夫修善少颠**倒信邪多持经免地狱书写
67. 免灾疴超度三界难永不见药叉生处登高
68. 位富贵寿延长赞曰
69. 恶业凡夫善力微 信邪倒见入阿鼻
70. 欲求富乐家长命 书写经文听受持
71. 志心诵此经天王恒记录欲得无罪咎② 莫
72. 杀祀神灵为此入地狱念佛把真经应
73. 当自诫勖手执金刚**刀断**除魔种族赞曰
74. 罪**苦三涂业**易成 都缘杀命祭神明
75. 愿执金刚真慧剑斩除魔族悟无生
76. 佛行平等心众生不具足**修福似微尘**造罪
77. 如山岳欲得命延长当修造此经能除地狱
78. 苦往生豪贵家善神恒守护赞曰
79. 罪如山岳等恒沙福少微尘数未多
80. 犹得善神常守护往生豪富信心家
81. 造经读诵人忽尔无常至天王恒引接菩萨捧
82. 花迎随心往净土八百亿千生修行满证入金

---

① 此字多为"说"。
② 敦煌仅两本有"欲得无罪咎",灵石与宝寿院本皆有。

83. 刚三昧成赞曰
84. 若人奉佛造持经 菩萨临终自往迎
85. **净国**修行圆满已 当来正觉入金城
86. **尔时佛告阿难一切**龙神及诸大臣**阎罗天**
87. 子太山**府君司**命司录五道大神地狱官等
88. 行道天王当起慈悲法有宽纵可容一切罪
89. 人慈孝男女修斋造福荐拔亡人报生养之
90. 恩七七修斋造像以报父母令得生天赞曰
91. 佛告阎罗诸大神众生罪业具难陈
92. 应为**开恩**容造福教蒙离苦出迷津
93. 阎罗法王白佛言 世尊我等诸王皆当发
94. **使**乘黑马把黑幡**着黑衣捡**亡人家造何功
95. 德准名放牒抽出罪人不违誓愿赞曰
96. 诸王遣使捡亡人男女修何功德因
97. **依名**放出三涂狱免历冥间遭苦辛
99. 伏愿世尊听说捡斋十王名 赞曰
100. 阎王向佛再陈情 伏愿慈悲作证明
101. 凡夫死后修功德 捡斋听说十王名
102. 第一七日过秦广王赞曰
103. 一七亡人中阴身驱将队队数如尘
104. 且向初王齐点检 由来未渡奈河津
105. 第二七日过初江王赞曰
106. 二七亡人渡奈河千群万队涉江波
107. 引路牛头肩挟棒催行鬼卒手擎叉
108. 第三七日过宋帝王赞曰
109. 亡人三七转恓惶始觉冥途险路长
110. 各各点名知所在群群驱送五官王

111. 第四七日过五官王赞曰
112. 五官业秤向空悬左右双童业簿全
113. 轻重岂由情所愿低昂自任昔因缘
114. 第五七日过阎罗王赞曰
115. 五七阎罗息诤声罪人心恨未甘情
116. 策发仰头看业镜始知先世事分明
117. 第六七日过变成王赞曰
118. 亡人六七滞冥途切怕生人执意愚
119. 日日只看功德力天堂地狱在须臾
120. 第七七日过太山王赞曰。
121. 七七冥途中阴身专求父母会情亲
122. 福业此时仍未定更看男女造何因

[后缺]

附图

图 1.Y0199-3 号 +179-1 号 +147 号 +226-2B 号缀合图

图 2.Y0076+155 号

图 3.灵寺塔北宋《十王经》

图 4. 布拉格藏西藏文《十王经》经文选页

图 5. 西藏文《十王经》五道转轮王图

图 6. 金澜阁藏西夏文《十王经》，国家图书馆"百代芸香展"

图 7. 中贸圣佳 2017 秋 1153 号卷首

图 8. 西夏文十王经使者图   图 9. 西夏文十王经图第四王图

中国佛教史上金乔觉法师及其地位 *

金 勋 ①

内容提要：佛教传入中国后形成了四大菩萨道场，通常并称中国佛教四大名山。其中安徽九华山地藏菩萨道场是以唐代入华求法的新罗僧金乔觉应化事迹为基础形成和发展起来的。改革开放后，笔者在中韩两国多方调研收集金乔觉法师相关的一些历史资料。本文以此为基础，结合中国佛教史发展基本脉络较全面梳理和考究"金地藏"之入华求法的具体行状，并对其振锡九华之宏伟业绩和对后世的深远影响做一历史评价。

关键词：新罗；金乔觉；地藏菩萨；九华山

一、引 言

中国佛教的发展史上，有许多域外僧侣或文人非常活跃，做出了很多重要的贡献。除印度僧和西域僧之外，我们不难接触到新罗留唐僧在华求法和修行的踪迹。中国佛教史上很多重要文献记录在册的人物不在少数，如慈藏、义湘、圆测、无相、慧超、金乔觉等等。入华留唐新罗僧中，金

---

* 1993 年，作者应邀赴韩国庆州参加新罗文化祭国际大会，并在大会上作为特邀嘉宾发表学术演讲，介绍了金乔觉法师与九华山地藏道场。后将演讲的主要内容整理成《中国佛教史上金乔觉法师的地位》一文，登载于东国大学《新罗对外关系史研究》第 15 集（1994）。今将论文韩文版译成中文，内容略作增删，以此纪念 2021 首届九华山佛教论坛胜利召开。

① 金勋，北京大学外国语学院教授、博士生导师，北京大学宗教文化研究院副院长。

乔觉在中国佛教上影响尤大，形成了安徽九华山地藏菩萨道场的信仰。本文以中国佛教界的基本历史文献及赴九华山地藏道场实地考察的田野资料为依据，就金乔觉法师在华的求法和修行活动加以较详细介绍，并对其在中国佛教发展中所做出的重要历史贡献作一评价。

二、隋唐佛教与留唐新罗僧

汉晋以来源起于古印度的佛教经西域与南洋，由陆海两途传入中国。无数高僧大德行走其间，或横涉流沙，或渡海鲸波，将十方三世诸佛之教法，传入中土并陆续译为卷帙浩繁的汉文三藏。隋唐之后，汉传佛教形成诸多宗派，加速了佛教中国化的进程，标志着佛教中国化的基本完成。一方面，汉传佛教与中国文化原有之旨充分融合，并进一步丰富和影响了中国文化的衍进方向；另一方面，中国汉传佛教进一步传入朝鲜半岛、日本、越南等地，逐渐构筑了东亚大乘佛教文明圈。近百年来，汉传佛教开始进入西方文明界的视野，向西方传播开启了东西文明交融的路径。这就是中国佛教史发展的基本脉络。

隋唐时期是中国佛教发展的盛世。隋高祖文皇帝在建立统一国家时，为摆脱北周武帝灭佛带来的影响而统一了南北佛教，并以此为开端，试图实现从印度式佛教到中国式佛教转变，在复兴大乘佛教方面取得了巨大成就。李唐王朝290年的国家政策和佛教界的积极参与使佛教得到了长足的发展。这是中国式佛教宗派的形成与发展的重要时期，对中国社会的政治、经济，乃至整个社会生活产生了深远的影响。佛教经过漫长的在中国的传播与发展过程，到隋唐时期，进一步对不同地区、不同时代众生根性的了解与适应，成功实现与中华文明的交融，初步完成了大乘佛教中国化历程。

隋唐时期，中国与高句丽、百济之间曾发生些许冲突，唐罗联盟也有一段曲折的过往，但却始终维持着长达200年的睦邻友好关系。这也是新罗统一朝鲜半岛三国，在政治、经济、文化方面实现了前所未有的发展和繁荣的缘故。两国佛教文化的发展也带来了文化交流的盛况。日本著名入华求法僧圆仁（794-864）在他的《入唐求法巡礼行记》中记述，在山东半岛的赤山，有新罗人寺庙法华院，驻僧二十九人，常年用韩语讲解《法华经》和《金光明经》，听众达250人之多。据朝鲜李能和所著《朝鲜佛教通史》的记载，自从6世纪前半期到10世纪初的380年左右期间，入唐求法的新罗高僧共有64人（其中包括赴印度求法的高僧10人）。据日本学者中吉功在其《海东的佛教》（1974）中的统计，隋初（581）至唐末（907）来唐求法的高僧有66人。而根据中国社会科学院黄心川教授在《隋唐时期中国与朝鲜佛教的交流》（1989年）中的统计，则有117人入唐求法，其中20余人并未载入韩国史料中。并且根据笔者近期所搜集的资料，初步预测其数量远不止于此。以上数据仅仅是隋唐时期中韩佛教交流繁荣景象的一个侧面而已。由此可见，金乔觉法师（696-794）（金乔觉一名始于元末明初，为通用名，因此本文选用金乔觉这一名称）踏上求法之路并非偶然，也绝不是个例，不过是千万有志求法的新罗留学僧中的一人。然而，金乔觉法师为中国佛教发展，为中韩佛教交流做出了具有里程碑意义的历史贡献。

三、金乔觉法师的生平事迹及思想

迄今为止，无论在中国或韩国都难以找到有关金乔觉法师生平的完整详细的历史记载。目前有据可查的相关历史文献有费冠卿的《九华山城寺记》、宋朝赞宁的《高僧传》、明朝的《神僧转》、明清时期的《九华山志》等，较详细地记载了可供探讨金乔觉生平事迹的部分内容。除此之外也有若干短片历史资料保留了下来，但大多都引用了上述资料，并无重要的文献价值。其中费冠卿与金乔觉是同一时代的人物，费氏居九华山下，因此他的记载是最为可靠宝贵的历史记载。关于费冠卿其人，《全唐文》和《九华山志》上均留有记载。《全唐文》记述如下：

冠卿字子军，青阳（现安徽省青阳县）人。元和二年进士。

母丧庐墓，隐居九华少微峰。长庆三年，御史李仁修举孝节，召拜右拾遗，辞不受。①

这些记载更是凸显出费冠卿对九华山和金乔觉的记录所具有的资料价值。下面将以上述这些历史资料为中心，探讨金乔觉研究相关的几个重要问题。

（一）金乔觉出家说

关于金乔觉入唐前在新罗的事迹，中国方面的记载仅仅有"新罗王子""新罗王族"或"新罗王子，金氏近属"等寥寥数字。学者们结合《三国史记·新罗本纪》做出了各种推断。其中一些人推出出家动机说，大胆推测，金乔觉在入唐之前曾作为唐朝守卫出入长安，期间接触儒教文化和佛教文化，回到新罗后因家庭不和走上出家求法之路。这只能说是依据于想象和臆测的剧本而已。

首先，这个问题该依据历史文献加以推断，其一说法是，金乔觉是新罗圣德王的长子金守忠。《三国史记·新罗本纪》中记载圣德王有五个儿子，分别是长子金守忠，次子重庆，三子承庆，四子宪英，第五子的名字并未留下记录。持上述主张的学者们指出："其中金守忠的出生年代和身世与金乔觉出家前的情况类似。因此，可以推断金守忠正是金乔觉。"② 金守忠身为王子，但他作为长子却并非圣德王正室的儿子，故未能像重庆或承庆那样先后登上太子之位，圣德王十三年被派往唐朝当宿卫。圣德王十六年左右，唐玄宗授予他太监一职，回国之后他发现重庆已被委任为太子，成贞王后则遭到冷遇，他决定放弃王族身份和生活踏上出家求道之路。然而在这一问题上值得我们去参考的正是上文所提到的费冠卿的资料以及韩国古代史史料。据费冠卿记载，他是"新罗王子金氏近属"，宋代《高僧传》

---

① 《全唐文》卷六百九十四，1983年，第7128页。
② 《金地藏研究》，黄山书社，第62页。

中记载为"新罗国王之支属",而根据近期朱采堂先生的论文(《金地藏研究》),在九华山南阳村文昌阁发现名为《灯油会碑志》(清咸丰三年刻)的碑文,上面刻有"地藏王新罗国之储王贰也"。即金乔觉是圣德王的次子金重庆。对此,韩国古代史料中尚未找到相关对应记载,因此,这个问题,需要结合历史文献和当时的社会历史状况进一步探讨。

第二,金乔觉生前并没有留下太多文字,但唯有两首诗歌相传至今。这被视为是金乔觉研究的重要资料。因此,下面将简单介绍该诗作,并讨论相关问题。

送童子下山

空门寂寞汝思家,礼别云房下九华。
爱向竹栏骑竹马,懒于金地聚金沙。
添瓶涧底休招月,烹茗瓯中罢弄花。
好去不须频下泪,老僧相伴有烟霞。

该诗收录于《全唐诗》[①],这毫无疑问是金乔觉的作品,而且,其中还揭示了有关金乔觉研究的一些重要内容。

酬惠米

弃却金銮衲布衣,修身浮海到华西。
原身自是皇太子,慕道相逢柯用之。
未敢叩门求地语,昨叨送米续晨炊。
而今餐食黄精饭,腹饱忘思前日饥。

这首诗《酬惠米》常作为金乔觉"王子学说"的依据被引用。然而作者是金乔觉这一点仍有许多难以令人信服之处。该诗收录于《青阳县志》(清光绪十七年)、明朝《嘉靖池州府志》以及《全唐诗外编》。并且据传该

---

① 《全唐文》卷八〇八,1983年,第9122页。

诗第一次是被收录于唐朝后期编纂的《吴氏宗谱》。诗作中的"慕道相逢柯用之"一句尤其成为问题的焦点。这是因为自古以来,九华山上就有吴、柯、刘、罗四大姓氏依次拓展势力,其中柯氏强烈主张诗中语句应该是"柯用之",而非"吴用之"。因此,该诗曾收录于九华山志,时而则遭到过冷遇。这样的家族势力间纠葛引发矛盾,不禁让人怀疑作者身份的真伪。因为吴氏很有可能出于家族利益考虑,借用金乔觉的名号。就结合诗歌内容与作者身世问题,如果说金乔觉毫不掩饰且自豪地向世人透露自己的王子身份,同时表现出了对"吴用之"深深的感激之情,那么这似乎与金乔觉这一抱有坚定信念的求道者形象颇有违和。他曾以白土为食,得"枯槁众"之称,地藏菩萨是如此精进于苦行之人,反倒是《送童子下山》这首诗更能贴切地表达出金乔觉的心性与情感。因此,无论是从吴、柯两家族间的纠葛,还是从诗歌本身内容的角度,《酬惠米》很大可能上并非金乔觉所作,而是一首伪作。

第三,应将金乔觉研究与当时新罗社会文化发展状况结合分析。在金乔觉研究方面,至今很难寻找关于他身上新罗文化要素的研究。虽然没有金乔觉早年的相关资料,但仍旧可以探讨宏观的文化背景。738年唐玄宗派邢璹为使节前往新罗,并对邢璹说:"新罗号为君子之国,颇知书礼,有类中华",可见当时新罗文化的发展状况。"新罗既信奉佛教,人争归信,知世之可化"(《海东高僧传》),对于拥有这样一背景的金乔觉来说,不论他出身王族或是平民百姓,构成新罗文化的中流砥柱的佛教文化对其造成的影响是不容忽视的。因此,从佛教信仰在新罗的地位和佛教传授行迹的角度出发去考察他的身世和出家动机似乎显得更为妥当。笔者主张,与其苦苦寻求其出家的世俗原因,不如从佛教的精神魅力视角探讨更合适。

(二)金乔觉与九华山道场

年24岁入唐的金乔觉想必是一位深受新罗文化熏陶的血气方刚的有志的求法者。从入华求法僧们的较有规律的活动轨迹可以推断,金乔觉自入唐后遍访名师，游历四方，学习和考察中国文化，尤其是在了解了佛教的发展情况后，形成了较为成熟的思想，渴望经历独到的修行实践，因而选择了僻静的九华山。当然，这是一个极为艰难的选择，实践过程中必定会遭遇种种苦难。从入华求法僧无相禅师或慧超的行迹当中也不难看出这一点。过去的资料和叙述往往忽视了这一过程。因此，虽记载金乔觉入唐后不顾千里之途奔赴九华山，但仍有不少地方需参照历史事实予以补充。金乔觉的诗《送童子下山》多少弥补了这部分空白。对于"金地藏"的坚定信念和"老僧"这一表述可知，仅从时间上就显示出他遍历四方的人生阅历和成熟思想，描述寂寥的佛门生活的诗句则在暗示此时的九华山尚未作为佛教道场所广为人知。因此可以推断九华山道场的形成则可能是金乔觉晚年的事情。

从开拓九华山道场直至金乔觉圆寂期间，据过去的资料和传说，金乔觉的辛勤努力和信徒们的虔诚信仰使九华山迎来了史无前例的盛况。金乔觉独自一人来到山水秀丽的九华山，在山深无人处发现一处洞穴，便住下来潜心修炼。那时有一位老乡人诸葛节见金乔觉孤坐石室，以白土为米而食，大为动容，于是和村民们一起为金乔觉建造了一座寺刹。此外，金乔觉向九华山山主闵让和讨要一块立足之地便于供奉佛像和修行，金乔觉袈裟一展，闵公便予以他袈裟所覆盖之地（整座山）。不仅如此，闵公还让自己年幼的公子随其出家，后来他自己也出家为僧。至今伴随九华山地藏菩萨圣像左右的随侍者，即为儿子道明和山主闵让和。从此有更多清官廉吏和周边百姓皈依佛门，有关金乔觉的消息甚至远传到新罗，于是有许多新罗僧前来皈依。有一则传颂至今的故事，金乔觉的两个叔父闻言，便不远万里赶到九华山试图劝其回归新罗。但未曾想却被金地藏的坚固的意志和苦行所感动，不仅没有回新罗，还成了备受当地百姓敬重的山中僧侣，二人看守山门，圆寂后老百姓为纪念他们修建了二僧殿。为纪念此二僧，甚至当地形成叫"二僧会"的民俗节日，颇为盛行，延续至今。

金乔觉日坐南台，诵四部经，修道参禅，时而下农田，时而种茶。贞元十年（798），金乔觉忽然召集弟子告别。据费冠卿记载，其示寂时"山鸣石陨，扣钏嘶嘎，群鸟哀啼，地出火光"，其肉身置函中经三年，仍"颜色如生，兜罗手软，罗节有声，如撼金锁"，因此认定金乔觉即地藏菩萨示现。从此以后他被称为地藏菩萨或金地藏，肉身供奉在神光岭，称之为肉身宝殿。由此，九华山逐渐成为地藏道场，作为中国地藏信仰的圣地，声名远扬。

（三）金乔觉的佛教思想

金乔觉属哪一门宗派，秉持什么样的佛教思想或修行主张？现存资料中很难找到这些问题的答案，也因此出现了各式各样的推论。其中有人根据金乔觉曾抄写四部大经且诵读过《华严经》这一记录，便认定金乔觉属于华严宗；有人则认为地藏菩萨超越宗派，不属于任何宗派；也有人主张，在考察金乔觉之后的九华山历代高僧时可发现其大多属于禅宗或净土宗，故认为金乔觉属于禅宗、净土宗抑或是"禅净兼修"。隋唐时期是佛教宗派形成和发展的历史时期，分宗立派的倾向极为浓厚，因此金乔觉必然是属于某宗或某派，这亦不免有些武断。另外值得关注的是，从金乔觉的种种事迹和传说中可看出他对中国文化积极靠拢，深刻的理解，诗作为证。在民间，他甚至被称为"九华姥爷"，这也很好地佐证了上述观点。

如前文所述，笔者认为在金乔觉研究中必须考虑到金乔觉出身自新罗这一事实，即不能忘记金乔觉是承载新罗文化活跃于中国文化环境的留唐新罗求法僧之一。并且结合留唐新罗僧们的生平事迹和贡献来看，他们大多都独辟蹊径，基于创新思维探索宗教思想，开展宗教修行活动，这是他们的较共同特征。早在三国时期，僧郎、圆光、慈藏便是如此，新罗时期的义湘、圆测、无相、慧超也不例外，我想，此与出身域外的留学生身份不无关系。从中不难看出中国文化要素和新罗文化的复合性作用。如果从他们的思想当中去掉新罗文化的要素，那他们必定会被埋没在中国佛教发展的历史浮沉当中。因此这与文化发展的一般原理有着互通之处，当异质文化相互接近时，不断冲突与融合过程将孕育出全新的文化和力量。如果一句话概括留唐新罗僧们的功绩,那就是通过全方位接近中国佛教,"打破中国繁冗至极的宗派传统,建立总和佛教(赵明基《新罗佛教的理念与历史》1962)"。这样的思想得到新罗伟大的高僧元晓(617-686)的进一步深化,形成"和诤"哲学,进而形成佛教传统。

但这并不仅限于回归新罗的僧侣,入华僧侣也不例外。金乔觉之所以没有留下学术贡献或许是出于针对"教宗"之反动?与禅宗的和主张和形成颇有异曲同工之妙。他在偏僻的九华山开拓道场,一心精进修行,因此也从未离开过九华山,然而值得关注的是,与新罗的往来却未曾中断过。九华山不仅聚集了全国各地的万千僧侣和香客,而且还是一个新罗僧"东僧云集"之地,化成池娘娘塔的美好传说也印证着这一点。因此,可以说,金乔觉的目标是建立以佛教大乘教义为中心的庄严莲花佛国——地藏道场。

四、中国佛教地藏信仰与金乔觉法师

金乔觉法师最大的功绩是促使地藏信仰在中国得以生根、发芽、结果。佛教传入初期,弥勒信仰成为佛教民间信仰的中心,隋唐时期观音信仰广为兴盛,直到唐朝中期玄奘翻译的《地藏十轮经》和实叉难陀翻译的《地藏菩萨本愿经》开始在民间流传起来。虽然地藏菩萨信仰相比其他信仰流传时间较晚,但却深受中国民众的喜爱。地藏菩萨发"地狱不空,誓不成佛"的宏愿,深深触动千万善男信女的菩提心。不仅如此,其中还包含着救父母于苦难的孝道思想,因此,对于有着儒教伦理基础的中国佛教信徒们来说趋之若鹜。再加上生活在水深火热之中的普通民众往往追求现实利益,他们渴望地藏菩萨出现在自己身边,将他们从轮回的无尽苦痛中解救出来。金乔觉在九华山的苦行,对于众生的态度以及示寂后的灵迹,民众便觉得他如同经书中传颂的地藏菩萨完全一致。不仅如此,入寂后以真身应化,应验了"众生度尽,方证菩提;地狱未空,誓不成佛"的宏大誓言。因此,人们认为金乔觉正是翘首期盼的地藏菩萨,称颂其为"金地藏",九华山也成为地藏信仰的神圣道场。这一新罗王子远赴中华大地开辟了中国佛教史上四大佛教名山之一的九华山菩萨道场，为中韩佛教文化交流留下了不可磨灭的历史业绩。

五、结　语

作为地藏菩萨道场的安徽省青阳县的九华山，与五台山、峨眉山、普陀山一起并称中国佛教四大名山。但与其他菩萨道场不同的是，地藏道场是以唐时的韩国新罗僧人金乔觉应化事迹为基础发展而成的。正是因为新罗僧人金乔觉的赴中土求法修行使得古代中韩佛教文化友好往来达到顶峰。虽然目前所掌握的史料还不足以使我们清晰地确定金地藏之行状及思想，但其振锡九华之功绩和地藏信仰对后世之影响深远。本文尚有很多问题未能进一步深入挖掘和分析，遗留不少问题，这些内容留待今后进一步研究，也有待学界同仁们新的研究成果问世。

人类的一切优秀文明成果都是相互交流、相互吸收的结果。宗教文化的交流与研究应以更开阔的胸襟，吸收在不同国家和地域发展的优秀成果，学术界的国际交流显得尤为重要。历史上，大乘佛教传入朝鲜半岛，进而传播到日本，形成东亚大乘佛教文明圈，大大推动了东亚各民族历史自觉和社会发展。而东亚中韩日三国的宗教文化的历史交流和良性互动使得东亚文明整体建立起与西方文明相抗衡的文化自信。当然，在汲取他人优秀研究成果的同时，必须警惕反大乘佛教发展成果的逆流，日本的少数学者主张的"批判佛教"就是一例。因此，更加积极地推动国际交流，形成对佛教发展的历史共识，共同推进佛教文化的健康发展，占据国际佛教界和国际学界的主动权、话语权。

中国是佛教的第二故乡，作为舶来品的佛教早已与中华文化血脉交融，成为中华文化国际传播的重要力量之一。佛教在中日韩均与民族文化深度融合，实现了各自的本土化，这种本土化经验与时代化的特性使佛教更利于克服不同地域间的文化落差，不偏不倚的中道之法使佛教能够在不同文化背景人群间构建跨文化传播的桥梁，对多元文化的适应与随机成为中国汉传佛教在新时代不断开拓的重要优势。总之，推动佛教文化交流的国际化将有力促进佛教中国化，佛教中国化必将要求深化国际化，与世界佛教共叙胜缘！

（本文译者：金灵，北京大学外国语学院日语系20级翻硕研究生）

《大集地藏十轮经》的地藏菩萨信仰及其所见之地藏精神

程恭让 [1]

内容提要：本文提出地藏三经中的《十轮经》，包括失译人名今附北凉录的八卷本《大方广十轮经》，以及由玄奘法师（602-664）于唐高宗永徽二年（651）新译的十卷本《大集地藏十轮经》，在地藏信仰的记载和建构中具有高度权威的意义。本文据此分析地藏精神博大精深、内涵丰富，其中包括下面这些重要的方面：重视秽土教化及菩萨责任担当的精神；重视出家修行及强烈维护僧团主体地位的精神；重视禅修实践给众生带来利益、安乐的精神；重视现世乐、后世乐、究竟乐并重、融合的精神；重视与般若智慧辩证统一的善巧方便的精神；重视持守大地的精神。

关键词：地藏信仰；地藏精神；善巧方便；人间佛教

本文先依据《大集地藏十轮经》，对于地藏信仰的问题做一个概要性的描述，继而我们将主要探讨地藏信仰所体现的地藏精神诸多丰富的内容。

一、《大集地藏十轮经》中所建构的地藏菩萨信仰

地藏菩萨信仰，简称地藏信仰，是由地藏三经及其相关一系列地藏经

---

[1] 程恭让，上海大学文学院教授、上海大学道安佛学研究中心主任。

典所建构的一种佛教信仰。尤其是《十轮经》，包括失译人名今附北凉录的八卷本《大方广十轮经》，以及由玄奘大师（602-664）于唐高宗永徽二年（651）新译的十卷本《大集地藏十轮经》，在地藏信仰的记载和建构中更是具有权威的意义。玄奘大师本经译本的第一卷，即《序品》，与失译人名的旧译本经文第一卷（《序品》）及第二卷的部分文字（《天女品》），正是本经建构地藏信仰的专题文字。而《十轮经》其他各品经文所表达的佛教思想，在一定程度上也与地藏信仰存在密切的关系，可以看成是地藏信仰的思想衍生及逻辑延展。

有关地藏信仰与《地藏十轮经》关系的相关研究，学界已经取得十分丰硕的成果。[①] 现在我们在本文中主要以玄奘大师的新译《十轮经》为依据，观察《十轮经》所描写地藏信仰的情况。

如本经第一品描述：曾经一时，薄伽梵在佉罗帝耶山，在诸牟尼仙所依住处，与大苾刍众俱，这些大比丘是超过数量计算的大声闻僧；复有诸多的菩萨摩诃萨众参与这场法会，菩萨摩诃萨的数量也超过了计算。这时候，突然从南方飘来巨大的香云，降下巨大的香雨；也从南方飘来巨大的花云，降下巨大的花雨；也从南方飘来巨大的珠宝装饰物云，降下巨大的珠宝装饰物雨；也从南方飘来巨大的衣服云，降下巨大的衣服雨。以上这些各种各样的诸种云雨充满了那座圣山，也充满了诸牟尼仙所依住处。还有从这些香云、香雨，释放出种种百千微妙的佛法的音声。同时与会大众发现自

---

① 本文撰写时主要参考以下一些学者的前期研究，谨以致谢：1. 矢吹庆辉：《三阶教研究》，岩波书店，1927年；2. 西义雄：《地藏菩萨的源流思想的研究》，收入氏编《大乘菩萨道的研究》，平乐寺书店，1977年；3. 真锅广济：《地藏菩萨的研究》，富山房书店，1975年第三版；4. 张总：《地藏信仰研究》，宗教文化出版社，2003年；5. 尹富：《中国地藏信仰研究》，巴蜀书社，2009年；6. 释坚元：《〈地藏十轮经〉新旧译本之比较研究》，华梵大学东方人文思想研究所硕士论文，2013年；7. 王龙：《西夏文〈十轮经〉考论》，《西夏研究》2，2017年；8. 西本照真：《三阶教之研究》，春秋社，1998年；9. 张总：《中国三阶教史：一个佛教史上湮灭的教派》，中国社会科学出版社，2013年；10.《〈大乘大集地藏十轮经〉的研究》，法鼓文理学院佛教学系硕士论文，释融音撰，2020年；11.《方等大集经研究》，萨尔吉著，中西书局，2019年。

己的双手握有如意宝珠，从手上的如意宝珠释放出种种的光明，通过这些光明可以清晰地见到十方国土世界，及十方国土世界上的一切的众生。而十方国土世界的一切众生，只要一被这些如意宝珠的光明所触照，就会消除一切的烦恼，心中凡有所愿都会得到圆满的达成。

看见这些神奇的征相，与会大众都感到万分的稀奇。于是名为无垢生的一位天帝释，就向佛陀提问："天、人普犹豫，不测何因缘。有谁将欲来，现此神通力？为是佛菩萨？为梵魔释天？唯愿大导师，速为众宣说！"①佛陀于是晓谕大家：

> 汝等当知，有菩萨摩诃萨，名曰地藏，已于无量、无数大劫，五浊恶时无佛世界，成熟有情。今与八十百千那庾多频跋罗菩萨俱，为欲来此礼敬、亲近、供养我故，观大集会生随喜故，并诸眷属作声闻像，将来至此，以神通力现是变化。
>
> 是地藏菩萨摩诃萨，有无量、无数、不可思议、殊胜功德之所庄严。一切世间、声闻、独觉、所不能测。此大菩萨，是诸微妙功德伏藏、是诸解脱珍宝出处、是诸菩萨明净眼目、是趣涅槃商人导首。②

以上，就是《大集地藏十轮经》第一品中为我们描述的地藏信仰的概要。《大集地藏十轮经》所描述的地藏信仰，与我们在比较早期的大乘经典——例如《道行般若经》《法华经》等经典——中所见到的其他菩萨信仰，如弥勒信仰、文殊信仰、观音信仰、普贤信仰等等著名菩萨信仰一样，成为大乘佛教中一种著名的菩萨信仰。我们知道，虽然在大乘佛教的经典中，地藏菩萨的名字早就出现，不过系统说明地藏信仰的经典确实出现较晚，因此本经描述的地藏信仰与比较早期大乘经典所建构的菩萨信仰，无

---

① 《大乘大集地藏十轮经》卷1，《大正藏》第13册，第721页下。
② 《大乘大集地藏十轮经》卷1，《大正藏》第13册，第721页下。

论是从形式上看，还是从内容上看，都存在一定的差异。《大集地藏十轮经》所记载的地藏信仰，是中晚期大乘佛教的典型菩萨信仰，也是中晚期大乘佛教思想信仰发生剧烈变迁的一种重要表达。关于地藏信仰与其他著名大乘菩萨信仰之间的关系，在《大集地藏十轮经》中也有如下的表述：

> 善男子！假使有人，于其弥勒及妙吉祥，并观自在、普贤之类而为上首殑伽沙等诸大菩萨摩诃萨所，于百劫中，至心归依、称名、念诵、礼拜、供养、求诸所愿，不如有人于一食顷，至心归依、称名、念诵、礼拜、供养地藏菩萨，求诸所愿速得满足。所以者何？地藏菩萨利益安乐一切有情，令诸有情所愿满足，如如意宝，亦如伏藏。如是大士，为欲成熟诸有情故，久修坚固大愿、大悲、勇猛、精进，过诸菩萨，是故，汝等应当供养。①

这段文字的核心意思是，地藏菩萨具有崇高的修持，因此其救度众生的威力"过诸菩萨"，所以虔诚供养地藏菩萨，也就远远比虔诚供养观自在、普贤菩萨等等，有效果、有意义。也就是说，经文在此明确表达地藏菩萨的威力超过了观音菩萨等等。唐代玄奘法师弟子窥基在所著《妙法莲华经玄赞》中曾经引述《十轮经》中这段经文，并加以评论："《十轮经》第一卷说：'假使于弥勒、妙吉祥、观自在、普贤之类而为上首殑伽沙等诸大菩萨，于百劫中至心归依称名，念诵礼拜供养求诸所愿，不如有人于一念顷至心归依、称名念诵、礼拜供养地藏菩萨，求诸所愿速得满足。'又复如是，末代众生于诸有缘所宜闻故，所以遍赞。不尔菩萨亦应胜佛、等位菩萨应有胜劣。"②主张从"劝信之语"及经文是对于"有缘"众生"偏赞"的角度解读经文。个人认为对于《十轮经》中这段话意义更为恰当的解读，应当是说地藏菩萨的修持风格与救度能力在诸大菩萨中，别树一帜，因此

---

① 《大乘大集地藏十轮经》卷1，《大正藏》第13册，第726页上。
② 《妙法莲华经玄赞》卷10，《大正藏》第34册，第848页下–849页上。

地藏信仰在佛教的诸大菩萨信仰中也具有自己鲜明的特色和独特的风格。

地藏信仰以地藏精神为本旨，地藏信仰是地藏精神的外化和体现，地藏精神则是地藏信仰的本质和灵魂。地藏信仰的独特性，也预示地藏精神的独特性。因此，接下来，我们将依据《大集地藏十轮经》对于大乘佛教地藏精神的内涵尝试作出一个解读。

二、由《大集地藏十轮经》的地藏菩萨信仰所见之地藏精神

如上所说，《十轮经》现存两个汉译本：1.《大方广十轮经》，失译人名今附北凉录，《大正藏》编号 No.410；2.《大乘大集地藏十轮经》，唐代玄奘大师新译，《大正藏》中编号 No.411。本经经题梵文名称是 daśacakra-kṣitigarbha-nāma-mahāyāna-sūtra，但此经本的梵文本现已不存，也因此给我们疏释这部重要大乘佛典的经义，带来一些困难。所幸的是，这部汉译佛经曾经译汉为藏，藏译本经编号 No.239，藏译经名题为 འདུས་པ་ཆེན་པོ་ལས་སའི་སྙིང་པོའི་འཁོར་ལོ་བཅུ་པ་ཞེས་བྱ་བ་ཆེན་པོའི་མདོ，是由藏族译经大师浪巴明多（རྫུས་པར་མི་རྟོག）和汉地的和尚甚深（དགང་ཟབ་པོ）等人于公元 8 世纪译出。① 这个藏文译本的翻译质量极高，显示译家非常通晓梵藏汉三种语言，其精湛的藏译，对于我们今天理解玄奘大师的这个译典，能够起到很好的帮助作用。所以在以下的分析中，我们将以玄奘大师的译本为基础，尽量采取汉藏文对勘的解读方式，以便帮助我们更好更准确地进行经典释义的工作。

以下本文拟从六个方面，比较系统地阐释《大集地藏十轮经》地藏信仰所包含的地藏精神：

1. 释迦牟尼佛的秽土弘化精神，重视五浊恶时、无佛世界的教化，具有菩萨责任担当的强烈的自觉精神

---

① [日]宇井伯寿、铃木宗忠、金仓圆照、多田等观原编《西藏大藏经总目录》，蓝吉富主编，《现代佛学大系》59，新店：弥勒出版社，1982 年，第 48 页。参考法鼓文理学院佛教学系释融音硕士论文：《〈大乘大集地藏十轮经〉的研究》，2020 年 7 月，第 2 页。

地藏菩萨信仰所显示的这种菩萨的责任担当的精神，在本经经文中有清晰的表达。如在本经第一品经文中，名为"无垢生"的天帝释，向佛陀请问地藏菩萨的来历，佛陀的回答是："汝等当知，有菩萨摩诃萨，名曰地藏，已于无量、无数大劫，五浊恶时无佛世界，成熟有情。"[①] 经文佛陀这个回答，明示地藏菩萨信仰所表现出来的一个重要特质：地藏菩萨重视在"五浊恶时"及"无佛世界"的众生的救度工作。所谓"五浊恶时"，是指从时间而言最失德败德时期众生的生存阶段；所谓"无佛世界"，是指从空间而言最低劣环境众生的生存阶段。地藏菩萨过去的"无量、无数大劫"，都一向致力在最差的时间段落及最差的空间向度国土众生的救度工作，所以我们说地藏信仰所表现出来的重要的菩萨精神，首先可以说是菩萨高度的责任担当的精神。

关于地藏菩萨的这种菩萨精神，透过本经第一品的地藏赞佛偈，也可以生动显示出来。这部分赞佛偈经文共33个颂文。其中，前四个颂文如下："两足尊导师，慈心常普覆，安忍如大地，遍除瞋忿心。具殊胜相好，庄严诸佛国，能以谛慈悲，充满一切土。永绝诸爱网，如实善安住，舍诸清净国，度染浊众生。本愿摄秽土，成熟恶众生，起坚固正勤，久修诸苦行。"[②] 对勘这部分汉译的藏文如下：༄༅། །རྐང་པར་འདིན་པ་དང་གཉིས་མཆོག་བྱམས་པའི་ཐུགས་ཀྱིས་ཀུན་ལ་སྐྱོབ། །ཁམ་ལྟར་དེ་ཉིད་དུ་བཟོད། །ཞེ་སྡང་ཁྲོ་བའི་སེམས་ཀུན་བསལ། །མཚན་དང་དཔེ་བྱད་མཆོག་མངའ། །སངས་རྒྱས་ཀུན་གྱི་ཞིང་རབ་བརྒྱན། །བདེན་པའི་ཐུགས་བསྟུན་ཏེ་ཉིད་ཀྱིས། །ཞིང་ཀུན་རབ་ཏུ་འགེངས། །སྲེད་པའི་དྲ་ཀུན་རབ་ཏུ་དགངས། །ཡང་དག་ཉིད་ལ་བཞིན་བདག་གནས། །ཞིང་སུ་དག་པའི་ཞིང་དང་ནས། །ཁྲོ་བ་ཅན་གྱི་སེམས་ཅན་དགྲོལ། །རྐང་པའི་ཞིང་འདིར་དམ་བཅས་ཏེ། །ངན་འགྲོ་སེམས་ཅན་སྨིན་མཛད། །ཡང་དག་ཡང་དག་རྩོམ་པ་ཡིས། །དྲིང་མོ་ཞིག་ནས་དགའ་བར་སྤྱད། །[③] 根据汉译和藏译，可以看出地藏菩萨认为释迦牟尼佛具足无边的功德，能够"庄严诸佛国"（སངས་རྒྱས་ཀུན་གྱི་ཞིང་རབ་བརྒྱན），也能够"充满一切土"（རྒྱལ་བའི་ཞིང་ཀུན་རབ་ཏུ་འགེངས）。但是释迦如来的"本愿"则是要到此娑婆世界这个秽土（"摄秽土"，རྒྱལ་བའི་ཞིང་འདིར་དམ་བཅས་ཏེ），所以释迦牟尼舍弃了

---

① 《大乘大集地藏十轮经》卷1，《大正藏》第13册，第721页下。
② 《大乘大集地藏十轮经》卷1，《大正藏》第13册，第722页中。
③ H 240, བདག་ཅག་པོ་ལགས་པའི་ཤིང་པོའི་འཁོར་ལོ་བཅུ་པ་ཞེས་བྱ་བ་ཐེག་པ་ཆེན་པོའི་མདོ, 160A.

清净的佛土（ཡོངས་སུ་དག་པའི་ཞིང་ཁམས་ནས），而自觉到属于"五浊恶时"的娑婆世界，完成救度众生的职责。这组颂文显然侧重从放弃净土、恶世救度来解释释迦如来的思想和精神。

这组颂文的最后一个颂文，玄奘译为："我今学世尊，发如是誓愿，当于此秽土，得无上菩提。"① 对勘藏文译文如下：བདག་ཀྱང་བཅོམ་ལྡན་དེ་བཞིན་ད། དེ་ལྟ་བུ་ཡི་དམ་བཅས་ནས། ཁྲོག་པ་ཅན་གྱི་འཇིག་རྟེན་འདིར། བླ་མེད་བྱང་ཆུབ་ཐོབ་པར་ཤོག། ② 颂文中地藏表示自己是如释迦如来一样发愿，要到这个五浊的世界，成就无上正等菩提。故根据经文，地藏菩萨是明确地要以释迦牟尼为榜样，弘扬释迦如来在"秽土"救度众生、成就无上正等菩提的精神。

关于地藏菩萨这种在"五浊恶时、无佛世界"救度众生的高度的责任担当精神，在本经第二品经的下面这段经文中表现得更加清楚。这段文字唐译如下：

> 尔时，地藏菩萨摩诃萨复白佛言："大德世尊！颇有佛土，五浊恶世、空无佛时，其中众生，烦恼炽盛，习诸恶行，愚痴很戾，难可化不？谓刹帝利旃荼罗、宰官旃荼罗、居士旃荼罗、长者旃荼罗、沙门旃荼罗、婆罗门旃荼罗，如是等人，善根微少，无有信心，谄曲愚痴，怀聪明慢，不见、不畏后世苦果，离善知识，乃至趣向无间地狱。如是等人为财利故，与诸破戒恶行苾刍，相助共为、非法朋党，皆定趣向无间地狱。若有是处，我当住彼，以佛世尊如来法王利益安乐一切有情无上微妙甘露法味，方便化导，令得受行，拔济如是刹帝利旃荼罗，乃至婆罗门旃荼罗，令不趣向无间地狱。"③

在这段经文中，地藏提出的问题是：是否存在"五浊恶世、空无佛

---

① 《大乘大集地藏十轮经》卷1，《大正藏》第13册，第723页上。
② H 240，འདུས་པ་ཆེན་པོ་ལས་ས་ཡི་སྙིང་པོའི་འཁོར་ལོ་བཅུ་པ་ཞེས་བྱ་བ་ཐེག་པ་ཆེན་པོའི་མདོ，162A.
③ 《大乘大集地藏十轮经》卷4，《大正藏》第13册，第739页下。

时"的佛土，在这样的佛土，众生难以教化，从刹帝力到婆罗门各类的众生，都是习惯为恶、很少为善、愚蠢骄慢、难以调伏的众生，所以其等被称为刹帝力旃荼罗（རྒྱལ་རིགས་གདོལ་པ་ཅན），乃至婆罗门旃荼罗（བྲམ་ཟེ་གདོལ་པ་ཅན）。这些众生，不会支持受戒善行的比丘，反而会支持破戒恶行的比丘，大家结成朋党，谋求世俗的利益。这些恶行的众生，包括这些恶行的比丘，都会在身坏命终之后堕落到无间地狱。而地藏菩萨则希望要到这样的"五浊恶世、空无佛时"的佛土，以佛陀所觉悟的智慧启发众生，引导救济等，使得这些众生免于堕落无间地狱的命运。佛陀则在地藏提问后回答，在未来的时代，在此娑婆世界，会出现这样的时代及这样的国土。可见，地藏信仰所体现出来的最基本的菩萨精神，就是这种着眼恶劣时间、恶劣空间及恶劣环境，高度发扬菩萨责任担当意识的精神。总之，贪图环境的舒适和个人的享乐，是与地藏精神没有任何关系的。

2. 明确示现沙门形象，凸显出家修行重要性及强烈推重僧团主体地位的菩萨精神

从《大集地藏十轮经》之地藏信仰所见地藏菩萨精神的第二个重要的方面，我们认为是地藏所示现的沙门形象，以及通过这种形象所表现的重视出家修行及僧团主体地位的特殊菩萨精神。

在《十轮经》的第一品，可以看到有关地藏示现"声闻"形象的描述，一共出现了三次：

（1）是佛陀回答无垢生天帝释的提问，指出地藏"今与八十百千那庾多频跋罗菩萨俱，为欲来此礼敬、亲近、供养我故，观大集会生随喜故，并诸眷属作声闻像，将来至此，以神通力现是变化"。[①] 这是佛陀在法会中预言地藏菩萨摩诃萨将"作声闻像"前来参与法会。汉译文中"作声闻像"，

---

① 《大乘大集地藏十轮经》卷1，《大正藏》第13册，第721页下。

从藏文本看，是 དགེ་སློང་གི་གཟུགས་ཀྱིས，① 其中 དགེ་སློང་ 是"沙门"，意思是"修善"，佛教文献传统上是作为出家修行的比丘、比丘尼、沙弥、沙弥尼的统称，而"声闻"则是佛弟子之义，其中虽然主要包括出家人，但也包括随佛陀深入学习的在家弟子。所以根据藏文的翻译，我们应当把玄奘此处所译的"声闻"，理解为是"沙门"之意。

（2）第二个例子是本经第一品佛陀回答无垢生之问后，地藏菩萨现身的情形。经中这样描述："世尊说是地藏菩萨诸功德已，尔时，地藏菩萨摩诃萨，与八十、百、千、那庚多频跋罗菩萨，以神通力，现声闻像，从南方来，至佛前住。"② 汉译中"以神通力现声闻像"一句，藏文作 འདུལ་གྱི་མཐུས་དགེ་སློང་གི་གཟུགས་སུ་སྟོན，③ 其中"声闻像"也是 དགེ་སློང་གི་གཟུགས，所以也可以译为"沙门像"。

（3）第三例出现在此经第一品末后的重颂中，如这部分重颂开头的第一颂，根据汉译，是为："地藏真大士，具杜多功德，现声闻色相，来稽首大师。"④ 对勘藏文，此颂译为：སེམས་དཔའ་དག་པ་ཡི་སྙིང་པོ་འདི། །ཡོན་ཏན་མང་པོ་ཕུན་སུམ་ཚོགས་པར་ལྡན། དགེ་སློང་ཆ་ལུགས་འཛིན་ཅིང་སྟོན་བྱེད་པ། །སྟོན་པ་ཆེན་པོ་ལ་ནི་ཕྱག་འཚལ་ལོ། །⑤ 可以新译为：地藏是为清净士，具足圆满诸功德，持有沙门之装束，是来敬礼大师者。根据汉藏文译文，可以看出：藏译此处的"声闻色相"，对应藏文的 དགེ་སློང་ཆ་ལུགས，意思是沙门装束。不过玄奘大师此处所译的"杜多功德"，其中"杜多"或作"头陀"，则不见于藏文译本中。而且玄奘的译本中"杜多功德"之译语，非仅一次，而是出现达四次之多，而同样的译法都不见于藏文，这似乎显示藏文本的译者似乎别有梵本的依据。比较而言，无论是汉译，还是藏译，都说明作为菩萨的地藏示现了出家修行者的特殊行相，而玄奘的汉译似乎较之藏译

---

① H 240, འདུས་པ་ཆེན་པོ་ལས་ས་བའི་སྙིང་པོའི་འཁོར་ལོ་བཅུ་ཞེས་བྱ་བ་ཐེག་པ་ཆེན་པོའི་མདོ, 157B.
② 《大乘大集地藏十轮经》卷1，《大正藏》第13册，第722页中。
③ H 240, འདུས་པ་ཆེན་པོ་ལས་ས་བའི་སྙིང་པོའི་འཁོར་ལོ་བཅུ་ཞེས་བྱ་བ་ཐེག་པ་ཆེན་པོའི་མདོ, 159B.
④ 《大乘大集地藏十轮经》卷1，《大正藏》第13册，第727页中。
⑤ H 240, འདུས་པ་ཆེན་པོ་ལས་ས་བའི་སྙིང་པོའི་འཁོར་ལོ་བཅུ་ཞེས་བྱ་བ་ཐེག་པ་ཆེན་པོའི་མདོ, 180B.

经，更加强调了地藏作为出家修行者的精神和色彩。

地藏是一个菩萨摩诃萨，就作为菩萨摩诃萨而言，地藏所彰显的精神与其他大乘经典所彰显的菩萨精神，是相通的。地藏在本经中彰显为一个出家修行者的形象，但这并不是地藏菩萨示现的唯一形象，我们从本经另外一个段落也可以看到，无论过去、现在或是未来，地藏在救度众生时采取的形象是多元的，"作声闻身"只是其在救度众生的实践中可能采取的形式之一。不过本经所彰显的"沙门"形象，还是凸显了地藏精神一个高度特殊的层面，那就是重视出家修行及僧团主体地位的精神。考虑到对于出家生活重新高度的强调，对于僧团主体地位的无条件的重视，以及基于上述诉求对于三乘关系的重新梳理等等，是《大集地藏十轮经》所重点建构的一系独特而重要的大乘佛教思想，因此可以说本经第一品所示之地藏信仰所显现地藏出家修持者的形象，并不是随意的，或无缘无故的，而应该被理解为是地藏菩萨精神的本质层面之一。这一点也有助于解释为什么主要表述地藏信仰的第一品经文，成为《大集地藏十轮经》的基础，也解释了《大集地藏十轮经》全经佛教思想的内在逻辑结构。

3. 高度重视禅定修持，以禅定修持的力量给广大众生带来利益及安乐的精神

在本经第一品经文中，佛陀再度回答好疑问菩萨关于地藏菩萨品德的提问，佛陀一开始的答词是："如是大士，成就无量不可思议殊胜功德：已能安住首楞伽摩胜三摩地，善能悟入如来境界；已得最胜无生法忍，于诸佛法已得自在；已能堪忍一切智位，已能超度一切智海；已能安住师子奋迅幢三摩地，善能登上一切智山；已能摧伏外道邪论。"[①] 这段回答中，"成就无量不可思议殊胜功德"一句是总，是总括显示地藏菩萨的品德修养；其他各句是分，是详细分析地藏菩萨的诸种品德。在分述部分第一句，就

---

① 《大乘大集地藏十轮经》卷1，《大正藏》第13册，第723页中。

特别提出地藏菩萨摩诃萨已经获得首楞伽摩胜三摩地及师子奋迅幢三摩地，可见经文在讨论地藏菩萨摩诃萨的品德问题时，特别重视地藏菩萨对于三摩地的训练及其精深成就的问题。也因此，我们可以充分感受到重视三摩地的训练，积极发挥三摩地禅修力量利益、安乐众生的精神，也就成为地藏菩萨摩诃萨的一种特别的精神。

因此，在经文中，我们看到与地藏菩萨重视三摩地的修行一致，地藏菩萨在其所住的一切佛土中，也都发挥其以三摩地威力救度众生的菩萨利益、安乐精神。如经文言："为欲成熟一切有情，所在佛国，悉皆止住。如是大士，随所止住诸佛国土、随所安住诸三摩地，发起无量殊胜功德，成就无量所化有情。"① （སེམས་ཅན་ཐམས་ཅད་ཡོངས་སུ་སྨིན་པར་བྱའི་ཕྱིར་སངས་རྒྱས་ཀྱི་ཞིང་ཇི་སྙེད་པ་ཐམས་ཅད་དེ་དག་ཐམས་པར་བྱེད་དོ། སྐྱེས་བུ་ཆེན་པོ་དེ་ལྟར་སངས་པ་བཞིན་དུ་སངས་རྒྱས་ཀྱི་ཞིང་རྣམས་ཀུན་དུ་བཞིན་དུ་སངས་སོ། གང་ཅིག་འཛིན་རྣམས་ཀྱིས་ཅད་མེད་པའི་ཡོན་ཏན་གྱི་ཆེད་པར་སྐྱེད་པར་བྱེད་པས་གདུལ་བའི་སེམས་ཅན་ཚད་མེད་པ་དག་ཡོངས་སུ་སྨིན་པར་བྱེད་དོ།།） ② 可以根据藏文译本把本段经文新译如下：为了成熟一切的有情，有多少佛陀的国土，那个大士就会在所有那些佛陀国土中安住。那个大士随其所住诸佛国土，都会使得那些诸佛国土这样地安住：即通过以诸种三摩地发起无量的殊胜功德，使得可以调伏的诸多无量的有情都得以成熟。也就是说，无论住于什么样的佛陀国土，地藏菩萨都要以其所修行的三摩地，进行成熟有情的工作。因此，我们可以说：重视各种三摩地的修行，重视发挥三摩地的威力来使得众生获得利益及安乐，是地藏修行及救济工作的一个鲜明特色，三摩地主导下的利益、安乐，是地藏精神的鲜明表现。

如本经第一品经文在谈到这个问题的部分，下面接着说：

> 如是大士，随住如是诸佛国土，若入能发智定，由此定力，令彼佛土一切有情，皆悉同见诸三摩地所行境界。随住如是诸佛国土，若入具足无边智定，由此定力，令彼佛土一切有情，随其

---

① 《大乘大集地藏十轮经》卷1，《大正藏》第13册，第723页中。

② H 240, འདུས་པ་ཆེན་པོ་ལས་སའི་སྙིང་པོའི་འཁོར་ལོ་བཅུ་པ་ཞེས་བྱ་བ་ཐེག་པ་ཆེན་པོའི་མདོ, 163B.

所应,能以无量上妙供具,恭敬供养诸佛世尊。随住如是诸佛国土,若入具足清净智定,由此定力,令彼佛土一切有情,皆悉同见诸欲境界无量过患,心得清净。随住如是诸佛国土,若入具足惭愧智定,由此定力,令彼佛土一切有情,皆得具足增上惭愧,离诸恶法,心无忘失。随住如是诸佛国土,若入具足诸乘明定,由此定力,令彼佛土一切有情,皆得善巧,天眼智通、宿住智通、死生智通,了达此世、他世因果。随住如是诸佛国土,若入无忧神通明定,由此定力,令彼佛土一切有情,皆离一切愁、忧、昏、昧。"[1] 地藏菩萨随其所住诸佛国土,都会使得所住的诸佛国土这样变化:假使他平等地进入名为发智之定,则由此三摩地之威力,就能使得住在那些诸佛国土上的一切有情,都随顺一致地见到诸种三摩地的所行境界;假使他平等地进入名为具足无边智之三摩地,则由此三摩地之威力,就能使得住在那些诸佛国土上的一切有情,都随其能力,以无量上妙的资生用具,恭敬地供养诸佛薄伽梵;假使他平等地进入名为清净圆满智慧之三摩地,则由此三摩地之威力,就能使得住在那些诸佛国土上的一切有情,都看见诸欲行境之无量的过患,其心得以清净;假使他平等地进入名为具足惭愧的智慧之三摩地,则由此三摩地之威力,就能使得住在那些诸佛国土上的一切有情,都具足增上的惭愧,究竟舍弃诸恶不善法,心意无所缺欠;假使他平等地进入名为具足诸乘明晰之三摩地,则由此三摩地之威力,就能使得住在那些诸佛国土上的一切有情,都成就善巧神变眼神通、宿住智通、死生智通,能够了达此世、他世之因果。在这一部分经文中,除了上面地藏所进入的能发智定、具足无边智定、具足清净智定、具足惭愧智定、具足诸乘明定、无忧神通明定六种禅定之外,还提到具足胜通明定、普照诸

---

[1] 《大乘大集地藏十轮经》卷1,《大正藏》第13册,第723页中下。

世间定、诸佛灯炬明定、金刚光定、智力难摧伏定、电光明定、具足上妙味定、具足胜精气定、上妙诸资具定、无诤智定、能引胜踊跃定、具足世路光定、善住胜金刚定、增上观胜幢定、具足慈悲声定、引集诸福德定、海电光定等等，共计17种之多。两项合计，本部分经文一共列举了23种禅定，可见经文非常注意凸显地藏菩萨重视三摩地修行及以三摩地威力，来帮助众生获得利益、安乐的菩萨精神。

本经第一品在谈到这个问题的部分，还有如下的总结文字："以要言之，此善男子，于一一日每晨朝时，为欲成熟诸有情故，入殑伽河沙等诸定，从定起已遍于十方诸佛国土，成熟一切所化有情，随其所应利益安乐。此善男子，已于无量、无数大劫，五浊恶时无佛世界，成熟有情。"①总之，地藏菩萨在过去的无数大劫，都常常在五浊恶时无佛世界，每天早上都要进入与恒河沙数目相等的禅定，来利益、安乐一切的众生。

经文还接着说，地藏菩萨不仅在过去的时代，在无量无数的大劫，在五浊恶时的无佛世界，于每一天早晨的时候，进入与恒河沙数目相等的禅定，救济一切有关的有情，而且在未来的时代，也将继续发挥以三摩地威力救度众生的精神。正如以下的经文所说："复于当来过于是数，或有世界，刀兵劫起，害诸有情。此善男子见是事已，于晨朝时以诸定力，除刀兵劫，令诸有情互相慈愍。或有世界，疫病劫起，害诸有情。此善男子见是事已，于晨朝时以诸定力，除疫病劫，令诸有情皆得安乐。或有世界，饥馑劫起，害诸有情。此善男子见是事已，于晨朝时以诸定力，除饥馑劫，令诸有情皆得饱满。此善男子，以诸定力作如是等，无量、无边、不可思议、利益安乐诸有情事。"②地藏菩萨在未来的时代，同样还将会以诸禅定的修学之力，帮助这个世界消除刀兵劫、疫病劫、饥馑劫。所以无论过去、现在

---

① 《大乘大集地藏十轮经》卷1，《大正藏》第13册，第724页上中。
② 《大乘大集地藏十轮经》卷1，《大正藏》第13册，第724页中。

及未来，地藏菩萨都注重以禅修的力量，改造、净化世界，以禅修的特殊威力给予众生带来种种利益及安乐。注重禅定修持及禅修力量主导下的利益、安乐，确实是地藏菩萨所彰显出来的一种富有特色的菩萨精神。

4. 在悲悯及精进主导下实施辩证救度的特殊的菩萨救度精神

《大集地藏十轮经》初品中，有下面这段经文：

> 此善男子，具足成就无量、无数、不可思议、殊胜功德，常勤精进利益安乐一切有情。曾于过去无量、无数、殑伽沙等佛世尊所，为欲成熟利益安乐诸有情故，发起大悲、坚固难坏、勇猛精进、无尽誓愿。由此大悲坚固难坏、勇猛精进、无尽誓愿增上势力，于一日夜或一食顷，能度无量、百千俱胝那庾多数诸有情类，皆令解脱种种忧苦，及令一切如法所求意愿满足。①

我们把这段话的藏文对勘于此：[藏文] ② 可以新译如下：这个善男子，因为具足成就无量、无数、不可思议的殊胜功德，因而极其精进于利益、安乐一切有情的目标。在往昔过去的时代，为了利益、安乐众多的异生，使其究竟成熟，曾经从无量、无数、

---

① 《大乘大集地藏十轮经》卷1，《大正藏》第13册，第724页中。

② H 240，[藏文]，168B–169A.

殑伽沙数目相等的诸佛薄伽梵那儿，发起过具有无尽大智慧誓约的悲悯及不会破坏的精进，生起这样的大悲、不会破坏的誓愿的其人，则以具足无尽的智慧誓约越来越殊胜的威力，因而在每一个日夜，甚至在刹那之间，都能够调伏无量十万数目的诸多异生，使其解脱种种种类的诸苦，并且若是其等欲求什么，都能使得这些、那些欲望获得满足。玄奘大师的译文中此处"令一切如法所求意愿满足"，参照藏文看，可以译为"若是其等欲求什么，都能使得这些、那些欲望获得满足"，奘师的译文此处似乎是根据中国文化的习惯，进行了一些调整。

根据这段经文，地藏菩萨在往昔的时代，曾经从诸佛薄伽梵那儿发起过的悲悯及精进，因而以其修持之力，地藏菩萨能够在每个日夜或一食之顷，不仅使得无量、无数的众生得以解脱种种种类的诸苦，而且使得一切众生的愿望都得以满足。悲悯及精进是地藏菩萨两项重要的内在品德修养，而由于这两项品德修养，则形成一种威力，能够使得地藏菩萨具有度脱众生诸苦、满足众生愿望的救度的力量。

至于在悲悯及精进的品德的支配下，地藏菩萨如何发挥其救度的力量，经文中有非常翔实的描写，比如我们可以看看下面一段文字：

> 随所在处，若诸有情，种种希求，忧苦逼切；有能至心称名、念诵、归敬、供养地藏菩萨摩诃萨者，一切皆得如法所求，离诸忧苦，随其所应，安置生天、涅槃之道。随所在处，若诸有情，饥渴所逼；有能至心称名、念诵、归敬、供养地藏菩萨摩诃萨者，一切皆得如法所求，饮食充足。随其所应，安置生天、涅槃之道。随所在处，若诸有情，乏少种种衣服、宝饰、医药、床敷及诸资具；有能至心称名、念诵、归敬、供养地藏菩萨摩诃萨者，一切皆得如法所求，衣服、宝饰、医药、床敷及诸资具无不备足，随其所应，安置生天、涅槃之道。随所在处，若诸有情，爱乐别离，怨憎合会；有能至心称名、念诵、归敬、供养地藏菩萨摩诃萨者，一切皆得

爱乐合会，怨憎别离，随其所应，安置生天、涅槃之道。①

上面这一大段经文实际上讲了四种救度的情况：第一种情况是众生为种种欲求所折磨，第二种情况是众生为种种饥渴所折磨，第三种情况是众生为缺乏资生用品所折磨，第四种情况是众生遭遇爱别离苦及怨憎会苦。无论是在何处，无论是遭遇何种苦的众生，如果能够一心一意地称名、存念、恭敬、供养地藏菩萨摩诃萨，那么所要求避免的一切诸苦都能够得以避免，一切所要求的都能够顺遂，如其所应，这些众生将来会托生到天神中，乃至获得涅槃。可以看出：地藏菩萨悲悯、精进品质主导下的救度，既包括现世的救度，也包括来世的救度，经文中现实生活中种种的离苦、得乐，就是现世的救度；如其所应，乃至生天，就是来世的救度。地藏菩萨的救度，既包括世间的救度，也包括出世间的救度。这里，现实生活中种种的离苦、得乐，乃至生天，是世间的救度；而安置其等于三乘佛法，乃至获得涅槃，则是出世间的救度。因此地藏菩萨大悲、大精进的救度，表现出现世救度与来世救度相结合、世间救度与出世间救度相结合的辩证救度的特质。这里我所谓"辩证救度"，是指人生的福祉，既有现世乐，也有后世乐，还有究竟乐，从原始佛教到大乘佛教，佛法的救度都既不偏取三乐之一，也不把人生三乐加以对立、对峙，不把三乐互相割裂，而是根据人类的实际情况，适应人类的实际需要，融合现世乐、后世乐及究竟乐，努力争取实现人生诸种福祉的辩证统一。地藏菩萨信仰所彰显的这种辩证救度，所反映和体现的也正是这样实现现世乐、后世乐、究竟乐辩证统一的特殊的菩萨救度精神。

5.高度重视善巧方便的智慧品德、重视般若智慧与善巧方便平衡、统一的重要菩萨精神

如我过去的研究所揭示，在初期大乘佛教的经典中，善巧方便是诸菩

---

① 《大乘大集地藏十轮经》卷1，《大正藏》第13册，第724页中下。

萨的重要品德之一，甚至是诸佛的一种特殊、重要的品德，般若智慧与善巧方便的不一不异、并举并重，平衡开发及辩证彰显，乃是初期大乘佛教所极力加以证成及弘扬的重要思想义理。[1]中晚期大乘佛教的经典和思想，虽然在思想方法、精神特质等诸多的方面与初期大乘相比有一定的差异，但是这种高度重视般若与方便平衡并举的精神则始终一贯。《大集地藏十轮经》是属于中晚期大乘经典的一部代表性经典，这部经典同样强调善巧方便的菩萨精神，善巧方便的菩萨精神构成地藏菩萨精神的一个重要方面。

如在本经《福田相品》中，重点建构了菩萨摩诃萨"大甲胄轮"的理念，其中在提出"般若大甲胄轮"之后，紧接着就提出"善巧方便大甲胄轮"，就是生动、典型地彰显般若与方便并重并举的智慧，高度突显菩萨善巧方便品德的重要意义及价值。《大集地藏十轮经》对于菩萨"大甲胄轮"理念的提出与开展，足以证明本经是中晚期大乘佛教经典中积极弘扬菩萨善巧方便概念思想智慧的一部具有典范意义的经典。

即以本经重点阐释地藏菩萨信仰的文字，即本经的第一品为例，我们也可以发现四次使用方便这个概念的用例：

（1）"善巧方便声"，此为本经地藏出场前所现祥瑞之一大云雨所释放"种种百千微妙大法音声"[2]的诸种音声之一。从经文看，此段文字共列出39声，也就是39种理念或范畴，显示本经试图以39种理念或范畴来概括大乘佛教的思想体系，而善巧方便这一概念成为这39种概括大乘佛教思想理论的主导性范畴之一。

（2）"随所在处，若诸有情，或为多闻，或为净信……或为方便……或为种种世、出世间，诸利乐事，于追求时，为诸忧苦之所逼切；有能至心称名、念诵、归敬、供养地藏菩萨摩诃萨者，此善男子，功德、妙定、

---

[1] 程恭让：《佛典汉译、理解与诠释——以善巧方便一系概念思想为中心》，中国社会科学出版社，2017年12月。

[2] 《大乘大集地藏十轮经》卷1，《大正藏》第13册，第721页上。

威神力故,令彼一切皆离忧苦,意愿满足,随其所应,安置生天、涅槃之道。"①无论是在什么国土,无论是什么众生,若是为了追求多闻等等,因而引起诸苦逼迫,如果能够一心一意地称颂地藏之名,心中存念,虔诚供养,则其心愿皆得如意。在这段文字中,善巧方便与"多闻""净信"等等以及"种种世、出世间,诸利乐事"一样,成为人们所追求、所需要的一种"利乐事"。在这一表述里,地藏信仰也确认善巧方便是使人生获得利益、安乐的重要目标和追求之一。

（3）"增长方便",在本经第一品临近结尾的地方,地藏菩萨誓言："大德世尊! 我当济度此四洲诸世尊弟子,一切苾刍,及苾刍尼,邬波索迦,邬波斯迦,令其皆得,增长忆念、增长守护忆念、增长寿命、增长身体、增长无病、增长色力、增长名闻、增长资具、增长亲友、增长弟子、增长净戒、增长多闻、增长慧舍、增长妙定、增长安忍、增长方便……"②在这段经文中,地藏誓言将会帮助增长娑婆世界四众佛弟子的能力,而方便这个概念所指示的能力在此处也是地藏希望佛弟子得以增长的重要能力之一。

（4）最后,本品经文结束之时,佛陀响应诸大天女对于地藏的颂藏,再次伸张地藏的崇高修行及质量,其中说："譬如明月,于夜分中,能示一切失道众生平坦正路,随其欲往,皆令得至;此善男子亦复如是,于无明夜,能示一切迷三乘道,驰骋生死旷野众生,三乘正路,随其所应,方便安立,令得出离。"③（འདི་ལྟ་སྟེ། ནམ་ཟད་པའི་ཟླ་བ་ནི་མཚན་མོའི་དུས་སུ་སྲོང་པའི་སེམས་ཅན་ཐམས་ཅད་འདི་བའི་ལམ་སྟོན་ཏེ། གར་འགྲོ་བར་དགའ་བ་བཞིན་དུ་ཕྱིན་པར་འགྱུར་བ་ལྟར་རིགས་ཀྱི་བུ་དེ་ཡང་མ་རིག་པའི་མཚན་མོར་ཐེག་པ་གསུམ་ལ་འཁྲུལ་བའི་འཁོར་བའི་འབྲོག་དགོན་པར་འགྲུལ་བའི་སེམས་ཅན་ཐམས་ཅད་ལ་ཐེག་པ་གསུམ་གྱི་ཡང་དག་པའི་ལམ་སྟོན་ཅིང་རྒྱུ་བར་བཞིན་དུ་ཐབས་ཀྱིས་ཡང་དག་པར་འབྱུང་བར་འགྱུར་བ་ལ་འ །། འགོད་པར་བྱེད་དོ་④） 这段文字十分明确地指出:地藏菩萨能够给予在无明暗夜中迷失三乘、在轮回之荒野、旷野中漂泊的一切众

---

① 《大乘大集地藏十轮经》卷1,《大正藏》第13册,第725页中。
② 《大乘大集地藏十轮经》卷1,《大正藏》第13册,第726页中。
③ 《大乘大集地藏十轮经》卷1,《大正藏》第13册,第727页中。
④ H 240, འདུས་པ་ཆེན་པོ་ལས་ས་ཡི་སྙིང་པོའི་འཁོར་ལོ་བཅུ་པ་ཞེས་བྱ་བ་ཐེག་པ་ཆེན་པོའི་མདོ,180A—180B.

生，开示三乘正道，并能够依据方便，随其所应地将他们建立在出离道中。这段经文揭示了地藏菩萨之教化众生，本质上基于善巧方便这种崇高而特殊的菩萨品德的重要事实。

本经第一品中下面这段文字，从彰显地藏菩萨善巧方便品德、精神的角度言，应该说是非常重要的一段经文：

> 此善男子，成就如是如我所说不可思议诸功德法，坚固誓愿，勇猛精进，为欲成熟诸有情故，于十方界，或时现作大梵王身，为诸有情如应说法。或复现作大自在天身、或作欲界他化自在天身、或作乐变化天身、或作睹史多天身、或作夜摩天身、或作帝释天身、或作四大王天身、或作佛身、或作菩萨身、或作独觉身、或作声闻身、或作转轮王身、或作刹帝力身、或作婆罗门身、或作茷舍身、或作戍达罗身、或作丈夫身、或作妇女身、或作童男身、或作童女身、或作健达缚身、或作阿素洛身、或作紧捺洛身、或作莫呼洛伽身、或作龙身、或作药叉身、或作罗刹身、或作鸠畔茶身、或作毕舍遮身、或作饿鬼身、或作布怛那身、或作羯咤布怛那身、或作粤阇诃洛鬼身、或作师子身、或作香象身、或作马身、或作牛身、或作种种禽兽之身、或作剡魔王身、或作地狱卒身、或作地狱诸有情身，现作如是等无量、无数异类之身，为诸有情如应说法，随其所应，安置三乘不退转位。①

《大集地藏十轮经》这段文字，开头说地藏菩萨"成就如是如我所说不可思议诸功德法，坚固誓愿，勇猛精进"，即是说地藏菩萨成就了包括"坚固誓愿"及"勇猛精进"在内的诸多种类的"不可思议诸功德法"，这里菩萨的善巧方便品德，虽未明确说出，但是应该视为是"不可思议诸功德法"的题中应有之义。本段文字结束处说地藏菩萨"现作如是等无量、无数异

---

① 《大乘大集地藏十轮经》卷1，《大正藏》第13册，第725页下－726页上。

类之身，为诸有情如应说法，随其所应，安置三乘不退转位"，是说地藏菩萨根据有情的不同类型及不同需要，为其示现不同种类的身体，如所相应地为其说法，并如所相应地将众生安置在三乘中，使其达到不退转的地位。这里虽然也没有直接说到"善巧方便"的概念，但是根据前文第4例，我们知道能够将众生随其所应建置在三乘正法的内在依据，正是菩萨的善巧方便殊胜品德。菩萨随类度众，当然不仅仅是善巧方便品德使然，是菩萨诸种品德的综合、复合运用，导致菩萨救度化导的功能大用，但是善巧方便的品德毫无疑问在地藏菩萨这些随类度众的活动中起到关键的作用。地藏菩萨这种随类现身说法救度的实践活动，从本质上言正是其善巧方便品德的外化和体现。

我们可以把《大集地藏十轮经》的这一段经文，与大家都熟悉的《法华经》中《观世音菩萨普门品》的相应经文进行比较。如《普门品》中说："无尽意菩萨白佛言：世尊！观世音菩萨云何游此娑婆世界？云何而为众生说法？方便之力其事云何？佛告无尽意菩萨：善男子！若有国土众生，应以佛身得度者，观世音菩萨即现佛身而为说法；应以辟支佛身得度者，即现辟支佛身而为说法；应以声闻身得度者，即现声闻身而为说法；应以梵王身得度者，即现梵王身而为说法；应以帝释身得度者，即现帝释身而为说法；应以自在天身得度者，即现自在天身而为说法；应以大自在天身得度者，即现大自在天身而为说法；应以天大将军身得度者，即现天大将军身而为说法；应以毗沙门身得度者，即现毗沙门身而为说法；应以小王身得度者，即现小王身而为说法；应以长者身得度者，即现长者身而为说法；应以居士身得度者，即现居士身而为说法；应以宰官身得度者，即现宰官身而为说法；应以婆罗门身得度者，即现婆罗门身而为说法；应以比丘、比丘尼、优婆塞、优婆夷身得度者，即现比丘、比丘尼、优婆塞、优婆夷身而为说法；应以长者、居士、宰官、婆罗门妇女身得度者，即现妇女身而为说法；应以童男、童女身得度者，即现童男、童女身而为说法；应以天、龙、夜叉、干闼婆、阿修罗、迦楼罗、紧那罗、摩睺罗伽、人非人等身得度者，即皆现之而为说法；应以执金刚身得度者，即现执金刚身而为说法。无尽意！是观世音菩萨成就如是功德，以种种形，游诸国土，度脱众生。"① 比较两段经文可知，地藏菩萨随类度众的思想和行为，同观世音菩萨的救度实践如出一辙。不过，《普门品》中无尽意菩萨所发三问中，有"方便之力，其事云何"这一提问，所问的正是观音菩萨随类度众的救度工作的依据或本质问题。② 因此《法华经》中无尽意菩萨的这个问题，不仅应该成为我们释读《普门品》思想义理的重要理据，也应该成为我们释读《大集地藏十轮经》地藏随类度众经文思想义理的内在理据，它可以帮助我们确认地藏随类度众的思想和实践在本质上确实是依据其善巧方便这种特殊的菩萨品德的；同时从另一方面，这样的比较诠释，也可以帮助我们看到在《大集地藏十轮经》表述地藏信仰的这一品，善巧方便品德的运用似乎更加彻底，这说明地藏菩萨信仰不仅重视与般若智慧辩证统一的善巧方便思想原则，并且已经将这一原则扩展到极其透彻和彻底的地步。因此我们应该说，善巧方便的精神是地藏精神的一个重要方面，善巧方便的精神确实构成地藏精神的重要组成部分。

6. 高度重视持守大地的精神是地藏精神的特有方面

地藏菩萨摩诃萨的名字叫"地藏"，这个名字，意思是指"大地之胎藏"，也可以是指"大地之精华"，不管我们采取哪个意义释读地藏这个名称，地藏这个名字似乎就已经暗示了地藏信仰与大地之间存在的一定的亲密关联。在本经第一品，当地藏菩萨从"南方"来到娑婆世界拜诣释迦牟尼佛时，与会大众都感到"其身欻然，地界增强，坚重难举"，也就是说参加这场法会的大众都感到自身的"地界"明显"增强"，即在构成生命的几大要素地界、火界、水界、风界之间，地界之势力此时此刻呈现特殊优势，

---

① 《妙法莲华经》卷 7，《大正藏》第 9 册，第 57 页上中。
② 参见程恭让：《佛典汉译、理解与诠释研究——以善巧方便一系概念思想为中心》，中国社会科学出版社，2017 年，第 271–272 页。

这一描写也证明地藏菩萨的生命与修持与大地的品质确实存在一定的关联，因而使得他能够释放出这种特殊的影响力。虽然本经第一品中诸大天女赞叹地藏的文字，其中说言："我等虽于诸四大种得自在转，而不能知是四大种初中后相生灭违顺。如此大士，已得微细甚深般若波罗蜜多，能善了知是四大种初中后相生灭违顺。"① 说到地藏菩萨不仅于"四大种"已经"自在转"，而且以般若智慧能深切了知诸种大种的先后与生灭，是说地藏菩萨摩诃萨对于包括地界在内的四种大种都已经获得理论上及实践上的自在自如，但是这一点与地藏的生命及修持中重视凸显地界的事实和特征，似乎并不矛盾。

《大集地藏十轮经》第一品经文中阐释地藏菩萨品德的部分，包含如下的一段文字：

> 随所在处，若诸有情，以诸种子，殖于荒田、或熟田中，若勤营务、或不营务，有能至心称名、念诵、归敬、供养地藏菩萨摩诃萨者，此善男子功德、妙定、威神力故，令彼一切果实丰稔。所以者何？此善男子曾过无量、无数大劫，于过数量佛世尊所，发大精进、坚固誓愿，由此愿力，为欲成熟诸有情故，常普任持一切大地，常普任持一切种子，常普令彼一切有情随意受用。此善男子威神力故，能令大地一切草木、根须、芽茎、枝叶、花果皆悉生长，药谷、苗稼花果茂实，成熟润泽，香洁软美。②

这一段汉译对应的藏文经文如下：གནས་གང་དག་ན་སེམས་ཅན་གང་དག་ཞིང་གཤོག་པའམ། ཞིང་རྨོས་པ་ལས་སོན་བཏབ་ནས། གང་ཏུ་ཞོན་ཏུ་བྱས་གྱུར་ཅིང་། ཞོན་ཏུ་མ་བྱས་གྱུར་ཅིང་སྟེ། སེམས་རྗེ་གཅིག་ཏུ་བྱང་ཆུབ་སེམས་དཔའ་སེམས་དཔའ་ཆེན་པོའི་སྙིང་པོའི་མཚན་རྗོད་ཅིང་དགའ་བར་བྱེད་པའི་བསྙེན་དང་བསྟོད་དེ་མཆོད་ན་བྱུན་ན་རིགས་ཀྱི་བུ་དེ་ཉིད་དུ་འབྲས་བུ་ཡོན་ཏན་དང་མཆོག་དང་ གཟི་བརྗིད་ཀྱི་དབང་གིས་དེ་དག་གི་ལོ་ཐོག་ཐམས་ཅད་བསྐྱེད་ཅིང་ལེགས་པར་འགྲུབ་བོ། །དེའི་ཕྱིར་ཞེ་ན་རིགས།

---

① 《大乘大集地藏十轮经》卷 1，《大正藏》第 13 册，第 727 页上。
② 《大乘大集地藏十轮经》卷 1，《大正藏》第 13 册，第 725 页中下。

ཀྱི་བུ་འདི་ནི་སྔོན་བསྐལ་པ་ཆེན་པོ་ཚད་མེད་གྲངས་མེད་པའི་ཕ་རོལ་ན་མཚན་ལྡན་འཛིན་འདས་ཆེན་མེད་གྲངས་མེད་པ་དག་ལ་བཙོན་འགྱུར་ཆེན་པོའི་སྟོབས་པ་དང་། བསྟན་པའི་ཡི་དགས་བཙམས་པའི་སྟོབས་ལས་ཀྱི་དབང་གིས་སེམས་ཅན་ཡོངས་སུ་སྨིན་པར་བྱའི་ཕྱིར་རྟག་ཏུ་ས་ཆེན་པོ་ཐམས་ཅད་ཡོངས་སུ་འཛིན་པ་དང་རྟག་ཏུ་སྨྱི་ཅོགས་ཐམས་ཅད་ཡོངས་སུ་འཛིན་ཅིང་རྟག་ཏུ་སེམས་ཅན་ཐམས་ཅད་ཀྱིས་ཡིད་བཞིན་དུ་སྤྱོད་པར་བྱེད་དོ། །རིགས་ཀྱི་བུ་དེའི་རྫུ་འཕྲུལ་གྱི་མཐུས་ས་ཆེན་པོ་འདི་ལ་སྨྱེ་བའི་རྩྭ་དང་། ཤིང་གི་རྩ་བ་དང་། ཡལ་ག་དང་། ལོ་མ་དང་། མེ་ཏོག་དང་། འབྲས་བུ་དང་། རོ་བཟང་པོ་དང་། འདབ་མ་དང་ [173B] འབྲས་བུ་ལ་སོགས་པ་ཐམས་ཅད་རྣམ་པར་སྨྱེ་ཞིང་ཞིང་དང་། བོ་ཏོག་ལ་སོགས་པའི་ཞིང་མེ་ཏོག་དང་འབྲས་བུའང་སྨིན་ཅིང་སྒྲུབ་པ་དང་། མཆར་བ་དང་། སྤྲས་པ་དང་དུ་ཞེས་པར་བྱེད་དོ། །①

根据这段经文可以看出，地藏菩萨在往昔修行实践中，曾经"发大精进、坚固誓愿"（བརྩོན་འགྲུས་ཆེན་པོའི་སྟོབས་པ་དང་། བསྟན་པའི་ཡི་དགས་བཙམས་པའི་སྟོབས་ལས་ཀྱི་དབང་，意思是：有大精进、有大誓愿的誓愿道之主导），由于这种伟大、坚固的誓愿道的势力，为了成熟一切众生的目标，"常普任持一切大地，常普任持一切种子，常普令彼一切有情随意受用"（རྟག་ཏུ་ས་ཆེན་པོ་ཐམས་ཅད་ཡོངས་སུ་འཛིན་པ་དང་རྟག་ཏུ་བོའི་ཅོགས་ཐམས་ཅད་ཡོངས་སུ་འཛིན་ཅིང་རྟག་ཏུ་སེམས་ཅན་ཐམས་ཅད་ཀྱིས་ཡིད་བཞིན་དུ་སྤྱོད་པར་བྱེད་དོ།），意思是：常常地究竟维持一切的大地，常常地究竟维持一切的种子，常常地使得一切的众生都能够如意地加以受用。经文中三个"常"字，生动显示地藏菩萨时时刻刻、在在处处，都十分注重大地的维护、大地之上种子的维护，及生活在大地上的生命的生存和享受的问题。因为地藏菩萨过去长期以来的这种关怀，所以佛陀说在任何地方，任何有情，不管土地是否肥沃，也不管有情是否精心劳作，如果对地藏菩萨确实怀有诚挚的信仰，那么地藏菩萨就都有能力护佑他们耕作的收获。所以可以看出，本经所建构的地藏信仰，确实高度强调了地藏修行、弘法与大地的守护之间那种内在紧密的关联，保护大地，保护农作物、保护大地众生的福祉的精神，于是成为地藏菩萨精神一个极为重要和极其富有特色的方面。

地藏菩萨这种重视大地及大地生物守护与维持的精神，也在本品经文另外一段文字中显示出来："如是大士，随住如是诸佛国土，若入海电光定，由此定力，令彼佛土一切大地众宝合成，一切过患皆悉远离，种种宝树、衣树、

---

① H 240，འདུས་པ་ཆེན་པོ་ལས་སའི་སྙིང་པོའི་འཁོར་ལོ་བཅུ་པ་ཞེས་བྱ་བ་ཐེག་པ་ཆེན་པོའི་མདོ，173A–173B.

器树、诸璎珞树、花树、果树、诸音乐树、无量乐具周遍庄严。"① 这段经文中说地藏菩萨如果进入名为"海电光定"的一种三摩地，则能使得所在国土上的众生，都能感受到其生存的大地是由各种珠宝所形成，大地舍弃一切的缺点（过患），不仅充满各种各样的树木，而且充满各种各样的资生用品。所以这里地藏所示现的是一个美妙的净土世界，其中物质文明高度地发达，环境极其优美，是一个洁净、美丽、庄严、富裕，人民可以安居乐业的大地。地藏信仰中建设美好净土、实现庄严大地的抱负和情怀，在这段经文的描写中可谓表现得淋漓尽致。

根据地藏菩萨这种守护大地的特殊品质，日本学者矢吹庆辉曾经提出，地藏菩萨可能是婆罗门教《梨俱吠陀》中地天女神（Pṛthivī），或密教中的地神（持地神）或坚牢地神在大乘佛教中的理想神格化。② 这样的溯源性考察是有意义的。不过，大乘佛教吸收印度的文化和神话，其实也是丝毫不足奇怪的现象。我们在这里需要重点指出的则是，地藏的地德中体现的这种强烈的守护、维持大地及生物的菩萨精神，实际上也正是彰显了地藏信仰注重人生福祉和净土建设的精神，并因此，地藏菩萨的精神中可以说明确地包含着浓厚而积极的人间佛教的精神。

结　论

综上所述，从《大集地藏十轮经》的地藏信仰可以看出，地藏精神博大精深、内涵丰富，其中包括重视秽土教化及菩萨责任担当的精神，重视出家修行及强烈维护僧团主体地位的精神，重视禅修实践给众生带来利益、安乐的精神，重视现世乐、后世乐、究竟乐并重、融合的精神，重视与般若智慧辩证统一的善巧方便的精神，重视持守大地的精神。可以看到地藏精神既有与其他菩萨精神共通的一面，也有其独异的色彩。尤其是地藏精

---

① 《大乘大集地藏十轮经》卷1，《大正藏》第13册，第724页上中。
② [日]矢吹庆辉：《三阶教之研究》，1927年，第651-652页，第84页。

神中体现了强烈的人间佛教的精神和关怀，所以《大集地藏十轮经》不仅是中晚期大乘佛教一部积极进行社会文化适应和规划大乘佛教发展方向的大乘经典，也是对于现代人间佛教的建设可以继续提供深刻启示和方向指导的大乘经典。

图像学视角：地藏信仰的中国化

尹文汉 ①

内容提要：充分运用历史遗留的地藏图像（雕塑与绘画），可以极大地丰富地藏信仰研究的资料。从现存的遗存实物来看，初唐至盛中唐，地藏图像快速兴起与发展，样式多元，而大多依印度经典而造；至晚唐五代宋，地藏图像开启非常明显的中国化过程；明清时期，九华山地藏道场兴起，地藏图像吸收九华山金地藏的元素而彻底中国化，臻于成熟。

关键词：地藏信仰；中国化；图像学

佛教中国化是一个不争的事实。禅宗之外，地藏信仰可以说是另一个佛教中国化的典型。近代以来，有关地藏信仰的研究已有多部成果问世，对于地藏信仰的经典文献、地藏信仰在中国的形成及其在中国、朝鲜半岛和日本等亚洲地区的传播有了深入的探讨。2017年拙著《地藏菩萨图像学研究》（宗教文化出版社出版）问世，让我确信，在文本解读之外，还可以通过图像学的视角来研究地藏信仰，来了解地藏信仰的中国化历程。

一、图像学视角的意义

图像和文字在本质上都是表达和记录人们意识的符号。在文字的不同

---

① 尹文汉，池州学院九华山文化研究中心教授、主任。

起源中，最初的象形文字就是从图像演化而来，在一定意义上说，图文具有同源性。但文字一旦脱离图像，成为集音、形、义于一体的特定符号，它的功能便极大地增强了。语言文字不仅在日常生活中具有表达与交流的功能，还能有效地描述、记载各类事件与思想。更重要的是，因为语言文字的产生，人类的意识才获得了自己真正的工具，人们通过概念、判断和推理来认识世界，来指导人类的实践。也正因为文字如此重要，人们对文字的重视远远超过对图像的重视，从而不免重文字而轻图像了。

但是，图像并没有因此而退出人们的生活。人们离不开图像，仍然需要图像，仍然在大量使用和发展图像。"宣物莫大于言，存形莫善于画"（西晋陆机语）。文字虽然善于描述、说理，甚至可读可吟，但终究不如图画"立万象于胸怀，传千祀于毫翰"（南北朝姚最《续画品录》语），将历史的生命形象地固定于笔端，从而传诸千秋万代。单有文字，就是见书不见图，闻其声不见其形，终究不能再现形象生动的场景，因此西方便产生了这句谚语："一图胜千言！"

在宗教领域，图像一直是非常重要的工具之一，佛教领域尤其如此。佛教绘画和佛教雕塑一直与佛教传播紧密相随。据说，释迦牟尼离世后，诸大弟子思慕不已，刻木为佛，以形象教人，佛教也因此被称为象教。佛教的传播一直是文字与图像并用，不仅形成了内容丰富、卷帙浩繁的佛教大藏经，也形成了分类有序、规模庞大的图像体系。在实物方面，以文字为传播工具的三大语系（巴利文、汉文和藏文）大藏经一直被佛教徒甚至皇室高度重视，得到较好保护、编辑与整理，至今仍在广泛使用；以图像为传播工具的绘画、雕塑因为散落在石窟、寺院等地，不如图书那样容易保护，在历史的动荡与变迁中大部分已经永远地消逝，留下来的大多成为一个国家或民族难得的艺术珍宝。即便如此，在历史长河中得以幸存的包括雕塑与绘画在内的佛教图像，在数量上仍然十分可观。这些图像是我们了解佛教真实历史不可多得的、极其珍贵的资源。

艺术史家为了读懂历史上遗留下来的图像，不断探索解读的方法，形成了图像学。当代德国学者柯普-施密特（Gabriele Kopp-Schmidt）在其《图像学导论》中说道：

> 图像学工作的目的，是要描述或者重建那些因为时代变迁而逐渐被人所遗忘的图像意义，好让艺术史的门外汉和非该类型艺术的专家学者们理解这些艺术品的实质内容。①

正是因为图像学的发展，人们能够逐渐揭开各种历史图像之谜，弄懂图像中包含的有关意义，如图像创作的时代背景以及创作者所要表达的内容等等，图像便可能成为一种证实历史的有效文献。

> 视觉图像应该成为有效的历史文献。图像也与文字一样承载着历史：不仅图像描绘历史，而且本身就是历史。②

以往的历史研究以穷尽各种文字记载为目标，寻章摘句，钩沉索赜。文字虽然可以尽其描述之能事，但它不可能记录全幅历史。图像却给我们打开了另一扇大门。图像是历史的遗留，同时也记录着历史，是解读历史的重要证据。从图像中，我们不仅能看到过去的影像，更能通过对这些影像的解读探索它们背后潜藏着的各种信息。图像证史，英国历史学家彼得·伯克（Peter Burke, 1937- ）就曾以此为名著书，来探索文化史写作的新领域。③

二、初唐至盛中唐：地藏图像的兴起与发展

把历史上各个时期出现的有关地藏菩萨的雕塑与绘画以时间为序进行一个大致的编排，展现出地藏图像的形成与历史演变，是十分必要的。这种历史学的分析，不仅可以梳理出各种类型或形式的地藏图像出现的大致

---

① Gabriele Kopp-Schmidt: Ikonographie und Ikonologie.Deuder Verlag für Kunst：2004.
② 曹意强、麦克尔·波得罗等：《艺术史的视野——图像研究的理论、方法与意义》第11页，中国美术学院出版社，2007年8月。
③ [英]彼得·伯克：《图像证史》，杨豫译，北京大学出版社，2008年。

时代，也有助于了解它们在时序上的先后关系，从而把握地藏图像变化的历史轮廓。

根据史料的记载，南朝梁时即有地藏画像出现。《法苑珠林》卷十四记载："唐益州郭下法聚寺画地藏菩萨，却坐绳床垂脚，高八九寸。本像是张僧繇画。"①此事也被宋代沙门常谨收录到他所著的《地藏菩萨像灵验记》之中。在该书中常谨另外收录一则张僧繇画地藏观音像的故事："梁朝汉州德阳善寂寺东廊壁上张僧繇画地藏并观音各一躯，状若僧貌，敛披而坐，时人瞻礼，异光焕发。"②张僧繇是南朝人，与梁武帝同时。如果此二则故事为实，则地藏图像的出现时间可以提前到梁代。然而，学界对此二则故事提出了质疑，认为并不可靠。北宋惠洪在《放光二大士赞》中即认为汉州德阳善寂寺东廊壁上的画像并非地藏与观音，而是观音与大势至。③考之地藏信仰在中土的形成，应在隋唐之际。在地藏信仰形成之前的梁代出现地藏画像是难以想象的。石窟寺造像在南北朝已十分盛行，目前尚未发现此一时期石窟中有地藏造像存在，目前发现最早的石窟地藏造像出现在唐初。因此，上述两则地藏画像放光的故事其真实性值得怀疑。

（一）初唐：地藏图像的兴起

地藏图像在中国的大量出现，应在初唐。现存最早的地藏图像与史料中记载的最早的地藏图像并不吻合。目前发现有确切纪年的最早的地藏菩萨造像记存在于河北省邢台市隆尧县宣务山石窟3号摩崖石刻，时间为唐代龙朔年间（661-663），可惜造像已毁。此处另有一地藏菩萨造像记，时在上元元年（674）。可见宣务山当是地藏造像最早的地方之一。从造像记来看，所造地藏像均为单尊像，并未和其他佛菩萨相组合。与此时间相近的地藏图像是龙门石窟药方洞外的单尊地藏龛像，为麟德元年（664）五月

---

① 道世撰，周叔迦、苏晋仁校注：《法苑珠林校注》卷十四第488页，中华书局，2003年。
② 常谨：《地藏菩萨像灵验记》，见《卍续藏》第149册第354页，新文丰出版公司，1994年。
③ 文见《石门文字禅》卷十八，四部丛刊本。

六日定州安喜县张君实所造（参见拙著《地藏菩萨图像学研究》表2-1 和表 2-3，以下涉及各石窟地藏造像，均可参看此书第二章相应石窟地藏造像表，行文时不再一一注明），造像记与雕像俱存，是目前所存最早的地藏图像。

现存初唐时期的地藏图像，主要是石窟造像、壁画和造像碑。石窟造像方面以河南龙门石窟、河北南响堂山石窟、陕西彬州大佛寺和四川广元千佛崖中造于唐初至武则天时期的地藏像为代表（参见拙著《地藏菩萨图像学研究》表 2-3，2-6，2-9，2-12）。壁画则出现在敦煌莫高窟。造像碑则有曾藏于法国巴黎的崔善德造弥勒并地藏像碑，该碑造于唐咸亨二年（671）。河南巩义大力山石窟也有一龛地藏像，时间可能在唐高宗时期。

从造像记来看，龙门石窟、南响堂山石窟、彬州大佛寺的地藏造像主要在初唐，集中在 7 世纪中后期到 8 世纪初的半个多世纪里，以武周时期达到兴盛。广元千佛崖的地藏造像，以盛唐和中唐作品居多。也有一批初唐时期的作品，主要造于武周时期。

初唐时期地藏信仰刚刚兴起，人们对于地藏菩萨的信奉热情虽然高涨，但对地藏菩萨的宗教救赎功能及其具体形象还没有形成统一的认识。反映在地藏菩萨造像上，则表现为地藏图像多种样式并存的格局。可以说，初唐的地藏图像处在一个多样式的时期。这种多样式，一方面表现在地藏菩萨个体形象的多样化，另一方面表现在地藏菩萨与其他圣像组合的多样化。

从地藏菩萨个体形象来看，初唐时期出现了菩萨形、佛装形和沙门形三种样式。菩萨形地藏像主要出现在龙门石窟，基本特征主要表现为头束发髻、帔帛绕肩、身饰璎珞、下着裙裾，总体风格与同一时期的观音菩萨无异。最具特色的地方在于大多采舒相坐姿，偶尔也有立像。河南巩义大力山石窟的地藏也为菩萨形，左舒相坐，与龙门石窟地藏像相近。佛装形地藏像主要出现在彬州大佛寺，基本特征表现为头顶有隆起的肉髻，身着袒右袈裟、双领下垂式大衣或通肩大衣，总体风格与同一时期的佛像相似。在坐姿上也采舒相坐，与龙门石窟不同处在于，大佛寺地藏像往往成对出现，二像相向，一为左舒相坐，一为右舒相坐。沙门形地藏像则出现在龙门石窟、南响堂山石窟、广元千佛崖、敦煌莫高窟壁画和崔善德造像碑中，基本特征是圆顶光头，身披袈裟，总体风格有如同一时期佛弟子像。沙门形地藏像以坐姿为主，也有立姿，在坐姿上采舒相坐。从地域来看，龙门石窟中以菩萨形地藏像为主，有少量沙门形地藏像；彬州大佛寺以佛装形地藏为主，可能存在沙门形地藏像，因为有些地藏像头部残损，无法确定是否有肉髻；南响堂山石窟、广元千佛崖、敦煌壁画中的地藏像，目前所见都是沙门形。初唐地藏图像的三种样式中，以菩萨形出现最早，以沙门形在地域分布上范围最广，又以舒相坐姿为最普遍。

从地藏菩萨与其他圣像组合来看，此一时期的地藏图像呈现出丰富多彩的气象。在龙门石窟中，地藏图像有十多种样式，只有地藏菩萨出现的有三种：单尊地藏、双地藏和三地藏；地藏菩萨与其它圣像组合的式样更多，有地藏与观音、双地藏与观音、佛地藏观音、弥陀地藏、弥陀地藏观音、弥陀与观音地藏等六菩萨、三立佛地藏观音、地藏二弟子二菩萨、地藏二弟子、一佛二弟子二菩萨二地藏、十一面观音地藏等十余种。在以上所有样式中，以单尊地藏、地藏观音、弥陀地藏观音等样式在数量上居多。宾阳北洞上方的地藏二胁侍弟子龛比较有特色，立式沙门形地藏的掌心引出五条斜线，线中浮雕表现的是五道，这是地藏五道图像的最早期作品。在南响堂山石窟，地藏图像样式主要是单尊地藏、地藏观音、弥陀地藏观音等三种。彬州大佛寺的地藏图像样式，主要是地藏、双地藏两种，另外还有六地藏、佛观音地藏、药师观音地藏等样式。广元千佛崖武周时期所镌的地藏作品，大多为单尊地藏，也有地藏观音组合。永隆二年（681）陕西乾州中巨寺曾造弥勒、地藏与观音的组合像，今像不存。① 从这些令人眼花缭乱的地藏图像样式中，能看出在地藏信仰刚刚兴起时人们对于他的

---

① （清）陆耀遹撰，陆增祥校订《金石续编》中有记载："永隆二年五月四日……敬造弥勒世尊、观音、地藏二菩萨及镌《般若多心经》。"见《石刻史料新编》第一辑第四册第3107页，新文丰出版公司，1982年。

高度热忱。地藏菩萨可以在多种场合出现，能给人们带来多方面宗教信仰需求的满足。不过，要注意到，此一时期的地藏图像大都不处于石窟造像的中心，而是处于相对次要的位置，如窟内各壁的上方或下方，甚至在窟外的左壁或右壁的小龛内，龛和造像均显得较小。由此可以看出，此时地藏菩萨虽然受到信众的欢迎，但在造像中并没有成为各石窟的主尊。

地藏造像样式很多，给人一种纷繁复杂的印象，但仔细分析可知，在纷繁的造像之中，数量最多的是单尊地藏以及地藏观音组合，它们密集地出现在龙门石窟、南响堂山石窟、彬州大佛寺和广元千佛崖，或许向我们传递了一种信息，当时人们对刚刚兴起的地藏信仰，是沿着流传已久的观音信仰的路线前进的，与观音信仰有着紧密的关系。尤其在造像上，若不借助造像记的识别，菩萨形的地藏形象与观音的形象让人很难区分。

图1：陕西耀县药王山8号龛地藏六道像　　图2：广元千佛崖216号龛地藏菩萨像

（二）盛中唐：地藏图像的发展

进入8世纪上半叶，人们对于地藏图像的看法似乎渐渐地明晰起来。

如果说在7世纪下半叶，菩萨形地藏像很难与观音像区分开来，那么，到8世纪以后，这种情形就发生了改变。佛装形的地藏图像自彬州大佛寺之后，我们再也没有发现。沙门形地藏图像成为新时代的主流。菩萨形地藏像虽然在一些石窟中仍有延续镌造，但越来越少。随着密宗的兴起，密宗中八大菩萨图像流行，密宗中的菩萨形地藏像也开始出现。

盛中唐的地藏图像，一方面在石窟中广泛镌造，另一方面在敦煌的壁画中也大量绘制。

唐开元年间，龙门石窟仍有地藏造像，但已接近尾声。能断知年代为开元年间所造地藏像者，仅有擂鼓台单尊地藏、奉先寺杨思勖造十一面观音与地藏组合像等处，其形象仍然延续着菩萨形。南响堂山开元年间也有地藏造像，确知者有2窟4号龛和7窟2号龛，均为单尊地藏像，沙门形。

相比于初唐，广元千佛崖石窟在盛中唐镌造的地藏像要多得多，可以作为盛中唐时期地藏石窟造像的代表。广元千佛崖地藏造像存有造像记者不多，而有确切纪年者更少。但从整个石窟的开凿来看，主要集中在盛中唐时期。广元千佛崖地藏造像的最大特点，就是沙门形，而且表现出从舒相坐沙门形向立式沙门形转变，最终以立式沙门形为主的发展历程。武周时期的地藏作品，如千256号、千268号、千535附2号、千535附42号、千535附48号、千726附17号、千726附31号、千726附58号等均是舒相坐沙门形，仅千576号为立式沙门形。进入盛中唐，舒相坐沙门形地藏像越来越少，仅有千299附8号、千749附9号、千806附11号和千806附38号等几处，其余的地藏作品均为立式沙门形，在数量上占绝大多数。离广元不远，巴中石窟现存不少地藏造像，以盛中唐时期居多。和广元石窟相似，盛中唐时期巴中石窟的地藏像多为立式沙门形，如南龛32号、61号、64号、79号、80号、81号等。巴中石窟也有初唐和晚唐的作品，数量上不及中晚唐，均为沙门形，有立姿，也有游戏坐姿。

图3：巴中南龛80号龛观音与地藏像　　图4：巴中南龛61号龛地藏像

从川北广元和巴中等处石窟来看，盛中唐时期的地藏造像已经形成了固有的形象，即立式沙门形。单尊地藏、地藏观音组合仍然是最主要的题材，除此之外，地藏六道、阿弥陀佛地藏观音组合、药师佛地藏观音组合、净土变相等题材也偶尔出现。

在盛中唐，四川地区石窟造像盛极一时。除上述广元、巴中等处石窟有地藏造像之外，蒲江地区（参见拙著《地藏菩萨图像学研究》表2-23：蒲江摩崖的地藏造像）、夹江县（参见拙著《地藏菩萨图像学研究》表2-25：夹江县石窟地藏造像）都有大量的地藏造像，其风格和题材均与广元、巴中的地藏造像相近，可视为同一时期的作品。

盛中唐时期的敦煌绘画中也出现了大量的地藏图像，在内容和形式上与川北石窟中的地藏图像具有相当程度的一致性。透过拙著《地藏菩萨图像学研究》《表3-2：初盛唐时期敦煌壁画中的地藏菩萨像》和《表3-3：中唐时期敦煌壁画中的地藏菩萨像》，我们可以发现，除莫高窟445窟和榆林窟25窟地藏画像之外，其余盛中唐时期的地藏画像均为立式沙门形。莫高窟445窟地藏为游戏坐，榆林窟25窟正壁为密教八大菩萨曼陀罗，地藏菩萨为菩萨形，戴宝冠，结跏趺坐。在造像题材上，盛中唐时期敦煌壁画有关地藏菩萨的图像，也是以单尊地藏、地藏观音组合为主，药师佛观音地藏组合、地藏六道、地藏日藏月藏三组合、密宗八大菩萨等形式也偶尔出现。

总之，盛中唐时期地藏图像得到了进一步的发展，主要表现在个体形象的统一，即从初唐时期的菩萨形、沙门形和佛装形的多样化状态中，沙门形脱颖而出，被人们广泛认可而成为主流。初唐时期以舒相坐为基本标志的形象也退出历史舞台，立姿成为最为主要的姿势。相对于初唐地藏造像体量较小、均处于各石窟不重要位置的小龛而言，盛中唐时期地藏造像的地位得到提高，不仅体量增大，位置也有走向石窟中心的趋势。如广元千佛崖6号龛和10号龛均为单尊地藏像，以地藏为主尊，立像高分别达155厘米和164厘米。千299附5号龛同样以地藏为主尊，像高195厘米。

三、晚唐五代宋：地藏图像的中国化

晚唐以来，地藏图像开启了一浪高过一浪的中国化历程。这一中国化历程，是从脱离印度佛教原典，积极吸收中国文化元素来实现的。在初唐以来的一百余年中，地藏图像受制于印度佛教原典对于菩萨形象的描述以及《十轮经》中对于地藏形象的规定，不论是佛装形、菩萨形还是沙门形，都没有脱离佛教原典。即使是地藏菩萨的沙门形这一特殊的形象，与其他如观音、弥勒等菩萨形象有着极大的视觉差异，也是《十轮经》对于地藏菩萨形象的独特规定。地藏与观音组合的频繁出现，表明地藏造像无法脱离观音造像的影响，也反映了当时地藏信仰在某种程度上对观音信仰的依赖而无法完全独立。

进入晚唐五代，这种情况开始变化。一方面是被帽地藏图像的出现；另一方面是地藏十王系统的形成。虽然晚唐以后，沙门形地藏像依然十分流行，并且延续至今，但被帽地藏出现之后，在敦煌、四川和大足等地广为流行，大有压过沙门形地藏之势，且流行时间很长，一直延续到宋代。这是地藏图像史上一个全新的形象，是一次重大变革。被帽地藏图像后来与十王系统结合，形成地藏十王图像系统，地藏菩萨一跃而成幽冥教主，执掌地狱，地藏信仰完全脱离观音信仰而自成体系，地藏图像实现了中国化的转变。地藏菩萨开始成为石窟或画像中的主尊，并配以道明、十王等庞大眷属，完全独立、自成体系的地藏图像宣告形成。

被帽地藏的形象特征是头顶覆盖丝质头巾，两端下垂至双肩，形成一顶风帽，其余装束与沙门形无异。可以说，被帽地藏是沙门形地藏的一种新形象。地藏菩萨何以要被风帽？被帽地藏的来源众说纷纭。有人认为是受中亚一带沙门披戴风帽习惯的影响[1]，也有学者认为是受新样文殊形象的激发而追求地藏新形象所致[2]，但都缺乏直接的证据。《道明和尚还魂记》（敦煌遗书S.3092）仍是目前解释被帽地藏来源最直接的历史文献。该文献直接告诉人们，过去"露顶不覆"的沙门形地藏形象为谬传，真正的形象应是覆顶之禅僧，"宝莲承足，璎珞庄严，锡振金环，纳裁云水"，身边有文殊菩萨化现的金毛狮子。道明亲历地狱，见到地藏，还魂之后"会列丹青，图写真容，流传于世"，把所见地藏形象传布开来。这应该说是当时被帽地藏形象来源的一个重要说明。《道明和尚还魂记》只是一则出现在中土的灵验故事，被帽地藏形象以及道明、金毛狮子的出现，可以说是地藏图像脱离佛典，开启中国化进程的重要一步。

---

[1] 日本学者河源由雄和佐和隆研即持此观点。参见河源氏著《敦煌画地藏图资料》（发表于《佛教艺术》第97期第110页，1974年）和佐和氏著《地藏菩萨展开》（发表于《佛教艺术》第97期第10页，1974年）。

[2] 郑阿财：《敦煌写本道明和尚还魂故事研究》，见《山鸟下听事，檐花落酒中：唐代文学论丛》第722-725页，丽文文化出版社，1998年。

图5：美国弗利尔美术馆藏地藏道明五道将军，11世纪作品，绢本设色，106.6-58.1厘米

图6：法国国家图书馆藏《佛说阎罗王授记四众预修生七往生净土经》插图地藏十王，P.2003

《地藏菩萨本愿经》的出现，是地藏信仰的又一次重大转变，也推动了地藏图像的转变。该经对于地狱的详尽描述以及对地藏菩萨尤其重视救渡地狱众生的肯定，推动了地藏菩萨救赎功能由化度六道转向执掌幽冥。晚唐五代时期，地藏信仰与地狱信仰、十王信仰合流，地藏统领十王，专司幽冥，化渡地狱众生的观念形成。表现在图像上，就是地藏十王变相。这一新的地藏图像或许经历了一个漫长的过程才渐趋成熟。从大量现存的地藏十王图像来看，出现了地藏地位不断抬升，最终统领十王的变化过程。早期地藏与阎王并坐①，到后来出现了以地藏居中，十王位列两边的场景。宋明之际的地藏十王图，往往是地藏菩萨居上，形象高大，十王居下，分列左右。

从文字记载来看，宋代常谨《地藏菩萨像灵验记》最早记述了被帽地

---

① 如董文员绘《十王经》插图、四川绵阳北山院9号龛、安岳香坛寺摩崖，即有地藏与阎王并坐场景。敦煌藏经洞出土的英藏SP80号第五七日为阎罗王与地藏并坐图，法国和英国各藏五王的P.4523+SP.78中，也有地藏与十王并坐。

藏与十王组合像。其中提到西印度沙门智佑在后晋天福年间（936-944）持地藏十王像和《地藏本愿功德经》来中国清泰寺。地藏十王像，"中央圆轮中，画菩萨像，冠帽持宝锡，左右有十王像"[①]。但在造像与绘画中，被帽地藏像和十王像的出现要早得多。

晚唐至宋代，地藏菩萨的雕塑与绘画在南北很多石窟中仍然很兴盛。

晚唐敦煌壁画中地藏图像仍在延续盛中唐时的立式沙门形风格，手托宝珠，很少与观音组合，大多为单尊地藏像，表现出脱离观音图像的趋势。进入五代和宋代，被帽地藏在敦煌成为新宠，大量出现，超越露顶沙门形地藏，成为地藏形象的主流样式。地藏、道明、金毛狮子、十王、判官、狱卒的组合成为极受欢迎的造像题材。唐宋之际，敦煌流行绢纸画，藏经洞出土的绢纸画中有大量的地藏图像。大量作品无落款纪年，只有少数作品有确切的纪年。这些绢纸画地藏图像中，有大量的作品是单尊沙门形立姿地藏像，或为盛中唐作品。其余单尊坐姿地藏像、地藏十王组合、地藏六道组合绝大部分为被帽形，应为晚唐至宋的作品。其中地藏十王组合作品很多，内容包括地藏、道明、金毛狮子、十王、判官、狱卒、供养人等，眷属庞大。

此时北方石窟的开掘仍在继续。延安市子长县钟山石窟、安塞石寺河石窟、界华寺、新茂台石窟、樊庄石窟、延安清凉山、宜川贺加沟石窟、佳县云岩山石窟、黄陵双龙万佛寺、富县石泓寺石窟都有地藏菩萨雕像，多为五代、宋代作品，其题材主要为地藏十王、地狱变和地藏道明金毛狮子组合。黄陵双龙千佛寺、延安洛川寺家河石窟都雕有密宗八大菩萨像。

晚唐以后，南方石窟造像仍然十分兴盛。广元千佛崖、巴中石窟在晚唐时仍有地藏造像，但已接近尾声。晚唐至五代，资中地区造像兴盛，单尊地藏、地藏观音组合、阿弥陀佛观音地藏组合、药师佛观音地藏组合频

---

① （宋）常谨：《地藏菩萨像灵验记》，《卍续藏》第149册，第367-368页。

频出现，至 9 世纪末 10 世纪初出现了地藏十王。五代至宋，大足石刻异军突起，地藏菩萨在这里极受欢迎。大足的石窟众多，地藏造像晚唐即已开始，但要到五代和宋代才真正繁荣，数量极多。从形象而言，晚唐时期大足的地藏造像仍延续广元、巴中的沙门形样式，至五代和宋代，则发展成被帽形为主流。大足地藏造像形式多样，单尊地藏、地藏观音、阿弥陀佛观音地藏组合、药师佛观音地藏组合大量出现的同时，出现了地藏与引路王菩萨组合、释迦佛龙树地藏组合、释迦佛文殊普贤地藏组合。在宝顶山 20 号出现了巨型摩崖造像，为地藏十王与地狱变相，把地藏十王图像推向了历史的高峰。在离大足不远的安岳县卧佛院、圆觉洞、庵堂寺、圣泉寺等处，在五代和宋代，也雕有一批地藏圣像。从题材来看，主要有单尊地藏、地藏观音组合、地藏十王。地藏个体形象大都为被帽形。

图 7：大足宝顶山大佛湾 20 号地藏十王、地狱变相局部之地藏十王

值得注意的是，在铜铸和木雕地藏像方面，自唐至宋保存下来的收藏品不多，以沙门形地藏像居多（参见拙著《地藏菩萨图像学研究》表 2-30 和表 2-32）。故宫博物院收藏的三件唐代地藏铜像，均为沙门形。金华万

佛塔出土的两件五代时期的地藏铜像和苏州瑞光寺塔出土的宋代地藏铜像也均是沙门形。只有一件收藏地不详的辽代地藏铜像为被帽形，作沉思状。木雕中有一件流落国外的木制佛龛内雕有被帽地藏和十王，为宋代作品。

四、明清：地藏图像的成熟

明清时期，地藏图像进一步中国化，进入成熟阶段。

宋代以后，中国各地不再开凿大规模的石窟造像，地藏菩萨的造像转向寺院。汉传佛教寺院内设置地藏殿成为一种常态，地藏殿内往往安置地藏与十王塑像。如山西平遥双林寺和晋城青莲寺的地藏殿都保存较完整的地藏十王雕塑。由于水陆法会的盛行，有些寺院建造水陆殿，在殿中安置主要水陆神祇，并于殿壁画水陆画，水陆画中大多有地藏与十王图像（参见拙著《地藏菩萨图像学研究》表3-7）。一些藏传佛教寺院里也塑有包括地藏菩萨在内的八大菩萨。现存地藏菩萨的版画大多刻印于明清时期，这主要是因为一方面可能是唐宋时期所刻地藏版画本来较少，而且时间久远留存不多，另一方面明清时期佛教图书雕刻甚多，而地藏信仰已经深入民间，颇为流行。《释氏源流》中的"嘱累地藏"和"佛赞地藏"、《绘图三教源流搜神大全》中的"地藏菩萨"、《水陆道场神鬼图像》中的"地藏王菩萨"以及《地藏菩萨本愿经》、地藏菩萨相关宝卷中的插图，是明清时期地藏图像版画的主要作品。另外，明清时期一些金铜地藏像和木雕地藏像也流传了下来（参见拙著《地藏菩萨图像学研究》表2-30和2-32）。

图8：地藏十王，清康熙年间《地藏菩萨本愿经》插图

之所以把明清时期认定为地藏图像的成熟期，最重要的原因是九华山地藏道场的崛起。九华山"地藏三尊"（金地藏、道明和闵公组合，包括坐骑谛听）的形成使地藏图像彻底中国化。

唐代新罗高僧释地藏（俗姓金，后被人们尊称为金地藏或金乔觉）卓锡九华，得到当地乡绅诸葛节等人的支持，建立化城寺，自此之后九华山佛教迅速发展。至明清时期，累次得到朝廷的扶持，香火之盛甲于天下。此时，关于释地藏的故事进一步神化，释地藏由于生前与寂后的神异（如山神出泉补过、袈裟借地、肉身不腐等）被人们认为是地藏菩萨的应化，九华山遂被认为是地藏菩萨道场，与山西五台山文殊菩萨道场、四川峨眉山普贤菩萨道场、浙江普陀山观音菩萨道场并称为中国佛教四大名山。在这一大背景下，地藏图像迅速加入了九华山金地藏的元素，其表现主要有三：一是地藏菩萨由被帽形回归露顶沙门形，并出现了头戴五佛冠的新形象；二是地藏菩萨的胁侍除道明之外，增加了闵公；三是地藏菩萨身边的金毛狮子换成了独角兽谛听。这三个改变，都来源于九华山金地藏的故事。

金地藏是汉地在江南地区修行的僧人，被帽形是不可想象的，因而被帽形被沙门形和五佛冠形所取代。五佛冠形是一种全新的形象，可能出自九华山。九华山肉身宝殿（即金地藏肉身塔）所塑地藏菩萨与闵公、道明、谛听组合像中地藏菩萨即是头戴五佛冠，这种组合形式在九华山各大寺院十分普遍。清代和民国时期九华山印制的冥途路引中，地藏菩萨也是头戴五佛冠。

图9：九华山肉身宝殿地藏、道明与闵公组合像

闵公不见于明以前的各种地藏图像中。在九华山金地藏的传说中，闵公是九华山的员外，金地藏曾向闵公"袈裟借地"建寺，闵公慷慨施地，并让其儿子道明拜金地藏为师，自己反礼道明为师。自此，闵公与道明便成为金地藏的左右胁侍。传说金地藏渡海来华时，携有一白犬，名曰谛听，或善听。金地藏故事流传以后，谛听代替了金毛狮子，成为地藏图像中的题材。不同于金毛狮子常卧于地藏菩萨之前，谛听大多情况下是作为地藏菩萨的坐骑。

九华山"地藏三尊"的形成，是地藏图像彻底成熟的标志，其意义在于地藏图像不仅中国化，而且全部人间化。根据九华山金地藏的传说故事，九华山修行僧人金地藏即是地藏菩萨，地藏菩萨的形象转化成金地藏形象；其胁侍道明和闵公父子均是九华山人，或为金地藏的弟子，或为施地建寺的大护法；而过去认为是文殊菩萨化身的金毛狮子在这里转换成了金地藏的坐骑谛听。从地藏图像史而言，这是一次重大转变，使地藏图像更趋成熟。在以前的地藏十王系中，地藏菩萨身边只有道明一位胁侍，似乎不合传统中国讲究对称的原则，闵公的加入，完好地解决了这个问题。

随着九华山地藏道场的形成，九华山"地藏三尊"图像逐渐成为地藏图像的主流，这种完全人间化、中国化的形象受到信众的普遍欢迎。金地藏及坐骑谛听与道明闵公父子组合，或者再加上十殿阎王形成更大的组合是明清以来地藏图像两种主要表现形式。今天，我们踏进我国汉传佛教寺院，见到的地藏图像基本如此。即使在韩国、东南亚国家的汉传佛教寺院，近百年来建造的地藏图像，也是以上两种形式。

小　结

通过对中国地藏图像的演变历程，我们不难看出，地藏图像经历了一个长期的中国化过程。无论是从地藏个体形象还是从组合像来看，都是如此。从个体形象来看，从早期的多样式的地藏形象呈现到沙门形为主（含被帽形）最后到五佛冠形；从组合像来看，从早期的多样化组合到地藏六道、地藏十王系统，最后到九华山金地藏、道明、闵公组合；这些反映了地藏信仰在形成和发展过程中，不断地与中国其他文化如地狱文化、九华山金地藏文化的结合，最终形成了具有中国特色的地藏图像系统。

洛阳龙门石窟初盛唐地藏菩萨像及相关文献分析

王德路 ①

内容提要：地藏菩萨像率先于初盛唐时期有规模地出现在洛阳龙门石窟，成为影响深远的佛教物质文化遗存。本稿利用考古类型学和美术史图像学、样式论方法，力图理清龙门石窟初盛唐地藏菩萨像发展脉络与规律。现存造像常见主尊地藏菩萨，地藏、观世音菩萨组合，地藏（或地藏并观世音）、佛陀组合三种尊像组合形式，基本流行于唐高宗朝后期至武周朝前后，造型变化不甚显著，施主以平民和中下级官员为主，造像题记多表述一般化菩萨救济思想。文献所载地藏菩萨像，在造型、组合、材质、体量等方面与现存造像联系密切，也纳入本稿讨论范畴。

关键词：地藏菩萨像；洛阳龙门石窟造像；初盛唐造像；地藏菩萨像文献

地藏菩萨是初唐以来备受崇奉的大菩萨，一度与观世音菩萨信仰比肩。受唐永徽年间玄奘译《大乘大集地藏十轮经》等经典影响，地藏菩萨像率先于初盛唐时期有规模地出现在洛阳与关中两京地区，尤以洛阳龙门石窟造像数量为多，是影响深远的佛教遗存。相关文献也可证实初唐地藏图像风行情况。

学界有关地藏图像与信仰的研究大致可分为两个阶段。1998 年及以前

---

① 王德路，清华大学艺术史论系博士。

为第一阶段，主要披露敦煌地藏画像资料并做初步分析①，常青先生另介绍了龙门、彬县等处地藏像情况②。1999年至今为第二阶段，一些学者关注地藏信仰发展史，注重经典文本分析，图像研究则较为薄弱③。另一些学者关注四川、敦煌等处地藏像，注重探究地藏图像组合成因等问题④，尹文汉先生通盘考察了中国历代地藏图像⑤，久野美树先生则就龙门地藏像做了进一步梳理⑥。整体来看，学界关注焦点为敦煌、四川等处中晚唐及以后地藏像，对洛阳地区初盛唐时期地藏像着力相对较少。前述常青、久野美树就龙门地藏像的研究，重点关注具有尊格题记的地藏像造型与组合情况，研究对象不足总数四分之一，研究视角亦有待扩展，也未见地藏像相关文献专题研究。有鉴于此，本稿在实地考察基础上，利用考古类型学、美术史图像学、样式论方法具体分析龙门初盛唐地藏造像，并进一步梳理相关文献。

---

① ［日］松本荣一著，林保尧、赵声良、李梅译：《敦煌画研究》，浙江大学出版社，2019年，第215-241页（原著出版于1937年）；［日］河原由雄：《敦煌画地藏図资料》，《佛教藝術》1974年总第97号，第99-123页；罗华庆：《敦煌地藏图像和"地藏十王厅"研究》，《敦煌研究》1993年第2期，第5-14页。

② 常青：《龙门石窟地藏菩萨及其有关问题》，《中原文物》1993年第4期，第27-34页；常青：《彬县大佛寺造像艺术》，现代出版社，1998年。

③ 庄明兴：《中国中古的地藏信仰》，台湾大学出版委员会，1999年；[美]Zhiru Ng（智如）：*The Formation and Development of the Dizang Cult in Medieval China*，Ph.D. the University of Arizona，2000；张总：《地藏信仰研究》，宗教文化出版社，2003年。尹富：《中国地藏信仰研究》，巴蜀书社，2009年。

④ 姚崇新：《广元的地藏造像及其组合》，《艺术史研究》2002年总第4辑，第305-323页；王惠民：《唐前期敦煌地藏图像考察》，《敦煌研究》2005年第3期，第18-25页；王惠民：《中唐以后敦煌地藏图像考察》，《敦煌研究》2007年第1期，第24-33页；［日］肥田路美：《关于四川地区的地藏、观音并列像》，黎方银主编《2005年重庆大足石刻国际学术研讨会论文集》，文物出版社，2007年，第519-539页；姚崇新：《中古艺术宗教与西域历史论稿》，商务印书馆，2011年，第63-108页。

⑤ 尹文汉：《地藏菩萨图像学研究》，宗教文化出版社，2017年。

⑥ ［日］久野美树：《唐代龍門石窟的地藏菩萨像》，《女子美术大学研究纪要》2003年总第33号，第13-20页。

一、龙门石窟初盛唐地藏菩萨像

笔者收集到 47 龛刊刻有地藏菩萨尊格题记的龙门初盛唐造像，其中 6 龛造像残失，其余诸龛地藏像均作菩萨装扮，但姿势有别，7 龛像为立姿，34 龛像为垂一腿坐姿，后者数量最多。已知龙门初盛唐时期不见垂一腿坐的其他尊格菩萨像，以此为据并综合考量造像具体情况，将龙门具备一定体量且保存较好的 142 龛初盛唐无尊格题记、垂一腿坐菩萨及其组合像纳入考察范围[①]，合计 189 龛像（见附录）。这些地藏像常常与其他尊像同龛组合开凿，本稿依据造像组合形式分类梳理。地藏像部分造型特征较为稳定，不受造像组合形式影响，应预先说明。

（一）地藏菩萨像造型

1. 姿势

龙门见有少量立姿地藏像，与观世音像造型几无差别，可能开凿于地藏造型特征尚未确立的早期阶段。而 176 龛中 189 尊地藏像呈垂一腿坐姿势，藉此与别种尊格菩萨像区别开来，其中 124 尊地藏像垂左腿坐（本稿以窟龛或物象自身为基准确定左右方位），为惯常表现形式。垂一腿坐地藏往往一手置膝，另一手侧举或持物，上抬手与下垂腿基本处在身体异侧。大概模拟现实中人们以右手作业的常态，同时平衡造型视觉效果，故常将地藏像表现为右手侧举或持物、左手置膝、右腿盘起、左腿垂下的姿势（图 1）。

[①] 龙门一些垂一腿坐菩萨像体量小、残损甚，未列入考察范围。如 543 号窟前庭后壁 2 号龛像、543 号窟前庭后壁 11 号下方龛像、868 号龛像、1625 号龛像、1913 号窟窟门左壁龛像等。龙门另有一些垂一腿坐菩萨像，尊像组合情况杂乱，其类组合造像中没有见到地藏尊格题记，不宜将其作为地藏组合像看待。如 315 号窟左壁龛像、676 号窟右壁龛像、712 号窟右壁 61 号龛像、976 号龛像、1321 号龛像、1364 号窟窟门上方龛像、1508 号窟右壁左侧龛像、1592 号窟前庭后壁右上方龛像、1628 号窟前庭后壁龛像、1931 号窟前庭南壁龛像、1945 号龛像、2065 号龛像、2141 号窟左壁龛像、2154 号龛像等。

2. 肌体与服饰

大多数地藏像肌体形态刻画比较充分，胸腹部肌肉具有张力，形体虽小而体量感突出，服饰表现简单（图2）。另有一些实例在着力肌体形态塑造时，兼重服饰表现，如部分地藏像刻画有X形璎珞（同图1），些许地藏像帔帛自其身体一侧垂下台座，或腰间束带从台座正面悬垂而下，1192号窟后壁46号龛像帔帛、束带具备上述二特征（图3），形成鲜明的帛带悬垂风格，大概承袭南北朝佛像悬裳造型遗风。注重肌体刻画和兼顾服饰表现两种造型倾向并存，没有明确的时代先后关系，但以前者为主流，符合龙门初唐菩萨像造型重心由服饰转向肌体形态的发展趋势。

3. 持物与台座

48尊地藏像持物可以识别，见有持水瓶者8尊（图4）、持拂尘者10尊、持宝珠者12尊（同图1），持莲蕾者16尊。其中，1496号窟左壁右下方龛菩萨像所持莲蕾从地长出（图5），应该借鉴自印度笈多朝菩萨像因素。另外，1193号窟左壁龛内右胁侍地藏像持香炉，用以供养主尊佛陀，2155号龛内右胁侍地藏像持蔓草。这些持物并非地藏特有，但宝珠关联地藏相关经典内容[①]。

地藏像台座以圆形或方形束腰座为主，刻画简洁。此外，部分地藏组合像台座为同根莲茎座，这种台座形式在初盛唐龙门一带较为流行。承托地藏下垂腿的足踏台大致可分为两种形式，其中约20龛像为带茎莲蓬台，莲蓬台面基本水平，使得菩萨下垂腿常作竖直状态，菩萨整体姿态因此显得庄重（图6）。余下造像足踏台与台座粘连，踏台下方不表现莲茎，踏台平面多作椭圆形，且多向左右外侧倾斜，便于展现菩萨足面形态，同时使得菩萨下垂腿可与地面形成自由夹角，整体姿态更显闲适（图7），成

---

① （唐）玄奘译：《大乘大集地藏十轮经》卷1《序品》："尔时一切诸来大众……又各自见两手掌中持如意珠，从是一一如意珠中雨种种宝，复从一一如意珠中放诸光明。……是地藏菩萨摩诃萨具如是等无量无数、不可思议殊胜功德，与诸眷属欲来至此，先现如是神通之相。"《大正藏》第13册，第721页。类似内容见于失译者附北凉录《大方广十轮经》卷1《序品》，《大正藏》第13册，第681页。

为足踏台的主流表现形式。

（二）主尊地藏菩萨像

以地藏为主尊的造像共85龛，占总数二分之一弱，刊刻题记26则。其中4龛造像残失，由题记内容知其应为主尊地藏像。这些造像可细分为大多数单身地藏像和少量复数身地藏像两种形式，在尊像数量以外的诸多方面均无本质差异，故一并探讨。

1. 基本情况

大多数主尊地藏像龛高在40厘米以下，体量较小。7龛像在主尊地藏两侧雕刻二胁侍立菩萨像，1龛像雕刻二胁侍弟子并二胁侍立菩萨像。大多数主尊地藏像处在西山669号窟（老龙洞）以北区域，尤其543号窟（万佛洞）及其附近分布密集，1069号窟（破窑）至1443号窟（古阳洞）之间亦分布有一定数量，其余位置分布稀疏（图8）[①]。853号瘗穴右侧（图9）、1850号瘗窟窟门右侧（图10），各开凿1龛单身地藏像。前者地藏像与瘗穴所在壁面经过统一平整，且所在位置较高，与瘗穴无关施主不太可能在此处开龛造像，后者整体规划齐整，瘗窟（穴）与地藏像组合关系明确。另外，543号窟前庭左壁二方形瘗穴周围开凿有颇多地藏像，可能也存在组合关系。这应说明地藏菩萨已可在死后世界发挥作用。

纪年造像10龛，其中1387号窟前庭后壁10号残龛像刊刻有洛阳地区现存纪年最早的地藏像题记[②]，知该龛开凿于唐高宗朝前期（650–666年）

[①] 龙门石窟研究所、中央美术学院美术史系：《龙门石窟窟龛编号图册》，人民美术出版社，1994年。709号下方龛像，732号、747号、748号下方、751号下方、755号、757号左侧、760号左侧龛像，1244号龛像，1445号下方龛像，实际分别开凿于669号窟前庭、712号窟前庭、1280号奉先寺摩崖像龛前庭、1443号窟前庭，在分布图中与所在窟室造像合并表示。

[②] 其他地区现存纪年最早的地藏菩萨像见于山西长治黎城县东阳关镇佛爷凹，此地摩崖浮雕一高22厘米的小龛，龛内雕刻二立姿菩萨像，一者穿袈裟，另一者裙、挎帔帛，龛右刊刻题记："大唐永徽四年（653）岁次癸丑五月辛亥朔廿一日丙午□法遇合众等敬造地藏菩萨、观世音菩萨，上为皇帝陛下、师僧父母、法界众□□先盖□同登佛□……大唐永徽四年（653）岁次癸丑五月辛亥朔廿一日丙午，法慈尚为亡母敬造地藏菩萨、观世音菩萨。"参见王普军：《黎城县佛爷凹摩崖造像》，《文物世界》

麟德元年（664），余下8龛像集中开凿于高宗朝后期（667-683年）乾封二年（667）至睿宗朝垂拱三年（687），还有1龛像晚到玄宗朝开元二年（714）。另有6龛像题记使用别字"坔"，应造于武周朝，而使用旧字"地"的无纪年造像，由所在位置推断大多应开凿于高宗朝。可知龙门主尊地藏像至晚出现于高宗朝前期，高宗朝后期至武周朝较为流行。

2. 造型特征

复数身地藏像数量相对较少，见有8龛双身地藏像（图11）。除557号窟（清明寺洞）后壁11号龛两身地藏像均垂左腿，举右手之外，其余复数身地藏像均呈两两中轴对称造型，可能仿效之前流行的定州系白石双思维菩萨像。

3. 施主身份

25则题记见有26名施主信息，平民施主19名，占绝大多数，4名施主为官员或其家属，另有3名僧尼施主。其中两名施主情况及关联文化信息值得关注。

其一，159号窟后壁2号龛咸亨四年（673）四月八日地藏像施主将作监丞牛懿德。其人造像还见于159号窟右壁101号龛麟德二年（665）九月残像、159号窟左壁100号龛乾封元年（666）四月八日阿弥陀佛像，以及104号窟右壁上方龛咸亨四年（673）四月八日阿弥陀佛并观世音菩萨像，均为填空式造像[①]。可见牛懿德同时信奉阿弥陀佛、地藏和观世音菩萨，如后文所述，这三种尊像常常同龛表现，可知当时信奉此三尊的信众数量应该不少。麟德二年（665）和乾封元年（666）二题记显示牛懿德时任东台主书，即门下省录事。咸亨四年（673）二题记显示牛懿德时已擢升为将作监丞，主管国家营建事宜。其人此时以将作监官员身份居处洛阳，可能

2008年第2期，第20、21页。另外，河北隆尧宣务山第3号崖刊刻题记："龙朔□年□月十五日，比丘尼真□□□地藏菩萨。"参见张稼农：《隆尧县宣务山文物古迹介绍》，《文物参考资料》1957年第12期，第56页。佛爷凹、宣务山两处地藏菩萨造像稍早于洛阳地区造像，但皆为孤例，不成规模。

① 此三龛像题记分别参见刘景龙、李玉昆：《龙门石窟碑刻题记汇录》，中国大百科全书出版社，1998年，第42、29、9页。

参与了龙门奉先寺摩崖龛像或洛阳地区上阳宫、恭陵等宫室、皇陵营造。另外，牛懿德三龛造像开凿于四月八日，说明此人对佛诞日较为重视。

其二，304号窟左壁右侧龛像施主僧人知道，为"入辽兄"造此龛像，可知其兄应参与了征伐辽东的战役。初唐多次出兵辽东，以太宗朝贞观十九年（645）伐高丽战役规模最大，高宗朝前期屡与高丽、百济有战，终于显庆五年（660）破百济国，置五都督府，总章元年（668）拔高丽平壤城，置安东都护府。推测该龛像造于总章元年（668）以前。另外，僧人知道造像还见于404号窟前庭右壁中部，题记"沙门知道为孃敬造"，龛内造像残失。僧知道两龛像分别为其兄、母所造，表明其人仍遵循孝亲敬长的儒家伦理传统，这种情况在龙门初盛唐僧尼造像记中屡有所见，可能与当时帝王频颁诏书制令僧尼礼敬父母有关①。

4. 造像目的

7龛像题记见有造像目的内容，其中3龛为求出家修道造，2龛为求合家平安造，1龛为求病愈造，1龛为资助亡者入冥之路造。另外，543号窟窟门左壁8号龛地藏、观世音组合像由多位施主捐资开凿，分别刊刻题记，也见有造地藏像祈求出家的内容。祈求出家修道偶见于龙门佛陀像题记②，不见于龙门其他尊格菩萨像题记，大概反映地藏信仰特质，契合十

---

① （唐）吴兢撰，谢保成辑校：《贞观政要集校》卷7《论礼乐》："贞观五年（631）太宗谓侍臣曰，'佛道设教，本行善事，岂遣僧、尼、道士等妄自尊崇，坐受父母之拜，损害风俗，悖乱礼经，宜即禁断，仍令致拜于父母。'"中华书局，2009年，第395页；（宋）王溥：《唐会要》卷47《议释教》："显庆二年（657）诏曰，'……圣人之心主于慈孝，父子君臣之际，长幼仁义之序，与夫周孔之教异辙同归，弃礼悖德朕所不取。……自今已后僧尼不得受父母及尊者礼拜，所司明为法制，即宜禁断。'"中华书局，1960年，第836页；（宋）司马光：《资治通鉴》卷200《高宗天皇大圣大弘孝皇帝》："（[龙朔二年（662）] 六月乙丑，初令僧、尼、道士、女官致敬父母。"中华书局，1956年，第6329页；[后晋]刘昫：《旧唐书》卷8《玄宗本纪》："[开元二年（714）]闰月（闰正月）癸亥，令道士、女冠、僧尼致拜父母。"中华书局，1975年，第172页。

② 如522号窟前庭后壁7号龛药师佛像、543号窟窟门右壁2号龛五百弥勒佛像、669号窟178号龛七佛等像、1504号窟左壁龛释迦佛像题记。参见刘景龙、杨超杰：《龙门石窟总录：文字著录》，中国大百科全书出版社，1999年，第3卷第56、80页，第4卷第99页，第10卷第26页。

轮经宣扬出家功德内容[①]。其他题记反映祈求菩萨救济思想，难以看出地藏菩萨与其他尊格菩萨信仰的实质区别。

（三）地藏、观世音菩萨组合像

龙门见有43龛地藏、观世音组合像，刊刻题记13则。

1. 基本情况

大多数龛高在40厘米以下，与主尊地藏像一样为小体量造像。龙门西山543号窟及其附近、712号窟（莲花洞）及其附近为此种组合像聚集区，1280号奉先寺摩崖龛像附近也分布有部分实例，其他区域仅个别存在（同图8）。4龛纪年造像开凿于唐高宗朝末永隆二年（681）至中宗朝神龙二年（706），另有1龛像题记使用武周别字"埊"。1896号窟（西方净土堂）前庭左壁2号上方龛内右壁龛像，上方残存"东京"二字题记（图12）。洛阳称东京始于天宝元年（742），终于唐肃宗朝上元元年（760），该龛像应开凿于这一时段。可知此类组合像流行于唐高宗朝末至武周朝前后，玄宗朝仍然存在，出现时间晚于主尊地藏像。

2. 造型特征

二菩萨像造型往往追求均衡的视觉效果，表现在菩萨位置、通高、姿势、持物等方面。41龛单身地藏、观世音组合像中，21龛地藏像处在龛内左侧（同图12），20龛地藏像处在龛内右侧（图13），二菩萨没有左右尊卑之分。绝大多数地藏像有意提升台座高度或台座立足面，拉大菩萨上身比例，使得坐姿地藏与立姿观世音像通高趋于一致。1龛地藏像作立姿表现，与同龛观世音像姿势、装扮一致，旨在形成对称效果（图14）。在持物方

---

① 前引玄奘译：《大乘大集地藏十轮经》卷6《有依行品》："此剃须发、被赤袈裟出家威仪，是诸贤圣解脱幢相，亦是一切声闻乘人受用解脱法味幢相，亦是一切独觉乘人受用解脱法味幢相，亦是一切大乘之人受用解脱法味幢相。……以是义求解脱者，应当亲近、恭敬、供养诸归我法、剃除须发、被赤袈裟出家之人，应先信敬声闻乘法。……是故三乘皆应修学，不应憍傲妄号大乘，谤毁声闻、独觉乘法。"《大正藏》第13册，第752页。类似内容见于前引失译者《大方广十轮经》卷5《众善相品》，《大正藏》第13册，第705页。另见前引庄明兴：《中国中古的地藏信仰》，第100页。

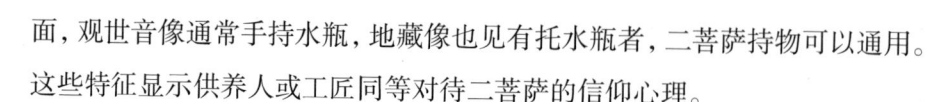

面，观世音像通常手持水瓶，地藏像也见有托水瓶者，二菩萨持物可以通用。这些特征显示供养人或工匠同等对待二菩萨的信仰心理。

3. 施主身份

共见有16名施主信息，包括13名平民、2名僧尼、1名官员施主。其中，555号窟前庭后壁18号右下方龛像施主为景福寺比丘尼九娘（图15）①。景福寺为一所尼寺，《唐会要》记载其位于洛阳郭城敦（教）业坊内，建于贞观九年（635），武太后更其名为天女寺②。景福寺尼造像造型较保守，位于初唐造像集中区域，且称寺名为景福，故可能开凿于唐高宗朝。

1086号龛像施主为兰州司户参军。按兰州为下州，户数不足两千，置从八品下司仓、司户、司法三曹参军事，各一人任职。兰州距东都洛阳两千余里，其司户参军为何远来洛阳造像，尚不明了。另外，543号窟前壁13号龛像施主为北齐兰陵王高长恭之孙高元简，可补兰陵王族系史传之缺③。

404号窟前庭右壁右侧龛像（同图14）、543号窟前庭左壁12号龛像各由两位施主开凿（同图13），543号窟窟门左壁8号龛像由四位施主开凿（图16）。多人共同造像在龙门屡见不鲜。比起分别开凿龛像，同龛雕刻二菩

---

① 题记显示比丘尼九娘开凿了两龛像，由题记位置和造像内容推断，两龛像应分别为555号窟前庭后壁18号龛阿弥陀佛并二胁侍立菩萨像，为亡母所造；以及其右下方地藏、观世音菩萨组合像，为求自身病愈所造。二龛龛形、造像风格基本一致。

② 前引王溥：《唐会要》卷48《寺》，第847页。或因《唐会要》舛误不少，学界对景福寺改名天女寺的时间产生了异议。王振国发现唐玄宗朝此寺仍名作景福寺，如龙门887号窟刊刻元二十六年（738）"大唐都景福寺威仪和上灵觉塔铭"、龙门后山一带出土天宝八载（749）"东京大圣善寺律师比丘虚心、景福寺尼净意造经幢"等，并以为天女寺名最早见于洛阳关林藏宪宗朝元和八年（813）"唐故天女寺尼胜藏律师坟所尊胜石幢"。据此推断景福寺改称天女寺应在玄宗朝之后、宪宗朝以前，可能在代宗朝时期，田玉娥等学者沿用此说。参见王振国：《龙门石窟与洛阳佛教文化》，中州古籍出版社，2006年，第207、208页。田玉娥：《浅议隋唐时期东都洛阳城之佛寺》，《丝绸之路》2012年第2期，第15页。实际上，天女寺名早已见于洛阳市盘龙冢村北出土中宗朝景龙三年（709）"唐故天女寺尼韦氏爱道墓志铭"，故可推测此寺在唐太宗、高宗朝名景福寺，至晚在中宗朝景龙年间改称天女寺，玄宗朝复称景福寺，至晚到宪宗朝又称天女寺。

③ 前引王振国：《龙门石窟与洛阳佛教文化》，第61—74页。

萨组合像应该节省财力。

4.造像目的

4龛像题记见有造像目的内容，均为求病愈造，反映一般化菩萨救济思想。地藏、观世音组合像虽无直接经典依据，但流行地域广泛，时代绵延长久，备受崇奉。龙门造像开凿于此种组合像的早期发展阶段，信众希望两菩萨一并发挥救济作用，以求得利益最大化，没有见到晚唐以后观世音救济现世苦难、地藏救度死者灵魂的职能划分。

（四）地藏（或地藏并观世音）、佛陀组合像

佛经没有记载地藏为某佛陀胁侍菩萨，但在实际造像活动中，将地藏作为某些佛陀胁侍菩萨表现并不少见，且往往与观世音像组合出现。龙门开凿55龛此类组合像，见有16则题记。此外，543号窟前庭右壁23、24、25号三龛内分别为苏鋗造地藏菩萨、唐州觉意寺比丘尼好因造跏趺坐禅定印佛陀、苏鋗造观世音菩萨像（图17），排列规整，各龛下方见有字迹一致的题记，开凿时间均为永淳二年（683）九月八日，应为统一规划。本稿将其视作1例组合像，与上述55龛此类组合像一并考虑。

1.基本情况

17龛地藏、佛陀组合像龛高或宽大于50厘米，体量较大。西山522号窟（双窑南洞）至712号窟为此类组合像的密集分布区，1034号窟（普泰洞）至1610号龛为次要分布区，其他位置见有零星个例（同图8）。7龛纪年像开凿于唐高宗朝上元二年（675）至睿宗朝景云二年（711），另有1龛像题记使用"埊"。可知龙门此类组合像流行时间与地藏、观世音组合像大体一致，稍晚于主尊地藏像。

据主尊佛陀尊格可将此类组合像细分为几种形式。就龙门初盛唐佛像而言，跏趺坐施触地印者基本为阿弥陀佛[1]，托钵者基本为药师佛。此外，

---

[1] ［日］久野美树：《唐代龍門石窟の研究：造形の思想的背景について》，中央公论美术出版社，2011年。

唐代倚坐佛像基本为弥勒佛，龙门初盛唐造像也不例外。其他施说法印、禅定印等佛像则难以判定尊格。故可将龙门地藏（或地藏并观世音）、佛陀组合像细分为以施触地印阿弥陀佛（图 18）、托钵药师佛（图 19）、倚坐弥勒佛（图 20），以及其他不明尊格佛陀为主尊等几种形式[①]，各见有 18、9、7、15 龛。还有以二佛（图 21）、三佛、五佛、七佛等复数身佛陀为主尊的造像（图 22），共见有 7 龛。主尊阿弥陀佛像数量最多，与龙门唐代造像尊格整体情况一致。

2. 造型特征

此类组合像流行时间较晚，地藏像胸腹部肌肉刻画往往更有张力，躯体更具量感性。在地藏、观世音作为佛陀胁侍表现的造像中，二菩萨像刻画仍然追求均衡效果。以地藏像为左胁侍的共 18 龛，为右胁侍的共 23 龛，数量大抵相当。1034 号窟前庭后壁 4 号龛地藏与观世音像均作立姿表现（图 23）。绝大多数地藏像通高与观世音像一致。578 号窟右侧龛地藏托水瓶，观世音托宝珠，原初对应二菩萨身份的持物被调换过来（同图 4）。可见在当时信众眼中，作为佛陀胁侍的地藏、观世音菩萨应该没有地位差别。

3. 施主身份

见有 14 名施主信息，包括 12 名平民和 2 名比丘尼施主。其中 543 号窟前庭左壁 29 号龛像施主神祯，在 543 号窟后壁左下方、前庭左壁还开凿有 2 龛主尊地藏像，可见其人地藏信仰热情。1445 号下方龛像施主王非城，在 1443 号窟内另开凿有三世佛像。

4. 造像目的

6 龛像题记述及造像目的，相关内容往往脱离现世诉求，而以往生净土、成就佛果为主要企盼，与主尊阿弥陀佛、药师佛、弥勒佛等净土世界佛陀身份有关，反映流行于时的净土信仰。地藏和观世音菩萨则作为救济者表现。

---

① 刘景龙：《龙门石窟造像全集》，文物出版社，2002 年，第 2 卷图 294。

12龛像题记见有受益人信息，多为亲属、师僧造，并往往回向一切众生。其中1445号下方龛像施主王非城，为父母、师僧、天王、地王、仁王造像，融合了儒家祭拜天、地、君、亲、师的传统。

（五）地藏菩萨其他组合像

龙门还见有以下几种地藏组合造像。

其一，1931号窟前庭后壁1号龛比丘尼恩恩神龙三年（707）造双身地藏与七业道组合像（图24）。二地藏均垂外侧腿坐，内侧手上举捧宝珠，二菩萨体量、装身具刻画有明显区别。左侧地藏像体量较小，上身仅饰有项圈与帔帛，由下方题记知此尊像应是尼恩恩于亡母忌日所造。右侧地藏像体量较大，除项圈、帔帛外还装饰有于腹前交叉的X形璎珞，由下方题记知此尊像应是尼恩恩于亡父忌日所造。两菩萨造型上的差异可能是为了区分两尊像各自受益人，为亡父造像体量大、装饰豪华，大概体现以父为尊观念。于父母忌日造作地藏像，还见于中唐秘书少监兼侍御史李公之甥女供养地藏绣像[1]。

二菩萨中间上方雕刻七尊小跏趺坐禅定印像，题记称之为"业道像"，分上排三尊、下排四尊排列，大多数仅存残迹。业道尊格并不见于佛经，大概是民俗佛教神祇。有尊格题记的业道像仅见于龙门西山，学界对此较为陌生。笔者共收集到13龛业道像[2]，其中7龛开凿于669号窟内。除尼恩恩造像外，还见有2龛纪年像，分别为403号窟（敬善寺）窟门左壁龛

---

[1] （宋）李昉：《文苑英华》卷781《地藏菩萨赞并序》："……有秘书少监兼侍御史李公之甥，太原王氏之第某女，顷遭先夫人弃敬养，拊擗以暨于小祥（即周年忌日），或曰，此孝也，匪报也，以报为功，则惟地藏乎。乃手针缕之事，黼而戴之，则而像之，焕乎有成，毫相毕观者。然后知圣善之内训，淑女之孝思至矣哉，是可以锡尔类也。"中华书局，1966年，第4127页。

[2] 除尼恩恩造像外，还有669号窟2号、8号、18号龛三例单身业道像，669号窟13号龛阿弥陀佛、药师佛、业道并观世音菩萨组合像，1387号窟右壁15号龛四身业道像，669号窟12号龛六身业道像，522号窟前庭后壁5号、14号、669号窟52号龛三例七身业道像，669号窟52号龛十身业道像，403号窟窟门左壁龛五十身业道像，404号窟窟门左壁龛复数身业道像。

垂拱二年（686）像①（图25）、522号窟前庭后壁14号龛天授二年（691）像②（图26）。业道像均形似小跏趺坐禅定印佛像，在造像组合上见有单身业道像，双身、四身、六身、七身、十身、五十身等复数身业道像，以及与阿弥陀佛、药师佛、观世音菩萨像组合等多种形式③。在造像目的方面，多数业道像施主祈求平安与病愈，与一般菩萨信仰没有明显区别。但初唐王梵志诗有"生即巧风吹，死须业道过""平生不造福，死被业道收"等句④，可见业道神祇大概具有审判亡者灵魂职能，关联佛教因果业报思想。如尼恩恩一样为亡父母造像还见于669号窟13号、52号龛像，应该有祈愿亡者顺利通过冥间审判的用意。

另外，1228号窟左壁右侧上下各雕刻七身小跏趺坐禅定印像与一身地藏像，难以确定是地藏与七佛的组合，还是地藏与七身业道像的组合。

其二，883号窟19号龛裴罗汉造地藏、十一面观世音、观世音菩萨组合像（图27）。主尊十一面观世音像头部残损，上身袒裸，下身穿裙，身挎帔帛，左手下垂持水瓶，右手上举，身材修长，与西安七宝台武周朝十一面观世音像造型有相似之处。十一面观世音是观世音菩萨的一种，属于杂部密教陀罗尼信仰，流行于唐高宗朝以后。北周耶舍崛多译《佛说十一面观世音神咒经》、初唐玄奘译《十一面神咒心经》、盛唐不空译《十一面观自在菩萨心密言念诵仪轨经》等经典，称十一面观世音菩萨神咒具有

---

① 该龛题记："垂拱二年（686）五月十五日，夏侯为全家大小造业道像五十区，愿一切含生离苦解脱。"前引刘景龙、李玉昆：《龙门石窟碑刻题记汇录》，第102页。

② 该龛题记："天授二年（691）二月廿日，比丘僧玄杲为兄玄操敬造业道像七躯。"前引刘景龙、李玉昆：《龙门石窟碑刻题记汇录》，第125页。

③ 669号窟13号龛像题记："雍州庆山县姚思敬奉为亡过七代及亡父母，敬造阿弥陀佛、药师佛、业道像、救苦菩萨。"前引刘景龙、李玉昆：《龙门石窟碑刻题记汇录》，第242页。按庆山县隋代名新丰，唐垂拱二年（686）因县东南有山涌出，改称庆山，神龙元年（705）复称新丰，天宝年间又屡历会昌、昭应等行政区划。参见前引刘昫：《旧唐书》卷38《地理志》，第1396页；（宋）欧阳修、宋祁：《新唐书》卷37《地理志》，中华书局，1975年，第962页；前引司马光：《资治通鉴》卷203《则天顺圣皇后》，第6442页。可知该龛像应造于垂拱二年（686）至神龙元年（705）之间。

④ （唐）王梵志撰，项楚校注：《王梵志诗校注》，上海古籍出版社，2010年，第97、198页。

祛除罪恶、增广福乐等各种利益。该龛像施主祈求己身平安，并希望以此功德除灭罪业，与相关佛经记载供养功德相符。垂左腿坐地藏、立姿观世音作左、右胁侍表现，体量远远小于主尊像。与地藏、观世音作佛陀胁侍表现一样，此种组合形式也不见于佛经记载，应是为了强化救济功能而将三者组织在一起。

其三，159号窟前壁5号龛王君雅造阿弥陀佛并观世音、大势至、日光、月光、地藏、药王六菩萨像（图28）[1]。主尊阿弥陀佛穿双领下垂袈裟，跏趺坐于圆形束腰座上，左手施无畏印。两侧各胁侍三尊立菩萨。其中观世音、大势至菩萨作为阿弥陀佛胁侍见于佛经记载，日光、月光菩萨在佛经中则是药师佛胁侍菩萨，至于地藏和药王菩萨，则未见有佛经将二者作为某佛陀胁侍记载。阿弥陀佛与这六尊菩萨像的组合应是施主为求诸菩萨合力救度、往生西方净土而进行的随意表现。

其四，1387号窟前壁5号龛三立菩萨像，题记仅存地藏、观世音菩萨名号，余下一尊像尊格不明。

最后，龙门1045号龛（图29）、1699号龛（图30）、1280号奉先寺摩崖像龛后壁11号龛等（图31），均雕刻有垂一腿坐、着袈裟比丘像，没有尊格题记，但与邯郸、广元、巴中一带所见初盛唐地藏像造型接近，也应是地藏表现，1280号奉先寺摩崖像龛后壁11号龛像应为地藏、观世音组合。这种造型的地藏像在龙门所见寥寥，可能是受其他地区造型影响而产生的非主流样式。龙门166号龛内雕刻立姿穿袈裟地藏像（图32），且与诸道人物连带表现。此类图像内涵丰富，宜另文探讨[2]。

---

[1] 刘景龙：《宾阳洞：龙门石窟第104、140、159窟》，文物出版社，2010年，图134。
[2] 拙作《美国哥伦比亚大学藏初唐S4426号造像碑图像分析》，《中国国家博物馆馆刊》2022年第3期；拙作《五道神系列图像解析》，《美术学报》2022年第4期。

二、文献所见初唐地藏菩萨像

记载初唐及以前地藏菩萨像相关事情的文献，可以弥补早期图像佚失之憾，还可与现存地藏像相互参证，亦可资地藏信仰研究参考，史料价值不应小觑。学界对部分文献已不陌生[①]，但往往仅做简单翻译，没有进行细致解析，相关认识仍然片面、模糊，甚至有所误解，有必要再加研读。

（一）文献基本情况

相关文献主要有以下两类。

其一，唐总章元年（668）道世辑撰《法苑珠林》卷14《感应缘》："唐益州郭下法聚寺画地藏菩萨，却坐绳床垂脚，高八、九寸，本像是张僧繇画。至麟德二年（665）七月当寺僧图得一本，放光乍出乍没，如似金环，大同本光。如是展转图写，出者类皆放光。当年八月敕追一本入宫供养。现今京城内外道俗画者供养并皆放光，信知佛力不可测量。家别一本，不别引记。"[②] 这是所见最早的地藏像相关文献。北宋端拱二年（989）常谨辑《地藏菩萨像灵验记》之《唐法聚寺画地藏放光记》内容与上文基本相同[③]，应是从之抄录而来。

其二，前揭《地藏菩萨像灵验记》之《梁朝善寂寺画地藏放光之记》（以下简称《放光记》）："梁朝汉州德阳县善寂寺东廊壁上，张僧繇画地藏菩萨并观音各一躯，状若僧貌，敛披而坐，时人瞻礼，异光焕发。至麟德元年（664）寺僧瞻敬，叹异于常，是以将□亲壁上模写，散将供养，

[①] 前引庄明兴：《中国中古的地藏信仰》，第26、27页；前引 Zhiru: *The Formation and Development of the Dizang Cult in Medieval China*, pp.86, 87；前引肥田路美：《关于四川地区的地藏、观音并列像》，第531—534页；前引王惠民：《唐前期敦煌地藏图像考察》，第19页；前引尹富：《中国地藏信仰研究》，第67—71、132、133页。

[②] （唐）释道世著，周叔迦、苏晋仁校注：《法苑珠林校注》，中华书局，2003年，第488页。

[③] 《卍续藏》第87册，第588页。

发光无异，时人展转模写者甚众。麟德三年（666）王记赴任资州刺史，常以模写，精诚供养。同行船十艘，忽遇风顿起，九艘没溺，遭此波涛唯王记船更无恐怖，将知菩萨弘大慈悲，有如是威力焉。至垂拱三年（687）天后闻之，敕令画人模写，放光如前，于同（内）道场供养。至于大历元年（766）宝寿寺大德于道场中见光异相，写表闻奏，帝乃虔心顶礼赞叹其光，菩萨现光时国常安泰。复有商人妻妊娠经二十八月不产，忽睹光明，便模写，一心发愿于菩萨，当夜便生一男，相好端严，而见者欢喜。举世号放光菩萨矣。"[1] 非浊11世纪初辑《三宝感应要略录》之《梁朝汉州善寂寺观音、地藏画像感应》内容与此文基本一致[2]，本稿关注辑成时间更早的《放光记》。

上述两类文献记载了两种灵应地藏图像相关事情。需要说明，撇去不可思议的灵应现象不谈，《感应缘》所载麟德二年（665）事情发生于《法苑珠林》成书时间前夕，可信度高。相对的，《放光记》所载内容因距《地藏菩萨像灵验记》成书时间久远，又非正史，其真实性难免令人生疑。然而考虑到此文为全著开篇之作，其后紧接抄录自《感应缘》内容，推测《放光记》可能也参考了早期文献，且此文在后世又屡被抄录，影响较大，应该予以重视，但为避免过度解读，本稿仅以之为次要参考。

所幸，初唐王勃撰《益州德阳县善寂寺碑文》（以下简称《碑文》）存有善寂寺壁画放光事件的简要记述[3]，并勾勒出善寂寺历史沿革，可与《放光记》参互。可惜此文没有被相关学者发现，以致部分关键问题始终得不到解决。其文曰：

---

[1] 《卍续藏》第87册，第588页。

[2] 《大正藏》第51册，第853页。有学者指出，《三宝感应要略录》为日本平安末期日人所作，而非出自非浊。若如此，《三宝感应要略录》的辑成年代将晚至11世纪末。吴彦、金伟：《关于〈三宝感应要略录〉的撰者》，《佛学研究》2010年总第19期，第161—172页。

[3] 唐代德阳县历属益州、汉州。（唐）李吉甫：《元和郡县图志》卷31《剑南道》："德阳县……武德三年（620）复置，属益州，垂拱二年（686）割属汉州。"中华书局，1983年，第778页。

……善寂者，盖旧寺之余趾，梁武帝之所建也。……洎苍鹅上击，铜马交驰。祇园兴版荡之悲，沙界积沧胥之痛。火炎昆岳，高台与雁塔俱平；水浸天街，曲岸与猴池共尽①。……贞观御宸，奉文物于三天，布声名于十地。……俄而后庭搆疠，椒房穆卜，六宫震恐，三灵愕贻。……帝乃降监回虑，屏璧与珠。追胜迹于灵关，事良缘于福地。爰纡圣綍，重启禅宫②。……于是林衡授矩，周官诠搮日之工；梓匠挥斤，荆客炼成风之巧。重楹画栱，坐出天霄；复树文闉，俛临霓宇。显庆中，县令萧君道宏，理钧绳于日用，凭藻缋于天成。仙官之妙匠可寻，卢舍之神模不坠。……时又于佛堂东壁，画二圣僧，丹青未毕，大启神光。……由是岷英蜀秀，攀讲序以云趋，带燕裙鸾，仰齐庭而雾合。③

（二）图像具体内容

上述文献有助于解释唐高宗朝后期地藏造像、信仰兴盛情况及某些具体特征。以下详析史载画像及其与现存造像的关系。

1. 原本作者

《感应缘》《放光记》均称灵应图像原本出自南朝梁之著名画师张僧繇，这意味着早在南朝时期就已存在地藏像。笔者以为这恐是时人美化图像声誉的附会之说，前辈学者亦多持不以为然态度，但没有进行实质性的考证工作。

考察图像原本所在地，《感应缘》之益州法聚寺，初唐文献记载其为

---

① 意指善寂寺毁于唐代之前乱世。"苍鹅"典出《晋书》卷28《五行志》，为五胡乱华先兆，"铜马"典出《后汉书》卷1《光武帝本纪》，为新莽末起义军别称，二者均指称乱世。

② 贞观十年（636），唐太宗下诏修复包括善寂寺在内的众多废寺，为重病的文德皇后祈福。[清]陆心源：《唐文拾遗》卷50《大唐郯县修定寺传记》："至贞观十年（636）四月敕为皇后虚风日久，未善痊除，修复废寺以希福力，天下三百九十二所佛事院宇并好山水形胜有七塔者，并依旧名置立。"中华书局，1983年，第10938页。

③ 前引李昉：《文苑英华》卷851《益州德阳县善寂寺碑》，第4493–4495页。

隋文帝时蜀王杨秀建造①，不应该存有南朝画迹。寺内有隋仁寿元年（601）所建舍利塔，常作为杨秀延请高僧驻锡之所②。除放光地藏像外，寺内还多有灵应事件发生③。至于《放光记》之德阳县善寂寺，由《碑文》可知其确实创建于梁武帝时期，但之后遭到破坏，唐贞观十年（636）为文德皇后祈福而重新营建之，有放光灵应的壁画则创作于唐高宗朝。

2. 摹本流传线索

《感应缘》《放光记》所载灵应图像摹本流传过程，均有寺僧首次摹写与摹本入宫供养两个环节，分别为灵应事件的开端与高潮，勾勒出灵应图像由四川至宫城的传播路径，揭示了风靡于时的地藏像摹写供养情况。此外，《放光记》还载有资州刺史、宝寿寺僧、商人妻等人摹写供养事情，更为丰富。两种图像首次被摹写的时间大致相当，分别为麟德二年（665）七月和麟德元年（664）。龙朔、麟德年间，祥瑞频现，益州尤甚，正准备东巡封禅的高宗、武后应该以此为荣④。益州法聚寺和德阳县善寂寺此时段发生灵应事件，并为举国上下所宣扬，符合时代潮流。此两种图像摹本入宫供养时间差距较大，前者为麟德二年（665）八月，此时高宗、武后正

---

① （唐）法琳：《辩证论》卷4《十代奉佛》："隋蜀王秀，益州造空慧寺、法聚寺、大建昌寺、供养孝敬寺。"《大正藏》第52册，第518页；（唐）道宣：《续高僧传》卷28《隋京师经藏寺释智隐传》："仁寿创福，敕送舍利于益州之法聚寺，寺即蜀王秀之所造也。"中华书局，2014年，第1086页。

② 前引道宣：《续高僧传》卷22《唐益州龙居寺释智诜传》："益州总管蜀王秀奏请（智诜）还蜀，王自出迎，住法聚寺，道俗归崇。"第848页；前引道宣：《续高僧传》卷27《隋益州长阳山释法进传》："（蜀王杨秀）令（法进）往法聚寺停。……后更召入城，王遥见即礼。"第1055页。由此还可知法聚寺不在益州内城中，《法苑珠林》称法聚寺在益州郭下，大概属实。

③ （唐）道宣：《广弘明集》卷17《舍利感应记》："[仁寿元年（601）]益州于法聚寺起塔，天时阴晦，舍利将下日便朗照，始入函云复合。"《大正藏》第52册，第216页；（宋）赞宁：《宋高僧传》卷29《唐成都府法聚寺员相传》："……龙朔元年（661）（员相）有疾而终于此寺（法聚寺），将启手足，房内长虹若练而飞上天，寺塔铃索无风自鸣，其大门屋壁画剥落，每夜有鼓角声，经百余日方息，从此鸟雀不栖其屋。"中华书局，1987年，第719页。

④ 前引刘昫：《旧唐书》卷4《高宗本纪》："[显庆六年（661）]二月乙未，以益、绵等州皆言龙见，改元（龙朔），曲赦洛州。……[龙朔三年（663）]冬十月丙申，绛州麟见于介山，丙午，含元殿前麟趾见。……（同年）十二月庚子，诏改来年正月一日为麟德元年。"第81、85页。

在东都洛阳准备东巡封禅①，应景的灵应图像有可能被供养于东都内道场。后者为垂拱三年（687），据初次显灵已有23年之久，时值武太后掌权，神都洛阳为实际意义上的国家首都，灵应图像有可能也被供养在神都内道场中。

如前文所述，洛阳龙门石窟地藏及其各种组合像基本流行于唐高宗朝后期至武周朝，当然，这与其地唐代全体造像发展轨迹基本一致，但不免让人联想，地藏造像高潮期是否与灵应图像传入有关，学界对此已有察觉②。另外，前述龙门188龛地藏及其组合像，其中多达33龛开凿在543号窟（万佛洞）内及其前庭壁面，形成龙门密度最大的地藏像聚集区。543号窟开凿于永隆元年（680），内道场智运禅师为其主要施主，窟内外补刻的地藏像施主应该与内道场有些关系，甚至可能也是内道场成员，或许因为对供奉于内道场的灵应图像怀有虔敬之心，故选择在此处雕刻地藏像。

3. 组合与造型

《感应缘》之灵应图像应该是单尊地藏像，《放光记》称灵应图像是地藏、观世音组合像，《碑文》相应记述则为"二圣僧"像，因此存在两种可能情况：一是图像原本尊格为圣僧，后世误传其为地藏、观世音菩萨；二是图像尊格确实为菩萨，《碑文》内容仅是在描述其面貌，而非其身份。综合考虑后世文献记载和现存图像状况，笔者以为后一种情况可能性更大一些。如前文所述，单尊地藏像和地藏、观世音组合像，是现存初盛唐地藏相关造像中最常见的两种形式，造像兴盛情况与灵应图像的流行或许不无关系。

《感应缘》之地藏菩萨像呈垂脚坐姿，《放光记》之菩萨像呈坐姿、僧貌，学界常疑惑"僧貌"是单指地藏菩萨，还是兼指观世音菩萨。笔者以为，既然《碑文》称之为"二圣僧"，则《放光记》之地藏、观世音菩萨均应

---

① 前引刘昫：《旧唐书》卷4《高宗本纪》："（麟德）二年（665）春正月壬午，幸东都。……（同年）冬十月戊午，皇后请封禅……丁卯，将封泰山，发自东都。"第86、87页。类似记述见于前引欧阳修、宋祁：《新唐书》卷3《高宗本纪》，第64页。

② 前引尹富：《中国地藏信仰研究》，第67—71、132、133页。

为僧貌。关于菩萨姿势，由现存地藏像垂一腿坐姿势可知，灵应图像很可能也为垂一腿坐。在菩萨面貌上，《放光记》和《碑文》记述的僧貌地藏像流传至今，是四川、敦煌、河北等处现存地藏像的一般化表现，但僧貌地藏与僧貌观世音组合像后世似仅见于北宋文献记载①，现存此类组合像中观世音则基本作菩萨装。

4. 材质与体量

灵应图像原本均为寺庙壁画，摹本也多为绘画作品，但洛阳地区初盛唐时期地藏画像均已不存，现存者大多为石刻造像。彬州大佛寺千佛洞中心柱左壁 19 号龛高叔夏造地藏像题记对此做出了解释："大周圣历元年（698）四月八日，给事郎行幽州新平县丞高叔夏于应福寺造坌藏菩萨两躯。……将恐丹青遗像经岁年而湮灭，所以刻石甄形，期于永固，镂金为字，庶之无穷。"据此可知，施主有可能以灵应地藏画像为粉本，出资雕造石刻像，以期长久保存。

《感应缘》记述益州法聚寺地藏像仅高八九寸，《地藏菩萨像灵验记》之《唐法聚寺画地藏放光记》具体记述其为八寸六分，即不超过 30 厘米，摹本大小亦应相当。小尺寸的灵应图像容易被摹写传布，从而快速流行开来。前述龙门初盛唐地藏像体量普遍偏小，这种情况的形成，除施主财力、造像空间条件等影响因素之外，亦应考虑粉本尺寸小的缘故。

5. 灵应现象

《感应缘》《放光记》《碑文》所载图像灵应现象均以放光为主，这与地藏相关经典内容和现存造像情况有所关联。

---

① （宋）惠洪：《石门文字禅》卷 18："高安龚德庄出画轴，有二比丘像，皆梵貌相好，上有化佛，下布两花，熟视之有光影灭没，如日在苍苍凉凉之间，于是大惊自失。德庄曰，始僧繇画于汉州，德僧摸之亦有光……垂拱三年（687）则天迎置内道场，光尤猖狂。……今朝治平丁未[治平四年（1067）]，嘉禾陈舜俞命令举为湖州获之，作赞藏为家宝。政和六年（1116）春献于京师，有诏摸而传禁中，而光犹益奇变，京师争售之，画工致富者比屋。然传以为地藏、观音之像，当有据耶，余曰是观世音、得大势至像也。"网络版《四部丛刊 09 增补版》初编集部，第 161444 页。据此知传德阳县善寂寺灵应图像在北宋又有所流行，且在僧貌地藏、僧貌观世音像之上另表现化佛，但时人对二菩萨尊格已有争议。

《大方广十轮经》《大乘大集地藏十轮经》强调地藏所持宝珠放光带来种种利益[①]。祥瑞制造者以放光作为地藏图像灵应方式，似乎与上述经典记载有关。在实际造像活动中，前述龙门159号窟前壁5号龛初唐造像题记"敬造阿弥陀佛一龛及六菩萨……愿地藏菩萨照耀及诸菩萨诫于众生"，彬州大佛寺千佛洞东门柱右壁123号龛武周长寿三年（694）李乘基造地藏像题记"夫以提耶妙说法声应而降魔，如意宝珠神光触而除恶"，敦煌藏经洞出土北宋建隆四年（963）地藏绢画题记"金锡振动，地狱生莲，珠耀迷途，还同净土"等，均强调地藏或其所持宝珠放光利益神迹。另外，咸亨元年（670）崔善德造像碑阴上部地藏像、四川巴中南龛盛唐25号龛地藏像、敦煌藏经洞出土晚唐至北宋初地藏画像等，着意刻画菩萨头光、身光，引人注目。推测放光灵应故事与经典内容一起影响了相关图像造作。《放光记》图像灵应现象更为多样，有放光、免灾、助产神迹，甚至可以预言国家祸福，显示出后世信众的地藏信仰热情。

（三）余论

宣扬地藏信仰的失译者《大方广十轮经》见于隋代经录，并为隋代三阶教大力宣扬，可知汉地地藏信仰至晚应流行于隋代，而现存纪年最早的地藏像则已晚到唐高宗朝。为了解这之前地藏造像情况，下述文献受到学界重视。

初唐道宣撰《续高僧传》卷28《隋中天竺国沙门阇提斯那传》：

> 阇提斯那住中天竺摩竭提国，学兼群藏，艺术异能，通练于世。……以仁寿二年（602）至仁寿宫。……正逢天子感得舍利，诸州起塔，天祥下降，地瑞上腾，前后灵感将有数百，阖国称庆，佛法再隆。……上问，"今造灵塔遍于诸州，曹、陕二州特多祥瑞，

---

① 前引失译者《大方广十轮经》卷1《序品》，《大正藏》第13册，第681页；前引玄奘译：《大乘大集地藏十轮经》卷1《序品》，《大正藏》第13册，第721、722页。

谁所致耶?"答曰:"陕州现树,地藏菩萨,曹州光华,虚空藏也。"……见《感应传》。①

可知隋文帝仁寿二年(602)再分舍利于诸州起塔供养时,陕、曹二州频现祥瑞,阇提斯那认为祥瑞的制造者是地藏和虚空藏菩萨。然而,就"陕州现树,地藏菩萨"这句话,美国部分学者解读为隋文帝时陕州存在"树形的"地藏(像)②,中国学者普遍解读为隋文帝时陕州"树立"起了地藏像③,又考虑到此文引自隋代《感应传》,较为可信,据此称地藏像至晚出现于隋文帝朝陕州地区。陕州地处长安、洛阳之间。

前辈学者的上述认识恐怕并不妥当。若依前人将"树"字作形容词或动词理解,则无法释读其后对仗句"曹州光华,虚空藏也"。笔者以为,"树"字应作名词解读,"陕州现树"实际应指陕州舍利函四面各显现一双娑罗树形象,该祥瑞事件在隋代安德王杨雄撰《庆舍利感应表》中有明确记载,此文载录于初唐道宣辑撰《广弘明集》:

> 陕州舍利从[隋仁寿二年(602)]三月十五日申时至四月八日戌时,合一十一度见灵瑞,总有二十一事。……四月七日巳时,欲遣使人送放光等四种瑞表。未发之间,司马张备共崤县令郑乾意、阌乡县丞赵怀坦、大都督侯进、当作人民侯谦等,至舍利塔基内石函所检校,同见函外东面,石文乱起,其张备等怪异,更向北面,虔意以衫袖拂拭,随手向上,即见娑罗树一双,东西相对,枝叶宛具,作深青色。俄顷道俗奔集。复于西面外以水浇洗,即见两树叶有五色,次南面外复有两树,枝条稍直,其叶色黄白,

---

① 前引道宣:《续高僧传》,第1087页。
② 前引 Zhiru: *The Formation and Development of the Dizang Cult in Medieval China*, pp.84-87.
③ 陈佩姣:《唐宋时期地藏菩萨像研究》,四川大学硕士学位论文,2006年,第79页;姚崇新:《张总著〈地藏信仰研究〉》,《艺术史研究》2006年总第8辑,第507-513页;白文:《关中隋唐佛教艺术研究》,陕西师范大学出版社,2012年,第327页。

次东面外复有两树,色青叶长。其四面树下并有水文。①

陕州舍利函上的娑罗树瑞像还被摹写入长安供养,引发很大轰动②,势必引起阇提斯那等僧人注意。因此,当阇提斯那被隋文帝问及祥瑞来由时,以"陕州现树,地藏菩萨"作答,应当解读为"陕州舍利函上显现的娑罗树瑞像,是地藏菩萨所赐"。后一句"曹州光华,虚空藏也"则指曹州祥光事件出自虚空藏菩萨③。"虚空藏"与"地藏"在字义上对仗,虚空藏菩萨还是地藏相关经典的护持者④,二者关联密切。

需要思考的是,因供养舍利而发生的祥瑞事件,为何被归功于地藏和虚空藏菩萨?而且,这种认识出自中天竺高僧阇提斯那,也许代表当时佛教精英阶层的认知。将舍利瘗埋活动与释迦佛涅槃思想关联考虑,可能容易理解这个问题。信众通过瘗埋、供养舍利等行为,加深了对释迦佛涅槃的认识,故而在舍利函入塔时信众纷纷"悲号"⑤,如同感伤释迦佛逝世一般,而地藏带来的祥瑞图像恰恰是释迦佛涅槃的标志物娑罗树。信众声称地藏、虚空藏在时人供养舍利、感伤释迦佛涅槃时显灵降瑞,大概体现着人们渴望在释迦佛涅槃后的无佛时代得到地藏等菩萨救度的心情,这正是地藏相关典籍宣扬的重要思想。此则文献透露出隋及初唐地藏信仰的某些特征,但并非早期地藏像记载,初唐以前的地藏像仍难以寻觅。

---

① 《大正藏》第52册,第220页。

② 前引道宣《广弘明集》卷17《庆舍利感应表并答》:"京城内胜光寺模得陕州舍利石函变现瑞像娑罗双树等形相者,仁寿二年(602)五月二十三日已后在寺日日放光,连连相续,缘感即发,不止昼夜。城治道俗远来看人归依礼拜,阗门塞路,往还如市。……其城内诸寺、外县诸州以绢素模将去者,或上舆放光,或在道映照,或至前所开明现朗,光光色别,随见不同。"《大正藏》第52册,第220页。

③ 前引道世《法苑珠林校注》卷40《庆舍利感应表并答》:"曹州,光变最繁。"第1282页。

④ 前引玄奘译《大乘大集地藏十轮经》卷10《获益嘱累品》:"尔时世尊告虚空藏菩萨摩诃萨言,'善男子,吾今持此地藏十轮大记法门付嘱汝手,汝当受持,广令流布。'……时虚空藏菩萨摩诃萨白佛言,'唯然世尊,我当受持如是法门,广令流布。'"《大正藏》第13册,第776页。

⑤ 前引道宣《广弘明集》卷17《庆舍利感应表并答》:"四月八日午时欲下舍利,于时道俗悲号。"《大正藏》第52册,第220页。

三、小结

洛阳龙门石窟见有189龛地藏菩萨像，可分为主尊地藏，地藏、观世音组合，地藏（或地藏并观世音）、佛陀组合三种主要形式，并见有双地藏与七业道组合、地藏与十一面观世音组合等其他形式。本稿分别讨论了各种组合像的体量、时空分布等基本情况，以及造型特征、施主身份及其造像目的等具体内容。

具体来看，龙门地藏像体量普遍偏小，绝大多数龛高在40厘米以下。主尊地藏像基本分布在西山669号窟以北区域，流行于唐高宗朝后期，地藏、观世音组合像聚集在543号窟及其附近、712号窟及其附近，522号窟至712号窟为地藏（或地藏并观世音）、佛陀组合像的密集分布区，后两种组合像流行于高宗朝末至武周朝前后。在造型特征上，龙门地藏像存在注重肌体刻画和兼顾服饰表现两种造型倾向，持物与一般菩萨像无明显区别，足踏台有带茎莲蓬和无茎圆台两种样式。在施主身份和造像目的方面，造像施主以平民为主，主尊地藏像以及地藏、观世音组合像多为祈求菩萨救济所造，地藏（或地藏并观世音）、佛陀组合像造像目的则与净土信仰关联。

史载初唐地藏像主要为出自四川法聚寺、善寂寺的两种放光灵应图像。本稿进一步梳理、扩充、澄清了文献内容，认为图像原本作者并非张僧繇，图像摹本流传时间、路径，图像组合、造型、材质、体量等具体表现，以及图像灵应现象等方面情况与现存造像存在联系。此外，本论显示，"陕州现树，地藏菩萨"并非地藏图像史料。

附记：导师李静杰教授惠赐颇多资料，又耐心指教；加拿大英属哥伦比亚大学孙明利博士、北京服装学院齐庆媛副教授全力组织龙门石窟考察；龙门石窟研究院时任余江宁院长，以及张乃翥、焦建辉诸位师长，为笔者一行实地考察提供便利。笔者谨致谢忱！

附录：洛阳龙门石窟初盛唐地藏菩萨及其组合像一览表

注：窟龛编号采自前引刘景龙、杨超杰《龙门石窟总录》。窟龛编号前标注"★"，表示其为具题记造像；窟龛编号前标注"★★"，表示其为具地藏尊格题记造像。篇幅所限，题记内容敬请参见前引刘景龙、李玉坤《龙门石窟碑刻题记汇录》，刘景龙、杨超杰《龙门石窟总录》①。

---

① 笔者经现场考察、拓片校对，发现龙门二题记著录存在些许漏误，且多将蕴含时代信息的武周异体字"坔"简录为"地"，择要补校如下。362号窟后壁左侧龛："太子文学母虢为亡男温王造坔（旧录作'地'）藏菩萨一躯。"362号窟后壁右侧龛："兖州都督府户曹路敬潜妻范阳卢氏奉为亡妣造地藏菩萨一躯，愿以福因，一资冥（旧录作'真'）路，垂拱三年（687）三月五日造成记。"542号窟前庭右壁左侧龛："弟子柳四娘为亡父敬造坔（旧录作'地'）藏菩萨一区。"669号窟17号龛："杨婆为亡夫石义敬造坔（旧录作'地'）藏菩萨一□。"557号窟窟门右壁6号龛："普光师敬造坔（旧录作'地'）藏菩萨一区。"557号窟后壁11号龛："佛弟子普光为□造坔（旧录作'地'）藏菩萨一区。"404号窟前庭右壁右侧龛："李庆造地藏菩萨，冲逈造观世音菩萨。（旧录将其分裂为两龛题记）"543号窟前庭左壁12号龛："八师（旧录作'□□'）、九师敬造地藏、观音各一区。"557号窟右壁12号龛："弟子甘大娘奉为二亲及以自身敬造观世音菩萨、坔（旧录作'地'）藏菩萨二躯，此功德普及法界，众生俱登佛果。"565号窟主尊台座右壁龛："树提伽蓝合家平安，敬造坔（旧录作'地'）藏菩萨一区。"566号窟左壁下方龛："长寿三年（694）……（旧录失收）"732号窟后壁右侧龛："长寿二年（693）四月廿三日任智满为亡母敬造弥陁像、坔（旧录作'地'）藏菩萨、观音菩萨，愿亡母往生西方。"953号龛："……阿弥陁像一区、地藏菩萨一区、观世音菩萨一区，并□□□金永……往生净土，面奉真……三途永隔……乔……（旧录失收）"565号窟右壁中部龛："清信女贾为亡夫造七佛，又造坔（旧录作'地'）藏菩萨一区。"1453号窟右壁6号龛："汾州界休县弟子刘弘□□□为身患愿早差（旧录作'差'，不合文意。按西汉杨雄撰《方言》，'南楚病愈者谓之差'。唐代龙门题记多以'差'表病愈），敬造地藏菩萨一区，合家供养。"

	组合形式	窟龛编号
主尊地藏菩萨像	单身地藏菩萨像	**159号窟后壁2号龛、**159号窟左壁116号龛、**159号窟内小龛（李□静造像，龛号不明）、**304号窟左壁右上方龛、**362号窟后壁左侧龛、**362号窟后壁右侧龛、**522号窟前庭后壁28号龛、**542号窟前庭右壁左侧龛、**543号窟后壁左下方龛、*543号窟左壁1号龛、**543号窟左壁17号龛、**543号窟前庭左壁21号龛、**557号窟窟门右壁6号龛、**565号窟主尊台座右壁龛、**669号窟17号龛、**669号窟88号龛、**868号窟右上方龛、**1069号窟93号龛、**1192号窟后壁46号龛、**1387号窟前庭后壁10号龛、**1453号窟右壁6号龛、**2059号龛、45号塔龛、159号窟左壁108号龛、403号窟前壁右上方龛、542号窟窟门左壁上方龛、542号窟前庭左壁右上方龛、543号窟左壁8号龛、543号窟窟门左壁中部龛、543号窟左侧狮龛内左壁龛、543号窟前庭左壁27号下方龛（共4龛）、543号窟前庭左壁30号上方龛、543号窟前庭左壁31号龛、543号窟前庭左壁36号下方龛、543号窟前庭右壁17号右侧龛、555号窟前庭后壁9号左下方龛、555号窟前庭后壁10号龛、555号窟前庭后壁18号右上方龛、555号窟前庭后壁18号下方龛、557号窟前庭右壁6号龛、559号窟后壁右上方龛、565号窟右壁上方龛、566号窟左壁左侧龛、566号窟右壁右上方龛、566号窟右壁右下方龛、566号窟右壁左下方龛、568号窟前庭后壁上方龛、578号窟右壁左侧龛、613号龛、613号龛后壁右侧龛、669号窟83号龛、669号窟165号龛、712号窟右壁62号龛、853号右侧龛、969号龛、1069号窟116号龛、1069号窟前庭右壁下方龛、1070号窟窟门左壁左侧龛、1192号窟右壁4号龛、1422号窟后壁右侧龛、1496号窟右壁右上方龛、1496号窟右壁右下方龛、1496号窟左壁中上方龛、1496号窟左壁左上方龛、1504号窟前庭左壁下方龛、1703号窟前庭后壁左侧龛、1798号窟前庭后壁右侧龛、1850号窟窟门右侧龛、1896号窟前庭左壁上方龛、1896号窟前庭左壁5号下方龛、1912号窟门左壁龛、1912号窟前庭后壁右侧龛、1912号窟前庭右壁左侧龛、2214号窟前庭右壁右侧龛。
	复数身地藏菩萨像	**543号窟窟门右壁1号龛、**543号窟前庭后壁11号龛、**557号窟后壁11号龛、*644号窟、543号窟前庭后壁1号龛、543号窟前庭左壁27号右下方龛、557号窟右壁4号龛、1443号窟左壁206号龛。

地藏、观世音菩萨组合像		**404号窟前庭右壁右侧龛、**543号窟前壁13号龛、**543号窟窟门左壁8号龛、*543号窟前庭左壁11号龛、**543号窟前庭左壁12号龛、**555号窟窟门右壁龛、**555号窟前庭后壁18号右下方龛、**557号窟右壁12号龛、*566号窟左壁下方龛、**669号窟36号龛、*1086号龛、*1453号窟右壁3号龛、*1896号窟前庭左壁2号上方龛内右壁龛、543号窟左侧力士像左侧龛、543号窟前庭右壁19号下方龛、543号窟右侧狮龛内左壁龛、555号窟右壁右侧龛、555号窟窟门左壁龛、555号窟前庭右壁上方龛、566号窟左壁右侧龛、578号窟右壁右侧龛、669号窟237号龛、669号窟前庭后壁右上方龛、712号窟右壁46号上方龛、747号、748号下方龛、751号下方龛、755号龛、757号左侧龛、760号左侧龛、1024号龛、1041号上方龛、1045号窟右壁上方龛、1071号窟左壁下方龛、1312号窟前庭后壁左侧龛、1365号龛、1394号窟窟门右壁下方龛、1429号窟右壁上方龛、1896号窟前庭左壁3号下方龛、1896号窟前庭左壁5号左侧龛、1931号窟前庭左壁右侧龛、2062号窟6号龛、2094号窟窟门左壁龛。
地藏（或地藏并观世音）、佛陀组合像	主尊阿弥陀佛	**522号窟前庭右壁8号龛、**543号窟前壁8号龛、**543号窟前壁20号龛、*543号窟前庭左壁19号龛、**732号窟后壁右侧龛、**953号龛、**1034号窟前庭后壁4号龛、*1358号窟、**2092号龛、566号窟右壁左上方龛、578号窟右壁龛、669号窟267号龛、709号下方龛、1070号窟窟门左壁右侧龛、1193号窟左壁龛、1244号龛、1453号窟右壁2号上方龛、1593号龛。
	主尊药师佛	**543号窟前庭左壁29号龛、*557号窟右壁19号龛、543号窟左壁5号龛、563号窟、568号窟前庭后壁下方龛、665号窟左壁上方龛、825号龛、1311号龛、1504号窟前庭右侧龛。
	主尊弥勒佛	**543号窟左壁11号龛、**601号龛、*1445号下方龛、522号窟后壁右侧龛、1069号窟5号龛、1354号龛、1504号窟右壁左侧龛。
	主尊不明尊格佛	*543号窟前庭右壁23-25号龛、*712号窟左壁62号下方龛、330号龛、555号窟左壁8号龛、557号窟前庭后壁5号龛、559号窟后壁右侧龛、572号窟前壁右侧龛、596号窟窟门右壁龛、804号下方龛、831号窟、1047号窟右壁上方龛、1601号龛、1602号龛、1610号龛、2190号龛。
	主尊复数身佛	**565号窟右壁中部龛、1070号窟后壁右侧龛、1197号窟右壁右侧龛、1426号龛、1896号窟前庭左壁2号上方龛、1954号窟、2155号龛。
地藏菩萨其他组合像		**159号窟前壁5号龛、**883号窟19号龛、**1387号窟前壁5号龛、**1931号窟前庭后壁1号龛、1228号窟左壁右侧龛。

图1 洛阳龙门543号窟前庭左壁29号龛像

图2 洛阳龙门1443号窟左壁206号龛像

图3 洛阳龙门1192号窟后壁46号龛像

图4 洛阳龙门578号右侧龛像

图5 洛阳龙门1496号窟左壁右下方龛像

图6 洛阳龙门543号窟前庭右壁23号龛像

图7 洛阳龙门557号窟前庭右壁6号龛像

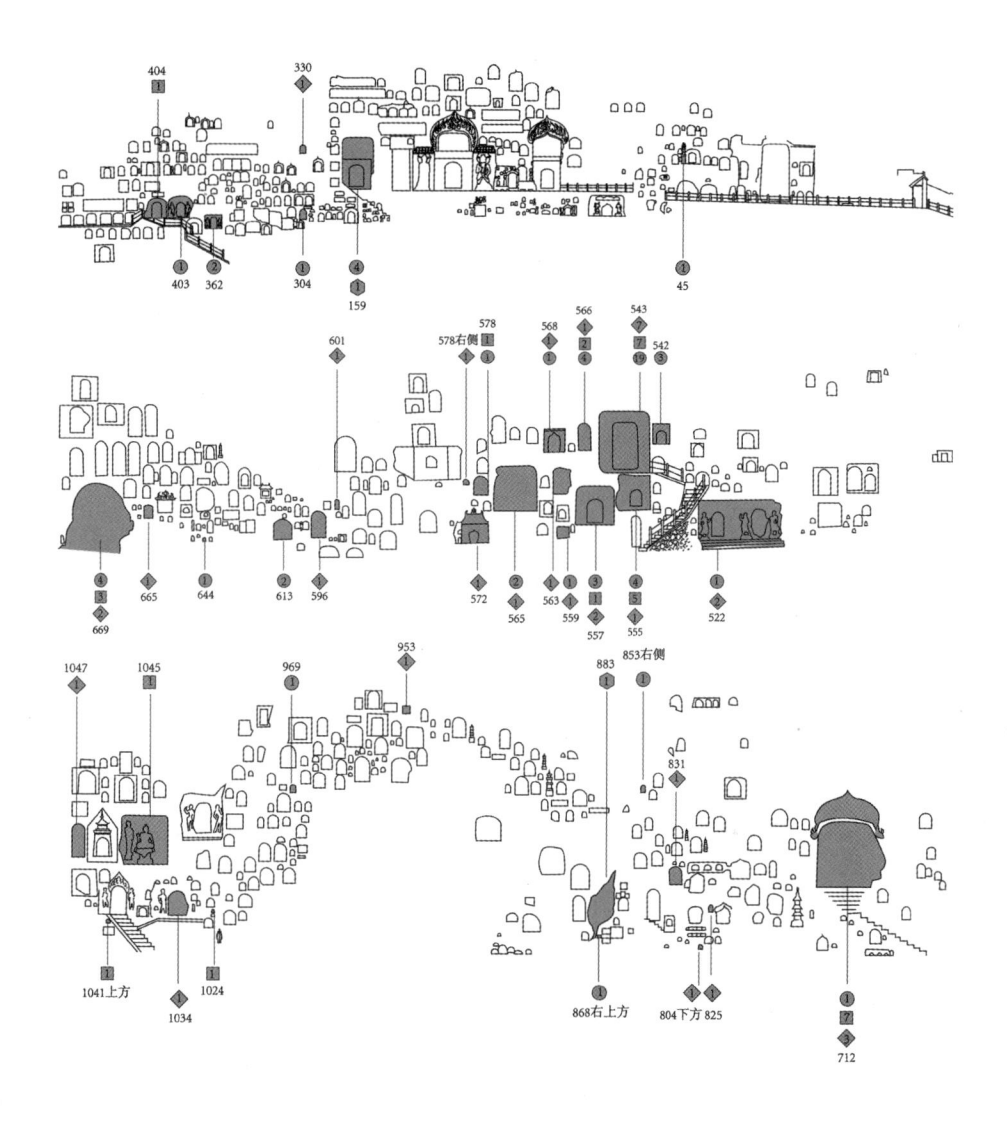

洛阳龙门石窟初盛唐地藏菩萨像及相关文献分析

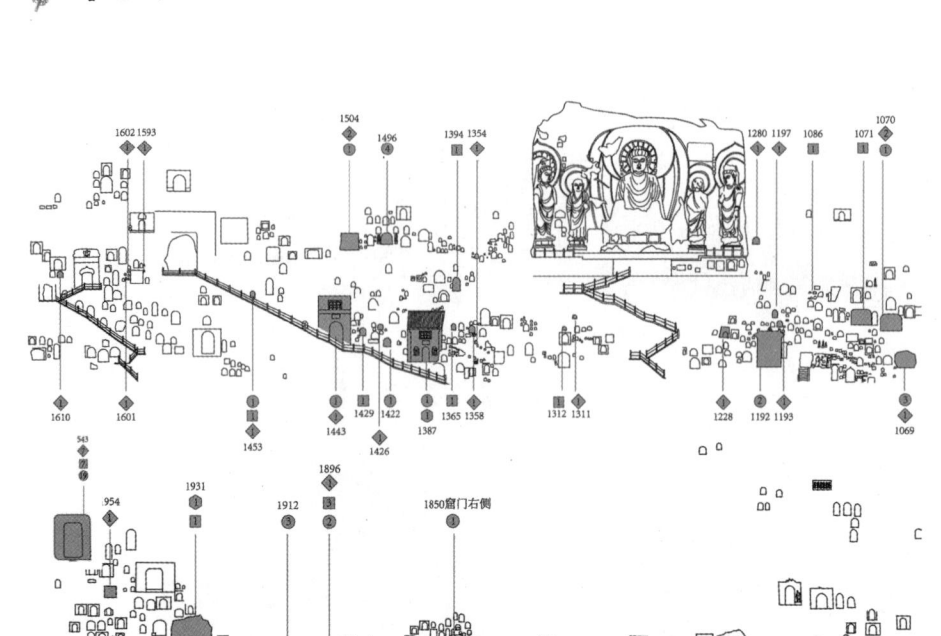

● 主尊地藏菩萨像　　■ 地藏、观世音菩萨组合像

◆ 地藏（或地藏并观世音）、佛陀组合像　　⬢ 地藏菩萨其他组合像

上述符号内部数字为其类造像数量，外部数字为造像所在窟龛编号。同一窟龛造像符号排成一列，并以引线与所在窟龛相连。所在窟龛整体以灰色标出。如下例：

左图表示543号窟内及其前庭壁面开凿有19龛主尊地藏菩萨像，7龛地藏、观世音菩萨组合像，7龛地藏（或地藏并观世音）、佛陀组合像。

图8 洛阳龙门西山初盛唐一般形式地藏菩萨及其组合像分布图

（据《龙门窟龛编号图册》绘制）

图 9 洛阳龙门 853 号瘗穴及其右侧龛像

图 10 洛阳龙门 1850 号瘗窟及其窟门右侧龛像

图 11 洛阳龙门 543 号窟窟门右壁 1 号龛像

图 12 洛阳龙门 1896 号窟前庭左壁 2 号上方龛内右壁龛像

图 13 洛阳龙门 543 号窟前庭左壁 12 号龛像

图 14 洛阳龙门 404 号窟前庭右壁右侧龛像

图 15 洛阳龙门 555 号窟前庭后壁 18 号右下方龛像

图 16 洛阳龙门 543 号窟窟门左壁 8 号龛像

图 17 洛阳龙门 543 号窟前庭右壁 23、24、25 号龛像

图 18 洛阳龙门 732 号窟后壁右侧龛像

洛阳龙门石窟初盛唐地藏菩萨像及相关文献分析

图 19 洛阳龙门 543 号窟左壁 5 号龛像

图 20 洛阳龙门 543 号窟左壁 11 号龛像

图 21 洛阳龙门 1070 号窟后壁右侧龛像

图 22 洛阳龙门 565 号窟右壁中部龛像

图 23 洛阳龙门 1034 号窟前庭后壁 4 号龛像

图 24 洛阳龙门 1931 号窟前庭后壁 1 号龛像

167

图 25 洛阳龙门 403 号窟窟门左壁龛像

图 26 洛阳龙门 522 号窟前庭后壁 14 号龛像

图 27 洛阳龙门 883 号窟 19 号龛像

图 28 洛阳龙门 159 号窟前壁 5 号龛像（采自《宾阳洞：龙门石窟第 104、140、159 窟》，图 134）

图 29 洛阳龙门 1045 号龛内左胁侍像　　图 30 洛阳龙门 1699 号龛像　　图 31 洛阳龙门 1280 号奉先寺摩崖像龛后壁 11 号龛像

图 32 洛阳龙门 166 号龛像（采自《龙门石窟造像全集》，卷 1 图 3）及其细部线图（笔者绘）

（注：本文所附图片未标明出处的，均为笔者摄）

晚唐以来佛教阴司祭祀信仰的中国化发展

张雪松 ①

内容提要：中国佛教信仰生活中，晚唐五代至宋元这一时期，最为值得关注的两大发展变化：其一，中国阴曹地府观念的发展演变，地府十王信仰的普遍流行，并从而带动了影响至今的"预修""寄库"法事活动，以及轮回转世需要缴纳"受生钱"的相关观念与仪式。这些都极大地影响了中国民众信仰心理，以及中国经忏佛教的发展走向。其二，随着死后阴间世界信仰的丰富和日趋鲜活，超度亡人和孤魂野鬼的大型佛教法事活动日趋完善，放焰口、水陆法会科仪普遍流行；正统佛教僧侣也力图通过"改祭修斋"，大量制作经忏仪轨来改造民间信仰，特别是反对血食祭祀，通过佛教咒术和观想，变人之食而为鬼之食，试图改变民间信仰杀生祭祀为佛教正统所能接受的斋供。

关键词：预修；受生；水陆法会；改祭修斋

一、预修与受生：晚唐五代以来中国佛教死后信仰的丰富发展

佛教传入中国后，"中阴"的观念也随之而来，认为人死之后，会有一个中阴的阶段，中阴的寿命是七日，如果七日后没有轮回转世，则会有

---

* 本文为2017年度国家社会科学基金重大项目"汉传佛教僧众社会生活史"（17ZDA233）阶段性成果。

① 张雪松，中国人民大学佛教与宗教学理论研究所副教授。

下一个中阴的阶段，直到七个中阴阶段后，才会投胎轮回转世。因此为亡者的中阴阶段举行修福斋供仪式，七天一次，四十九天共七次，即所谓"七七斋"，自魏晋以来一直是佛教为亡者举行的最为流行的超度仪式。七七斋有时会简化为"三七斋"，即主要举行第三、第五、第七个七日的法事活动。

宋代受到儒家观念影响，七七斋，再加上百日斋、小祥（周年）斋和大祥（三年）斋，构成十日斋。宋宗鉴《释门正统》卷四："如世七日斋福，乃是中有生死之际，以善追助，令中有种子不转生恶趣。故由是，此日之福不可缺怠也。若百日与夫大小祥之类，皆托儒礼，因修出世之法耳。"[①]志磐《佛祖统纪》卷三十四："孔子曰：子生三年然后免于父母之怀，故报以三年之丧。佛经云：人死七七，然后免于中阴之趣，故备乎斋七之法。至于今人百日、小祥、大祥，有举行佛事者，虽因儒家丧制之文，而能修释门奉严之福，可不信哉。"[②]

至迟自晚唐时，十日斋中除了做烧纸钱等功德外，常常也需抄写经典（当然这些经典很可能是预先抄好，到时拿来使用的），如敦煌文献中翟奉达从显德五年（958）三月一日夜开始依次为"家母阿婆马氏"做的十日斋，"每七至三周年，每斋写经一卷追福"：

序号	斋名	抄写经卷
1	一七斋	《无常经》一卷
2	二七斋	《水月观音经》一卷
3	三七斋	《咒魅经》一卷
4	四七斋	《天请问经》一卷
5	五七斋	《阎罗经》一卷
6	六七斋	《护诸童子经》一卷
7	七七斋	《多心经》一卷
8	百日斋	《盂兰盆经》一卷
9	一年斋	《佛母经》一卷
10	三年斋	《善恶因果经》一卷

[①] （宋）宗鉴集：《释门正统》卷四，《卍续藏》第75册，第307页上。
[②] （宋）志磐撰：《佛祖统纪》卷三十三，《大正藏》第49册，第320页下。

"预修"观念大约出现在晚唐。即原本"七七斋"要在人死后进行丧葬超度仪式时举行,而变为本人在生前预先举行。南宋志磐《佛祖统纪》卷33"预修斋"条载:

> 案《夷坚志》载:"鄂渚王媪,常买纸钱作寄库,令仆李大代书押。媪亡,李忽得疾仆地。三日苏,云为阴府逮捕,至库所令认押字。李曰:'此我代主母所书也。'引见金紫官,问答如初。官曰:'但追证此事,可令回。'将出,媪至大喜曰:'荷汝来,我寄库钱方有归也。'"今人好营预修寄库者,当以《往生经》为据,以《夷坚志》为验。①

引文中提到的《往生经》为东晋帛尸梨蜜多罗译《佛说灌顶随愿往生十方净土经》,又称《普广所问十方净土随愿往生经》,经文中实际上是"逆修三七",但被后世篡改为"逆修生七",故被宋人当作"预修"的经典依据。实际上最早提到"逆修生七"的是《阎罗王授记经》,又称《佛说阎罗王授记四众逆修七斋往生净土经》。《阎罗王授记经》属于《十王经》系统的疑伪经,《十王经》大约形成于晚唐五代。② 俄藏敦煌文献 Дx.143《阎罗王授记经》(见下图),逆修斋者:

> 在生之日,请佛延僧,设斋功德,无量无边。亦请十王,请僧七七四十九人,俱在佛会,饮食供养及施所爱财物者,命终之日,十方诸佛,四十九僧作何证明。□罪生福,善恶童子悉皆欢喜,□便得生三十三天。③

---

① (宋)志磐撰:《佛祖统纪》卷三十三,《大正藏》第49册,第320页下–321页上。
② 杜斗城:《敦煌本〈佛说十王经〉校录研究》,甘肃教育出版社,1989年,第146页。
③ 俄罗斯科学院东方研究所圣彼得堡分所、俄罗斯出版社东方文学部、上海古籍出版社编:《俄藏敦煌文献》第6册,上海古籍出版社,1996年,第96页。

晚唐以来佛教阴司祭祀信仰的中国化发展

者在生之日请佛道修设斋切磨
无量无边亦请十王请僧七七四
九人俱在佛会饮食供养及施
所爱即物者命终之日十方诸佛
四十九僧为作追福生福善恶
童子悲□□□□便得生三十

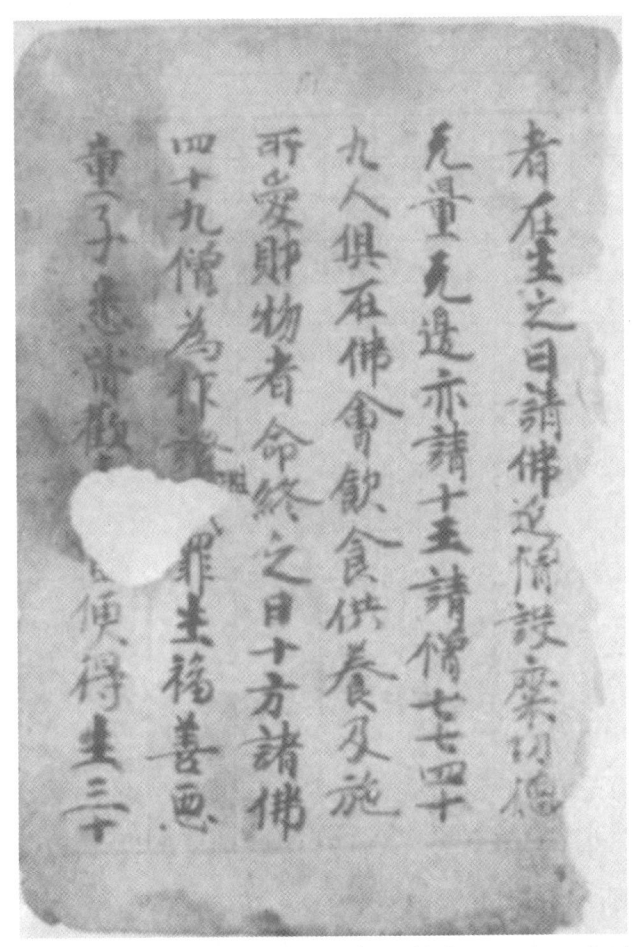

预修生斋的信徒，在活着的时候，每月的十五日和三十日，两次举行法会，斋僧供佛，向地府十王祈福、表奏，阴曹地府的冥界官员将此记录在案，依次完成十斋，即历时 5 个月的时间。那么死后，命终之时就不用他人举行十斋法会，也不会住四十九天的中阴，而是直接往生天上。十斋对应地府十王，若缺一斋，则地府一王不予通过，即不能升天。

预修生斋中每次法会对应的地府十王名号：

序号	斋名	地府十王名号
1	一七斋	秦广王
2	二七斋	宋帝王

173

3	三七斋	初江王
4	四七斋	五官王
5	五七斋	阎罗王
6	六七斋	变成王
7	七七斋	太山王
8	百日斋	平正王
9	一年斋	都市王
10	三年斋	五道轮回王

地府十王信仰是中印文化混合的结果，如第七王太山王，显然是中国本土自古以来，人死后魂归泰山的观念反映；而第五王阎罗王，则是由佛教入华带来的印度宗教信仰的产物。十王与十斋、三魂七魄，形成了一个对应体系。十王信仰的定型，大约是在晚唐，除了《十王经》外，还有许多壁画等艺术品或其记录可以佐证。美国学者太史文根据天祐四年（907）四月十五日王居仁《神福山寺灵迹记》的石刻记载，认为该寺包括地府十王和地藏菩萨的壁画，应该是作于会昌灭佛之后，即846年至907年之间。[①]敦煌莫高窟中也有一些十王画，绘制于10至12世纪之间，有些是单独的地府十王，有些是十王与地藏菩萨或六道轮回图在一起。

"预修"也叫"寄库"。"寄库"也出现在晚唐五代时期，原本并非宗教用语，而是指政府在财政短缺时，预先向民户预先征收尚未到来之年的税赋，从民户的角度来讲，是民户预存田赋，官府美其名曰"寄库"即借收寄存在官府库中。等到该年真正到来之时，民户可用之前寄库时的凭证来抵税。后来这种观念被运用到宗教法事活动中，原本死后才作用的超度法事"十日斋"也可以在生前预先做好，即在地府"寄库"。

这种生前向阴曹地府缴纳寄库钱的做法，遭到当时净土信仰者的批判。北宋王日休《龙舒增广净土文》卷四：

---

① ［美］太史文著，张煜译，张总校：《〈十王经〉与中国中世纪佛教冥界的形成》，上海古籍出版社，2016年，第43页。

> 予遍览藏经，即无阴府寄库之说。奉劝世人，以寄库所费请僧，为西方之供，一心西方，则必得往生。若不为此而为阴府寄库，则是志在阴府，死必入阴府矣。譬如有人，不为君子之行以交结贤人君子，乃寄钱于司理院狱子处，待其下狱，则用钱免罪，岂不谬哉？①

虽然寄库钱遭到正统佛教的批判，但从宋代至今，仍然长盛不衰。与寄库钱十分相似的还有宋代开始广泛流行的受生钱。前者是向阴曹地府预存钱财，以备死后使用；而后者则是填还本人在上一次轮回受生时欠下阴曹地府的阴债。

明道三年（1034）《大宋国江南（福建路）建宁军（建）州建阳县崇政乡北乐里普光院众结寿生第三会烧赛冥司寿生钱会斋牒》是现存最早的佛教受生斋牒：

> 据入会劝首弟子施仁永，舍料钱二百二十文足，回饭供僧一人。以仁永是上元甲午生，现今行年四十岁。案经云：前世必欠冥司寿生钱十六万贯。今遇众结寿生第三会，请僧转《寿生经》十卷。

《寿生经》即《受生经》又名《佛说受生尊经》《佛说填还受生经》，主要由序文、经文、十二相属、疏文四部分组成。现存金元本和明清本两个版本系统，金本是黑水城文献中的金代写本，即俄藏黑水城文献编号A32；元本是云南大理州凤仪北汤天董氏宗祠藏本，2017年2月在云南省唐宋管藏凤仪北汤天经卷中发现。②

与预修寄库钱主要烧纸不同，受生钱除了烧纸钱，还特别强调转读《金刚经》。《佛说受生经》：

---

① （宋）王日休撰：《龙舒增广净土文》卷四，《大正藏》第47册，第265页中。
② 侯冲：《中国佛教仪式研究：以斋供仪式为中心》，上海古籍出版社，2018年，第396-398页。

佛言："吾有妙法，贫穷之人，无钱还纳，已转《金刚经》，亦令折还钱数。若善男子、善女人生实善心，看转经文，两得利益。"①

同经又云：

依准圣教，《金刚经》一卷折钱三千贯，谨舍血汗之财，专诣为自请看《金刚经》数。焚香并启转诵金文，准折冥债，并列品目如后。相人元欠注生钱贯文折纳《金刚般若波罗蜜》经卷，并已数足。②

此外，因为寄库钱是阴曹地府预存钱财，虽是多多益善，但实际上烧多少纸钱并没有明文规定。而受生钱为填还冥司本命受生阴债，若生前烧，一般分三次完成；若死后烧，则一次完成，而且欠阴曹地府的受生钱、转读《金刚经》数量，都是根据本人的十二相属出生干支确定的。以金元本《佛说受生经》为例

相鼠之人所需填还的受生钱：

干支	所欠纸钱数量	需看经数量	缴纳到第几库	经办曹官
甲子	五万三千贯	十七卷	第三库	曹官姓□（元）
丙子	七万三千贯	二十卷	第九库	曹官姓王
戊子	六万三千贯	二十一卷	第六库	曹官姓尹
庚子	十一万贯	三十五卷	第九库	曹官姓李
壬子	七万贯	二十二卷	第三库	曹官姓孟

---

① 俄罗斯圣彼得堡东方所、中国社科院民族所、上海古籍出版社编：《俄藏黑水城文献》第5册，上海古籍出版社，1998年，第328页。

② 《俄藏黑水城文献》第5册，第337页。

相牛之人所需填还的受生钱：

干支	所欠纸钱数量	需看经数量	缴纳到第几库	经办曹官
乙丑	二十八万贯	九十四卷	第十三库	曹官姓田
己丑	七万三千贯	二十卷	第九库	曹官姓周
丁丑	六万三千贯	二十一卷	第六库	曹官姓崔
辛丑	十一万贯	三十五卷	第九库	曹官姓吉
癸丑	七万贯	二十二卷	第三库	曹官姓□（唐）

相虎之人所需填还的受生钱：

干支	所欠纸钱数量	需看经数量	缴纳到第几库	经办曹官
丙寅	八万贯	二十六卷	第十库	曹官姓马
戊寅	六万贯	二十卷	第十一库	曹官姓郭
庚寅	五万一千贯	十八卷	第十五库	曹官姓毛
甲寅	三万三千贯	十一卷	第三库	曹官姓杜
壬寅	九万六千贯	三十一卷	第十三库	曹官姓崔

相兔之人所需填还的受生钱：

干支	所欠纸钱数量	需看经数量	缴纳到第几库	经办曹官
乙卯	八万贯	二十六卷	第十八库	曹官姓柳
丁卯	二万三千贯	九卷	第十一库	曹官姓许
己卯	八万贯	二十五卷	第二十六库	曹官姓朱
辛卯	八万贯	二十六卷	第四库	曹官姓张
癸卯	二万二千贯	八卷	第二十库	曹官姓王

相龙之人所需填还的受生钱：

干支	所欠纸钱数量	需看经数量	缴纳到第几库	经办曹官
甲辰	二万九千贯	一十卷	第九库	曹官姓董
丙辰	三万二千贯	一十一卷	第三十五库	曹官姓贾
戊辰	五万贰仟贯	十八卷	第四库	曹官姓冯
庚辰	五万七千贯	十九卷	第二十四库	曹官姓刘
壬辰	五万五千贯	十五卷	第一库	曹官姓程

相蛇之人所需填还的受生钱：

干支	所欠纸钱数量	需看经数量	缴纳到第几库	经办曹官
乙巳	九万贯	三十卷	第十一库	曹官姓杨
丁巳	七万贯	二十三卷	第十六库	曹官姓程
己巳	七万二千贯	二十四卷	第三十一库	曹官姓曹
辛巳	五万七千贯	十九卷	第二十七库	曹官姓高
癸巳	三万七千贯	十三卷	第十五库	曹官姓卜

相马之人所需填还的受生钱：

干支	所欠纸钱数量	需看经数量	缴纳到第几库	经办曹官
甲午	四万贯	十三卷	第二十一库	曹官姓牛
丙午	三万三千贯	十二卷	第六库	曹官姓萧
戊午	九万贯	三十卷	第三十九库	曹官姓史
庚午	六万二千贯	二十一卷	第四十三库	曹官姓陈
壬午	七万贯	二十三卷	第三十九库	曹官姓孔

相羊之人所需填还的受生钱：

干支	所欠纸钱数量	需看经数量	缴纳到第几库	经办曹官
己未	四万三千贯	十五卷	第五库	曹官姓卜
丁未	九万一千贯	二十九卷	第五十二库	曹官姓宋
辛未	十万二千贯	三十三卷	第五十九库	曹官姓常
乙未	四万贯	十三卷	第五十一库	曹官姓□（皇）
癸未	五万二千贯	十七卷	第四十九库	曹官姓朱

相猴之人所需填还的受生钱：

干支	所欠纸钱数量	需看经数量	缴纳到第几库	经办曹官
甲申	七万贯	十七卷	第十六库	曹官姓吕
丙申	三万三千贯	十一卷	第二十七库	曹官姓何
庚申	六万一千贯	二十一卷	第四十二库	曹官姓胡
戊申	八万贯	二十六卷	第五十八库	曹官姓柴
壬申	四万二千贯	十四卷	第十九库	曹官姓苗

相鸡之人所需填还的受生钱：

干支	所欠纸钱数量	需看经数量	缴纳到第几库	经办曹官
乙酉	四万贯	一十四卷	第二库	曹官姓安
丁酉	十七万贯	四十八卷	第二十九库	曹官姓无姓
己酉	九万	二十九卷	第二十二库	曹官姓孙
辛酉	三万七千贯	十三卷	第十五库	曹官姓丁
癸酉	五万贯	一十六卷	第十二库	曹官姓申

相狗之人所需填还的受生钱：

干支	所欠纸钱数量	需看经数量	缴纳到第几库	经办曹官
甲戌	二万五千贯	九卷	第二十七库	曹官姓井
戊戌	四万二千贯	十四卷	第三十六库	曹官姓晋
丙戌	八万贯	二十五卷	第三库	曹官姓左
庚戌	十一万贯	三十五卷	第二库	曹官姓辛
壬戌	七万二千贯	二十五卷	第四十库	曹官姓彭

相猪之人所需填还的受生钱：

干支	所欠纸钱数量	需看经数量	缴纳到第几库	经办曹官
乙亥	四万八千贯	一十六卷	第四十二库	曹官姓成
己亥	七万二千贯	□□□（二十四）卷	第五十库	曹官姓卜
辛亥	十万一千贯	三十三卷	第四十库	曹官姓石
丁亥	三万九千贯	十三卷	第四十库	曹官姓吉
癸亥	七万五千贯	二十四卷	第四十三库	曹官姓肍（仇）

除了填还本人受生欠钱，转读《金刚经》外，还要给经办受生钱的曹官烧一定数量的纸钱。由于预修寄库和填还受生，主要内容都是烧纸钱，因此两者常常并举，并不详细区分，两者趋同的现象也越来越多。预修寄库也逐渐开始与看经、抄经联系起来，但涉及的经典不限于《金刚经》。在敦煌文献中，一位八十多岁的老人在908至909年间，定期抄写了多部《金刚经》和《十王经》（见敦煌秘笈408）。[①] 甚至为超度耕牛而抄写《金刚经》和《阎罗王受记敬》"奉为老耕牛一头，敬写《金刚》一卷、《受记》一卷。

---

① 见杏雨书屋编：《敦煌秘笈》第5册，杏雨书屋，2009年。

领受功德，往生净土，再莫受畜生身。天曹、地府分明分付，莫令更有仇讼。辛未年正月。"此卷可能抄自911年。①

晚唐五代至北宋，中国人开始量化个人的善恶业报，12世纪出现了功过格，并开始用金钱（冥币）来衡量善恶业的价值，通过烧纸钱（祭品的一般等价物）来偿还罪孽，从而实现死后善恶业的收支平衡，乃至功德的盈余，这是本阶段非常值得注意的信仰生活变化。

二、晚唐五代以来佛教仪轨中国化、民间化的转换与创新

（一）水陆法会等大型超度仪式的勃兴

杨锷《水陆大斋灵迹记》记载，大唐咸亨中，秦庄襄王的鬼魂（"异人"）来找道英禅师，告诉他"世有水陆大斋，可以利沾幽品，若非吾师，无能兴设"，并说："其法式斋文，是梁武帝所集，今大觉寺有吴僧义济得之，久寘巾箱，殆欲隳蠹，愿师往取为作津梁。苟释狴牢，敢不知报。""英公许之，寻诣大觉寺，访其义济，果得其文"，道英依照诺言办水陆法会，之后秦庄襄王、范雎、白起、王翦、张仪、陈轸等人的鬼魂都来感谢。秦庄襄王因此次水陆法会得到超度，"将生人间"，并感谢道英，"今有少物在弟子墓下，愿以为赠"，"英公既因其事，弥加精固，遂与吴僧，常设此斋，其灵感异，应殆不可胜纪。自尔流传于天下，凡植福种德之徒，莫不遵行之。时皇宋熙宁四年二月一日，东川杨锷字正臣谨记"。②

牧田谛亮综合《宋高僧传·道英传》分析甚详，"在《宋高僧传》本文中，只是看到普济的形态，丝毫没有涉及水陆法会本身。"③但仅就杨

---

① 参见[法]艾莉白：《上古和中古时代中国的动物丧葬活动》，《法国汉学》第5辑，中华书局，2000年。

② 杨锷：《水陆大斋灵迹记》，（宋）宗晓编：《施食通览》第一，《卍续藏》第57册，第114页上－中。宗赜《水陆缘起》所记内容大体与此相同。

③ 杨曾文、方广锠编：《佛教与历史文化》，宗教文化出版社，2001年，第350页。

锷所记道英传说来看，似乎"普济的形态"也不明显，道英是受人之请，受惠之人甚至还要酬谢道英，而且"水陆大斋"，"若非吾师，无能兴设"。在这个传说中，与水陆法会起源稍微有些关系的，就在于梁武帝之后水陆法会仪文不传，道英是通过"吴僧义济"得到它的。"义济"恐无其人，其名或许有些普度之义，关键在于其"吴僧"身份，好与南朝梁武帝挂上钩，吴地僧人才有保存佚文的可能。甚至在故事结尾，连"义济"这个名字都懒得再提，只说："遂与吴僧，常设此斋。"①

道英传说，通过"吴僧"与广义的水陆挂上了些关系，但实与严格意义上的水陆无涉。正如周叔迦先生指出的："水陆仪轨中的文辞完全是依据天台的理论撰述的。其中所有密咒出于神龙三年菩提流志译《不空羂索神变真言经》，这不仅是梁武帝所不能见，也是咸亨中神英所不能知的。现在通行的水陆法会分内坛、外坛。内坛依照仪文行事，外坛修《梁皇忏》及诵诸经。所谓梁皇亲撰仪文及神英常设此斋，可能只是就《慈悲道场忏法》而言，至于水陆仪文则是后人所增附的。"②但这里还有一处疑问，既然现在我们所能见到的水陆仪文是明清人增附过的，那么水陆法会出现之初是否就是用的密教咒语呢？

宗赜《水陆缘起》一处注文十分重要，提供了有益的线索。"杨锷云：梁武斋仪相应者，则有《华严经》《宝积经》《涅槃经》《大明神咒经》《大圆觉经》《十轮经》《佛顶经》《面然经》《施甘露水经》《苏悉地经》。"③这段注文，当是杨锷《水陆仪》的佚文。宋蜀人杨锷《水陆仪》是现在所知，确实存在过的、最早的水陆仪文。《宋史》艺文四，录"杨锷《水陆仪》二卷"，

---

① 南宋志磐《佛祖统纪》卷三十三也记录此事，结尾说"自是英公常设此斋，流行天下"，李小荣将该句中的"英公"（道英禅师）理解为在永徽年间（650–655年）助成阿地瞿多之陀罗尼坛会的那个英公李（唐代开过元勋李世勣），应是误解。见李小荣：《敦煌密教文献论稿》，人民文学出版社，2003年，第270–271页。
② 周叔迦：《周叔迦佛学论著集》下集，中华书局，1991年，第638页。
③ （宋）宗晓编：《施食通览》第一，《卍续藏》第57册，第114页下。

宋代教内文献，如《施食统纪》《佛祖统纪》都作杨锷《水陆仪》三卷。《宋史》仓促成书于元末，故当以宋代教内文献为准，但《宋史》的记录，更能让我们确信杨锷《水陆仪》确实存在过，而且该书元末尚存。

杨锷提到的，制定水陆仪文所依据的经典，除《涅槃经》外，大都译自唐代。日本传唐跋驮木阿译《施饿鬼甘露味大陀罗尼经》，或为《施甘露水经》。菩提流志译《大宝积经》。唐佛陀多罗译《大圆觉经》。唐实叉难陀（652-710）译《佛说救面然饿鬼陀罗尼神咒经》，重译《华严经》。唐善无畏译《苏悉地经》。《佛说大方广十轮经》（八卷），出《北凉录》失译，《大乘大集地藏十轮经》（十卷），唐玄奘译。唐不空译《佛说救拔焰口饿鬼陀罗尼经》《一字奇特佛顶经》。唯《大明神咒经》一卷，武则天时《大周刊定众经目录》卷12列为大乘阙本，但唐人已知此经无疑，且与之名称类似的经卷很多，难详确指。

上述经典，最晚译出译者是不空。汤用彤云："释不空本名不空金刚，幼随叔至中国，年十五事金刚智。师死后，奉遗命返印度，求得密藏经论五百余部，于天宝五年赍归。玄宗、肃宗深事优礼，至代宗朝而尤厚。所译密典凡七十七部，一百二十余卷，并敕收入大藏经，于是密典充斥天下矣。"[1] 严格意义上的水陆出现，其理论上的准备必然是在"密典充斥天下"之后。不空生平已跨安史之乱，从"安史之乱""会昌法难"到五代十国，社会动荡，战乱频繁，对普度法会也有社会需要。故此言之，狭义的水陆法会出现的上限，必在"安史之乱"以后，理论和社会需要两方面的条件充足。

一般认为，唐代以后，密教在中土即失传，但实际上密宗在宋代颇为盛行。特别是至今四川地区还保存有大量的石刻等宋代密教遗迹[2]，陈明光先生在《世界宗教研究》1985年第2期发表《宋刻〈唐柳本尊传碑〉校补》，

---

[1] 汤用彤：《隋唐佛教史稿》，中华书局，1982年，第69页。
[2] 丁明夷：《公元七至十二世纪的四川密教遗迹》，见《佛教物质文化：寺院财富与世俗供养国际学术研讨会论文集》，上海书画出版社，2001年，第402-425页。

在国内密教研究中引起很大反响，也推动了国际学术界对民间宗教的研究，如太史文（Stephen Teiser）的《地方式和经典式》①。虽然学术界对柳本尊的问题还存在一些争论，但根据《唐柳本尊传碑》大体上我们可以确定，柳本尊是晚唐五代时人，以极端的苦修（如剜眼割肉等等）闻名，得到了五代以来皇帝的推崇。柳本尊被后人尊为密教瑜伽宗的六祖（"龙智传金刚智，智传不空，不空传嵩岳一行禅师，称瑜伽宗"）。柳本尊这个教派在南宋时还很盛行。②

宋刻《唐柳本尊传碑》的作者是著有《僧史》的释祖觉禅师，碑文虽难免有后人附会成分，但许多内容还是相对可信的。特别是碑文中大量描写柳本尊极端自残的行为，应是唐代密教的遗风（唐代迎佛骨时大量自残行为的出现，是我们已经熟知的），此后政府已经禁绝，柳本尊的这些事迹应不是宋人的编造。

由此可见，唐末五代至北宋，四川地区流行着一个密教派别，尽管混同了许多中国宗教因素。尤其值得注意的是，现存重庆大足北山石窟、石篆山、妙高山石窟都有水陆法会石刻遗迹。水陆流行地区与柳本尊教派流行地区地域上的重叠，也暗示了水陆法会的起源与密教的密切关系。

另外，四川现存许多水陆石刻的年代，要比牧田氏所认为的中国水陆大斋的最早可考据的文本记录"宋熙宁四年"（1071）要早得多，如大足北山253窟"咸平四年（1001）二月八日水陆斋表庆赞讫"。水陆在四川流行应该比水陆见诸石刻更早一些，苏轼所言"唯我蜀人，颇存古法"（《水陆法像赞（并序）》）应非虚言。

尤其值得注意的是北宋中叶郭若虚的《图画见闻志》，卷二"纪艺上（唐会昌元年后晋五代，凡一百一十六人）唐末二十七人"中记有"张南本，不知何许人，工画佛道鬼神，兼精画火。尝于成都金华寺大殿画八明

---

① 见《佛教物质文化》，特别是229页以后的论述。
② 可参考王家祐《柳本尊与密教》，《宗教学研究》，2001年第2期；陈明光《宋刻〈唐柳本尊传碑校补〉文中"天福"纪年的考察与辨正》，《世界宗教研究》，2004年第4期。

王。时有一僧,游礼至寺,整衣升殿,骤睹炎炎之势,惊悒几仆。……又尝画宝历寺水陆功德,曲尽其妙。后来为人模写,窃换真迹,鬻与荆湖商贾。今所存者多是伪本。"又"五代九十一人"中有"杜弘义,蜀郡晋平人,工画佛道(校汲本作'像')高僧。成都宝历寺有《文殊》《普贤》并《水陆功德》。"

张南本"不知何许人",但曾在"成都金华寺"作画,宝历寺也在成都。《图画见闻志》卷二还提到张南本的两个徒弟也都是四川人。"麻居礼,蜀人,师张南本。光化、天复间,声迹甚高。资、简、邛、蜀,甚有其笔。""石恪,蜀人……始师张南本,后笔墨纵逸,不专规矩。蜀平,至阙下,尝被旨画相国寺壁。"故此可以确定张南本主要活动地区在四川。麻居礼在光化(898-901)、天复(901-904)年间已经成名,其老师张南本生活年代应该在9世纪后半叶;石恪早年"始师张南本",后唐平蜀在同光(923-926)末年,石恪能遇此事,在年代上也相合。也就是说,根据《图画见闻志》的记载,生活在9世纪下半叶的蜀地著名画家张南本,已经在成都宝历寺亲见"水陆功德",并把它以绘画的形式记录下来。

现在一般认为最早提到"水陆"之名是北宋慈云遵式,"今吴越诸寺,多置别院,有题榜水陆者,所以取诸仙致食于流水,鬼致食于净地之谓也(世言施水陆无主孤魂者,理出诱俗,言不涉教)"(《施食正名》)。但根据《图画见闻志》的记录四川地区流行水陆的时间比遵式所说的"今吴越诸寺"早得多。另外值得注意的是,张南本"尝于成都金华寺大殿画八明王",明王是密教中的重要信仰对象,我们前述杨锷所提及的诸经,直接论述明王的就有《佛顶经》和《苏悉地经》。

综上所述,严格意义上的水陆法会,应该是在密教流行之后,至迟在9世纪下半叶已经在四川地区开始流行。

（二）佛教法师与民间信仰的互动：咒术的流行与佛教对民间信仰的改造

南宋洪迈《夷坚志》虽然有所散佚，但大部分得以保存，是现存了解宋代民众信仰最为丰富的材料。中国台湾学者柳立言先生在日本学者泽田瑞穗《宋代の神咒信仰》研究基础上，对《夷坚志》中共提到各种咒术 32 种进行过统计，其中明确来自佛教的咒语为 22 种；使用咒术的共计 77 人，其中僧人为 24 人。①

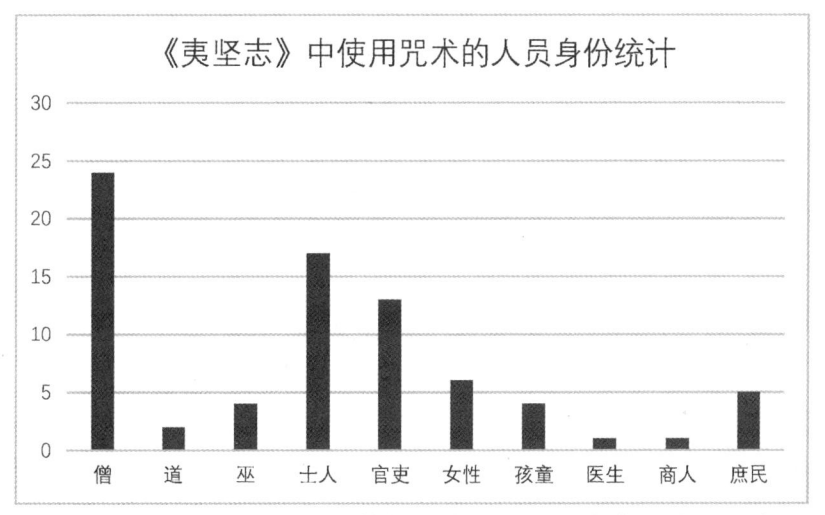

《夷坚志》中使用咒术的人员身份统计

僧	24
道	2
巫	4
士人	17
官吏	13
女性	6
孩童	4
医生	1
商人	1
庶民	5

从上表中可以看出佛教法术信仰对当时中国民众中具有很强大的吸引力，使用频率很高，佛教僧人是使用咒术的一个非常重要的人群。而在宋代，佛教中使用频率最高的咒语是《大悲咒》《秽迹金刚咒》和《楞严咒》。

---

① 柳立言：《人鬼之间：宋代的巫术审判》，中西书局，2020 年，第 6—11 页。

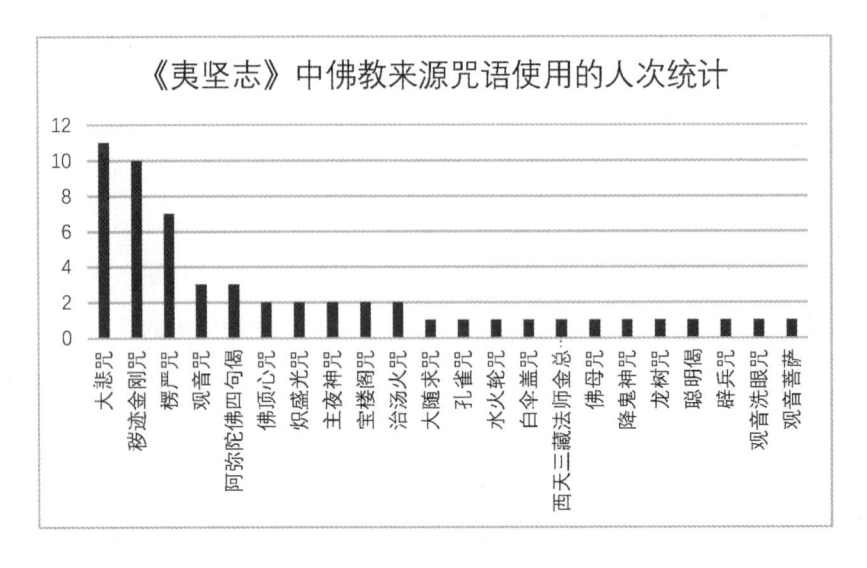

《夷坚志》中佛教来源咒语使用的人次统计

咒语	人次
大悲咒	11
秽迹金刚咒	10
楞严咒	7
观音咒	3
阿弥陀佛四句偈	3
佛顶心咒	2
炽盛光神咒	2
主夜神咒	2
宝楼阁咒	2
治汤火咒	2
大随求咒	1
孔雀咒	1
水火轮咒	1
白伞盖咒	1
西天三藏法师金总	1
佛母咒	1
降鬼神咒	1
龙树偈	1
聪明咒	1
辟兵咒	1
观音洗眼咒	1
观音菩萨	1

除了在驱邪祈福中直接使用咒术之外，在佛教的诸多仪轨中，咒术也发挥了重要的仪式性功能。被誉为"百部忏主"的宋代天台宗祖师慈云遵式提倡并加以实践的"改祭修斋"，即将中国民间信仰祠庙中的血食祭祀改为素食斋供，是佛教对民间信仰的一种重要的尝试性改造，为中国宗教祭祀提供了一种新的重要的思维逻辑。慈云遵式主张必须通过咒术和观想才能"变人之食为鬼之食"，这种变食理论对传统祭祀方式提出了重要的挑战。即传统的祭祀方式并不能让鬼神和祖先得食，是无效的；而且由于杀生，传统的祭祀还是有害的。必须易祭为斋，才能忏悔以往的罪业，达到祈福的效果。

佛教反对杀生，在世俗性领域内烹饪制作祭品方面有诸多限制，但却在宗教领域中通过变人之食为鬼之食，另辟蹊径地开启了自身独特的一种烹饪和羹形态。慈云遵式在《改祭修斋决疑颂（并序）》[1]第十问答中，

---

[1] 慈云遵式《改祭修斋决疑颂（并序）》中的十个问答，以往学者曾经进行过简单的分析讨论，可以参见潘桂明、吴忠伟：《中国天台宗通史》，江苏古籍出版社，2001年，第570-572页；或吴忠伟：《宋代天台佛教思想研究》，宗教文化出版社，2017年，第288-290页。

讲到了具体的"变食"方法，即如何向已经堕入饿鬼道的众生施食祭祀。①慈云遵式强调的是简便易行，尤重咒语的功效。真正变人之食为鬼之食，起到"变"食作用的，在慈云遵式看来即是持咒，而对于祭祀者来说，同时也是一个观想的过程。

具体的说法是，诵咒七遍，诵咒时还要以手按住盛放祭品食物的器皿；七遍咒语诵毕，弹指七下。整个过程中，还要加以观想，弥益其功。慈云遵式在《施食观想答崔（育材）职方所问》说：

> 问：作此露布次第观想，准何处作？
>
> 答：准天台三种观中历事观作。既云历事，随彼事相，而设观想，故无常科。今准天台供养三宝运香华观想，大旨一同也。又南岳禅师《食观偈》云：此食色香如栴檀，风一时普熏十方世界，凡圣有感，各得上味。六道闻香，发菩提心，于食能生六波罗蜜，及以三行，请详此观，何俟致疑。②

在天台止观修行体系中，主要有四种三昧，即常坐三昧、常行三昧（般舟三昧）、半行半坐三昧、非行非坐三昧。常坐三昧、常行三昧（般舟三昧）是以坐禅、念佛为主要内容的三昧；而半行半坐三昧则重持咒忏悔。半行半坐三昧又分方等三昧和法华三昧，方等三昧是依据《大方等陀罗尼经》所立的密教持咒之法，持咒思维，行座交替。方等三昧又分实相观法和历事观法。实相观法是观想实相中道的正空，所求与求者，一空一切空，以寂灭相为旨趣；历事观法是依托修持中所经历的诸事情成就观法，注重礼拜忏悔，时时思维陀罗尼咒术，消灭魔障，去恶持善。慈云遵式认为持施食咒时的观想属于历事观。"咒是他力，观是自力"，两者相辅相成，

---

① 慈云遵式：《改祭修斋决疑颂（并序）》，遵式述，慧观重编：《金园集》卷三，见《卍续藏》第57册，第18页下–19页上。

② 慈云遵式：《施食观想答崔（育材）职方所问》，遵式述，慧观重编：《金园集》第二，见《卍续藏》第57册，第12页下。

便可变人之食为鬼之食。①

中国传统上烹饪强调调和各种"味","味"来源于"气",由气则进一步引申到人的性情;而佛教的烹饪,将调和的范围扩大,不仅限于"味",而是扩大到眼、耳、鼻、舌、意"六处"对应的色、声、香、味、触、法"六尘"中去掉"声"的五尘。当然这五尘中,仍然以"味"为主,但"味"依托的不再是中国传统的"气",而是佛学概念中的"色"。在观想中一色具一切色,故由有限的食物祭品,可以无限充盈为无量无边的食物祭品,供世间各种施食对象享用。

在佛教的基本观念中,六道众生中的鬼道众生可以"变食"。在中国传统上也有"变食"的说法,即在祭祀之前改变平日的饮食,有斋戒之意。《论语·乡党》:"齐必变食",何晏《集解》引孔安国:"改常馔。"邢昺疏:"齐必变食者,谓将欲接事鬼神,宜自絜净,故改其常馔也。"②

中国古人祭祀最重视人神沟通,不良食物的气味会妨碍自身的"精明",影响人神沟通的效果,故祭祀前需要斋戒"变食",不饮酒、吃有刺激性气味的食物。这种观念也影响到日后的汉传佛教不食五荤。但佛经中鬼神属于六道众生,是客观存在,故其最重视的不是避免刺激性气味以达"精明",而是如何将人类使用的世俗性食物,变成鬼神可以食用宗教性食物祭品。或者说这种人神沟通方式不是以人为媒介,斋戒澄明;而是以食物为媒介的"变食",改变食物祭品的属性。慈云遵式讲到的佛教中鬼的"变食",不是斋戒,清洁饮食;而主要是指鬼道众生可以将祭祀神明所剩的食余祭品或人的食余、厨余垃圾,变为自己可吃的食物。宋代佛教流行的是三类九种鬼:

一、无财鬼	二、少财鬼	三、多财鬼
1. 炬口鬼	1. 针毛鬼	1. 得弃鬼

---

① 慈云遵式:《改祭修斋决疑颂(并序)》,见《卍续藏》第57册,第11页下–12页中。
② 阮元校刻:《十三经注疏(清嘉庆刊本)》第5册,中华书局,2009年,第5419页。

| 2. 针咽鬼 | 2. 臭毛鬼 | 2. 得失鬼 |
| 3. 臭口鬼 | 3. 大瘿鬼 | 3. 势力鬼 |

在上述三类九种鬼中，只有"多财鬼"这一类中的三种鬼可以通过自己变食，获得食物祭品；而且其他六种鬼，必须通过祭祀或施食者念诵《施食咒》，即通过咒术变食才能获得食物。咒术变食，可以给一切鬼类提供祭品食物，而且这种食物非常殊胜，食用之后还可以帮助鬼道众生解脱。佛教"变食"的理论学说，一方面突出了佛教咒术超度施食仪式的重要性，另一方面则意在说明中国传统的祭祀鬼神的方法是无效的，绝大部分鬼道众生都不能从传统的血食祭祀中得食。

中国传统上有"血食生气"的观念，认为血食祭祀才能与鬼神沟通，鬼神才会灵验。像元杂剧中的土地神就经常抱怨每月初一、十五才得一杯清茶，一年到头没有肉腥，哪有力气去降妖捉怪，保佑百姓。朱熹在《朱子语类》卷三中说：

> 蜀中灌口二郎庙，当初是李冰因开离堆有功，立庙。今来现许多灵怪，乃是他第二儿子出来。初间封为王，后来徽宗好道，谓他是什么真君，遂改封为真君。向张魏公用兵祷于其庙，夜梦神语云："我向来封为王，有血食之奉，故威福用得行。今号为'真君'，虽尊，凡祭我以素食，无血食之养，故无威福之灵。今须复我封为王，当有威灵。"魏公遂乞复其封。不知魏公是有此梦，还复一时用兵，托为此说。今逐年人户赛祭，杀数万来头羊，庙前积骨如山，州府亦得此一项税钱。利路又有梓潼神，极灵。今二个神似乎割据了两川。大抵鬼神用生物祭者，皆是假此生气为灵。古人衅钟、衅龟，皆此意。①

---

① 朱熹：《朱子全书》（修订本）第14册《朱子语类（一）》，上海古籍出版社、安徽教育出版社，2010年，第179页。

四川灌口二郎庙祭祀李冰父子，原本是用血食；但因为宋徽宗喜好道教，封了李冰父子"真君"的封号，结果祭祀就按照道教的规矩改成素食了，结果李冰父子没有了往日的威灵，于是给人托梦要求恢复血祭。朱熹认为李冰、梓潼等民间信仰神明都需要血祭，假借生物的生气为灵，这与儒家古礼中的衅钟、衅龟是一个道理。

　　而对于佛教来说，因为有六道轮回的理念，鬼神的存在和灵验是不需要论证的，因此儒家"血食生气"的理论在佛教这里是多余的。而且如上文所述，佛教认为血食祭祀并不能让绝大多数的神鬼（也包括很大一部分人死去的祖先）得到祭品食物。慈云遵式也持这种看法：

　　第三疑：家眷死后祭祀，得食不得食耶？

　　释曰：若堕饿鬼，祭祀之时，或有得食。若在焰口之鬼，虽祭亦不得食。《阿含经》云："若为死人布施祭祀者，若死入饿鬼中得食。若生余处，必不得食也。"六道万品，受报差殊。父母死亡，岂皆作鬼。世人不识，一向祭祀，甚无理也。颂曰：人死随前业，升沉六道殊。如何纯祭祀，须道世人愚。①

　　祭祀者死去的祖先，如果已经投胎转世为他人或鬼之外的其他生物，祭祀是无效的；即便是死后变为鬼道众生，如果成为焰口这样的饿鬼，按照中国传统的祭祀祖先的方法也不能得食。在宋代佛教信仰者看来，血食祭祀不仅是无效的，而且是有害的。

　　在慈云遵式的时代，佛教十分兴盛，对民间信仰产生了重大影响，甚至出现了不少改祭修斋的现象："近见多改祭祀竞修斋福，断肉止杀，正信念佛，甚为希有！"②那么这种改祭为斋的做法，是否违背了儒教传统礼教祭祀制度呢？慈云遵式对此进行过论述。③慈云遵式认为"祭礼出其俗典，断祭据其佛经"，如果自称佛弟子，就应该断杀，遵从佛经的教导，

---

　　① 慈云遵式：《改祭修斋决疑颂（并序）》，见《卍续藏》第57册，第17页中。
　　② 慈云遵式：《改祭修斋决疑颂（并序）》，见《卍续藏》第57册，第17页上。
　　③ 慈云遵式：《改祭修斋决疑颂（并序）》，见《卍续藏》第57册，第17页中－下。

不必执照于儒家。而且现在民间信仰中的血食祭祀"不独祭先，靡神不宗，实谓淫祀"，不仅仅是祭祀祖先，而是各种鬼神都祭祀求福，在儒家的立场上来看，也属于淫祀，应该断除。慈云遵式不仅在理论上论证了改祭为斋的合理性和必要性，在实际行动上，也参与了这类佛教改造民间信仰的活动，撰写过《改祭修斋疏文》的范本。

《改祭修斋疏文》是慈云遵式为保佑本地"田蚕人口"的民间神灵庙宇改祭为斋提供了一个疏文范本。慈云遵式认为民间血食庙宇改祭为斋，首先应该"启建金光明道场"。《金光明经》是宋代天台宗尊奉的一部重要经典，宋代天台宗山家、山外两派之争就是围绕着智者大师《金光明经玄义》展开的。改祭为斋，一定要启建金光明道场的原因，应该是为了忏悔过往杀生祭祀的罪业。①

血祭被视为"周风"，斋供则为"梁制"，后者对传统儒家礼仪有所批评。改血祭为斋供，是遵从佛教的教导，需要民间信仰的教职人员（"庙巫"）和广大信徒（"乡老"），在庙宇神像前与神盟誓，跟十方诸佛约定易祭为斋的时间（"要期"）。人皈依佛教，神灵也皈依佛教；佛陀度化人，亦度化神灵。这样就开始"扫洒神祠，庄严佛会"，改用素食斋供来祭祀民间寺庙的神灵。"先忏三涂，次祈五福"，改祭为斋后的地方神灵庙宇，其宗教功能并没有本质上的变化，仍然是保境安民，祈求蚕富田丰，护国护民。

---

① 慈云遵式：《改祭修斋决疑颂（并序）》，见《卍续藏》第57册，第18页中－下。

探寻四世纪的死亡体验和宗教救赎

——以《幽明录》中的志怪故事为例

魏 翔①

内容提要:《幽明录》作为早期的志怪传奇之一,记述了许多有关于"生死"的传奇故事。在这些传奇故事中,佛教元素成为当时民众对地狱和死亡的想象的主导。一方面,他们相信地狱真实的存在。在对地狱的想象中,地狱的官吏可以通过"生箓"得知人的阳寿并且在适当的时候夺取其生命,将其带到地府。同时,佛教中的"因果报应"的思想也深入到了民众之中。在这些故事中,当时的民众相信生前的行为会影响其死后在地狱所受到的惩罚。随着佛教在民间的传播,民众深信只要信佛,就可以在死后获得救赎。《幽明录》中一些传奇故事表明,生前信仰佛教的人最后都没有获得地狱惩罚,而是被地狱中的佛教僧侣送回了阳间,重新获得了生命。这些故事向我们展示了这样一种现象,即佛教在民间传教的过程中,已然完全渗入并且改变了人们对生死的认知。通过这样的方式引起了民众对死亡和地狱的恐惧心理,从而对佛教产生依赖和信仰

关键词:《幽明录》;死而复生;地狱;佛道融合;宗教救赎

在佛教来到中国之前,本土宗教中并没有地狱的观念。在佛教将轮回

---

① 魏翔,供职于美国天普大学人文学院。

思想和地狱的概念带到中国后，人们对死后世界展开了一系列的想象，乃至于衍生出了许多奇妙故事。这些传奇故事或由人们口耳相传，或被文人记录下来，整理成集。因此，通过研究志怪传奇中关于死亡故事和地狱故事，可以认识到当时的人们是如何构建死后世界、佛教和本土宗教是如何互相影响，最后形成了中国独有的生死观。同时，由于这些故事大多发生在民间，主人公并非受过教育的士大夫团体或王公贵族，亦可藉此类故事了解当时非知识群体眼中的佛教，尤其是佛教在中国民间的流行程度。因为佛教越是流行，这些死亡和地狱的故事中就含有越多的佛教元素。因此，本文通过研究《幽明录》中记载的死亡故事，构建了4世纪人们想象中的冥界的形象，并探讨了佛教与死后世界的联系。

本文将由三部分组成。第一部分将简要介绍刘义庆(403-444)的个人背景和《幽明录》的创作背景。在第二部分，笔者将关注《幽明录》中死后复生的故事，研究这些故事中的人物为什么能复活及其死亡体验中的宗教元素。最后，第三部分将考察《幽明录》中呈现的地狱冥府的景象和佛教对亡魂的救赎。

一、刘义庆与《幽明录》的写作背景

大约在2世纪（时汉明帝梦见金人），佛教从印度传入中国并逐渐兴盛起来。起初，佛教仅仅在有文化群体和皇室成员中流行。[①] 这意味着，如果人们想知道佛教在上层社会的传播情况，从官方历史记录中了解是比较容易的。例如，在《晋书》和《宋书》中，一些皇室和贵族的年轻人成为佛教僧侣，并在佛教修行中取得了巨大的成功。著名的贵族僧人，如释道宝和释道安都出生于王氏和卫氏家族。这两个家族都是著名的贵族，尤其是王氏家族，在很长一段时间内都主导着皇权。然而，这些官方史书不

---

① Erik-Jan Zürcher, *The Buddhist conquest of China: the spread and adaptation of Buddhism in early medieval China*. (Leiden: Brill, 2007), p.5.

足以帮助人们了解佛教在平民阶层的传播与接受。在中国的官方历史系统中,平民和未受教育群体并不被官方史书记录,其事迹多见于志怪闲谈之中,当然,精英阶层的故事也可以在志怪中被发现。比起官方记录的属于精英阶层的历史,民间怪谈记录所涉及的群体更加广泛。

志怪,作为中国古典小说形式的一种,以叙述超自然的故事和传说为主要内容。它们产生并流行于魏晋南北朝时期,与当时的宗教(道教和佛教)和玄学有直接关系。在张振军的研究中,"志怪"这个词最早出现在早期的道家经典《庄子》中,后来在六朝时期被用作一些灵异故事集的标题。志怪小说最早由唐代段成式(803-863)提及。但早在六朝时期,殷芸(471-529)就把他的故事集(其中包括许多传奇灵异的故事)命名为《小说》。[1]在公元4世纪左右,志怪小说开始兴盛,其中较为著名的有:《列仙传》《拾遗记》《列异传》《搜神记》《隐逸录》《幽明录》等。这些文集是学者们研究志怪文学和民间宗教的重要资料。《幽明录》的文本虽然在后期有所流失,但是其仍在志怪系列小说中占有重要地位。该书的重要性与作者良好的教育背景和优雅的文学叙述有关。

刘义庆是《幽明录》的作者(或编辑),他有着显赫的出身,是刘裕(363-422)的侄子和刘道怜(368-422)的次子。在刘义庆十几岁的时候,他就被其叔父收养并接受了良好的教育。因此,基于他的教育背景,刘义庆从小就爱上了文学,并与当时诸位文学家有所交往。虽然他的文学作品不多,但足以成为王室的文学代表。刘义庆最著名的文学作品是《世说新语》《宣验记》和《幽明录》。其中《宣验记》和《幽明录》的文本曾失传,只有部分内容被零星地记录在《法苑珠林》等书籍之中。《幽明录》后由鲁迅(1881-1936)在《古小说钩沉》中重新收录。今存的《幽明录》,由265个不同的短篇故事构成。每个短篇小说的主人公都有不同的超自然

---

[1] Yiqing Liu, and Zhenjun Zhang, *Hidden and visible realms: early medieval Chinese tales of the supernatural and the fantastic*. (New York: Columbia University Press, 2018),20.

经历。这些故事中有些是摘自古籍如《搜神记》等，而其他大多数是作者从别处听闻或自己经历的事件。同时，由于南北朝时期佛教在中国发展逐渐繁盛，对本土文化产生了深刻的影响，刘义庆本人也乐于布施资助僧侣，与佛教教徒频繁往来。故而，《幽明录》中记述了许多兼具文学性和宗教性的故事，特别是与佛教有关的故事。

二、《幽明录》中所记载的死亡体验

葬礼一直是中国古代的基本礼仪之一，其代表了中国人对生命的开始和结束以及与宇宙的联系的看法。如《论语》中便提及了葬礼的重要性："生，事之以礼。死，葬之以礼，祭之以礼。"在余英时的研究中，在佛教传入中国之前，中国本土宗教对死亡世界有一个原始的概念。一般来说，在汉代之前，认为人死后，灵魂（分别为魂和魄）会离开身体，并且随着时间的推移而消失。如果死者有男性后人祭祀，那么此人的灵魂会存续更长时间。然而，灵魂不可能永远存续，亦不能永远在墓室中如墓主人生前一般生活。最终，所有的灵魂都会来到泰山并消散。[1] 佛教的到来并没有彻底改变中国人对死亡的观念，而是佛教的死亡观念与本土的观念相结合，增加了新的佛教元素。在这一转变的过程中，佛教中的地狱的概念逐渐取代泰山，成为死者灵魂的归宿。在人死之后，他们的灵魂会到达不同的地狱，并且经由地狱官员审判，最终再入轮回。在佛教经文被大量翻译入汉地的背景下，各类佛经中对地狱场景的描绘亦开始广泛流传。出于对死亡的畏惧和好奇，人们往往会想象人死之后到达冥府地狱的场景，并将其与佛教经典中的叙述相关联。加之地狱和轮回的概念本就来自佛教，于是，许多关于人死后在地狱之中的所见所闻的故事大多充满了佛教因素。故而，汉地佛教故事

---

[1] Ying-shih Yü, "Life and Immortality in the Mind of Han China," In *Chinese History and Culture : Sixth Century B.C.E. to Seventeenth Century, Volume 1*, ed. Josephine Chiu-Dukeand Michael Duke, (New York: Columbia University Press, 2016), pp.20-57.

中的传奇一方面来源于佛教自身的宗教神秘色彩，另一方面则来自民间志怪故事。① 由于本土传奇故事与佛教思想的融合，我们在《幽明录》中所看到的宗教故事往往混合了本土宗教与佛教思想，换言之，这些故事并没有单一地呈现出某一个宗教，而是包含了多种宗教元素。

在《幽明录》中，有这样一类充满了宗教元素的传奇故事：死而复生的故事。在这些故事中，死者大多都会在死后来到地狱，或者被地狱中的官员告知其实自己寿数未尽，仍然可以返回人间继续生活。在这些故事中，尽管死者的死因以及身份不尽然相同，他们都在复生之后向他人叙述了自己的死亡体验，即复活前他们在地狱冥府中的见闻。这些见闻中有些是通过复生之人亲自口述，被作者记录下来，而另一些则是通过复生者托梦给他人，再由被托梦者见证死者的复活。如《幽明录》中，《生死姻缘》这则故事便是死者托梦给生者，然后再复活：

> 广平太守冯孝将，男马子，梦一女人，年十八九岁，言："我乃前太守徐玄方女，不幸早亡，亡来四年。为鬼所枉杀，按生箓乃寿至八十余。今听我更生，还为君妻，能见聘否？"马子掘开棺视之，其女已活，遂为夫妇。②

在这个故事中，冯孝将的儿子冯马子梦到了已经去世徐氏女的魂魄，并且如约打开徐氏女的棺椁，见证了其死而复生的过程。虽然故事篇幅短小，并未提及徐氏女是否在地狱冥府有所见闻。但是，这个故事提到了两个很重要的概念：其一是寿数有定。在这则故事中，我们可以得知每个人的寿命长短是已经被确定的，如徐氏女的寿命在冥府的记录中为八十余岁。亡魂可以通过生箓（又称生死簿）这个记载凡人寿数的手册得知自己本身

---

① "Gjertson, Donald E. 'The Early Chinese Buddhist Miracle Tale: A Preliminary Survey.' *Journal of the American Oriental Society* 101, no. 3 (1981): 287-301. Accessed November 2, 2020. doi:10.2307/602591.," n.d., 16.

② 刘义庆：《幽明录》，郑晚晴辑注，文化艺术出版社，1988年，第12页。

的寿命长短。其二是"被鬼误杀"。通过鬼差误杀徐氏女这一事件，我们可以得知冥府不仅仅可以掌控每个人的死亡时间，同时也有权终止人的生命。当然，这些鬼差也并非每次都可以完美地完成取人性命的任务，他们也会因失误而误杀了本不该死的人。因此，冥府为了弥补鬼差犯下的错误，便允许被误杀的亡魂可以复活，再次回到人间。

另一个关于死而复生的故事也提到了寿数有定这一概念：

> 颍川陈庆孙家后有神树，多就求福，遂起庙，名天神庙庆孙有乌牛，神于空中言："我是天神，乐卿此牛。若不与我，来月二十日当杀尔儿。"庆孙曰："人生有命，命不由汝。"至日，儿果死。复言："汝不与我，至五月杀汝妇。"又不与。至时妇果死。又来言："汝不与我，秋当杀汝。"又不与。至秋遂不死。鬼乃来谢曰："君为人心正，方受大福。愿莫道此事，天地闻之，我罪不细。实见小鬼，得作司命度事干，见君妇儿终期，为此欺君索食耳，愿深恕亮。君禄籍年八十三，家方如意，鬼神佑助，吾亦当奴仆相事。"遂闻稽颡声。①

陈庆孙虽然没有亲自经历死亡，但是却以活人的身份与冥府中的鬼神进行了数次交谈。这样的经历亦可被认为是一种非典型的"死而复生"。这类故事最重要的核心并非主人公是否真正亲历了死亡，而是主人公在重返阳间的过程中的所见所闻。因此，即使陈庆孙并没有经历死亡，但是他与其他故事中的复生者们一样与冥府之中的鬼神有了直接接触，那么他的游冥经历仍然可以被视作一种特殊的死而复生。

较之《生死姻缘》，《神树》这则故事对鬼差的身份有了更详细的描述。这位鬼差不仅仅可以假扮天神威胁陈庆孙，还在冥府中为司命办事。司命这一神职并非佛教所独有，中国本土的道教便设立了这一神职。按《云

---

① 《幽明录》，第93页。

笈七签》记载，司命即是文昌星神君，可以"主生年之本命，摄寿夭之简札。"而佛教中亦存在司命一职。按《出曜经》记载："犹世有狂夫身抱困病，以其病故，或杀五生或杀百生以救病者谓蒙瘳降，不知病者受罪无数。或有病人杀生祠祀亦望救命，正使病人藏置百重铁笼里者，于一重间尽安卫守共相括证，不听司命来录死者。"①此处的司命与文昌星君有相同的职责，都掌握了凡人的寿数。然而不同的是，文昌星君在道教之中属于天神，而佛教中的司命则在地狱中与阎罗王共事："作是法已如上恶业应入地狱畜生饿鬼便得解脱。一切罪报悉皆消灭。阎罗放赦，司命欢喜。不生瞋责反更心恭。"②

从这两则故事中，我们可以看出，寿数是否已尽是决定一个人可以继续在人间生活的重要条件之一。换言之，在当时人的生死观中，一个人的寿命是已经被决定好且不可更改的。等到既定的寿数到达时，冥府中的鬼差便会开始行动，将亡魂带到地狱中去。反之，如若某人既定寿命未到，则鬼神也不可以贸然结束其生命。"寿数有定"这个概念在早期佛教文献中已有体现，虽然不似志怪中将寿数、生箓、地狱和鬼差联系在一起，却仍反映了佛教对于人生寿命的观点。按《阿毗达磨顺正理论》记载：

> 又若尔者，应杀生故，于善趣中同时俱受长寿短寿二种异熟，离杀生者为难亦然，如是行盗及离盗等，并应俱时受富贫等。亦不应执虽不俱时有二果生，而更代受，非因无别生别果故。又曾未见有异熟因生异熟已，犹有功力能招别类异熟果故。又见有处爱非爱果寿长短等有决定故，若摄二因各生二果而更代受，是则应无爱及非爱、寿定长短、受苦乐等决定差别。然现可得，或定长寿或定短寿，或定多乐或定多苦，是故无容二因更代各生二果。

---

① 《大正藏》第 4 册，第 650 页下 –651 页上。
② 《大正藏》第 19 册，第 361 页下。

岂不有情皆爱自命，应在地狱亦爱命长，如是便成因果翻对。①

随着佛教中的生死观与对冥府地狱的认知在中国发展愈发成熟并逐渐与本土宗教文化完成融合，不仅仅是志怪传奇，佛教内部著作也会记载有关寿数有定的故事，并且会以此告诫人们，通过修行佛教可以达到摆脱既定寿命，获得长寿。如清代释戒显写的佛教杂著《现果随录》中载：

> 昆山魏应之。居真义镇。魏子诏族侄也。崇祯庚午春与子韶同榻寝。忽梦中狂哭大声念佛。子韶惊问故。应之曰。梦至冥府。见曹官抱生死簿至。余问我在簿否。官曰汝别在一簿。固索之。乃在缢死簿上。名下注云。三年后某日当自缢书斋。余哭问曰。我何罪至此。官曰定业难逃。问何法可免。官曰。除非斋戒念佛。精进修行。庶或可免。遂语子韶曰。侄从此一志修行矣。遂持长斋。晓夕念佛精进者八阅月。后文社友众哂曰。此梦耳。何为所惑乎。渐渐意改。遂开斋戒。癸酉春无故扃书斋门缢死。屈指旧梦。恰恰三年。②

魏应之的故事向我们传达了两点信息：1.随着此类传奇故事的发展，有关于冥府和生死的想象被增添了更多细节。并且，与《幽明录》中的故事相比较，到了清朝时期，生箓（不仅仅用于记载死者的既定寿数，同时也记载了他们将以何种方式死去。2.修行佛教以及对佛教的笃信是可以改变一个人的既定寿数的。在《神树》之中，主人公最终没有被鬼差索命是因为其高尚的品德以及尚未达到既定寿数。这则故事并没有体现出十分明显的佛教色彩。但是魏应之的故事则清楚表明，唯有念佛持斋才能改变横死的命运。同时，为了加强佛教的灵验色彩，使人们相信佛教可以救赎亡魂甚至改变寿命，故事的结尾再一次强调了持斋的重要性：即使一个人长期持斋，只要他有朝一日放弃修行，那么之前的努力将化为乌有。

---

① 《大正藏》第29册，第530页上。
② 《卍续藏》第88册，第34页上。

与生箓这一神奇手册不同的是,《幽明录》中对地狱场景的记录和描绘具有更明显的宗教倾向——我们可以很容易地在这些故事中找到佛教的元素。当故事中的主人公提到地狱时,他们一致提出只要死去的灵魂生前曾经笃信佛教,那么亡魂就能从地狱带给他们的痛苦中得到救赎。

三、地狱与宗教救赎

在佛教传入中国之后,地狱就代替了泰山和蒿里,成为亡魂们的最终归宿,并在中国人的生死观之中占有了极为重要的地位。《幽明录》中死而复生的人在游历了地府之后,往往会将他们的见闻向众人描述一番。在这些见闻之中,地狱通常被描述成为一个审判以及惩罚亡魂之地。当亡魂到达地狱后,掌管地狱的官员会根据其生前的行为(善行或者恶行)对其进行相应的惩罚和审判。如《王明儿》的故事便较为详细地记录了地狱中的苦难刑罚:

> 东莱王明儿居在江西,死经一年,忽形见还家。经日命招亲好叙平生,云天曹许以暂归。言及将离语,便流涕问讯乡里,备有情焉。敕儿曰:"吾去人间,便已一周。思睹桑梓。"命儿同观乡间。行经邓艾庙,令烧之。儿大惊曰:"艾生时为征东将军,没而有灵,百姓祠以祈福,奈何焚之?"怒曰:"艾今在尚方摩铠,十指垂掘,岂其有神?"因云:"王大将军亦作牛驱驰殆毙,桓温为卒,同在地狱。此等并困剧理尽,安能为人损益?汝欲求多福者,正当恭顺尽忠孝,无恚怒,便善流无极。"又令可录指爪甲,死后可以赎罪。又使高作户限,鬼来入人室,记人罪过,越限拨脚,则忘事矣。①

这里有两点值得我们注意。首先,虽然王明儿只是一个普通人,但

---

① 《幽明录》,第 101 页。

他在地狱里看到了三位非常著名的历史人物：邓艾（卒于264年）、桓温（312-373年）和王敦（266-324年）。他们都是活跃在从2世纪到4世纪之间的杰出的军事家和政治家。然而，在这则故事中，邓艾正在地狱中干着擦拭盔甲活儿，王敦变成了一头牛吃苦受累，而桓温则成为地狱中的小小狱卒。无论这些人物在生前获得了什么样的荣耀，在死后又如何享受后人顶礼供奉（如邓艾已被奉为地方神接受立庙和供奉），他们死后像所有普通人一样在地狱中受尽苦难和惩罚。由此我们可以看出，在《幽明录》的时代，人们认为一个人在生前所拥有的财富和权力在其死后都会消失殆尽，所有进入地狱的亡魂都不会再享有特殊地位和待遇。其次，正如故事中所说，如果某人打算谋求福报，那么就应该在其活着的时候老实做人，孝顺父母。此外，将自己的指甲妥善保存，不随意丢弃，以及抬高自家的门槛，都可以起到消灾消罪的作用。与佛教教义中讲求"出家"不同，孝道是中国儒家固有的传统思想，它不仅要求人们必须孝顺敬重自己的父母，同时也需要人在自己的小家庭中持有一套特殊的礼制，来确保家庭的运行。晚辈需要时刻保持对父母的孝顺与敬重则是这套礼制的核心思想之一。这一思想在与佛教的业报理论融合之后，某人生前是否孝顺父母，行善积德，便成为评判他人业报的重要因素。故事中所记录的将自己的指甲保存下来，在死后拿去阴间赎罪，则或与儒家思想中的"身体发肤受之父母"有关，亦是一种孝道的体现。

除却行善行孝、获得福报之外，在地狱中获得救赎的最有效的方式便是笃信佛教。《康阿得》的故事不仅详细地描述了地狱景象，也展示了地狱、亡魂与宗教救赎的关联：

> 康阿得死三日，还苏。说初死时，两人扶掖，有白马吏驱之。不知行几里，见北向黑暗门；南入，见东向黑门；西入见南向黑门；北入，见有十余梁间瓦屋。有人皂服笼冠，边有三十吏，皆言府君，西南复有四、五十吏。阿得便前趋拜府君。府君问："何所奉事？"得曰："家起佛图塔寺，供养道人。"府君曰："卿大福得。"

问都录使者："此人命尽邪？"见持一卷书伏地案之，其字甚细。曰："余算三十五年。"府君大怒曰："小吏何敢顿夺人命！"便缚白马吏著柱，处罚一百，血出流漫。问得："欲归不？"得曰："尔。"府君曰："今当送卿归，欲便遣卿案行地狱。"即给马一匹，及一从人。东北出，不知几里，见一地，方数十里，有满城土屋。因见未事佛时亡伯、伯母、亡叔、叔母，皆著杻械，衣裳破坏，身体脓血。复前行，见一城，其中有卧铁床上者，烧床正赤。凡见十狱，各有楚毒。狱名"赤沙""黄沙""白沙"，如此七沙。有刀山剑树，抱赤铜柱。于是便还。复见七十八梁间瓦屋夹道种槐，名曰"福舍"，诸佛弟子住中。福多者上生天，福少者住此舍。遥见大殿二十余梁，有二男子、二妇人从殿上来下，是得事佛后亡伯、伯母，亡叔、叔母。须臾，有一道人来，问得："识我不？"得曰："不识。"曰："汝何以不识我？我共汝作佛图主。"于是遂而忆之。还至府君所，即遣前二人送归，忽便苏活也。①

此则故事中所描绘的地狱景象与早期佛经中的景象高度相似，如《阿含经》载："夫为死者，形神分离，往趣善恶。设罪多者，当入地狱，刀山、剑树、火车、炉炭、吞饮融铜；或为畜生，为人所使，食以刍草，受苦无量。"②由此可见，志怪故事在描述地狱场景时，基本上遵循了佛经中对地狱的描绘，甚至可以说全盘接受了佛教对地狱的记述。然而，地狱的官僚体系并非完全遵循佛教的神职体系。如康阿得故事中审判亡魂的官员并非后期人们熟知的地藏菩萨或地狱十王，而是具有道教色彩的泰山府君。我们或可推测，在康阿得的故事流传之时，汉地还并未形成完整的十王—地藏的地狱体系，故而地狱的审判者成为当时人们较为熟知的泰山府君。虽然泰山府君并不属于佛教的神职体系，但是佛教是有意将泰山府君融入自己体系中去的，

---

① 《幽明录》，第 171 页。
② 《大正藏》第 2 册，第 767 页上。

如东晋时期僧伽提婆所译《阿吒薄俱元帅大将上佛陀罗尼经》载：

> 二十八部一切神王参辰日月诸天善神。南斗注生北斗注杀。天曹天府太山府君。五道大神阎罗大王。善恶童子司命司录。六道鬼神山神王海神王风神王树神王水神王金神王。①

与前一个故事中强调行善积德与孝道可以使亡魂在地狱中得到救赎不同，这个故事强调的是笃信佛教与死后在地狱中获得救赎之间的联系。康阿得在游历冥府的时候，不仅仅见到了府君对亡魂的审判，以及地狱中的刑罚，还亲眼看到了自己的亲人因为不信奉佛法而在地狱中受到酷刑的折磨的场景："皆著杻械，衣裳破坏，身体脓血"。与这种残酷血腥的场面形成对比的是，佛弟子在地狱中的待遇。因为生前修行佛教，死后他们可以居住于"福舍"内，免除刑罚。康阿得因为自己生前也设立佛塔，供养僧侣，亦在地狱中获得了救赎，被一"道人"（即僧侣）挽救，重返人间。康阿得的故事，向世人展示了地狱的种种刑罚与恐怖，激发人们对地狱的惧怕心理，从而想要寻求获得救赎。同时故事之中明确地指出，只有笃信佛法，供养僧人，才能在地狱中获得救赎。这使得人们在恐惧地狱刑罚和折磨的心理状态下，对佛教产生更强的依赖。

对未受过教育的群体来说，他们也许无法读懂佛经，甚至不能理解佛经中所宣讲的思想。于是，这些传奇故事在民间起到了代替佛经的作用。它们以一种直接的方式告诉普通人，人在生前需要行善积德，孝顺父母，供养僧侣，笃信佛教，在死后方可获得救赎，免除地狱的刑罚，甚至有机会摆脱生箓的限制，获得长寿。

四、结语

通过研究《幽明录》中的死亡体验，我们可以了解到，普通百姓的生

---

① 《大正藏》第21册，第195页上。

死观和对地狱的认知主要受到佛教的影响。他们不需要了解佛教的深奥教义，也不需要阅读晦涩的佛经。只要他们按照这些志怪故事中的指示行善积德，相信佛法的存在，他们就能从死亡的苦难中得以解脱。于是，佛教在4世纪的民间便以这样一种简单易接受的方式开始在普通人群体之中传播。这些传奇故事是否真的发生过，我们已经无法考证。我们能够了解到的是，在故事之外，佛教在早期传播的过程中，通过树立和完善人们对地狱、业报和宗教救赎的认知，使得平民阶层的人们以一种最直接的方式接受佛教将会带给他们的益处。当然，这些传奇故事是由知识阶层的精英们加工记录而成，因此故事文本难免受到精英阶层的思想影响。不过这并不影响我们通过志怪故事去了解佛教是如何影响平民阶层对死亡和宗教的观念的。

参考文献

Campany, Ford Robert, and Yan Wang. *Signs from the Unseen Realm: Buddhist Miracle Tales from Early Medieval China*. Honolulu: University of Hawai'i Press. 2012.

Gjertson, E Donald. "The Early Chinese Buddhist Miracle Tale: A Preliminary Survey." Journal of the American Oriental Society 101, no. 3 (1981): 287-301.

刘义庆．幽明录．郑晚晴，辑注．北京：文化艺术出版社．1988。

Yü, Ying-shih, "Life and Immortality in the Mind of Han China," In *Chinese History and Culture : Sixth Century B.C.E. to Seventeenth Century, Volume 1*, ed. Josephine Chiu-Dukeand Michael Duke, New York: Columbia University Press, 2016

Zhang, Zhenjun. *Buddhism and tales of the supernatural in early medieval China: a study of Liu Yiqing's (403-444) Youming lu*. Leiden, Netherlands: Brill. 2014.

Zhang Zhenjun and Liu Yiqing. *Hidden and Visible Realms: Early Medieval Chinese Tales of the Supernatural and the Fantastic*. New York. 2018.

"佛教中国化"举隅

——净土观念的渊源与发展

李 想[①]

内容提要：大乘佛教的佛国信仰，自传入汉地便吸引了众多修行人，尤以阿弥陀佛崇拜及其极乐世界往生法门最为兴盛。"净土"的概念是汉地佛教译经过程中产生的词汇，它与梵文"清净"和"庄严配置"的意义密切相关。"佛国庄严"是大乘佛教理论发展过程中对佛国世界美好品质的构建，"佛国清净"则是基于宗教净化隐喻而成立的清净至极的佛国空间。配置土功德庄严、远离烦恼的相状，正是国土清净的具体标准；而清净土对离染解脱的强调，则为国土庄严提供了实践论意涵。《维摩诘经》中的"心净土净"思想，将佛国信仰同大乘佛法基本修行理念紧密联系起来。对"心"的主导地位的强调，令这种思想在汉地得以融入主流佛教宗派，成为判定净土修行合理性的理论依据。

关键词：佛国信仰；佛土清净；佛土庄严；《维摩诘经》；心净土净

一、"净土"一词的发明

伴随大乘佛教的兴起，佛教文献中开始出现对他方世界诸佛及佛国的描绘，如阿閦佛国、阿弥陀佛的极乐世界、药师佛琉璃世界等。公元1世

[①] 李想，中国社会科学院世界宗教研究所，哲学博士，《世界宗教研究》编辑。

纪或更早,北印度地区成立了弘扬阿弥陀佛及安乐土信仰的《无量寿经》《大阿弥陀经》)。① 公元 2 世纪到 3 世纪之间,支谦、支娄迦谶、帛延等人,分别译出一批宣扬他佛世界修行法门的经典,包括《无量寿经》②《阿閦佛国经》③ 等影响较大的佛经。

"净土"一词所指的确立,却晚于佛国信仰传播的进程。在日本学者藤田宏达于 1970 年出版的《原始淨土思想の研究》中,作者对比了净土经典的梵文原本和玄奘等人的译本,发现"净土"一词没有对应的梵语表达。④ 在梵文中,只有"国土"(kṣetra)或"佛国土"(buddhakṣetra)的概念。《八千颂般若经》《妙法莲华经》《十地经》和《维摩诘所说经》这类早期大乘经典中出现的"清净佛土"或"净佛国土"(buddhakṣetra-pariśuddhi, buddhakṣetra-pariśodhana 等)的表述,意为菩萨通过努力,使国土呈现出的清净美好状态。《维摩诘经》中这类表述被鸠摩罗什译作动宾结构的"净土"⑤,并在同年(406)译出的《妙法莲华经》中用"形容词 – 名词"结构的"净土"来指称"佛国土"⑥。在藤田宏达看来,"'净佛国土'思想所假定的'清净的国土',必会在佛教发展中被具体化,成为有形的净土。'极乐'的观念,正是在这种'净佛国土'思想背景下成立的、大乘佛教独特的净土理念。"⑦

平川彰同意"净土"一词没有梵文原词的说法,但他认为在鸠摩罗什所在的时代,"净土"一词是《般若经》《维摩诘经》等早期大乘经典中"净佛国土"或"严净佛土"思想的产物,"净"是"当净"而非"净了"

---

① 平川彰著,释显如等译:《印度佛教史》,贵州大学出版社,2013 年,第 277 页。
② 肯尼斯·K. 田中著,冯焕珍等译:《中国净土思想的黎明》,上海古籍出版社,2008 年,第 15 页。
③ Jan Nattier: "The Realm of Akṣobhya: A Missing Piece in the History of Pure Land Buddhism", *Journal of The International Association of Buddhist Studies*, Vol. 23, No. 1, 2000, p. 76.
④ 藤田宏达:《原始淨土思想の研究》,岩波书店,1979 年,第 507 页。
⑤ 藤田宏达:《原始淨土思想の研究》,岩波书店,1979 年,第 509 – 511 页。
⑥ 藤田宏达:《净土三部经の研究》,岩波书店,2007 年,第 384 页。
⑦ 藤田宏达:《净土三部经の研究》,岩波书店,2007 年,第 388 页。

的意思，与"极乐"没有直接的语义关联。① 然《无量寿经》所描绘的极乐世界具有身心安乐、国土庄严美丽的特点，具有"清净的世界"的意味。中国净土教创始人昙鸾（476-542年）在其著作《往生论注》中，真正把"净土"一词同"极乐土"等同起来。②

那体慧补充和修证了藤田宏达的观点。他指出，在支谦和竺法护的译经当中，译者混同了vyūha（"配置"）和viśuddha（"净"）两个词语的含义，因为yu和śu在犍陀罗语的佉卢文写本中极其形似。在支谦所译《维摩诘经》当中，诸佛的"配置土"均被译作"净土"，是"净土"概念的重要来源之一。③

辛嶋静志综合考虑了前人研究成果，并对支谦和鸠摩罗什的译经展开了详细考察。根据这些考察，汉语"净土"一词有两个来源：A.支谦译本混同了源文本中vyūha（"配置"）和viśubha（"净"）两个词语的书写，将经文中的vyūha一律当作"净"的含义（而在鸠摩罗什和玄奘译本中则相应地被译为"严"或"庄严"）。④ 支谦在翻译《维摩诘经》与《无量寿经》时，用"严净之土"翻译kṣetraguṇavyūha，鸠摩罗什重译这两部经文时参考支谦旧译，且将"严净之土"的译词缩略为"净土"。⑤ B.大乘佛教经典中"净佛国土"（buddhakṣetra-pariśuddhi, buddhakṣetra-pariśodhana等）的表述被鸠摩罗什译为动宾结构的"净土"。在A、B两种因素的共同影响下，鸠摩罗什创造了"形容词-名词"形式的"净土"概念并用于指称任意佛土。⑥ 此外，辛嶋静志还对照了《无量寿经》的早期译本同梵文原本的一

---

① 平川彰：《净土教の用语について》，《日本佛教学会年报》第42号，1976年，第2页。
② 平川彰：《净土思想と大乘戒》（《平川彰著作集》第7卷），春秋社，1990年，第80-84页。
③ Jan Nattier: "The Realm of Akṣobhya: A Missing Piece in the History of Pure Land Buddhism", *Journal of The International Association of Buddhist Studies*, Vol. 23, No. 1, 2000, p. 74.
④ 辛嶋静志：《阿弥陀净土の原风景》，《佛教大学总合研究所纪要》，2010年，第18-22页。
⑤ 辛嶋静志：《阿弥陀净土の原风景》，《佛教大学总合研究所纪要》，2010年，第22-28页。
⑥ 辛嶋静志：《阿弥陀净土の原风景》，《佛教大学总合研究所纪要》，2010年，第26页。

些表达上的区别。在佛陀跋陀罗与宝云在421年前后译出的《无量寿经》①中，buddhakṣetraguṇavyūhasampad（"佛国土美好配置的极致"）或 buddhakṣetraguṇālaṃkāravyūhasampad（"佛国土美好庄严配置的极致"）被译为"诸佛如来净土之行""庄严佛国清净之行"或"诸佛妙土清净之行"。在这样的译文中，"Vp（动词短语）+'之行'"的表述令"净佛国土"思想与《无量寿经》中的"净土"观念得到了结合。

对于那体慧和辛嶋静志指出的支谦混同 vyūha（"配置"）和 viśubha（"净"）语义的问题，在两位学者的研究中，该问题并没有得到明晰的判定。首先，在那体慧的启发下，辛嶋静志指出，鸠摩罗什和玄奘在某些情形下把 vyūha 译作"严"，接近"配置"的含义；而支谦的早期译文则在这些情形下把 vyūha 译作"净"，这是他混淆 vyūha（"配置"）和 viśubha（"净"）语义的体现。该论断存在两方面的问题：首先，支谦的译文多次把 *vyūha* 译作"净"，却无一处把 viśubha 译作"严"。辛嶋静志指出，在大英博物馆藏 Lalitavistara 梵文断简中，存在用 viyūbha 表示 vyūha 的句子；而在犍陀罗语的某些方言中 ś 和 y 语音相同，传抄中可能出现相同的记音符号（字母）。即便此推断成立，或者 vyūha 和 viśubha 在某一历史时期的梵本或胡本中共用相同的字母书写（假定这种书写形式为 viyūbha）——在这种情形下，最具合理性的判断该是 viyūbha 成为多义词或双关语，而不是 vyūha 本义的消失。②对于多义词，读者根据前后语境识别其义项。支谦作为译者，理应选择不同的汉语译词来表达它在特定语境下的确切含义。除非"viyūbha=viśubha"的判断是由支谦个人理解失当造成的歧解——那样的话，把 viyūbha（vyūha）译作"净"纯属误译；在支谦的词汇表里，也

---

① 该经题名为"康僧铠"所译，已被学术界否定。藤田宏达、辛嶋静志等人认为该经为佛驮跋陀罗（359-429年）及宝云（375-449年）所译，泉芳璟、野上俊静等人则认为该经译者为竺法护，双方各执一词，目前尚无定论。参见存德：《中国佛教述论》，宗教文化出版社，2014年，第342页。

② 由鸠摩罗什及玄奘译本中"vyūha=严"的译法亦可推知，vyūha 一词在此后的胡本及梵文本中均得到了保留。

压根不存在"viyūbha= vyūha"的词义。这种可能性是不存在的,我将在接下来的讨论中进一步阐明。

第二个问题是,竺法护在译经当中沿用了支谦对 vyūha 的译法[①];鸠摩罗什和玄奘在大部分场合把 vyūha 译作"严",却肯定并继承了支谦把 guṇavyūha 译为"严净"的处理方式。[②]这样的结论是令人不解的。如果"vyūha＝净"只是支谦由于个人判断导致的误译,为什么排除了个人因素,在鸠摩罗什、玄奘等人的汉译本中,误译仍被保留?

二、支谦、鸠摩罗什、玄奘等人的译词选择

在彻底澄清上述两个问题之前,我需要首先指出辛嶋静志研究中的一项疏漏:《维摩诘经》梵文本中单独出现的与 buddhakṣetra 合用的 guṇavyūha(功德配置),在支谦的译本中并不固定译作"严净",通常也被译为"清净"[③] 或"净好"[④]。与此对应的鸠摩罗什译本则译作"功德庄严"[⑤] 或"清净"[⑥]。

更为普遍的情况是:被支谦译作"严净"并被鸠摩罗什和玄奘沿用的梵文复合词,在 buddhakṣetra 和 guṇavyūha 之间还存在其他表义成分,如:

anantabuddhakṣetraguṇavyūhasamalaṃkṛtaiḥ（Vkn I §3, 2a.）
支谦译:无量佛国皆严净。(《大正藏》第14册,第519页中)
鸠摩罗什译:无量佛土皆严净。(《大正藏》第14册,第

---

① 辛嶋静志:《阿弥陀净土の原風景》,《佛教大学総合研究所紀要》,2010年,第22页。
② 辛嶋静志:《阿弥陀净土の原風景》,《佛教大学総合研究所紀要》,2010年,第18页。
③ 例如:"若人意清净者,便自见诸佛佛国清净。"(《大正藏》第14册,第520页下; Vkn I §18, 8a. yathā cittapariśuddhyā satvā buddhānāṃ buddhakṣetraguṇavyūhān paśyanti)
④ 例如:"见彼土人,一切净好。"(《大正藏》第14册,第535页中; Vkn XI §8, 70a. sarvasatvānāṃ tādṛśā buddhakṣetraguṇavyūhā bhavantu)
⑤ "若人心净,则见此土功德庄严。"(《大正藏》第14册,第538页下)
⑥ "愿使一切众生得清净土,如无动佛。"(《大正藏》第14册,第555页下)

537 页上）

玄奘译：无量佛土皆严净。（《大正藏》第 14 册，第 558 页上）或

satvānām ajñānāparādha eṣa yas tathāgatasya <u>buddhakṣetraguṇālaṃk āravyūhaṃ</u> kecit satvā na paśyanti（Vkn I §15, 7b）

支谦译：咎在众人无有智慧，不见如来佛国严净。（《大正藏》第 14 册，第 520 页中）

鸠摩罗什译：众生罪故，不见如来佛土严净。（《大正藏》第 14 册，第 538 页下）

玄奘译：如是众生罪故，不见世尊佛土严净。（《大正藏》第 14 册，第 560 页上）

或

asmin khalu punar <u>buddhakṣetraguṇavyūhālaṃkāre</u> saṃdarśyamāne caturaśīteḥ prāṇisahasrāṇām anuttarāyāṃ samyakṣaṃbodhau cittāny utpannāni（Vkn I §19, 8a.）

支谦译：当佛现此佛土严净之时，八万四千人发无上正真道意。（《大正藏》第 14 册，第 520 页下）

鸠摩罗什译：当佛现此国土严净之时……八万四千人皆发阿耨多罗三藐三菩提心。（《大正藏》第 14 册，第 539 页上）

玄奘译：当佛现此严净土时……八万四千诸有情类，皆发无上正等觉心。（《大正藏》第 14 册，第 560 页上）

值得注意的是，在上述三例梵文划线部分的表述中，"装饰、美化"含义的 alaṃkāra（或 sam-alaṃkāra）一词被置于 buddhakṣetraguṇavyūha 之间。在支谦的译经中，alaṃkāra 一律被译为"严"或"严饰"，如：

kṣetrālaṃkṛtena（Vkn I §4, 2b.）

支谦译：严土菩萨（《大正藏》第 14 册，第 519 页中）

鸠摩罗什译：严土菩萨（《大正藏》第 14 册，第 537 页中）

玄奘译：严土菩萨（《大正藏》第 14 册，第 558 页上）

lakṣaṇānuvyañjana<u>samalaṃkṛta</u>kāyaiḥ（Vkn I §3, 1b.）

支谦译：已得相好，能自<u>严</u>饰（《大正藏》第 14 册，第 519 页上）

鸠摩罗什译：相好<u>严</u>身（《大正藏》第 14 册，第 537 页上）

玄奘译：相好<u>严</u>身（《大正藏》第 14 册，第 557 页下）

lakṣaṇānuvyañjanasaṃbhārābhinirhṛtaḥ satvaparipākaḥ, buddhakṣetr<u>āl aṃkār</u>ābhinirhṛtaḥ puṇyasaṃbhāraḥ（Vkn III §73, 26a.）

支谦译：<u>严</u>饰相及佛国，不断分部福行。（《大正藏》第 14 册，第 525 页上）

鸠摩罗什译：以具相好，及<u>净</u>佛土，起福德业。（《大正藏》第 14 册，第 543 页下）

玄奘译：以具相好，成熟有情，<u>庄严</u>清净佛土行相，引发广大妙福资粮。（《大正藏》第 14 册，第 567 页上）

由此可见，guṇavyūhālaṃkāra 作为复合短语被支谦译作"严净"，其中"严"的语义由 alaṃkāra 或 samalaṃkāra 承担，而不是如辛嶋静志所言从 guṇa（功德）一词得来。[①] 根据经文，"无量佛国皆严净"[②]（Vkn I §3, 2a. anantabuddhakṣetraguṇavyūhasamalaṃkṛtaiḥ），因而《维摩诘经》中出现的 buddhakṣetra，无论是独立使用的，或是含有 guṇavyūhālaṃkāra 修饰成分的，均被玄奘译作"严净佛土"。玄奘也用"严净"翻译 pariśuddhi 或 pariśodhana，表"净化佛土"含义的 buddhakṣetrapariśuddhi，在玄

[①] 辛嶋静志：《阿弥陀浄土の原風景》，《佛教大学総合研究所紀要》，2010 年，第 18 页。

[②] 支谦译：《佛说维摩诘经》卷 1，《大正藏》第 14 册，第 519 页中。

奘的译文中同时也译作"严净佛土"①。鸠摩罗什则喜欢用"净土"的表述来翻译原典中 buddhakṣetra，buddhakṣetraguṇavyūhālaṃkāra 及 buddhakṣetrapariśuddhi 等诸多义项。

此外，值得留意的是，虽然 vyūha 在支谦译本中大都被译作"净"，但也有少数例外。如：

"汝等观是妙乐世界阿閦佛如来，<u>其土严好</u>，菩萨行<u>净</u>，弟子<u>清白</u>？"（《大正藏》第 14 册，第 535 页上；Vkn XI §7, 69b. "aśyata mārṣāḥ abhiratiṃ lokadhātum akṣobhyaṃ ca tathāgatam etāṃś ca kṣetra<u>vyūhāñ</u> śrāvaka<u>vyūhān</u> bodhisatva<u>vyūhāṃś</u> ca？"）

此处 vyūha 被译为"严好"，以避免用词重复。由此可见，形容佛土时，支谦认为"严好"和"净"都能表达出 vyūha 的含义，只是在译词自由选择的情况下，支谦更偏好"净"字。

细究的话，古汉语中表"装饰、整理"的"严"（及佛经翻译实践中拓展出的新词位"庄严"）和表"清洁、清净"的"净"都无法译出 vyūha（配置）的确切含义。"配置"含义的动词在古汉语系统中是缺失的。东汉以前，当"严"用于形容国家治理状况时，多表示法治的严格或威信的树立，如"严大国之威以修敬也。"（《史记·廉颇蔺相如列传》）而"严"用作"装饰、整理"时，多陈述人的妆容，如"鸡鸣外欲曙，新妇起严妆。"（《孔雀东南飞》）梵文 alaṃkāra（装饰，美化）在《维摩诘经》等佛典中既可述谓人的身体，也可述谓环境或国土，被支谦一律译为"严"，便构成了"严"字固有义域的隐喻引申。鸠摩罗什等人把 vyūha（配置）也译作"严"，采纳的便是"严"述谓国土的引申义。即便如此，vyūha 与"严"在语义

---

① 如"彼咸问我<u>严净佛土</u>"（《大正藏》第 14 册，第 559 页上；Vkn I §11, 5a. tāni cemāni buddhakṣetrapariśuddhiṃ paripṛcchanti katamā bodhisatvānāṃ <u>buddhakṣetrapariśuddhir iti</u>）；"随诸菩萨自心严净，即得如是<u>严净佛土</u>。"（《大正藏》第 14 册，第 559 页下；Vkn I §14, 7a. bodhisatvasya cittapariśuddhis tādṛśī <u>buddhakṣetrapariśuddhih saṃbhavati</u>）。

上也并不等同，不过，语篇信息能帮助读者理解该表述的具体所指。

用"净"翻译 vyūha 是支谦译文的特色。"清洁、清净"的义值同 vyūha "配置"的义值具有强关联性，且二者的动词或形容词形式均适用于国土空间，意谓某种整洁、良好的状态。不同的是，"净"的义域较为狭窄，它只与杂染、污秽相对。

把支谦、鸠摩罗什、玄奘对于一些词汇的惯常译词总结一下：

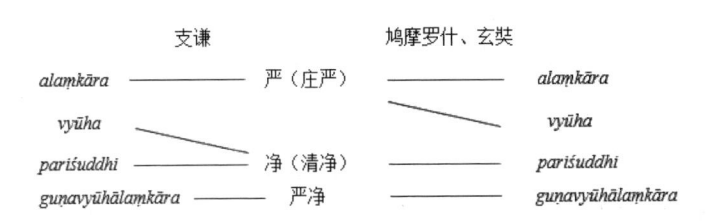

支谦		鸠摩罗什、玄奘
alaṃkāra	—— 严（庄严）	alaṃkāra
vyūha		vyūha
pariśuddhi	—— 净（清净）	pariśuddhi
guṇavyūhālaṃkāra	—— 严净	guṇavyūhālaṃkāra

根据语际实践的基本分析原则，在任何一种语言中，不存在两个具有完全相同意义的词位；任何两种语言中也不存在意义完全相同的两个词。① 根据功能对等理论，把意义的丧失或曲解降到最低是翻译的重要目的。② 然而，当古汉语词汇数目有限时，不同的梵文词汇可能对应相同的汉字。当该译词义值数量少、语义范围有限时，梵文原词的所指便被迫丧失一部分意义。同时，由于该译词对应不同的源语词位，必然造成某种程度上意义的混淆。

佛教经典的翻译呈现出更加复杂的情况。首先，对于一些地位特殊的大乘经典，从汉至宋，有大量译本存在。同时，佛法的表述方式和关键词句，不同经典之间也存在广泛的相似性。那些流传面广、影响深远的译本，往往是 4 世纪以后的作品。因此，早期译者或某个译场的言语偏好，并不能有效解释该经典的汉译传统所呈现出的语词上的乖谬。在对早期译经的批判性继承之中，一套较为成熟的汉地佛经语言体系逐步确立。同时，反

---

① ［美］尤金·A.奈达著，严久升译：《语言文化与翻译》，内蒙古大学出版社，2001年，第49页。
② ［美］尤金·A.奈达著，严久升译：《语言文化与翻译》，内蒙古大学出版社，2001年，第49页。

映译者思想的注疏文本，也为翻译的有效性提供了重要补充。

第二，佛经中的真值命题影响译词的选择，并成为翻译有效性的依据。比如上面提到过的例子："无量佛国皆严净"① （Vkn I §3, 2a. anantabuddhakṣetraguṇavyūhasamalaṃkṛtaiḥ），这是《维摩诘经》中的语句，也是大乘佛经体系中不言自明的定理。因而所有的 buddhakṣetra 由鸠摩罗什译作"净土"、由玄奘译作"严净佛土"，都是合乎佛理的。从语义上讲，增添意义范围内的修饰成分并不改变所指的外延。只是这样一来，不同修饰成分之间语言层次上的差别（尤其是内涵意义②）被削弱了。

总而言之，佛经翻译是一项集体的、历时性的语际实践。一部汉译作品所发挥的影响及其在僧团内部普遍获得的认可，不仅同译者对词位和句法的把握有关，更是同经文自身的逻辑线索、佛教文本之间相互的意义关联和传统宗派的知识结构密切相关。那体慧、辛嶋静志注意力到 vyūha 和 viśuddha 的能指相似性可能带来的意义混乱，而更多证据表明，这种混淆在支谦的认知活动中是不存在的。更重要的是，通过源语的能指混淆阐释宗教思想变迁的方法，对于研究专名的命名是有帮助的；但对于系统性、历时性的佛经翻译活动而言，这种研究方法难以揭示译语不同指称之间存在的替代性关系，以及新的语义联结如何融贯于文本的内在体系之中，并获得僧团及后世译师的认可。因而，问题的关键不在于源语的不同词位对应相同译词所带来的历史误解，而在于这些词位的所指在源语语境中的语义关联，及译语所指意义的合并带来的宗教思想的具体变化。

三、佛土的庄严与佛土的清净

3.1 buddhakṣetrapariśuddhi 与 buddhakṣetraguṇavyūhālaṃkāra

---

① 支谦译：《佛说维摩诘经》卷1，《大正藏》第14册，第519页中。

② 词位在其经常出现的语境中产生的联想意义。参见奈达：《语言文化与翻译》，内蒙古大学出版社，2001年，第38页。

"佛教中国化"举隅

藤田宏达是第一位提出"净土"一词来源于大乘佛经"净佛国土"思想的现代学者。[①] 研究者们大都注意到，鸠摩罗什译经中 buddhakṣetrapariśuddhi, buddhakṣetraguṇavyūha(-alaṃkāra) 和一般意义上的 buddhakṣetra 对应于相同的译词"净土"。实际上，如果考察这三个梵文词位的所指意义在语境中的独特关系，会发现这不仅仅是语际实践中译词选择的结果。

关于《维摩诘经》文本中主格的一切诸佛的佛国（buddhakṣetra）与宾格的清净佛国（buddhakṣetrapariśuddhi）之间逻辑判断的问题，我在上一部分已经指出。而对于 buddhakṣetrapariśuddhi 与 buddhakṣetraguṇavyūha 所指之间的语义关联，经文中也有多处明晰的逻辑线索。比如《维摩诘经》中对后世影响深刻的一个语句：

yādṛśī bodhisatvasya cittapariśuddhis tādṛśī buddhakṣetrapariśuddhiḥ saṃbhavati (Vkn I § 14, 7a.)

支谦译：菩萨以<u>意净</u>故，得<u>佛国净</u>。（《大正藏》第14册，第520页中）

鸠摩罗什：随其<u>心净</u>，则<u>佛土净</u>。（《大正藏》第14册，第538页下）

玄奘：随诸菩萨<u>自心严净</u>，即得如是<u>严净佛土</u>。（《大正藏》第14册，第559页下）

在经文中，舍利弗对这个句子心生疑惑。佛陀便施展法力，令一切众生看见三千大千世界无量功德庄严。接着佛陀对舍利弗说：

evam eva śāriputra ekabuddhakṣetropapannā yathā <u>cittapariśuddhyā</u> satvā buddhānāṃ <u>buddhakṣetraguṇavyūhān</u> paśyanti (Vkn I § 18, 8a.)

---

① [日]藤田宏达：《原始淨土思想の研究》，岩波书店，1979年，第509–511页。

支谦译：如是，舍利弗！若人意清净者，便见诸佛佛国清净。（《大正藏》第 14 册，第 520 页下）

鸠摩罗什译：如是，舍利弗！若人心净，便见此土功德庄严。（《大正藏》第 14 册，第 538 页下）

玄奘译：如是，舍利子！无量有情生一佛土。随心净秽，所见有异。若人心净，便见此土无量功德妙实庄严。（《大正藏》第 14 册，第 560 页上）

两个句子之间，结构和内容上存在显而易见的对应关系。由上下文得知，buddhakṣetraguṇavyūha（佛国的功德庄严）正是佛陀、舍利弗和众人眼中 buddhakṣetrapariśuddhiḥ（清净佛国）具体和唯一的标准。因此在《维摩诘经》的语境中，buddhakṣetraguṇavyūha 可以视为同 buddhakṣetrapariśuddhiḥ 具有等价关系的表述。不同的是，首先，pariśuddhiḥ 是由动词√śudh（净化）的过去被动分词（ppp.）转化生成的名词性短语，语义上偏重于清净佛国空间的实践行为；而 buddhakṣetraguṇavyūha 则是对佛国土功德圆满状态的描述，也是对"清净"所指的进一步刻画。这种区分被藤田宏达[①] 和平川彰[②] 称为"土被净"和"净的土"的差别。此外，从叙事的视角来看，在上面所举的两个句子中，buddhakṣetrapariśuddhiḥ 是菩萨通过净心而得到的能接纳众生的清净佛国，而 buddhakṣetraguṇavyūha 则是众生看到的配置美好、功德庄严的佛国土。对于上述第一个区别，即净化实践与净好状态的区别，展示的是两个词位不同思想来源间的理论张力。而第二个区别，即菩萨备置净土与众生求生净土的区别，则引申出多层面的宗教实践，并衍生不同的修行旨趣。

3.2 配置土（vyūha 净土）思想

藤田宏达认为，"'净佛国土'思想所假定的'清净的国土'，必然

[①] 藤田宏达：《原始淨土思想の研究》，岩波书店，1979 年，第 508 页。
[②] 平川彰：《净土思想と大乘戒》，《平川彰著作集》第 7 卷，春秋社，1990 年，第 80 页。

会在佛教发展中被具体化，成为有形的净土。"① 早期大乘佛典中提到具体的有形的他方世界，如阿弥陀佛的极乐土（Sukhāvatīvyūha）、阿閦佛净土（Akṣobhyavyūha）、文殊师利佛土（Mañjuśrībuddhakṣetraguṇavyūha），命名时都以 vyūha 作为其功德圆满的标志。在专弘此类净土的经典中，也用 buddhakṣetraguṇavyūha(-laṃkāra) 来形容佛土的美妙配置。如 5 世纪译出的《无量寿经》中的语句：

> 设我得佛，国中菩萨随意欲见十方无量严净佛土（buddhakṣetraguṇālaṃkāravyūha②），应时如愿，于宝树中皆悉照见，犹如明镜睹其面像。若不尔者，不取正觉。③

为了叙述方便，"净土"概念的思想资源中对应于 guṇavyūha 表述的他方世界，此处用"配置土"一词指称。每个这样的世界对应于唯一的佛名，根据大乘经典的描述，这些佛在成佛之前都曾发下种种大愿，并在成就佛土后极大限度地利益众生。

肯尼斯·K. 田中在《中国净土思想的黎明》一书中对这类净土成立的思想背景做了一系列考察，比如"过去七佛"理论的影响、他方世界超验佛陀的宇宙观、佛教在与湿婆派和毗湿奴派竞争中发展出的救世中心的崇拜主义等等。④

总的说来，"配置土"思想建立的基础，主要与两方面的进程有关。

第一，多佛信仰的诞生及十方世界宇宙观的成立。

过去佛的理论从释迦牟尼圆寂后便开始形成。⑤ 未来佛的观念随后出现。至迟于公元前 2 世纪，弥勒（Maitreya）信仰开始兴盛，这种信仰主

---

① 藤田宏达：《净土三部经の研究》，岩波书店，2007年，第388页。
② *Sukhāvatīvyūha, édité par Atsuuji Ashikaga*，法藏馆，1965年，19.10。
③ 佛驮跋陀罗、宝云译：《佛说无量寿经》卷上，《大正藏》第12册，第269页上。
④ 肯尼斯·K.田中著，冯焕珍等译：《中国净土思想的黎明》，上海古籍出版社，2008年，第5-7页。
⑤ 前揭书，第5页。

张现今住在兜率天的弥勒菩萨将于释迦牟尼圆寂后的五千年到数十亿年间降生到这个世界。弥勒信众希望往生到兜率天或者弥勒降生度世的世界。[1] 同时，在公元前2世纪，诸佛普遍存在于宇宙十方的理论也已经在大众部等佛教派别产生。[2] 同时诸佛说向崇拜者保证，在这个没有佛的世界，能回答其启请的诸佛依旧住在别的世界，他们能够往生到诸佛国土中去。[3]

第二，功德的回向是早期大乘佛教出现的新的宗教思想。虽然上座部有一个类似的利益概念叫"供养"（ādiśati），但在部派佛教时期，佛教的基本理念仍然是：人的业只能由个体负责。"回向"（parṇāma/parriṇāmana）的概念揭示了一种新的解脱过程：一个修行有所得的人为了其他人得到利益，可以将他累积的功德回向给他们。公元前1世纪，不仅修行者把功德回向给亲人或特定的个体，一些比丘、比丘尼也会出资修建"圣所"，以制造功德来饶益僧众。[4] 诸佛菩萨由于累积了无量功德，因此能在更大范围内布施利益；信徒们则可以指望度世诸佛的"干预"和"洪恩"来改变个体累积的业力。[5]

诸佛以无量功德生起"配置土"，摄化众生降生于国土之中，这样的信仰恰恰是上述两种思想倾向的集中体现。阿弥陀佛的极乐土无疑是出现在现存大乘佛教经典中频率最高、地位最为重要的一种配置土。对西方极

---

[1] Alan Sponberg and Helen Hardacare, eds. *Maitreya, the Future Buddha,* Cambridge Univ. Press, 1988.

[2] 印顺指出，《入大乘论》和说出世部的《大事》中都提到了大众部所传他方世界佛的名字。（《印顺法师佛学著作全集》第十三卷下《印度佛教思想史》，中华书局，2009年，第56页。）而上座部的《论事》批判大众部"十方世界有佛说"。（参见《印顺法师佛学著作全集》第十六卷《初期大乘佛教之起源与开展（上）》，中华书局，2009年，第135页。）根据前田专学关于《论事》成书年代不晚于公元前2世纪末的研究结论（前田惠学：《原始佛教聖典の成立史研究》，山喜房仏书林，2006年，588-590页），即可得出文中论断。

[3] Teresina Rowell: "The Background and Early Use of the Buddha-kṣetra Concept." *The Eastern Buddhist 4 – 2 and 3*, 1935, pp. 426– 427.

[4] Gregory Schopen: *Bones, Stones, and Buddhist Monks: Collected Papers on the Archaeology, Epigraphy, and Texts of Monastic Buddhism in India,* University of Hawaii Press, 1997, p. 30.

[5] 梶山雄一：《"さとり"と"廻向"—大乘仏教の成立》，講談社，1983年，第168-184页。

乐世界起源和发展的考察在学术界亦取得了不少成果。藤田宏达在其《原始净土思想研究》一书中列举了有关极乐世界起源的种种理论，如梵天、极乐水神界、夜摩天等印度传统神话起源论①，太阳神、非洲岛屿、伊甸园等外部起源论②，北俱芦洲、拘舍婆提、欲界和色界天、佛塔等佛教内部起源论③。除此以外，还有一些后续的设想，比如伊朗东部的山洞等。④

这些研究不过展示了不同文明和宗教体系中共有的神话结构。值得注意的是，净土信仰诞生之初，并非只有阿弥陀佛的极乐净土这一种存在形式，一个典型的例子是最早由支娄迦谶翻译于公元186年以前的《阿閦佛国经》。⑤ 这部经典的内容在很多方面与《无量寿经》所讲述的阿弥陀佛的故事有着相似的结构。比如，故事的主人公阿閦佛在成佛以前被称为"阿閦菩萨"，同阿弥陀佛的前世法藏比丘一样，他也在他所在世界的佛祖（大目如来）面前发下大愿，承诺自己成佛以后种种利益众生的功德，其中也包括成就佛土的庄严。⑥ 那体慧认为，阿閦佛净土的形象及其宗教修行，与此前的"主流佛教"体系是比较接近的，比如：虽然这部经典中也提倡"佛道"修行，但仍然称赞以阿罗汉为目标的修行者们⑦，且在阿閦佛净土中，成就阿罗汉会比在娑婆世界更为迅速。⑧

---

① 藤田宏达：《原始淨土思想の研究》，岩波书店，1979年，第471–473页。

② 前揭书，第466–468页。

③ 前揭书，第469–471页。

④ 杉山二郎：《極楽净土の起源》，筑摩书房，1984年，第150–167页。

⑤ Jan Nattier: "The Realm of Aksobhya: A Missing Piece in the History of Pure Land Buddhism", Journal of The International Association of Buddhist Studies, Vol. 23, No. 1, 2000, p. 76.

⑥ 支娄迦谶译：《阿閦佛国经》卷1，《大正藏》第11册，第752页下–753页上。

⑦ 施特劳赫研究了公元2世纪或更早的一个有关阿閦佛国思想的犍陀罗写本，在这则材料中，阿罗汉和声闻被当作修行目标，般若波罗蜜多或大乘"易行道"则完全没有提及。作者认为该经内容反映了大乘佛教早期发展情况。参见Ingo Strauch: "More Missing Pieces of Early Pure Land Buddhism: New Evidence for Akṣobhya and Abhirati in an Early Mahayana Sutra from Gandhāra", Eastern Buddhist, 2010, pp. 61–62.

⑧ Jan Nattier: "The Realm of Aksobhya: A Missing Piece in the History of Pure Land Buddhism", Journal of The International Association of Buddhist Studies, Vol. 23, No. 1, 2000, p. 100.

更具有启发性的成果是,那体慧对比了《阿閦佛国经》的阿閦佛净土同《无量寿经》中弥陀极乐世界之间的差别:首先,阿閦菩萨的大愿是世世苦修以利益众生,这是菩萨行的传统内容,国土美丽只是这一宗教实践的"副产品",并非关键意图;而法藏菩萨的大愿则全部指向其未来佛土的特征及其信徒往生于此的方法。第二,往生阿閦佛国是修行者功德累积的结果,与是否供养阿閦佛无关,修行人甚至可以在不知道阿閦佛名的情况下往生该净土(作为一项大乘佛经惯常的附加项,经文结尾提到崇敬该经也能得到往生机会);而对于极乐土来说,能否往生同修行人与阿弥陀佛之间建立的信仰关系有着直接联系,在晚出的一些论疏当中,超出原本个人业报的部分被称为"他力"。第三,阿閦佛国中男女并存,往生于兹的众生从母亲体内诞生(虽然诞生过程无需性行为的参与);而阿弥陀佛的极乐土中没有女性,个体只能从莲花当中"化生"。①

这项研究揭示了诸佛配置土在大乘佛教初创之时丰富的形态,它们是大乘佛教经典形成过程中思想观念发展与革新的体现。阿閦佛净土的相关理论昭示了配置土观念存在的不同建构方式。尤其值得注意的是,大乘佛经中有关阿閦佛国的描述,同净土往生的修行方向无甚关联。经文对阿閦佛及其国土的赞美,关键意义在于为修行者描绘一位值得崇敬的觉悟者,他的宗教实践发挥着某种教科书般的作用——这样的故事中,大乘佛教利益众生的修行理念得到了全面阐释,并成为修行者效法的对象。较晚出现在佛教文本中的药师佛及其净土,也具有类似的叙事模式。不同的是,对药师佛的崇敬可以带来现世的利益,甚至在特别的情形下往生西方极乐世界。② 这表明"往生"已成为阿弥陀佛极乐土的标志性特色。

《无量寿经》和《阿弥陀经》(《小无量寿经》)所描绘的极乐土信仰,

---

① Jan Nattier: "The Indian Roots of Pure Land Buddhism: Insights from the Oldest Chinese Versions of the Larger Sukhāvatīvyūha". *Pacific World: Journal of the Institute of Buddhist Studies 3rd ser.*, 5, 2003, pp. 190–191.

② 玄奘译:《药师琉璃光如来本愿功德经》卷一,《大正藏》第 14 册,第 406 页中。

包含超越个体业报轮回的往生思想，并在诸多方面与此前形成的"佛教传统理念"存在张力。①这种差异恰恰是弥陀净土信仰在东亚流行的因素之一。此外，极乐土的意涵在历史的建构过程中，一些新颖的特征设定，必然带来其他因素的调整，从而使新元素富集。比如该土没有女人与新生命出生方式（化生）的关系。新元素的共存，存在逻辑上的必然性。它们相互之间的影响过程究竟如何？需要更多的历史材料才可以得到确凿答案。无论如何，应当注意到，弥陀净土往生理论在整个大乘佛教思想体系中有着十分独特的观念和宗旨，这种独特性在其原典中便已显现。

3.3 清净土（pariśuddhi 净土）思想

"清净佛土"或"佛土的清净"（buddhakṣetrapariśuddhi）的概念是由动宾结构的"净佛国土"（buddhakṣetra pariśodhayati）的宗教实践观衍生出的对象化表达。作为"净土"概念最重要的词源，"清净土"丰富了菩萨行的内容，无疑是推动大乘佛教理论完善过程的一项创造。实际上，它使诸佛配置土的观念同佛教传统的修行理念及大乘菩萨行之间产生了合理的联系。

藤田宏达不仅考察了早期大乘经典中"净佛国土"的使用，还在大众部说出世部《大事》的偈颂中找到了这类思想的表述：buddhakṣetraṃ viśodhenti bodhisatvā ca nāyakā（Mahāvastu I 283.3；菩萨和导师令佛土清净）。②汪志强则在汉译《杂阿含经》中找到与此多少有些关联的偈颂③："心持世间去，心拘引世间。其心为一法，能制御世间。"④这则偈颂提到了心能改变和支配世间的思想，这也是大乘佛教"唯心"观念的早期来源。

---

① Jan Nattier: "The Realm of Akṣobhya: A Missing Piece in the History of Pure Land Buddhism", *Journal of The International Association of Buddhist Studies*, Vol. 23, No. 1, 2000, p. 101.
② 藤田宏达：《净土三部经の研究》，岩波书店，2007年，第388页。
③ 汪志强：《印度佛教净土思想研究》，巴蜀书社，2010年，第9页。
④ 求那跋陀罗译：《杂阿含经》卷36，《大正藏》第2册，第27页上。

如前文所述，多佛国土的思想仅仅在大众部萌生，因而在汉译《杂阿含经》（被现代学者推论为根本说一切有部所传之经典）的内容中，只提到"世间"，也就是此在的世界。在只有一个世界的前提下，"净化佛土"这样的思想自然无从谈起。"佛土的净化"是在"佛土"概念产生之后，大乘佛教对"心的净化""业的净化""界的净化"等隐喻所做的迁移性引申，这样的修辞也体现出印度传统宗教思想的影响。

关于"心的清净"的话题，在部派佛教时期已有所讨论。巴利语《增支部》（Aṅguttara Nikāya I. 10）中就出现了"心性清净"的表述①，被名词化以后，成为"自性清净心"（prakṛti-prabhāsvara-citta）的概念。一般认为，"心性本净"是大众部与上座部某些派别的主张。② 据汉译《大毗婆沙论》记载，分别说者主张"心本性清净，客尘烦恼所染污故，相不清净。"③ 这句话的基本含义是：由于烦恼的存在，心无法保持本性。在这个暗喻中，烦恼被比作外来的尘土，心远离烦恼的解脱状态，则随之以"清净"作为喻体。在整个佛教的历史语境中（包括早期佛教传统），以"客尘"借喻烦恼是一种模式化的叙事策略④；"净"（śuddha）与"不净"（aśuddha）作为隐喻性的描述词，惯常对应于"离烦恼"和"烦恼"两种状态。心和烦恼的关系问题是早期佛教派别较为关注的问题。然而，当"净"和"不净"的表述扩展到精神活动、也就是"心"的范畴之外时（比如"净"与"不净"修饰"业"（karma）的情况），"客尘烦恼"的隐喻便缺乏直观的判断。此时，若要进一步确定"净"或"不净"在当前语境的引申含义，阐释的工作必须返回到"心和烦恼"的语境中去。从语义发展的角度来说，"唯

---

① Stephen Hodge: *The Maha-Vairocana-Abhisambodhi Tantra: With Buddhaguhya's Commentary*, Routledge, 2015, p. 31.

② 《印顺法师佛学著作全集》第 13 卷下《印度佛教思想史》，中华书局，2009 年，第 67 页。

③ 玄奘译：《阿毗达磨大毗婆沙论》卷 27，《大正藏》第 27 册，第 140 页中。

④ 周贵华认为，"心性本净"在早期佛教文献中常以譬喻形式呈现，如《杂阿含经》卷 48 中以炼金和去除尘垢来譬喻比丘修心解脱的过程，在《增一阿含经》卷 17 中，铜器蒙尘垢的譬喻则用来暗示心本来是清净的。参见：周贵华，《唯识、心性与如来藏》，宗教文化出版社，2007 年，第 66 页。

心"思想在佛教发展过程中始终占据重要位置——不仅绝大部分修行问题都是"心"（精神活动）的问题，经典隐喻在佛教文本中还不断引申含义，而这些隐喻（如"除垢""炼金"等）只有在"心本源论"的命题中才具备有效的阐释路径。

佛教修行的过程是去除烦恼的过程，上座部和大众部认为心由此达到本然的"净"的状态，而说一切有部则认为"净心"替换了"染心"。① 无论哪种意见，心在修行解脱的过程中确实发生了变化。这种动词意义的由染至净的过程，即"净化"的义值，便是 viśodhayati, pariśodhayati 等词位在早期佛教经典中最基本的所指意义。而当这些表"净化"的动词述谓"界"或"国土"时，它们的引申含义是值得考察的。此外，"净"（śuddha）的本意只是空间清洁无尘的状态。对于佛国土而言，"清净"（pariśuddhi）的状态却不简单对应空间环境的整洁。由此，"净土"，净化而得的佛国土（buddhakṣetrapariśuddhi），便获得了宗教意义上"净"（pariśuddhi，全然被净化）的特征，该特征对应于众生的解脱及其烦恼的消除。

反观公元 2 世纪之前大乘佛教文本中已经出现的佛国形象，以阿閦佛国与阿弥陀佛的极乐净土为代表，它们都被描绘出一些美好的特质，比如：没有恶道。众生相貌美丽，道德高尚，没有淫欲。没有四季寒暑，地形平坦无崎岖，等等。② 方立天认为，印度佛教净土说描绘的清净世界，与众生所在的现实世界形成巨大的反差，成为一种被普通信众渴盼和追求的理想世界的典范。③ 诚然，这些诸佛国土的形象，很大程度上满足了大众对美好世界的期待。同时，富于宗教规约性与神圣性的特点，又保证了它与世俗欲求之间稳固的张力。恶道的威胁、时令的变迁、地形的崎岖，都是烦恼的起因。一方面，佛国种种异常特征的设定，消除了外部环境给心带

---

① 吕澂：《印度佛学源流略讲》，上海人民出版社，2005 年，第 71 页。
② 支娄迦谶译：《阿閦佛国经》卷 1，《大正藏》第 11 册，第 755 页下 -756 页上；佛驮跋陀罗、宝云译：《佛说无量寿经》，《大正藏》第 12 册，第 270 页上。
③ 方立天：《中国佛教哲学要义（上卷）》，中国人民大学出版社，2005 年，第 203 页。

来烦恼的差别相，优化了物质世界对精神活动的客观影响；另一方面，这些特征本身也可以视作众生内心断除烦恼的外在表征——从某种意义上说，佛国土的形象正是精神世界得到解脱的图像化表现。阿弥陀佛的国土甚至直接以"极乐"（Sukhāvatī）命名。① 《阿弥陀经》对此的解释是："其国众生，无有众苦，但受诸乐，故名极乐"。② 《无量寿经》中也有类似表述，如："无有三涂苦难之名，但有自然快乐之音，是故国名曰极乐。"③ 根据早期佛教"有漏皆苦"的主张，"极乐土"从叙事的角度实现了众生烦恼的断除。

如前所述，佛国以诸佛无量功德配置而成，称为"配置土"。国土所有的美好相状皆是佛功德的展现，guṇavyūha（功德庄严）便成了对佛土之美的无上赞叹。诸佛解脱自在、功德完满，佛的配置土必然已达到"净化"（pariśodhayati）实践的高级阶段，呈现出"清净"（pariśuddhi）状态。至此，vyūha/ guṇavyūha 所涵盖的具体相状，便成为 pariśuddhi 的标准；而 pariśuddhi 的"清净"涵义，则为 vyūha/ guṇavyūha 提供了与心的解脱密切相关的意象——这一点尤为重要：通过分享"净化"的隐喻，从语言的层面，"心解脱"的宗教实践（cittapariśuddhi; 心净）便同佛菩萨发大誓愿、生起"配置土"的宗教叙事（buddhakṣetrapariśuddhi; 土净）统一在相同的述谓之中。于是，"配置土"成立的理论基础，如"利益众生""功德回向"等大乘精神，都可以看作"净化"实践的具体内涵。从更广泛的意义上说，佛国土的成立正是佛教"净心"（离烦恼）思想的具象化表达。现在，心净（cittapariśuddhi）和土净（buddhakṣetrapariśuddhi）之间只差一个逻辑联接词了。

---

① 根据叔本的研究，早期"极乐土"（*Sukhāvatī*）观念未必同阿弥陀佛信仰有关，它是某种宗教终极目标的象征。公元 2 世纪以前，求生极乐土的修行方式广泛存在于印度大乘佛教团体之中。参见 Gregory Schopen: "*Sukhāvatī* as a Generalized Religious Goal in Sanskrit Mahāyāna Sūtra Literature." *Indo-Iranian Journal* 19,1977, pp. 177–210.

② 鸠摩罗什译：《佛说阿弥陀经》卷1，《大正藏》第12册，第346页下。

③ 《佛说无量寿经》卷上，《大正藏》第12册，第271页中。

四、《维摩诘经》的"心净土净"思想

如果说,"净土"(buddhakṣetrapariśuddhi)思想是从"心的清净"的隐喻出发、为早期佛教解脱观和诸佛国土理想世界之间建立能指层面的确切联系的话,那么《维摩诘经》中关于"心净土净"的命题便是对"净心"(cittapariśuddhi)和"净土"(buddhakṣetrapariśuddhi)之同构性所作的合乎佛教思想体系的哲学诠释,为这对概念前设的语源联系提供的理论上的综合判断。

值得注意的是,《维摩诘经》通过戏剧性的方式演绎大乘佛教突破传统的修行理念,并同时对早期大乘佛教的"传统"进行批判性阐扬。通过象征不同才能和修行面向的角色间的对话,那些固着于个人世俗见解和利己行为的实践方式被一一否定,真正富于菩萨道精神的佛法得到佛陀的肯定。同大多数佛教经典相似,这种书写实践将修行解脱的诉求放置在话语的核心地位。如何从修行实践的角度构建由"净心"到"净土"的逻辑线索,便与该经所阐发的中心议题及内部解构的论述特点获得叙事结构的一致性。

问题仍需回归到有关"心净土净"的两个命题上来:

对于第一个句子,"随其心净,则国土净"[①](yādṛśī bodhisatvasya cittapariśuddhis tādṛśī buddhakṣetrapariśuddhiḥ saṃbhavati[②]),这是从实践论意义上谈论因位的菩萨净化国土的方法。整段经文内容如下:

> yāvanto bodhisatvasya prayogās tāvanta āśayāḥ | yāvanta āśayās tāvanto 'dhyāśayāḥ | yāvanto 'dhyāśayās tāvantyo nidhyaptayaḥ | yāvanyo nidhyaptayas tāvantyaḥ pratipattayaḥ | yāvantyaḥ pratipattayas tāvantyaḥ pariṇāmanāḥ | yāvantyaḥ pariṇāmanās tāvanta upāyāḥ | yāvanta upāyās tāvantyaḥ kṣetrapariśuddhayaḥ | yādṛśī

---

① 鸠摩罗什译:《维摩诘所说经》卷上,《大正藏》第14册,第538页下。
② Vkn I § 14, 7a.

kṣetrapariśuddhis tādṛśī satvapariśuddhiḥ | yādṛśī satvapariśuddhis tādṛśī jñānapariśuddhiḥ | yādṛśī jñānapariśuddhis tādṛśī deśanāpariśuddhiḥ | yādṛśī deśanāpariśuddhis tādṛśī jñānapratipattipariśuddhiḥ | yādṛśī jñāna- pratipattiparirḥ | yāvantṛśī svacittapariśuddhiḥ | tasmāt tarhi kulaputra buddhakṣetraṃ pariśodhāyitukāmena bodhisatvena svacittapariśodhane yatnaḥ karaṇīyaḥ | tat kasya hetoḥ yādṛśī bodhisatvasya cittapariśuddhis tādṛśī buddhakṣetrapariśuddhiḥ saṃbhavati | atha buddhānubhāvenāyuṣmataḥ śāriputrasyaitad abhavat①

　　菩萨随其直心，则能发行；随其发行，则得深心；随其深心，则意调伏；随意调伏，则如说行；随如说行，则能回向；随其回向，则有方便；随其方便，则成就众生；随成就众生，则佛土净；随佛土净，则说法净；随说法净，则智慧净；随智慧净，则其心净；随其心净，则一切功德净。是故宝积！若菩萨欲得净土，当净其心；随其心净，则佛土净。②

在这段文字中，菩萨"直心""发行""深心""意调伏""如说行""回向""方便""成就众生"等修行实践被序列化，构成"清净佛土"的必要步骤。佛土的清净又可推致"说法净""智慧净""心净""一切功德净"。译者鸠摩罗什对这段文字有如下注解："此章明至极深广，不可顿超；宜寻之有途，履之有序。故说发迹之始，始于直心；终成之美，则一切净也。"③应当注意到，在这个繁复的修行阶次中，菩萨的净土和净心是在同一方向上的，且从逻辑顺序上讲，佛土清净的目标会在心的清净之前完成。在这里，大乘佛教的修行始终是"自利利他"的，菩萨在清净自心的过程中，通过坚定的信念、深广的誓愿、勤奋的践行、无私的回向、开导众生的方便法

---

① Vkn I § 14, 6b–7a.
② 鸠摩罗什译：《维摩诘所说经》卷上，《大正藏》第 14 册，第 538 页中。
③ 僧肇：《注维摩诘经》卷 1，《大正藏》第 38 册，第 337 页上。

门等修行实践，在成就佛身的同时实现佛土的清净。

在玄奘的译文中，"yādṛśī bodhisatvasya cittapariśuddhis tādṛśī buddhakṣetrapariśuddhiḥ saṃbhavati"被译为"随诸菩萨自心严净，即得如是严净佛土。"① 应当说，玄奘的译文更确切地反映了源文本的完整信息，因为它用"如是"的表述强调了"tādṛśī"一词标明的"佛土清净"与"自心清净"的相应关系，即：菩萨的心是怎样的清净，像那样清净的佛土就会出现。在此前的一段文字②中，一些复合名词如"āśayakṣetram"（诚心之土）、"adhyāśayakṣetram"（决心之土）、"prayogakṣetram"（善加行土）等，以国土之名概括了大乘佛教基本实践的各种特质，且根据经文的描述，具有这些特质的众生将会生于相应的国土。综合经文中的这些信息，唯识宗将"心净土净"思想阐发为："修智因果便识净。内识既净，外感众生及器世间国土皆净。"③ 这样一来，净土便是净心的外化体现，菩萨的净土实践，便成了智慧习得和心识离染的修行过程。

一个随之产生的问题是：娑婆世界的不净状态该如何解释？释迦牟尼佛的修行成就为何没能令其国土清净？实际上，自诸佛国土信仰兴起，这个问题的产生就是必然的——同样是佛国，为何阿閦佛国、阿弥陀佛净土达到了完好的配置，而释迦牟尼佛的佛国却有恶道、寒暑、崎岖、灾难等各种给众生带来烦恼的事项？

在《维摩诘经》当中，借舍利弗之念，这个问题得到了呈现。继而佛陀示现神通，三千大千世界展现出无量珍宝装饰的美好景象。接着，关于"心净土净"的第二个句子出现："若人心净，便见此土功德庄严。"④（ekabuddhakṣetropapannā yathā cittapariśuddhyā satvā buddhānāṃ

---

① 玄奘译：《说无垢称经》卷1，《大正藏》第14册，第559页下。
② Vkn I §13, 5b–6b.
③ 窥基：《说无垢称经疏》卷2，《大正藏》第38册，第1030页上。
④ 鸠摩罗什译：《维摩诘所说经》卷上，《大正藏》第14册，第538页下。

buddhakṣetraguṇavyūhān paśyanti①）

"见"（paśyanti）字表明这里涉及了认识论问题。"功德庄严"（guṇavyūha）是娑婆世界在一种假定情况下被认识到的性状。这个句子强调生于同一佛土的众生，只有自心清净，才能看见佛土功德庄严。对于舍利弗等尚未达到"心净"的人，娑婆世界则呈现出地形崎岖、恶秽充满的状态。佛陀解释说，为了度化下劣之人，他的世界特意示现种种不净的样子。不同福德的人，从中看到不同景象。②《维摩诘经》的这段叙事是值得推敲的。如果净秽只在自心，那么释迦佛土理应是一个"中性"的存在：自心清净的众生见到清净的景象，烦恼愚痴的众生见到丑恶污秽的场面。然而按照这段经文的描述，对于娑婆世界而言，"清净"的状态却具有更高的真实性。这是一种宗教意义上的真实性——在经文中，福德等级高于舍利弗的天界众生螺髻梵王看见释迦佛土清净如自在天宫；佛陀告诉舍利弗，佛陀的国土本来清净，众生不见国土清净，只是因为自己愚痴。③同时，借螺髻梵王之口，另一个命题也被提出：不依清净佛智（pariśuddha-buddha-jñāna-āśaya），就看不到娑婆世界的清净。④在大乘佛教的经典语境中，"断烦恼""清净""智慧"，与获得物质和精神上最高真实性的"法性""真如"，常有着密切的对应关系。这意味着，虽然修行见地上"不落两边"，但与"秽"相比，"清净"必然是事物更为真实的存在方式，虽然暂时可能展现为一种尚未完成的状态。

不可否认，在有关大乘佛教经典的各种论疏之中，绝大多数情况下娑婆世界仍然是被判作"秽土"的，或者被理解为"杂染"，否则他方净土就丧失了实际意义。值得注意的是，《维摩诘经》中佛陀于娑婆以足指按地，

---

① Vkn I §18, 8a.
② 鸠摩罗什译：《维摩诘所说经》卷上，《大正藏》第14册，第538页下。
③ 鸠摩罗什译：《维摩诘所说经》卷上，《大正藏》第14册，第538页下。
④ Vkn I §16, 7b.

向大众示现的清净世界，再现了佛陀于前文所讲"我此土净，而汝不见"①（pariśuddhaṃ hi śāriputra tathāgatasya buddhakṣetraṃ yūyaṃ punar idaṃ na paśyatha②）的断言。在这个譬喻中，三千大千世界悉皆呈现出清净庄严之相。这种由众生的视域所"见"（paśyatha）——或者说是认识到的佛土的清净特质，在两个维度上被名词化：一、释迦牟尼佛的国土，乃至三千大千世界，从真如的角度讲都是"净土"，是等待下劣众生通过修行去证实的"净土"；二、形容国土配置美好、远离烦恼的"净"的义值，及其名词化形式"净土"，开始向观察者的主观觉受方向引申——"土"的义域因此而超出客观性涵义的"器世间"的范畴，从而具有超验性和精神性特征，它的呈现方式仍然受到某种共通法则（众生的共业）的支配。

汪志强注意到，大乘经论在回答佛陀诞生秽土的意义时，有着不同的解释路径：除了《维摩诘经》的"心净土净"理论，《大般涅槃经》强调悲心深重的菩萨舍净土、选择五浊恶世救度烦恼众生；而《华严经》和《梵网经》则成立毗卢舍那佛的莲华藏世界，莲华藏世界包含娑婆世界。③莲华藏世界的出现，从某种程度上打破了大乘佛教"一佛一世界"的思想传统④；"佛国土"的神圣空间的构建，也不再单纯以现实世界中国土的方位与区块作摹本。莲华藏世界可以被称作"超净土"，或者"元净土"，它试图从概念上为所有的净土树立一个更为理念化、因而也更具超验性的实体。

总而言之，《维摩诘经》中两个与"心净土净"相关的命题，分别从实践论和认识论意义上论述了"由净心到净土"，或"由心净而见国土庄严"的道理，对后世净土理论的发展及唯心净土观念的建构，都有着重要意义。当代学者往往只关注其一方面的含义，或把二者混淆起来，难以形成正确

---

① 鸠摩罗什译：《维摩诘所说经》卷上，《大正藏》第14册，第538页下。
② Vkn I § 16, 7b.
③ 汪志强：《印度佛教净土思想研究》，巴蜀书社，2010年，第133–134页。
④ 藤田宏达：《原始净土思想的研究》，岩波书店，1979年，第360页。

结论。此外，值得注意的是，"心净土净"本质上论述的是"心"和"净"的关系，也即修行主体的精神状态与其生存空间状态之间的关系：国土因菩萨心的净化而得到净化，或随众生认知的变化而呈现见解的不同。无论如何，在这个句子中，并不存在一个既定的、特指的、被佛菩萨授予的"净土"。

育子地藏与送子观音

——试论日本地藏信仰的叙事结构

何欢欢 [1]

内容提要：日本的地藏信仰由源自古印度的地狱神话奠定基调，提供主要的叙事背景与框架，佛经中出现的地藏菩萨之"地狱救赎"形象给民众以神圣性、权威感。在此基础上，结合本土民间传说进行具象化叙事，由此发展出具备全能护佑功能的"育子地藏"。而由民俗文化渗透形成的"笠地藏"使地藏菩萨从原本佛经中解救轮回众生的形象，演变为一种"接地气"的乡土神（仙），并从"救赎孩童"这一特殊聚焦点回归到"度脱众生"，使地藏信仰更具普世意义。与此同时，从一开始就伴随着地藏菩萨的阎魔王形象渐次在世俗化的过程中被淡化，即在人间的信仰环境中，阎魔之恶只是作为对立面来衬托地藏之善而已。日本的地藏信仰浓缩了神话传说、宗教义理、民间信仰、民俗文化等人类社会长久而多元的文明要素，很好地体现了日本佛教的本土化与世俗化。

关键词：育子地藏；笠地藏；送子观音；日本佛教

十多年前初到日本留学时曾注意到一个有趣的现象，在寺院里或者路边小道两旁，经常能看到头戴红帽或者围着红围嘴的小佛像，少则一两尊

---

[1] 何欢欢，浙江大学教授，佛教资源研究中心主任。

宛然结跏趺坐，多则几十个大小不一散列站立，或左手拿宝珠，或右手持锡杖。这些孩童样貌的小佛像有一种天然的"萌"感，不仅深受日本民众喜欢，也总能成为各国游客镜头下象征着日本佛教之生命气息的特写。后来才知道，如此可爱的小佛像竟然是孩子们的守护神——育子地藏（日语：子育地藏）。不由得心生疑惑：地藏菩萨为什么变成了孩子的模样？"育子地藏"与中国常见的抱着男童的"送子观音"有什么关系吗？

一、地狱传说中的地藏菩萨

"地藏"一名译自梵语 Kṣitigarbha，其中 kṣiti 是"大地""住处"的意思，garbha 则为"含藏"之意。玄奘（600/602-664）译《大乘大集地藏十轮经》中说："安忍不动犹如大地，静虑深密犹如秘藏"，[①] 是对"地藏"一名的极佳解释。

在汉传佛教中，地藏菩萨发愿拯救六道众生，以"地狱不空，誓不成佛"的慈悲大愿著称，如实叉难陀（652-710）翻译的《地藏菩萨本愿经·分身集会品》有言：

> 尔时，百千万亿不可思、不可议、不可量、不可说、无量阿僧祇世界，所有地狱处，分身地藏菩萨，俱来集在忉利天宫。……或现男子身，或现女人身，或现天龙身，或现神鬼身，或现山林川原、河池泉井，利及于人，悉皆度脱；或现天帝身，或现梵王身，或现转轮王身，或现居士身，或现国王身，或现宰辅身，或现官属身，或现比丘、比丘尼、优婆塞、优婆夷身，乃至声闻、罗汉、辟支佛、菩萨等身，而以化度，非但佛身，独现其前。汝观吾累劫勤苦，度脱如是等难化刚强罪苦众生，其有未调伏者，随业报应，若堕恶趣，受大苦时，汝当忆念吾在忉利天宫，殷勤付嘱，令娑

[①] 《大正藏》第13册，第722页上。

婆世界，至弥勒出世已来众生，悉使解脱，永离诸苦，遇佛授记。①

从这段话里，我们可以读出有关地藏菩萨的三点核心信息：一、无数无量世界的所有地狱中都有地藏菩萨的分身，即地藏菩萨遍于各个地狱；二、地藏菩萨可以示现各种各样的身形来教化、度脱众生；三、释迦牟尼佛嘱咐地藏菩萨到娑婆世界去，直至弥勒菩萨出世以前，调伏那些因业报而堕入恶趣的罪苦众生，使他们离苦得乐。由此可见，"地狱"是围绕着地藏菩萨的最醒目的关键词。

汉文"地狱"一词译自梵语naraka或niraya，主要是"坏喜乐""无救济"的意思，一如地下的牢狱。实际上"地狱"的观念并不是佛教特有的思想，而是古印度文明共有的一种神话传说，其源头可以追溯到最古老的吠陀文献。

形成于大约公元前1500至前1000年的《阿达婆吠陀》（Atharva Veda）中出现了"地狱的世界"（nārakaṃ lokam）一词，并有"口吐白沫、鼻涕横流"等描写。② 到了"梵书"时期，明确"地狱"是由生前恶业引起的死后报应这一因果轮回思想，如《百道梵书》（约公元前700–前300年）叙述了"婆利古仙人的地狱之旅"。后来的印度文献把地狱越描越黑，有着各种各样阴森恐怖的地下场所。③ 婆罗门教的《毗湿奴往事书》《摩诃婆罗多》等典籍记载的地狱种类多为七、二十一等奇数，而南传佛教的《经集》以及北传的大乘佛教文献大多采用八、十八等偶数。④ 从刑法惩戒的残酷程度来看，耆那教的地狱描述最厉，佛教略甚于婆罗门教。

---

① 《大正藏》第13册，第779页中–下。
② AVŚ_12,4.36c: athāhur nārakaṃ lokam nirundhānasya yācitām ||36|| *Atharvaveda-Samhita*, Shttp://gretil.sub.uni-goettingen.de/gretil/1_sanskr/1_veda/1_sam/avs___u.htm，2021年10月10日访问。
③ [英]詹姆斯·M.郝嘉蒂、陈婷婷译，《史诗化叙事：南亚宗教文献中的天堂和地狱》，《民间文化论坛》2018(04)，第88-92页。
④ 《禅秘要法经》："教慈心者，教观地狱。尔时，行者即见十八地狱，火车炉炭、刀山剑树受苦众生，皆是己前身父母宗亲眷属，或是师徒、诸善知识。"《大正藏》第15册，第264页下。

"地狱"的观念通过佛教由印度传入中国,再随着佛教的传播进入日本。在《阿含经》《俱舍论》《四分律》《法华经》等广为流传的佛教典籍的浸润下,日本和中国一样,民间普遍都有"生前做坏事,死后下地狱"的说法。① 日本千叶县延命寺收藏有十六幅画卷,由江户时期的无名画师于1784年完成,主要依据从中国传入的汉译佛经,再融入一些日本的民间信仰,以室町时代的小说为基础,用佛教变相图展示了一个叫"五平"的人死后落入阴曹地府的"历险记",体现了日本自江户时代以来流传至今的地狱之典型:②

五平死后,身体不断下沉,被牛头马面拉进一片黑暗的荒野,尸骨遍地、鸟兽为伍。五平先爬过冰如箭下、死人如树的"死出山",再被扔进满是雷暴、漩涡的"三途川",又让鬼老太"夺衣婆"扒光衣服挂在树上,衣服压弯树枝的程度是称量罪业轻重的标准。最后,在净玻璃镜的照射下,五平赤裸全身接受阎罗王的审判。正当阎罗王把五平判到"针地狱"时,地藏菩萨有感于五平曾向佛合掌、救过溺水孩童两大善业,就向阎罗王请求,再给五平一次做人的机会。阎罗王同意了地藏菩萨的请求,但提出五平须参访各地狱,还魂后须向世人讲述所见所闻以劝恶从善。五平于是游历地府,见到了六种地狱:脍地狱、煮地狱、烧地狱、针地狱、火车地狱、龙口地狱。落入这些地狱中的人(亡灵),必须反反复复经历各种痛苦,直到完全抵消所犯的恶业。

---

① 例如,《长阿含经》:"如来、至真、等正觉出现于世,说微妙法,寂灭无为,向菩提道,或有众生生于中国,而有邪见,怀颠倒心,恶行成就,必入地狱,是为不闲处,不得修梵行。"《大正藏》第1册,第55页下。《阿毗达磨俱舍论》:"能破僧人成破僧罪,此破僧罪诳语为性,即僧破具生语表无表业,此必无间大地狱中经一中劫受极重苦。"《大正藏》第29册,第93页中。《四分律》:"有二种人一向入地狱,何谓二?若非梵行自称梵行,若真梵行以无根非梵行谤之,是谓二一向入地狱。"《大正藏》第22册,第588页中。;《妙法莲华经》:"以瞋恚意轻贱我故,二百亿劫常不值佛、不闻法、不见僧,千劫于阿鼻地狱受大苦恼。"《大正藏》第9册,第51页上。

② 参见拙文《日本的"地狱"教育》,《东方早报·上海书评》,2015年6月21日。

五平参观了六大地狱后，在返回阳间前经历的最后一站是"赛河原"——夭折孩子的集聚地。五平在这里见到了同村去年溺水而亡的太郎。太郎为了报答父母必须不停地堆石塔，但每当快要堆成的时候，恶鬼就会把石塔推翻。太郎不得不又从头开始堆，周而复始。如果哪一天石塔堆成了，太郎才可以再次投胎人间……

在这个日本最流行的有关地狱的传说中，地藏菩萨并不是故事的主人公，也没有关于地藏菩萨所现身形的具体描述，但地藏菩萨却是使这个故事得以展开的关键要素。因此，从地藏菩萨所发挥之角色作用的角度来看，我们可以把这个故事的叙事结构分为两层：

第一层，撷取了佛典中广为人知的基本形象，即地藏菩萨于地狱中救度众生的传统，使之成为故事主人公五平的命运发生转折的关键。也就是，地藏菩萨向阎罗王发出请求，而阎罗王同意了地藏菩萨的要求放五平还魂，才使故事的叙述进入主题内容——关于地狱的描述。

第二层，增加了佛典中并未明说的具体内容，即地藏菩萨救度众生的原因，具体到五平身上，是因为他做过"向佛合掌""救溺水孩童"两大善业，地藏菩萨才会"主动"帮他从阎罗王处脱身。

地藏菩萨虽然不是这个生动形象的"地府历险记"的主人公，但通过这两层基于佛典的叙事化表达，读者可以明显感受到地藏菩萨之于"地狱救赎"的重要性。因此，五平的故事在用地狱本身之恐怖教化民众向善的同时，也使得地藏菩萨的救赎形象伴随着地狱的可怕而更加深入人心。

二、从赛河原救童到"育子地藏"

上述"地府历险记"最后出现的"赛河原"是日本民间特有的一种信仰。在延命寺收藏的十六幅画卷中，五平没有在赛河原再次遇到地藏菩萨，但实际上自江户时代流传广泛的关于赛河原的故事中，地藏菩萨往往再次扮演了极其重要的角色。

与五平所见略有不同的是，一般来说，赛河原是专门为夭折孩子——早亡而不孝者——设计的一个场景，夭折的孩子为了报答父母之恩或者寄托对父母兄弟的思念之情，必须不停地堆石塔，但每当快要堆成的时候，恶鬼就会把石塔推翻。地藏菩萨看到孩子们不得不周而复始地重新开始堆石塔，觉得孩子们很可怜，就让孩子们躲在他的袈裟里听他诵经，躲过恶鬼，这同时也是为早亡的孩童们积聚功德，引导他们进入冥界，早日再次投生人间。

这则故事中的地藏菩萨被认为是自江户流传至今的日本地藏信仰的最典型代表。也就是说，在源自印度佛教的地狱传说的基础上，日本本土信仰赛河原思想的融入，给地藏信仰加上了第三层"叙事"——地藏菩萨是夭折孩子的救赎者——这成为日本地藏信仰的最大特点与亮点。

众所周知，在汉译佛典中，地藏菩萨是无佛的黑暗世界的救世主、导师，护佑一切众生，并不特别是孩子们的保护神，烧香供养地藏菩萨的画像、雕像等，能获得十种利益，如《地藏菩萨本愿经·地神护法品》中说：

> 是中能塑画，乃至金银铜铁，作地藏形像，烧香供养，瞻礼赞叹，是人居处，即得十种利益。何等为十？一者，土地丰壤；二者，家宅永安；三者，先亡生天；四者，现存益寿；五者，所求遂意；六者，无水火灾；七者，虚耗辟除；八者，杜绝恶梦；九者，出入神护；十者，多遇圣因。[①]

《地藏菩萨本愿经》最后的《嘱累人天品》则举出了信奉地藏菩萨的二十八种利益：

> 若未来世，有善男子、善女人，见地藏形像，及闻此经，乃至读诵，香华饮食、衣服珍宝，布施供养，赞叹瞻礼，得二十八种利益：一者，天龙护念；二者，善果日增；三者，集圣上因；

---

① 《大正藏》第13册，第787页上。

四者，菩提不退；五者，衣食丰足；六者，疾疫不临；七者，离水火灾；八者，无盗贼厄；九者，人见钦敬；十者，神鬼助持；十一者，女转男身；十二者，为王臣女；十三者，端正相好；十四者，多生天上；十五者，或为帝王；十六者，宿智命通；十七者，有求皆从；十八者，眷属欢乐；十九者，诸横销灭；二十者，业道永除；二十一者，去处尽通；二十二者，夜梦安乐；二十三者，先亡离苦；二十四者，宿福受生；二十五者，诸圣赞叹；二十六者，聪明利根；二十七者，饶慈愍心；二十八者，毕竟成佛。①

甚至现在和未来的天龙、鬼神赞叹顶礼地藏菩萨都可以获得七种利益：

若现在未来，天龙鬼神，闻地藏名，礼地藏形，或闻地藏本愿事行，赞叹瞻礼，得七种利益：一者，速超圣地；二者，恶业销灭；三者，诸佛护临；四者，菩提不退；五者，增长本力；六者，宿命皆通；七者，毕竟成佛。②

《地藏菩萨本愿经》虽然在赞叹功德时没有专门提到对孩童的利益，但《如来赞叹品》中有这么一段话，可以看作是日本佛教信仰地藏菩萨救赎孩童的经典依据：

若未来世中，阎浮提内，刹利、婆罗门、长者、居士、一切人等，及异姓种族，有新产者，或男或女，七日之中，早与读诵此不思议经典，更为念菩萨名，可满万遍，是新生子，或男或女，宿有殃报，便得解脱，安乐易养，寿命增长，若是承福生者，转增安乐，及与寿命。③

---

① 《大正藏》第13册，第789页下。
② 《地藏菩萨本愿经·嘱累人天品》，《大正藏》第13册，第789页下。
③ 《大正藏》第13册，第783页中。

将这里的"新生产者""新生子"与前述地狱传说相结合，不仅可以圆满解释地藏菩萨为何会出现在赛河原（地狱）专门救赎夭折的孩童，还可以使地藏菩萨"走出"地狱，成为人世间的孩童的保护者。换句话说，当日本佛教特别关注并提炼出地藏菩萨与孩子之间的特殊关联时，很容易与从死到生的轮回观念相结合，再加上伴随孩童成长的各种生理与社会需求，就可使地藏菩萨的主要功能从单纯的赛河原救赎者，转变成为孩子们从出生开始的保护者——育子地藏。从镰仓时代开始，日本就有把难养的小孩过继给神佛等第三者作为养子，祈愿其顺利成长的育儿习俗。因此，即使在地狱与轮回等传统观念被不断淡化的当代社会，日本民众出于对孩子的护佑与期待，对地藏菩萨的信仰也丝毫不会减弱——保佑孩子避免小到伤风感冒大到水痘麻疹等疾病的侵扰，能够健康地成长；同时，随着社会的发展，也需要地藏菩萨长期陪伴孩子，即兼任保佑学业成就、家内安全、交通安全、商业繁盛、姻缘成就等全方位的功能。

从赛河原的救赎发展出育子地藏，可以说是日本地藏信仰中的第四层也是最重要的一层叙事结构。

有意思的是，日语里称新生儿为"赤子"（"赤ちゃん""赤ん坊"），所以，江户以来的孩童样的地藏菩萨最常拥有的配饰是红色小帽或者红围兜，而不是念珠、锡杖等法器，这可能源自日本民众对"赤色"的信仰——象征着太阳与生命的起源，同时还认为红色有辟邪的功能。

值得一提的是，有一种比较普遍的说法认为，佛教传入日本后，古老的"子安神"信仰与观音、地藏相结合而形成"子安观音""子安地藏"。"子安观音"常常是抱着幼儿的慈母像，被认为是受到了中国"送子观音"思想的影响。[①] 在日本，信奉观音的利益主要有"安产育儿、火难除、厄除、盗贼除"，其中，"安产育儿"是观音信仰与地藏信仰的共通之处。但实际上，江户以来，"子安地藏"（子育地藏）要远兴盛于"子安观音"，这与中

[①] 参见金野啓史：《子安信仰の一考察》，《日本民俗学》2005年，第84—94页。

国佛教中只有"送子观音"而无"送子地藏"的信仰形式产生了强烈的反差。

"送子观音"思想可以在《法华经·普门品》中找到依据，如鸠摩罗什（343-413）译《妙法莲华经·观世音菩萨普门品》：

> 观世音菩萨有如是等大威神力，多所饶益，是故众生常应心念。若有女人，设欲求男，礼拜供养观世音菩萨，便生福德智慧之男；设欲求女，便生端正有相之女，宿殖德本，众人爱敬。①

竺法护（231-308）译《正法华经·光世音普门品》：

> 若有女人，无有子姓，求男求女，归光世音，辄得男女，一心精进自归命者，世世端正颜貌无比，见莫不欢，所生子姓而有威相，众人所爱愿乐欲见，殖众德本不为罪业。②

"求男得男、求女得女"的利益功德在中国古代显得尤为重要，因此，大慈大悲救苦救难的观音菩萨形象某种程度上被局部放大成了"送子"的慈母。

《佛说药师如来本愿经》和《大方广十轮经》也表达了类似的"送子"思想：

> 应念彼如来本昔大愿并解释此经，如所思念，如所愿求，一切所欲，皆得圆满——求长寿得长寿，求福报得福报，求自在得自在，求男女得男女。③

> 一切药谷诸福田，乃至欲求男女等，皆当归命于地藏，令彼所愿悉满足。④

---

① 《大正藏》第9册，第57页上。
② 《大正藏》第9册，第129页中。
③ 达摩笈多译：《佛说药师如来本愿经》，《大正藏》第14册，第403页上。
④ 失译《大方广十轮经》，《大正藏》第13册，第687页上。

在中国的传统佛教信仰中，孩子的保护神一般可指观音菩萨，这种保护功能的重点在于"送子"，而没有像日本的"育子地藏"那样发展出对孩子的成长进行"全过程""全方位"护佑的思想。

三、阎魔王与笠地藏

日本有一句著名的谚语"借钱地藏脸，还钱阎魔王"（借る時の地蔵顔、済す時の閻魔顔），意思是，向别人借钱时如地藏菩萨一般笑容满面，等到还钱时就变成了狰狞凶恶的阎魔王。不光是借钱，求人办事、借东西的时候，一般都是慈眉善目、满脸堆笑，而返还时大多拉长脸、不情愿。这句从室町时代开始流行的谚语，用地藏菩萨的慈悲脸与阎魔王的凶恶面作对比，一语道破了人间的冷暖。[1] 同时，这句谚语里还隐含了一个有意思的问题，地藏菩萨和阎魔王是什么关系？

一般俗称的"阎魔王"或者"阎罗王"来源于古印度的"阎魔"（Yama）。阎魔原本是天上的大神，具有不可思议的神威和至善至美的品德，父亲是太阳神之一的毗伐斯瓦特（Vivasvat），母亲是迅行女神莎兰妞（Saraṇyū），阎魔还有一个孪生妹妹阎美（Yamī）。在吠陀时期，关于阎魔所统治的阎魔王国主要有两种传说：（1）阎魔王国是一个处在天界一隅的乐园，被接引到哪里的"移民"（人间死者的亡灵），无有痛苦，但享欢乐；（2）阎魔王国是一个地狱，即痛苦的渊薮，被引导到那里的人间死者的亡灵，只受万苦，无有欢乐。《梨俱吠陀》（约公元前1700-前1100年）中隐约可见大地深暗处有恶神的说法，也出现了地狱之王"阎魔"的原形——第一个由死亡而入天界的凡人，但不是面目可憎的黑暗形象。[2]

---

[1] 真鍋廣濟：《地藏菩薩俗談》，《密教研究》第65期，1938年，第74-75页。

[2] 巫白慧译解，《〈梨俱吠陀〉神曲选》，商务印书馆，2020年，第200-206页。其中，巫白慧译解的第135曲主要讲述的就是作为天界乐园的阎魔王国：在该树下，枝繁叶茂，阎魔天众，开怀畅饮。我等父亲，一族族长，正在联系，友好先辈。（1）彼在寻求，先辈友谊。行动踌跚，沿斯恶途。睹此场景，深感不快，但仍渴望，与他再会。（2）孩子！崭新车子，无有车轮，但装一辕，朝向十方。正是此车，

阎魔王被认为是地藏菩萨的化身这一观念很有可能始自《地藏菩萨发心因缘十王经》。《地藏菩萨发心因缘十王经》略称《地藏十王经》《十王经》，由成都府慈恩寺僧藏川所述，叙说人死亡后，于冥途中经过秦广、初江、宋帝、五官、阎魔、变成、太山、平等、都市、五道转轮等十王殿（十殿阎罗），受生前所造善恶业审判的情形，并叙述地藏菩萨发心之因缘与本愿，明示阎魔王之本地即是地藏菩萨。一般认为，这部经是中国民间信仰与佛教混合后产生的，也就是冥府信仰与地藏信仰的结合，印顺认为，"这不是佛法，只是中国固有的民间信仰。"①

"借钱地藏脸，还钱阎魔王"这句日本谚语，一定程度上继承了中国的民间信仰传统，用比喻的手法把阎魔王与地藏菩萨统一在同一个人身上，隐含了阎魔王是地藏菩萨的一种分身形式的思想。但实际上，除了这一著名的谚语之外，日本的地藏菩萨几乎没有以阎魔王之可怖形象出现的场景，反而逐渐变成越加和蔼可亲的小和尚模样，如《八大菩萨曼荼罗经》等所示：

> 地藏菩萨头冠璎珞，面貌熙怡寂静，愍念一切有情，左手安脐下拓钵，右手覆掌向下，大指捻头指作安慰一切有情。②

汝曾想造，缘汝升天，故未得见。（3）孩子！汝驾车子，滚动往前，已经离开，司仪祭官。随后举行，娑摩祭典。放在舟上，从此远去。（4）谁生此子？谁开彼车？今日之事，谁来交代？与此相应，是何准备？（5）车子配有，相应装备；在车顶上，装有顶篷。车前铺设，操纵底盘；车后开通，进出道口。（6）此乃阎魔，神圣宝座；宝座又称，诸天殿堂。彼之仙笛，已被吹响；颂歌高奏，庄严阎魔。（7）

① 参见印顺《华雨集（四）》："《地藏菩萨发心因缘十王经》（《卍续藏》乙.二三），传说是赵宋藏川所传出的。（阴间地府）阎罗国中有十王，就是一般传说的十殿阎罗。人死以后，要在这里接受十王的审判。怕他们审判不公，地藏菩萨也会来参加裁断。十殿阎王加上判官、鬼卒，俨然是阳（人）间官府模样。依佛法，'自作恶不善业，是故汝今必当受报'。'自作自受'，随业受报是不用审判的。《地藏菩萨发心因缘十王经》说，无非参照人间政制，编出来教化愚民；十殿阎罗，大都塑造在民间的城隍庙中。地藏与十王的传说，与目连救母说混合，终于阴历七月被称为'鬼月'了。'鬼者归也'，中国旧有死后'招魂'，有'魂兮归来'的传说。阴阳家以为人死了，在一定时间内要回来的，所以有'避煞''接煞'的习俗。有一位法师说：'人死后就像去旅行一般，总要回到自己的房子（身体）。'"（《文殊》三二期）这不是佛法，只是中国固有的民间信仰。《卍续藏》第28册，第124页上-126页上。

② 不空译：《八大菩萨曼荼罗经》，《大正藏》第20册，第675页下。

"熙怡寂静"表现在幼童样貌的雕塑上，无论如何也不会让人联想到阴森可怖的地狱。所以，以阎罗王为代表的地狱在日本现实的地藏信仰中不断被削弱。而常见的地藏菩萨造型除了儿童样貌外，还有头戴斗笠的"笠地藏"，这是佛教与日本民俗文化相结合，促使地藏菩萨进一步"走出地狱、走向人间"的一则佳例。

很久以前，有一对贫穷而善良的老夫妇以卖斗笠为生，有一年除夕晚上，老爷爷冒着大雪出门卖斗笠，回来路上看到了一座地藏菩萨像，光秃秃的脑袋上积了一层厚厚的白雪，老爷爷就把自己的斗笠给地藏菩萨戴上，然后顶着飘雪回家了。第二天，也就是新年一早，老奶奶看到戴着斗笠的地藏菩萨把年糕和正月的供品放在玄关后缓缓离开……

这个故事一方面讲述了地藏菩萨所戴斗笠的来源，另一方面也起到了"善有善报"的教化作用。从此民间故事开始，很多日本民众认为地藏菩萨是最亲切、最亲近的佛教菩萨，不再称其为"地藏菩萨（じぞうぼさつ）"，而代之以"お地藏さん""お地藏様"等更为亲切的称呼。本土文化的民俗色彩逐渐覆盖了外来佛教之地藏菩萨的原产地面貌。地藏菩萨这种深入民间、随时化现不同身形帮助有困难之人的形象，实际上类似于中国佛教中"救苦救难"的观音菩萨。

此外，这样的地藏菩萨还经常被"摆放"在田边或者道路两旁，一般认为这种"路旁地藏"的信仰是佛教与"道祖神"习合的结果，在村子外边、路口等地方安放地藏菩萨，可以防止像"道祖神"这样的恶灵出现，保护村子里的人不受伤害。但是，清水邦彦在考察了京都周围的路旁地藏像之后指出，京都一带最早的路旁地藏像大约是1173年安放在七个入口处的六座地藏像，而在路旁安放"道祖神"则要更早一些，从现有史料并不能推出六地藏像与道祖神的关系。中世京都，并没有在路旁安放地藏像的风俗，这种习惯很可能是经过了战国的战乱，进入和平时期的江户时代才开始的，与 1650—1660 年左右产生并流行至今的"地藏盆""地藏祭"的普及有很大的关系。①

四、结语

以"育子地藏"为代表的地藏信仰仍然十分活跃于当代的日本社会，真正集中体现了日本佛教的本土化与世俗化，浓缩了神话传说、宗教义理、民间信仰、民俗文化等人类社会长久而多元的文明要素。日本的地藏信仰源远流长及至今日，与其特殊的叙事结构（如下图）密不可分。

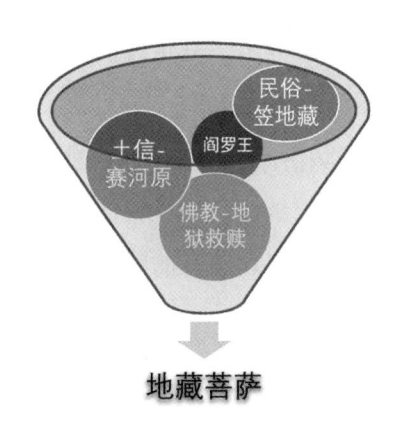

首先，源自古印度的"地狱传说"给地藏信仰奠定了基调，提供了主要的叙事背景、内容与框架。也就是，日本地藏信仰叙事结构中的第一模块"佛教的地狱救赎"，其中又可以分为两个层次：佛经中出现过的广为人知但抽象的普遍形象，以及五平游历地府故事中新添加的具体内容。这种虚实结合的叙事手法，给读者以经典的熟悉感和权威感。

其次，本土信"仰赛河原"是日本地藏信仰叙事结构中的第二模块，也包含有两层内容：地藏菩萨在赛河原专门救赎夭折孩童，并由此发展出具备"全过程"护佑孩童功能的"育子地藏"。这种以新内容为基础对既

---

① ［日］清水邦彦：《路傍の地蔵像の歴史的考察》，《宗教研究》第 84-4 期，2011 年，第 340—341 页。

有地藏信仰的叙事进行结构性扩张的手法，一旦契合人类的心理需求与社会的发展趋势，就能立即彰显出其生命活力，因此，赛河原模块的两层叙事是日本地藏信仰流行过程中关键性的"神来之笔"。

再次，由民俗文化渗透而来的"笠地藏"是日本地藏信仰叙事结构中的第三模块，使地藏菩萨从原本佛经中解救轮回众生的形象，慢慢演变为日本一种"民族化"的救苦救难的神（仙），从聚焦于"救赎孩童"回归到"度脱众生"，这使地藏信仰更具有普世意义。

最后，从地狱开始就伴随着地藏菩萨的阎罗王形象的渐次世俗化，是日本地藏信仰叙事结构中的第四模块。阎罗王有着悠久的古印度渊源，在日本的地藏信仰中虽然扮演着并不十分重要的角色，但作为地藏之善的对立面，阎魔之恶显然是不可或缺的要素。

简言之，日本的地藏菩萨信仰由许多个相对独立的叙事模块融合构成，而每一个模块中又包含了多层结构，如此就使得地藏信仰的现实表达既具备厚重丰富的历史感，又拥有流动不息的时代感。这应该正是地藏菩萨在当代日本独具魅力的重要原因。

日本地藏学研究一瞥

[日] 堀内俊郎 [①]

内容提要：本文根据以往的研究，概述了自奈良时代以来日本地藏信仰的历史，同时也介绍了现代日本地藏研究的某些方面。

关键词：佛教中国化；地藏精神；地藏日本化；日本地藏学研究

一、Introduction 导言

Since I am a researcher on Mahayana Buddhism in India and am not a specialist on Jizo, I will only introduce some of the Japanese research on Jizo. Since I do not have many materials at hand, I will just summarize what I have learned from studying previous studies available to me, and I will not present anything new.

由于我是研究印度大乘佛教的，而不是研究地藏的专家，所以我只介绍一些日本的地藏研究。由于手头的材料不多，所以我只是总结一下我在研究现有的以前的研究资料中所了解到的情况，不会提出新的东西。

Jizo is a translation of the Sanskrit *kṣitigarbha*. While *kṣiti* means earth 地, *garbha* means mother's womb or storehouse 藏, which is why *kṣitigarbha*

---

① 堀内俊郎（Horiuchi Toshio），就职于浙江大学。

is translated as Jizo 地藏. This bodhisattva is said to have originated from the Brahmanic deity of the earth, Pṛthivī. In Buddhism, Brahmanism's heavenly deity Brahmā and earthly deity Pṛthivī were adopted as 虚空藏 Ākāśagarbha 菩萨 and 地藏 Jizo 菩萨 respectively. Although Jizo is mentioned in Indian sutras, it seems that Jizo was not an independent object of worship in India, and it was in China that Jizo developed as an independent dignity.

地藏是梵文 kṣitigarbha 的翻译。kṣiti 的意思是地，garbha 的意思是母亲的子宫或仓库藏，这就是为什么 kṣitigarbha 被翻译成地藏 Jizo。这位菩萨据说是源于婆罗门教的地神，即 Pṛthivī。在佛教中，婆罗门教的天神 Brahmā 和地神 Pṛthivī 分别被采用为虚空藏 Ākāśagarbha 菩萨和地藏菩萨。虽然印度佛经中提到了地藏，但地藏在印度似乎不是一个独立的崇拜对象，在中国，地藏才发展为一个独立的尊严。

There are three sutras that focus on Jizo, called the "Three Jizo Sutras," the last of which is said to have been written in China.

有三部以地藏为主题的佛经，被称为"地藏三经"，据说最后一部是在中国撰述的。

《地藏菩萨本愿经》　　　　　实叉难陀译
《大乘大集地藏十轮经／十轮经》　玄奘译
《占察善恶业报经》　　　　　菩提灯译

It is also said that the 阎罗王授记四众逆修生七往生净土经／预修十王生七经 was written in China. In addition, there are two sutras that are said to have been composed in Japan:

还有人说，《阎罗王授记四众逆修生七往生净土经／预修十王生七经》是在中国撰述的。此外，还有两部佛经据说是在日本撰述的。

《地藏菩萨发心因缘十王经 / 地藏十王经》
《佛说延命地藏菩萨经 / 延命地藏经》

This is an interesting phenomenon of the Sinicization and Japanization of Buddhism. In addition, the fact that these sutras were written with Jizo as their theme indicates the importance of the Jizo faith in China and Japan.

In the following, I would like to give an overview of the Jizo faith in Japan, based mainly on Hayami Tasuku's study, and also introduce some of the recent research (However, I've actually checked the cited materials myself.).

这是佛教中国化和日本化的一个有趣现象。此外，这些佛经都是以地藏为主题的，这说明地藏信仰在中国和日本的重要性。

下面，我想主要根据速水侑先生的研究[①]，对日本的地藏信仰做一个概述，同时也介绍一些最新的研究（然而，我自己实际上已经检查了所引用的材料）。

二、Jizo in Japan 日本的地藏

First, the divisions of Japanese history since Nara period are roughly as follows.

首先，自奈良时代以来，日本历史的划分大致如下。

奈良 (Nara, 710-794)・平安 (Heian, 794-1185（初期・中期（900~）・後期（10世紀後半~）・鎌倉 (Kamakura, 1185-1333)・室町 (Muromachi, 1333-1573)・江戸 (Edo, 1603-1868)・明治 (Meiji, 1868-1912)・大正 (Taisho, 1912-1926)・昭和 (Showa, 1926-1989)・平成 (Heisei,

---

① 速水侑「日本古代貴族社会における地蔵信仰の展開」『北海道大學文學部紀要』, 17(1), 41-112, 1969;『菩薩由来と信仰の歴史』(講談社学術文庫), 2019.

1989–2019)·令和 (Reiwa, 2019–)

In addition, although it is too schematic, Nara Buddhism is regarded as Buddhism of protection of the state, Heian Buddhism as aristocratic Buddhism, and Kamakura Buddhism as popular Buddhism in textbooks. It is especially important to note that the Mappo 末法 (degeneration and extinction of the Buddha's Dharma) is said to begin in 1052 in Japan. The term Mappo originally referred to the fact that Buddhist teachings degenerate from particular period, but in Japan, due to the frequent wars and disasters, it has been regarded as something like the end of the world. The idea of "abhorrence of living in this impure world" and "seeking rebirth in the Pure Land" 厭離穢土、欣求浄土 became popular.

此外，尽管过于模式化，但在教科书中，奈良佛教被视为镇护（保护）国家的佛教，平安佛教被视为贵族佛教，而镰仓佛教被视为民众佛教。特别要注意的是，据说日本的末法（Mappo，佛法的退化和消亡）始于1052年。"末法"一词原本是指佛教教义从特定时期开始退化的事实，但在日本，由于战争和灾难频繁，它已被视为类似世界末日的东西。"厌离秽土、欣求净土"的思想开始流行。

2.1. Nara (Buddhism of protection of the state, Buddhism seeking benefit gained in this world) 奈良（镇护国家的佛教，寻求在这个世界上获得利益的佛教）：

Buddhist monks were bureaucrats (government priests) who concentrated on rituals for the nation and did not preach to the public.

Jizo was less common than Kannon 観音 in terms of sutra copying and statue making.

Jizo worship was first accepted in the esoteric worldly benefit aspect.

·佛教僧侣是官僚（官僧、政府祭司），他们专注于为国家举行法要，不向公众传教。

·在抄写经文和制作佛像方面，地藏菩萨不如观音菩萨普遍。

·地藏崇拜首先在密宗的世俗利益方面被接受。

Eg. Kukai's disciple, Shinzei 真済, recited the 虚空藏経 and 十輪経 in front of the Five Great 虚空藏 of Jingoji Temple, praying for the protection of the nation.

＞ The protection of the nation by Buddhism was emphasized, and individual belief in the afterlife was still in its infancy.

例如，空海的弟子真济在神护寺的五大虚空藏前诵读《虚空藏经》和《十轮经》，祈求国家的保护。

＞强调佛教对国家的保护，个人对来世的信仰还处于萌芽阶段。

2.2. Mid-Heian period: end of 9th century - 10th century 平安时代中期：9 世纪末 -10 世纪

The belief in Jizo in aristocratic society gradually takes on an afterlife tendency.

Although Kannon is the main deity, Jizo is also mentioned.

Eg. Sugawara no Michizane (845-903), Kanke Bunso (Iwanami, Nihon Koten Bungaku Taikei), 605.

·贵族社会对地藏的信仰逐渐呈现出一种来世的倾向。

·虽然观音是主要神灵，但地藏也被提及。

例如，菅原道真（845-903 年），《菅家文草 Kanke Bunso》（岩波，日本古典文学大系），605。

2.3. Late Heian period 平安时代晚期

The belief in Jizo as a way to eliminate suffering from hell was formed under the Tendai Pure Land Sect led by Genshin (942-1017).

在源信（942-1017）的天台净土宗下，形成了将地藏作为消除地狱之苦的信仰。

Eg.『往生要集』(985 年、T No. 2682 源信撰)

地藏菩萨。每日晨朝、入恒沙定。周遍法界、拔苦众生。所有悲愿、超余大士、^{十轮经意}彼经偈云。一日称地藏。功德大名闻。胜俱胝劫中、称余智者德。假使百劫中、讃説其功德。犹尚不能尽。故皆当供养。

『観心略要集』

彼调达婆薮之垂応遮于那落（＝地狱）、観音地藏之代泥梨（＝地狱）之苦器、則是心中深所楽也、(『恵心僧都全集』1, 327)

However, Kannon, Monju, Miroku, Seishi, and Jizo are all saints of Amida, and exclusive practice of Amida was central.

然而，观音、文殊、弥勒、势至、地藏都是阿弥陀佛的圣众，专修阿弥陀佛是核心。

2.4. Six Kannon (China) > Six Jizo (Japan) 六观音(中国) > 六地藏(日本)

On the other hand, the Jizo developed uniquely in Japan as the Six Jizo.

The Six Kannon (Avalokiteśvara) are a collection of six Kannon to save sentient beings who are reincarnated in the six realms, and have been around since Zhiyi 538-598.

On the other hand, in Japan, apart from the six Kannon, the cult of the six Jizos was devised independently and existed by the middle of the 11th century.

Since it is unique to Japan and not based on a specific scripture, there are different theories about the name and form of the Six Jizos. Six stone statues are placed at the entrances of temples and tombs, or at street corners. In the Edo period (1603-1868), the Edo Six Jizo was established (since 1706).

·另一方面，地藏在日本独特地发展为六地藏。

・六观音（Avalokiteśvara）是为了拯救六道轮回的众生，自智顗（538–598年）以来，六观音一直存在。另一方面，在日本，除了六观音之外，六地藏的崇拜是独立设计的，在11世纪中期就已经存在。由于它是日本独有的，而且不是基于特定的经文，所以对六道地藏的名称和形式有不同的理论。六尊石像被放置在寺庙和坟墓的入口处，或在街角。在江户时代（1603–1868年），江户六道地藏被设立（自1706年起）。

Eg.《觉禅抄》(Kakuzen (1143-？)) and《地藏菩萨発心因縁十王経/地藏十王経》

The latter sutra (composed in Japan, 12C-) is interesting for more than the fact that it teaches the Six Jizos. Namely, the idea of the ten kings originated in China, but this sutra produced in Japan is unique in that it shows the 本地 original states of the ten kings. In this sutra, it is said that the original state of King Yama is Jizo.

后一部经书（创作于日本，12世纪 – ）的有趣之处不仅仅在于它讲授了六道轮回这一事实。也就是说，十王的概念起源于中国，但这部在日本制作的经书很独特，因为它显示了十王的本地原始状态。在这部经中，它说阎罗王的原始状态是地藏[①]。

秦広王〈不動明王〉
初江王宮〈釈迦如来〉

[①] However, according to Shimizu, the idea of the original state of the ten kings does not exist in the texts that were prevalent in medieval Japan, but only happened to be written in the base text of the Xuzangjing, and is a later addition. The argument is based on the fact such as: many of the version of the sutra other than the version in Xuzangjing do not include the description.

然而，根据清水的说法，十王的原始状态的想法并不存在于日本中世纪盛行的文本中，而只是碰巧写在《续藏经》的基础文本中，是后来增加的。其论据是：除《续藏经》中的版本外，许多其他版本的经书都不包括这一描述。清水邦彦：《〈地藏十王经〉考》《印度学佛教学研究（IBK）》第51-1期，第189-194页，2002年。

宋帝王宫〈文殊菩萨〉

五官王宫〈普賢菩萨〉

閻魔王国〈地藏菩萨〉

変成王庁〈弥勒菩萨〉

太山王庁〈薬師如来〉

平等王〈観世音菩萨〉

都市王庁〈阿閦如来〉

五道転輪王庁〈阿弥陀如来〉

本地 means original state. According to this 本地垂迹 (gods as manifestation of the original state=Buddha) theory, the original form of the eight million gods worshipped in Japan since ancient times is Buddha, and the gods are temporary forms of Buddha to save the people of Japan. When Buddhism was imported into Japan, this theory was developed to resolve the conflict with the ancient Japanese belief in gods. The concepts of 本地垂迹 and Shinto-Buddhist syncretism are key words in understanding Buddhism in Japan.

本地是指原始状态。根据这种本地垂迹（诸神是原始状态（＝佛）的体现）理论，日本自古以来崇拜的八百万神的原始形态是佛，而诸神是佛的临时形态，以拯救日本人民。当佛教传入日本时，这一理论的提出是为了解决与日本古代神明信仰的冲突。本地垂迹和神佛融合的概念是理解日本佛教的关键词。

2.5. Jizo Bosatsu Reigenki 地藏菩萨霊验记

In the Heian period (794-1192), the six Kannon became even more popular as a form of worship for the benefit in this world. On the other hand, the belief in the six Jizo did not flourish because it was based on the idea of the saving from the sufferings in the six paths and the hell.

However, with the spread of Pure Land Buddhism, a new belief in Jizo emerged.

Eg. "Jizo Bosatsu Reigenki" (mid-11th century, most of the stories are reprinted in "Konjaku Monogatari")

Feature: Concurrent practice with the Lotus Sutra. This is probably due to the influence of Tendai Pure Land Buddhism.

The majority of stories are about salvation from the hell and underworld, based on the understanding that hell afterlife is inevitable 地獄は必定.

・在平安时代（794-1192年），六道观音作为一种对世间利益的崇拜形式变得更加流行。另一方面，对六地藏的信仰并不兴盛，因为它是基于从六道和地狱的痛苦中拯救出来的想法。

・然而，随着净土宗的传播，出现了一种新的地藏信仰。

例如，"地藏菩萨灵验记"（11世纪中叶，大部分故事转载于《今昔物语》）。

特点：与《法华经》同时修行。这可能是由于受到天台净土宗的影响。

大多数故事是关于地狱和阴间的救赎，基于对地狱来世不可避免的理解。

For example, here is a story I read that I found interesting.

例如，这是我读到的一个故事，我觉得很有趣。

《今昔物语集》17卷《播磨国公真依地藏助得活语》

A man named Koshin of the Gokurakuji has erected a statue of Jizo and makes offerings to him day and night. Why？ He died once due to illness (/he was in critical condition). Then, on his way to the underworld, he ended up at Yama's office. Everyone around him was crying and screaming. Then he saw a little boy. He was told that the that boy was Jizo, so he asked him to help him.

Jizo said, "Your parents have been making offerings to me (Jizo) and I protected them together with you. But you have been drawn to this hell by the sins of your past life. But I will help you". Then, Koshin came back to life. Thus, he made an offering to the Jizo.

传说极乐寺有一个叫公真，为地藏菩萨立了一尊雕像，日夜供奉。为什么呢？他因病死过一次（/他当时情况危急）。然后，在去冥府的路上，他最终来到了阎王的办公室。他周围的人都在哭泣和尖叫。然后他看到一个小男孩。有人告诉他，那个男孩是地藏，于是他请他帮助他。地藏说："你的父母一直在向我（地藏）供奉，我和你一起保护他们。但你因前世的罪孽而被卷入这个地狱。但我将帮助你。"然后，可欣又活了过来。因此，他向地藏王献上了祭品。

It has been pointed out that there is a contrast in the thought of this period between the aristocracy, which seeks to be born into paradise by accumulating goodness (shogyo-ojo), and the popular consciousness, which is unable to accumulate goodness and is condemned to hell.

有人指出，在这一时期的思想中，存在着一种对比，即贵族阶层通过积累善念寻求往生极乐（诸行往生），而大众意识则无法积累善念而被打入地狱。

2.6. Honen's Pure Land Buddhism 法然的净土法门

Honen: 1133-1212. Kamakura Buddhism is characterized by dedicated practice. In the case of Honen, he was a dedicated practitioner of Amida.

Some of his pupils slandered Jizo.

On the other hand, the Buddhist side of Nara and Tendai emphasized the role of Jizo.

Eg. Shasekishu (1283):

The Jizo is not in the Pure Land because of his deep compassion. He will not enter into nirvana because there is no end to the number of people with whom he has relationships. He only resides in the evil realm of existence and makes friends only with sinners.

法然：1133-1212 年。镰仓佛教的特点是专注修行。就弘忍而言，他是一位专心致志的阿弥陀佛修行者。

他的一些学生诽谤地藏。

另一方面，奈良和天台的佛教方面则强调地藏的作用。

例如：《沙石集》（无住、1283 年、p.97）

"地藏不在净土，是因为他的慈悲心太深。他不会进入涅槃，因为与他有关系的人的数量没有尽头。他只居住在恶趣，只和罪人交朋友。"（地藏薩埵ハ。慈悲深重ノ故ニ。淨土ニモ居シ給ハズ。有縁盡ザル故ニ。入滅ヲモトナヘ給ハズ。タダ悪趣ヲ以テスミカトシ。モツハラ罪人ヲ以テ友トス。）

2.7. Jizo as substitute 代替地藏

Amida Senju was gaining momentum, and Pure Land Buddhism came to play a central role in the belief in the afterlife. On the other hand, the Jizo faith, whose role was narrowed down, developed by emphasizing the benefits of this life. Many stories were told about Jizo taking the place of others to suffer or to help with work, and stone statues of Jizo were erected.

專修阿弥陀佛的声势越来越大，净土宗在来世的信仰中起到了核心作用。另一方面，地藏信仰的作用被缩小了，它通过强调今生的利益而发展。许多关于地藏菩萨代替他人受苦或帮助工作的故事被讲述出来，并竖起了地藏菩萨的石像。

Eg.『宝物集 (Early Kamakura period)』etc.

Helping in farming: Jizo with mud

Help on the battlefield: Jizo who picks up arrows, Jizo with the trait of knot

·帮助耕作：沾满泥土的地藏（泥付き地藏、土付き地藏）

·在战场上的帮助: 捡箭的地藏(矢取り地藏),有结疤的地藏(縄目地藏)

Ashikaga Takauji (1305-1358), the first shogun of the Muromachi Shogunate, was a particular believer in Jizo.

Since the Edo period (1603-1868), Jizo came to be worshipped as a bodhisattva that people could easily relate to in terms of both beliefs in the benefits of this world and belief in the hereafter, such as the Jizo for Life Extension and the Jizo for Child Rearing.

·室町幕府的第一任将军足利尊氏（1305-1358）特别信奉地藏。

·自江户时代（1603-1868），地藏被作为人们在相信今世利益和相信来世利益方面都很容易产生共鸣的菩萨来崇拜，如延长生命的地藏和养育子女的地藏。

Unlike Amida etc., Jizo was not an object of sole devotion, but as a familiar bodhisattva, he is familiar to many people.

与阿弥陀佛等不同的是，地藏菩萨不是唯一的奉献对象，但作为一个熟悉的菩萨，他为许多人所熟悉。

三、Contemporary Research 当代研究

One way to find out about Japanese research on Buddhism is to search databases of articles. One of the most famous is INBUDS (https://www.inbuds.net/jpn/). A search for articles with the title "Jizo" yielded 158 hits, ranging from 1921 for the oldest to 2020 for the newest. The following are some of the notable ones from the last 15 years or so (I will only give a very rough introduction of the contents of the articles I got this time in 2-3 lines.)

了解日本佛教研究的一个方法是搜索文章的数据库。其中最有名的是 INBUDS（https://www.inbuds.net/jpn/）。搜索标题为"地藏"的文章，得到了158个结果，从最古老的1921年到最新的2020年不等。以下是过去15年左右的一些值得注意的文章。（我只用2-3行字对我这次得到的文章内容做一个非常粗略的介绍。）

· 清水邦彦 Shimizu Kunihiko《中世後期曹洞宗の地蔵信仰》《宗教研究》82-4, 2009.

Dogen (1200-1253), the founder of the Soto Zen sect in Japan, advocated the practice of 只管打坐 Shikantaza, just sitting, and negatively positioned popular beliefs such as the Jizo faith. However, it is not unusual for Soto Zen temples to enshrine Jizos, such as the Togenuki Jizo (guardian Jizo of thorns, Soto Zen temple Koganji) in Sugamo, Tokyo. Historically speaking, Jizo seems to have been used in funeral rituals for the deceased since the 1400s.

道元（1200-1253）是日本曹洞宗的创始人，他主张只管打坐 Shikantaza，并对诸如地藏信仰这样的流行信仰进行了否定。然而，曹洞禅寺供奉地藏的情况并不罕见，如东京巢鸭的消除刺痛的地藏（とげぬき地藏、曹洞宗高岩寺）。从历史上看，自14世纪以来，地藏似乎一直被用于死者的葬礼仪式中。

· 田中悠文 Tanaka Yubun《京都における地蔵菩薩信仰をめぐって》《現代密教》21, 2010.

In Kyoto during the Edo period (1603-1868), Jizo were worshipped with more than 40 different names. These names included 矢取、釘抜、地獄、延命、星見、崇德、足抜、桶取、鎌倉、世继、子安、身代.

The belief in Jizo in Kyoto often originated in cemeteries in the suburbs adjacent to the city, or at entrances and exits connecting the city with important traffic routes to the outside region.

The beliefs are not necessarily related to the afterlife, but often relate to the benefits of this life, such as "treasure with child" or "safe delivery."

在江户时代（1603-1868年）的京都，人们用40多个不同的名字来祭祀地藏。这些名称包括矢取、钉拔、地狱、延命、星见、崇德、足拔、桶取、镰仓、世继、子安、身代。

京都的地藏信仰往往起源于邻近城市的郊区的墓地，或者是连接城市与外部地区的重要交通路线的出入口处。

这些信仰不一定与来世有关，但往往与今生的利益有关，如"有子之宝"或"平安分娩"。

· 和井田崇弘 Waida Shuko《地藏菩萨霊験記の一断面》《智山学报》73, 2010.

Many accounts of Jizo's spiritual experiences appeared during the Edo period, but the first one is "Jizo Bosatsu Reigenki (14 volumes)" (1684), which contains stories about auspiciousness, merit, prolongation of life, curing illness (the most common story), saving from misfortune, theft (condemnation of theft, return of stolen goods), and punishment (tatari, exoneration).

In the Edo period (1603-1868), transportation networks were organized and travel became more popular. As a result, Jizo Bosatsu, the deity of travel and the deity of the road, may have been worshipped more than before.

江户时代出现了许多关于地藏灵验的记载，但最早的是《地藏菩萨灵验记（14卷）》（1684年），其中包含了关于吉祥、功德、延年益寿、治病（最常见的故事）、拯救不幸、盗窃（谴责盗窃、归还赃物）和惩罚（tatari，开脱）的故事。

在江户时代（1603-1868年），交通网络被组织起来，旅行变得更加流行。因此，地藏王菩萨——旅行之神和道路之神，可能比以前更受崇拜了。

· 清水邦彦《路傍の地蔵像の歴史的考察》《宗教研究》367, 2011.

In Japan, many Jizo statues are placed on roadsides. Some people argue that this is due to the syncretism with the Dososhin (道祖神 , In ancient times, it was worshipped as a deity who prevented plague and evil spirits from entering the village. As the deity was worshipped at the entrance to the village and along the road, it gradually became a deity to pray for the safety of travelers.), but this is open to question.

在日本，许多地藏像被放置在路边。有些人认为，这是因为与道祖神习合（在古代，它被当作防止瘟疫和邪灵进入村庄的神灵来崇拜。由于该神被供奉在村口和沿路，它逐渐成为祈祷旅行者安全的神灵），但这是有疑问的。

· 森覚 Mori Kaku《絵本〈みちびき地蔵〉と東日本大震災》《仏教文化学会紀要》22, 2013.
· 森覚《仏教絵本〈とげぬき地蔵さま〉にみる再話について》、2015.
· 森覚《絵本〈とげぬき地蔵さま〉にみる巣鴨の地域学習》、2015.

The two picture books on Jizo are discussed.

1. Michibiki (the guiding) jizo: The soul of a person who is going to die the next day comes to this jizo to be guided to the Pure Land.

2. Togenuki (thorn pull out) jizo: The name comes from the story that the Jizo saved a person from accidentally swallowing a needle. It is believed to be beneficial for the healing of illnesses and is worshipped mainly by the elderly.

讨论了这两本关于地藏的图画书。

1. 导引地藏：一个第二天就会死去的人的灵魂来到这个地藏，被引导到净土。

2. 拔刺地藏：这个名字来自这个地藏救了一个不小心吞下针的人的故事。人们认为它对疾病的治疗有好处，主要由老年人崇拜。

·舘隆志 Tachi Ryushi《園城寺公胤の地蔵愿文について》IBK, 137, 2015.

Since Honen was a dedicated Amida practitioner, he did not make offerings to the hall where the Jizo was enshrined (Gyojyo Ezu Vol. 13). However, the owner of the hall later enshrined Seishi Bosatsu in place of the Jizo, and Honen made offerings to it. However, it seems that Honen did not completely exclude the belief in Jizo (Cf. Kunihiko Shimizu, "Honen Jodo-kyo ni okeru Jizo Hibo", 1993).

由于弘法然一位虔诚的阿弥陀佛修行者，他没有向供奉地藏菩萨的殿堂进行供奉（《行状绘卷》卷十三）。然而，后来该殿堂的主人将势至代替地藏菩萨供奉起来，法然也向其供奉了。然而，法然似乎并没有完全排除对地藏的信仰（参见清水邦彦,「法然浄土教における地蔵誹謗」, 1993）。

·清水邦彦《地蔵像撤去・破壊から見た廃仏毀釈》《宗教研究》392, 2018.

Influenced by the Shinto-Buddhist separation order of 1868 (Keio 4, Meiji 1), Jizo statues and other Buddhist statues were removed or destroyed. Was this an abolition of Buddhism based on Shinto ideology, or a policy of civilization (to remove pre-modern beliefs and modernize Japan) ?

It varies from region to region, but there are patterns of both. However, even if the reason was the development of civilization, the destruction of

Buddhist statues would not have occurred if people had paid respect to Buddhism, so in the end, the reason may be the abolition of Buddhism.

受 1868 年神佛分离令（庆应四年，明治元年）的影响，地藏菩萨像和其他佛像被拆除或销毁。这是基于神道教意识形态的废止佛教，还是文明政策（消除前现代信仰，使日本现代化）？

各个地区的情况不同，但两者都有模式。然而，即使原因是文明的发展，如果人们尊重佛教，也不会出现毁坏佛像的现象，所以最后的原因可能是废除佛教。

四、Concluding remarks 结语

The above is only a superficial introduction to the study of Jizo in Japan. As you can see, the study of Jizo, along with the belief in Jizo, is still alive and well in modern Japan. I pray that the study of Jizo will continue to progress here at Mt. Jiuhua, the sacred site of Jizo Bosatsu.

以上只是对日本地藏研究的一个浅显介绍。正如你所看到的，地藏的研究以及对地藏的信仰，在现代日本仍然生机盎然。在地藏菩萨道场九华山，我祈祷地藏研究取得进一步进展。

日本中世东大寺的地藏信仰

刘 翠 [1]

内容提要：日本中世地藏信仰兴盛，然中世地藏信仰研究所使用的文献多为文学性较强的说话集，不存在对以寺院为主体开展的相关宗教活动的实证考察。在该背景下，本文从四方面对中世东大寺的地藏信仰进行了论述，尤其积极利用古文书的记录，分析了中世东大寺曾举办的地藏讲。通过对古文书的分析，得知东大寺地藏堂、油仓皆曾举办地藏讲，两者的性质虽有所不同，但法会的运营有经济及组织人员上的保证。此外，《东大寺文书》中的"地藏讲牛玉宝印"亦表明寺内曾举办地藏讲。

关键词：东大寺；法华堂；油仓；地藏讲；牛玉宝印

中世是日本地藏信仰快速发展而兴盛的时期。作为信仰传播的主体，中世寺院发挥了极大的作用。寺院通过举办相关宗教活动，很大程度上弘扬了地藏信仰，支撑了地藏信仰的持续发展。例如说话集《今昔物语集》（平安后期）第十七卷第十话、第二十七话、第二十八话中出现的祇陀林寺、六波罗蜜寺的地藏讲会历来受到研究者的关注。从参加讲会的民众络绎不绝，可得知当时地藏信仰的盛行。说话集指收录了诸多传说、故事的文集，从内容上一般可分为佛教说话集和世俗说话集，从数量上来看前者较多。但通过说话集中的地藏故事仅可知两三所寺院开展着地藏讲会这一宗教活

---

[1] 刘翠，常州大学外国语学院讲师。

动，而对地藏讲的具体内容，例如举办频率、目的、法会经费来源、参与僧侣的情况等由说话集却无从得知。而且因中世的地藏信仰研究主要以说话集为研究对象，导致未曾出现在说话集中的重要寺院的地藏信仰被忽视。中世的奈良东大寺便是这样受到忽视的寺院之一。奈良东大寺作为现存至今的大寺院，是礼佛的人气场所，同时亦是奈良观光的必去景点。院堂周边成群结队的鹿、历史悠久的南大门、卢舍那大佛坐立的大佛殿等，早已成为奈良的城市印记。登上大佛殿东侧高岗上耸立着的二月堂、法华堂，一览奈良古都风韵的同时，又可遥想这座寺院在悠久历史中的沧桑与荣光。就与本文的关系而言，翻阅史料可知东大寺在中世曾举办着地藏相关的宗教活动。因说话集中几乎不见以东大寺为主角的地藏灵验故事，既往研究对东大寺的地藏信仰并未给予关注。本文从四方面梳理围绕中世东大寺展开的地藏信仰，尤其积极利用中世古文书中的信息，考察地藏相关宗教活动的具体内容，进而明确中世寺院在弘扬信仰方面发挥的重要作用。

一、灵验故事集中的地藏信仰

目前东大寺登场的地藏灵验故事仅可见于《今昔物语集》第十七卷第十七话"东大寺藏满依地藏助得活语"。该故事的主人公为东大寺僧人藏满，藏满在被相面师告知活不过40岁后，离开东大寺转至笠置的石窟刻苦修行。笠置位于京都府相乐郡，笠置山上的笠置寺作为东大寺的下院，直至室町时代一直与东大寺关系紧密。随着藏满离开东大寺，其与东大寺的关联中断。藏满于笠置一心持斋念佛，并于每日清晨念唱地藏宝号一百零八遍，未曾有所松懈。藏满30岁时身患中风而死，在即将被冥界官人抓走时，其以雄俊故事为例，为自己辩护不应被带至冥界。藏满称往昔有名为雄俊者，虽为极恶邪见之人，但命终之时以念佛力使地狱之火变为清凉之风，遇佛引摄最终往生极乐世界。藏满又以自身念佛及对地藏的救赎深信不疑为由，称自己若被带走则三世诸佛及地藏的悲愿将变得毫无意义。但官人仍不妥协,称藏满之辞毫无根据。藏满又称诸佛菩萨之誓愿本无虚妄,自己若被带走,诸佛菩萨的至诚真言则成虚妄。此时,只见一小僧与另外五六小僧出现,左右又有三十余小僧浩浩荡荡合掌而来。官人见状说道:"此僧为善根深厚之人,南方菩萨圣众如此前来,我等应舍此僧而去。"为首的菩萨此时对藏满说道:"汝可知吾,吾是你每日清晨所念地藏菩萨,依吾悲愿现今大力守护。汝因生死流转之前世宿业,而被置于此处。汝应速回人间,脱离生死轮回,实现往生之愿。"经一日一夜后,藏满还阳,此后更是刻苦修行,年至九十,身无疾病,步履轻盈。临终之际,藏满念佛念地藏,面朝西而坐,合掌入灭。得知此事之人皆谓此为地藏菩萨相助。

作为中世典型的地藏灵验故事,该篇的内容凝集了中世地藏信仰的诸多特点,如地藏信仰者的名字中多带有"藏"字,地藏多以小僧的形象出现,因地藏每日清晨入诸定,清晨念唱名号最为灵验,地藏被认为居于南方故其从南方而来等等。由此故事似乎可以推断,至少在《今昔物语集》问世之时,东大寺中既无灵验地藏存在,亦无地藏相关宗教活动的开展。因此藏满才离开东大寺,而前往笠置。

除藏满故事以外,不见以东大寺地藏信仰为主题的地藏故事。东寺观智院藏《地藏菩萨灵验绘词》(15世纪)结尾举出的地藏灵验场所,虽包括春日大明神、南圆堂、福智院等大和地方的灵验场所,但不见东大寺出现在其中。可以说东大寺的地藏信仰基本上未出现在现存说话集中,这导致多以说话集为研究素材的既往研究一直未能关注东大寺中举办的地藏相关宗教活动。然而不出现在故事集中,并不意味无地藏信仰存在。接下来本文将以古文书为主要史料,考察中世东大寺曾举办的地藏讲。

二、东大寺法华堂地藏讲

东大寺法华堂始建于奈良时代,以不空羂索观音为主尊,是为数不多的现存至今的奈良时代佛堂建筑。因每年旧历三月例行举办法华会,法华堂又被称为"三月堂",现今被指定为国宝。作为礼佛及观光场所,法华堂受到普通民众的欢迎。由古文书可知，中世法华堂曾长期举办地藏讲。为行文方便，在此首先对地藏讲这一法会活动作一简要介绍。简单而言，"地藏讲"指以地藏为主尊，称扬地藏的法会。因每月24日为"地藏缘日"（与地藏结缘供养地藏之日），地藏讲多于每月24日举行。记录了法会进行的简单流程以及对地藏赞扬之辞的文本称为《地藏讲式》。讲式对地藏性格的介绍以及对其功德的称赞，往往最具代表意义、最集中、最精炼。一场地藏讲一般由读式师和伽陀师合作完成。读式师宣唱式文，伽陀师咏唱式文中的伽陀。但地藏讲的顺利进行又绝不是仅靠双方幕前的合作，还需要其他众多僧人的参与，例如法用阶段的梵呗师等。这些参与人员在寺内构成一个集团或组织，称为"地藏讲方"或"地藏讲讲众"。这些讲众往往拥有若干共同财产即"地藏讲田"，地藏讲田成为讲会活动得以持续开展的经济保证。因此地藏讲方有必要很好的管理地藏讲田，为地藏讲的顺利进行提供良好的经济条件。

有关法华堂的地藏讲，首先，京都大学所藏《东大寺文书》中有如下一封寄进状，该文书亦收录于《镰仓遗文》，具体内容如下：

【史料1】《观寿女地藏讲米寄进状》
敬奉寄进法花堂地藏讲僧前用途事合米壹斗者□□（地藏力）
讲升定
　　在大和国〈字下横田五反田土々吕木二段〉
　　右、志者、深仰地藏萨埵之悲愿、每年五月廿四日地藏讲僧前请料、限永代所之寄进也。彼贰段田相传之辈、无懈怠可令段别五升充沙汰进者也、仍以地藏讲之次、被转读阿弥陀经二卷、必访二十五有之流转、依彼功力故、出车形轮回之乡、欲生花池宝阁之莲台、仍所寄进状如件
　　　　　　　　　　　　　　建长八年卯月　日　观寿女①

---

① [日]竹内理三编：《镰仓遗文（古文书编第十一卷）》，东京堂，1990年，第157-158页。

"寄进"指古代以及中世，以获取信仰、政治、经济利益等为目的，将土地（庄园）、米、物品等赠与包括寺院在内的权利阶层的行为。而"寄进状"则指记载了赠与目的、土地（庄园）的所在地及面积、物品数量等内容的文书。由上述寄进状可知观寿女在大和国拥有两段田。作为每年5月24日筹划法华堂地藏讲的僧侣的报酬，观寿女将由该田产出的一斗米赠出，并明确约定观寿女逝世后该两段田无论因何原因落入何人之手，皆应不拖欠按时交纳米一斗。作为赠米的回报，观寿女请求地藏讲之后转读《阿弥陀经》二卷。通过与地藏讲结缘以及诵经，观寿女祈祷自身来世可摆脱轮回，生于花池宝阁之莲台即净土。由此寄进状我们可清楚地知道，作为宗教活动的一环，东大寺法华堂曾举办地藏讲。而且相关僧侣的报酬包括来自普通民众的捐赠。通过观寿女的祈愿我们同时可窥见地藏信仰与阿弥陀信仰的密切关系，此亦实为中世地藏信仰的一大特色。

　　那么东大寺法华堂是否安放着地藏像呢。幸运的是，另一则文书明确表明了法华堂域内地藏像的存在。据正应二年（1289）的《铜铸物师友光申状》可知法华堂域内有地藏堂，堂内地藏曾遭盗被卖[1]。由此可推测，法华堂的地藏讲或以地藏堂的地藏像为主尊开展。

　　东大寺法华堂的地藏讲一直持续至16世纪后期。这由现存的16世纪的《法华堂地藏讲方纳账》可知。据解题可知，该账簿记载了大永四年（1524）9月至天正二年（1574）地藏讲方收入与支出的详情，但因享禄二年（1529）至天文三年（1534）的记载转至借物方（负责借入的寺僧组织），此期间的记录不见于地藏讲方的记载[2]。此外，永禄三年（1560）至天正元年（1573）

---

[1] 竹内理三编：《鎌倉遺文（古文書編第二十二巻）》，东京堂，1999年，第299–300页。
[2] 远藤基郎等：《東大寺図書館所蔵記録部など解題（抄、中世関連史料編）》，收于2012–2015(平成24–27)年度科学研究費补助金基盤研究(B)研究成果报告《復元的手法による東大寺文書研究の高度化–《東大寺文書目録》後の総括・展望–》，WEB版，2016年，第33页。

的记录亦缺失，其原因不明①。《法华堂地藏讲方纳账》记录了地藏讲方每年的总收入以及从总收入中支付给参与地藏讲的僧侣的米。例如，天文五年（1536）的账簿记载"九升八合 酉 卯月分 十四口定；壹斗壹升贰合 酉 五月分 十六口定"②等。整体来看，据该账簿的收支记录可知法华堂每月举办地藏讲，参与的僧侣在14人至18人之间。

三、东大寺油仓地藏讲

除东大寺法华堂以外，东大寺油仓亦曾举办地藏讲。顾名思义，"油仓"即为贮存燃油的仓库，燃油主要用于佛前供灯及照明等。油仓地藏讲以为周防及备前两国国衙祈祷而造立的地藏为主尊，由油仓所属人员负责。镰仓中期至镰仓后期，油仓与东大寺劝进所靠拢渐进一体化，被称作"劝进所油仓"。油仓不仅吸收了劝进所的建造、修缮职能，同时兼并了从周防国国衙所拥有的土地中收取年贡及储存年贡的职能③。周防国为东大寺的"造营料国"，即东大寺建设院堂时所需要的费用出自周防国。以下史料2的文书《东大寺大劝进职置文》便是处于这一背景之下。另，南北朝期以后，油仓以东大寺戒坛院长老为首，成为寺内负责建设及修缮的机关。戒坛院疗病院中亦安置着地藏像，且该地藏名下拥有多段土地，似亦可推测围绕戒坛院疗病院中的地藏有相关宗教活动的开展④。

【史料2】《东大寺大劝进职置文》
东大寺油仓地藏菩萨修正料田等事

---

① 远藤基郎等：《東大寺図書館所蔵記録部など解題(抄、中世関連史料編)》，收于2012~2015(平成24-27)年度科学研究費補助金基盤研究(B)研究成果報告《復元の手法による東大寺文書研究の高度化–《東大寺文書目録》後の総括・展望–》，WEB版，2016年，第33页。
② 东京大学史料编纂所藏：写真账《东大寺宝珠院记录》二六，第8页。
③ 永村真：《中世東大寺の組織と経営》，塙书房，1989年，第427页。
④ 东京大学史料编纂所编：《大日本古文書家わけ第18巻（東大寺文書之十一）》，东京大学出版会，1979年，第54-55页。

右地藏萨陲者、沙门道俊〈于时油仓知事〉为防洲·备前两国国衙祈祷所造立也、爰当仓中上下人、发信心、自去年正月始迎每月二十四日、厉恳志、述一座讲席、其头役之余残、以相互积分、为每年修正用足、石蓦水田壹段（添上郡北山宿舍二アリ）〈所当米壹石定〉并宿谷池田回垣代蒉等、限永年以直米柒石陆斗、令卖［买］得之、相副本券以下证文等、奉寄进彼地藏尊也、尽未来际、莫令相违事、但万一此尊像可奉渡他所由虽有申族、敢不可有叙用、若非分之仪出来时者、诉申彼置文之旨趣于总寺、可被裁断、纵虽为寺中、可停止他所移事之旨、令众中一揆毕、仍置文如件、

康永叁年十月廿四日

　　　　　　　　大行事法眼玄重（花押）

　　　　　　　　油仓知事道俊（花押）

　　　　　　　　同坊主圆道（花押）

大劝进沙门照玄（自署押）（戒坛院长老觉行法师）（花押）[1]

此封文书记载造立油仓地藏的目的是为周防、备前两国国衙祈祷。相关人员同时决议该地藏像此后不可移至他处。周防、备前两国皆为东大寺造营料国。东大寺建设院堂时所需的良材及瓦分别由周防国、备前国供给。镰仓时代，东大寺再建之后，周防国仍为造营料国。由东大寺前往周防国的"大劝进"如国司般掌管周防国的政务，被称为"国司上人"。"大劝进"即负责募捐的首席责任官。东大寺与周防、备前两国关系密切。回归地藏讲问题，由文书中"自去年正月始迎每月二十四日、厉恳志、述一座讲席"之处可知，自康永二年（1343），每月地藏缘日的24日油仓为主体举办地藏讲。此外，由上述文书可知，油仓地藏名下拥有的土地成为举办地藏讲

---

[1] 东京大学史料编纂所编：《大日本古文書家わけ第18卷（東大寺文書之九）》，东京大学出版会，1952年，第61-62页。

的经济保证。油仓地藏讲的运营由油仓所属的众人负责，这些参与人员又分为上、中、下三个阶层。具体如下：

【史料3】《油仓地藏讲头役勤仕人交名》
东大寺油仓地藏讲头役勤仕人数事〈次第不同〉

坊主圆道（花押）　　　知事道俊（花押）
大行事法眼玄重（花押）　可一（花押）
定琳（花押）　　　　　唯心（花押）
了空（花押）　　　　　照念（花押）
中间
直心（花押）　道忍（花押）
知音（花押）
下部
净万〈子首〉　　西心〈子首〉（略押）　莲道（略押）
千雄次郎（略押）　全王三郎（略押）　　源六（略押）
初王丞（略押）　　初熊太郎　　　　　源三郎（略押）
弥七（略押）　　　实行（略押）　　　御房（花押）
龙石（略押）　　　得法师（略押）　　夜叉次郎（花押）
彦七（略押）　　　菊石（略押）　　　乙松房[①]

文书中的大行事法眼玄重以及知事道俊同时出现在上述史料2中，由此可判断史料3为康永三年（1344）前后的文书。括号内署名类型的判断依据永村真的判断[②]。由上述文书可知，地藏讲负责人分为上层、中间层、下层三部分。上层负责人以坊主、大行事、知事等为首，中间层记录了法名和花押(相当于署名的记号)。除个别以外，下层记载了俗名和略押（比

[①]　转引自永村真：《中世東大寺の組織と経営》，塙書房，1989年，第569页。
[②]　永村真：《中世東大寺の組織と経営》，塙書房，1989年，第569页。

花押更简略的记号）。由该史料虽可看出油仓内部存在阶层差异，但其各阶层的职责内容并不明朗①。但可以推测，下层人与法华堂地藏讲讲众发挥着同样的作用，即做杂事的同时管理着讲众拥有的土地，以使讲会顺利运转。康应一年（1389）的文书《油仓彦三郎田地作主职卖券》记载彦三郎将"作主职"（土地的耕作权与收益权）卖与油仓每月地藏讲②，由此可知油仓每月举办的地藏讲一直持续至室町初期。

四、其他文书中的东大寺地藏讲

虽不能明确举办地藏讲的具体院堂，有关东大寺的地藏讲还有如下相关古文书及牛玉宝印。史料4和史料5记载了地藏讲众与民众之间围绕土地及信仰而开展的"交易"，甚为有趣。

【史料4】《东大寺地藏讲众田地卖券》

（文书背面一端的注记）[　　　　　一石一□（斗カ）

六條大口ノフミ　□□□□（イツミノカ）□□（スケ）ノ作]

沽却　水田事

　　　合壹段者、

　　在右京陆条壹坊玖坪〈北大路〉

四至〈□□□□（限东际目カ）限□（南）他领、限西类地、限北大道〉

右、件水田者、地藏讲众进退知行之处领（ママ）也、多年领掌之间、无他妨、而今依有要用、相副本券文等、限直米拾貳斛〈本斗定〉、今沽却于字德石女之事既了、虽经永代、不可有

---

① 永村真：《中世東大寺の組織と経営》，塙书房，1989年，570页。
② 东京大学史料编纂所：《東大寺文書 第四回探訪 四十五》影写本，1933年，第110-111页。

违乱、若违乱出来之时者、为讲众沙汰、可被返本直米者也、仍为后日证文、放新券文、加讲众连判之状如件

　　　正安贰年〈庚子〉三月十七日　　字总次（略押）

　　　　　　　　　　　　　　　　　玉手总藏

　　　　　　　　　　　　　　　　　和泉介

　　　　　　　　　　　　　　　　　沙弥佛□（行カ）（略押）①

此则文书为"卖券"，又称"沽券"或"沽却状"，指售卖土地等不动产时，作为交易证据，卖方交付给买方的文书。该文书记载东大寺地藏讲讲众因其他原因，将所拥有的一段土地卖与字德石女。从此处地藏讲讲众的署名来看其为世俗人员，承担着诸如管理地藏讲田的事务。同油仓地藏讲讲众，不难想象，高僧们负责主持法会而下层世俗人员负责实务这一分工的存在。上述被卖掉的地藏讲讲众的土地本是通过何种途径得来的呢，下面的文书则记载了该土地的来龙去脉。

【史料5】《纪姊子田地寄进状》

（文书背面一端的注记）[地藏本尊寄文]

寄进　水田事

合一段半者　（背面注记〈异笔〉）[之内东一段者德石女沽却了、正安二年三月十七日]

在右京六条壹坊九坪〈北大路〉

四至〈本券面在之〉

　右件田地者纪姊子相传所领也、年来知行间、全无他妨、而纪姊子等多年本尊地藏菩萨所奉寄进也、养子等于御前、每年四季、可奉修一座之讲演访彼后世之状如件

　　　宽元四年七月　日　纪姊子（略押）

---

① 竹内理三编：《鎌倉遺文（古文書編第二十七卷）》，东京堂，1996年，第119–120页。

　　　　　大和友行（略押）僧良觉（花押）
　　　　　不知姓行守（略押）不知姓毗沙女（花押）
　　　　　不知姓守末（花押）字明女（略押）①

　　本文书同为寄进状，该寄进状记载纪姊子为祈求来世安乐，将祖上留传下来的一段半土地捐赠至地藏菩萨名下。这一段半土地用于其养子等人委托寺院每年春、夏、秋、冬各举办一次地藏讲时的费用。由史料4可知地藏讲众卖与字德石女的一段土地的所在地为"右京陆条壹坊玖坪〈北大路〉"，而由史料5可知纪姊子捐赠给地藏讲的一段半土地同在"右京陆条壹坊玖坪〈北大路〉"。换言之，纪姊子宽元四年（1246）捐赠于地藏讲的一段半土地，在54年后的正安二年（1300），其中的一段被地藏讲众卖与字德石女。因地藏讲众对剩余的半段田仍拥有所有权，而不能将寄进状转交与买方字德石女。作为解决方法，地藏讲众重新制作卖券，并在已有寄进状的反面明确标记其中的一段田已卖与字德石女。即史料5中"（背面注记《异笔》）[之内东一段者德石女沽却了、正安二年三月十七日]"部分。这一行为用古文书学的术语讲，为"裹をこぼってある"（背面标记所有权的转移）。很遗憾不能得知为祭奠纪姊子而举办的地藏讲，54年后是否仍在继续。

　　由史料4及史料5可知，寺院一侧以收取一定的报酬为条件，可按照施主的需求举办地藏讲。报酬的内容或为土地，或为土地中收获的米。由史料4可知，为保证地藏讲长期稳定进行，离不开地藏讲众通过管理土地、调节经费收支作出的努力。从个人角度来看，只要付出一定的报酬，则可委托寺院一侧按自己期望的期间及内容为自身举办地藏讲。

　　另外，与东大寺地藏讲相关的文献还有东大寺"地藏讲牛玉宝印"。"牛玉宝印"是中世神社和寺院发行的一种纸质护符，牛玉宝印四字用墨笔写

---

①　东京大学史料编纂所编：《大日本古文書家わけ第18卷（東大寺文書之五）》，东京大学出版会，1952年，第113–115页。

在护符或用木版印刷于纸张上。镰仓后期以后，起请文多写在牛玉宝印背面。"起请"指近代以前人与人之间起誓以及约定某事时，以神佛为证人，向神佛发誓所述之事完全属实，若有半点虚言则甘受神佛之严惩的做法。记录此种文言的誓约书称为"起请文"。"起请文"有一定的书写格式，前半部分叙述誓言的内容，称为"前书"（序言）。后半部分召请神佛，发誓者发誓所说之事若有虚假，则愿接受神佛之严惩，并进行自我诅咒，该部分称为"神文"或"罚文"。"罚文"部分多写在牛玉宝印上。史料上出现最早的宝印为东大寺二月堂的牛玉宝印。然翻阅文献可知，中世东大寺同时存在着"地藏堂牛玉宝印"及"地藏讲牛玉宝印"。"地藏讲牛玉宝印"即指护符上同时印有牛玉宝印四字和地藏讲三字的护符。此种牛玉宝印的存在亦从侧面说明中世东大寺寺内有地藏讲的举办。相田二郎介绍了东大寺所藏文书中的四封地藏讲牛玉宝印[①]。千千和到进一步解释道，此四封宝印分两种，一种印写着卍，另一种印写着释迦的种字[②]。综合两位的介绍可知四封牛玉宝印具体为历应三年（1340）的一封、贞和二年（1346）的两封及未知年月的一封。据两位对起请内容的介绍，以日本古文书联合目录检索系统检索，可知四封起请文分别为《倾城杀害等事落书起请文》（历应三年）一封、《龟松杀害事落书起请文》（贞和二年）二封、《追剥人杀害事落书起请文》（未知年月）一封。但若以"龟松杀害"和"地藏讲"为关键词在联合目录检索系统搜索，可知贞和二年的地藏讲牛玉宝印除两位介绍的两封外，还存在另一封，此三封在东大寺图书馆所藏编号为3-3-59,3-3-77,3-3-79，其中3-3-59如图1所示[③]。因此，东大寺所藏文书中共有五封地藏讲牛玉宝印。该宝印上书写的"落书起请"为起请文的一种，起源于中世寺院和神社的匿名举报文书，指发生犯罪事件犯人不明时，相

---

① 相田二郎：《日本古文書学の諸問題》相田二郎著作集1，名著出版，1976年，第322页。
② 千千和到：《東大寺文書にみえる牛玉宝印》，收于日本古文书学会编：《日本古文書学論集10 中世Ⅵ 中世の宗教文書》，吉川弘文館，1987年，第267-268页。
③ 千千和到：《東大寺文書にみえる牛玉宝印》，收于日本古文书学会编：《日本古文書学論集10 中世Ⅵ 中世の宗教文書》，吉川弘文館，1987年，281页。

关人员将自己所知情况书写出来时制作的起请文。若将起请文中召请日本国内大小神祇的做法，视为依靠宗教束缚、宗教权威来约束人的思想与行为的表现之一，则将起请文尤其"罚文"部分写在牛玉宝印这一护符之上的做法无疑是给这种宗教束缚、宗教权威又增加了一层保险。

图 1. 地藏讲牛玉宝印

五、结语

既往的中世地藏信仰研究以地藏故事为主要文献进行了论述。然而从地藏故事中看不到寺内宗教活动运营的具体内容，而且导致未出现在说话集中的寺院的宗教活动历来受到忽视。本文从四方面考察了中世东大寺的地藏信仰，尤其积极利用古文书的记录对寺内地藏相关宗教活动做了考察。通过考察可知，东大寺法华堂及油仓曾分别举办地藏讲。法华堂的地藏讲从 13 世纪中期持续至 16 世纪后期，历史悠久。法华堂地藏讲的运营有人员及土地上的保障。该讲作为寺院例行宗教活动的同时为普通民众服务。另一方面，直至室町初期，可见东大寺油仓地藏讲的存在。油仓地藏讲亦有运营人员及土地上的保障，但油仓举办地藏讲的目的是为国衙祈祷，而看不到与民众之间的联系。可见中世地藏讲的种类并非单一。另，虽不能明确举办地藏讲的院堂，从其他相关古文书及牛玉宝印中亦可得知东大寺地藏讲的存在。

从金乔觉登陆浙江临海小议中韩文化交流

陈寿新　陈允万 [1]

内容提要：在汉文化圈里，中国佛教四大名山体现了大乘佛教的四种根本精神：智慧、实践、慈悲、誓愿，是佛教利生济世思想的完善体现。九华山作为地藏菩萨道场，以金乔觉实有其人、确有其事、见之典籍，在广大信众心中有十分尊崇的地位。作为伟大的文化交流使者，金乔觉与同时代西行的玄奘法师、东渡的鉴真和尚一样，在中外文化交流史上树立了不朽的丰碑。

关键词：文化交流；地藏垂迹；登临路线

关于金乔觉其人、其事及被信众视为地藏菩萨应化身，最早、最明确载之典籍的是唐代费冠卿所著的《九华山化成（城）寺记》（下简称《寺记》）。

费冠卿是唐代著名的隐士，九华山所在地青阳县（唐天宝元年置县）人，唐元和二年（807）及第进士，居长安待授官职，悉母病危，不及告假，即星夜驰归。至家，母已安葬，悲恸欲绝，遂于母墓旁结庐守孝三年，嗣后，隐居九华山刘冲，长庆二年（822），唐穆宗征召费冠卿入京任右拾遗，他婉辞不就，终生绝迹仕途，逝后葬于鸡母山拾宝岩。费冠卿生于九华山下，葬于九华山下，长期隐居九华，因与新罗僧金乔觉年代相近，《寺记》较可信地记述了新罗僧金乔觉的身世和卓锡九华山的经过，具有很高的史料

---

[1] 陈寿新，池州市九华山佛教文化研究会会长。陈允万，浙江临海市历史文化名城研究会。

价值。如他自己所说:"余闲居(九华)山下,幼所闻见,谨而录之。"正由于是亲身见闻,费冠卿的《寺记》,历来受文坛和佛教界的重视,被学术界奉为"有唐一代文苑之美,皆萃于兹",《全唐文》也将其全文收录。《寺记》成为学者研究九华山的重要参考典籍。

金乔觉(696-794)一称金地藏,一称僧地藏。唐代僧人。原籍新罗国鸡林州(今韩国庆州市)。《寺记》记载,僧释地藏原为新罗国王室金氏近属,于唐朝玄宗开元年间(713-741),新罗圣德王在位期间(702-737)毅然辞荣就苦,落发出家。他涉海西渡,入唐求法,历尽艰辛,访道名山,开元末辗转至江南池州,卓锡于九华山。唐贞元十年(794),即新罗元圣王期间,金乔觉春秋九十九,夏末的一天忽召徒众告别,跏趺示寂。当时山鸣石陨,扣钟嘶嗄,群鸟哀啼。其肉身趺坐石函,经三年开启,颜状如生,摇撼骨节,发出金锁般声音。《藏经》说:"菩萨钩锁,百骸鸣矣,知其为圣人降世也。"僧徒据此视其瑞相为菩萨灵迹示现。于是在其曾晏坐的南台之上立小石塔安奉其肉身。因其地上空曾现"圆光"如火,人们称之"神光岭",又在岭头建肉身殿,以护石塔。新罗僧释地藏入寂后,唐宋时人因其俗姓金,尊称为"金地藏""新罗金乔觉·中国地藏王",金乔觉作为地藏菩萨的应化身,受到信众特别的亲近和崇拜。

1990年,时任全国政协副主席、中国佛教协会会长赵朴初先生视察九华,他说:"九华山是我深深向往的佛教圣地,地藏菩萨更是我深深敬仰、时时效法的崇高典范。[1]"他指出九华山不仅是中国佛教的一个圣地,它在国际上,在海外华人佛教中都有很大的影响,作为地藏菩萨化身的唐代高僧金地藏,就是古代新罗国人。朴老特别强调加强佛教文化建设,把金地藏历史研究出来。

从20世纪90年代开始,池州市九华山佛教文化研究会(前身金地藏

---

[1] 赵朴初:《发扬地藏菩萨精神,建设好九华山》,《赵朴初文集》(下卷),华文出版社,2007年,第1034-1036页。

研究会，下简称我会）举办了六次关于金地藏生平、地藏信仰的国际学术研讨会，出版有《金地藏研究》（上下册）《九华山佛教文化研究》等。根据我会多年研究，地藏菩萨垂迹九华有清晰路线图：

降迹新罗：佛教传说释迦牟比丘尼圆寂后1500年，地藏菩萨降生于新罗王族，姓金名乔觉。《中国大百科全书·宗教卷》"九华山"、《百丈丛林清规证义记·地藏圣诞》"神僧传"中都有记载。据《寺记》载："僧地藏，则新罗国王金氏近属。""心慈而貌恶，颖悟天然。顶耸奇骨，躯长七尺，力倍百夫"。尝曰"六籍寰中，三清术内，唯第一义与方寸合。"学术界普遍认可金乔觉削发为僧为公元719年，在古新罗鸡林州（现韩国庆州）出家，法号地藏。

入唐修道：僧地藏向往中土，入唐求法修道，于开元间航海入唐，舍舟登岸，徒步而行，振锡观方，辗转至池州九子山（九华山）。南宋计有功《唐诗纪事》记载："金地藏，至德初，落发航海，隐于池之九华山。"这里较为明确金乔觉来九华不晚于至德初年，此后，在明嘉靖二十四年（1545）王崇撰《池州府志》、明万历二十一年（1593）蔡立身编《九华山志》、明代王圻撰《续文献通考》、清康熙二十八年（1689）李灿撰《九华山志》、清嘉庆重修《大清一统志》等文献中均记载为僧地藏于唐至德年间渡海居青阳九华山。

闵公施地：唐至德年间，家居化城峰的闵公（名让和），以地惠施僧地藏，其子求出家，即道明和尚。后闵公亦离俗纲，反礼其子为师兄，父子均皈依僧地藏，九华山地藏道场地藏菩萨像前，一般都有闵公父子的塑像，形成了子左父右的规制。闵公墓，位于东崖西麓、法华寺上首。坟冢上长有一棵高大古枫，墓碑高59厘米，被树根嵌入大半，碑文字迹难辨。"闵公施地"的传说，在明清一些有关文献资料中均有提及，最先见于明弘治元年《重建九华行祠石壁庙记》。清道光三年比丘释仪润所编《百丈丛林清规证义记》中有比较完整的记载："时有阁老闵公，素怀善念，每斋百僧，必虚一位，请洞僧（即新罗僧地藏）足数。僧乃乞一袈裟地，公许，衣遍覆九华峰，遂尽喜舍。"

东岩晏坐：东岩，又名晏坐岩，位于东崖之巅。相传新罗僧地藏卓锡九华，初栖于此，曾在岩头晏坐诵经，"晏坐岩"由此得名。明嘉靖王一槐撰《九华山志》卷一载："晏坐岩，在茗地源（即闵园）南。山顶有石岩，深入如屋可居。昔僧地藏始卓锡于此。"东岩南侧为舍身崖（又名飞身崖），崖畔有一巨大脚印，与天台冈头巨岩上的另一大脚印遥遥相对，传说是当年僧地藏寻找修行之处留下的足迹。元初陈岩《晏坐岩》诗云："掠地霜风黄叶飞，山人晏坐已多时。但知六凿俱通透，不省支床旧有龟。"

洞僧栖居：僧地藏卓锡九华山，初栖居岩洞石室，人称为"洞僧"。其遗迹有三处：一是东崖石室，又称堆云洞，在钟亭岩下峭壁间。二是金光洞，位于分水岭西香林峰下。三是金仙洞，又名地藏洞，位于天台寺北峭岩下。

俞荡献经：僧地藏在九华山清苦禅修，念念不忘研读佛经，但苦于没有抄本，便下山至南陵，请俞荡等信士相助。俞荡等人分头抄写"四大部经"献之。俞荡，唐代居士，南陵人（今九华山西北境当时曾属南陵县）。《寺记》载，新罗僧地藏"素愿写四部经，遂下山至南陵，有俞荡等写献焉。自此归山，迹绝人里"。北宋僧人释赞宁在《地藏传》中亦说，地藏一直想持四大部经，于是下山到南陵，有信士俞荡等为他缮写，带回山中。

诸葛建寺：唐至德初年，青阳县乡坤诸葛节等人上山看到僧地藏在山洞苦行，买檀公旧地，请僧地藏居住。邻近山民，一呼百应，伐木筑石，成就了禅居。《寺记》载："逮至德初，有诸葛节等，自麓登峰。山深无人，云日虽鲜明，居唯一僧，闭目石室。其房折足鼎中，唯白土少米，烹而食之。群老投地号泣：'和尚苦行若此，某等深过已！出泉布买檀公（即僧人释檀号）旧地，敢冒死请。'大师从之。近山之人，闻者四集，伐木筑石，焕乎禅居。有上首僧胜瑜等，同建台殿。梗楠豫章，土地生焉，断而斫之，玞珉琪琼，不求他山，肆其磨砻。开凿濠涧，尽成稻田；相水攸潴为放生池。乃当殿设释迦文像，左右备饰。次立朱台，挂蒲牢于其中。立楼门以冠其寺。

丹素交彩，层层倚空。岩峦队起于前面，松桧阵横于后岭。日月晦明，以增其色。云霞聚散，而变其状。松声狼啸，相与继续，都非人间也。建中初，张公岩典是邦，仰师高风，施舍甚厚。因移旧额，奏置寺焉。"

化城垦植：僧地藏在化城向阳盆地，开垦梯田，种黄粒稻，植茗地源茶，植莲放生池中。元初陈岩《化城寺》诗原注："唐建中，金地藏依止禅众，有平田四十亩，种黄粒稻。田之上植茶，异于他处，谓茗地源。亭后有五钗松，结实香美，皆是新罗移植。"现九华山仍存黄粒稻、金地茶、五钗松。

白墡充饥：僧地藏德被四方，相从者众，就连母国也有人相伴来山，一时山上少粮，僧地藏发石得白墡土（俗称观音土），用以充饥。白墡，学名白垩，石灰岩的一种，白色，质地软，主要成分是碳酸钙，是由古生物的骨骼积聚形成的，通称"白土子"。江南人俗称"观音土"，荒年人们以此充饥。《寺记》载，新罗僧地藏居化城寺后，德被四方，名闻遐迩，一时东僧云集。"本国（指新罗）闻之，相与渡海，其徒实众，师忧无粮，发石得土。其色青白，不掺如面。"其土即为白墡。据史料记载，九华山有3处白墡穴：①"白墡穴在晏坐岩下，昔金地藏学徒颇众，取以为粮，食之甘滑如面，今穴尚在。费冠卿诗'搜泥时和面'指此。"（明嘉靖王一槐《九华山志》卷一）②"龙潭之侧有白墡砚，取之无尽。"（宋赞宁《高僧传·唐池州九华山化城寺地藏传》）③在香林峰下金光洞旁。"金地藏尝居洞中，旁有白墡穴。"（元初陈岩《九华诗集·金光洞》诗原注）陈岩《白墡穴》诗云："炊沙自古终难饱，坎土于今乃可餐。翻笑青泥变青石，嵇康无分啜仙丹。"

南台读经：《寺记》载，新罗僧地藏"中岁领一从者，居于南台。自缉麻衣，其重兼钧。堂中榻上，唯此而已。池边建台，厝四部经，终日焚香，独味深旨。"南台之地有两说：①南台位于神光岭金地藏塔墓地。宋赞宁《高僧传》第二十记载，僧地藏示寂后，僧众"乃立小浮图于南台，是藏宴坐之地也"。陈岩《南台》诗原注："龙女泉南（金地藏塔后有龙女泉），金地藏祥息所。"②南台位于平田岗下。明嘉靖王一槐《九华山志》卷一载：

"南台，在平田岗下。西有石壁止处，平地有庵，名南台，后有石浮图。"清道光陈蔚《九华纪胜》卷七载："平田岗，在金地藏塔南，即神光岭之最高处。岗下有庵，名南台。后有石浮图。昔金地藏尝领一从者居于此。"陈岩《南台》诗云："旧里新罗国里僧，山间散满百千灯。只将一嘿消诸妄，坐透禅机最上乘。"

终古神光：《寺记》载，僧地藏于贞元十年（794）夏示寂，时年九十九，徒众在南台建石塔安葬，常见圆光如火，南台也因之改称神光岭。僧地藏金乔觉完成了从高僧到菩萨的身份转变。

上述圣迹皆有史料、实地可考，现信众朝礼九华几个必到的"打卡点"，如全国重点寺院化城寺、肉身宝殿、天台寺等，都有圣迹可循。

化城寺位于九华街盆地中心化城峰。四周环山如城，东邻悬崖，南对芙蓉峰，西接神光岭，北倚白云山。明嘉靖王一槐《九华山志》载："化城，天竺国佛场名也。今寺在山之西南，自麓陟旋而上数里至其处，峰峦环列，泉壑纡回，中旷而夷，类其国郭，故名；肉身宝殿原名地藏塔，贞元十年，释地藏圆寂肉身所在地，后三年，僧徒开函，见其肉身颜面如生，摇动骨节，发出金锁响声"，僧众便据佛经"菩萨钩锁，百骸鸣矣"之说，认为是菩萨降世应化的征兆；天台寺又名地藏禅林，因坐落天台峰顶，故又称"天台寺"，僧地藏在此禅居，留有"金仙洞"遗迹。

自古沿袭的民间传说故事，也有地藏菩萨圣迹指向，如一宿庵、拜经台、九子寺等。一宿庵又名一宿禅林、一宿禅寺，相传新罗国僧人金乔觉初抵九华山时，曾于此宿一夜，后人立此庵以纪念；拜经台岩石上有一双足迹凹痕，旧志记为僧地藏在此拜经所留，右边墙壁上嵌有"古拜经台"字样的碑刻一方；九子寺旁有石臀印，相传为僧地藏在此岩打坐时留下的痕迹，后人称此石为"金仙打坐石"；九子寺寺院东北角有宋代石塔1座，方形，7级，高9米，内有1尊石佛，座前有小石犬1尊。相传此塔为纪念僧地藏从新罗携来的白犬善听（又名谛听）在九华山悟道而建，故名"九子岩谛听塔"。这也印证了当年金乔觉涉海来华时携带白犬的记载与传说，而地藏菩萨的坐骑正是谛听；二圣殿的塑像也从侧面反映了当年僧地藏住化城后"东僧云集"的情况。二圣殿，安徽省重点寺院，又名二神殿。二圣殿位于九华山北麓（今九华山九华乡二圣村境内），古为由北面登山之孔道，始建于唐代。据清光绪《青阳县志》卷一载：二圣殿，初名二圣庙，又名九华庙，"相传新罗国金地藏飞锡驻扎九华，二臣昭佑、昭普追返国不遂，因筑室在此修练。"民国二十七年（1938）《九华山志》载："二圣者，相传为金地藏之二舅，自新罗国寻金地藏至此者。"这也契合了金乔觉舅父为其护法的民间故事。

金乔觉"涉海舍舟"在台州临海有较为明确指向。

关于金乔觉如何来大唐，目前为止没有任何可信的史料明确记载，《寺记》也只有僧地藏"落发，涉海，舍舟而徒"寥寥数语，正是这几个字，明确地否定了有的学者所持"金乔觉第二次从陆地入唐"说，但在何处舍舟，有登州（山东烟台）说、临海说。九华山几次关于金乔觉生平的学术研讨会，临海说成为大多数学者的共识，我会研究员接受韩国KBS电视台访谈、在韩国高校演讲、在韩国做访问学者都坚持此说。笔者曾于2004年出访韩国，在庆州参访传说中金乔觉出家的寺院，一说佛国寺（始建于公元528年），一说称麒麟寺（始建643年），有意思的是，金乔觉出家法号即地藏。在和韩国学者的交流中，韩国多数学者也倾向于在台州临海登陆；我于2017年考察山东烟台，古登州尽管也有新罗馆驿，但多为古新罗国贵族入唐服务的，金乔觉作为王子身份第一次来唐，在此登陆有一定可能性，当时新罗国贵族旅唐、子女来唐求学乘官船在此登陆，但没有任何史料、考古发现可佐证金乔觉作为僧人在此入唐，登州说的可能性小，因为此时的金乔觉已失去了王族身份，不可能乘官船，只能混迹于商贾，金乔觉因洋流、季风、水文等诸多原因，临海说是有根据的，也是能站得住脚的。

我们先把研究的视野由外而内，发现很有趣的现象和规律，隐约把金乔觉"涉海舍舟"地指向临海。

一、从"大、小九华"名称上有规律可循

由于自然历史的原因，九华山周边众星拱月着很多"小九华"，或山或寺或地名，笔者通过研究，大致可将"小九华"名称的来由分为三类，一种是金乔觉最终卓锡九华山之前，遍访名山曾经驻足的地方，后人为了纪念名之"小九华"，如芜湖赭山"小九华"、宣城宛陵"小九华"、金华"小九华"等。芜湖周边信士，以前朝礼九华，先要去"小九华"广济寺"盖章"，以示尊重僧地藏在此歇脚，广济寺原名永清寺，始建于唐乾宁年间（894-898），北宋大中祥符年间（1008-1016）改今名，称"九华行宫""小九华"；一种是金乔觉被认定为地藏菩萨应化身后，他的信徒传播地藏菩萨信仰，开花散叶，建道场名"小九华"，如庐江冶父山；一种是信士聚众朝礼九华"行愿"，由于当时交通、物资准备往往要举全族之力，"行愿"是全族或信众个人很神圣的大事，"许愿"时浩浩荡荡，还得沐浴斋戒，民俗上有许愿就得"还愿"之说，"行愿"九华后，有不能还愿的，于是相约择地塑地藏菩萨像，权当"还愿"，在族谱里找到这类记载。有意思的是，从九华山向东，皖东南再到浙江西北直指沿海，很多"小九华"属于第一种情况，反之从台州沿海到浙江金华、衢州、安徽徽州地区，一直向西北直指九华山方向，有多数"小九华"属于第一类情况，长江以北属于第一种情况的则相对较少。属于第一类的"小九华"隐约划出了一条金乔觉来华路线图。

二、诸如"新罗大仙""金仙洞"等传说

金乔觉在九华山修行被当地乡绅发现时居山洞，人称"洞僧"，九华山仍遗存"金仙洞"，一宿禅林、慧居寺仍存有"乔觉大仙""新罗大仙"匾额，民间上，因认知有限，常神佛混淆，从九华山直至东南沿海方向，有很多关于"金大仙""金仙""新罗大仙"的传说，而其中以台州临海为最多最为密集，现临海市杜桥、邵家渡、桃渚等多地都发现带有金乔觉

传说"金仙""仙人"与古洞的传说，如九华洞、深心古洞、金仙洞等等，无量寺五趾山还有传说中的"仙人"大脚印遗存，杜桥九华洞寺（原名竹峙山）旁有深井一口，井水至今可用，传说是"金仙"当年为渔夫所留，九华山也有金地藏乍到"龙女献泉"的故事，我会经过多次田野考察，当地人称有外国得道高僧在这修行，这些传说中被称之"仙人"的大多有类似猫狗之类的动物相伴，这类传说中仙人身材高大，说是外国人但又说汉语，在九华山老田、柯村家谱记载及传说中，金乔觉来山时携的是白犬，以后演变为地藏菩萨坐骑谛听，九子寺有谛听塔，明显有新罗塔形制体征，《嘉定赤城志》载，在临海古城后山有称"新罗山"，因新罗客逝于此。

三、民俗上的现在性和现场性

临海至今有农历七月三十插地藏香的习俗，即在村口庙旁道路石板缝隙插整行的香，这种习俗在20世纪90年代前一度盛行，为纪念地藏菩萨成道日，以农历七月三十为纪念日举办地藏庙会，地藏庙会被列入《中国非物质文化遗产名录》。很有意思的是，临海祖辈们口口相传，地藏王菩萨是担大地的，如同农人挑担子，每年这一天是他换肩的日子，于是大地震动，他们说细听厨房碗橱柜里坛坛罐罐都相互撞碰，地震了，就是地藏菩萨换肩动静大了些。《寺记》载，金地藏入寂，"惟闻山鸣石陨，感动无情；将示灭……寺中扣钟，无声堕地"。

代代相袭的口头传说及民间风俗是民俗学上重要佐证，也是不可忽视的学术研究手段。

在20世纪90年代中期，九华山先后举办了纪念金地藏入寂1200周年、诞辰1300周年纪念活动，1996年9月至12月，九华山佛教历史文物赴韩国首都首尔（时称汉城）国立民俗博物馆、大邱市国立民俗博物馆展出，参展的共有59件（套）主展品和附属展品，在韩国引起很大轰动，也引发一拨中韩关于金地藏生平学术研究热，中外学者普遍认为，金乔觉在浙江临海登陆的可能性极大，但唐时临海范围很广，海岸线很长，至于具体的登陆地，没有形成共识。九华山里的历史文物馆据此绘制了地藏菩萨卓锡九华示意图。临海本地的信士侯小雁女士游览九华，就示意图请教我会、普陀山佛教文化研究所副所长林克智先生，于是2015年5月在临海召开了小型的金乔觉生平登临地学术座谈会，进一步缩小了金乔觉"涉海舍舟"的范围及现在台州下辖的临海市。

唐时台州是东南沿海重要的商贸、经济和文化交流中心。

唐时台州海岸线很长，临海郡首府在台州，唐武德四年（621），置台州，州治临海。天宝元年改台州为临海郡，至德二年又改临海郡为台州，州郡名称有变，但州治临海没有变迁，现临海一直是台州的经济文化中心，早在西晋时期，临海境内就有佛寺——涌泉寺、灵穆寺，到东晋南北朝已增至15座佛寺，唐代临海与日本、韩国交流更是频繁，很多新罗人商旅于此形成新罗屿，临海是海上"丝绸之路"、唐诗之路的重要节点。"海上丝绸之路"，影响更大的却是文化交流，特别是佛教天台宗。古新罗、高句丽、百济入唐交流路径是经日本，渡黄海，达明州（今宁波）、台州，再到天台国清寺。鉴真大师第四次东渡出发地就在临海，曾卓锡于临海龙兴寺。龙兴寺高僧思托又随鉴真大师"四渡造舟，五次入海"，"始终六渡，经逾十二年"，成为台州第一位赴日本的高僧。思托在日本传播律宗的同时，积极弘扬创立于台州的天台宗教并为天皇以下40人授戒，日本高僧最澄就是在临海龙兴寺受的菩萨戒。台州为韩、日僧人入唐求法打开了大门。中津古渡位于临海巾山兴善门外的金鸡岭下，辟于唐之初年。龙兴寺与中津古渡仅一箭之遥，从中津古渡出发，经灵江出海，"北连吴会，南通瓯闽，官吏迎送于斯，文人往来于斯，货物集散于斯"。这也是古代韩、日与大唐交流经台州的一条重要路径。

20世纪80年代发现的桃渚白鲞洞佛像很有意思，佛像据考为五代时造像，造像中者头带风帽，身披僧袍，敛手交叠，近似新罗人装束，左边是青年僧人的形象，手持宝瓶，右边是一老者，手持锡杖，总让人往地藏菩萨塑像上联想。

　　临海本地的专家学者论述金乔觉在临海登陆的一个重要的原因是洋流等水文条件，因风浪等因素从朝鲜半岛漂流至临海的事例并不罕见，最为著名的是700年后崔溥用汉文体所著的《漂海录》，他本是从济州岛登船为父奔丧，却被洋流风浪历经13天带到临海，近年临海立的"崔溥亭"记录了这段明代趣事，2005年据此立有"中韩民间友好碑"。

　　凡此种种，推断现在的临海作为金乔觉"涉海舍舟"登临地的理由是充分的。

　　学者普遍认可金乔觉从临海登陆是他第二次入唐，因其有在长安学习的经历，金乔觉很深厚的汉文学功底，辗转江南没有语言障碍。南宋计有功《唐诗纪事》卷七十三录有金地藏《送童子下山》诗一首。诗云：

　　　　空门寂寞汝思家，礼别云房下九华。
　　　　爱向竹栏骑竹马，懒于金地聚金沙。
　　　　瓶添涧底休拈月，钵洗池中罢弄花。
　　　　好去不须频下泪，老僧相伴有烟霞。

　　明万历续修的九华山《吴氏宗谱》，载有金乔觉《酬惠米》：

　　　　　　　　酬惠米
　　　　弃却金銮衲破衣，修行浮海到华西。
　　　　原身自是王太子，慕道相逢吴用之。（注：一作柯用之）
　　　　未敢叩门求地主，昨叨送米续晨炊。
　　　　蒙君餐食黄精饭，腹饱忘思前日饥。

　　《寺记》金乔觉"舍舟而徒"是实写，"自千里而径进"则有文学上的夸张，从临海登陆到最终卓锡九华几十年的时间，金乔觉遍访名山，在临海停留多地是可能的。

1993年，赵朴初首次提出"黄金纽带"的构想。他指出："中国、韩国、日本在历史及文化等方面有着深远的历史关系。尤其应该指出的是，三国的佛教徒通过释迦佛祖的宗旨，从古至今结成了牢固的友谊纽带。这是一条璀璨耀眼的'黄金纽带'。今天，我们要使这条'黄金纽带'更加牢固，重放光辉，为亚洲的繁荣及世界的和平做出新的贡献。"1995年5月，首届中韩日三国佛教友好交流大会在北京召开。会议通过了《北京宣言》，高度评价了中韩日三国佛教历时千余年持续至今的交流合作的巨大意义。

一千多年前，金地藏从临海登陆，芒鞋汲汲于大唐明州、东阳、宣州、江南道等地，最终卓锡池州青阳。"至池阳睹九子山，心甚乐之，乃迳造其峰而居焉"，《神僧传》寥寥数语，一笔带过金乔觉跋涉的艰辛，却留下了丰厚的文化遗产，为中韩文化交流史留下千古佳话。池州市与求礼郡、临海市与横城郡缔结友好城市，民间学术组织如我会与韩国佛教春秋社、佛教文化联合会互结为友好学术团体。此次地藏文化学术交流也将续写历史佳话。

总之，作为一位真实的历史人物，佛教界广为尊崇的地藏王菩萨，金乔觉从临海登陆最终卓锡九华，谱写了中韩文化交流的传奇。

九华山位列中国佛教四大名山考论

景天星①

内容提要：明万历时期，九华山开始位列中国佛教四大名山，并在清代得到了加强和巩固，民国时期，由五台山、峨眉山、普陀山、九华山组成的四大名山体系已深入民心，广为人知。九华山能跻入四大名山体系，既得因于其所处的历史背景，也源于其作为地藏菩萨的根本应化道场，同时也离不开对佛教名相的解读与附会。九华山位列四大名山，促使四大名山演变为一大稳固整体，并得以发展和巩固。作为佛教中国化的典型代表，四大名山通过宗教神圣化和世俗化两种中国化实践路径，成为明清以来中国汉传佛教的重要载体，在佛教中国化进程和中国佛教发展史上具有重要意义。

关键词：九华山；地藏道场；中国佛教四大名山；佛教中国化；实践路径

中国佛教四大名山指山西五台山、四川峨眉山、浙江普陀山、安徽九华山，是以"大智、大行、大悲、大愿"为核心理念的文殊、普贤、观音、地藏等四大菩萨的根本应化道场。作为佛教中国化的典型代表，四大名山同构汉传佛教信仰格局，共彰大乘佛教菩萨精神，进而成为明清以后中国佛教的重要载体。四大名山中，五台山、峨眉山和普陀山的形成与发展皆

---

① 景天星，陕西省社会科学院宗教研究所。

与《华严经》有关，如五台山成为文殊道场，和《华严经》中的"清凉山"有关①；普陀山成为观音道场，和《华严经》中的"补怛洛迦山"有关②；峨眉山成为普贤道场，源于对《华严经》中"光明山"的附会③。三山最迟在明末并称为三大名山。后来，地藏道场九华山加入其中，与其他三山共称四大名山。但在《华严经》中，并没有一座具体的山或一处具体道场的名字与九华山相对应，亦即，四大名山中，唯独九华山未被《华严经》提及，或附会《华严经》。那么，九华山是如何位列四大名山体系的？为什么是九华山？九华山位列四大名山后，又是如何实现佛教中国化的？这是本文要解决的问题。

一、九华山佛教与四大名山的形成

九华山位于安徽池州市，原名九子山，"高出云表，峰峦异状，其数有九，故号九子山焉。"④唐天宝年间（742-756），诗人李白因睹九峰矗立，若九朵莲花，改名九华，遂使"九华山"之名远播。学术界认为，佛教初传九华山，当为唐开元末年，据唐费冠卿《九华山化城寺记》载："开元末，有僧檀号，张姓，自群舒（今安徽潜山）至，为乡老胡彦请住，广度男女。"后因"触时豪所嫉，长吏不明，焚其居而废之"⑤。檀号也被认为是"将佛教传入九华山之第一人"⑥。但檀号并未创建寺院，且与其相关的资料

---

① 详参拙文《论证五台山即清凉山的历程》，《法音》2010年第10期，第31-33页。
② 详参李利安、景天星：《论古代印度的补怛洛迦山信仰》，《人文杂志》2019年第9期，第61-69页。
③ 详参向世山：《金顶三相与峨眉佛教名山的关联性分析》，永寿主编：《峨眉山与巴蜀佛教》，宗教文化出版社，2004年，第279页；韩坤：《峨眉山及普贤道场研究》，四川省社会科学院硕士学位论文，2007年，第32-34页。
④ （宋）李昉等：《太平御览》卷46《地部二·九华山》，中华书局，1960年，第220页。
⑤ （唐）费冠卿：《九华山化城寺记》，（清）董诰等编：《全唐文》卷694，中华书局，1983年，第7129页。
⑥ 卢忠帅：《明清九华山佛教研究》，南开大学博士论文，2013年，第17页。

不多。据《九华山化城寺记》，唐肃宗至德初年（756），新罗僧金地藏于九华山苦修数年，感得当地人"伐木筑室，焕乎禅居"，① 建化城寺，奠定了九华山佛教的基础。金地藏圆寂后"颜亦如活时，异动骨节，若撼金锁"，与经中的"菩萨钩锁，百骸鸣矣"对应。入葬时"基塔之地，发光如火"②。因此，金地藏被认为是地藏菩萨的化身。相应地，他驻锡的道场九华山也被认为是地藏菩萨道场。此后，一直到唐武宗会昌（841-846）法难时，九华山寺院发展至10余座。五代两宋时期，受禅宗影响，九华山佛教获较大发展，已有寺庙20余座。明清时期，九华山佛教进入繁荣鼎盛时期。③

从起源看，九华山地藏道场的形成与《华严经》并无直接关系。其它三山之崇隆则与《华严经》有关。《华严经》重视文殊和普贤，其道场五台山和峨眉山在唐代时备受重视，如唐澄观"大历十一年（776）誓游五台，一一巡礼，祥瑞愈繁。仍往峨眉求见普贤，登险陟高，备观圣像。"④ 宋代，五台、峨眉并称"名山"，并受皇帝关注，宋太宗"敕太原、成都铸铜钟，赐五台、峨眉名山，遣挂之日，两山皆有梵僧十余，空中奉迎其钟，声闻百里"。⑤ 同样受《华严经》影响，唐朝时，文殊、普贤、观音并称"三大士"。明代末年，与其相应的道场五台、峨眉和普陀开始并称，明代《赠僧参方一绝》提及："落迦南浸胜蓬莱，西有峨眉北五台，寄语圆通三大士，可能端为一僧来。"⑥ 其中落迦即普陀山。明万历年间，开始出现"四大名山"。万历三十一年（1603）夜台入京，后不久"往反四大名山"⑦。

---

① （唐）费冠卿：《九华山化城寺记》，（清）董浩等编：《全唐文》卷694，中华书局，1983年，第7129页。

② （唐）费冠卿：《九华山化城寺记》，（清）董浩等编：《全唐文》卷694，中华书局，1983年，第7130页。

③ 潘桂明：《九华山佛教史述略》，《安徽师范大学报》1991年第3期，第313-322页。

④ （宋）赞宁：《宋高僧传》卷5，《大正藏》第50册，第737页上。

⑤ （宋）志磐：《佛祖统纪》卷43，《大正藏》第49册，第398页下。

⑥ （明）王世贞：《弇州续稿》卷25《诗部》，文渊阁《四库全书》，台湾商务印书馆，1986年，第1282册，第341页。

⑦ （明）明河：《补续高僧传》卷20，《卍续藏》第77册，第508页下-509页中。

但此一时期的"四大名山"之概念尚未普及。明万历年间，鲍应鳌在《瑞芝山房集》中指出，一名僧人太空提到了"四大名山"，但鲍竟不知"云何"，其中载曰："万历戊申（1608），南海僧太空持友人沈武选书来谒，曰：'将为震旦四大名山造阎浮提，四大菩萨往镇焉。'询：'所谓四大云何？'曰：'吾欲以观音大士表南海，文殊菩萨表五台，普贤菩萨表峨眉，地藏菩萨表九华也。'余讶其阔远，而以方解兰入燕未暇，与作缘去之五年还里又三年所，太空复持同年邵虞部书来谒。余问：'四大名山之愿毕乎？'曰：'未也'。然闽中已有文殊缘矣，吴下已有普贤地藏缘矣，地藏已庄严，今偕缙绅某公送九华矣，独观音大士缘在新安，未臻厥成。"[①] 释太空告诉鲍，想以观音大士表南海，文殊菩萨表五台，普贤菩萨表峨眉，地藏菩萨表九华，这是首次将地藏道场九华山列入四大名山的文献记载。太空说出自己的想法后，鲍应鳌"讶其阔远"，说明此观点仍不为人熟知。其后，经历清代和民国时期的推展，四大名山获得重大发展。总之，中国佛教四大名山的形成与演变有一个长时段的历史发展过程。唐代时，五台山与峨眉山并称"名山"；明末，"三大名山"特指五台、峨眉和普陀，万历年间，"四大名山"也几乎同时出现；清初，"四大名山"开始流传，清代晚期，"四大名山"基本定型；民国时期，由五台山、峨眉山、普陀山、九华山组成的四大名山体系已深入民心，广为人知。[②]

二、为什么是九华山位列四大名山

九华山能跻入中国佛教四大名山，既得因于其所处的历史背景，也源于其作为地藏菩萨的根本应化道场，同时也离不开对佛教名相的解读

---

① （明）鲍应鳌：《瑞芝山房集》卷3，《四库禁毁书丛刊》集部，北京出版社，2000年影印本，第141册，第96页。

② 详参拙文《汉传佛教四大菩萨及其应化道场演变考述》，《世界宗教研究》2019年第4期，第60–70页。

与附会。

明末开始有"四大名山"之提法，九华山位列其中。其历史背景主要有二，一是明代佛教民俗化的深入发展。传统观点认为，明代是中国佛教的低落时期，无理论创造力，缺乏思想原创性。但接续宋代以来民俗佛教的发展，明代的民俗佛教进一步向纵深化发展，融合民间信仰，深入民间社会，走进人心。一方面，佛教融合民间信仰共同发展，"明代是民间信仰与中国佛教完全融合的一个重要时段，对清代、民国以至现当代民间信仰与佛教寺院的关系都有深远的影响。"[①]"民间俗神更加深入佛教寺院山林中，成为明代僧众内心世界中真正的佛教之神，这也标志着中国民间信仰佛教化的真正完成"[②]。另一方面，佛教节日进一步演变成为民间节日。宋代，有一部分佛教节日已开始在民间有所影响。明代，佛教节日的影响更为深广，如佛诞日、观音诞、文殊诞、地藏诞、盂兰盆会等。其中地藏诞"大约产生于明代中叶，明清以至民国时期在北京以及江浙一带相当流行，衍生出了许多与之相关的宗教民俗活动，对民众的社会生活产生了重大影响"[③]。依托这些佛教节日形成规模宏大的庙会，不仅仅是宗教活动，而且演变为具有多种功能的民间活动，如商品交换、民间娱乐等。二是明末万历皇帝的支持。明神宗万历年间（1573-1620）是晚明佛教复兴的重要时期。万历皇帝"大开经厂，颁赐天下名刹殆尽"；修建佛塔、佛寺，"逮至今上，与两宫圣母，首建慈寿、万寿诸寺，俱在京师，穷丽冠海内。"[④]故陈垣指出，"万历之后，禅风寖盛，士夫无不谈禅，僧亦无不与士夫结纳。"[⑤]

[①] 曹刚华：《心灵的转换：明代佛教寺院僧众心中的民间信仰——以明代佛教方志为中心》，《世界宗教研究》2011年第4期，第53页。

[②] 曹刚华：《心灵的转换：明代佛教寺院僧众心中的民间信仰——以明代佛教方志为中心》，《世界宗教研究》2011年第4期，第54页。

[③] 尹富：《地藏菩萨诞日的产生时代及其相关宗教民俗活动论述》，《中华文史论丛》2007年第1期，第327页。

[④] （明）沈德符：《万历野获编》卷27《释教盛衰》，中华书局，1997年，第679页。

[⑤] 陈垣：《明季滇黔佛教考》，河北教育出版社，2000年，第334页。

万历母子印造大藏经,颁赐给五台山、峨眉山、普陀山等各大名山,并两次敕谕九华山地藏寺。万历十四年(1586),"兹者圣母慈圣宣文明肃皇太后,命工刊印《续入藏经》四十一函,并旧刻藏经六百三十七函,通行颁布本寺";万历二十七年(1599),"朕诚心印造佛大藏经,颁施在京,及天下名山寺院供奉。经首护持,已谕其由。尔住持及僧众人等,务要虔洁供安,朝夕礼诵。"①万历皇帝明确说颁施《大藏经》在"天下名山寺院"供奉,其中就包括九华山,此举提升了九华山的名山地位。

九华山虽是在明代位列四大名山,但从唐代开始,就因金地藏与地藏菩萨被人混淆而被认为是地藏菩萨应化道场。后虽受人质疑,但到了明代,此观点随着历史的发展愈受肯定、愈加稳固。如明代蕅益智旭在《海灯油疏》中指出:"又况地藏大士,以无缘慈力,同体悲心,示居九子峰头,遍救尘沙含识。肉身灵塔,四海归依。"②他还在《复九华常住》中指出:"九华实地藏慈尊现化地,山中大众无非地藏真实子孙,不知历几劫修行,到此名山福地。"③对此,尹富曾指出:"九华山地藏道场,起自于金地藏与地藏菩萨的混淆,虽然受到了较多的质疑,但最终其地位却不断得到巩固,这是自隋唐以来中国地藏信仰的兴盛,以及自唐宋以来九华山本身的名气渐大,九华山佛教等原因共同作用的结果。"④尹富还提到了地藏信仰的兴盛是一个重要原因。地藏菩萨在印度并未得到普遍信仰,传入中国后却获得了巨大发展。汉译经典中,《罗摩伽经》最早提到地藏菩萨,为曹魏时期的安法贤所译。之所以名"地藏","有二义:一以喻德,二以显行","一、所谓喻德者,地,如大地,有住持、生长、荷负三义";"藏,如宝藏,有伏藏、足用、赎命三义。""二、所谓显行者,诸大菩

---

① 释印光重修:《九华山志》卷5,杜洁祥主编:《中国佛寺史志汇刊》第2辑,明文书局,1980年影印本,第22册,第217-218页。
② (明)智旭:《灵峰蕅益大师宗论》卷7,《嘉兴藏》第36册,第383页下。
③ (明)智旭:《灵峰蕅益大师宗论》卷5,《嘉兴藏》第36册,第339页中。
④ 尹富:《中国地藏信仰研究》,巴蜀书社,2009年,第363页。

萨多从所观境而立名。此菩萨观地狱苦，发菩提心，证得地狱界之三德秘藏，能救十方大地狱苦，故名地藏。"①正因如此，地藏信仰在宋以后，尤其在明清时期获得重要发展，地藏忏仪、地藏经典②、地藏节日、九华山朝山进香等获得重要发展。究其要者，一是地藏菩萨被认为是佛教中"大愿"的表征，其他三大菩萨文殊、普贤和观音分别表征大智、大行和大悲，这一义理体系是不完善的，将"大愿"引入其中，可以进一步完善大乘佛教菩萨信仰的义理体系。二是地藏信仰中的"大孝"精神。《地藏经》被视为孝经，经典中地藏以孝女的身份出现，不仅解救了母亲，也解救了众生，这契合了中国的文化传统。三是地藏菩萨是幽冥教主。幽冥世界教主的身份掌管的是死后的神秘世界，因此受到信仰者的重视。总之，地藏因"孝"而契合民间社会与中国文化，因"愿"而弥补佛教信仰义理之不足，又因幽冥教主的崇高地位而备受尊崇，其应化道场九华山也受到重视，渐渐与"三大名山"合流，共成"四大名山"。

九华山位列四大名山，也与对佛教名相"四大"的解读与附会有关。四大，即地、水、火、风。此四大能造作生出一切色法。《俱舍论》云："地界能持，水界能摄，火界能熟，风界能长"；"地界坚性，水界湿性，火界暖性，风界动性。"③是说地大性坚，支持万物；水大性湿，收摄万物；火大性暖，调熟万物；风大性动，生长万物。佛教认为色身也是四大和合，"我今此身四大和合，所谓发毛、爪齿、皮肉、筋骨、髓脑、垢色皆归于地，唾涕、脓血、津液、涎沫、痰泪、精气、大小便利皆归于水，暖气归火，动转归风。四大各离，今者妄身当在何处？"④清代，有人以"四大名山"附会"四大"。康熙三十七年（1698），裴琬云："佛经称地藏、普贤、文殊、观音诸佛道场，曰地、水、火、风为四大结聚。九华，地也；峨眉，

---

① （明）智旭：《占察善恶业报经义疏》卷1，《卍新续藏》第21册，第135页中–136页上。
② 如地藏三经：《大乘大集地藏十轮经》《地藏菩萨本愿经》《占察善恶业报经》。
③ 世亲造，（唐）玄奘译：《阿毗达磨俱舍论》卷1，《大正藏》第29册，第3页中。
④ （唐）佛陀多罗译：《圆觉经》卷1，《大正藏》第17册，第914页中。

火也；五台，风也；普陀，水也。"①但其中认为这是"妄会"，不足为据。裴琔此说不知从何而来，但后人对此多有沿袭或质疑，如朱谨沿袭说："佛经称地藏、普贤、文殊、观音诸佛道场曰'地、水、火、风为四大结聚。九华，地也；峨眉，火也；五台，风也；普陀，水也。'"②王亨彦质疑说："文殊、普贤、观音、地藏，皆久成佛道之法身大士。以度生心切，遍界现身。又欲众生投诚有地，故文殊示应迹于五台，普贤示应迹于峨眉，观音、地藏示应迹于普陀、九华也。世有以地、水、火、风分配四大名山者，乃不知地、水、火、风为四大之义，而以己见妄会之，不可为据。"③，王认为此"不可为据"，与裴琔一样，认为此为"妄会"，亦即附会。但随着明清时期佛教名山的历史演变，这一"妄会"的观点却在民间颇为流行，反倒更加支撑并巩固了地藏道场九华山在中国佛教四大名山中的地位。

三、四大名山是佛教中国化的典型代表

九华山位列中国佛教四大名山，加速了四大名山的发展，巩固了四大名山的地位，使四大名山成为佛教中国化的典型代表。如圣凯法师所说："佛教'四大名山'的形成，是中国佛教信仰具有标志性的现象，是佛教信仰中国化的最具有代表性的结果。"④拙文《四大名山信仰：佛教中国化的智慧结晶》曾从佛教中国化角度总结了四大名山信仰的特点与意义，认为四大名山信仰"是在《法华经》和《华严经》等大乘经典所提倡的'应化'理论和'道场'理论的基础上形成的，融合了菩萨信仰、山岳信仰、民间

---

① （清）裴琔：《南海普陀山志》卷2《形胜》，《四库全书存目丛书·史部》，济南：齐鲁书社，1996年影印本，第239册，第18页。

② （清）朱谨：《南海普陀山志》卷2《形胜》，武锋点校：《普陀山历代山志》，浙江古籍出版社，2014年，下册，第541页。

③ 王亨彦：《普陀洛迦新志》卷11《志余门》，武锋点校：《普陀山历代山志》，浙江古籍出版社，2014年，下册，第1712页。

④ 圣凯：《明清佛教"四大名山"信仰的形成》，《宗教学研究》2011年第3期，第80页。

信仰，是理论性与实践性相统一、神圣性与世俗性相统一的中国化的信仰体系与文化类型。"并进一步指出："四大名山信仰是宋代以后尤其是明清以来中国汉传佛教的重要载体，是佛教中国化进程中的较具特色的智慧结晶、理论典型和信仰模式；在中国佛教发展史中，四大名山信仰自成体系，是佛教中国化的表现形式，是明清以后中国佛教发展的动能之一，甚至影响着中国佛教发展的方向。在中国文化发展史中，四大名山信仰融合会通了作为中国传统文化代表的儒、释、道，并以其作为文化内核，同时又吸收了具有深厚群众基础的民间信仰作为重要组成部分，最终发展成为中华传统文化一种重要的代表形式。"①但对其佛教中国化实践路径探讨较少。下面主要从宗教神圣化和宗教世俗化两个视角探讨其中国化实践路径。

从宗教神圣化视角看，四大名山的佛教中国化实践路径主要表现为以下四个方面：第一，"义理阐释"实践路径。不同历史时期对四大菩萨所分别表征的"大智""大行""大悲""大愿"等四大理念进行了重要的中国化阐释，形成了由"悲、智、愿、行"共同组成的"四位一体"的中国化义理体系。肖黎民教授认为："大乘佛教的内在精神由四个方面构成，即：悲、智、愿、行。四者共同形成了完整一体的佛的精神。彼此之间的逻辑关系是，无愿不成悲，无悲不为智，无智难以行。"②而这些内在的菩萨精神，都是在佛教中国化的过程中一步一步发展进而融合的。在四大名山佛教中国化过程中，历代祖师也对佛教经典进行了重要的诠释，如《华严经》中的"清凉山"被诠释为中国的五台山、"补怛洛迦山"被诠释为中国的普陀山等。第二，"仪式行为"实践路径。在佛教仪式中加入四大名山或四大菩萨的元素，如"叩钟偈"在清代列入佛教早课，"南无五台山大智文殊师利菩萨（十五椎），南无峨眉山大行普贤菩萨（十六椎），

---

① 详参拙文：《四大名山信仰：佛教中国化的智慧结晶》，《中国宗教》2020年第4期，第52-53页。
② 肖黎民：《文殊智慧的现代判教与元学重构》，王志远主编：《宗风》（乙丑·春之卷），宗教文化出版社，2009年，第178-179页。

南无九华山大慈地藏王菩萨（十七椎），南无普陀山大悲观世音菩萨（十八椎）。"①其中既有四大菩萨，又有四大名山；又如佛教的"二时临斋仪"，"供养清净法身毗卢遮那佛，圆满报身卢舍那佛，千百亿化身释迦牟尼佛，极乐世界阿弥陀佛，当来下生弥勒尊佛，十方三世一切诸佛，大智文殊师利菩萨，大行普贤菩萨，大悲观世音菩萨，大愿地藏王菩萨，诸尊菩萨摩诃萨，摩诃般若波罗蜜。"其中所提到的菩萨只有文殊、普贤、观音和地藏等四大菩萨。第三，"僧团建设"实践路径。四大名山中国化过程中高僧有重要的引领作用，如唐代澄观在五台山的义学引领作用，唐代金地藏在九华山的奠基作用，明代蕅益智旭在九华山的中兴作用，民国太虚、印光在普陀山的道风引领作用等；僧团的各种法会实践也是重要的中国化实践路径，如斋天、放焰口、水陆法会等。第四，"道场建设"实践路径。四大名山的中国化实践中，自然景观皆有被神圣化的过程，即地质、地貌、气象、水文等自然景观被神圣化的过程；其人文景观也有神圣化的建构，即建筑、寺塔、造像、壁画、佛乐等人文景观的神圣化建构；基于此，四大名山成为中国佛教非常重要的神圣空间。

从宗教世俗化视角看，四大名山的佛教中国化实践路径主要表现为：第一，"政治适应"实践路径。在其中国化实践路径中，国家宗教管理政策对四大名山有一定的引导。历代帝王、官僚贵族等对四大名山的态度也促进了四大名山在具体实践上的政治适应，这在明清时期体现得非常明显。第二，"经济互动"实践路径。在中国化实践中，四大名山的田产、房产、布施、佛事等经济收入，四大名山的社会慈善、济贫赈灾、治病除疫、为过往香客提供住宿和饮食方便等经济支出，都是佛教中国化非常重要的实践路径。第三，"适应社会"实践路径。在中国化进程中，四大名山通过重要节日、庙会融入社会习俗，民众也在信仰和朝山实践中获得了独特的感应体验，这也是四大名山中国化的重要路径。第四，"文化互摄"实践

---

① （清）仪润证义：《百丈清规证义记》卷9，《卍续藏》第63册，第515页下。

路径。从佛教文化视角看，四大名山蕴含有大乘佛教菩萨的觉悟奉献精神；从佛教文化与儒家文化相融摄的视角看，儒家文化在四大名山中有一定的体现，这也是佛教对中国文化的适应；从佛教文化与道教文化相融摄的视角看，在佛教传入之前，四大名山都是道教活动的圣地。因此，在佛教中国化进程中，四大名山成功融合了佛、儒、道，使其在文化方面成为重要的实践路径。

综上，从明末开始，直至晚清时期，九华山因时代背景、地藏道场和佛教名相等因素位列中国佛教四大名山，促进四大名山演变成一稳固整体，并通过宗教神圣化和世俗化两条中国化实践路径，使四大名山共同成为明清以来中国汉传佛教的重要载体，成为佛教中国化的典型代表，这在佛教中国化进程和中国佛教发展史上都具有重要意义。

九华山高僧无垢莲公行谊考述

韩传强 ①

内容提要：高僧无垢性莲是晚明时期一位活跃的僧德，其先后从栖霞寺素庵真节、清河法堂、大千佛寺遍融真圆习道，并参谒妙峰福登于芦芽（山），成为遍融真圆的"入室弟子"。无垢莲公悟道后，被"九华圣道场地，迎为丛林主"，并在池阳之杉山、九华之金刚峰、观音山之金堂、大山之草庵、莲岭之静室、金陵之花山等多地传法布道，成为晚明时期颇具影响的高僧大德。从无垢莲公所师僧德来看，其深究贤首，富有禅心，当为大鉴下不二真际一系之法嗣。

关键词：《九华山无垢莲公塔铭》；无垢性莲；憨山德清

一、无垢莲公相关史料梳理

在《憨山老人梦游集》中收录有憨山德清为高僧无垢莲公所撰塔铭，这是目前所见研究高僧性莲最重要的史料之一，从中我们可以管窥无垢莲公的一生行谊。此外，喻谦编撰的《补续高僧传四集》中收录有《明青阳九华山沙门释性莲传》②以及《九华山志·高僧门》③也有对高僧性莲有相

---

① 韩传强，哲学博士，历史学、哲学博士后，滁州学院教授。
② 喻谦：《明青阳九华山沙门释性莲传》，《新续高僧传四集》卷二十，载《高僧传合集》，上海古籍出版社，1991年，第843-844页。
③ 杜洁祥主编：《中国佛寺史志汇刊》第二辑第22册之《九华山志》卷四之《高僧门》，明文书局，1980年，第179-180页。

应介绍。实际上，后两种文献所载高僧性莲相关信息，主要是参考憨山德清《九华山无垢莲公塔铭》而编撰的，且都在文中予以注明"憨山老人为之铭云"字样。鉴于此，本文以《九华山无垢莲公塔铭》为主要文本，对高僧无垢性莲行谊进行讨论。为便于研究，兹将《九华山无垢莲公塔铭》整理如下：

九华山无垢莲公塔铭

公讳性莲，字无垢，太平仙源王氏子。生而不群，幼喜为佛事，早有出世志。初，其地佛法未流时，诸外道群聚，宣扬其说，公每往观听。一日谓众曰："此梦语也，其如生死何？"因决志出俗。年二十有二，遂弃妻子，破家散产而去。

之金陵摄山栖霞寺，从素庵节法师剃染、受具，依栖讲席，习诸经论义。置卷叹曰："吾为生死大事，故出家，此岂能了大事乎？"遂弃去。复得故乡之牛头山，诛茅以休，刀耕火种，专以己躬下事为念。久之，未有所入，遂弃去。至清河，谒法堂和尚，授以念佛三昧，乃深信入。

寻参遍融老于都下，融一见而器之，遂留入室。久之，妙峰和尚开法于芦芽，公特往见，大有所陶冶，复归故乡之大山，四方缁白，闻风而至。叹曰："吾出家儿，岂为滴水波流把茅，遮障此生平乎？"复弃去。誓历尽名山，遍参善知识，多方行脚，备尝辛苦，如是者七年。

偶冬日涉河，冰裂作声，堕水寒彻，忽然有省。乃曰："眉元来横，鼻元来直，渴饮饥餐，更有何事？"于是生平之疑，泮然冰释。即归，卓锡于池阳之杉山，十方衲子日益至。公遂开梵刹，以接待为事，至者无他技，但精洁粥饭茶汤而已，了无禅道佛法，观者谛信不疑。

九华圣道场地，迎公为丛林主。公治己精苦，忘身为众，凡化恶性，必委曲方便，跪拜周旋，甚至詈骂，必俟大信而后已，时人称为"常不轻"。如是，凡廿年。远近缁白，倾心如佛祖，故凡所须，未常发一街坊化主，应时如响。凡足迹所至，或一食一宿之所，皆为道场。若池阳之杉山、九华之金刚峰、观音山之金堂、大山之草庵、莲岭之静室、金陵之花山，余若秦头峰、婆婆垅、岑峰洞、白沙山、吉祥、诸天，随地各建兰若数十所，以修隐静者居之，咸有其徒主其业。岂非忘身为物，无心而成化者耶？

丙申仲春二月应众请，于三祖之皖山，不数月，百废俱举，远近风动。公复归九华，越明年，皖山四众固请公去，公首肯曰："去即去矣，尚须三日。"明日，偶过九龙，访一庵主，四顾欣然，乃谓众曰："吾至此山，大事毕矣。"众不解其意。二日示微疾。竟终于此。全身塔于兰若之右，万历丁酉（1597）九月三日也。

公生于甲辰（1544）之四月八日，世寿五十有四，僧腊二十有五。公弟子甚众，各领其丛林事，其优婆塞，就乞佛法者，独邵季公兄弟，查汝定萧伯谷，相与莫逆，为方外死生交。公迁化月余，汝定即走岭南，访余于行间，持公行实乞为铭，以余三复感公之操存，可谓精于忘己者也。故为铭曰：

> 忘身为物，如虫御木。
> 视物为己，水不洗水。
> 物我两忘，不犯锋芒。
> 石人昼舞，金乌夜光。
> 止若谷神，观者耳聋。
> 卓彼虚空，惟公之身。
> 飘若行云，惟公之心。
> 不来不去，谁死谁生？
> 九华参天，皖山夐汉。

听者眼盲，亭亭一塔。

觅公行处，问取九峰。①

从《九华山无垢莲公塔铭》的记述中可知，高僧性莲卒于1597年，生于1544年，世寿五十四，从其"僧腊二十五"可推知其当于1572年前后受戒，是晚明时期活跃于皖南乃至苏浙的重要高僧。从《九华山无垢莲公塔铭》的记述中，我们可以获悉诸多信息，这里既包括高僧性莲的生卒年月、求法布道经历，也包括其师承关系以及驻锡寺院等情况。

二、高僧性莲的求法师承

关于高僧性莲的求法与师承，据《九华山无垢莲公塔铭》所载，其先后问道于栖霞寺素庵真节（1519-1593）、清河法堂（不详）、遍融真圆（1506-1584），并参谒妙峰福登（1540-1612）于芦芽（山）。虽然其师承杂多，且所师之僧法脉并非皆清晰如澈，但我们通过多维梳理，还是可以寻觅到其师承法脉的大致轮廓。

据《九华山无垢莲公塔铭》所述，高僧性莲最早于栖霞山问道于素庵真节和尚。关于高僧素庵真节，《大明高僧传》卷四、《补续高僧传》卷六等均载有其传记。现据《大明高僧传》兹整理如下：

应天栖霞寺沙门释真节传

释真节，号素庵，襄阳人也。少为郡弟子，忽宿根内萌，即辞割亲爱，礼明休和尚祝发。既而北游京师，遍参讲席，居秀法师座下，屡餐法喜，深得贤首之印。师之学富内外，诸方每以龙象推之。久之，负锡南还金陵，出主摄山栖霞，众逾三百，教备五乘，据师子座、挝大法鼓三十余年。檀施之余，拓地为庐。时，殷宗伯得琅琊大士像，五台陆公亦铸金像，悉归师供奉。罗参知署曰：

---

① 曹越主编：《明末四大高僧文集》（上），北京图书馆出版社，2005年，第512-513页。

"圆通精舍。"句曲李石麓学士盟为方外交。师阐大法，不以期限。尝讲《法华经》，至"多宝塔品"，空忽现宝塔于座前，一如经言，四众跂观，洒然希觏。中使张某奉慈圣皇太后命至同睹圣瑞，乃出尚方金缕僧伽黎衣一袭，宣慈旨赐之。即于讲堂之西建一浮屠，以征神化。汪道昆记其事。①

从传记所言高僧素庵真节"居秀法师座下，餍餐法喜，深得贤首之印"，而其"出主摄山栖霞"，且"据师子座、挝大法鼓三十余年"等可知，素庵真节当为华严一脉。当然，高僧性莲虽"从素庵节法师剃染、受具，依栖讲席，习诸经论义"，但因叹"吾为生死大事，故出家，此岂能了大事乎"而"遂弃去"。就此而言，高僧性莲对华严宗法并非完全契合。这从"遂弃去"中可以推知一二。

高僧性莲离开栖霞后，"自我苦修"了一段时间，然"诛茅以休，刀耕火种，专以己躬下事为念"，但久之，"未有所入"，最终还是"遂弃去"，这是无垢性莲的第二次否定。在这次自我否定后，无垢性莲"至清河，谒法堂和尚"，虽然依据现有资料，我们对清河法堂和尚知甚少，但其授无垢性莲"念佛三昧"，使无垢莲公"乃深信入"。就此而言，无垢莲公在两次求法放弃后，终于有了契悟之机，这种机缘更近于禅观，这或许与其前期"诛茅以休，刀耕火种，专以己躬下事为念"有关。

如果就宗谱师承来说，无垢性莲可能与遍融真圆关系更为亲近，毕竟，当无垢性莲"寻参遍融老于都下"，而"融一见而器之"，并"遂留入室"。对于佛教尤其是禅宗而言，"登堂入室"不仅指学问的精进，也是一种师承与法脉的认同。遗憾的是，目前，对于遍融真圆的宗派归属还是非常模糊的，清代高僧超永在编撰《五灯全书》时，对遍融真圆的界定是"未详法嗣"②。超永以降，学界基本沿用其对遍融真圆法嗣的判释，圣严法师

---

① （明）如惺：《大明高僧传》卷四，《大正藏》第50册，第912页中。
② （清）超永编辑：《五灯全书》卷一百二十，《卍新续藏》第82册，第722页中。

在其论著《明末佛教研究》中,也将遍融真圆作为"嗣法未详诸宿尊"[①]之一,而学者杨维中教授则认为"普泰(鲁安普泰)弟子中无极守愚与遍融真圆同时传习华严学与唯识学"[②]。杨维中教授的判释是有其依据的,这从《顺天大千佛寺遍融真圆禅师》传记中记述遍融真圆禅师听讲《华严》而"倏然顿悟"以及"尝在呆日寺讲《华严》"[③]便可窥一斑。在《锦江禅灯》卷九中,则将遍融真圆禅师列为"大鉴下第三十二世"之"不二真际"法嗣[④],而不二真际禅师则是"大鉴下第三十二世"之"伏牛理禅师法嗣"[⑤],也被视为"径山下第十二世"[⑥]。据此而论,作为遍融真圆的"入室弟子",无垢性莲当为大鉴下第三十三世之遍融真圆法嗣。关于遍融真圆,高僧超永对其列有传记,兹整理如下:

(未详法嗣)顺天大千佛寺遍融真圆禅师

> 西蜀营山线氏子,家世业儒,书史过目不忘。族人曰:"振吾宗者,必此子。"至年将立,感生死无常,遂舍家入云华山,礼可公为师,剃染。抵京师,听讲《华严》。至若"人欲识佛境界,当净其意如虚空"处,倏然顿悟,身超虚空,不觉屋庐为碍。私谓曰:"法界玄宗,毗卢性海,无外吾之方寸矣。且道离文字,孰衍孰听,画饼不能充饥,斯言信矣。"

> 翌日曳杖东下,至洪州居马祖庵。时,同气相求者毕至。历七载,乃入匡庐。躬鬻薪易米供众,不避风雨寒暑者,二十余年。居狮子岩时,常横一棒坐岩口,僧来辄热棒棒之,惜无有契其机

---

① 圣严法师:《明末佛教研究》,宗教文化出版社,2006年,第24页。
② 杨维中:《明代普泰系、高原明昱系唯识学传承考述》,载于觉醒主编,《觉群》编辑委员会编:《觉群佛学》(2012),宗教文化出版社,2013年,第280页。
③ (清)超永编辑:《五灯全书》卷一百二十,《卍新续藏》第82册,第722页中。
④ (清)通醉辑:《锦江禅灯》卷九,《卍新续藏》第85册,第164页下–165页上。
⑤ (清)性统编:《续灯正统目录》卷一,《卍新续藏》第84册,第400页下。
⑥ (清)真在编,机云重编:《径石滴乳集》,《卍新续藏》第67册,第511页上。

者。前后四入京师，初住龙华，次住柏林，又迁世刹海，最后慈圣太后建千佛丛林，请师居之。尝在杲日寺讲《华严》，有狂僧，触太宰系狱。因并逮师，至于梏。师称大经名而铗索檀梏，轰然为尽裂。人皆感其异，相率皈依。而圜扉中，皆浩浩佛声矣。刑部狱中，苦逼万端，师处之晏然，同刑者惊其异操。师曰："无他术也，心存中正，虽处患难，而不知有患难也。"张大岳上章明师无罪，得免。慈圣皇后命复居世刹海。

陆五台问："如何是文殊智？"

师曰："不随心外境。"

曰："如何是普贤行？"

师曰："调理一切心。"

曰："如何是毗卢法界？"

师曰："事事无碍。"

陆叹曰："今而后，万殊一体，我知之矣。"

赵大州问："孔子方佛奚若？"

师曰："仲尼治世圣人也，佛则治出世之圣人也。惩恶劝善，理诚无异；剖裂玄微，佛氏方罄。"州为首肯。

明神宗万历甲申（1584）九月，师命迭龛无缓，适一孤雁集方丈。师曰："尔来耶。"至九日，尚坐绳床，闻晚课诵"愿生西方"句，遂泊然而化。寿七十九，腊五十。全身瘗德胜门外普同塔。[1]

从超永所记《顺天大千佛寺遍融真圆禅师》传记中可知，遍融真圆禅师卒于1584年，生于1506年。而从憨山德清所撰《九华山无垢莲公塔铭》所记可知，高僧无垢性莲于1572年前后受戒，其参谒遍融真圆是在离开栖霞、问道清河法堂之后，中间还有一段"自我苦修"的时间。据此而论，无垢性莲参谒遍融真圆应该是在遍融真圆的晚年时期，也即1580年前后。

---

[1] （清）超永编辑：《五灯全书》卷一百二十，《卍新续藏》第82册，第722页中–下。

憨山德清所记"寻参遍融老于都下"中的"老"字，或许隐性呈现了笔者的这一推论。作为遍融真圆禅师的"器重之僧"和"入室弟子"，这一次高僧无垢性莲没有"遂弃去"，由此也足见其对高僧遍融真圆佛理以及法脉的认同。

根据憨山德清在《九华山无垢莲公塔铭》所述，高僧无垢性莲在得悉"妙峰和尚开法于芦芽"后，便"特往见"，且"大有所陶冶"，而后"复归故乡之大山"，并在"偶冬日涉河，冰裂作声，堕水寒彻，忽然有省"而将"生平之疑，泮然冰释"。

如果说高僧无垢性莲是在遍融真圆处得以悟道，并成为遍融真圆的入室弟子，那么，其在妙峰福登处有了更高的见解而"大有所陶冶"。关于高僧妙峰福登，其不仅深契佛理，广施布道，而且在寺院设计和建造方面也有着卓越的天赋，被称为"佛门鲁班"[1]。虽然清代超永在《五灯全书目录》卷十六中将妙峰福登列在"未详法嗣"[2]之席，而在《径石滴乳集》卷四中，真在等将其列为"不二际国师法嗣"[3]。据此而论，高僧无垢性莲在其学道的后期，参谒的主要是不二真际一脉。

关于高僧妙峰福登史料较多，憨山德清所撰《敕建五台山大护国圣光寺妙峰登禅师传》中有言："述乎师生平之概，使后世知我朋"，且"二百余年，其在法门建立之功行，也唯师一人而已"。[4]由此，我们推知妙峰福登的在当时佛教界的影响。

虽然高僧憨山德清在《九华山无垢莲公塔铭》中记述"公弟子甚众，各领其丛林事"，但目前并有见到具体相关史料，而其友朋"查汝定萧伯谷"则确有其人，其也是在无垢性莲圆寂后数月，"持公行实"而向高僧憨山德清"乞为铭"者。高僧憨山德清所记"独邵季公兄弟，查汝定萧伯谷，

---

[1] 项楚主编：《中国俗文化研究》第3辑，巴蜀书社，2005年，第91页。
[2] （清）超永编辑：《五灯全书目录》卷十六，《卍新续藏》第81册，第402页中。
[3] （清）真在编，机云重编：《径石滴乳集》，《卍新续藏》第67册，第542页中。
[4] 曹越主编：《明末四大高僧文集》（上），北京图书馆出版社，2005年，第556页。

相与莫逆，为方外死生交"将高僧无垢性莲与查如定、邵季兄弟的关系呈现出来。

三、高僧性莲的驻锡布道

如果说高僧无垢性莲求法与师承的经历，让我们看到了其对佛理的精进，那么，其学道后驻锡多所道场，则呈现出其对佛法的弘扬。

根据高僧憨山德清在《九华山无垢莲公塔铭》中所述，高僧无垢性莲在"冬日涉河"而"泮然冰释"后，"即归，卓锡于池阳之杉山，十方衲子日益至。公遂开梵刹，以接待为事，至者无他技，但精洁粥饭茶汤而已，了无禅道佛法，观者谛信不疑"。① 随后，被"九华圣道场地，迎为丛林主"。关于高僧无垢性莲驻锡，憨山德清在《九华山无垢莲公塔铭》有详细记载：

> 九华圣道场地，迎公为丛林主。公治己精苦，忘身为众，凡化恶性，必委曲方便，跪拜周旋，甚至詈骂，必俟大信而后已，时人称为"常不轻"。如是，凡廿年。远近缁白，倾心如佛祖，故凡所须，未常发一街坊化主，应时如响。凡足迹所至，或一食一宿之所，皆为道场。若池阳之杉山、九华之金刚峰、观音山之金堂、大山之草庵、莲岭之静室、金陵之花山，余若秦头峰、婆娑垅、岑峰洞、白沙山、吉祥、诸天，随地各建兰若数十所，以修隐静者居之，咸有其徒主其业。②

从高僧憨山德清的记述来看，无垢莲公不仅求法时寻觅多位大德，足迹所涉江苏、山西、北京等地，其传法布道也涉及江苏、安徽等诸省。实际上，高僧无垢性莲在皖传法布道也不限于池州青阳，在其晚年还前往禅宗祖庭皖山三祖道场："丙申仲春（1596）二月应众请，于三祖之皖山，不数月，

---

① 曹越主编：《明末四大高僧文集》（上），北京图书馆出版社，2005年，第512–513页。
② 曹越主编：《明末四大高僧文集》（上），北京图书馆出版社，2005年，第512–513页。

百废俱举，远近风动。"①"不数月，百废俱举，远近风动"，足见高僧无垢性莲在当时的影响之大。

关于高僧无垢性莲的禅法思想，现有史料并没有太多记述，但从其拜谒多师，有多次"弃去"并得清河法堂授以"念佛三昧"而"乃深信入"以及参遍融真圆后而"遂留入室"来看，对其佛法思想影响至深的还是禅学，这从其"偶冬日涉河，冰裂作声，堕水寒彻，忽然有省"而后言"眉元来横，鼻元来直，渴饮饥餐，更有何事"进而"生平之疑，泮然冰释"中或许可以获得些许佐证。②当然，我们也可以从其所师高僧遍融真圆那里间接管窥一下其思想：

顺天府大千佛寺遍融真圆禅师

陆五台问："如何是文殊智？"

师曰："不随心外境。"

曰："如何是普贤行？"

师曰："调理一切心。"

曰："如何是毗卢法界？"

师曰："事事无碍。"

陆叹曰："今而后万殊一体，我知之矣。"法林音云："陆五台只知万殊一体，不知一体万殊。如何是文殊智，盲人摸象；如何是普贤行，惯嫌扡犁拽耙；如何是毗卢法界，趁出淫房，未还酒债，且教伊疑七年。"③

在遍融真圆与陆五台的对话中，我们可以看到遍融真圆所持的"不随心外境""调理一切心"而达"事事无碍"的进修理路，这既有禅的意蕴，亦有贤首的影子。

---

① 曹越主编：《明末四大高僧文集》（上），北京图书馆出版社，2005年，第513页。
② 曹越主编：《明末四大高僧文集》（上），北京图书馆出版社，2005年，第512-513页。
③ （清）集云堂编：《宗鉴法林》卷七十二，《卍新续藏》第66册，第716页下。

简言之，高僧无垢性莲作为晚明时期一位活跃的僧德，其习道、求法尽显佛子的精进，而其传法布道，则彰显出慈悲与喜舍的情怀。在前往禅宗祖庭三祖道场的布道途中坐化，那或许就是高僧无垢性莲心中的"终焉之地"，可谓"吾至此山，大事毕矣"。

明代书画家董其昌与九华山无相寺行迹考

——从古徽道上的一处摩崖石刻说起

黄复彩 ①

内容提要：古人素倡广行善事以积阴德，其行善方式有孝道、放生、救人性命，不可谓不多矣，而修桥铺路是其中之一。古时民间传说中不乏修桥铺路善莫大矣，甚至改写命运的各种传说。又有"宁修一丈路，不送一丈布"的说法。而"一丈"是这项善行的基本单位，稍有经济能力者皆可为之。黄石古徽道石刻中"其昌修路一丈"所记录的即是一次最普通的善行。捐款人所属地也无疑义，问题是，捐此善款者是为何人？为什么特意为此"其昌"勒石为记？这"其昌"又是何人？

关键词：董其昌；无相寺；黄石溪

一、黄石溪古徽道上的一块摩崖石刻

2021年梅雨季最后一日，天阴无雨，空气凉爽。与九华山无相寺住持僧演一法师约，驱车往黄石溪。

黄石溪位于青阳县陵阳境内，与九华山后山一山毗邻。

十年前，我曾来过黄石溪，只是那次行程匆忙，头天傍晚来，翌日晨即去。这次来，则是因古徽道上一块与无相寺有关的摩崖石刻。提供这条线索的

---

① 黄复彩，九华山佛学院客座教授、《安徽佛教》《甘露》执行主编。

是黄石溪狮子洞闭关修行的比丘尼耀缘法师。因听说演一法师新近接手住持九华山头陀岭下无相寺，遂将手机所拍照片传给了演一法师。照片拍得不甚清晰，但石刻上的字迹仍隐约可辨：青邑无相寺其昌修路一丈。因石刻未标明年号，不知石刻中的"其昌"是否就是明代著名的书画大家董其昌，这是我们此行的目的。

过青阳，入陵阳境，车沿一条溪水逆流而上，这大约就是黄石溪之溪了。远处，有飞瀑白练般悬于崖壁，隐隐传来瀑布的轰鸣之声。车在盘山公路上崎岖前行，抵达黄石溪村时，已近午时。将车停在一处屋前平地，穿过一片茶叶地，开始进入黄石溪大峡谷。流水淙淙，山风习习，好一个避暑的绝佳去处。沿着尚显完好的石阶路，我们拾级而上。导游说，这就是从前浙杭商人通往徽州府，徽州府香客朝礼九华山的古徽道。雨滴滴答答地下着，打在头顶上的树木和竹林里，其声清冽，虽是暑季，仍感觉来自山野的丝丝寒凉。

行约二三华里，路旁有一大石，长约二米，高约一米五，截面平整，隐约可见刻在石面上的字。九华山文物护理员小杜用板刷清理石刻表面，字渐渐地清晰起来，接着，他把一张毛宣纸用水沾湿，贴到石上，准备制作拓片。趁着拓片未干，我们继续朝山顶上的狮子洞而去。

我们此行，是希望能揭开这石刻背后的秘密，因石刻上"其昌"二字，明代书画大家董其昌的真面目也渐次呈现在我们面前。

二、董其昌的政治立场及人生行迹

董其昌（1555年2月10日–1636年10月26日），字玄宰，号思白、香光居士，松江华亭（今上海市）人。明朝后期大臣，在历史上以书画家著名。

董其昌出身寒微，17岁时，董其昌参加松江府会试，自以为定可夺魁，谁知发榜时，竟屈居于堂侄董原正之下。后来得知，是因为松江主考官嫌他试卷上的字写得太差。在重笔墨书写的年代，这算得上读书人一致命缺点。董其昌也因此深受刺激，从此他发愤学习书法，并以唐人颜真卿《多宝塔帖》

为楷模，后来又改学魏、晋，临摹钟繇、王羲之的法帖。经过十多年的刻苦努力，董其昌的书法有了很大的进步，山水画也渐渐入门。

董其昌一生亦官亦隐，自万历十七年（1589）考中进士，至80岁告老还乡，其间四十余年，在官18年，归隐却长达27年。这使得他有足够的时间游山玩水，广博交游，并倾情于诗书及画，这也是他能在书画艺术上有所建树的重要原因。

先说董其昌的政治立场及其人品。董其昌得授翰林院编修时，是他35岁这一年。按照那个时代的习俗，他算是一个中年人了。入仕伊始，董其昌也算官运亨通，曾一度担任皇长子朱常洛的讲官，又曾历任湖广提学副使、福建提学副使、河南参政。明光宗朱常洛继位后，又曾授太常少卿、国子司业，参修《明神宗实录》。天启五年（1625），出任南京礼部尚书，崇祯五年（1632），又出任太子詹事。万历二十六年（1598）。44岁，在仕途上正是顺风顺水时，却因为权臣顾养谦索画不成而遭厉骂。事情也许并不很大，且顾氏业已退休，但董其昌却患上心病，导致精神抑郁，竟至于以"奉旨以编修养病"为名辞官还家。其间曾于池州、九江以及松江本地游历，广交书画名家。万历三十二年（1604），董其昌在隐居故里六年之后，再次奉旨出任湖广提学副使之职。然而在七八个月以后，作为考官的董其昌无端卷入一件莫须有贿案而再次辞官。受此打击，董其昌接受教训，开始将中国传统哲学中明哲保身的政治智慧作为自己安身立命之本，此后，既结交东林派、公安派，又与反东林党人惺惺相惜，更与历史上名声不佳却才情满满的阮大铖过从甚密。这使得董其昌在复杂的官场中进退自如。而至晚年，董其昌却因其子强占民女事件而饱致朝野诟病。由此可见，董其昌在历史上的名望是因为书画，而非政治。

三、董其昌的书画风格及其理论贡献

目睹朝堂之上风云诡谲，翻手为云，覆手为雨，再加上自己在政治上屡遭打击，董其昌开始对官场产生厌倦，并转而向佛——这似乎是历史上大部分士大夫文人共同的习性：得意时则积极入世，失意时则归隐于佛道。董其昌与僧人的交往，并开始以禅宗为要义，心入佛境，时隐时现，竟至于进退得宜。

《容台集》记录下董其昌大量诗抄，其中不乏他与僧人交往的内容，如：《赠觉虚师说经超果》：

> 龙象森森奉麈谈，直拈教外首楞严。
> 欲知末会人天供，雪后梅花百鸟衔。

董其昌的这首七绝诗莫知年代，但短短四句却至少运用了三个以上禅门公案，可见这时的董其昌对佛教禅宗已有了相当的了解。

中国禅宗肇始于菩提达摩，经一代一代人的弘传，至六祖慧能，一顿一渐，南北分野，惠能一脉渐成为正宗，并一直被后世所接受。中国禅宗所追求的，不是外在的有相，而是内心的探求。其最终目的是寻找生命中最本真的——自性。惠能的这种自性成佛的空性思想，无疑对董其昌的绘画技法以及他后来"南北分宗"画论的产生有着重要的影响。董其昌深得禅宗意趣，他在绘画理论上最突出的美学思想是他的"南北宗论"。"南北宗论"不仅是中国画学史上最有影响的理论之一，也是最能体现董其昌"以禅喻画"思想的理论体系。董其昌将唐代以来的山水画进行分类，以南北禅喻南北画，并对历史上两种不同风格流派进行分类与研究，可谓开中国画形式分析先河。而根据对惠能顿悟思想的体悟，董其昌认为，山水画应具有禅意才是最高境界。这禅意，在绘画风格上即是"以淡为宗""平淡自然"。如他在《仿倪云林山水图轴》中所题诗：

> 云开见山高，木落知风劲。
> 亭下不逢人，夕阳澹秋影。

夕阳西下，木叶萧萧，古亭内不见游人，只有秋影澹澹，好一幅空明澄澈的虚淡之境。董其昌的山水小品多构图简练，布局疏朗，寥寥几笔，淡墨相辅，勾勒出一幅意境幽远的禅意画境。

喻画如此，喻书也然。"余谓张旭之有怀素，犹董源之有巨然，衣钵相承，无复余根，皆以平淡天真为旨。"董其昌认为，淡，不仅体现在墨色上，更体现在画面上，以体现画家淡泊自然的心志及不落痕迹的审美意趣。在书法理论上，董其昌有句名言："晋人书取韵，唐人书法，宋人书取意。"这是书法史上理论家第一次用韵、法、意三个概念划定晋、唐、宋三代书法的审美取向。这些理论对后人理解和学习古典书法，起到了很好的引导作用。

惠能之后，其弟子马祖道一"平常心是道"的理论思想不仅让禅归于平常，更于平常中得见真性。这真性，即是平常之中之不平常。平常是它的行持方式，是因，不平常则是它的见性功夫，也即是"照破山河万朵"（宋代柴陵郁和尚开悟偈）之果。董其昌认为，"作书与诗文，同一关捩，大抵传与不传，在淡与不淡耳"（《画禅室随笔二》）。又云："苏子瞻（苏轼）曰：笔势峥嵘，辞采绚烂，渐老渐熟，乃造平淡，实非平淡，绚烂之极，犹未得十分，谓若可学而能耳。"（《容台集·论书》）正所谓绚烂之极，即是平淡。

四、董其昌是否到过无相寺

让我们再回到那块坐落在陵阳黄石溪古徽道侧的摩崖石刻上。是日中午，我们应邀在狮子洞与正在那里修路的工友师傅共进午餐。午餐毕，师傅取黄石溪之泉，为我们泡黄石溪茶。一时间满屋生香，杯中之物汤浓色正，一行人皆酗酗然也。茶毕，复还至那块摩崖石刻，小杜研墨，开始制作拓片。这时，拓片上的字更清晰了："青邑无相寺其昌修路一丈"，其字体朴拙，不事雕凿，似无意，似有意，字与山石本身一样充满野趣。

青邑，即青阳境内。青阳境内寺庙林立，更有九华山为地藏菩萨道场而被列入中国佛教四大名山。而无相寺,是九华山历史上最早的寺庙之一。明成化十五年(1465)住持僧礼瑛《重建无相寺记》载:"九华之山多胜境,无相寺在西南一径,去平麓二里许,山环而欲合,水流而迂回,嘉树奇石,或隐或显,飞鸟往来,烟云出没,天然出尘之所也。唐开元二年僧净冲创寺,名头陀,按旧志,王季文书堂在头陀岭下,今无相寺是。"

根据这段文字,早在唐开元二年(714)即有僧人净冲建无相寺。可见当地人素有"先有无相寺,后有九华山"之说并非谬谈。唐代隐士王季文舍家宅而改建寺庙,是后来的事。虽然史书上王季文生卒年不详,只知道他是公元863年进士,较《九华山化城寺记》作者费冠卿(807年进士)稍晚,费、王二人基本属同一时期人。二人留下的诗文虽然寥寥,但却是迄今研究九华山早期历史以及金乔觉本人最可信的资料之一。

王季文何许人也?清光绪年间《九华山志》对王季文有如下表述:"王季文,字宗素,少厌名利,隐居九华。遇异人,授九仙飞化之术,曰:子先决科于词籍,后策名于真列,冥注使然,不可移也。"

根据这段记述,王季文入仕前即得道家所传"九仙飞化之术"。如此,他入仕后不久即借病回到九华山下头陀岭筑室隐居便不足为怪。及至他后来又归于佛,临终前舍宅于智英和尚为寺,也都在必然之中。

九华山之有名,最早有唐代诗人李白与诗友的《改九子山为九华山联句并序》,但九华山作为佛教名山而载入史册,是因24岁渡水来华的新罗僧人金乔觉。金乔觉于九华山选择一袈裟之地修行,至99岁而于神光岭圆寂,因寂后瑞相与《地藏经》中地藏菩萨相似,遂被尊为地藏菩萨应化。至明清后,由于朝廷的推崇,九华山始成为中国佛教四大名山之一地藏道场。由此可见,无相寺属于九华山历史上最早一批寺庙之一。正因为其古老,在历史上引得一批批文人士大夫前来参访,无相寺也因此留下众多诗文。著名者李白曾留有《宿无相寺》诗可谓无相寺开山之作:

头陀悬无仞,远眺望华峰。

聊借金沙水，洗开九芙蓉。

……

禅床今暂歇，枕月卧青松。
更尽闻呼鸟，恍来报晓钟。

《九华山志》（1990年版）释神颖《和王季文题九华》也算无相寺历史上较早的一首五言诗：

众岳推分里，九华镇南朝。
彩笔凝空远，崔嵬寄青宵。
龙潭古仙府，灵药今不凋。

……

我住幽且深，君赏昏复朝。
稀逢发清唱，片片霜凌飚。

继李白之后，宋、元、明、清，无相寺历史上都有诗家诗作存世。明代大儒王阳明曾在九华山办书院，弘治十四年（1501）曾宿无相寺，作《宿无相寺》诗：

春宵卧无相，月照五溪花。
掬水洗双眼，披云看九华。
岩头金佛国，树杪谪仙家。
仿佛闻笙鹤，青天落绛霞。

明后代中期，江南地区的商品经济有了很大的发展，而这一时期的古徽州也同样发展为一处商业重镇。徽州地区独特的地域，一直有着"新安山水，远胜他州"的美誉。而随着徽商经济的不断发展，也使得这一地区的文人与外地文人之间的交游更加频繁，这不仅对董其昌书画艺术的发展及成熟提供了更多的帮助，董其昌的书画艺术也不同程度地影响了植根于徽州地区的新安画派。迄今留存于徽州的大量碑记和题额印证了董其昌与古徽州的交游历史。

古徽州与九华山一脉相连，古时江浙一带人去九华山朝山进香者多半会去徽州交游或经商；而去徽州交游或经商者，也多会顺道去九华山一游。去徽州和九华山一般有两条路径，其一旱路，即经当涂、穿泾县、过芜湖，至陵阳再往徽州（或九华山），这是迄今仍然便捷的一条陆路通道。其二水路，即溯江而上，经大通或池州登陆。董其昌的年代，正是九华山跻身于中国佛教四大名山最兴盛之时。《容台集》诗卷一记录了万历二十四年（1596）闰八月二十八日，董其昌舟行江南池州，题陈继儒《小昆山舟中读书图》：

> 丙申闰秋，舟行池州江中，题陈君征仲醇小昆山舟中读书图：
> 凄烟衰草平原暮，二士千秋哪得寝，闲愁不到钓鱼矶，习心未遣亡羊路。苇花平岸变霜容，总是窗前书带丛。何时棹向朱泾去，船子元无半字踪。（《董其昌年谱》，上海书画出版社）

此次舟过池州，董其昌是否顺便上了九华山不得而知，但《容台集》卷七记有"游九华，有题额三大字，寺弗戒于火"句，而《容台集》有一首未记年代的题为《咏九华》五言诗：

> 岚深山影寒，樵响不知处。
> 绿树早莺啼，千峰一家住。

那么，董其昌究竟是否到过无相寺？此块摩崖石刻上的"无相寺其昌"究竟是否就是明代书画家董其昌？

五、回到这块摩崖石刻上来

我们在狮子洞一带盘桓大约一小时左右，返回那块石刻前，小杜开始完成拓片最后的工序。随着墨色的侵入，拓片上"青邑无相寺其昌修路一丈"两行字更加清晰。这两行字没有题款，不知刻写者何人，也没有年号。回到我们此行的目的：一、石刻究竟刻于何年何月？二、石刻中的"其昌"

究竟何人？

就在我们为此块普通碑刻大费脑筋之际，却得到新加坡国立大学研究生王思思先生传来一份重要的资料：

1804-1853 嘉庆九年至咸丰三年 重建无相寺碑记

唐留清建于 嘉庆九年建造佛殿乐输名目列左

六甲吴观音会 助四八钱七十千文

（1）

吴三治堂 助四八钱五十千文

吴□言公 助四八钱五十千文

吴名富公 助四八钱五十千文

吴仕乔公 助四八钱三十三千文

吴龙岗桥公 助四八钱三十千文

吴敦睦堂 助四八钱三十千文

吴育孚公 助四八钱十五千文

吴省斋公 助四八钱十二千文

（2）

吴复亭公 助四八钱二十千文

吴得云公 助四八钱二十千文

吴八桂堂 助四八钱七千文

吴东崖公 助四八钱五千文

吴渊怀公 助四八钱五千文

吴汇芷公 助四八钱五千文

吴涌思公 助四八钱五千文

吴信庵公 助四八钱五千文

（3）

吴仕忠公 助□□钱四千文 松[树]三棵

吴宗文公 助松树三棵

（以下略）

　　明代的一文钱到底是多少钱？我们当然不愿花费心思去做这种复杂的换算，但可以知道，在明代，一文钱应该是最小的计量单位。古人素倡"广行善事以积阴德"，其行善方式有孝道、放生、救人性命，不可谓不多矣，而修桥铺路是其之一。古时民间传说中不乏修桥铺路善莫大矣，甚至改写命运的各种传说。又有"宁修一丈路，不送一丈布"的说法。哪怕你拿不出一文钱，而肯捐出三棵松树，也是功德无量之事。而这块石刻上"一丈"是这项善行的基本单位，稍有经济能力者皆可为之。此石刻中"其昌修路一丈"所记录的即是一次最普通的善行。捐款人所属地也无疑义，问题是，捐此善款者是为何人？为何特意为此"其昌"勒石为记？这"其昌"又是何人？是方便的推论是一个法名其昌的无相寺僧人？而按照僧人的习惯，即使不标明"僧"，也该在"其昌"前加一释字，这是僧人题诗刻铭最普遍的称谓。又问，铺设这条古徽道，捐一丈路善款者何其多矣，为何偏偏要为这位其昌单独勒石为记？只有一种可能，此其昌者，非一般人。又因所捐善款为数不多（一丈路），似无必要特别庄重，但毕竟非一般人，此一丈路非彼一丈路，因此有必要勒石为记。于是，便有了这块置于路旁的无年号，且捐款者身份模糊的石刻，从而让今天的我们对这块摩崖石刻揣测再三，大费脑筋。

　　而就在我们为此而妄开脑洞时，我仿佛看到那不知年代的刻石者幽灵正躲在附近林里咻咻发笑，笑我等痴狂，笑我等迂腐。

　　从可以寻查到的历史资料来看，董其昌到过九华山已无疑义，唯一无法确证的是，董其昌是否到过无相寺？如果到过无相寺，他在无相寺是小住还是长留？正如前所言，董其昌的时代，九华山正以地藏菩萨道场跻身于"佛教四大名山"，而无相寺所属头陀岭位于古时登山之必经要道，再往上，有一宿庵，系供朝山僧众留宿之处；一宿庵往上是迄今仍存的灯花村民组，系古时专为朝山夜行者提供灯笼的村子。据说灯花村制作的灯笼花样繁多，深得朝山者喜爱。而每当夜时，蜿蜒的山路上一盏盏灯笼如天上繁星，又如空中蛟龙，成为一处绝美的风景。我曾应池州地名办约稿，为一本名为《池州传统村落》的书撰写村名故事，"灯花村"忝列其中。其诗画深得佛教禅宗意趣的董其昌登九华山而宿于无相寺，这不应该是作者的臆测，那么，是否即在他小住无相寺期间恰遇有人募化黄石溪古徽道，董其昌以游客的身份随处捐一丈路善款也不是没有可能。而受捐者以其昌之名刻石为记，也算是一种纪念吧。

雨又开始滴滴答答地下起来。小杜不得不强行撕下那块墨迹未干的拓片，冒着密集的雨幕，我们开始往山下走去。雨打在头顶上的林木上，打在我们的头上，身上，一行人很快变成了落汤鸡。当夜，我用文字真实地记录下这次黄石溪之行的行迹，也记下一段非著名的历史公案供方家研讨。是为记。

《地藏菩萨本愿经》满文译本再探[*]

——兼论满文佛经对佛教中国化内涵的丰富

杨奇霖[①]

内容提要：满文《地藏菩萨本愿经》有两个版本，一是内府朱印《清文翻译全藏经》本，一是单刻满汉合璧本。作为《清文翻译全藏经》中的一部，朱印本总体上句意明畅，但也存在刊刻讹误较多、上下卷译语不统一、不少词句翻译不准确等问题。相对来说，合璧本整体质量更胜一筹，具有译文准确严谨、译语清晰易懂、兼具满族主体性与中国化意涵等特点。《地藏菩萨本愿经》的满文译本，一方面将经文的意义与思想阐述得更加生动；使地藏信仰与地藏经典进入满族民众的精神生活；为佛教中国化内涵的丰富注入新的生机。另一方面，以中国佛教为纽带，汉满蒙藏等民族强化了对中华文化的认同，有助于铸牢中华民族的共同体意识。

关键词：地藏菩萨本愿经；满文；清文翻译全藏经；佛教中国化；中华民族共同体

前 言

佛教中国化是人类文明交流互鉴的典范。自佛教传入中国以来，不断

---

[*] 本文为国家社科基金项目"清代政治与汉传佛教制度及僧团管理研究"（21CZJ008）阶段性成果。

[①] 杨奇霖，上海大学文学院历史系讲师。

与本土文化思想和宗教习俗相互影响融合，逐渐形成中国化的佛教，成为中华民族传统文化的有机组成部分，为丰富和发展中华文明发挥了独特的作用。在这一历史进程中，佛教经典的翻译、汇集、编次扮演了重要角色。有清一代，曾举全国之力编撰、翻译、校订及刻写汉、满、蒙、藏文字的佛教典籍，以标举其大一统背景之下"同文盛世"的政治理想。其中，将佛经从汉、蒙、藏文本译成满文，并编集为"全藏经"，对于满族文化与中国佛教的发展具有重大意义。

佛经的翻译，极大扩充了满语词汇的数量和意义，表明满语文同样有"文以载道"之能力。[1] 而且，在满族统治者看来，满文的拼音功能正突显出其文化主体性与优越性，如乾隆《御制同文韵统序》说："我国朝以十二字头，括宇宙之大文，用合声切字，而字无遁音。华言之所未备者，合声无不悉具。"意思是用满文标注梵音要比汉字清楚准确，还可以帮助审定汉文对音，使"汉字皆可得其本韵"。[2] 满文佛经翻译刊刻在乾隆朝达到高峰，尤以《御制满汉蒙古西番合璧大藏全咒》《御译清文翻译全藏经》为代表。此外，不少单部佛经的满文译本，以及满汉二体、满蒙汉三体、满蒙汉藏四体合璧本也陆续出现。这些多民族语言的佛教译经，一方面拓展并丰富了佛教中国化的内涵，另一方面以佛教为纽带，清代各族之间的文化认同得到加强，促进中华民族共同体的形成。

相较于存世满文佛经的数量，目前汉语学界的关注与研究都很不足。对满文佛经文本的讨论和译注主要有高明道《如来智印三昧经翻译研究》[3]，庄吉发《"台北故宫博物院"典藏〈大藏经〉满文译本研究》[4]，

---

[1] 庄吉发：《"台北故宫博物院"典藏〈大藏经〉满文译本研究》，《东方宗教研究》第 2 期，1990 年，第 272 页。
[2] 《同文韵统》，参看林士铉《清代蒙古与满洲政治文化》，政治大学历史学系，2009 年，第 358 页。
[3] 高明道：《如来智印三昧经翻译研究》，台湾"中国文化大学"硕士学位论文，1984 年。
[4] 庄吉发：《"台北故宫博物院"典藏〈大藏经〉满文译本研究》，《东方宗教研究》第 2 期，1990 年，第 255-319 页。

林士铉《清代满文译本〈般若波罗蜜多心经〉初探》《乾隆皇帝与满文大藏经救护日食经》①，胡进杉《圣除尽一切恶趣顶髻尊胜佛母平安陀罗尼经》《满文〈圣妙吉祥真实名经〉译注》《满文〈圣修行愿经〉译注》②，柴冰《乾隆皇帝〈御制楞严经序〉满、汉文本对勘及研究》③，孔令伟《〈金刚经〉满文译本初探——论满洲本位政策与清代译经事业》《〈楞严咒〉与〈大白伞盖陀罗尼经〉在乾隆〈大藏全咒〉中的交会——兼论乾嘉汉学之风的"房学"背景》④，王曦《藏满蒙汉四体合璧〈妙轮上乐王秘密不思议大教王经〉》⑤。本文选取《地藏菩萨本愿经》满文译本作为研究对象，在前人基础之上，对目前所见两种版本进行对勘，比较二者的优劣，并讨论满文译经的特点与价值。文中满文的拉丁转写遵循穆麟德转写法，蒙文据鲍培转写法，藏文据威利转写法。

一、满族的地藏信仰

《清太祖高皇帝实录》载，明万历四十三年（1615）四月，努尔哈赤在老城赫图阿拉（兴京）"始建佛寺及玉皇诸庙于城东之阜，凡七大庙，

---

① 林士铉：《清代满文译本〈般若波罗蜜多心经〉初探》，《大专学生佛学论文集》第12辑，华严莲社，2002年，第1–25页。林士铉：《乾隆皇帝与满文大藏经救护日食经》，《故宫学术季刊》第32卷第1期，第129页。

② 胡进杉：《圣除尽一切恶趣顶髻尊胜佛母平安陀罗尼经》，《法光学坛》第8期，2004年，第21–52页。胡进杉《满文〈圣修行愿经〉译注》，喜饶尼玛主编：《中国少数民族文化研究》，中央民族大学出版社，2005年，第444–463页。

③ 柴冰：《乾隆皇帝〈御制楞严经序〉满、汉文本对勘及研究》，乌云毕力格主编：《满文文献研究论集》第1辑，商务印书馆，2018年，第135–153页。

④ 孔令伟：《〈金刚经〉满文译本初探——论满洲本位政策与清代译经事业》，沈卫荣主编：《文本中的历史：藏传佛教在西域和中原的传播》，中国藏学出版社，2012年，第455–496页。孔令伟：《〈楞严咒〉与〈大白伞盖陀罗尼经〉在乾隆〈大藏全咒〉中的交会——兼论乾嘉汉学之风的"房学"背景》，沈卫荣主编：《汉藏佛学研究：文本、人物、图像和历史》，中国藏学出版社，2013年，第640–650页。

⑤ 王曦：《藏满蒙汉四体合璧〈妙轮上乐王秘密不思议大教王经〉》，沈卫荣主编《文本中的历史：藏传佛教在西域和中原的传播》，中国藏学出版社，2012年，第413–454页。

三年乃成"。① 这里提到的"佛寺",《老满文原档》记为"ilan erin i fucihi sa（i mio）",即"三世诸佛（之庙）"。② 乾隆四十四年钦定三体《满洲实录》中所列寺庙除佛寺（fucihi sy）、玉皇庙（ioi hūwang ni miyoo）外,还多出"十阎王庙（juwan ilmun han i miyoo）",即汉文本所谓"十王殿"。③ 唐宋以来,作为幽明之主的地藏菩萨逐渐与十王信仰相结合,④ 成为中国佛教的特色,并在东亚及南亚地区广泛流行。⑤ 因此,清初所建十王殿内的主尊理应供奉地藏菩萨。又据康、乾两朝《盛京通志》,兴京玉皇庙（后更名显祐宫）东有地藏寺,"国初建","天聪六年八旗拨僧八十名居之"。⑥ 由此可知《满洲实录》中的"十王殿"即后世所称的兴京地藏寺。

明万历四十三年是努尔哈赤起兵立国的前一年,他建七大庙背后的深层考量或许是"配合新国家的塑造而创立的,是国家祭祀设施,为的是树立其政权的正当性,进行社会统合,增加对周边人民的号召力使其归心";⑦ 或许是"有机地把各民族宗教文化在都城集聚起来,按其统治意愿有效地加以管理,而达到宗教统治目的"。⑧ 无论如何,此举所仰赖的则是建州女真及其周边民众共同的信仰基础,其中便包括地藏菩萨信仰,亦表明满洲民族与佛教之渊源。道咸间士人张祥河《地藏寺》诗:"法界多名刹,

---

① 《太祖高皇帝实录》卷4,《清实录》第1册,中华书局,1986年,第58页。
② 广禄、李学智译注:《满文原档》（第一册荒字老满文档册）,台湾"中央研究院"历史语言研究所,1970年,第38页,原文"duin biyade ilan erin i fucihi sa. abkai ioi hvwangi mio uhereme nadan amba mio arame deribuhe."
③ 《满洲实录》卷4,《清实录》第1册,第172页。原文 duin biya de hecen i šun dekdere ergi, ala de, fucihi sy, ioi hūwang ni miyoo, juwan ilmun han i miyoo, uheri nadan amba miyoo arame deribufi ilaci aniya šanggaha.
④ 庄明兴:《中国中古的地藏信仰》,台湾大学出版中心,1999年,第126-145页。
⑤ 李勤璞:《民众信仰与国家建构:关于黑秃阿喇的七大庙》,《欧亚学刊》第五辑,2003年,第63-104页。
⑥ 《钦定盛京通志》卷97,《景印文渊阁四库全书》第503册,台湾商务印书馆,1986年,第7页。
⑦ 李勤璞:《民众信仰与国家建构:关于黑秃阿喇的七大庙》,第78页。
⑧ 赵维和、房守志:《赫图阿拉城显祐宫、地藏寺的建筑及清初宗教研究》,傅波主编;抚顺市社会科学院编《抚顺地区清前遗迹考察纪实》,辽宁人民出版社,1994年,第253-258页。

兹推第一门。经从天府备，佛在帝乡尊。"所云正是此事。

清朝建立后，满族皇室和八旗依然保持对地藏菩萨的信仰。著录清宫佛道书画目录的《秘殿珠林》载万善殿所贮"钦定刻本"中即有"世宗宪皇帝钦定《地藏经》九百八十八部"。① 乾隆三十三年三月皇帝命内务府制作一批佛像，章嘉呼图克图亲拨蜡样，以松石等成造"金背光地藏王菩萨"像。② 同年十月，乾隆又命内府为八张地藏王菩萨画像镶"红黄片金牙子"和"石青洋锦边"，各配楠木匣盛装，安放于养心殿内。③ 再来看宗室，庄亲王允禄之孙三等侍卫永荇曾与蒙古族妻子博尔济吉特氏以针线合绣《地藏本愿经》全册并供奉潭柘寺。梁章钜有诗记其事云："生天成佛两茫茫，一卷精心佛犹识。持经无过本愿经，愿海深深孰能测。"④《八旗通志》中不乏名为"地藏保"的旗人，⑤ 与"佛保""菩萨保"等满族常见名字一样，源于对佛菩萨神力的仰赖。无论是汉文《地藏经》的内府刻本，还是清宫藏式地藏王菩萨造像和唐卡；无论是宗室发心绣制供养《地藏经》，还是普通旗人祈求地藏菩萨保佑，共同构成满洲的地藏信仰图景。这一信仰的另一突出表现即是对《地藏菩萨本愿经》的满文翻译。

二、满文《地藏菩萨本愿经》的版本与译名

本文讨论两种《地藏菩萨本愿经》满文译本，一是《清文翻译全藏经》本，二是单刻满汉合璧本。

---

① 《秘殿珠林》卷23，《故宫珍本丛刊》第435册，海南出版社，2001年，第226页。

② 香港中文大学、中国第一历史档案馆编：《清宫内务府造办处档案总汇》第31册，人民出版社，2005年，第435–436页。

③ 香港中文大学、中国第一历史档案馆编：《清宫内务府造办处档案总汇》第32册，人民出版社，2005年，第62页。

④ 梁章钜：《退庵诗存》卷八《宗室永荇及妻博尔济吉特氏合绣地藏本愿经全册藏潭柘寺中》，清道光刻本，第15页中。

⑤ 如《钦定八旗通志》卷216有"满洲镶蓝旗人"地藏保，《景印文渊阁四库全书》第668册，第296页。

《清文翻译全藏经》，习称"满文大藏经"，是以汉文《大藏经》为主要底本，参考蒙、藏文《甘珠尔》《丹珠尔》而译成。自乾隆三十六年至五十九年间，特开清字经馆陆续翻译、刊印、装潢完毕。[1]《清文翻译全藏经》为梵夹装，经叶双面朱印，长73厘米，宽24.3，版框纵16.5厘米，横59厘米，四周双边朱丝栏，两侧版口分列满汉经名及卷次。[2]《清文翻译全藏经》共108函（夹），2535卷，收录佛教经典至少733部。[3] 第91函共收17部经典，其中第16部（"上四六四"叶至"上五一一"叶）即《地藏菩萨本愿经》，凡二卷。本文称其为"内府满文朱印本"（下文简称"朱印本"）。该经初印本今藏台北故宫博物院、西藏布达拉宫等处。潘淑碧曾对台北故宫博物院所藏朱印本进行过校注，[4] 将原经页去掉版口，保留边框，逐行扫描满文后重排为每页十行，仍按从左至右上下直书的行文方式，左侧标注拉丁字母转写，右侧列出对应汉文本（台北佛教出版社《佛教大藏经续藏》本）内容，又对朱印本中手民误植和字迹残缺之处进行楷订，在天头、地脚处列出正确或通行的满文拼写。潘氏校注本编撰的主要动机在收集满语佛学词汇，并集结为附录《满文佛学名相》。虽然未对朱印本的满语译文进行深入分析，但这些工作为《地藏菩萨本愿经》乃至满文佛经的后继研究奠定了便利的文本基础。本文所引文本主要利用北京故宫博物院2002年据《清文翻译全藏经》原刻版重印本，[5] 并参考潘氏校注。

　　单刻满汉合璧本《地藏菩萨本愿经》二卷，线装，计114叶。半叶版

---

[1] 章宏伟：《清文翻译全藏经书名、修书机构、翻译刊刻时间考》，《法鼓佛学学报》2期，第311-355页。

[2] 翁连溪：《乾隆版满文大藏经刊刻述略》，故宫博物院院刊，2001年第6期，第61-65页。北京市民族古籍整理出版规划小组办公室满文编辑部编《北京地区满文图书总目》，辽宁民族出版社，2008年，第311页。

[3] 关于《清文翻译全藏经》收录佛经的具体数量，目前尚无定论，参看林士铉《乾隆皇帝与满文大藏经救护日食经》，《故宫学术季刊》第32卷第1期，第129页。

[4] 潘淑碧：《满汉文地藏菩萨本愿经校注》，台北故宫博物院，1995年。

[5] 《满文大藏经》，紫禁城出版社，2002年。

框高 21.5 厘米、宽 15 厘米，12 行，行字不等，依满文行文顺序，从左至右上下直书。满文在左，汉文在右，逐句对照，相间排列。四周双栏，白口。书口依次为汉文书名、单鱼尾、汉文卷次、页码。据相关目录，北京国家图书馆、中央民族大学图书馆、辽宁省图书馆等处所藏单刻满汉合璧《地藏菩萨本愿经》皆为同一版本，下文简称"合璧本"。[①] 合璧本的刻印时间不详，此前多著录为"清刻本"。书中除"弘"字缺笔外，未见其他满、汉文避讳字，这说明合璧本至少不早于乾隆朝。从其满语译文来看，应在《清文全藏经》的翻译之后（理由详下文）。而且据现有满文图书目录统计，无论是刻本还是抄本，满文佛经绝大多数都是在乾隆朝翻译刊印的。[②] 那么，合璧本《地藏菩萨本愿经》的译刻时间在乾隆朝后期或乾嘉之际的可能性较大，当然这一推测仍待更多证据支持。近年，庄吉发对合璧本进行了校注。左页影印去掉边栏、书口之后的满汉经文，右页上半为对应满文的拉丁字母转写，下半部分则是校注，除解释个别满语佛教名相外，特别列出朱印本中与合璧本字句不同之处。[③] 虽偶有讹误，但为进一步比较两种版本之间的译文异同提供了极大方便。本文据中央民族大学图书馆藏本，并参考庄氏校注。

上述两种满文译本《地藏菩萨本愿经》皆译自汉文本，题名相同，都作"na i niyamangga fusa i da forobun i nomun"。其中"地藏"一词的满文是"na i niyamangga"，直译为"大地的亲戚"或"地下的亲属"。这一翻译与汉语佛教通常理解的"地藏"之意有所不同，却与经中"地藏大愿"所蕴含的孝道思想颇为契合。如《忉利天宫神通品第一》有婆罗门女之母"常轻三宝……魂神坠在无间地狱"，婆罗门女入业海地狱寻母，"为母设供修福"，

[①] 黄润华、屈六生主编：《全国满文图书资料联合目录》，书目文献出版社，1991年，第46页。《北京地区满文图书总目》，第357页。《辽宁省图书馆满文古籍图书综录》，第489页。

[②] 黄润华、史金波：《少数民族古籍版本》，江苏古籍出版社，2002年，第49-50页。郭孟秀：《满文文献概论》，民族出版社，2004年，第125页。

[③] 庄吉发：《佛门孝经——地藏菩萨本愿经满文译本校注》，文史哲出版社，2015年。

终使其脱离地狱；《阎浮众生业感品第四》有光目女为救其"好食啖鱼鳖之属……堕在恶趣"之母，"志诚念清净莲华目如来，兼塑画形象，存亡获报"。所讲皆是地藏菩萨化身"孝顺之子"，拯救坠入地狱的亲人之事。因此，有学者认为满文如此翻译是因为"经中记述释迦牟尼佛在忉利天替母说法，后召地藏菩萨永为幽明教主，使世人有亲人者，都得报本荐亲，共登极乐世界"①

事实上，该译名还在一定程度上受到蒙、藏文佛经的影响。《地藏菩萨本愿经》虽没有蒙、藏文译本，但蒙、藏文《甘珠尔》都收有另一部地藏信仰经典——《大乘大集地藏十轮经》。该经藏文本题作"'dus pa chen po las sa'i snying po'i 'khor lo bcu pa zhes bya ba theg pa chen po'i mdo"，②据经末所记，是由和尚甚深（ho shang zab mo）与朗巴密多（rnam par mi rtog）自玄奘的汉译本译出。③句中"sa'i（大地的/土地的）snying po（中心/核心/胎藏）"对译"地藏"，与汉文本中对地藏"安忍不动如大地，静虑深密如秘藏"的解释相合。蒙文本则译自藏文，题作"yeke quriyangɣui-ača ɣajar-un jirüken-ü arban kürdün neretü yeke kölgen sudur"，其中"ɣajar-un jirüken"意为"大地的心脏"。④《清文全藏经》中也收有《大乘大集地藏十轮经》，经名译作"amba isan i na i niyaman juwan kurdun sere gebungge amba kulge i nomun"，以"na i niyaman（大地的心脏）"对译"地藏"，明显是参考蒙文本的译法而来。⑤《大乘大集地藏十轮经》的藏、蒙、满文译本都将"地藏"理解为"大地之心"或近似之意，与汉文本存在清晰的转译关系。

---

① 庄吉发：《佛门孝经——地藏菩萨本愿经满文译本校注》，第6页。
② 德格版《藏文大藏经》第239号，第65函（mdo sde, zha）第100页上。
③ 德格版《藏文大藏经》第239号，第65函，第241页中。
④ mongɣol ɣanjuur · danjuur-un ɣarcaɣ（《蒙古文甘珠尔·丹珠尔目录》），alus-un bar-a keblel-ün qoriy-a，2002年，第131页。
⑤ 《满文大藏经》，第55函。

满文《地藏菩萨本愿经》将"地藏"译作"na i niyamangga"，与《大乘大集地藏十轮经》中"na i niyaman"的译法在词源上一致，区别在于《地藏菩萨本愿经》多出了后缀"-ngga"。在满语中，词缀"-ngga/ngge/nggo"接在名词或形容词之后，可表示具有原词性质的形容词或具有原词性质的人。这一派生变化在构词法上仍可看作是与《大乘大集地藏十轮经》的翻译一脉相承；而且用"niyamangga"对译蒙语中的"jirüken-ü（心脏的）"在语法结构上似乎更为准确。有趣的是，满语"niyaman"一词除作"中心、心脏"解释外，还有"亲人、亲戚"之意；而"niyamangga"在派生的过程中，恰好取后者之意。从该词在清代满语文献中的用例来看，专指亲属、亲戚或有亲戚关系的，不再具有"心脏"的义项。由此使得满文本《地藏菩萨本愿经》的"地藏"具有了新的内涵。更兼此经所述世尊"为母说法，欲令一切众生悉皆图报父母之恩，特为表彰地藏菩萨往劫因救母故，广发菩提之誓愿"[1]，历来被视为宣说孝道的佛教经典，更有"佛门孝经"之称。[2]这些观念让满文本的译语更显贴切。这一佛教名相的满语翻译，既是满族在接触中国化佛教经典过程中的创造和阐释，同时也是汉、满、蒙、藏各族语言文化共同影响的结果，充分体现出佛教中国化进程中多元文化融合的丰富内涵。

三、朱印本的主要问题

相较于满汉合璧本，朱印本《地藏菩萨本愿经》中的翻译和刊刻错误都更多。这些问题主要分为三种。一是翻译的不准确与不恰当；二是誊录、写版、刊刷过程中出现的讹误；三是部分名相的译语前后不统一。对于第一种问题——即朱印本的翻译得当与否，留待下节与合璧本进行比较研究。

---

[1] 印光：《地藏经石印流通序》，《印光法师文钞》第4册，巴蜀书社，2016年，第12页。
[2] 韩焕忠：《〈孝经〉与〈孝论〉——试论佛教对中土孝亲观念的因应之道》，《觉群佛学》，2003年，第304–313页。需要注意的是，"佛门孝经"这一称呼似乎是近代以来才逐渐出现的。

本节主要讨论后两种。

（一）朱印本的刊刻错误

先看从译稿（写本）到刊印（刻本）过程中产生的错误。《清文全藏经》首函所载《清字经馆译刻等员名衔》中有"誊录官"24人；第一历史档案馆藏军机处满文录副奏折中有乾隆五十八年清字经馆呈报"翻办刊刻刷裱装潢全藏经完竣约需物料工价"，内有"刻字工"一项。[①] 这些工序虽与翻译本身无关，却容易因手民误植而造成文本讹误。对于朱印本中绝大部分的刻印错误，潘淑碧已在其校注本中标出，并给出正确或通行的满文拼写。我们可据此进一步将常见刊刻错误进行归纳，作为此后校勘《清文全藏经》的参考。

讹误类型		举例	
		原文（对应汉文）	应作
圈点	k–g	sikiyamuni（释迦牟尼）	sigiyamuni
	k–h	ekecure（毁骂）	ehecure
	u–o	fonde（代受）	funde
	a–e	balhefi（设）	belhefi
	t–d	fodor	fotor
	nA–A	a（地）	na
		imenggi	nimenggi
		nurebume（修）	urebume
牙	多刻牙	sebajen	sebjen
		baita	bata
		irgen	ergen
	少刻牙	yongga	yonggan
		boohaSarangge	buthaSarangge
	长短牙	antuha	aituha
		duin	duka

---

① 章宏伟：《清文翻译全藏经书名、修书机构、翻译刊刻时间考》，第346页。

329

形近而误	š–k	kanggaha	šanggaha
	y–n	benebe	beyebe
	r–i	eigen	irgen
	n–i	baniha	baiha
	w–d	fuwesihvn	fudasihvn
	w–f	wejergi	fejergi
	jo/ju–o/u	jui	oi
l/m	漏 l	janbarime	jalbarime
	点讹为 l	faralama	fargame
	l–m	amala	alame
		olbi	ombi
音节倒乙		yorohon	yohoron

朱印本中还有零星翻译或刊刻讹误未被潘氏标出，兹再补数例：

品名	朱印本原文（对应汉文）	应作	说明
忉利天宫神通品第一	amba esrun , abka（大梵天）	amba esrun i abka	"i"误刻为","
分身集会品第二	[/]（殷勤付嘱）	dahūn dahūn i afabuha	整句缺译或漏刻
	bi sinde [/] aisilara（吾助汝喜）	bi sinde urgunjebume aisilara	"喜 urgunjebume"缺译或漏刻
观众生业缘品第三	[/] jakvn（一十八所）	juwan jakvn	"十 juwan"缺译或漏刻
	minggan tumen [/] g'alab（千万亿劫）	minggan tumen bunai g'alab	"亿 bunai"缺译或漏刻
地神护法品第十一	sunjaci de bisirengge gvnin de acabumbi（五者所求遂意）	sunjaci de bairengge gvnin de acabumbi	漏刻"s"
见闻利益品第十二	tuttu ofi jilan i bulekušere toosengga fucihi a（是故观世音）	tuttu ofi jilan i bulekušere toosengga fusa a	"菩萨 fusa"误刻或误译为"佛 fucihi"

（二）上下卷译语不统一

再来看朱印本中名相翻译不统一的情况。谨举数例如下：

序号	汉语名相	满语译文（品次）	
1	菩萨摩诃萨	fusa maha fusa（一）	fusa amba fusa（五、十二）

2	趣（恶趣之趣）	dosinan（一）	banjin（二）	jugūn（八）
3	刚强	hūsungge（二）	ganggan kiyangkiyan（八）	
4	像/相/容	lakšan（一、四）	arbun（八）	
5	弹指	hitahvn fithere（四）	taburi（九）	
6	威神	adistit šengge（五）	šengge horon（十）	
7	善女人	sain fulehengge sargan juse（一、六）	sain fulehengge hehe（六）	sain fulehengge sargan jui（十）
8	眷属	hūncihin duwali（六）	gucu giyajan（七）	
9	根	fulehe（一）	saligan（二、九）	da（七）
10	王（鬼王之王）	da（一）	wang（八）	

通过上表可以发现，朱印本《地藏菩萨本愿经》前后译语不统一的情况大多存在于卷上（第一品至第六品）与卷下（第七品至第十三品）之间。如音译与意译的不统一：例1中，"菩萨摩诃萨"之"摩诃"，第一品作"maha"，直接音译自梵语"mahā"；而在此后诸品中，则改为意译"amba（大）"。例4中的"塑画形象"之"像"和例6中"承佛威神"之"威"，卷上分别音译作"lakšan""adistit"，系直接借自蒙文佛经中的"laqsan"和"adistid"，其更早的来源则是梵语"lakṣaṇa"和"adhiṣṭhā"；同样的汉文名相，卷下意译为"arbun（形象、相貌）"和"horon（威力、威势）"。例3"刚强"一词与例10"鬼王"之"王"，卷上分别意译为"hūsungge（强壮的）"和"da（首领、头目）"；卷下则为汉语音译。再如满语词汇选择的不统一：例2中，汉文佛经里的"六道"之"道"和"恶趣"之"趣"，卷上多译为"banjin（生相、生存）"，偶见"dosinan（进入、入内）"；卷下则译为"jugūn（道路）"。例5"弹指"，卷上逐字意译为"hitahūn（指甲）fithere（弹拨）"；卷下则选用专有名词"taburi"。需要稍加说明的是，这两处翻译似乎都不准确，前者直译为弹拨指甲，与佛教中的弹指略有不同；而后者选取"taburi"一词对译，然据《五体清文鉴》等清代辞书，"taburi"意为"刹那"，弹指应作"jalari"。例8"眷属"，卷上译作"hūncihin duwali"，意为"亲

属之类"；卷下作"gucu giyajan"，意为"随侍"。当然，译语不一致也存在于同卷乃至同一品之中。如例7汉文"善男子善女人"一语中的"子/人"在卷上多译作"juse"（女人为sargan juse），在卷下则多作"jui"（女人为sargan jui）；而卷上第六品亦将"女人"译为"hehe"。再如例9汉文"善根""利根""耳根"及"诸根"之"根"，卷上作"fulehe（根本、根底）"或"saligan（主宰、专主）"；卷下则多用"saligan"和"da（根本）"。相较于上下卷之间的差异，同卷内翻译不统一的情况相对要少。

（三）译语不统一与《清文全藏经》的翻译

这一现象表明朱印本《地藏菩萨本愿经》的满文译者至少有两人或两个团队，并且分别负责上下卷的翻译。乾隆曾言及满文大藏经的翻译过程："简派皇子、大臣于满洲、蒙古人员内择其通晓翻译者，将藏经所有蒙古字、汉字两种悉心校核，按部翻作清文。并命章嘉国师董其事，每得一卷，即令审正进呈，候朕裁定"[①]说明译稿的进呈审定，并非要等一部经典全部译成，而是以卷为单位进行。这一安排很可能是翻译《清文全藏经》时的通行做法。《清字经馆译刻等员名衔》中所列"讲经僧人"4人、"翻译官"7人、"校对官"18人应是参与核心翻译的人员。相比于《清文全藏经》的浩繁卷帙，翻译人数已捉襟见肘，无论是译校人员的"悉心校核"还是章嘉呼图克图的"审证"与乾隆的"裁定"，本就难以细致地纠正满文译稿中的种种疏漏。而且，在译经工作开始不久，乾隆便规定："翻译官每人每月翻经一卷，为数较少，嗣后每人每月著翻经二卷。"[②]成倍增长的译经工作量，自然也会妨碍前后译文的斟酌与统筹。那么，朱印本《地藏菩萨本愿经》前后译语的不统一，或许是清字经馆在译经人员有限的情况下，为了"赶工期"，由不同译者分别对上下卷进行翻译而导致的。

[①] 乾隆三十八年二月初十日上谕，中国第一历史档案馆编《乾隆朝上谕档》7册，第282-283页。
[②] 乾隆三十七年五月十六日上谕，台北故宫博物院藏乾隆三十七年上谕档，转引自章宏伟《清文翻译全藏经书名、修书机构、翻译刊刻时间考》，第336页。

在《清文全藏经》的翻译过程中，对于同一部佛经内的译语尚且无法审定统一，更遑论藏经内各部经典之间的统一了。如《阎浮众生业感品第四》载佛陀名号中有"天人师"之称，朱印本译为"abka niyalmai sefu"，即"天、人之师"。梵语的"天人（devamanuja）"一词由deva（天神众）与manuja（人类）构成，deva指天上众神，与满文abka（天空、皇天）有所区别；《清文全藏经》第52函《文殊师利问经》则译作"enduri（神仙、仙人）niyalmai（人的）sefu"，更为合适。再如《如来赞叹品第六》佛说"吾灭度后"云云，朱印本作"doro[dooro]（渡）mukiyehe（熄灭）"，系从汉文直译而来，稍显生硬，并且将dooro（渡过）误刻为doro（道）；再来看《清文全藏经》中其他佛经的情况，《金刚经》"我应灭度一切众生，灭度一切众生已，而无有一众生实灭度者"，朱印本（第52函）译作"bi geren ergengge be yooni geren funceburakū nirwan i doro de umesileme doobumbi"，① 同时使用了"doobumbi（使渡）"和"nirwan（涅槃）"，至少是以"涅槃"对译汉文中的"灭"。又《别译杂阿含经》卷一"我于今者，欲入涅槃，唯愿世尊听我灭度。"朱印本（第82函）作"bi te nirwan de dosiki sembi damu buyerengge jalan i wesihun fucihi mini baiha songkoi nirwan tuwabubureo seme"，句中"灭度"和"涅槃"，都译为nirwan。

四、合璧本的特点

（一）合璧本译文的优势

通过对汉文本、朱印本、合璧本经文进行对勘，我们发现合璧本的译文胜于朱印本，主要体现在以下三方面。

一是译文准确严谨。相对来说，朱印本在对汉语词义上的理解和翻译

---

① 孔令伟：《〈金刚经〉满文译本初探——论满洲本位政策与清代译经事业》，沈卫荣主编《文本中的历史：藏传佛教在西域和中原的传播》，第484页。

上错误较多。

序号	汉语（品次）	朱印本	合璧本	说明
1	闻佛所言，即当信受（第一品）	uthai ginggun i alime gaiha	uthai akdafi alime gaiha	朱印本意为"恭敬接受"；合璧本意为"相信接受"
2	号曰师子奋迅具足万行如来（第一品）	arsalan hoo sere	arsalan i hūdun dacun	朱印本 hoo sere，意为"浩然"，与汉文不合；合璧本 hūdun dacun 意为"迅速敏捷"
3	像法之中（第一品）	lakšan nomun i dorgide	arbungga nomun i fonde	dorgide 为于空间之中；fonde 为于时间之中。
4	是何神德，宽我忧虑（第一品）	sulfa	surumbumbini	sulfa 为"宽裕、宽舒"之"宽"；surumbumbi 意为"宽慰"。
5	其水涌沸（第一品）	bilteme jolhome	bilteme debeme	朱印本意为"漫溢涌出"；合璧本意为"漫溢沸腾"。
6	或有善因勤劝成就（第二品）	ememu sain de huwekiyebume tafulafi šanggame muteburengge bi	embici sain deribun bifi, kiceme hacihiyame mutebumbi	
7	三者罪器杻棒（第三品）	weilengge agūra	nimecuke agūra 恐怖的残酷的	朱印本译"罪器"为"weilengge agūra"，即"有罪的器具"，不确；合璧本译为"残酷的、恐怖的器具"，即刑具。
8	唯然世尊，愿乐欲闻（第四品）	sebjeleme，作乐、取乐、娱乐	urgunjeme	sebjeleme 为"作乐、取乐"之"乐"；汉文应是"乐意"之"乐"，合璧本译作"欢喜、喜悦"。
9	若遇破戒犯斋者（第四品）	necirengge	jurcerengge	necirengge 意为"侵犯"之"犯"；jurcerengge 意为"违背、违反"

10	或有地狱驱逐铁狗（第五品）	fargame bošombi	sindambi	朱印本译为"追逐、驱逐"，合璧本译作"纵放、放出"
11	至于五无间罪（第六品）	jai sunja giyan akū weilen seme	sunja jaka akū na i gindana de tuheneci acacibe，	
12	亦令是命终人殃累对辩（第七品）	bakcilame faksilabunefi	acabume yargiyalabume	朱印本释"对辩"为"相对论辩"；合璧本译作"比对核验"。
13	十六者宿智命通（第十三品）	duleke（以往，宿）sure salgabun（命运命数）sain。=以前智慧命运好（顺通）	nenehe jalan be ejere（记录，作标记）tulbin（推测）bahambi（得到，获得）。=获得推测前世记录的能力	

除上表内已做说明的，这里再选数例详细解释。例7中，朱印本的错误有两方面，首先是句读有误，将"善因勤劝成就"云云全部作为"有"的宾语，大异其趣。其次是将"善因"之"因"译作"de"，即"因为"之"因"；但在卷下《利益存亡品》"乃至设斋造众善因"一句，则译为正确的"sain baita"，除上文讨论的不同译者的可能外，这一错译更可能是由句读错误而进一步引发理解文意困难，不得不逐字直译。反观合璧本则将"或有善因"与"勤劝成就"分为两句翻译，与汉文原意相符。同样，在例11和例13中，朱印本分别对"五、无间、罪"和"宿、智、命、通"等汉字逐一直译，最终不知所云。合璧本则将"无间罪"解释为"坠入无间地狱（之罪）"；将"宿智命通"解释为"获得推测前世记录的能力"，更为准确。

二是译文浅显明晰。满文本《地藏菩萨本愿经》是以白话语体对译汉语文言经文，可以做到直白易懂，意义清晰。相较于朱印本，合璧本的这一特点体现得更加明显，有时还为经文的理解增加生动性。

序号	汉语（品次）	朱印本	合璧本	说明
1	以念佛力故（第一品）	hūlarangge hūsun 宣读、诵念+力量	jondoro hūsun，念佛+力量	hūlarangge为泛指的"宣读诵念"；jondoro专指念佛。

2	我父我母俱婆罗门种（第一品）	ulan	hvncihin	ulambi 意为"传递、流传"；hvncihin 则明确指"血统、亲族"
3	饥吞铁丸，渴饮铁汁	uruci selei muheliyen unggeme, kangkaci selei šugi omime	uruke de šerembuhe selei muhaliyan nunggebume, kangkaha de šaribuha selei šugi omibume	
4	乃往过去无量阿僧祇那由他不可说劫（第四品）	gisureci ojorakū	gisureme akūnarakū	
5	若遇非理毁用者（第四品）	waka	acanarakū	waka 为"是非"之"非"，意为"不是、过错"；acanarakū 意为"不相符，不相合"，"非理"即"与理不合"。
6	菩萨摩诃萨（第五品）	fusa amba fusa	amba fusa	
7	男女俗眼（第六品）	sesheri yasa	an i jergi yasa	sesheri 意为"庸俗的"；合璧本 an i jergi 意为"庸常、中等的"
8	转增深重（第七品）	elemangga šumin ujen nemembi	elemangga ujen sui nemebumbi sere turgun	
9	从顶门上放百千万亿大毫相光（第十二品）	sindahabi	badarakabi	sindahabi 意为"放置、发放"；badarakabi 意为"扩大、扩散"
10	或塑或画大士身（第十二品）	beye	vren	

上表例 3 中，朱印本译作"selei 铁的"丸、"selei 铁的"汁；合璧本则分别多出 šerembumbi 和 šaribumbi，其中 šerembuhe sele 意为"烧红了的铁"，šaribuha sele 意为"熔化了的铁（水）"，不仅译出潜藏于汉文背后

的意涵，与现实更为贴近，对地狱之恐怖的描绘也更加生动形象。例4，朱印本译"不可"为 ojorakū，即"不可以"，含禁止之意；合璧本译作 akūnarakū，意为"不详尽，不周遍"，即"说不尽"，同品又译"不可说不可说"为 wajirakū，意即"说不完"，在意涵上由于朱印本。例6，朱印本译"菩萨摩诃萨"为"菩萨大菩萨"，在语义上稍显重复，合璧本删减为"大菩萨"。例10塑画大士"身"，朱印本直译为"身体"，并无错误，但合璧本意为"形象、塑像"显然更胜一筹。例8朱印本将"转增深重"直译为"反而使深重增加"；合璧本则结合上下文义，增补出"sui 罪"和"turgun 缘故"，译为"故而使罪业转加深重"，意思更为清晰明确。

三是译文体现出佛教中国化的特色。这里不仅仅是指汉文化或汉传佛教，还包含蒙藏佛教的影响，以及满洲文化自身的发展，各族文化之间的交流互鉴共同促进构成了佛教在清代的中国化进程。反过来，中国化的佛教对于推动民族融合，塑造中华民族文化认同也起到重要作用。合璧本《地藏菩萨本愿经》的译文为我们提供一些例证。

序号	汉语（品次）	朱印本	合璧本	说明
1	摩醯首罗天（第一品）	mahišuwara	amba toosengga	mahišuwara 音译自梵语 Maheśvara；合璧本意译"大自在"
2	觉华定自在王（第一品） 佛名大觉，具一切智（第一品）	bodi	ulhisu/ulhisungge	bodi 为梵语 bodhi 音译；ulhisu 为意译，即"聪颖的、有悟性"
3	娑婆世界（第四品）	sablog'adado jalan jecen	dosombure mangga jalan jecen	sablog'adado 为梵语 sahāloka 或 sahālokadhātu 音译；dosombure mangga 意为"堪忍"
4	阎罗天子（第八品）	ilmun abkai jui	ilmun han	abkai jui 为汉语借词；han 为满蒙共同语

5	智成就佛（第九品）	mergen	sure	mergen 为蒙语"聪慧"；sure 为满语"聪明"
6	像法之中（第四品）	lakšan	arbungga	lakšan 借自蒙语 laqsan，为梵语"lakṣaṇa 相"音译；arbungga 形象、vren 造像，皆为满语
7	塑画形像（第四品）	lakšan	vren	
8	我今承佛威神（第五品）	adistit šengge	horon šengge	adistit 来自蒙语 adistid，为梵语"adhiṣṭhā 加持"音译；满语 horon 意为威力、威势
9	劝令一弹指间归依地藏菩萨（第四品）	hitahvn fithere	dartai andande	hitahvn fithere 为直译"弹拨指甲"；dartai andande 意为"瞬间、一会儿"
10	会中有一菩萨摩诃萨名观世音（第十二品）	jilan i bulekušere fusa	jilan i bulekušere toosengga fusa	bulekušere 意为"洞鉴"，即"观世音菩萨"；合璧本多出"toosengga 自在"，即"观世音自在菩萨"。
11	未出三界在火宅中者（第十三品）	tuwai boode	tuwai iktan dorgide	朱印本 boode 即屋宅；合璧本 iktan 意为"积"，对译"蕴"或"阴"，蒙文作"cuγca 堆积、积蓄"。
12	百千万亿生中常为王女，乃及王妃，宰辅大姓、大长者女（第六品）	daruhai wang ni sargan jui, jai wang ni fujin, aisilakū fujuri mukūn amba sengge i sargan (+jui) ofi.	daruhai han i gege jai wang ni fujin, aisilabukū fujuri mukūn amba wesihungge i sargan jui ofi.	合璧本译"王女"之"王"为 han，"王妃"之"王"为 wang，爵位递减。
13	四者，不问男子女人，羌胡夷狄，老幼贵贱（第三品）	tulergi aiman	wargi aiman amargi aiman	朱印本译作"外藩"；合璧本意为"西方部落（西域）北方部落"

上表例 1–3 中，"摩醯首罗""觉""娑婆"等名相在朱印本中皆以满文音写梵语读音，合璧本则改为满语意译，使得意义明确，为《地藏菩萨本愿经》在一般满族民众中的传播提供了便利。例 4–8 主要是从朱印本的蒙、汉借词向合璧本的满语词汇转变，如 "abkai jui 天子" 为汉语借词，"lakšan 相""adistit 威""mergen 智"都直接来自蒙文，而在合璧本中改用满语词汇意译。例 9–11 体现的是汉、蒙文化对满语佛经翻译的影响。如"弹指"进入汉语后与瞬间、须臾等词浑言，泛指时间短暂，朱印本仍将其理解为动作，合璧本则据汉语词义翻译。梵语 Avalokiteśvara 向有观世音、观自在二译，合璧本此处将二者融合，译作"观世音自在"，与智慧轮所译《心经》文本相同。又朱印本直译"火宅"为 "tuwai 火的 boode 屋"，已与汉语相符，合璧本更具佛学意涵，阐明以火宅喻五蕴，而在译语选择上又参考蒙文译法，以满语 iktan（积）对译蒙语 cuγca（堆积）。乾隆三十六年，永瑢、福隆安等在具奏满文《大藏经》翻译事宜时提到译校原则："翻译《甘珠尔》经，虽据汉《甘珠尔》经翻译，然据藏、蒙古、汉经校对"[①] 如此，满、蒙、汉、藏文化得以在翻译过程中互相交融借鉴。例 4–8 是从汉蒙文化的影响中摆脱，而例 9–11 又是受到汉蒙佛教之影响，看似相反的过程，实则文明交流互鉴的一体两面。一方面融合各族文化，一方面创新发明本民族对佛教的理解，成为清代佛教发展的特色之一，其间的纽带正是共同的佛教信仰。

例 12 中，汉语语境中对"王女"及"王妃"之"王"本无刻意区别，合璧本译者则认为王女、王妃、宰辅大姓（之女）、大长者女四者在文义上存在等级递减关系。这一理解准确与否暂且不谈，至少合璧本分别用 "han 汗"和 "wang 王"对译，体现出清朝特有的等级秩序。例 13 汉文"羌胡夷狄"四字最为满洲统治者敏感，朱印本译为 "tulergi aiman" 即外藩，这是本是清廷官书中称呼边疆民族所习用，但仍有内外之别，合璧本译为 "wargi

---

① 乾隆三十六年十二月十六日军机处抄出福隆安等奏为招收翻译满文大藏经八旗生员事折，《雍和宫满文档案译编》，第 712 页。

aiman 西方部族 amargi aiman 北方部族"，既避免内外，更隐去夷狄。另有一例为朱印本与合璧本共同所有，《如来赞叹品》等有汉文"胡跪"一词，朱印本作"emu bethe bukdafi"，合璧本作"bethe bukdafi"，其中满语 bethe bukdambi 即单腿跪礼，俗称"打千儿"，是满族男子请大安的礼节。这些译语都为《地藏菩萨本愿经》注入满族自身的文化特色，丰富了佛教中国化的内涵。

（二）合璧本的译文参考

合璧本译文准确清晰流畅，整体翻译质量明显胜于朱印本。另一方面，除前文所列二种译本间的差异，朱印本与合璧本对佛学名相的翻译也存在大量相同或接近之处，如庄吉发揭示二者的"满文品名译名，颇为相近"。[①] 由此，本文推测合璧本的翻译应在朱印本出现之后，并在参考了朱印本的基础上进行重译改译。那么，合璧本的翻译至少是在乾隆五十五年《清文全藏经》译稿完成之后。

合璧本时有细致形象的译笔，表明其译者对汉文有着深入的理解。或是有讲经僧一类的角色配合，或是自己参考了当时《地藏菩萨本愿经》的注疏类著作。合璧本优于朱印本的不少解释可能都受到了清康熙时运遐灵椉所著《地藏本愿经科注》（下文简称"《科注》"）的影响。试举数例：

汉文	朱印本	合璧本	《地藏本愿经科注》
铜镬地狱（第五品）	teišun yoose	teišun i futa	《观佛三昧》云：黑绳地狱者，八百铁锁，八百铁山，竖大铁幢，两头系颈，狱卒罗刹，驱喊罪人，令负铁山，铁绳上走，不胜落地，堕镬汤中。（卷三）
大净鬼王（第八品）	amba ekcin	amba temšere	大净，净即斗净。（卷四）

---

① 庄吉发：《佛门孝经——地藏菩萨本愿经满文译本校注》，第13页。

| 我本业缘（第八品） | mini tušan | mini da weilen i holbohon de | 首举业缘者，以一切众生，随自业转……其主命之职，亦循业而为之。（卷四） |
| 若能具大慈悲，下心含笑，亲手遍布施（第十品） | mujilen hing seme | mujilen gocishūdame | 下心，则降尊贵而就卑劣。（卷五） |

第五品的例子中，朱印本据汉字直译为铜锁（yoose）；合璧本则译为铜绳、铜索（futa），与《科注》的解释及汉传佛教对此地狱场景的描述相符合。第八品中，朱印本将汉文"浄"解为"狰"，译作"狰狞、丑鬼 ekcin"；合璧本译为"争斗、竞争 temšere"，更合汉字本意。再看同品另一例，朱印本对"我本业缘"的句读和理解有误，将"本业"连读，从而译作"职责、职位 tušan"；合璧本则以"业缘"连读，满文可直译为"根据业的缘起"，即《科注》"循业而为之"。第十品中，朱印本将"下心"译作"hing seme"，即"诚恳、真挚、深笃"；合璧本则作"gocishūdame" 意为"谦逊、虚心"，同样与《科注》"降尊贵"云云相合。

《地藏菩萨本愿经》的注疏较为少见，近代以来著名者除《科注》外，还有知性法师《地藏菩萨本愿经演孝疏》和胡维铨居士《地藏菩萨本愿经白话解释》（下文简称"《白话解释》"）。只是后两者皆是民国时期作品，合璧本显然不可能参考；而据《白话解释自序》，是书"取材与参考书是《科注》和《演孝疏》二种"，并无满文译本。然而有趣的是，合璧本在一些细节的翻译或理解上，却与《白话解释》存在暗通之处。如《阎浮众生业感品》载光目女听从罗汉"汝可志诚念清净莲华目如来，兼塑画形像，存亡获报"的劝说，"即舍所爱，寻画佛像而供养之"。句中"舍"字，朱印本译作"waliyafi"，意为"丢弃了"，《科注》同样解释为舍弃；合璧本则作"uncafi"，即"卖了"，虽与汉字本意不符，却合乎现实逻辑——变卖所爱之物，得钱而塑画供养。《白话解释》亦云："即刻舍弃他所爱的物，售去得钱"。再如《忉利天宫神通品》文殊师利白佛言："我已过去久修善根，证无碍智。"朱印本译作"tookan akū sure be unenggileme baha"，句中"unenggileme"

意为"证实、真实、认真",显然是从汉字直译而来,并非汉语"证得"之意;合璧本作"tiikan akū sure be baha turgunde",意为"故得到无碍之智",增补出了"故"以理顺文意。同样,《白话解释》也作如是说:"故此能得到一种没有阻碍的大智慧"。《观众生业缘品》论及有伪作沙门者"破用常住,欺诳白衣",朱印本译"白衣"为"bolgo etukungge",即"着洁白衣服者";合璧本译作"baisin",意为"白丁",尤指无官职责守之人,与汉语白丁一词"无知识、无功名"的意思接近。然而此句中白衣与常住(出家人)对言,仅是在家俗人,而无他指。有趣的是,《白话解释》也强调白衣为"不知佛法""不知道法要",恰与合璧本的误译一致。类似的例子为数不少,这些巧合虽无法支持二者在文本上的联系,却提示我们明清以来在民间社会对《地藏菩萨本愿经》的讲解与阐释,很可能具有共同性与因袭性。这些共同的观念,伴随地藏信仰逐步进入到满、汉各族之中,体现出清朝佛教文化交流与民族融合之间的互动。

(三)合璧本的不足

虽然合璧本较朱印本在整体翻译质量上更优,但也存在一些问题。

其一是刊印错误:如第三品"饥吞铁丸"之"丸",汉文误作"凡"。第四品"若遇悭悋者"之"者",汉文误为"著";同品"如是慈愍发恒河沙愿"之"恒河 g'angg'a",误作"g'angge";第六品"遍照百千万亿恒河沙等诸佛世界"之"遍 akūname",多刻一短牙,误作"akūnanme"。

其二是缺译漏译:如第二品"唯愿世尊不以后世恶业众生为虑",合璧本未译出"唯愿",朱印本作"damu buyerengge(惟愿)";第四品"唯然世尊",合璧本缺译"唯然",朱印本作"hing seme(专心诚挚)alime gaiha(领受,答应)";第七品"未斋食竟",合璧本作"šayolara unde"漏译"食竟",朱印本作"budalara unde, budalame wajiha"。

其三是误译错译:如第一品"稻麻竹苇",合璧本满文作"handu malanggū cuse moo ulhū",其中的 malanggū 意为"芝麻",并非汉文所指之麻。

朱印本作"olo",意即"线麻",与原意合。而在第十一品中再次出现"稻麻竹苇"时,合璧本则改译 olo,表明合璧本在校订译本方面亦非尽善尽美。再如同品偈颂有"百千万劫说不周,广宣大士如是力"云云,后一句朱印本译作"amba fusa i enteke hūsun be badarambume selgiyeci acambi",意为"故当广宣大士如此之力";合璧本作"amba fusa i enteke hūsun be badarambume nomulame wacihiyarakū",直译为"广宣大士如此力而说不完",似可看作与前句"说不周"者互文,但却与汉文不符。

其四是虽未有错,但不如朱印本恰当。如第五品谓"有地狱盘缴铁蛇",合璧本译作"hayaljambi",特指"(蛇行)摆尾";朱印本作"hayame halgimbi",意为"蛇盘蜷",与汉文"盘缴"更加相符。第四品"若遇饮食无度者,说饥渴咽病报",句中"咽病",合璧本作"bilha nimere",即"咽喉病症";朱印本作"cilikū nimeku",意为"噎病"。该词汉语亦有二解,《一切经音义》:"一千反,谓咽喉病也"[①];《地藏本愿经科注》:"于歇切,塞也,即噎膈病。"[②] 根据上下文,咽病是针对暴饮暴食者的果报,令人噎塞而难以饮食。显然朱印本的翻译更合文义。

如果遵循浅显易解、文义清晰及本土化的翻译标准,那么合璧本中的一些翻译也略逊于朱印本。如第五品"天龙四众"之"众",朱印本意译为"众人 geren";合璧本作"šabisa 徒众",虽为满蒙共同语,但蒙语原意为"徒弟、沙弥"且与蒙古哲布尊丹巴的库伦制度相联系,与"四众"之意涵仍有差别。再如第一品婆罗门女对鬼王说"父号尸罗善现",句中"尸罗",朱印本译作"sargacun",意为"戒、持戒";合璧本为音译,据梵语"śīla"而音写为"šila"。同品"大般若光明云"之"般若",合璧本作"barandza",为梵语"Prajñā"之音译;而朱印本作"sure(智慧、聪颖)baramit",前一词为满语意译,后一词为蒙语"baramid"借词,对于不熟悉梵、藏、蒙

---

① 《一切经音义》卷五十八,《大正藏》第54册,新文本,1983年,第694页。
② 《地藏本愿经科注》卷二,《卍续藏》第35册,新文丰,1994年,第528页。

文佛典的普通满族人来说，朱印本的意思显然更加清晰明确。第三品描述无间地狱有"热铁浇身"，合璧本译作"šerembuhe selei beyebe halame"，意为烧红的铁烫身体，对比朱印本"halhūn seleišugi benebe[beyebe] suitame（炽热铁水浇灌身体）"的翻译，显然后者更胜一筹。

结　语

无论是对"国语骑射"政策的继承发展，还是追求"阐教同文之义"，满文佛经的撰修、翻译、刻印在乾隆朝达到高峰，尤以《御制满汉蒙古西番合璧大藏全咒》《御译清文翻译全藏经》为代表。据《章嘉呼图克图传》记载，乾隆认为："自己出身的满族人口众多，对佛教获得信仰者也为数不少，但是语言文字与别族不同，以前也没有译为满文之佛教经典。若将佛说甘珠尔译成满文，实在是造福于后代之善举。"[①] 这是站在满洲文化主体性的角度。乾隆在上谕中还说："大藏汉字经函刊行已久，而蒙古字经亦俱翻译付镌，惟清字经文尚未办及，揆之阐教同文之义，实为阙略，因特开清字经馆。"[②] 所体现的则是"同文之治"思想。除了满文《大藏经》的译刻，单部佛经的满文译本也陆续出现，表明满族佛教信仰的现实需求。[③]

地藏信仰在满族社会同样十分流行，经过满语词汇的引申发展，"地藏"一词直接在语言层面与孝亲思想相结合。《地藏菩萨本愿经》的满文译本既有内府朱印《清文翻译全藏经》本，也有满汉合璧单刻本。两种译本虽然译者不同，但都是自汉文本以处，并且都以白话对译汉语文言，使原本较为深奥的字句变得浅显易解，文义晓畅，促进了地藏思想的传播。《清文翻译全藏经》由皇帝钦定，官方主持，所集合的翻译人才与译经资

---

① 土观·洛桑却吉尼玛著，陈庆英、马连龙译《章嘉国师若必多吉传》，中国藏学出版社，2007年，第263页。
② 乾隆三十八年二月初十日上谕，中国第一历史档案馆编《乾隆朝上谕档》第7册，第282页。
③ 单刻本满文佛经同样以乾隆朝为盛，参看《北京地区满文图书目录》。

源远非清代后期民间所译的单刻本满文佛经可比,因此《清文翻译全藏经》的总体翻译成就颇高。①

具体到《地藏菩萨本愿经》的满文译本,朱印本保持了《清文翻译全藏经》的基本水准,但也存在不少问题,主要是:刊刻讹误较多,上下卷译语不统一的情况,对一些汉文字句的理解或翻译不准确。相对来说,合璧本明显更胜一筹,除译文更加准确严谨外,还具有译语清晰易懂、生动形象,并且更好地体现佛教中国化的内涵等优势。合璧本的成书时间仅可推知不早于乾隆朝后期,译者则暂时阙考,但对汉文经义的理解较为准确,不少翻译与《地藏本愿科注》接近,或曾受其影响。同时,合璧本的译文还与近代以来一些《地藏菩萨本愿经》注本中的阐发类似,表明清代以来地藏经典在满、汉社会中都十分普遍,并且共享相同的信仰和观念。

《地藏菩萨本愿经》的满文译本,将经文的意义与思想阐述得更加生动;使地藏信仰与地藏经典进入满族民众的精神生活;为佛教中国化内涵的丰富注入新的生机。与此同时,满语文借助翻译佛经之机,具有了"文以载道"之功能,极大丰富了满语词汇和文化,并逐渐发展为中华民族的组成部分。因此,对于满文佛经的深入研究,有助于我们理解各族人民对中华文化的认同,铸牢中华民族共同体意识。

---

① 如据孔令伟研究,《金刚经》的满汉合璧本虽属后出,但在翻译质量上却远不如朱印本。孔令伟《〈金刚经〉满文译本初探——论满洲本位政策与清代译经事业》,沈卫荣主编《文本中的历史:藏传佛教在西域和中原的传播》,第 455–496 页。

清光绪《九华山志》隐士群像探析

史晓琳 ①

内容提要：光绪《九华山志》所记载的隐士群体面对仕隐困境选择游离于政治之外，在山林与江湖之地获得安身立命的一方净土；同时也在山林隐逸过程中构建了"世外桃源"式的精神家园。这些隐士集儒释道三教的人文意识于一体，建构起不同类型的隐逸人格，一方面推动中国艺术境界的提升与审美精神的强化，使得个体主体性得到显著张扬；另一方面促使隐逸文化与封建政治进行互动，在入仕求取功名却被名利物欲所牵累之余，便可在林秀水绿的九华山却可以徜徉山水、远离世俗，构建自己的精神世界与梦想花园，享受极致的出世自由。

关键词：山林隐逸；九华山；《九华山志》；隐士

隐士作为隐逸文化的主体以及"士"阶层的一部分，创造了与庙堂文化分庭抗礼的山林文化，而把"隐逸"作为文人士大夫独特精神气质与生活方式的隐逸文化逐渐成为中国传统人文精神的重要构成。隐逸生活淡泊恬静，故只有遁迹山林才能避开尘世纷扰，由此"山林隐逸"式的出世形态便可促使隐士游离于政治之外，在山林与江湖之地获得安身立命的一方净土，同时也为士人构建了"世外桃源"式的精神家园。在渐趋成熟的山林隐逸文化的培育孕养下，隐居山林的士人们或坚守遁隐之志而乐赏山水

---

① 史晓琳，中国政法大学人文学院 2019 级宗教学研究生。

之美，以庄子自由之隐为价值内核表现出对隐逸生活的诗意追寻；或践行吏隐之意而寄寓庭园之境，以中隐于市、大隐于朝为基扭转传统隐逸寄情山水的精神指向，于山林身隐与庙堂心隐之间追求仕隐的互设融通。地处皖南的九华山钟灵毓秀、人杰地灵，自古以来便有无数文人墨客作赋、高僧大德修行，加之佛教地藏信仰在此盛行，九华山便成为集儒释道三教文化于一体的宗教名山。肇始于明的《九华山志》历经十二次官修[①]，其记载不仅囊括了此地的灵山秀水、丰富物产、庙宇宫观、艺文传说以及在此游历的人物事迹，更是反映了九华山隐逸思想在儒释道三教文化与政治文化浸润下的交融发展。本文试以清光绪《九华山志》[②]卷六《人物》[③]为文本分析其中所载隐士群体的山林隐逸之路，探究士大夫阶层如何在六合内外兼容道义与理想，打造"纵情山水间，心游尘世外"的精神花园。

一、九华隐士的称谓分析

从春秋战国至明清，中国隐士不下万余人，隐士的称谓也可谓多种多

[①] 九华山修志历史悠久，时间跨度近五百年。明嘉靖年间《九华山志》首次官修，并于万历七年（1579）、万历二十一（1593）以及崇祯二年（1629）年间三次重修。明清鼎革之际，九华山旧志历经战火多有遗失，清政府便于顺治九年（1652）、康熙二十八年（1689）、康熙五十年（1711）、乾隆四年（1739）以及光绪二十六年（1900）年间五修山志。民国年间九华山重修山志一本，并在新中国成立后两度兴修（1990版与2013版）。

[②] （清）周赟著，叶向平、方明霞点校：《九华山志》，安徽文艺出版社，2019年。

[③] 光绪版《九华山志》系青阳县知县谢唯喈主持重修，周赟实际撰修。该版本《九华山志》不仅是清王朝最后一次官修，同时也是封建统治时期九华山的最后一次修志成果。本文择此版本《九华山志》为文本的主要原因有三：一，光绪版《九华山志》体例完备、内容翔实、考证严谨、流传甚广。1990版《九华山志》称光绪版《九华山志》是"以往版本中资料最为丰富，内容较为完备的一种"。二，此志既集明清九华山修志成果于一体，又反映了新旧时代之变革与晚清思想之流变，成于封建统治时期的书写内容更能反映当时社会环境中隐士的活动特色。三，不同于民国版《九华山志》是教内修志的特点，光绪版《九华山志》作者周赟以儒为尊，淡化了佛教名山与佛教地藏道场一事，在人物次序中体现了儒为主、佛道次之的书写特色。同时此志专设卷六《人物》卷记载九华山古今各方人物，分别为《名贤》《隐逸》《文苑》《神仙》《菩萨》《梵僧》《诗僧》《居士》和《本山耆老》等九个部分，有相对丰富文字介绍的人物多达一百一十五人。本文便以卷六《人物》中的《隐逸》记载为主，探讨此志记载中的隐士形象与背后的隐逸特色。

样。对于这批人，二十五史中有不同的称谓，《后汉书》称"逸民"，《晋书》和《宋书》称"隐逸"，《南齐书》称"高逸"，《梁书》称"处士"，《魏书》称"逸士"，如此等等。按照蒋星煜先生对中国隐士名称的考略，可分为"隐士、高士、处士、逸士、幽人、高人、处人、逸民、遗民、隐者、隐君子"等十一种。[1] 胡翼鹏认为这十一种称谓是以"人"为描述中心而进行的分类，并在此基础上补充"幽子、幽客、征士、居士、遗民、山人"等称谓。[2] 根据《辞源》和《辞海》所下的定义，隐士就是"隐居不仕的人"，"不仕"这一外在特征成为判断隐士的重要因素。当今学者的观点多与《辞源》《辞海》相仿，如：蒋星煜认为隐是隐蔽的意思，士不见于世，所以称隐士。[3] 李生龙认为只要是游离于官场的士人，都可以归入隐士之列。[4] 另有学者认为隐士意指看破仕途而不仕的拥有一定学识才德的人。[5] 由此"隐士"作为现代人最为熟悉的称谓，既有"隐"的身份特质，也有"士"的道艺标识。正如《南史·隐逸》所言："含贞养素，文以艺业，不尔，则与夫樵者在山。"隐士要有贤能的品格，要隐于深山并有其特定的隐居行动，要不事王侯处于官僚体系之外。本文所言隐士便是指记载于《九华山志》中的长期隐居九华山并弃官从隐或避世不仕之士，他们或"终隐少微峰下"闲散自在，或"屡举进士不第。入元，遂隐居不仕"，或"弹琴著书，生徒景从"，从侧面勾勒出纵情山水、洒脱超然的九华山隐士群像。

在《九华山志》中，唐代隐士巩畴被称为"处士"。"九华巩处士畴，

---

[1] 蒋星煜：《中国隐士与中国文化》，上海人民出版社，2009年，第12页。

[2] 胡翼鹏认为隐士的称谓大致可分为五类：以"人"为描述中心的称谓如隐士、逸民、山人等；以隐逸行动作为身份指示的称谓如隐逸、隐遁等；以隐士原型及其衍生的称谓如洗耳、首阳、东篱、桃源等；以隐士居处空间作为指代的称谓如丘园、山林、岩穴等；源自经典隐士文本的称谓如肥遁、嘉遁等。每一种称谓都反映了世人对隐士的认知程度和接受维度。引自胡翼鹏：《中国隐士——身份建构与社会影响》，社会科学文献出版社，2011年，第26页。

[3] 蒋星煜：《中国隐士与中国文化》，上海人民出版社，2009年，第12页。

[4] 李生龙：《隐士与中国古代文学》，湖南教育出版社，2003年，第2-3页。

[5] 谢宝富：《隐士定义及古称的考察》，《江汉论坛》，1996年第1期。

擅玄言之要道，通《易》《老》，其于《净名》，僧肇尤精邃。"相比于现代人熟悉的隐士概念，处士确是史籍文献中指称隐士最常用的概念。"圣王不作，诸侯放恣，处士横议，杨朱墨翟之言盈天下。"(《孟子·滕文公下》)这是孟子对天下局势表示忧虑时所言。荀子则深入阐述了处士的身份内涵，他对比古今社会的处士："古之所谓处士者，德盛者也，能静者也，修正者也，知命者也，箸是者也。今之所谓处士者，无能而云能者也，无知而云知者也，利心无足，而佯无欲者也，行伪险秽，而强高言谨悫者也，以不俗为俗，离纵而跂訾者也。"荀子肯定古代处士的高洁品质，否定当下处士的表里不一，也就是认定处士的身份特质有德盛、能静、修正、知命、箸是等。尽管我们不能对这些特质做出确切的现代意义的解读，但其基本上是一种道德品格与精神价值的概括。

而"逸民"一词最早见于《论语·微子》："逸民：伯夷、叔齐、虞仲、夷逸、朱张、柳下惠、少连。"孔子认为逸民之流处于政治混乱的时代，或因坚守君子道义被迫退出政治舞台，或因坚持不仕乱朝而游走天下，他们独善其身又重视人伦观念。后有经学家对逸民一词进行注释，何晏"逸民者，节行超逸也。"皇侃"逸民者，谓民中节行超逸，不拘于世者也。"另有朱子"逸，遗逸。民者，无位之称。"由此，在《论语》中逸民应为品性超脱隐逸之人或有德无位之士。[①]颜师古注解《汉书·律历志》则认为"逸民，谓有德而隐处者"。在此强调逸民作为隐士的另一种称谓，具备善美的品性却隐居不涉官场。《九华山志》中被称为逸士的陈岩在南宋屡举进士不第，随朝代更替后，以宋遗民自处而不涉仕途，"隐居不仕。元世祖征求隐逸，岩乃汗漫江湖以避征。"作为博览群书的儒士纵然有科举入仕以济世群生的慷慨抱负，在民族大义与异族统治面前选择高蹈肥遁、终身不仕，促使陈岩最终归隐九华、闲散逸世。

---

① 刘红、董建业：《"逸民"考》，《黑龙江史志》，2015年第15期。

表 1 光绪版《九华山志》所记隐士称谓

朝代	隐士	称谓	备注
唐	费冠卿	隐士	李仁修举冠卿孝节，召拜右拾遗；夫旌孝行，举逸民，所以厚风俗，而敦名教也。宜承高奖，以儆薄夫。
唐	巩畴	处士	九华巩处士畴，擅玄言之要道，通《易》《老》，其于《净名》，僧肇尤精邃。
唐	王季文	隐士	少厌名利，隐居九华。遇异人，授九仙飞化之术。
唐	李昭象	隐士	以文谒相国路公岩，深器重之；后避黄巢乱，入九华山。
宋	刘放	隐士	著《九华拾遗》二卷。
宋末元初	陈岩	逸士	号九华山人；其诗潇洒出尘，有高人逸士风格。
元	杨少愚	隐士	所著有《孝经衍义》《九华外史》行于世
明	施达	隐士	弹琴著书，生徒景从
明	吴钟	隐士	颖敏博学，善诗赋古文词

二、九华隐士的归隐特色

冯友兰先生在《中国哲学简史》中有言："专就中国哲学中主要传统说，我们若了解它，我们不能说它是入世的，固然也不能说它是出世的。它既入世而又出世……因为儒家'游方之内'，显得比道家入世一些；因为道家'游方之外'，显得比儒家出世一些。这两种趋势彼此对立，但是也互相补充。两者演习着一种力的平衡。这使得中国人对于入世和出世具有良好的平衡感。"儒释道文化的互动交融与入世出世的动态平衡保证了中国文化发展的弹性与张力，促使中国文化结构不断调整与更新。而独特的隐逸文化作为中国文化的重要组成，既是入世出世观念的重要载体，也是保持文化弹性的重要维度。在"出世与入世"这两大隐逸范式的调节下，六合内外便呈现出方外、山林与朝堂的三元社会模式。而在此模式下，隐逸之隐便富有三义，一为以隐终始又安贫顺适，以任性率真的庄隐之态超越道义束缚与政治功利而保持人格独立与心灵自由；二为以"无道则隐"的出世之姿坚守儒家文化理想，以圆融权变之法守死善道；三为仕而怀隐之心、隐而兼仕之志，在政治人格与自由人格间寻求仕隐融通。在光绪版《九华山志》的隐逸记载中，九位隐士的归隐动机与隐居状态便在一定程度上反映了这三种隐逸形态以及出世与入世的动态平衡。

自唐以来，便有不少文人儒士在九华山或怡情山水、乐而忘归；或隐居山庄、著书立说；或参学访道，融会三教。隐居求志、任情适意者如唐代巩畴超逸平淡、隐于四海，"擅玄言之要道，通《易》《老》，其于《净名》，僧肇尤精邃"。在闲逸幽远的山林野趣中寻求淡泊宁静的诗意情怀，以纯粹归隐的恬淡心态追求出世而通达的自由情怀，这便是极致的隐与极致的出世。另有隐士在以著书立说、招徒讲学的方式传承教化一方，如明隐施达"生平以约礼为宗，不应制科文字"。一生专于精研理学、开馆讲学，虽不入朝堂以追求潇洒自由，却以讲学著书的方式积极入世，在隐与现中寻求自由无拘与理想抱负的平衡。大多数隐士则在仕隐间徘徊后选择终隐九华。弃官而隐者如费冠卿"禄不及于荣养，恨每积于永怀。遂乃屏身邱园，绝迹仕进"，借守孝之名辞归九华。求官不得者如杨少愚"好读书，屡试不第。所著有孝经衍义、九华外史行于世"，因守道义而隐者如陈岩"咸淳末，屡举进士不第。入元，遂隐居不仕；宋亡，隐居不仕。元世祖征求隐逸，岩乃汗漫江湖以避征"，后被世人称赞其所著诗文有高人逸士风格。因避战乱而隐者如李昭象"以文谒相国路公岩，深器重之，后避黄巢乱，入九华山"，以及吴钟"遭乱，隐九华之刘冲，足迹不入城市"。以上隐士或消磨于朋党，或折辱于官场，或凌蔑于政权，在入世后面对不可收拾的颓势而失落绝望，进而选择退隐山林以忘怀世事。由此隐逸便给予士人避世求稳与超然林下的出世可能性，在优游九华山之余寻求人格意志的独立。

表2 光绪版《九华山志》隐士的归隐特色

朝代	隐者	隐居状态	隐居动机	备注
唐	费冠卿	弃官而隐先官后隐	举孝节，母病弃官	禄不及于荣养，恨每积于永怀。遂乃屏身邱园，绝迹仕进。守其至性，十有五年。峻节无亏，清标自远。
唐	巩畴	隐于四海	恬养澹逸	擅玄言之要道，通《易》《老》，其于《净名》，僧肇尤精邃。

唐	王季文	弃官而隐 先官后隐	少厌名利 寻谢病归	遇异人，授九仙飞化之术；将死，以所居宅舍为寺，请邻僧智英主之，即今之无相寺是也。
唐	李昭象	弃官而隐	避黄巢乱	以文谒相国路公岩，深器重之，后避黄巢乱，入九华山。
宋	刘放	著书立说 名士拜访	——	隐居九华双峰下，手书石上"清隐岩"三大字。
宋末 元初	陈岩	宋求官不得 元隐居不仕	宋亡，隐居不仕；遗逸	咸淳末，屡举进士不第。入元，遂隐居不仕；宋亡，隐居不仕。元世祖征求隐逸，岩乃汗漫江湖以避征。
元	杨少愚	求官不得	屡试不第	好读书，屡试不第。所著有《孝经衍义》《九华外史》行于世，今多残缺。
明	施达	不愿为官 讲学著书	生平以约礼为宗，不应制科文字。生徒景从，不应辟命。	所著有《周礼通义》《孝经注》《序卦图阐集》《天柱志》诸书，门人梓《施子语录》十五卷行世。
明	吴钟	不愿为官 设馆教学	遭乱，隐九华之刘冲，足迹不入城市	著有《呵冻录》诸集行世。

三、九华隐逸与三教融合

除了传统隐逸文化形态，儒释道三教也是中国传统文化得以交流融合的重要平台。自魏晋南北朝时期"三教"之说流行之始，儒释道三教便开始了长达两千多年的冲突与融合，并在互动中逐渐形成以儒释道为核心的相对稳定的中华传统文化格局。正如任继愈先生所说"三教关系是中国思想史、中国宗教史上的头等大事。三教合一，则是中国思想史、中国宗教史的发展过程和最终归宿"。汉代定儒学于一尊并融入阴阳名法诸家之学，故有"外儒内法"之说。到魏晋时期，援道入儒的玄学兴起，佛学与玄学结合促进三教合流。宋明理学时期在此调整儒学结构，阳儒阴佛的思想模式重新建构。由此在整个世纪的发展过程中，儒家思想为传统文化之表，佛道思想为传统文化之里，三者互为表里、相辅相成，促进三教合流的思想繁荣，并推动隐逸文化在不同历史时期呈现不同的发展特色。

九华山最早作为道教的洞天福地名扬天下，据《福地考》载，九华山位列道教的"七十二福地"中的第三十九位，其清泉环绕、景趣幽绝的自然环境宛若人间仙境，不仅承载了古代文人隐逸山林的淡然情趣，同时也成为道士修道求仙的最佳场所。在《九华山志》的《人物》卷中便专设"神仙"类，记有如以黄老清静之术化导民众，并热衷修炼神仙术并终乘白龙飞升的西汉道士窦伯玉，居于九华真人峰炼丹修道以求不死的晋代道士葛洪，拒不奉诏并喜爱乘驴远游的唐代道士张果老等神仙道者七人。这些道士形象的刻画多伴以道教典故与传说，如窦伯玉"止陵阳山百余年，骑白龙仙去。二女，亦化凫飞升"；入九华采薪的邓羽"遇异人授符箓，遂能呼风唤雨，疗病除妖，不受谢"等。而这些传说素材不仅为九华山这座佛教名山增添诸多仙气灵韵，一些幽谷深林与奇涧异洞被封为道教的人间仙界，同时也促使神仙道教在九华山的传播名扬。神仙道教设想种种修道之法以求羽化成仙，这种修行之法与道家清静无为的隐逸思想相通。在"隐逸"类记载中，记有唐代隐士王季文"遇异人，授九仙飞化之术"后选择辞官隐居，并"日浴龙潭，人见之，风雨不失期"，在清幽洁净之地静神养元、学道修真。从他"云梯石磴入杳冥，俯看四极如中庭"（《九华山谣》）的诗句中也不难看出庄子鹏程万里的自由气概，彰显道家文化的神秘奇幻。山林空间不仅成为隐士躲避尘世纷扰以追求一种超脱无我之境与绝对自由精神，同时也促使修道者通过主观存思与炼丹求仙等一系列修炼方式来体验仙界的存在，在现实的困顿中去向幻境的彼岸寻求心灵的补偿。

自唐代佛教传入九华山，后经新罗王族金乔觉卓锡九华后，刻苦修行并兴建寺宇，九华山道教式微而佛教渐盛，其中费冠卿的《九华山化城寺记》便是关于九华山开山建寺最早最权威的记载。宋元时期九华山多座寺院获朝廷赐额，同时有一批高僧大德于山修行弘法。直到明清，中国佛教世俗化强化，名山信仰进一步与民间信仰、民众生活相结合，"四大菩萨"家喻户晓。至乾隆年间，九华山正式跻身佛教四大名山之列。光绪《九华山志》的《人物》卷便专设"佛教"类记载了九华山菩萨、梵僧与诗僧三十余人，并单设类别记录居士与本山耆宿。而本志的隐士记载中，巩畤融佛与儒道于一体，在一定程度上反映了九华山隐逸文化的三教融合趋向。唐隐王季文隐于山林、修道求仙，"将死，以所居宅舍为寺，请邻僧智英主之，即今之无相寺是也"。宋末名隐陈岩则对九华山禅僧生活多有描绘，"僧闲宴坐无人到，内保禅心一味真"。与此同时，众多儒生游历九华并与九华高僧们结方外之交。如唐代隐士费冠卿志向清高，辞不应诏，"屏身邱园，绝迹仕进"。在九华隐居之间多与僧侣高朋相交，"胜境层层别，高僧院院逢。"（《答萧建》）而其最为著名的《九华山化城寺记》一文成为人们研究九华山佛教文化最可信的蓝本。隐士巩畴入九华山隐居后兼研佛道，"擅玄言之要道，通《易》《老》，其于《净名》，僧肇尤精邃。"（郑薰《赠九华处士巩禹锡序》）元儒士杨少愚"好读书，屡试不第"，后终身隐居九华不仕，著有《孝经衍义》《秋浦集》等。明儒士施达"所著有周礼通义、孝经注、序卦图阐集、天柱志诸书，门人梓施子语录十五卷行世。"这些隐居山林的修道者于长期的山水关照中获得了审美的愉悦，于静雅的清修生活中获得了诗意人生，同时也于访客立说的入世活动中获得了绝对自由的生命境界。

表3 光绪版《九华山志》隐士的身份与著作

朝代	隐者	隐士身份	著书立说	备注
唐	费冠卿	儒士	《答萧建》《九华山化城寺记》	禄不及于荣养，恨每积于永怀。遂乃屏身邱园，绝迹仕进。守其至性，十有五年。峻节无亏，清标自远。
唐	巩畴	儒士、通易老	——	擅玄言之要道，通《易》《老》，其于《净名》，僧肇尤精邃。
唐	王季文	慕神仙道术	《九华谣》	遇异人，授九仙飞化之术；将死，以所居宅舍为寺，请邻僧智英主之，即今之无相寺是也。
唐	李昭象	——	——	以文谒相国路公岩，深器重之，后避黄巢乱，入九华山。
宋	刘放	——	《九华拾遗》二卷	隐居九华双峰下，手书石上"清隐岩"三大字。
宋末元初	陈岩	——	《九华诗集》	咸淳末，屡举进士不第。入元，遂隐居不仕；宋亡，隐居不仕。元世祖征求隐逸，岩乃汗漫江湖以避征。

元	杨少愚	儒士	《孝经衍义》《九华外史》	好读书，屡试不第。所著有《孝经衍义》《九华外史》行于世，今多残缺。
明	施达	儒士	《周礼通义》《孝经注》《序卦图阐集》《儒行注》《天柱志》等；门人所撰《施子语录》十五卷	所著有《周礼通义》《孝经注》《序卦图阐集》《天柱志》诸书，门人梓《施子语录》十五卷行世。
明	吴钟	——	《忠鉴》《呵冻录》《循良录》《双峰诗》	著有《呵冻录》诸集行世。

结　语

隐逸思想作为我国传统社会与传统文化的特殊产物，历史悠久，来源复杂。《周易》导源于前，另有《诗》《礼》辅之，儒释道三家思想对隐士形成与发展也都有着直接的影响。具体而言《周易》提倡"蓄养而待，审时而动"，儒家提倡"有道则仕，无道则隐"，道家则"崇尚无为、崇尚自然"，佛教希以"心神空寂，超脱人生"。儒释道三教以不同的人文意识、思想理念、终极关怀与审美追求，建构起不同类型的隐逸人格。这些隐逸精神作为儒释道三教在人文精神层面交汇的产物，一方面推动中国艺术境界的提升与天人合一审美精神的强化，使得个体主体性得到显著张扬；另一方面促使隐逸文化与封建政治进行互动并为隐逸人格主体的生成与发展提供了现实条件。这使得九华山隐士群像呈现出三教融合与仕隐交汇的显著特点。士人入仕求取功名却被名利物欲所牵累，在林秀水绿的九华山却可以徜徉山水、远离世俗，达到物与我合一的神明境界。人们可以超越现实篱藩，构建自己的精神世界与梦想花园，享受极致的出世自由。

与此同时，方外与方内之士互动频繁既促进佛教宗派与儒道理论的发展，也使九华山庙宇宫观呈现更为突出的人文特色。无数名贤隐士在此讲学著书、吟诗颂词，充分发挥隐逸文化内在的精神价值，促使现代人注重伦理精神和艺术精神的养成。中国隐士在创造灿烂的精神文化的同时，也创造了丰富的书画、音乐与文学等文化瑰宝。正如孙适民先生所言"中国古代隐士是与封建正统传统的'庙堂'文化分庭抗礼的'山林'文化的主要创造者，是山水中国精神价值体系构建的思想来源。"隐逸不仅丰富了中国文学的发展内涵，同时也保持了山林文化与庙堂文化相对独立的意义与价值。

由此，隐逸文化及其价值取向不仅保持了中国传统文化的多样性与价值结构的丰富性，推动了传统中国人的主体性觉醒，同时为隐居不仕的士人提供了一种仕宦以外的生活空间和生活方式，为仕而不得的士人提供了心灵抚慰和精神的安顿之处，并为入仕为官的士人提供了一种仕宦生涯以外的心灵空间和精神补充。另外，隐逸作为一种文化现象与社会心理，不仅影响了隐遁山林的隐士群体，几乎同时成为中国古代士人获得集体认同与处世持身的一种人格模式与价值选择。现如今，这种隐逸精神在现当代许多知识分子身上仍可窥见一斑，追求自然洒脱的价值选择依旧影响了人们的行为范式与精神追求，成为不少知识分子安身立命的精神寄托方式。纵然消极避世的处事态度不利于社会进步，但从个性修为与独立精神层面而言，这种精神态度又是大有裨益的。

从追荐救赎法事仪轨探析地藏菩萨信仰在明清时期的发展

——以瑜伽焰口、水陆法会仪轨文本为例

李曼瑞[1]

内容提要：明清时期佛教发展的特点之一在于法事活动趋向于规范化，并在社会各阶层形成了空前的影响力。本文将瑜伽焰口与水陆法会作为明清追荐救赎法事的代表，聚焦于明清时期上述仪轨中关于地藏菩萨法门的增加内容，通过对比历代仪文，探讨地藏菩萨在追荐救赎法事中的意义及其背后反映出的明清时期地藏菩萨信仰的变革。

关键词：地藏菩萨信仰；瑜伽焰口；水陆法会

明清两代，佛教的发展出现了一个不同于前代的崭新趋势，即法事活动趋向于规范化，并在社会各阶层形成了空前的影响力。

明王朝建立后，太祖朱元璋参考宋代的经验，以严密且极富针对性的政策对佛教内部进行了全面整顿。恰是在这样的宗教管理之下，已于前代有所发展并形成一定规模的法事活动，在明代获得了前所未有的官方关注与认可，并逐渐规范，得到更加广泛的发展。明太祖洪武十六年（1383）颁布教令"即今瑜伽显密法事仪式，及诸真言密咒，尽行考校稳当，可为

---

[1] 李曼瑞，西北大学哲学学院硕士在读。

一定成规，行于天下诸山寺院，永远遵守"后，祈福消灾、追荐亡灵的种种显密法事都拥有了公认的合法地位，法事活动的类别、主法者、主法资格也都被做出了专门化与规范化的要求。

以明代的发展为基础，至清代，寺院所举行的法事活动，已然成为佛教在社会各阶层中影响最广泛的内容之一。因此，虽然流行于清代的法事类型都产生于前代，法事仪轨也大多承自古本，但这些仪轨的内容在清代多少都有所增补，并形成了地方特色。

总结而言，佛教法事在明清时期获得了远超前代的地位与影响力。

笔者将明清时期所流行的法事分为报恩酬德、节日庆典与追荐救赎三类[①]，其中以超度亡魂、追修善福为旨的追荐救赎法事与地藏菩萨信仰的关系最密切。本文将瑜伽焰口与水陆法会作为明清追荐救赎法事的代表，聚焦于明清时期上述仪轨中关于地藏菩萨法门的增加内容，通过对比两种法会仪轨历代仪文，尝试探讨地藏菩萨在追荐救赎法事中的意义及其背后反映出的地藏菩萨信仰的发展与法门的转变。

一、瑜伽焰口与地藏菩萨信仰

1. 瑜伽焰口历史渊源

瑜伽焰口源于唐密祖师之一不空三藏所译的密教经典《瑜伽集要救阿难陀罗尼焰口轨仪经》，此经的同本异译本还有唐代实叉难陀译出的《佛说救面燃饿鬼陀罗尼神咒经》。此经本之外，《大正藏》中载《瑜伽集要焰口施食起教阿难陀缘由》《瑜伽集要救阿难陀罗尼焰口轨仪经》也是不空三藏译出的焰口仪文。而在这一时期同样流行的施食仪轨还有不空三藏所译《施诸饿鬼饮食及水法》与跋驮木阿所译《佛说施饿鬼甘露味大陀罗

---

① 参见魏道儒主编：《世界佛教通史·第五卷·中国汉传佛教（公元10世纪至19世纪中叶）》，中国社会科学出版社，2015年，第283—288页。

尼经》。笔者对以上经典、仪轨进行了比较，其核心思想基本一致，施食陀罗尼有大量重合之处，因此本文选择不空三藏所译《瑜伽集要救阿难陀罗尼焰口轨仪经》为例介绍焰口法门的渊源：

经中记载，阿难尊者见到饿鬼"焰口"，见其可怜可怖的形象，又听闻自己将于三天后落为同等饿鬼，而唯有布施"百千那由他恒河沙数饿鬼，并百千婆罗门仙"① 才可免此苦。阿难尊者惊怖异常，于是疾至佛所，向佛陀求普施饿鬼使其不落饿鬼道之法。佛陀便向阿难尊者宣说"无量威德自在光明殊胜妙力"②陀罗尼及修法，并令阿难尊者"广宣流布，令诸众生普得见闻，获无量福"③。

由经典内容，我们可以得知，焰口法门的功德有四个层面：一者，能普施饿鬼，令悉饱满；二者，能供养百千俱胝恒河沙数婆罗门仙；三者，可奉献供养满十方佛、法、僧三宝，满足檀（布施）波罗蜜；四者，能令修此陀罗尼的众生具足无量福德，"寿命延长、增益色力、善根具足，一切非人、夜叉、罗刹、诸恶鬼神不敢侵害，又能成就无量福德寿命"④。

自此经译出后，唐代便开始出现依此经典进行的"焰口施食"，其构成与功德也依旧围绕着这四个方面。由于这一修法属于密法，而唐密的传承在唐代之后便渐渐湮没，以致"焰口"的传承也一度中断。宋代重新出现有多家传承的"焰口"仪式，但这导致了不同版本的瑜伽焰口仪轨流传于世。此后，有被认为是元代译本的《瑜伽集要焰口施食仪》⑤、明代莲池大师袾宏重订的《瑜伽集要施食仪轨》⑥流传，其内容仍以不空三藏所译《瑜伽集要救阿难陀罗尼焰口轨仪经》为根本，并进一步丰富。由于唐

---

① （唐）不空译：《佛说救拔焰口饿鬼陀罗尼经》，载于《大正藏》第21册，第465页。
② （唐）不空译：《佛说救拔焰口饿鬼陀罗尼经》，载于《大正藏》第21册，第465页。
③ （唐）不空译：《佛说救拔焰口饿鬼陀罗尼经》，载于《大正藏》第21册，第465页。。
④ （唐）不空译：《佛说救拔焰口饿鬼陀罗尼经》，载于《大正藏》第21册，第465页。
⑤ 元代译本：《瑜伽集要焰口施食仪》，载于《大正藏》第21册，第473页。
⑥ （明）袾宏重订：《瑜伽集要施食仪轨》，载于《卍续藏》第59册，第251页。

代之后焰口仪轨的版本众多，难以统一，清代法藏法师等访求善本，与藏册多次对校，于康熙二十二年（1683）编成《修习瑜伽集要施食坛仪》①。

2. 瑜伽焰口仪轨内容略述

目前中国汉传佛教寺院通行的瑜伽焰口文本之一为上海佛学书局1999年印行的《瑜伽焰口》，是在明代之后经多次删减编成的。②

当今通行焰口仪轨的主要内容可分为三个部分：第一部分，念诵杨枝净水赞、香赞等开坛，接着念菩萨名号，并以真言加持花米与铃杵等。这一部分即以清净道场、加持法器等，令主法金刚上师与两侧法师所形成的主坛与陪坛形成真正佛法加持过的瑜伽坛场，为供养与普施法事作准备。

第二部分，诵十二因缘咒、上师三宝真言、自性偈、净地偈、缘起文、撒花米真言、遣魔真言、曼拏啰真言、三归依赞、大轮明王咒、心经、奉食偈、三宝赞等，这一部分主要礼请诸佛菩萨与圣贤等皆来赴会，并进行供养、皈依等。

第三部分，结破地狱印，奉请地藏王菩萨，召请一切孤魂等众来临法会，受无遮甘露法食。紧接着，大众齐声慈悲叹悼，为其灭罪，带其忏悔，施其甘露，令其开咽喉，对其称念赞叹"七如来"圣号，领其皈依三宝、发菩提心、受三昧耶戒，为其施食。

第四部分，回向，法会功德圆满。

3. 瑜伽焰口文本与地藏菩萨信仰

地藏菩萨的相关奉请内容出现在现今通行瑜伽焰口仪轨的第三部分，大约为仪轨进行到一半之处。

值得我们注意的是，瑜伽焰口的源头——唐代不空三藏所译的《瑜伽集要救阿难陀罗尼焰口轨仪经》，包括前文提到的同时期译出的施食仪轨中，

---

① （清）法藏：《修习瑜伽集要施食坛仪》，载于《卍续藏》第59册，第303页。
② 参考杨秋悦：《瑜伽焰口仪式文本研究》，载于《法音》2010年第3期，第48页。

并没有出现地藏菩萨的名号。而自《瑜伽集要焰口施食仪》，奉请地藏菩萨的内容开始出现，并在明清时期瑜伽焰口仪轨屡次修订、丰富的过程中，被逐渐确定、丰富下来：

（1）元《瑜伽集要焰口施食仪》中：

> 一心奉请。众生度尽方证菩提。地狱未空誓不成佛。大圣地藏王菩萨摩诃萨。唯愿不违本誓怜愍有情。此夜今时来临法会（大众和香花请）。
>
> ……
>
> 能救五浊大悲观世音。末劫之时弘愿地藏王。
>
> 所有一切贤圣护法神。证明护念法灯覆炽然。①

（2）明《瑜伽集要施食仪轨》中：

> 奉请地藏王菩萨（表白举香花请。众和毕。首者执炉请云）。
>
> 南无一心奉请。众生度尽。方证菩提。地狱未空。誓不成佛。大圣地藏王菩萨摩诃萨。惟愿不违本誓。怜愍有情。此夜今时。光临法会。
>
> （众和香花请。师置炉。伸四转轮印。念捺吽哪斛。结印默念。伸五供养　宣祖宗亡灵附荐等疏）。
>
> ……
>
> 能救五浊大悲观世音。末劫之时弘愿地藏王。
>
> 所有一切贤圣护法神。证明护念法证覆炽然。②

（3）清《修习瑜伽集要施食坛仪》中：

> 奉请地藏王菩萨（表白举香花迎香花请毕。首者执炉请云）。

---

① 元代译本：《瑜伽集要焰口施食仪》，载于《大正藏》第21册，第473页。
② （明）袾宏重订：《瑜伽集要施食仪轨》，载于《卍续藏》第59册，第251页。

南无一心奉请。众生度尽。方证菩提。地狱未空。誓不成佛。大圣地藏王菩萨摩诃萨。惟愿不违本誓。怜愍有情。此夜今时。光临法会。①

（4）当今通行瑜伽焰口文本中：

地藏十王起哀怜，揭案消名纳善缘。
亡者须仗如来教，愿凭法力判生天。
香花迎，香花请

（表白举香花迎香花请毕，首者执炉请云）

南无一心奉请，众生度尽，方证菩提，地狱未空，誓不成佛，大圣地藏王菩萨摩诃萨。惟愿不违本誓，怜愍有情。此夜今时，光临法会。

在上述修订、丰富的过程中，不仅地藏菩萨的奉请内容被确定了下来，焰口仪轨奉请、召请、施食的环节与奉请、召请的对象，乃至奉请、召请对象的顺序也在元明清不同版本的焰口仪轨中不断进行调整。而奉请地藏菩萨处于焰口仪轨的哪个部分，其上承下启的环节是什么，其对于瑜伽焰口的意义是什么，恰恰体现了地藏菩萨信仰在这一时期的发展。

在明代之后经多次删减形成的当今通行瑜伽焰口文本中，奉请地藏菩萨之前已经普奉请、供养了"诸佛法僧，金刚密迹，卫法神王，天龙八部，婆罗门仙"，而在迎请地藏菩萨前所进行的最后一个内容，则是结"破地狱印"、念诵"破地狱真言"。

因此，笔者认为，迎请地藏菩萨是瑜伽焰口的重要转折之处。因为仪轨中迎请地藏菩萨之前，从法师登座，建立坛场，观想自身即是毗卢遮那如来，加持法器，至恭迎、供养诸佛菩萨等内容，皆可以看作为法事总旨"召请饿鬼，为其施食"所作的准备。

---

① （清）法藏：《修习瑜伽集要施食坛仪》，载于《卍续藏》第59册，第303页。

而在地狱门开，迎请地藏菩萨与引魂王菩萨光临法会后，这才真正进入了瑜伽焰口仪轨的核心环节。因为在此之后，开始召请种种孤魂等众，广召六道众生云集于法会，以真言密印等，为其灭罪，带其忏悔，施其甘露，令其开咽喉，对其称念赞叹"七如来"圣号，领其皈依三宝，发菩提心，受三昧耶戒，为其施食，令其永离三途八难之苦。这些内容达成了普利饿鬼，令脱恶道的目的，圆满了焰口法事的功德。

另一值得注意之处在于，整部仪轨中，虽提到许多佛菩萨，但以"一心奉请……此夜今时，光临法会"迎请佛菩萨的句式只出现过三次：一次是普皆奉请"诸佛法僧、金刚密迹、卫法神王、天龙八部、婆罗门仙"；一次为奉请引魂王菩萨；另一次则是奉请地藏菩萨。

对于法事活动而言，特别迎请的佛菩萨往往有着特殊意义。因为"特别迎请"的潜在认知在于，唯有这些佛菩萨光临法会现场，借他们的慈悲威神力，才能使法会的一些环节圆满无碍。

而瑜伽焰口之中，地藏菩萨既是被特别迎请的对象，又开启了仪轨中"召请饿鬼，普施甘露"的核心步骤。或许我们据此可得出一些有关瑜伽焰口与地藏菩萨关系的结论：首先，宋元明清之前，地藏菩萨信仰含有诸多功德神通特征，如大愿、六道救苦、地狱救苦、护佑母子、延命等[①]。而在瑜伽焰口仪轨中，无论是奉请的偈颂，还是前接"破地狱"密印与真言，都反映出地藏菩萨的主要功德特征在瑜伽焰口中集中转向了"执掌幽冥，救度地狱众生"。这构成了地藏菩萨在瑜伽焰口中的特殊意义，一方面，迎请地藏菩萨形成了仪轨内容的分界，由上供转向了下施；另一方面，地藏菩萨以幽冥教主的身份降临法会，既代表要依地藏菩萨本愿救度六道受苦众生，也意味着之后的"饿鬼召请"等内容有了地藏菩萨法力的加持。因此，笔者认为，瑜伽焰口中，地藏菩萨的迎请是进行后半部仪轨的前提

---

① 参见李曼瑞：《地藏菩萨信仰与法门研究》"第三章 地藏菩萨功德与特征的形成"，宗教文化出版社，2021年，第185-204页。

与关键,虽然所占篇幅不多,但却有着特殊意义。

地藏菩萨虽然未在瑜伽焰口最初的文本《佛说救拔焰口饿鬼陀罗尼经》中出现,却成为明清时期瑜伽焰口法事仪轨中有着关键意义的菩萨,这本身就是以明清时期地藏菩萨信仰的发展兴盛为基础的。而作为利益地狱众生的法事,以地藏菩萨的迎请作为召请亡魂的救度者,也反映出明清时期地藏菩萨"地狱救苦"的形象已经十分深入人心。相应地,作为明清时期最为重要的法事之一,瑜伽焰口对地藏菩萨信仰发展的推动,以及对地藏菩萨"地狱救苦"特征的突出强调是不可忽视的。

二、水陆法会略论

1. 水陆法会历史渊源

水陆法会,全称为"法界圣凡水陆普度大斋胜会"[①],以能够供养十方三世诸佛菩萨圣贤等众,广度"天、人、阿修罗、畜生、饿鬼、地狱"六道众生,解救"水、陆、空"一切生命,无遮普施斋食,并兼令三乘圣人获证菩提的广大殊胜功德而著称。也因"仪文繁重,执事甚伙,物用亦多"[②]而成为汉传佛教经忏法事中最隆重、所需时间最长的一种。

据宋代宗鉴法师所撰《释门正统》记载,水陆法会最早可溯源至梁武帝时期:

> 又有所谓水陆者。取诸仙致食于流水。鬼致食于净地之义。亦因武帝梦一神僧告曰。六道四生。受苦无量。何不作水陆。普济群灵。诸功德中最为第一。帝问沙门。咸无知者。唯志公劝帝广寻经论。必有因缘。于是搜寻贝叶。置法云殿。早夜披览。及详阿难遇面然鬼王。建立平等斛食之意。用制仪文。三年乃成。

[①] 参见圣凯:《汉传佛教水陆法会大观》,载于《中国宗教》2003年第9期,第56页。
[②] (清)仪润:《水陆仪轨会本》"凡例",上海佛学书局,1993年,第12页。

遂于润之金山寺修设。帝躬临地席。诏祐律师宣文。世涉周隋。兹文不传。至唐咸亨中。西京法海寺英禅师。因异人之。告得其科仪。遂再兴焉。[1]

据此记载，梁武帝因夜梦神僧，产生作水陆普济群灵之想，梁武帝醒来后在宝志禅师的劝说下，广寻经典，日夜阅览，待读到"阿难遇面然鬼王"的典故，便决定以此为根本依据，用三年时间制成了水陆仪文，并在金山寺举行了水陆法会。法会上，梁武帝亲临，僧祐律师宣读仪文。这便是文献记载中佛教历史上第一次水陆法会。此后，梁武帝时期的仪文失传，直至唐咸亨中西京法海寺英禅师复得仪轨，才使水陆法会得到再兴。

水陆法会的真正盛行始于两宋，宋元明清则皆有不少见于文献记载的著名水陆道场：北宋神宗元丰年间（1078-1085）僧人佛印为贾人在金山寺设立大型水陆道场；南宋高宗绍兴二十一年（1151），韦太后于杭州崇先显孝寺设立水陆道场；南宋孝宗乾道九年（1173），史浩于四明东湖月波山设"四时水陆"，孝宗为此特赐"水陆无碍道场"寺额，而月波山尊教寺僧众，则学习月波山"四时水陆"之法，更请志磐法师撰《水陆新仪》六卷；元仁宗延祐三年（1316），于金山寺设立大型水陆法会于金山寺，参加僧众多达一千五百人；元英宗至治二年（1322），于金山寺再次设立大型水陆大会，规模更盛于从前；明初洪武元年至五年（1368-1372），相继于南京蒋山设水陆法会，参加僧众常过千人。

由此可见，从宋代以后，水陆法会的举行延续了历朝历代，不仅不曾中断过，而且规模越来越大，参加的僧俗两界人数越来越多，也越来越受到官方的重视。可以说，元明清三代中最为盛大的水陆法会，几乎都是由朝廷设立的。

在《释门正统》的记载中，水陆法会最初的仪轨文本始于"阿难遇面然鬼王"的典故，由梁武帝所制，某种角度来说，这相当于水陆法会与瑜

---

[1] （宋）宗鉴集：《释门正统》，载于《卍续藏》第75册，第258页。

伽焰口的思想依据是相同的。此后，北宋绍圣三年（1096），宗赜集前代仪轨删补校定，完成了《水陆仪文》四卷，盛行于一时。[①]南宋志磐法师撰有《水陆新仪》六卷，明代莲池大师袾宏稍作修改，集成了《水陆仪轨》[②]六卷。清代仪润法师对此进行了参照，撰成了《法界圣凡水陆普度大斋胜会仪轨会本》[③]六卷，流传至今，为当今汉地寺院所用的"水陆法会仪轨"通行版本。

2. 水陆法会仪轨内容略述

水陆法会的法事分别在内坛和外坛进行，一般要举办七个昼夜。内坛所行法事可分为十五个部分：启坛结界、发符悬幡、奉请上堂、奉供上堂、告赦、诵《地藏经》上供、奉请下堂、说幽冥戒、礼大忏悔文上供、奉供下堂、上圆满供、烧圆满香、送判宣疏、收疏轨仪、送圣法仪。

而内坛道场作为主要场地，正中要悬挂毗卢遮那佛、释迦牟尼佛、阿弥陀佛水陆画像，像下摆放供桌与供品，两侧分挂上堂、下堂的水陆画像。

外坛则有六个坛场：大坛二十四人，礼拜《梁皇宝忏》；诸经坛七人，讽诵诸经；法华坛七人，专通《法华经》；净土坛七人，称念阿弥陀佛名号；华严坛二人，静阅《华严经》；瑜伽坛于夜间放焰口。

在此，笔者参照清代仪润法师所作《水陆大意纶贯》内容，解读水陆法会的各个环节：

> ……将为启建胜会，先当资其法力，故首之以外坛诵经。道场开启，圣众将临，当须内外净洁，行止有禁，故次之以内坛结界。坛仪既净，于是昭告人天，故次之以发符悬幡。既通诚于三宝诸天，则启请而可翼来格，故次之以奉请上堂。既蒙列圣垂慈摄受，

[①] 参见李小荣：《水陆法会源流略说》，载于《法音》2006年第4期，第43页。
[②] （明）袾宏重订：《法界圣凡水陆胜会修斋仪轨》（宋志磐撰），载于《卍续藏》第74册，第784页。
[③] （清）仪润：《水陆仪轨会本》"凡例"，上海佛学书局，1993年，第12页。

则敬田已植。正为悲悯六道群灵,并须告达司事天神,上体三宝,下释拘系,故次之以奉表告赦。既经赦放,则众苦皆离,胜会可赴,故次告之以召请下堂。既召请已,普皆云集。当授之戒法,以涤其宿愆,净其业识,为受济之基,故次之以说幽冥戒。既受戒已,得其净识,入坛列座,安享法味。故次之以奉供下堂,法味资神,慧性斯发。六道群灵,欢欣交畅。胜会将圆,胜缘难遇,急当趁此出离苦海,永不沉没,故次之以念佛求生净土。

上来法事已竟,诚意已周,作法无失仪之愆,斋主鲜跛倚之过,诸圣欢喜而摄受,群灵普度而无垠,悲敬兼行,自他俱利,其功德诚不可思议也。①

上述文字可见,水陆法会各个法事间的逻辑关系为:外坛所念的种种经典,是为了给法会的殊胜无碍积累法力;在内坛,首先应当清净道场,进行结界,完成第一步"启坛结界"。

道场已准备好,接下来便进行第二步"发符悬幡",昭告人天,礼请并奉送使者。

已经通达自己的诚心,便开始第三步"奉请上堂",至心迎请十方三世一切佛、菩萨、法宝、高僧、仙人、明王、天王、金刚、护法等降临法会现场,为其奉请沐浴、献座、献香、献花,并表白恳祷。

已请来诸佛菩萨众等,即进行第四步"奉供上堂",以香、花、灯、食衣、七珍八宝、法宝等至诚供养十方三宝、天仙圣贤诸众,并在诸佛菩萨面前诵八十八佛忏悔,最后将以上所作的供斋功德进行回向。

至此,斋主已普供养诸佛菩萨,获得供养功德,接下来则要悲悯六道众生,令同得供养法乐。于是行第五步"告赦",奉请、供奉使者,并嘱托使者持赦文,令六道受苦众生皆暂得脱苦,能够来到法会现场,无一不至。

六道众生既然依赦文得来法会,于是行第六步"诵地藏经上供",念诵《地

---

① (清)仪润:《水陆仪轨会本》,上海佛学书局,1993年,第10–12页。

藏菩萨本愿经》、佛菩萨名号等进行上供。

接下来，进行第七步"奉请下堂"，一心召请天人、阿修罗、人、畜生、地狱、饿鬼六道群灵，水陆空一切生命来到法会，并为上述所有六道众生开道路、离怖畏、开咽喉、消释怨结、送浴、治衣、献浴，奉迎六道众生回坛，令其清净六根三业。待其堪为受济之基后，为其奉请三宝前来证明做法。

法会中的六道众生宿业已得清净，则要行第八步"说幽冥戒"，为六道群灵开示，令其行大乘忏悔法，劝其发菩提心，为其说戒，带领其归命顶礼佛法僧三宝，忏悔恶习，即第九步"礼大忏悔文上供"。

紧接着行第十步"奉供下堂"，令其入坛列座，安享法味。

法事即将圆满，于是进行第十一、十二步"上圆满供"与"烧圆满香"，共同念佛求生净土，回向修斋功德。

法会的最后，行第十三、十四、十五步"送判宣疏""收疏轨仪""送圣法仪"，奉请天府、中界、地府、上堂、下堂判官，宣读法会圆满判疏，焚烧文告符牒以送圣。

至此法会圆满。

三、水陆法会与地藏菩萨信仰发展

1. 水陆法会仪文中出现的地藏菩萨及其法门

在清代撰成并流传至今的《法界圣凡水陆普度大斋胜会仪轨会本》中，地藏菩萨名号及法门在内坛法事仪轨中共出现了四次：

第一次，在内坛法事"奉请上堂"的二席，一心奉请"一切尊法"之处：

一心奉请

《大方广佛华严经》《梵网戒经》诸经法宝；

鹿苑会中《佛集本行》《四阿含》等经,诸经法宝;

方等诸会净名《金光明》《地藏十轮》等经,诸经法宝;

大品般若《仁王金刚般若》等经,诸经法宝;

大乘《妙法莲华经》《大般涅槃经》诸经法宝;

……

惟愿不违本誓,哀悯有情,是日今时,降临法会。①

即地藏菩萨经典"地藏十轮经"被作为尊法、经宝,在法会"奉请上堂"部分被祈请。

第二次,仍是内坛法事"奉请上堂"中,在"第三席"的一心奉请"诸菩萨僧"部分:

一心奉请

文殊师利,八万大士,普贤大师,无边菩萨。

观世音,大势至,一生补处,清净海众,诸大菩萨。

药王药上。宝积导师,法华经中。诸大菩萨。

贤首智首等,七处九会,华严经中,诸大菩萨。

善财历参,渐证升进,五十三位善知识,诸大菩萨。

信相金藏,常悲法上,金光明经中,诸大菩萨。

兜率内院,常随补处,无著天亲等,诸大菩萨。

日藏,月藏,虚空藏,金刚藏,地藏等,诸大菩萨。

五时法会,发起证信,助宣佛化,诸大菩萨。

藏通别圆,断证差别。所历地位,诸大菩萨。

惟愿不违本誓。哀悯有情。是日今时,降临法会。②

第三次,在"奉供上堂"的"三席",奉供"诸菩萨僧"处:

---

① (清)仪润:《水陆仪轨会本》,上海佛学书局,1993年,第88页。
② (清)仪润:《水陆仪轨会本》,上海佛学书局,1993年,第92页。

一心奉供，尽虚空，偏法界，十方常住，诸菩萨僧，并诸眷属。
惟愿不违本誓，安住道场，是日今时，受兹供养。

妙德普贤诸法子，辅宣妙法振中天。
观音势至德难量，世仰乐邦称补处。
贤首善财知识众，日藏月藏地藏俦。
圆初住至后心人，皆是法身诸大士。
成道劫长常隐实，度生情切故扬权。
十方菩萨大乘僧，于此一时俱奉供。

第四次，在"告赦法事"之后的"诵地藏经上供法事"中：

两位香灯各讽《地藏经》（《地藏菩萨本愿经》）一部，三卷须一气诵完。

2. 念诵《地藏经》作为水陆法会内坛法事的意义

总结而言，地藏菩萨在水陆法会仪轨出现的四次中，前三次皆出现在奉请和供养诸菩萨与经典的部分，地藏菩萨及"十轮经"是作为重要菩萨与经典代表被迎请的。而第四次则较为特殊，即念诵《地藏菩萨本愿经》成为水陆法会内坛法事的环节之一。

水陆法会"仪文繁重，执事甚伙，物用亦多"，且功德广大，概括而言，水陆法会所要完成的主要是两件事：上供与下施。法事待"奉供上堂"结束后，"上供"佛法僧三宝和获得福田功德的部分已经结束。而告赦法事、念诵地藏菩萨，下堂召请六道众生于诸席临坛，则是"下施"的开始。

在此，有一个问题值得注意：对水陆法会而言，《地藏菩萨本愿经》究竟有何不同意义，为何不像其他经典一样在外坛诵读？

《地藏菩萨本愿经》作为"地藏三经"中出现最晚但流传最广的经典，这部经典讲述的核心是，地藏菩萨救度六道众生尽令解脱，自身方成佛道的本愿精神。而全经三卷则处处讲述着"地藏菩萨累世以来救度六道众生的大愿""释迦牟尼佛付嘱地藏菩萨于未来世救度六道众生""地藏菩萨宣说的六道众生如何得度的种种法门"的内容。

救度六道众生,是地藏菩萨本愿的核心,同时也恰恰是水陆法会下堂的主旨。因此,笔者认为安排"诵《地藏经》上供"在法会的上下堂之间,就有了三层意义:一者,用经典祈请地藏菩萨及其法门的神通力,以更好地圆满对六道众生的召请与救度;二者,以念诵《地藏菩萨本愿经》的功德力,昭示法会将依奉地藏菩萨救度六道众生的"发愿"来贯彻整个下堂的召请、奉供;三者,以《地藏菩萨本愿经》的内容指导所有与会众生,如何得脱或者不复堕恶道,并脱离六道,毕竟成佛。

因此,"诵《地藏经》上供"在水陆法会中不仅承上启下,还总领了整个"下堂",意义重大。

3. 由水陆法会仪轨探寻清代地藏菩萨信仰的发展

在宋元明清时期极为兴盛的水陆法会,其内容对地藏菩萨法门的重视程度,必然令地藏菩萨信仰伴随水陆法会一起深入社会各阶层,得到更广阔的弘扬。然而,水陆法会仪轨中是否一直这样重视地藏菩萨及其法门呢?

实际上,在南宋志磐法师撰写、明代莲池大师袾宏重订的《法界圣凡水陆胜会修斋仪轨》中,一次也没有出现过地藏菩萨的名号。这意味着直至清代,地藏菩萨及其法门才第一次被加入水陆法会的仪轨之中。

而在《水陆大意纶贯》一文中,清代仪润法师也提到了为何在重订水陆仪轨的时候加入了地藏菩萨法门:

> 地藏菩萨,乃冥阳普度之誓愿最深重者。原本不请,以地藏十轮等经,梁代尚未来震旦,故以今论之,似为缺典,故兹于第二席,增入地藏十轮已经,第三席,增入地藏菩萨……或亦古师所许也。①

---

① (清)仪润:《水陆仪轨会本》,上海佛学书局,1993年,第14页。

意即，水陆法会仪轨创始之时，地藏菩萨相关经典还没能译出传入中土，而此后宋代、明代的仪轨皆依前代，改动不大，出于此，仪润法师将地藏菩萨的名号等加入了仪轨中。

这段话中"地藏菩萨，乃冥阳普度之誓愿最深重者"的认知，其实又一次回应了上文中为何安排"念诵《地藏经》"的讨论。而"故以今论之，似为缺典"则侧面反映出直至清代，地藏菩萨及其经典的发展已然十分兴盛，这实际上也是水陆法会仪轨中加入地藏菩萨的重要原因。

究其根本，清代水陆仪轨中不仅增加了前代仪轨中不曾有过的地藏菩萨法门，而且将《地藏菩萨本愿经》定为水陆法会承上启下、总领下堂的核心环节，这体现出地藏菩萨信仰在明清时期已经非常深入人心。

而在历代水陆法会仪轨之中，地藏菩萨从"无"到"有"，再到"深受重视"，并在清代发展成为仪轨的关键环节之一，对地藏菩萨及其法门、信仰的弘扬都有着极大影响。在明清时期地藏菩萨相关经典译出基本停止的情况下，水陆法会对地藏菩萨"六道救度"本愿的弘扬却流传甚广，不断发展，成为这一时期地藏菩萨信仰最主要的构成。

结语：明清追荐救赎法事与地藏菩萨信仰的发展与法门的转变

瑜伽焰口与水陆法会是明清最具代表性的追荐救赎法事，二者有着颇为相似的发展历程，如仪轨文本都始于"阿难遇面然鬼王"的典故，都在唐末趋于湮没，也都在明清时期逐步丰富仪文，得到发展并流传至今。而就地藏菩萨信仰而言，瑜伽焰口与水陆法会在最初的仪文中并未提到地藏菩萨，却都在明清时期将地藏菩萨名号加入仪轨中，又都将地藏菩萨法门定为仪轨中意义特殊的核心环节。这背后所反映的是，地藏菩萨信仰在明清时期产生的变革与发展。

简要梳理地藏菩萨信仰的发展，公元 4 世纪末，如今可知的第一部出现地藏菩萨名号的汉译佛典《佛说罗摩伽经》传入中土，地藏菩萨法门中的经典、仪轨与文献系统由此开始建立。经过隋至初唐，"地藏三经"中《占察善恶业报经》《大乘大集地藏十轮经》的译出，使地藏菩萨信仰逐渐趋于成熟。而在晚唐五代时期，地藏菩萨信仰经历了历史性转变。这一时期，《地藏菩萨本愿经》《十王经》《佛说地藏菩萨经》、灵验记《道明和尚还魂记》广泛流传，它们的共同特点在于大量涉及地藏菩萨对地狱道众生的救度，而魏晋南北朝至初唐译出的地藏菩萨相关经典，如《金刚三昧经》《大方等大集经·须弥藏分》《大乘大集地藏十轮经》中，地藏菩萨最主要的功德特征是六道救度。地狱是六道中的一道，地狱救苦实际是六道救苦的细化与局部强调。因此晚唐五代之时地藏菩萨地狱救苦经典文献的集中出现，及其在信众中形成的持久影响力，标志着地藏菩萨的功德特征从普度六道的大菩萨转为了地狱救苦的幽冥教主。

地藏菩萨信仰在明清时期也产生了巨大变革。首先，明末清初时期，唐代新罗僧人释地藏开始被公认为地藏菩萨的应化，而其卓锡的九华山则正式成为地藏菩萨的道场。道场与信仰之间的关系，是相互作用相互影响的，一方面，信仰发展的兴盛构成了道场形成的需求，另一方面，道场的发展也会巩固信仰的流传。

因此，释地藏与地藏菩萨的对应，是明清时期地藏菩萨信仰发展的核心之一。也因此，明清时期，释地藏法师与九华山的修行传统进一步融入地藏菩萨法门之中。由于释地藏被信众等同为地藏菩萨，因此历史中一位僧人的修行进而改变了整个地藏菩萨信仰的发展，这是佛教中国化最明确的体现了。[1]

除此之外，地藏菩萨诸多经典中的"地藏三经"在明清时期也被重点细读与弘扬，在明清僧人的努力之下，地藏菩萨的法门与思想被整理出更为简洁清晰的仪文，这推动了地藏菩萨信仰的普及。具体而言，明代智旭

---

[1] 参见李曼瑞：《地藏菩萨信仰与法门研究》"总论 地藏菩萨信仰的形成与发展"，宗教文化出版社，2021年，第316—318页。

法师撰写了《占察善恶业报经玄义》与《占察善恶业报经疏》，清代秦溪青莲大师定文，门人岳玄所排的《地藏本愿经科》与清代灵耀法师所撰的《地藏本愿经纶贯》《地藏本愿经科注》都是对经典的解读，明智旭法师所撰的《占察善恶业报经行法》《赞礼地藏菩萨忏愿仪》与清代流行的《慈悲地藏菩萨忏法》则是依据经典内容形成的忏法仪轨。

在这样的背景下，瑜伽焰口与水陆法会在明清时期增加地藏菩萨名号，并将其法门定为仪轨的核心环节，一方面体现了明清时期地藏菩萨信仰达到了前所未有的影响力，另一方面，继承了唐末五代后地藏菩萨从"六道救苦"到强调"地狱救苦"的功德特征转变，使隋唐以来地藏菩萨信仰的发展成果都被确定了下来。

佛教在明清两代的发展变革历程中，从"出世"转向"入世"，高度体现出"中国化"的特征；在佛学思想、佛典刊印、佛教艺术方面，对前代佛教发展的成果进行了融合总结，广泛吸收了民间信仰与其他宗教的内容，从而形成特点更明晰、涵盖性更广的佛教系统。在此背景下，地藏菩萨成为中国四大菩萨之一，地藏菩萨法门进入了中国佛教信仰影响力更为广泛的追荐救赎法事仪轨中，唐代新罗僧人释地藏卓锡过的九华山在此时期成为地藏菩萨道场。在中国，从第一部提到地藏菩萨的经典《佛说罗摩伽经》译出至今的一千七百年间，地藏菩萨信仰广泛发展，深入人心，并逐渐形成了功德宏阔、修法丰富的地藏菩萨法门。

地藏宝卷与明清时期地藏信仰的民俗化[*]

徐慧茗[①]

内容提要：地藏宝卷是研究明清地藏信仰的重要文献。其中与地藏信仰相关的内容主要体现在地藏与目连的合流、地藏菩萨幽冥教主地位的巩固，以及对地藏菩萨的本生故事、地藏应化道场九华山以与地狱诸王的塑造上。地藏宝卷是佛教中国化、地藏民俗化的重要载体，明清时期以其喜闻乐道的形式呈现娱乐化、生活化、伦理化趋势。研究地藏相关宝卷，对于进一步认识明清九华山地藏道场的兴盛、地藏信仰的纵深化发展以及地藏精神的当代影响具有十分重要的意义。

关键词：地藏宝卷；幽冥教主；地藏王；金地藏；九华山

宝卷是一种在宗教和民间信仰活动中，按照一定的仪轨演唱的说唱文本。演唱宝卷称"宣卷"。[②] 宝卷的渊源可以追溯到唐代佛教的俗讲（记录这种俗讲的文字名叫"变文"，其图称为"变相"[③]）。宝卷直接脱胎

---

[*] 本文为国家社科基金项目"清代南部县宗教与乡土社会"（项目编号：18BZS076）阶段性成果；江西省高校人文社科项目"基于社群文化的南昌西山万寿宫庙会研究"（项目编号：SH20102）阶段性成果。

[①] 徐慧茗，南昌交通学院副教授，西北大学佛教研究所2017级博士。

[②] 车锡伦：《中国宝卷研究》，广西师范大学出版社，2009年，第1页。

[③] 所谓变文，就是变佛教经文为通俗的说唱文，它是在南北朝以来咏经（"转读"）、歌赞（"梵呗"）和唱导等宣传佛经的方式之基础上形成的一种说唱体文学作品。变文的形式以散文和韵文的结合为最常见，大部分有说有唱，说的部分用散文，唱的部分用韵文，这在中国是一种崭新的文体。一般认为，变文和"俗讲"有密切的关系，有的认为变文最初就是作为俗讲的脚本而出现的。所谓俗讲，就是通俗地讲唱佛经；也有认为向俗人讲经为俗讲。季羡林、汤一介主编，洪修平等著：《中华佛教史·隋唐佛教史卷》，山西教育出版社，2013年，第443页。

于宋元时期佛教的忏法、科仪，盛行于明清。经郑振铎、李世瑜、车锡伦等学者的钩沉，将宝卷的发展分为早期的佛教经卷、民间教派经卷，再到民间宝卷三个阶段。20世纪末开始，对宝卷的研究呈现出多元化态势，尤其在宝卷地域性研究方面，成果显著。① 车锡伦结合郑正铎、泽天瑞穗等学者的分类标准，按照宝卷的发展过程，将宝卷分为宗教（亦称教派）宝卷和民间宝卷两大类。其中教派宝卷用来演释宗教经典、宣讲教义；民间宝卷又分为非文学类宝卷和文学类宝卷。前者用于祝祷仪式和劝世文，后者多属文学故事，其中有些是前期的宗教宝卷。② 与地藏相关的宝卷大致分为两大类：第一类为民间教派宝卷，包括西大乘教经卷《泰山东岳十王宝卷》③《地藏王菩萨执掌幽冥宝卷》（以下简称《幽冥宝卷》。）④，黄天道教派经卷《地藏十王宝卷》⑤，以及受罗祖"五部六册"影响的《幽冥宝传》⑥《目连救母三世宝卷》《十王卷》《地藏科仪》和《地狱科仪》⑦等；第二类为民间文学故事类宝卷，主要指三个版本的《地藏宝卷》⑧。民间宝卷中与地藏信仰相关的如幽冥教主地藏王的民间溯源、地藏与目连

---

① 宝卷地域性研究成果包括：陆永峰、车锡伦著：《吴方言地区宝卷研究》，社会科学文献出版社，2012年；尤红主编：《中国靖江宝卷》（上、下两册），江苏文艺出版社，2007年；徐永成主编：《金张掖民间宝卷》（三册），甘肃文化出版社，2007年；梁一波主编：《中国·河阳宝卷》（上、下两册），上海文艺出版社，2007年；段平主编：《河西宝卷选》，兰州大学出版社，1988年；李志鸿著：《闽浙赣宝卷与仪式研究》，社会科学文献出版社，2021年。

② 车锡伦：《中国宝卷研究》，第5页。

③ 濮文起主编：《民间宝卷》第10册，载周燮藩编《中国宗教历史文献集成（五）》，黄山书社，2005年，第643-661页。

④ 濮文起主编：《民间宝卷》第10册，第501-595页。

⑤ 濮文起主编：《民间宝卷》第7册，第27-28页。

⑥ （燕南）胡思真印，（青阳山人）冠五氏校：《幽冥宝传》，光绪二十四年（1898）重刻本。

⑦ 濮文起主编：《民间宝卷》第11册，依次为第133-172、1-9、65-71、72-84页。

⑧ 其一，《地藏宝卷甲种一卷》，《民间宝卷》第10册，第597-628页，清刻本，以下称"光绪《地藏宝卷》"；其二《地藏宝卷乙种一卷》，载濮文起编《民间宝卷》第10册，第629-642页，旧抄本，内容与靖江《地藏宝卷》基本一致，以下称"靖江《地藏宝卷》"；其三，河阳《地藏宝卷》，港口庄泾村胡正兴抄本，中共张家港市委宣传部、张家港市文学艺术界联合会、张家港市文化广播电视管理局编：《中国·河阳宝卷集》（上册），上海文化出版社，2007年10月。以下称"河阳《地藏宝卷》"。

的关系、地藏菩萨本生故事与地藏道场九华山在民间故事中的叙述等缺少系统性研究。通过梳理明清地藏宝卷，了解地藏信仰在明清的民间化路径。随着明清九华山的地藏道场的定型，民间宝卷的推波助澜，使得九华山佛教名山的地位得以进一步稳固。

一、地藏宝卷与地藏幽冥教主的确立

地藏菩萨是在末法之无佛时代为释迦世尊的"补位佛"或"代理佛"，曾在佛祖跟前立下"地狱未空、誓不成佛"的宏大誓愿。8世纪中叶以后，地藏菩萨逐渐演变成为地狱中的救渡者。唐末宋初，随着十王信仰在民间的广泛流行，到10世纪初，地藏信仰与十王信仰合流，并形成冥府地藏十王系统。明末清初以来，地藏菩萨在民间以"幽冥教主地藏王"而著称。

（一）《地藏十王宝卷》与地狱的宣教者

《地藏十王宝卷》全称《弥勒佛说地藏十王宝卷》，清光绪三十年（1904），余杭三官殿朱福荣刻本，两卷，无分品。据其序言成书于1630年，属黄天道教派经卷。其基本教义为：依靠正确的修行和信仰，虔诚的人能够获救，远离地狱。该文本称地藏菩萨为"地狱的宣教者"。[1] 文本中简明扼要地谈到了末世的种种灾难，如："有朝一日灾星到，三灾八难时间。刀兵瘟疫一齐发，还是真言是假言。死尸满地无计数，白骨如山实可怜。"[2] 文本列举了八种类型的灾难，包括被魔王杀害、被狼狐追寻以及被邪恶的精灵吃掉等，"这等八难一齐到，一切众生受苦辛"。[3] 该宝卷以"弥勒佛说地藏十王宝卷"为题，但是文本中只一次提到地藏菩萨。南北朝时佛教期末法思想兴盛，在早期的地藏经典《占察善恶业报经》及《大方广十轮经》

---

[1] 王见川、林万传主编：《明清民间宗教经卷文献（五）》第7册，新文丰出版公司，1999年，第86页。

[2] 王见川、林万传主编：《明清民间宗教经卷文献（五）》第7册，第30页。

[3] 王见川、林万传主编：《明清民间宗教经卷文献（五）》第7册，第31页。

中，地藏菩萨被认为是末法时代的救赎者，故到了唐代民众对地藏的信仰也越发普遍，并影响了唐代三阶教的发展。随着地藏信仰与净土思想、十王信仰等的融合，地藏的形象和职能也随之发生了改变。《地藏十王宝卷》中地藏在地狱中仍只是"宣教者"的角色，而该宝卷流行的时间估计为明崇祯三年（1630）前后，可见地藏菩萨执掌幽冥的说法在明万历朝（1573-1620）还未形成定论。而宝卷中沿袭的地藏末法救赎职能不仅存在，而且得到了加强。根据马西沙、韩秉方的研究，黄天教又名黄天道，或曰皇天道，属于典型的三佛三世应劫说，有着深远的历史渊源，既包含了佛教的三世说，也有道教初创时代谶纬思想的印记。[1] 早期的经典和造像，地藏菩萨的出现解除了人们对死后世界的恐惧和忧虑。宝卷以"地藏十王宝卷"为名，突出地藏为地狱的宣教者，为其执掌幽冥奠定了基础。

（二）《泰山东岳十王宝卷》与地藏幽冥教主的确立

《泰山东岳十王宝卷》，明代西大乘教悟空编，现存最早刊本为明崇祯九年（1636）红字牌党三家经铺重刊本。笔者选用版本为民国辛酉年（1921）刻本[2]。其内容为衲子悟空游历地狱，目睹善人和恶人在地狱中所受的不同待遇。该宝卷多次提及地藏菩萨，这里的地藏菩萨是一位女性神祇（地藏母），她"坐中宫巍巍不动，有十王两边排怒怒冲冲"。[3] 从中可以看出地藏菩萨执掌幽冥的教主地位的确立最迟不晚于《十王宝卷》流行的康熙年间（1662-1722年）。宝卷中描述了地藏菩萨位居中宫，宛如人间帝王的情形：

大众高人听我劝，为甚留下十王卷。
七月十五大涅槃，清风送出娘身面。

---

[1] 马西沙、韩秉方著：《中国民间宗教史》，中国社会科学出版社，2004年，第308-309页。
[2] 《十王宝卷》，宏文斋刻字铺，民国辛丑年（1901）刻本。简称辛丑《十王宝卷》，下同。
[3] 辛丑《十王宝卷》第22分，第40页上。

> 手搭凉棚往下观，一十八狱都看过。
> 地藏菩萨掌幽冥，瑶池紫府浑金殿。
> 千叶宝莲座菩萨，十帝阎君两边站。
> 各整朝服朝地藏，善恶文簿往上观。
> 见罢文武朝天齐，珊瑚玛瑙琉璃殿，
> 天齐开言问十王，各人回宫治公案。①

《十王宝卷》并没有深入描述地狱各宫殿众鬼魂遭受折磨的情形。十王、地狱的名目及细节较其他地狱类宝卷略简，但从文本中已反映出地藏菩萨幽冥教主地位已确立。宝卷强调的并不是因果报应和惩罚，而是给虔诚者以信心，让他们知道可以彻底逃离地狱，或者至少能够很快安然无恙地升入天堂。在第十五分，虔诚者被告知，"我是太上亲弟子，道号老君头一名。阳间参拜地藏母，十王面前说人情。竟往云城去赴会，天盤里面封合同。后会弥勒佛掌教，天下为头只俺能"②。在第十六分，"见亲娘答查对号，坐莲台永不临凡"③。

《十王宝卷》在民间流行极广，究其原因，有以下几个方面：一是宝卷内容中公然以布施钱粮的多少，作为赎罪种善的标准。文中有衲子见一金城，男女脚踏莲花，自在纵横，便问道："尔在世作何功德，者（这）等逍遥？"一老者答曰："我在世间同居一处，同作功德，万善奉行。仗祖护国保明寺大力，众善人等聚少成多，一年两季进供钱粮，仗祖大力，申文答表，答天谢地，我今功完果满，竟赴莲池大会"④；其二《十王宝卷》给人以现实救助的承诺。宝卷结尾，作者告诉人们，如能虔诚地宣念此经卷并念佛持斋，则"求灾灾灭，求福福生，求寿保寿，求子得子。父母亡故，

---

① 辛丑《十王宝卷》第11分，第21页上。
② 辛丑《十王宝卷》第11分，第28页上。
③ 辛丑《十王宝卷》第11分，第29页上。
④ 辛丑《十王宝卷》第3分，第8-9页。

宣十王宝卷，虔诚顶礼，感动幽冥，亡者出离地狱，经往西方"。①平民百姓最关心的"生老病死穷"，都可以从入教进香得到解决；其三，在民间荐亡法会仪式上，从灵堂布置挂地藏王菩萨画像，挂"十王图"到"拜十王"仪式上的依图唱《十王宝卷》，《十王宝卷》是不可缺少的道具之一。②尽管《十王宝卷》不是专门宣扬地藏信仰的经卷，但是该文本与地藏菩萨信仰相关的内容随着宝卷的流行而得到传播，客观上加速了地藏信仰在全国的传播。

（三）从《幽冥宝卷》看民间目连与地藏的合流

《幽冥宝卷》全称为《地藏王菩萨执掌幽冥宝卷》，清康熙十八年（1679）刻本，上、下两卷，共二十四品，亦为明西大乘教经卷。③卷首有6幅版画，以及罗祖"五部六册"通用的龙牌印章，文曰："佛日增辉、法轮常转、皇图永固、帝道遐昌。"④卷末有发愿词"祝赞答谢龙天，风调雨顺，国泰民安，太子千秋，圣寿万万年"⑤和十报恩辞⑥。《幽冥宝卷》从标题、内容到形式，可以算作是一部民间完整的地藏宝卷。根据车锡伦的研究，该宝卷当是16世纪后期的宝卷，与《十王宝卷》同为万历年间的产物。⑦故事开篇目连被佛祖封为"地藏王"，赐报恩经，执掌幽冥。目连因地狱救母打开酆都城放出八万四千生灵，失漏了天机，惹得天佛怪罪。佛祖让目连去收尽这八万四千罪鬼，再同赴灵山大会。从内容上宝卷紧承目连救母的佛经典故，再演绎目连被封地藏王执掌幽冥的故事。宝卷最后回到灵山大会，还六个人本位：

---

① 辛丑《十王宝卷》第24分，第43-44页。
② 陆永峰、车锡伦著：《吴方言地区宝卷研究》，社会科学文献出版社，2012年，第170页。
③ 车锡伦著：《中国宝卷研究》，第310页。
④ 濮文起编：《民间宝卷》第10册，第502页上。
⑤ 濮文起编：《民间宝卷》第10册，第591页上。
⑥ 濮文起编：《民间宝卷》第10册，第592页下。
⑦ 车锡伦著：《中国宝卷研究》，第496页。

>　　头一位定州城修福母成氏原是无尽意菩萨，修福原是天王第四尊下界，富贵原是给孤长者下生，妻白氏原是美连菩萨临凡，戴文原是五百阿罗汉第一尊下界，妻叶氏原是二十四诸天末尊菩萨。这众位诸神奉我佛忏悔，各自着位，各掌事情，万万年永不临凡。相伴我佛，意不虚说，真是实也。①

从宝卷形式上看，《幽冥宝卷》承袭了早期佛教宝卷的散韵交错的基本形式，但受罗祖"五部六册"影响颇大。除了上文提到的卷首龙牌印章标记外，韵文不再以五言、七言为主，而是开始攒十字句，或七言诗，演成散叙后整体的一段。二十四品后均有小曲，文中共出现小曲曲牌名26个，民间宗教家将这类句式传送的流行曲调吸进到宝卷中来演唱，以起到悦人耳目的功效，增强了宝卷的宣讲效果。②

目连被封为地藏王在民间宝卷《幽冥宝传》也有体现。《幽冥宝传》全称《目连救母幽冥宝传》，现存最早的版本为清光绪七年（1881）刊本，本文采用的是光绪二十四年（1898）的重刻本。燕南胡思真印，青阳山人冠五氏校。卷首扉页有地藏菩萨画像，该画像与光绪辛丑（1901）版本的《地藏宝卷》扉页地藏菩萨画像一致，左闵公，右道明，头顶有幡旗上书"幽冥教主地藏王菩萨"。卷首有"序"和光绪七年王作砺作"重刊序"。该卷本属于目连故事类的民间宝卷，内容与《目连救母三世宝卷》基本相同，前半部花大量的篇幅铺陈目连的祖父傅天斗、父亲傅崇行善积福，再到目连出家、地狱救母。卷末有目连受封"地藏王"的文字：

>　　我佛如来开语敕封曰：目连功过圆满九玄，七祖俱受敕封。傅相封为福德全新仙，张有达封为金刚大帝，伊俐封为金童仙子，目连封为幽冥教主镇守幽冥，刘氏青提封为狮子吼佛，每逢

---

① 濮文起编：《民间宝卷》第10册，第580页下。
② 车锡伦著：《中国宝卷研究》，第162-163页。

朔望大吼三声。十王前来朝贺幽冥教主，弟子目连你为母游冥打破铁卫城放走八百万恶鬼，命你分性下凡投胎，脱化黄巢，收回八百万饿鬼，有功自有封赠。言毕众皆谢恩，各自退班。后黄巢收饿鬼时，错斩一孕妇，论天律该堕地狱一次。念其极孝，超拔青提，以证佛果。故立下七十二愿撤空地狱，才加封幽冥教主地藏王菩萨。①

以上《幽冥宝卷》和《幽冥宝传》两部宝卷中均因目连地狱救母因孝感天地，被封幽冥教主地藏王，执掌幽冥。在中国民间信仰中，地藏菩萨的地位不断被提升，地藏与目连原本没有交集。地藏"地狱未空，誓不成佛"的宏愿与目连"上穷碧落下黄泉"的孝心，使得二者在中国传统孝道文化中有异曲同工之妙。目连与地藏，就其对中国社会思想文化方面发生的作用，可谓是殊途同归。② 目连与地藏，无论是"混淆"还是"合流"，都不可改变一个事实：那就是民间目连救母出离地狱，受封地藏王，执掌幽冥。这样的文学叙述，将影响后世的地藏文学的走向，也为九华山地藏菩萨应化道场增添了更多的宗教神圣性元素。

二、地藏宝卷和明清九华山地藏道场之间的相互影响

相对于《十王宝卷》《地藏十王宝卷》《幽冥宝卷》等教派宝卷，以地藏宝卷来命名的民间宝卷，通常有三个版本。因都称为地藏宝卷，《民间宝卷》中收录了两种不同的版本，分别以"地藏宝卷甲种本"③ 和"地藏宝卷乙种本"④ 来命名。在靖江宝卷中通常称为《地藏卷》⑤，主要讲地

---

① 王见川、林万传主编：《明清民间宗教经卷文献（五）》，新文丰出版公司，1999年，第111–112页。
② 刘祯：《目连与地藏源流关系及文化内涵》，《传统文化与现代化》，1994年第5期。
③ 濮文起主编：《民间宝卷》第10册，第597–628页。
④ 濮文起主编：《民间宝卷》第10册，第629–642页。
⑤ 车锡伦著：《中国宝卷研究》，第406页。

藏菩萨的本生事迹以及地藏菩萨应化地九华山地藏道场的故事。在民间，地藏菩萨信仰已超出佛教范围，民间认为他是地狱之神，执掌幽冥。对地藏菩萨的神格化，除了教派宝卷中目连受封地藏王，民间宝卷中还将地藏菩萨与历史人物新罗金地藏及其应化地安徽九华山联系起来。地藏故事则更多的是源自民间对地藏形象的补充和想象。

（一）《地藏宝卷》故事梗概

光绪《地藏宝卷》与《地藏宝卷甲》内容一致，分上、下两卷，光绪辛丑年（1901）刊印，存于常郡孔影兴处。其扉页上有雕版印画，画面正中是地藏菩萨相，上举幡旗，旗上书"幽冥教主地藏王菩萨"。上卷根据《地藏本愿经》宣讲地藏菩萨四个本生故事（大长者子、婆罗门女、梵王、光目女），重点引出地藏第五个化生故事——暹罗（按：应作"新罗"）国太子金乔觉。[1] 乔觉和尚在九华山修成正果，从此执掌幽冥，被封"幽冥教主"。下卷地藏王菩萨化作疯僧，点化秦桧。见秦桧执迷不悟，地藏将其夫妻捉入地狱受苦。此故事与元代孔文卿编《杂剧·地藏王证东窗事犯》[2] 内容相当。宝卷藉以告诫世间人莫行恶事，并宣扬地藏菩萨的佛法无边。

《地藏宝卷乙》为旧抄本，内容与靖江《地藏宝卷》基本一致。讲述地藏王菩萨和十殿阎王出身的故事。主人公为金藏宝，出生在中国夏代仲康王（哪个夏代不明确）时的一名姓金名阁老的大将家。因金家善行感动佛祖，让陆鸭道人投胎金家，取名金藏宝。藏宝成年后在昆仑山修行三年得道，佛祖封其为"地藏能人"，让他去陀螺山破阵救父，打败贼寇，后佛祖又封金藏宝为"幽冥教主"，去九华山受香火。十个强盗封为"十殿慈王"，十八总兵封十八尊狱官入幽冥，掌十八地狱。[3] 该宝卷想象极为

---

[1] 九华山佛教史编委会编：《金地藏研究》，黄山书社，1993年，第58页。
[2] 孔文卿：《杂剧·地藏王证东窗事犯》，载隋树森编：《元曲选外编》（第2册），中华书局，1959年，第407-410页。
[3] 濮文起主编：《民间宝卷》第10册，第629-642页。

丰富夸张，尽管文学性不是很强，但其将九华山作为冥府的地点，第一次完整地构造了冥府及其神灵的来历。①卷末还交代："万岁天子又带文武百官到九华山烧香了愿，又在京都召集风流才子、自在臣相，将金藏宝陀罗山救父，收伏十个强盗修仙成道，造起《地藏十王忏》来，还有《地藏经》《地藏卷》"。②

河阳《地藏宝卷》③与《三世光目宝卷》④故事大致相当。三世光目女前往九华山修行，得闵员外偏衫之地，建造宝殿，修成正果。"两世男身一世女，七月三十正生辰。虔心修道成正果，敕封幽冥地藏尊。"宝卷旨在劝告世人："奉请世间男和女，持斋念佛报亲恩。纸钱锭帛来烧化，羹饭一碗祭亡魂。或是念经并拜忏，真僧真道度亡魂。若是不戒荤和酒，诵经拜忏枉费神。若是做得冥阳会，超度亡灵出苦轮。"⑤

（二）地藏宝卷扩大了明清九华山地藏道场的影响

以上三个版本的地藏宝卷中，地藏菩萨既与地藏经典中的光目女有关，也与九华山唐代开山僧人金地藏有关。宋赞宁根据唐人费冠卿《九华山化城寺记》的记载，唐开元末，"时有金地藏，落发，涉海，舍舟而徒，睹兹山与云端，自千里而劲进"。⑥金地藏后卓锡九华，居岩洞，食白土，苦行修道，广度信徒。贞元十年（794），金地藏圆寂，跏趺石函，三年后，肢体软，骨节有声，颜貌如生，众僧视之为地藏菩萨灵迹示现，因其俗姓金，故尊为"金地藏"。⑦九华山也从此辟为地藏菩萨道场，香火渐有绵延。在

---

① 陆永峰、车锡伦著：《吴方言地区宝卷研究》，第268页。
② 夏林梁编：《中国靖江宝卷》，江苏文艺出版社，2007年，第491页。
③ 港口庄泾村胡正兴抄本。中共张家港市委宣传部、张家港市文学艺术界联合会、张家港市文化广播电视管理局编：《中国·河阳宝卷集（上册）》，上海文化出版社，2007年。
④ 濮文起主编：《民间宝卷》第14册，第170-190页。
⑤ 港口庄泾村胡正兴抄本。
⑥ （唐）费冠卿：《九华山化成寺记》，载（唐）董浩等编：《全唐文》卷694，中华书局，1983年，第7129页。
⑦ （宋）释赞宁编著、范祥雍点校：（宋）《高僧传》卷20，中华书局，1987年，第515-516页。

《地藏宝卷甲》中，金乔觉在九华山修行的事迹，感动护法神祇，连鲁班也下凡帮忙建造宝殿，乔觉和尚最终修成正果。正如宝卷中所言：

> 造起宝殿接青云，法身端坐在中心肉身不坏千年古，七层塔内藏安身。地藏菩萨本姓金，七月三十午时生。名为乔觉金太子，二十二岁离双亲。弃国削发皈依佛，二十四岁度众生。深山旷野来办道，茅棚招接众修行。化得闵公袈裟地，无数天神造天庭。坐定七十有五岁，九十九岁涅槃身。四面九龙朝地藏，人间天下广传名。肉体端坐长不坏，指甲生来盘绕身。成就金刚体藏塔，上头宝殿罩中心。前面礓磜八十一，步步云梯得超生。两边栏杆大铁索，开阔一丈有余零。十殿阎君来参拜，护法神祇守寺门。传说是人逢诞日，吃斋念佛贺生辰。各县诸州有人敬，万古流传天下闻。①

该卷中金乔觉的故事源于费冠卿《化城寺记》，民间的版本更加生动、丰满，重要的是乔觉和尚被神格化，乃至狻猊（即地藏神话中的坐骑谛听）、闵员外父子均被神化，丰富了地藏菩萨的形象和民间地藏信仰的内容。明清时期，随着地藏本生故事不断得到丰满，地藏不仅是佛经中地狱的救赎者、地狱的最高统帅，还是人间的孝子，"疯僧"的善巧方便、"能仁"的智勇双全等，都是人们根据自己的想象勾画出来的活生生的人物形象。地藏宝卷中还有一个突出的地域文化现象，那就是将地藏道场九华山与"阴山"进行对照，九华山—圣山—香火道场；阴山—阴间—人间地狱。靖江《地藏宝卷》作如是描述：

> 地藏抬头一看，九华仙山前有九龙八卦，后有丹凤朝阳，仙鹤对对，仙鹿成群，有四时不谢之花，有八节长春之草，此山乃真山活水，不如在此登山显圣。

---

① 濮文起编：《民间宝卷》第10册，第606页。

（诗赞）九华仙山来显圣，托兆万岁早知闻。

造起四进廊房屋，地藏能仁受香烟。

再说十殿慈王来到阴山召集三千阴兵，造起十八重地狱。如何造法？兄弟相商：拿陀罗山摆的十绝阵，改为十座地狱秦广王造刀山剑树地狱；初江王造油锅镬汤地狱；宋帝王造阴风寒冰地狱；伍官王造拔舌抽筋地狱；阎罗王造奈河血湖地狱；汴成王造变畜地狱；泰山王造碓磨地狱；平等王造锯解地狱；都市王造火坑铜柱地狱；转轮王造黑暗地狱。又造起鬼门关、孟婆庄、恶狗村、秤称亭、滑油山、望乡台……①

美国学者威廉·鲍威尔在20世纪90年代《地藏菩萨的九华佛国》中曾这样写道："九华山香被客视为地藏阴间衙门的假想，是缺乏文字资料的详细论证的，因此仍然是推测之说。"② 如果鲍氏读到了上述的地藏宝卷，就不会为此而质疑了。九华山之巅有"非人间"的摩崖石刻，站在"非人间"，可以一睹"十王峰"魑魅魍魉，令人望而生畏。九华山成为地藏道场的形成不是一蹴而就，民间地藏宝卷的推波助澜，使得九华山成为江、浙、皖一带的信众趋之若鹜的香火道场。特别是每年七月三十日的地藏圣诞日，"山上以地藏王香火灵异得名，远近烧香者日牵连如蚁而上。每队不下数十人，无冬无春。肩摩不绝于道。至于八月初一佛诞大会。动辄数万人，鸣锣鼓喊佛声震耳天地"。③ 明清时期，在苏、浙、皖地区，每逢七月十五盂兰盆节放河灯，七月三十日地藏诞日，民间要做（地藏）会，讲《地藏经》。如《幽冥宝卷》详细地记录了七月三十日地藏圣诞和七月十五放河灯的江南民俗。在"地藏圣诞品第十六"中写道："到七月，三十日，老母圣寿。

---

① 夏林梁：《中国靖江宝卷》，第490–491页。
② 见九华山佛教史编委会编：《金地藏研究》，黄山书社，1993年，第169页。
③ （明）蔡立身：《九华山供应议》，载（清）华椿，廖光珩主修，周赟总纂：（光绪）《青阳县志》卷十二《艺文志》，清光绪十七年（1891）刊本。

攒金银，扎库楼，乡赛神灵。"①在"无尽意菩萨品第十八"中描述了七月十五放河灯的盛况："人有善愿天地从，七月十五放河灯。一镇之人都请到，收拾上舡放河灯。"②此外，九华山麓及周边地区举办丧事的风俗——"唱孝歌"和"唱十殿"为亡人"开祭""破狱"（女性），"打地藏七"等，都要请和尚做法事超度，敲锣打鼓吹唢呐，在堂屋里挂起十殿阎王的彩像。通过宣卷，地藏菩萨多样的本生事迹，与中传统文化中的冥府信仰、孝道精神及末法思想相融合，并与人们日常生活中的婚丧嫁娶融为一体。

三、地藏宝卷的地狱震慑功能及意义

"宝卷是中国民间秘密宗教的专用经典……宝卷又是流传在中国下层社会的一种通俗文学。"③教派宝卷为了宣教其教化功能不言而喻。从早期的佛教宝卷，再到教派宝卷和民间宝卷，基于佛教信仰的伦理色彩一直存在。佛教的因果报应思想，在中国民间影响巨大，成为中国传统道德伦理思想的重要补充。④相对于一般宝卷的基本功能，诸如宗教教化、劝善、现实救助等，地藏类宝卷最主要的功能还在于凸显地狱震慑作用。

道光十九年（1839）刊行的黄育楩《续刻破邪详辩》中写道："邪经言地狱，不过地藏菩萨、十殿阎王，以及刀山剑树、碓捣磨研，止为戏班常演之事。"⑤从黄氏的此番言语中，至少给出两大信息：一是地藏与地狱密不可分；二是地狱是戏班常演之事。几乎所有与地藏相关的宝卷都涉及地狱的内容。如《十王宝卷》中描述：

正坐十地阎君，七十五司，贤愚不等。幽冥地府，尽不知道。

---

① 濮文起主编：《民间宝卷》第10册，第565页。
② 濮文起主编：《民间宝卷》第10册，第572页上。
③ 濮文起：《宝卷学发凡》，《天津社会科学》，1992年第2期。
④ 魏承思著：《中国佛教文化论稿》，上海人民出版社，2015年，第73页。
⑤ （清）黄育楩：《破邪详辩》，载许曾重编，何龄修标点：《清史资料（第三辑）》，中国社会科学院历史研究所清史研究室编，1982年，第88页。

衲子上前劝动问："阳间善恶，幽冥怎得知道？"狱王答曰："玉龙王报于土地，土地报于城隍，城隍报于天齐，天齐申于幽冥地府地藏菩萨。这菩萨批于十王。"……

　　有五阎王夜镜照得分明，平等王有天平称人善恶。善多恶少转来高迁，恶多善少转来六根不足。纯善无恶转在天宫，光恶无善阁在四生。六道是宝是宝。千叶宝莲坐地藏，十帝阎王在两旁。①

以上内容可以看出，地狱十殿阎王分工明确，由上而下，各行其责，完成对人间善恶的有效监查。② 在《幽冥宝传》中，目连寻遍地狱十殿，不见其母。佛祖为目连救母心切所感，乃赐锡杖、红珠，目连母子最终相会。卷中详细描述各殿鬼魂因世间罪业而在地狱遭受相应的刑罚，活脱脱是现实世界的翻版。卷中也指出了脱离地狱的唯一途径——行善修道。卷中写道，因戴文原为地藏菩萨受封前地狱救母放出的一冤魂，菩萨欲带他游地狱一遭，看善恶分明以传阳世。对生前忤逆不孝者作如是描述：

　　入了禅定仔细看，都是瞅公骂婆人。
　　瞅公骂婆刀剜眼，忤逆不孝锯解身。
　　挺僧谤道四生转，妄谈佛法折子孙。
　　劝化大地男共女，斗秤行事要公平。
　　人心举意行公道，不怕十帝老阎君。③

宝卷用地狱之苦警醒世人，普通人只需通过持斋念佛，行善施财；修道之人参禅修行，苦下功夫，便可免遭地狱之苦。凡地狱受到的诸般惩罚是因为在阳间所犯下的诸多罪孽，关于这一点最为详尽的描述还要属《地

---

① 辛丑《十王宝卷》第22分，第39-40页。
② 夏林梁编：《中国靖江宝卷》，第274页。
③ 濮文起主编：《民间宝卷》第10册，第550页下。

藏十王宝卷》。该文本的内容围绕着弥勒前往地狱这一事件展开，其中列出了二十一处（而不是十八处）地狱即各自的惩罚方式。每到一个宫殿，弥勒佛都会问（童子）："此处是何地方？"童子会告诉他该宫殿的编号、统治者的名字，并列举在人间做了哪些罪过才会在这里受到惩罚。童子回答时详细列举了他们的诸般罪行，以及可能带来解脱的虔诚修行方法。类似的如《地狱宝卷》[①]《目连救母三世宝卷》都使用这一模式。通过主人公地狱之行进行说教，警告世人要相信因果，积善行德，方可出离地狱。

基于地藏菩萨与地狱及娑婆众生的特殊因缘，地藏宝卷有其独特的宗教涵义和文化意义。第一，地藏菩萨在本土化的过程中，因其角色和职能一直在发生改变，地藏信仰也在朝纵深方向拓展。地藏宝卷中目连地狱救母，目连受封地藏王，执掌幽冥。这为民间地藏菩萨幽冥教主的定位提供了民间经典依据。第二，九华山成为地藏菩萨的应化道场，印证了地藏菩萨能现无量身，作无量功德。从此九华山成为人们朝拜的理想的圣地。地藏菩萨的大悲大愿迎合了古往今来的善男信女的信仰心理，使得地藏信仰的影响力连同九华山在有清一朝"香火之盛甲于天下"。[②] 第三，古代中国地狱信仰由来已久，佛教地狱信仰的加入，丰富了地狱信仰的内容。地藏宝卷要强调主题并非因果报应和惩罚，乃是给虔诚者以信心，让他们知道可以彻底逃离地狱，或者至少能够很快安然无恙地升入天堂。地藏菩萨与娑婆众生有殊胜因缘，教派宝卷中地藏代表了民间教主——无生老母对地狱众生的爱护，规范了现实世界的道德行为。有了地藏菩萨，人们对自身的地狱救赎有了依靠和信心，并带进他们的日常生活。今天，地藏的大愿慈悲、地狱救赎、公平公正、无私奉献、善巧方便等品质仍是一笔宝贵的精神财富。

---

① 濮文起编：《民间宝卷》第11册，第34-64页。
② （清）周赟：《化城寺僧寮图记》（光绪）《九华山志》卷一《图记》，光绪庚子（1900）年刻版。

结　语

　　明清地藏宝卷是研究明清时期地藏信仰的民间俗化转变的重要史料。通过以上文本的梳理，可以发现地藏信仰在明清时期发生了几个明显变化。一是地藏菩萨由地狱救赎者转变为执掌幽冥的地藏王；二是目连因地狱救母孝感天地而受封"地藏王"，执掌幽冥。目连"生而为孝子，死而为尊神"[1]，目连与地藏原本殊途而同归。第三，地藏宝卷将地藏菩萨的本生故事加以扩大和丰富，既强化了《地藏本愿经》的原有内容，又加入了新罗金地藏，使得历史人物金地藏进一步神格化；第四，地藏宝卷为地藏道场九华山书写了一个与地狱相关的新领域。正因民间宝卷的推波助澜，使得九华山在清朝康熙年间成为盛极一时的佛教名山，香火甲于天下。地藏菩萨执掌幽冥是地藏信仰研究中的一个关键点，地藏宝卷为其给出了新的注脚，为我们理解明清时期佛教进一步民间化、民俗化提供了新视角，也为探讨江南地区的民间信仰、民俗活动提供了民间文本依据。作为中华宝贵的民俗文化史文献，地藏宝卷和其他的宝卷文献一样，给当代的文化和文艺事业带来更多的启示，如说唱文学、地方戏曲、宗教节庆、生命礼仪等提供文化资源。更重要的是，这些从明清时代遗留下来的民间文化习俗，至今仍在江南乃至全国乡村风行，成为当代农民文化娱乐活动主要内容，客观上丰富了人民群众的精神生活。地藏宣卷至今活跃在江、浙、赣、皖、闽的民众日常生活中，我们要保护好这项珍贵的人类文化遗产，发掘宝卷所蕴藏的伦理传统与灵性资源。[2]

---

[1]　（燕南）胡思真印，（青阳山人）冠五氏校：《幽冥宝传》，光绪二十四（1898）年重刻本，第2页下。

[2]　濮文起：《宝卷研究的历史价值与现代启示》，《中国文化研究》，2000年第4期。

《大乘大集地藏十轮经》的根本罪探究

雒少锋 [1]

内容提要: "根本罪"是佛教中一类较为特殊的罪,其在不同经典中有着不同的所指。《大乘大集地藏十轮经》中的根本罪可以分为两类,一类是近无间根本罪,另一类是根本罪,前者主要涉及在家人,而后者则主要指受具戒之出家人。此外,根本罪之根本的含义主要指向此罪对于善根的障碍,故有根本之意。不过,根本罪对于善根的障碍并不等于断善根,因此,根本罪尚可通过忏悔加以消解。但即便如此,根本罪的消解也不能在此生实现,必将在未来生中才能继续修行达到涅槃。最后,消解根本罪的方式仍然属于较为传统的忏悔方法,其与密教性质的以咒语消解根本罪的方式又有所不同。

关键词:《十轮经》;根本罪;地藏经典

"根本罪"即根本重罪,梵文为 mulāpatti,藏译为"堕之根本",或"根本之堕"[2],英译为"root downfalls"[3]。"根本罪"的汉译名最早出现在东晋佛陀跋陀罗译的《佛说观佛三昧海经》卷2:"若诸比丘比丘尼、

---

[1] 雒少锋,哲学博士,陕西师范大学哲学院教师。
[2] śākyaprabha, Ratharakṣita 译,《圣虚空藏大乘经》,德格版 NO.260,264a4-283b2.
[3] Charles Goodman, ed. *The Training Anthology of Śāntideva: A Translation of the Śikṣā-samuccaya*[M]. Oxford University Press, 2016.p.63.

优婆塞优婆夷，犯四根本罪，不如等罪及五逆罪，除谤方等。"① 这里所说的四众犯四根本罪，指杀、盗、淫、妄四种性罪。而"根本罪"一词在《虚空藏菩萨经》《大萨遮尼乾子所说经》《大乘大集地藏十轮经》三个经典中集中出现，且每个经典中对于根本罪的具体内容各有不同的解释。本来佛教中关于罪的讨论一般都与戒律密切关联②，而在戒律中已经有另外一套判断罪责轻重的术语，根本罪的名称究竟与之有何种关联？其次，如何解释不同经典中对于根本罪的不同解释，根本罪的称谓究竟起源于何处？再次，《大方广十轮经》中的根本罪的特殊性究竟在于何处？这些议题都是本文所要进行探究的。

一、学界有关根本罪的相关论议

根本罪的议题较少被学界所讨论，而在现有的一些讨论中，也主要地集中在藏传佛教戒律的讨论范围内，这是因为藏传佛教的菩萨戒传统一般地被认为有两支，根据萨迦班智达（Sakya Paṇḍita，1182-1251）的说法，藏地的菩萨戒有两大传承，分别是龙树所开的中观派传承和无著开的唯识派传承③，"无著认为有四条根本堕；而龙树则依循《虚空藏经》，认为有五条国王堕犯、五条大臣堕犯、八条民众犯堕以及一条弃舍菩提心的共通堕犯，总共有十九条"。④ 其实，这里龙树所开创的中观派传承就是寂天所传的菩萨戒，因寂天本人是中观派，而追溯中观派源头在龙树，故以

---

① 《佛说观佛三昧海经》卷2，《大正藏》第15册，第655页中。
② 有关佛教中的"罪"成立的标准，空寂从三个角度给出了解读，但主要是基于戒律规范和造作不善业进行界定。具体可参看：释空寂：《论佛教戒律观对"罪"的看法——以"罪"之判定为主的层级研究》，第四届印顺导师思想之理论与实践——"人间佛教·薪火相传"学术研讨会论文，2003年。
③ 学界一般认为，中观派传承以寂天为代表，而唯识派传承以月官为代表。而刘国威认为，"月官本身是不是主张唯识派或瑜伽行派的思想人物，这是值得讨论的。"刘国威：《西藏佛教对印度论师月官（Candragomin）的记载与看法》，《两岸西藏学研讨会》（第3届），2009年。
④ 转引自刘国威：《藏传佛教对菩萨戒传承不同的看法》，《佛教文化与当代世界：庆祝印顺导师百岁崇寿学术论文集》，文津出版社，2005年，第288页。

龙树名之。后来宗喀巴虽然以唯识派的菩萨戒为基础，但仍然吸收了中观派菩萨戒的观念。而中观派的菩萨戒实际上就是基于《虚空藏菩萨经》中根本罪而来。因此，要讨论藏传佛教的菩萨戒，就绕不开根本罪的议题。但是，由于藏传佛教菩萨戒的理论主要与《虚空藏菩萨经》中根本罪关联，因而，也已经有学者专门探究了此经中根本罪的问题，这也为根本罪的探究提供了主要的借鉴资料。①

根据释圆和的研究，《虚空藏菩萨经》的汉译本有四种②，最早为姚秦时代所出，也是比较流行的译本。此经给根本罪有一简要的界定，"云何名为犯根本罪波罗夷耶？若有众生犯斯罪者，善根烧然堕于恶趣离安隐处，永失一切天人之乐。"③简言之，根本罪就是根本重罪，若人做出此类行为将来有堕落恶趣的苦报。经中共给出十八条根本罪：五条国王堕犯、五条大臣堕犯、八条初行住菩萨犯堕。《虚空藏菩萨经》中的十八条根本罪乃是分角色说明，这也是所有经典中根本罪数目最多，包含范围最全的，其他两部经的根本罪都可摄入其中。如元魏菩提流支所译的《大萨遮尼干子所说经》提出的五种根本罪与《虚空藏菩萨经》的国王五种根本罪一致：

王言："大师！何者根本罪？"

答言："大王！有五种罪，名为根本。何等为五？一者、破坏塔寺，焚烧经像，或取佛物、法物、僧物，若教人作、见作助喜，是名第一根本重罪。若谤声闻、辟支佛法及大乘法，毁呰留难、隐蔽覆藏，是名第二根本重罪。若有沙门信心出家，剃除须发，身着染衣，或有持戒，或不持戒，系闭牢狱、枷锁打缚，策役驱使、责诸发调，或脱袈裟逼令还俗，或断其命，是名第三根本重

---

① 圆和：《〈虚空藏菩萨经〉根本罪之研究》，圆光佛学研究所硕士论文，2010年。
② 关于此经译本的状况，可参看圆和：《〈虚空藏菩萨经〉根本罪之研究》，圆光佛学研究所硕士论文，2010年。
③ 《虚空藏菩萨经》，《大正藏》第13册，第651页下。

罪。于五逆中若作一业,是名第四根本重罪。谤无一切善恶业报,长夜常行十不善业,不畏后世,自作教人坚住不舍,是名第五根本重罪。"①

《大萨遮尼乾子所说经》的五根本罪在内容和次序上与《虚空藏菩萨经》几无差别,只是《虚空藏菩萨经》表述得更为系统。借此似可以推知,《虚空藏菩萨经》中关于刹帝力的五罪表述可能来源于此,当然,也可能情况刚好相反。

在玄奘译的《大乘大集地藏十轮经》②(以下简称《十轮经》)中,同样提出了根本罪的说法,但该经的根本罪界定与《佛说观佛三昧海经》的说法基本一致,都以四种性罪作为基本的内容。但是此经也列举了几种可能导向地狱的更严重的罪,"造五无间及近无间四根本罪,并谤正法、疑三宝等,二种罪人亦复如是。若人于此十一罪中,随造一种,身坏命终,无余间隔,定生无间大地狱中,受诸剧苦。"③在《十轮经》中,真正作为根本罪的只有四重禁,但是此中加入五逆、毁坏正法、诽谤贤圣,乃是这三组是比四重禁更严重的罪,其也必然使得犯罪者进入恶趣。并且,在前面两种经典对于根本罪的描述中,很显然,这些更重的罪已经被归入根本罪的范围。基于此,笔者猜测,《十轮经》中的根本罪是比《虚空藏菩萨经》和《大萨遮尼乾子所说经》更早提出根本罪问题的经典。而后来经典中将根本罪的范围扩大,很可能依据的是《虚空藏菩萨经》对于根本罪的界定,即凡是导向恶趣的罪,皆可归入根本罪。既然四种性罪在十一种罪中属于最轻微的罪,那么剩余的罪就都可以属于根本罪。不过,从《大方广十轮经》的解释中还看不出这一推理。因而,我们只能说根本罪确实

---

① 《大萨遮尼乾子所说经》卷4,《大正藏》第9册,第336页中。
② 该经在中国凡有两译,旧译名为《大方广十轮经》,约为北凉时代的译本,译者不详。本文主要依据玄奘所译新本。关于新旧两译本的差别,可参看赖承宗:《〈地藏十轮经〉及其末法现象之探讨》,佛光大学硕士论文,2009年。
③ 《大乘大集地藏十轮经》卷3,《大正藏》第13册,第737页下。

会导向恶趣,但是其他更重的罪虽然也能导向恶趣,却不能被界定为根本罪。既然如此,《十轮经》中的根本罪的得名问题就值得重新考虑。

二、两类根本罪的分别

释圆和已经注意到根本罪的名称问题,他在论文中用了一个小节专门探究根本罪、波罗夷和他胜处之间的关系。首先,圆和注意到《虚空藏菩萨戒经》中的"根本罪"与"波罗夷"经常互用。尽管这种状况在其他译本中并非如此,但这至少说明这一文本的译者倾向于将根本罪与波罗夷作等同理解。其次,波罗夷是声闻乘戒律中的五篇七聚之一,通常指的是杀盗淫妄四种性罪,这也确实与有些大乘经典中根本罪的所指内容一致,但是正如艾哲顿(Edgerton)注意到的那样,大乘经典中的"波罗夷"的用法与声闻乘有所不同,有时超出了四种罪的范围。[1] 再次,"他胜处"一般认为是"波罗夷"的意译,但是为何玄奘在翻译菩萨戒的内容中不采用传统波罗夷的音译,而用他胜处的说法呢?对此,不同的学者有不同的解释,释体韬认为,玄奘采用新译是因为菩萨戒中所犯的重罪皆可以重受,而不像声闻乘的重罪不可重受,因此,为了区分这一差异,故采用了新的译文。[2] 释圆和并不认同这一解释,认为玄奘的译文并无深意,仅仅是采取了一种意译方法而已。[3] "他胜处"确实与"波罗夷"仅是一种翻译方式不同造成的差别,但是玄奘故意采用新的译文应该说是有特定意图所在,只不过,是否玄奘要以新译文展示菩萨戒的可再受还可以再议,但至少有一点是可以肯定的,即他胜处的字面意思更好地展示了菩萨戒的犯戒特征,即"为他(烦恼)所胜"。其实,这一含义与波罗夷的字面意思不完全一致,因

---

[1] Franklin Edgerton, *Buddhist Hybrid Sanskrit Grammar and Dictionary*, Volume 2: Dictionary, Munshiram Manoharlal Publishers Pvt. Ltd. NewDelhi, 2004, p.342.
[2] 释体韬:《六度四摄与〈瑜伽论·戒品〉之关系》,法鼓文化,1997年,第110页。
[3] 圆和:《〈虚空藏菩萨经〉根本罪之研究》,圆光佛学研究所硕士论文,2010年,第40页。

为波罗夷的本意为极为严重的罪，并没有指出其具有被烦恼所胜的意味。不过，玄奘的新译对于中国僧人的影响是巨大的，在唐代的诸多僧人解释波罗夷的时候，都认定"波罗夷"的本意为他（魔或烦恼）所胜。[1]很显然，玄奘采用新译文确实别有用意，意在突出菩萨戒中重罪的特质。这一采用新词汇的策略反而对我们理解根本罪给了启示，即如果根本罪本身就指的是四种波罗夷罪，那么为何不直接使用波罗夷，而用根本罪这一新称谓？很显然，这些论及根本罪的经典有某种特定的意图。圆和也注意到这一问题，给出的解释是，波罗夷本身是对于受戒者所犯重罪的称谓，而本经中的根本罪则指向受戒和未受戒两种人，因此，不能单纯以波罗夷指称，而改用了根本罪来称谓。不过，这一解释很难解释《虚空藏菩萨戒》另一个译本中根本罪和波罗夷互用的情况，圆和仍然认为："'波罗夷'通常用在已受戒者，犯其所受持的重戒而言犯'波罗夷'，但本经并未论及受戒与否，故以'根本罪'名之，又为令他人知'根本罪'的严重，所以又用'波罗夷'来显示。"[2]这一解释可能是合理的。但笔者认为，译者之所以互用这两个名称，就是为了帮助中国读者理解根本罪这一新名称的本意，说明其就是声闻乘中的波罗夷罪。既然如此，根本罪就不是针对未受戒者所说，而是对一切受戒者所说。

事实上，在佛教的语境中，"罪"这个语词本身就与戒相关，犯戒被称为罪，如果不是基于戒，而只是一般的行恶，比如杀生，那么只能被称为恶业，而不能称为有罪。因而，根本罪确定无疑地指向受戒者。而在佛教中，有出家戒和在家戒两大类，即便在《虚空藏菩萨戒经》中涉及国王

---

[1] 《四分律开宗记》卷5："波罗夷者，名堕不如处。如二人共鬪，一胜一。比丘受戒。欲出生死。与四魔共鬪。若犯此戒，则堕负处，名堕不如。十诵亦然。彼文是罪极恶深重。作是罪者，即堕不如，不名比丘非沙门等，或名他胜处。以犯戒故。魔必得胜。"（《卍续藏》第42册，第441页下。）《一切经音义》卷47："波罗阇已迦（梵语，此云'他胜'谓破戒烦恼为他胜于善法也。旧云'波罗夷'义，此言'无余'。若以犯此戒，永弃清众，故曰无余也）。"（《大正藏》第54册，第620页下。）

[2] 圆和：《〈虚空藏菩萨经〉根本罪之研究》，圆光佛学研究所硕士论文，2010年，第41页。

和大乘等所犯的根本罪，国王和大臣也不应该看作是未受戒者，而应该是受了在家戒者，否则，这些根本罪就不能被称为菩萨戒了。因而，圆和的基本思路是合理，即根本罪是为了涵摄受戒者和未受戒者，但此处的未受戒者不应该理解为没有受任何佛教戒，而是指没有受佛教的具足戒。不过，《十轮经》的情况与此又有所不同，该经中的根本罪似乎特指犯了出家戒。比如，经中有这样两条说法：

> 何等名为是根本罪亦无间罪？谓我法中，先已出家受具戒者，故思杀他已到究竟见谛人等，如是名为是根本罪亦无间罪。
>
> 何等名为是根本罪非无间罪？谓我法中，先已出家受具戒者，故思杀害他异生人，下至方便与人毒药堕其胎藏，如是名为是根本罪非无间罪。①

在这两条描述中，都特别强调了先已出家受具戒，可知根本罪是专就出家人而言。不过，笔者也注意到某种不一致的说法，"若人于此四近无间大罪恶业根本罪中，随犯一种，不合出家及受具戒。若令出家，或受具戒，师便得罪，彼应驱摈令出我法。"② 按照这一说法，似乎暗示着没有出家以及没有受具戒的人也会犯根本罪，如此才会说这些犯了根本罪的人不应该让其出家和受具戒。如果按照这一方式理解此处的含义，那么就与以上的论述完全对立。如果要调和经中前后叙述的不一致，那么就只能将后一种说法理解为，先前出家受具戒的人已经犯了根本罪被摈出僧团，此人日后将不能再被允许出家和受具戒。但是这一解释很可能是错误的，因为在两种非根本罪的叙述中，也说了相同的断言。

> 何等名为是无间罪非根本罪？谓若有人，或受三归，或受五戒，或受十戒，于五无间随造一种，如是名为是无间罪非根本罪。

---

① 《大乘大集地藏十轮经》卷3，《大正藏》第13册，第737页中。
② 《大乘大集地藏十轮经》卷3，《大正藏》第13册，第737页中。

如是之人，不合出家及受具戒。若令出家或受具戒，师便得罪，彼应驱摈令出我法。何等名为非根本罪亦非无间罪？谓若有人，或受三归，或受五戒，于佛、法、僧而生疑心，或归外道以为师导，或执种种若少若多吉凶之相祠祭鬼神；若复有人，于诸如来所说正法，或声闻乘相应正法，或独觉乘相应正法，或是大乘相应正法，诽谤遮止自不信受，令他厌背，障碍他人读诵、书写，下至留难一颂正法，如是名为非根本罪亦非无间，而生极重大罪恶业，近无间罪。如是之人，若未忏悔除灭如是大罪恶业，不合出家及受具戒。若令出家或受具戒，师便得罪，彼应驱摈令出我法；若已出家或受具戒，犯如是罪若不忏悔，此于我法毗奈耶中，应速驱摈。①

这两种犯非根本罪的人是"或受三归，或受五戒，或受十戒"此处的受五戒者属于优婆塞和优婆夷，而受十戒则代指的沙弥，他们都是非出家人或未受具戒者，正是基于此，作者才说如此之人如果做了虽然不是根本罪的事情，但其本身是恶事，故不能出家和受具戒。既然如此，那么经中两种不同的说法就很难调和。不过，笔者注意到，在《十轮经》中，根本罪和近无间根本罪被区分对待，根本罪确实指向出家众中受具足戒者，而且此处的根本罪特指的是"于性罪中，或有根本无依行法"②，此处的无依是为了与有依的状态相互区分，后者会引发一种价值的变更，即一种虽然犯戒但是实质上是行善的状况。而且，出家人犯了此四根本罪的后果也不是令其不能再次出家，而是"若有苾刍，于此四种根本罪中，随犯一种，于诸苾刍所作事业令受折伏，一切给施四方僧物，皆悉不听于中受用"③。而近无间根本罪则属于极重大罪恶业无依行法，这种罪比前者更为严重，"譬

---

① 《大乘大集地藏十轮经》卷3，《大正藏》第13册，第737页中。
② 《大乘大集地藏十轮经》卷3，《大正藏》第13册，第737页下。
③ 《大乘大集地藏十轮经》卷3，《大正藏》第13册，第737页下。

如铁抟、铅锡抟等，掷置空中，终无暂住，必速堕地。"① 故造作此罪的人死后刹那间入恶趣。但是近无间根本罪之所以称为根本罪是因为其确实属于四性罪，只不过其恶劣程度接近无间罪。这四种近无间根本罪是：

> 一者、起不善心杀害独觉，是杀生命大罪恶业根本之罪。二者、淫阿罗汉苾刍尼僧，是欲邪行大罪恶业根本之罪。三者、侵损所施三宝财物，是不与取大罪恶业根本之罪。四者、倒见破坏和合僧众，是虚诳语大罪恶业根本之罪。②

这四种情形确实在四种性罪中属于极端严重的行为，可谓达到了四种性罪的极点。而这四种罪并不局限于出家人之中，甚至从其后的描述来说，其更多地指向那些没有出家和受具戒的人，所以才会说"若人于此四近无间大罪恶业根本罪中，随犯一种，不合出家及受具戒"。而根据前文对"不合出家及受具戒"这句话的相关语境的考察，这句所指的人群正是"或受三归，或受五戒，或受十戒"的人。

其实，从逻辑上推理，如果罪与戒相关，那么此处提及犯近无间根本罪者不能出家和受具戒，能够同时满足犯戒和没有出家的人只有优婆塞和优婆夷，以及沙弥，而不是其他没有受三归五戒的普通民众或外道。因此，近无间根本罪可谓是指那些非出家受具戒者所犯的极大的四性罪。如此就能与受具戒的出家人所犯的四性罪相区分。换言之，在《十轮经》中区分了两种根本罪，一种专指出家受具戒者所犯的四性罪，另一种则是在家人或未受具戒所犯的更为严重的四性罪。也即是说，根本罪确实包含了出家众和在家众所犯的四性罪，如此就与《佛说观佛三昧海经》卷2中"若诸比丘比丘尼、优婆塞优婆夷，犯四根本罪"的说法完全一致。甚至《虚空藏菩萨经》中的各类根本罪也可依此解释，所有的罪都基于在家和出家两

---

① 《大乘大集地藏十轮经》卷3，《大正藏》第13册，第737页下。
② 《大乘大集地藏十轮经》卷3，《大正藏》第13册，第737页上－中。

种戒范围内,而不会有未受佛教戒律者的情况。当然,《十轮经》的四根本罪实际上还指向声闻乘,而没有将菩萨戒纳入其中,这就与《虚空藏经》的根本罪的定位有所不同。后者是将根本罪定位为菩萨的罪。

不论如何,基于以上的分析,我们可以说,既然根本罪不单纯指犯了声闻出家众的波罗夷罪,也指犯了在家众的四种性罪,那么为了对在家和出家人的杀盗淫妄四种性罪有一个统一的称谓,就必须改换一个名称,于是有了根本罪的名称。之所以如此改换名称,乃是对于在家人的罪中,并没有波罗夷的说法。不过,仍然可以追问的是,即便在家戒中没有波罗夷的说法,但是为何选用根本罪的名称,根本一词的确切含义为何?这仍然值得进一步考虑。

三、"根本"一词的意涵

本文开端就提及了《虚空藏菩萨经》对根本罪的界定,"云何名为犯根本罪波罗夷耶?若有众生犯斯罪者,善根烧然,堕于恶趣离安隐处,永失一切天人之乐。"这一解释与《十轮经》的解释几乎一致,"何故说名为根本罪?谓若有人犯此四法,身坏命终堕诸恶趣,是诸恶趣根本罪故,是故说名为根本罪。"[1] 由此可知,根本罪就是导致死后堕入恶趣的那些罪行。不过,《十轮经》的逻辑是,根本罪会导向恶趣,但并不意味着导向恶趣的行为就被认定为根本罪。《虚空藏菩萨经》很可能使用了后一种逻辑,凡是导入恶趣的罪皆属于根本罪,因此就可以包含无间罪等更重的罪。因而,不能以导入恶趣来确定一个罪是不是根本罪。而且,根本罪在《十轮经》中也不属于最为严重的罪业,既然如此,何以以"根本"称谓?根据《虚空藏菩萨经》中根本罪的定义也可以看出端倪,即此罪能燃烧善根,而所谓善根的本意就是生长善法之根本,此罪能燃烧善根,那么就具有障碍善根生长的作用。按照这一解释,根本罪似乎就可以理解为,一种障碍

---

[1] 《大乘大集地藏十轮经》卷3,《大正藏》第13册,第737页下。

善法生起的基础或原因，此基础如同树木生长之根。因而，根本罪就可以被直白地理解为障碍善法根本之罪。事实上，《十轮经》中对此也有详细的解释：

> 若能护持如是性罪四根本法，当知则为建立一切有漏、无漏善法胜因。是故，护持如是四法，名为一切善法根本。如依大地，一切药谷、卉木、丛林、皆得生长；如是依止极善护持四根本戒，一切善法皆得生长。如依大地，一切诸山，小轮围山、大轮围山、妙高山王，皆得安住；如是依止极善护持四根本戒，诸声闻乘及独觉乘、无上大乘，皆得安住。①

这段解释很好地说明了根本罪的成立原因以及根本罪的反面根本戒的意义。从这段解释还可以对我们以上的推论做进一步的推进，即根本罪不仅用于含括在家和出家人的共戒内容，还在于含括三乘的共戒内容。因此，根本罪也可以看作障碍三乘乃至在家和出家修行的根本。

尽管这里解释了四性罪具有障碍善法根的作用，但是其如何起作用并无解释。此经认为，犯根本罪者无法再继续进行修行，等于此生完全断绝了可以继续通向解脱之善的可能性，故根本罪被认为具有障碍善根的作用。"是故，真实求涅槃者，宁舍身命，终不毁犯如是四法。"② 原因在于如下之状况。

> 诸有情类，要由三因得涅槃乐：一者、依止如来为因；二者、依我圣教为因；三者、依我弟子为因。诸有情类依此三因，精勤修行，得涅槃乐。若人毁犯如是四法，我非彼师，彼非弟子。若人毁犯如是四法，则为违越我所宣说甚深广大、无常、苦、空、无我相应利益安乐，一切有情别解脱教。若越如是别解脱教，则

---

① 《大乘大集地藏十轮经》卷3，《大正藏》第13册，第738页中。
② 《大乘大集地藏十轮经》卷3，《大正藏》第13册，第738页上。

于一切静虑、等持，皆成盲冥，不能趣入，为诸烦恼、恶业缠缚，于三乘法亦为非器，当堕恶趣受诸重苦。①

就此观之，根本罪障碍善法有两种方式，第一种是犯根本罪则不能成为佛教徒，如此无法接受涅槃之法。第二种是基于修行的次第来说，佛教认为修行需要经过戒定慧的次第，而四性罪属于戒的范围，如果不能持守戒，其后的定和慧也无法实现，如此则终究不能达到涅槃。第一种是从一种外在的形式上来说根本罪障碍善，第二种则是从一种内在的修行经验上说明根本罪障碍善。

虽然根本罪可以理解为对善根的障碍，但这并不构成断善根的状况，如果断善根则成为一阐提，正如《大涅槃经》中说："一阐提者，断灭一切诸善根，本心不攀缘一切善法，乃至不生一念之善。"② 而引发断善根的是邪见，其力大于违背性戒的力量。正因为如此，经中认为，犯根本罪还可以救赎。

若有补特伽罗，加行坏、意乐不坏，随遇一种无依行因，犯根本罪，便深怖惧惭愧弃舍，而不数数作诸恶行。如来为益彼故，说有污道沙门。所以者何？彼作如是重恶业已，即便发露不敢覆藏，惭愧忏悔。彼由如是惭愧忏悔，罪得除灭，永断相续，不复更作。虽于一切沙门法事皆应摈出，一切沙门所有资具不听受用，而由彼人于三乘中成法器故，如来慈悲，或为彼说声闻乘法，或为彼说缘觉乘法，或为彼说无上乘法。彼有是处，转于第二、第三生中，发正愿力，遇善友力，一切所作诸恶业障，皆悉消灭。或有证得声闻乘果，或有证得缘觉乘果而般涅槃，或有悟入广大甚深无上乘理。如是戒坏、见不坏者，应知亦尔。③

---

① 《大乘大集地藏十轮经》卷3，《大正藏》第13册，第738页上。
② 《大般涅槃经》卷5，《大正藏》第12册，第393页中。
③ 《大乘大集地藏十轮经》卷5，《大正藏》第13册，第749页上－中。

虽然犯四根本罪者有继续成就正法的机会，但是需要两个条件：第一个是此生必须对自己所犯罪进行忏悔，并保证不再做；第二，如来为其说三乘法之一，且来生得遇到善友，能够引导其消除恶业障。前者属于内自清净的力量，后者属于外部法缘，二者皆不可缺，但是前者优先于后者，若无前者，后者外缘力不能起作用。而能够达到这两个条件的前提是，犯根本罪时的意乐不坏，也就是说，动机上没有恶意，只是行为本身导致了罪，由此才能够引发一种惭愧舍弃的可能。如果犯罪者完全无惭愧，那么就很难引发忏悔。经中特别将这类僧人称为无惭僧，

> 云何名无惭愧僧？谓若有情为活命故，归依我法而求出家。得出家已，于所受持别解脱戒，一切毁犯，无惭、无愧，不见、不畏后世苦果。内怀腐败，如秽蜗螺，贝音狗行，常好虚言曾无一实；悭贪、嫉妒、愚痴、憍慢，离三胜业，贪着利养恭敬名誉；耽湎六尘，好乐淫泆，爱欲色、声、香、味、触、境；如是一切补特伽罗无惭僧摄，毁谤正法，是名无惭愧僧。①

此类僧实只是为了自己活命和满足贪欲，对于佛教的基本教义没有敬畏和信心，因此，敢于胡作非为。在这类僧人中，又分有不同的层次。有一类对于佛法僧仍然持有尊重，犯罪后迅速忏悔，如此则后来多生仍然可以走向涅槃。这一类很可能是作为犯根本罪的一类僧人。而有一类无惭愧僧是基于邪见而造恶，"有无惭僧毁破禁戒，不成三乘贤圣法器，既自坚执诸恶邪见，亦能令他执恶邪见。"② 如此则被认为是断善根者。

> 如是破戒恶行苾刍非法器者，种种诳惑真善法器诸有情等，令执恶见。彼由颠倒诸恶见故，破坏真善刹帝力王，乃至真善戍达罗等，若男、若女，所有净信、戒、闻、舍、慧。转刹帝力成

---

① 《大乘大集地藏十轮经》卷5，《大正藏》第13册，第749页下–第750页上。
② 《大乘大集地藏十轮经》卷5，《大正藏》第13册，第750页上。

旃荼罗，乃至茂舍、戍达罗等成旃荼罗。此非法器破戒苾刍并刹帝力旃荼罗等师及弟子，俱断善根，乃至当堕无间地狱。①

这一类无惭愧僧所犯的不是根本罪，而是更大的罪。就此来说，并不是只要僧人犯了四性罪就被认定为犯了根本罪。判断是不是根本罪的一个重要标志是犯罪者的动机是什么，如果动机是基于邪见而发起的行动，那么就不能被判为根本罪，而是更重之罪。

四、《十轮经》中灭除根本罪的特征

前文已经指出，《十轮经》中的根本罪被区分为两类，一类是近无间根本罪，另一类则是出家众的根本罪，这两类的区分不仅在于前者所造的罪业接近五逆的程度，更在于这是针对非出家或非受具戒者的罪，而后者则是针对出家受具戒者的罪。虽然根本罪属于四种性罪，其是成就三乘的基础，但是在《十轮经》中，根本罪特别地被限定在声闻的别解脱戒四波罗夷之中。这一点与其他经典，特别是《虚空藏经》中关于根本罪的论述有着极大的差别。《虚空藏经》中的根本罪不仅数量上多于《十轮经》，更重要的是，该经将根本罪归于菩萨戒之中，而声闻乘的四性戒只是作为菩萨根本罪的一个类别。甚至在声闻根本罪中，除了四性戒之外，还包含了出佛身血这一逆罪。正如释圆和所指出的那样，出佛身血在后来的语境中，逐渐演化为诽谤正法，因为"若起恶心，出佛身血，坏佛生身。若破坏僧，坏佛法身，一切如来应正等觉，敬重法身，不重生身"。② 诽谤正法就具有了与伤害佛相类似的情况。就此来说，似乎《虚空藏经》中的根本罪是吸收了《十轮经》中的这一论断，又旁加了其他经典中关于根本罪的论述。

《十轮经》对于犯根本罪比丘的处置方式与其他经典略有不同，此经

---

① 《大乘大集地藏十轮经》卷5，《大正藏》第13册，第750页下－第751页上。
② 《阿毗达磨大毗婆沙论》卷116，《大正藏》第27册，第602页上。

特别注重维持比丘的基本尊严和僧团的自决权利，"尔时，僧中有能悔愧持戒苾刍，为护戒故，不应瞋骂破戒苾刍，但应告白国王、大臣，或恐凌逼而不告白，应舍本居，别往余处"①。本经坚决反对任何僧团外部力量参与僧团治理，如果有僧人犯四根本罪被摈出僧团，也应该保护其不受白衣的攻击。此外，有僧人犯四根本罪，在没有彰显出罪相前，也不能进行任何的谴责，"应权舍置"，直到比丘已经显示了罪相才能按照僧团的要求，将其摈出僧团。

在消除根本罪方面，《十轮经》采取了一种佛教中比较常规的方式，即惭愧忏悔。不过，根据其他经典的解释，此处的忏悔很可能并不是僧团中羯磨忏悔那样简单，很可能采取了一种比较复杂的仪式。正如《佛说观佛三昧海经》所说：

> 若诸比丘比丘尼、优婆塞优婆夷，犯四根本罪，不如等罪及五逆罪，除谤方等，如是众人若欲忏悔，昼夜六时身心不懈。譬如人在深草中行，四面火起，猛风吹来欲烧其身，此人作念："若火烧我，未死之间支节解散，我当云何得灭此火？若不设命必不济，谁有智者多诸方便能救我命？设命全济于彼人所无所悋惜？"作是思惟已，如太山崩，五体投地号泣雨泪，合掌向佛，赞叹如来种种德行。作是赞已，诵忏悔法，系念在前，念佛眉间白毫相光，一日至七日，前四种罪可得轻微，三七日时罪相渐灭，七七日后，然后羯磨，事在他经。②

根据这段经文的解释，忏悔最终也要经僧团羯磨的过程，但是在此之前必须进行观佛的修法，如此罪业才能被消解，最后的羯磨仪式不过是履行既定的仪式而已。笔者认为，之所以大乘经典中在羯磨之前增加忏悔仪式，

---

① 《大乘大集地藏十轮经》卷3，《大正藏》第13册，第739页中。
② 《佛说观佛三昧海经》卷2，《大正藏》第15册，第655页中。

很可能是戒律中的羯磨仪式在流传过程中逐渐成为一种形式，不具有真实忏悔的效用。因而，必须增加一些修法令忏悔者达到真诚悔过的目的。

  此外，其他经典中，特别是与密宗相关的经典中，消解根本罪的方式主要借助于咒语，比如《佛说十八臂陀罗尼经》："我有十八臂大陀罗尼，若有众生得此陀罗尼常持诵者，是人所作根本罪业皆悉除灭，复能积集无量功德。"[①]《十一面神咒心经》："我此神咒有大威力，若诵一遍即能除灭四根本罪及五无间，令无有余。"[②] 这些咒语较之观佛忏悔要更为简单和容易操作，同时也直接绕过了羯磨这一形式。就此来看，《十轮经》中的根本罪的消解方式还坚持了正统的方式。

---

  ① 《佛说十八臂陀罗尼经》，《大正藏》第20册，第507页上。
  ② 《十一面神咒心经》，《大正藏》第20册，第152页下。

《占察善恶业报经》之哲学浅析

张允升 ①

内容提要：地藏三经之一的《占察善恶业报经》，以其独特的木轮占察法门，历代争议颇多。但若不以占察法门的特殊性为重点，而以东方哲学理论来分析整部经典，可以发现地藏菩萨在上卷的木轮占察忏法，是以宇宙论为进路的工夫理论，旨在为更深层次的修行做好准备；下卷所讲解的一实境界，是以本体论为进路的工夫理论，旨在最终证悟成就佛果。所以，以工夫论角度来分析，此经是一部适合末法时代众生自我修学的、逻辑严密、次第清晰的修行指南。

关键词：地藏菩萨；占察善恶业报经；工夫论

《占察善恶业报经》自隋唐时期译出后，以其特殊的形式、真伪的讨论，历来都是"地藏三经"中争议较多的一部著作，甚至还一度在隋开皇年间曾被下"诸如此者不须流行"②的敕令而禁止流通，但在武周天册万岁元年（695）还是认可本经为"正经"而加以流行。③而且多位高僧推崇此经，如明代蕅益智旭法师对本经称赞为："此《占察善恶业报经》，乃指迷归

---

① 张允升，中国社会科学院大学哲学院2020级博士研究生。
② （隋）费长房：《历代三宝记》，《大正藏》第49册，第106页下。
③ （唐）智昇：《开元释教录》，《大正藏》第55册，第551页上。

悟之要津也。"① 近代弘一法师也对此经的法门非常认可，还亲自制作占察轮。② 所以虽然本经相对于《本愿经》的流传不广，但是对本经的研究是很有必要的。

一、东方哲学工夫论

中国哲学与西方哲学有一大不同点，即"中国哲学是实践型哲学，不是思辨型哲学"。③ 虽然佛教起源于印度，与中国本土哲学相似，皆为实践型哲学理论，但佛教本就是注重修行实践的宗教，所以，在其教理体系中，明确如何实践的工夫论是不可回避的一环，而《占察善恶业报经》，从总体上来看，就是以工夫论为主体的一部针对具体修行的指导性经典。

首先，工夫论的建立，是在宇宙论与价值意识的本体论的基础下建立的，所以工夫论的实践，也有宇宙论与本体论的两种实践方式。宇宙论，除探讨时空的起源、此在与他在世界的关系等宏大的内容外，对各类存有的形式、内涵、特点的讨论也皆在其范围之内，如佛教中六道轮回、业报思想、四生十类等诸多方面即是宇宙论的内容。而在不同的宇宙论的指导之下，必然会出现不同的修行、修炼或修养的实践方式，即不同的工夫论。如传统道家即"特别对人体有关的一些概念，如形、神、精、气、血等，研究得颇有深度"。④ 随即衍生出吐纳、炼丹等谋求此身体长生乃至飞升的诸多工夫理论，即宇宙论进路下的工夫论，其做工夫是为谋求在宇宙论的理论之下，得到究竟的、超越的结果。而佛教的工夫论自然也要在佛教宇宙论的指导下来进行，《占察善恶业报经》中"占察—忏悔"法门，即是属于建立在业报思想的宇宙论下的工夫理论，具有非常强的实践性。

---

① （明）智旭：《占察善恶业报经玄义》，《卍新纂续藏经》，东京：株式会社国书刊行会，1975-1989年，第406页中。
② 梦参法师：《占察善恶业报经新讲》，佛陀教育基金会，1993年版，第22页。
③ 蒙培元：《中国哲学主体思维》，人民出版社，1993年版，第7页。
④ 胡孚琛：《魏晋神仙道教》，人民出版社，1989年版，第256页。

而在价值意识的本体论的层面上，也需要有其对应的工夫理论。价值意识的本体论，即此思想流派所追求的最高理想，如佛教中的空、真如等。对于此思想体系的信众来说，这最高理想首先是客观存在的真理，其次是需要通过自身努力去认识、了知乃至证悟的真理，那么如何去证悟这一真理，就需要对应的工夫理论提供修行的方法，反过来，本体论也为修行者提供了其修行实践的理论支撑。《占察善恶业报经》下卷的"一实境界"与"唯心识、真如实"二观法，即是如此的本体论与工夫论的关系。而无论哪一种类别的工夫论，都会有一个目的，即作做此工夫所要达到的目标，以及工夫圆满之后的状态，就是境界论的内容。宇宙论/本体论—工夫论—境界论需要全面阐述，否则直谈工夫，不谈宇宙论或本体论，工夫论会有悬空、没有理论背景的问题；若不谈境界论，会有只作工夫而没有方向与结果的问题，只有三者都叙述清楚，才是一套完整的工夫实践理论。

二、"占察—忏悔"法门

（一）占察法

《占察经》中最为与众不同的地方，即是其上卷中所详细阐述的占察法——即是用占察轮来进行问卜。地藏菩萨在宣说之前，详细地讲说了传出此法门的目的，而总结来说，即坚净信菩萨最初问佛时的目的：

> 我今为此未来恶世，像法向尽及末法中，有微少善根者，请问如来。……愿兴方便而晓喻之。令离疑网，除诸障碍，信得增长。随于何乘，速获不退。[1]

因末法时众生无法如理修行的根本原因在于对正法心生疑虑不能坚信，那么如何最有效地增强众生对正法的信心就非常重要。地藏菩萨所给出的

---

[1] 菩提灯译：《占察善恶业报经》，《大正藏》第17册，第901页下–902页上。

解决方法是用木料如理地刻出三种十九个木轮，三种木轮分别用来占卜善恶业、业报的强弱与三世受报的情况，并同时给出了三种不同的木轮所使用的方法。第一种十枚木轮，上分别刻十善与十不善，用来占问自身善恶业的情况；第二种三枚木轮，上分别刻身口意和红黑的粗细条纹，用以占问对应业报的善恶程度；第三种六枚木轮，上刻从一至十八的数字，搭配经中所给出的 189 种结果，来占问具体问题的答案。使用者通过这三种木轮的搭配使用，就可以知道从善恶业的深浅程度到此世间各类问题的答案，甚至他在世界的问题也可以占问，如 161 至 171 的 10 个答案，对应的问题是过去世在哪一道以及过去世的身份，而 172 至 189 的 18 个答案，对应的是未来世会生往何方。

从形式上看，占察轮的作用与世俗上的各类占卜颇为类似，也确有一些研究是将占察法与世间占卜进行对比，但实际上二者应属完全不同的事物。首先，世间占卜大多侧重的是起问的方式与起卦后解卦、解盘的方法，其主要是对解卦者水平的要求较高，对占问者通常不做特殊要求，若是对于占问者有要求，也大多是以起问时对问题专注为主，如六爻、四柱、大六壬等皆是如此。其虽不特地强调没有神灵，但也通常不会有明确的神灵作为启问崇礼的对象，基本不强调某位神明在占卜过程中的作用，甚至在《卜筮正宗》一书中，作者王洪绪对《增删卜易》中提出的一种依靠神明断卦的方式提出了严厉的批评，称其为"侮圣人之易，迷后世之途。"[①] 可见断卦占卜，并不依靠外在的力量。但是地藏菩萨所传的占察法门，显然很强调地藏菩萨等佛菩萨的作用，在起问前要明确地向经中所列出的诸佛菩萨，尤其是地藏菩萨进行皈依、礼敬。而且重点不在于如何对轮相做出解释，所有的解释都在经中明确说明，甚至几乎不存在任何的模糊空间，问题与答案是否能够对应上，从语言的逻辑上就能得到非常清晰的释读，所以重点就在于是否与菩萨相应。蕅益大师对"占察"这个名字进行解读的时候，

---

① （清）王洪绪：《卜筮正宗》，中医古籍出版社 2012 年，第 75 页。

也是以这两个角度进行了释读:"至诚掷视。名之为占。审谛观其相应与否。名之为察"[①] 即在问前要对菩萨至诚,掷后要检查是否与菩萨相应,这与世间占卜还是有很大差别的。

从目的上来看,对世间占卜来说,占卜获得结果本身就是目的,获得对于所问问题的吉凶、事态的细节、发展,这本身就已经达成了占卜者的目的。而占察法门所要达到的目的显然不是仅仅知道自身的善恶业情况或者某事的结果,这仅是占察法门的起点,占察出自身的善恶业报与轻重情况,是为了修习忏悔法门并以此作为忏悔是否清净的标准;而占察世间问题的结果,是菩萨所开的方便法门,以增强末法众生的信心。所以可以看出,占察法是地藏菩萨为末法时代没有神通能力又信心不足的众生,开出的一条不通过神通就可以获得自身善恶业情况,以及世间问题的方便法门,目的是增进后人的信心并最终落实到修行上,所以无论是形式还是目的,占察法其实都不仅是一个占卜的方法。

(二)忏悔法

当通过占察法获知了自身的善恶业情况后,若是恶业重,就要进行有针对性的忏悔,而且忏悔还应在修学其他法门之前,如地藏菩萨有言:

> 善男子!若未来世诸众生等,欲求度脱生老病死,始学发心修习禅定、无相智慧者,应当先观宿世所作恶业多少及以轻重。若恶业多厚者,不得即学禅定、智慧,应当先修忏悔之法。[②]

因为如果不能够忏悔清净的话,那么就算是修学其他的法门,也会多有障碍,没办法获得成就,所以此处就对应了坚净信菩萨问世尊时,希望为末法时代众生"除诸障碍"的愿望,并继而宣说了忏悔的方法与最终得清净的轮相与各种好相,以作诸恶业已忏悔清净的证明。具体内容经中菩

[①] (明)智旭:《占察善恶业报经玄义》,《卍新续藏》,第406页中。
[②] 菩提灯译:《占察善恶业报经》,《大正藏》第17册,第903页下。

萨所说非常清晰，此处不再引出。

从上述的"占察—忏悔"的方法与关系来看，《占察经》上卷所讲的内容显然是上文所说工夫论的第一条进路，即宇宙论下的工夫理论。其宇宙论的背景为佛教的业报理论，因为往昔过去世所作的行为会产生对应的善业或恶业，而且这些业会对此世的修行造成影响，所以要先除去恶业。有了这样的宇宙论背景，自然就要生发出如何知道善恶业的情况以及如何消除恶业的两个工夫论层面上的问题，地藏菩萨也就给出了木轮占察与忏悔恶业的两个作工夫的方法。这是菩萨慈悲心，引导没有能力、没有信心的众生，也能够如理如法，有针对性地修行的一种方便法门。地藏菩萨完整地宣说了如何占察自身业障情况、继而如何忏悔，最后获得恶业清净的工夫次第，而最后宣说的忏悔清净后的清净轮相与种种好相，即各种好梦或是瑞相，已经是境界论的内容，虽然这一境界还远达不到证果、解脱的圣境，但也为接下来下卷从本体论上做工夫的修行做好了身体上的准备。在这一过程中，修行者只要根据经文的引导，那么如何起修，过程如何，结果如何都不会有疑问，宇宙论—工夫论—境界论的阐述非常完整，甚至不必有师指导，直接以地藏菩萨为师，非常适合末法时代的众生修行。

三、一实境界与唯心识、真如实二观

在《占察经》下卷中，坚净信菩萨开篇便向地藏菩萨提问："云何开示求向大乘者，进趣方便？"[①]坚净信菩萨的发问也是非常有逻辑的，上卷的发问是替末法众生问如何生信心、去障碍，这是修行的准备工作，而通过地藏菩萨给出的占察法门忏悔清净之后，自然要进入到更深一个层次的修行、作工夫。但是地藏菩萨在给出具体的工夫方法之前，先提出了"一实境界"的概念，并称依止一实境界为"最初所行根本之业"，对于"一实境界"，地藏菩萨解释为：

---

① 菩提灯译：《占察善恶业报经》，《大正藏》第 17 册，第 906 页下。

所言一实境界者，谓众生心体，从本以来，不生不灭，自性清净，无障无碍，犹如虚空。离分别故，平等普遍，无所不至，圆满十方，究竟一相，无二无别，不变不异，无增无减。以一切众生心，一切声闻、辟支佛心，一切菩萨心，一切诸佛心，皆同不生不灭，无染寂静，真如相故。①

从地藏菩萨的解释来看，虽然"一实境界"用了"境界"两个字，但其并不是圣人所证得的一种圆满境界，即不是境界论所阐述的内容，而是典型本体论的内容，也即重点不在"境界"，而在"一实"上。这样的概念在大乘佛教的诸多经论中都有阐释，仅是名称所用不同，蕅益大师对此总结相当充分：

或名法界、法住、法位、法性、真如、实际、本际、实相、如来藏性、菴摩罗识、唯识性、自性清净心、本源心地、正因佛性、菩提、涅槃、不可思议解脱、自觉圣智境界、无戏论、无颠倒、圆成实性、无漏界、清净法身。大圆镜智。中实理心。一切种智。不共般若。正遍知海。大佛顶、大方广、圆觉、妙觉、究竟觉等。皆是一实境界异名。②

如此多的名称，其实从本质上分析，这些名词指向了一个最高的、根本的理论支点，其作用与婆罗门教的"梵"有些类似，但又不似"梵"是一个实存的最高存在。正是因为有这样的一个价值意识上的最高本体，一切理论才有依据，与宇宙论相配合，作为哲学基本问题的形上学才得以在此思想体系中全面建立。但仅是从概念上确立这样的一个理论本体是不够的，还必须对其存在和运作方式加以描述，否则此形上的本体便有与形下的器世间割裂的问题，朱熹哲学体系中的理本体便有这样的一个问题，即"只

---

① 菩提灯译：《占察善恶业报经》，《大正藏》第17册，第907页上。
② （明）智旭：《占察善恶业报经玄义》，《卍新续藏》，第419页中。

蕴含了存在根据义，而缺失运化之能义。"① 在《占察经》中，地藏菩萨便以心体、心相、如来藏这三个角度来对存在与运化都进行了诠释。

①心体。蕅益大师在《占察经义疏》中，将地藏菩萨关于心体的阐述，又分为三部分来分别阐述，即性体、性量、性具。②

> 所言一实境界者，谓众生心体，从本以来，不生不灭，自性清净，无障无碍，犹如虚空，离分别故。

这一句是显明性体，即先确立十方法界一切有情的心体是纯一、无别、不可思议的，明确心体的基本概念，继而要来对这心体进行进一步的描述：

> 平等普遍，无所不至，圆满十方，究竟一相，无二无别，不变不异，无增无减。

这一句就是在对心体的性量进行阐释，更加明确了其究竟、圆满的特点，而且唯一不二，也对应了"一实境界"的名词表述，表述到这里，其实一实境界、众生心体作为本体的阐述已经比较全面了，已经可以作为一个清晰的本体论概念进行理论建设了，但佛教是一个目的性非常强的实践性宗教，一切的理论都应指向"成佛"的这一根本目标，佛教的本体论也自然要明确这一点，所以地藏菩萨继续阐述：

> 以一切众生心，一切声闻、辟支佛心，一切菩萨心，一切诸佛心，皆同不生不灭，无染寂静，真如相故。

这是在强调性具，即再一次强调了一切众生的心体是无差无别的，凡夫与诸贤圣、佛陀的心体是无别的，既然若此，那么凡夫去了知、证悟这样的一实境界，乃至成佛，也就具备了本体论上的合理性，那么这"一实"

---

① 赵中国：《本体与发用：胡煦太极本体论研究——兼论其论域中的理、心、气》，河南大学学报（社会科学版），2011，51（03）：26-33。

② （明）智旭：《占察善恶业报经义疏》，《卍新纂续藏经》，第438页上。

本体的体就阐述完成。

②心相。地藏菩萨在阐释心相的时候，将心相分为内外两种，而内心相又再分为真、妄两种，总结为下图所示：

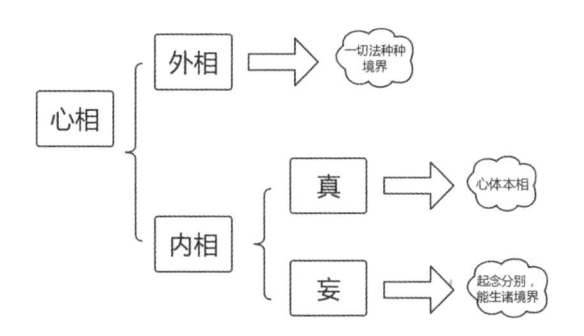

```
              ┌─ 外相 ──→ 一切法种种境界
              │
      心相 ──┤
              │           ┌─ 真 ──→ 心体本相
              │           │
              └─ 内相 ──┤
                          └─ 妄 ──→ 起念分别，
                                    能生诸境界
```

阐述心相的意义有两点，首先，明确心体的范围。从上图中可以看出心体内心相中妄的部分，就是生外在诸法及种种境界的能力、作用，而所生的诸法、境界也无非是心体的外相，再加上究竟圆满的心内相中真的部分，心体就总摄一切世间、出世间诸法了。其次，明确心体的作用。内心相中妄的部分地藏菩萨阐述为：

> 所言妄者，谓起念、分别、觉知、缘虑、忆想等事，虽复相续，能生一切种种境界，而内虚伪，无有真实，不可见故。①

也就是心体生一切种种境界的潜在能力，明确了这样的作用之后，心相其实就将体与接下来的用之间建立起了联系，因为体与用二者本身是不相交杂的，如法藏法师在《华严经探玄记》中就有言："体用各别，不相和杂。"② 所以通过相，体与用就不是完全割裂的两部分了。

③如来藏。地藏菩萨在讲述完心体、心相的内容后，继续提出如来藏的概念：

---

① 菩提灯译：《占察善恶业报经》，《大正藏》第17册，第907页中。
② （魏）法藏：《华严经探玄记》，《大正藏》第35册，第124页上。

> 所谓具足无量无边不可思议无漏清净功德之业。以诸佛法身，从无始本际来，无障无碍，自在不灭，一切现化种种功业，恒常炽然，未曾休息。……若如是众生中，法身熏习而有力者，烦恼渐薄，能厌世间，求涅槃道，信归一实，修六波罗蜜等一切菩提分法，名为菩萨。若如是菩萨中，修行一切善法满足，究竟得离无明睡者，转名为佛。①

一切有漏无漏的功业，如来藏都有含藏，而依此如来藏，众生通过修行也可以成就菩萨果位乃至佛果位，这显然是在谈一实本体的功用。至此，一实境界的体、相、用就都具足了，也即建立了一个圆满的本体理论，通过这一本体理论，不仅修行作工夫有了究竟的价值意识，也为究竟成就提供了理论上的合理性。既然本体理论已经建立，接下来就要讲述如何依止这一本体修行，以至证悟本体——即一实境界的问题了。地藏菩萨针对众生的根器不同，给出了适合利根与钝根的两种修行方法。首先，地藏菩萨讲述了两种观修的方法，第一种名"唯心识观"，第二种名"真如实观"。如果是能够了知一切种种诸法境界都是唯心所作的利根器的众生，可以直接修学"真如实观"；但如果是还执着于外境的钝根器的众生，则要先修学"唯心识观"。经中对两种观修方法的阐述非常清晰，钝根利根的标准也一目了然。甚至对于心存疑惑、畏惧困难的后学之人，菩萨也给出了起步的方法，即精勤称念地藏菩萨名号，并观地藏菩萨法身圆满及观自身如幻如化，这样就可以"速得增长净信之心，所有诸障，渐渐损减。"② 如此便将所有的修行人的情况都已经考虑在内，使修行人完全可以根据自身情况直接开始进行修行。当然，如上文所说，工夫论必须还要有一个境界论作为理论的终点，所以最后地藏菩萨还给出了承诺："善男子！当知如

---

① 菩提灯译：《占察善恶业报经》，《大正藏》第 17 册，第 907 页下。
② 菩提灯译：《占察善恶业报经》，《大正藏》第 17 册，第 908 页下。

上勤心修学无相禅者,不久能获深大利益,渐次作佛。"① 并对"深大利益"与"渐次作佛"还进行了解释。到此,《占察善恶业报经》下卷的工夫论讲说,也已圆满。

四、总结

以工夫论的思路去整体看待《占察经》这部经典,就会发现其中一条前后逻辑严密的、分为两个阶段的修行路线,即先通过占察得知身口意善恶业的深重情况,继而通过经中给出的方法忏悔,再根据经中所给的标准来判断,直至恶业忏悔清净,这是第一阶段,在为第二阶段作准备;第二阶段,在获得清净后,修行人根据地藏菩萨所给的标准,来判断自身属于利根、钝根或者是"善根业薄,未能进趣"②的哪一种情况,来选择对应的直接修习"真如实观"或是先修"唯心识观",抑或是先称念地藏菩萨圣号、观地藏菩萨圣相。因为因果业报是佛教根本教义,是佛弟子的基本世界观,所以菩萨在上卷中没有特别讲述这一教理。而到了下卷中,本体论层面上的教义并非所有佛子都能够了知,所以为了使修行人"修有所依",菩萨就特别讲解了"一实境界"的理论,使修行人在依教奉行的时候,不至于"不知其所以然"。

所以,《占察善恶业报经》不仅修行方法、标准、次第清晰明了,而且所依理论地藏菩萨也都清晰、全面地讲解清楚,修行人可以有所依凭地放心修习,是一部非常适合末法时代的修行人实修实证的修行指南。

---

① 菩提灯译:《占察善恶业报经》,《大正藏》第 17 册,第 909 页上。
② 菩提灯译:《占察善恶业报经》,《大正藏》第 17 册,第 908 页下。

忏愿文、"圆教"主义与蕅益智旭的佛魔之辨*

吴忠伟 ①

内容提要：基于道问学之"圆教"知识品格与悲愿意识的结合，晚明四大师之一的蕅益智旭对佛魔之辨议题予以了特别的处理，最典型地展示了智旭佛学的一种内在紧张。从跨文化的视野来看，17世纪智旭关于佛魔之辨的思考与20世纪文化神学家蒂里希对神性与邪恶之区别颇有对比分析之价值，反映了人类思想议题的某种共同性。

关键词：蕅益智旭；佛魔之辨；蒂里希；神性邪恶

在晚明佛学四大家中，蕅益智旭有一非常独特的思想品格：一方面，作为晚明最博学的佛教学者，智旭试图以一新的"圆教"知识论融通性相二宗，调停禅教二门，构建一庞大的新佛教体系，故展现了一极浓的"道问学"的知识品格。而另一方面，蕅益智旭虽然亦重禅学，以"遍收禅、律、法相"要求弘台宗者，但似乎不同于其他三大师对于禅学的迎纳立场，而对于以悟解为根本的禅学始终抱着一有所保留的接受态度；相反，其基于天台之"权实"学说，特别突出了净土法门之"究竟"意义与基于地藏信仰的修忏发愿之重要性，从而表现了一很强的"罪过"与"悲愿"意识。

---

* 本文为江苏省社科基金项目"空间视域下的汉语佛学形态学研究"（项目编号：18ZXD002）阶段性成果。

① 吴忠伟，苏州大学哲学系教授。

道问学之知识品格与悲愿意识的结合，塑造了蕅益智旭独特的佛学知识论品格，而其中的佛魔之辨最典型地展示了智旭佛学知识论的一种内在紧张。

一、忏愿文与佛魔之辨

作为晚明最博学的高僧，蕅益大师的心智历程十分复杂曲折，其中其与《地藏本愿经》，与九华山的因缘极为特别。智旭早年习理学、心学，以作圣贤自居，并有辟佛之论，直至20岁时因父丧，由听闻《地藏本愿经》而发出世之心，由此结下与地藏信仰、九华山的因缘。然大师早年仰慕憨山大师，虽未能亲炙，而于24岁时得从憨山大师门人雪岭师剃度出家。此后多年，智旭辗转多地，结交道友，受菩萨戒，阅藏、参禅、学律，然一直未有明确的宗派归属，直至32岁时因拟注《梵网》，"作四阄问佛"，"频拈得台宗阄"，于是确立以台宗作为其佛学研究之宗趣归属与原则指导。但颇为独特的是，智旭虽然"究心台宗，而不肯为台宗子孙"，因为"以近世台宗，与禅宗、贤首、慈恩、各执门庭。不能和合故也"[①]。由此可见，智旭宗派归属的"不定"与其"包容"的知识品格极有关联。以抓阄形式确定依天台宗旨注释《梵网》，这虽带有一"偶然"性，但此一事件也确定了智旭之后的心智发展方向：一方面是基天台宗义而展开其知识论上的"圆教"构建，另一方面则是落实其律学行持与忏愿净土之行。尤其是智旭38岁时因病而居九华山一年有余，期间其于此依于地藏信仰，有一集中的精进修忏祈愿之行，此对其"道问学"之知识品格与忏悔悲愿之结合的心智形式的确立更有一相当大的推进作用。智旭"道问学"知识品格与忏悔悲愿之结合的心智形式很典型，体现在其频繁地制作"愿文"，于中尤有特别的"佛魔之辨"的议题。

智旭甚早即有修忏而为发愿文之行，其在22岁（明天启元年，1621年）以居士（名大朗优婆塞）身份作《四十八愿》，其初衷主要是通过礼诸佛

---

① 智旭：《八不道人传》，《灵峰宗论》卷首，第13页，庐山东林寺印经处。

而表孝心，祈度双亲以至度众生，"为慈亲极恩，遍悯一切众生界"，所谓"第一愿，我本发心，上报慈父钟之夙生恩。愿三宝力，令我无始慈父，咸生净土，速证菩提。令闻我名者，亦报父恩。第二愿，我本发心，上报悲母金大莲养育恩。愿三宝力，令我无始慈母，咸生净土，速证菩提。令闻我名者，亦报母恩。第三愿，度法界众生成佛竟，方取泥洹"①。之后《四十八愿》有四次提到"魔"，体现了对此议题的关注：第十愿，我处处弘通正法，无诸魔障；第二十五愿，以大悲光，照有形无形，有想无想，及诸魔外。令其身心，舍诸邪见，通达佛乘；第四十一愿，十方修行菩萨，闻我名号，直至菩提，永无魔事；第四十二愿，十方魔外，闻我名号，即舍邪见，同归正觉。"魔"（māra），乃是相对于"佛"。佛者，觉者也，所谓自觉觉他觉行圆满。若佛是觉，则魔是"不觉"，不惟不觉，且是一障碍，"由内观而言，烦恼、疑惑、迷恋等一切能扰乱众生者，均称为魔"②。事实上，由于证达"实相"方为觉悟之佛，故《大智度论》以为，除诸法实相外，其他一切均为魔。③而天台佛学更基于三谛圆融思想而给出诸法实相论，提出"魔界即佛界，而众生不知，迷于佛界，于菩提中而生烦恼"④。所谓"佛界"，也就是了达了"实相"之众生所处法界，"魔界"非别，则正是因未了达"实相"，与佛界有碍而处一障道烦恼之界。天台佛学之以"魔界即佛界"，乃是要基于"诸法实相"原理，在止观修行实践中贯彻圆教思维，依于"无明即法性，法性即无明"，"去病不除法"，彻底破解能破与所破二元对立，实现"圆修"。天台的这一圆教思维在宋代因与"理毒性恶"议题的结合，藉"敌对种"原则而有更极端之论的提出，其典型表现在回应名士杨亿质疑知礼之行忏、以烧身燃臂之行忏为魔王之教时，四明知礼回以惊世骇俗之论："佛之与魔，相去几何？邪之与正，

---

① 智旭：《四十八愿》，《灵峰宗论》卷第一之一，第23页。
② 《佛光大辞典》（7），北京图书馆出版社，2003年，第6886页。
③ 《佛光大辞典》（7），第6886页。
④ 智顗：《摩诃止观》，《大正藏》第46册，第116页中。

有何欠剩？良由本理具魔、佛性，不二而一，二而不二。随缘发现，成佛成魔。"①。智者大师"魔界即佛界"已是惊人之说，而相较智者大师以"实相"之了达是否判别佛魔，知礼更出以极端的"性具"之说，以为佛与魔乃是"一体异名"，即"法体"为一，而随缘表现之"事相"不同。以此，知礼坚持极端的"性恶"原则，反对"圆理断九"之说，以为"佛岂坏九转九邪？如是方名达于非道，魔界即佛"，由此在修行上落实"圆家断证迷悟，但约染净论之，不约善恶净秽说也"②。虽然以"魔界即佛界"或"佛外无魔"，无论智者大师还是知礼法师都是基于天台不同时期的"实相"论而给出的，强调的都是"圆修"的"即"性，而对佛与魔之判别则是清楚的。而至蕅益大师，其于发愿文中突出佛魔议题，侧重点已有改变：不是"穷魔法事"而"于魔界统摄自在"，而是"永无魔事"。显然，从不惧魔，不离魔而修，到以发愿形式祈佛力加持"永无魔事"，这体现了智旭对"佛"与"魔"之关系的新理解，也对修行实践中对于"魔"之处置予以了新的定位。

事实上，智旭对于佛魔议题的新思考不仅体现在上述修行上的"永无魔事"，而更表现在，由于魔力强大，而行人被魔力所制，故在知识论上有一对佛魔之辨的诉求。"魔"之力大，这本不超出我们的预料，昔年佛即面对波旬之种种诱惑迫害之力，但相对于智者大师、知礼法师之以"魔"作为修行之资源，智旭对制服魔力乃至藉之作为修行法门没有表现出一自信与乐观，相反对邪魔之存在有——特别之敏感意识与深重之忧虑，故以为必藉礼忏发愿，藉助佛力而驱除魔党。所以在愿文与法语中，智旭屡屡示之："归命降魔外，忿怒大明王。"③"所冀现生魔障消除，舍报正念决定。"④智旭之藉礼忏发愿，藉助佛力而驱魔，一个很重要的原因在于，

---

① 《杨文公三问并法智答》，宗晓编，王坚点校：《四明尊者教行录》卷五，上海古籍出版社，2010年，第106页。
② 知礼：《十不二门指要钞》（上），《大正藏》第46册，第707页上。
③ 智旭：《龙居礼大悲忏文》，《灵峰宗论》卷一之二，第43页。
④ 智旭：《结坛念佛回向文》，《灵峰宗论》卷一之二，第45页。

因其所处之晚明时代，其所指的"魔"不只是来自于佛教之外的障道因素，而与佛教处末法时代下的佛法晦暗不彰、佛门鱼龙混杂有关，换言之，智旭所指之"魔"更多指有佛教之名而无佛教之实的"邪法"。对此，蕅益大师弟子成时在汇编《灵峰宗论》之序中已言之甚明："或蛇为龙，袭取神妙，非特迹而已也，罔之徒也。若魔王害佛不得，誓曰：'当于后世，入佛法中，破坏佛法。'佛曰：'自坏耳，法可坏哉。'"① 外在魔党之现与内在烦恼生起是相应的，正法不行，行人无真实工夫，力量孱弱，则魔邪炙；对此智旭于此末法时代深有体验，忧虑此点，如其在法语示弟子时云："佛法盛时，人争务实。逮其衰也，众咸竞名。实故超生死，证菩提。名必增人我，长魔业。志士不可不熟审也。"② 佛法既衰，魔现为害，故智旭惟但发愿文祈求佛力去魔，特别是其38岁时因病而入九华山更强化了此后他以地藏信仰为主导的忏愿之行。智旭在入住九华山期间曾制多篇愿文，如《九华地藏塔前愿文》《十周愿文》《阅藏愿文》《完〈梵网〉告文》等，这些愿文多有佛魔之辨之语，如在《九华地藏塔前愿文》中云："智旭夙造深殃，丁兹末世。虽受戒品，轻犯多端。虽习禅思，粗惑不断。读诵大乘，仅开义解。称念名号，未入三摩。外睹魔党纵横，痛心疾首。内见烦恼纷动，愧地惭天。复由恶业，备受病苦。痛娑婆之弊恶，叹沉溺之无端。由是扶病入山，求哀大士，矢菩提于永劫，付身命于浮云。"③ 在《十周愿文》中则云："俾邪魔外道，遁影藏踪。使教、戒、禅那，日昭月朗。"而在《阅藏愿文》中则有："摧魔外邪幢，夺权小僻执。沉疴立起，枯槁旋生。"凡此皆可见，智旭因病而更有深重之罪感体验，欲以忏愿之力，对治魔力，落实其佛魔之辨。

---

① 成时：《灵峰蕅益大师宗论序》，《灵峰宗论》卷首，第1页。
② 智旭：《示自若》，《灵峰宗论》卷二之三，第139页。
③ 智旭：《九华地藏塔前愿文》，《灵峰宗论》卷一之三，第63页。

二、八不道人与包容的"圆教"主义

蕅益大师以忏愿力祈求佛力驱魔，表现出很浓的"他力"主义，但其既以"魔"非"自在"，而与佛子真实知见不致、佛法不彰有关，所谓"禅那、教观，徒有虚名。戒律、总持，咸无实义。致使魔军得便，障难频生"①，故除以忏悔发愿祈求佛菩萨加持外，智旭亦在根本上要求重视佛法自身的建设，特别是在知识论上以天台之"圆教"模式，构建一具有融通性、包容性之佛教知识体系。以阅藏与会通性相、宗教为标志，智旭以"八不道人"自居，给出了一非"宗派"立场的"圆教"主义，以对治因执于偏权之法而生之"魔"。

如前所述，智旭心智历程极为复杂曲折，这既表现在其早年为儒，曾有辟佛之论，后转为以居士身份习佛，也表现在其转学多师，博纳诸门，在宗派归属上有一"不定"性：蕅益大师最后是"究心台学"，但在法系上并非天台子孙；蕅益大师是净土宗的一代宗师，但我们难以将其仅仅限定在净土一门；蕅益大师之学以性宗为主，然主性相圆融，对唯识学下了很大功夫；虽然蕅益大师对禅学有反思性的意见，但其坚持禅教应该结合，不应互相排斥。智旭宗派归属上的"不定"性部分与智旭博杂之"道问学"的心智品格有关，因为其太博学了，有类佛门中的朱子，甚至因兼通外学而博学有甚于后者；另一方面，智旭宗派归属上的"不定"性，则反映了其对所处时代佛法内部诸宗分河饮马、对峙不融通状况之不满，故在知识论上有一构建新之"圆教"体系的雄心。故智旭之自号"八不道人"，有深意焉，如其所说："八不道人，震旦之逸民也。古者有儒、有禅、有律、有教，道人既蹴然不敢。今亦有有儒、有禅、有律、有教，道人鲍然不屑。故名八不也。"② 智旭对于古之儒、禅、律、教是敬重的，自谦以为不及也，

---

① 智旭：《阅藏愿文》，《灵峰宗论》卷一之三，第66页。
② 智旭：《八不道人传》，《灵峰宗论》卷首，第11页。

故"蹴然不敢"为；而对于今之儒、禅、律、教则大不以为然，故是不屑为之。不敢为前四者，不屑为后四者，故为不古不今，乃为"八不道人"。此一"八不道人"的自我定位，不仅反映了智旭对当时佛教状况的不满，也说明其不想简单回归传统，而欲在应对时机、处理晚明佛教危机时给出一新的佛教形态，此一佛教新形态即是智旭非宗派立场的"圆教"主义。

  圆教基于判教体系而给出，乃是汉语佛教特有的一个概念，其由陈隋时期的天台智者大师所首创，并逐渐发展成汉语佛学的一个基本的哲学形态，特别是对华严佛学判教体系的建构产生了相当的示范效应。置身于六朝隋之嬗变、新的国家形态建立之时代背景下，传统汉语佛教面临着极大的危机，为此，智者大师通过对东传佛法的判释，整合中印思想，创造性地给出了一新的菩萨乘形态——天台圆教。天台圆教不是一狭义的天台宗派的概念，而是一普遍的全体佛教之概念，其体现了智者大师基于三谛圆融之诸法实相原理，处理真俗二谛相即关系，将世间法与出世间法之对立在一个更高的层次上予以调停。藉此，圆教即以佛教之内部最"圆融"之法的形式，以出世间法身份承担了一广义"礼法"（世间法）之职能。也因如此，尽管隋唐佛教宗派有一兴衰更替，特别是有一从天台到华严之转，但"圆教"的基本模式为华严所吸收接纳，故圆教客观上承担了隋唐广义意识形态之角色，并成为其时东亚世界共享的文化价值。而随着隋唐的瓦解、新国家形态的形成，圆教之普遍意识形态角色的丧失，佛教的合法性面临着新一轮的冲击。为此，在应对佛教之合法性危机时，宋天台以精简台贤宗义的山家山外之争形式，将"圆教"由一"普遍"意识形态"自拘"为一"特殊"性之"权法"（在行法上表现为"行忏"），以此"开权显实"机制成就其"圆教"之所在。故宋之后，由知礼确立的"山家""性恶"之旨即代表了"圆教"，一个精简、"偏狭"的"家学"取代了隋唐开放性、包容性的"圆教"。显然，置身于晚明、面对佛教新的时代危机，智旭对此一偏狭的"圆教"模式有所质疑：智旭可以接受开放、包容的天台"圆教"形态，而不认同"家学"化的天台"圆教"形态，其之"究心台学"而不肯为天台子孙缘由此也。

为此，智旭基于性相融通、宗教合同、戒净并行而给出一极具包容性的天台"圆教"体系，而对于单恃己门、排斥他宗的做法极为不满，持一严厉的批判立场。[1]如其子在开示弟子法语中云："天台接龙树闻知之传，阐鹫峰开显之妙。权实同彰，教观并举。如三代礼乐，超卓万古，非汉唐杂霸杂夷之治能仿佛万一也。后世逐流忘源，渐成繁芜而矫枉过正者，又复束之高阁。适令诸侯之恶其害己者，益无忌惮，公然以疏抗经，抗祖，抗佛。噫！可悲甚矣。妙峰老人出月亭之门而力弘台旨，绍觉老人私读大觉遗籍而遍演三宗。绍师杂无的传，妙师专传无尽师。于是世间复知有台宗名字。逮今日，又未免名盛实衰矣。予本宗门种草，因感法道凌夷，鉴近时禅病，思所以救疗之者。请决于佛，拈得依台宗注《梵纲》阄，始有究心三大五小。愧无实德，不克以身弘道。然于古之妙，今之弊，颇辨端的。盖台宗发源《法华》，《法华》开权显实，则无所不简，无所不收。今之弘台宗者，既不能遍收禅、律、法相，又何以成绝待之妙。既独负一台宗为胜，又岂不成对待之粗。是故台既拒禅宗、法相于山外，禅亦拒台于单传直指之外矣。夫拒台者，故不止于不知台者。拒禅与法相者，又岂止于不知禅与法相而已哉！宁学圣人未至，不愿以一善成名。噫！果不以一善成名，圣人亦无不可学至之理矣。"[2]此段文字甚长，但因充分表达了智旭对宋元以来天台圆教"偏狭"化的反思，故不惮繁引。显然，智旭以为天台"圆教"之根本在于，基于《法华》开权显实原则，遍收诸法，故当"遍收禅、律、法相"以成圆教绝待之"妙"，而非拒之于"山家"之外。若不能"遍收"，则教法有止于一门、一法之善之弊。圆教之人当遍学诸法，不止于既有之法门、有限之知。不难看出，智旭的这一"圆教"思想有很浓的知识论意味，其以教法之"圆"乃在于"知"之完备、通达，"倘

---

[1] 参见潘桂明、吴忠伟：《中国天台宗通史》（下），第696页，凤凰出版社，2008年。
[2] 智旭：《灵峰宗论》卷二之五，第179–180页。

有一法未通，即被此法所缚；倘有一法未备，即被此法所牵"①。若因"知"之不备而有所缚、有所牵，则有"病"焉，若执之、恃之则成"邪魔"，所谓"一法当情，便成理障"②，"但执着取相，便是人天魔外种子"③。

"魔"之成既与因执于一己之"知"、一宗之见而致知见不正有关，则智旭坚持一非宗派立场的天台圆教主义，以"知识"上的完备实现佛魔之辨。智旭这一知识论上的非宗派"圆教"主义与其欲以忏愿之力，对治魔力，落实其"佛魔之辨"构成了智旭"佛魔之辨"的两个向度，体现了一种内在的紧张。

三、智旭"佛魔之辨"与蒂里希的神性邪恶之别

智旭在展开佛魔之辨时，给出了非"宗派"的知识论取向与基于"愿行"的"他力"立场这两个向度，展示了思想上的一种内在张力；如果说前者侧重的是"智"，那么后者凸显的则是"信"，此一"智"与"信"的并置反映了智旭心智世界的复杂性。与此相应的是，智旭既自号"八不道人"，给出一开放性的"圆教"主义，而不取偏狭的"宗派"立场，则其虽后以北天目灵峰山为道场，创天台灵峰一派，而不可视此派为偏狭之"宗派"，而当同智者大师之创普遍的天台圆教等而视之。然智旭先后九次出入灵峰山，发"灵峰一片石，信可矢千秋"之感叹，终有效庐山东林而结灵峰净之行，此又可见智旭灵峰道场与净土一门的特殊因缘。④ 由此，也就引出一个有趣的问题，智旭对修道团体的建设也有一两个向度：作为普遍性的"圆教"道场的灵峰山与作为特殊性的净土法门所在的灵峰山。与此颇为相似的是，20世纪最重要的神学家之一保罗·蒂里希（Paul Tilich，一译田立克）在构

---

① 智旭：《教观纲宗》，《大正藏》第46册，第942页中。
② 智旭：《示何德坤》，《灵峰宗论》卷二之五，第184页。
③ 智旭：《示清源》，《灵峰宗论》卷二之五，第199页。
④ 可参见黄家桦：《灵峰片石，不让东林——蕅益智旭持守灵峰山的道念》，《蕅益大师与净土法门研究》，宗教文化出版社，2021年。

拟其"宗教社会主义"时,亦给出了一"未定形式"的乌托邦"共同体"概念,并对神性与邪恶之区别议题给予了特别的处理。

面对现代社会,面对20世纪上半叶人类的精神危机特别是置身于纳粹极权主义统治下的处境,作为文化神学家的蒂里希欲求神学对"宗教处境"作出回应,为此其给出了一"类似"存在主义的"宗教社会主义"概念。在蒂里希的理论中,"存在主义的意义在于,它号召人们返回到直接体验到的实在,它有力量揭示人类生存(或'人')的可疑性质,并看到它的矛盾(这些矛盾在我们的时代表现得特别明显),看到它的分崩离析、它的深渊、它的无意义和绝望的意识"①。现代存在主义揭示了人存在的荒诞与无意义,其是尼采所揭橥的"上帝已死"的思想效应,但不同于克尔凯郭尔至海德格尔一系的存在主义,在应对"资本主义历史晚期阶段"的结构性失调时,蒂里希给出的"存在主义"乃是一先知路线的存在主义,相对于前者"通过个人生存的方式",后者乃是"通过历史—政治处境的方式"达到的。其要求在对待现实处境时同时综合缺乏历史意识的圣礼式态度与历史批判的理性态度,采取"先知性态度","站在已被赋予的神圣的基础上要求神圣"②。"神圣的内容和神圣的形式在具体历史处境中的统一。"③此一神治乃是一种乌托邦,但既有别于彼岸的也有别于此世的乌托邦主义,故不同于单纯的"人治"的社会主义。那么神圣的内容和神圣的形式如何与具体历史处境统一,而不落于"人治",这其实就涉及超越、绝对的神性如何落实到经验世界中而不被"人性化"或"实体化"的问题。对此,蒂里希引出了神性与邪恶的对比,其以为"神性"是"无条件形式",而"邪恶是无条件形式的对立物","如果说神性的致迷成

---

① [美]保罗·蒂里希著,徐钧尧译:《宗教社会主义的基本原则》,《政治期望》,四川人民出版社,1989年,第5页。
② [美]保罗·蒂里希著,徐钧尧译:《宗教社会主义的基本原则》,《政治期望》,四川人民出版社,1989年,第87页。
③ [美]保罗·蒂里希著,徐钧尧译:《宗教社会主义的基本原则》,《政治期望》,四川人民出版社,1989年,第90页。

分是对无条件形式的肯定，因而在创造着形式，那么邪恶的致迷成分则是对形式的破坏。凭着它们对无条件形式的关系，我们可以对神性和邪恶进行区别"①。

依蒂里希，神性与邪恶的区别既在于对"无条件形式"的肯认或破坏态度，则基于神性原则的宗教社会主义乃是这样一个具有未定形式的"共同体"："（它）不能直接等同于任何宗教团体，以凯逻斯为支持的人组成的共同体不是一个独立的团体，不是一个宗教派别。"②所谓"凯逻斯"，"它表示一个无条件的意义和要求的时刻"，也就是"实现了的那一刻时间，在这一刻时间中，从现在和未来，已被赋予的神圣和正被要求面临的神圣的具体张力中，产生了一种新的创造物"③。基于这一凯逻斯原则，共同体的成员可以在任何政党、团体中以任何身份工作，但因对自己内部的"邪恶"成分（即对"无条件形式"的破坏）有一反对，故而此一共同体就免于一"早熟的实体化"，免于沦于"他治的东西"。蒂里希对神性与邪恶之区别、对"神治"之宗教社会主义的构建同样展示了其对陷于基于"人治"（他治）的特殊性"宗派"立场的批判，这与智旭的思路颇有对比思考的意义。

结　语

基于道问学之"圆教"知识品格与悲愿意识的结合，晚明四大师之一的蕅益智旭对佛魔之辨议题予以了特别的处理，最典型地展示了智旭佛学的一种内在紧张。从跨文化的视野来看，17世纪智旭关于"佛魔之辨"的思考与20世纪文化神学家蒂里希对神性与邪恶之区别的处理颇有对比分析之价值，反映了人类思想议题的某种共同性。

---

① ［美］保罗·蒂里希著，徐钧尧译：《宗教社会主义的基本原则》，《政治期望》，四川人民出版社，1989年，第94—95页。

② ［美］保罗·蒂里希著，徐钧尧译：《宗教社会主义的基本原则》，《政治期望》，四川人民出版社，1989年，第118页。

③ ［美］保罗·蒂里希著，徐钧尧译：《宗教社会主义的基本原则》，《政治期望》，四川人民出版社，1989年，第89页。

蕅益智旭对地藏信仰体系的完善

费业朝①

内容提要： 安徽九华山是中国佛教中地藏菩萨应化弘法的道场。地藏菩萨应化之前，曾是唐朝藩属国新罗国金氏王族的子弟之一，其在祖国出家后得法名金地藏。公元8世纪末，金地藏和尚在九华山中示寂并示现金刚不坏之身。据此，中国的佛教信众们逐渐认定金地藏和尚即是地藏菩萨的应化身。经过数百年漫长而缓慢的发展，到了明末清初，地藏信仰在中国社会中忽然大昌。这期间，当时四大高僧之一的蕅益智旭和尚是关键推动力。蕅益大师曾于明崇祯九年（1636）三月前往九华朝礼地藏菩萨，并在山中的回香阁常住了十数月。蕅益大师一生的梵行与地藏菩萨密不可分。为了大力弘扬以孝道为核心的地藏法门，蕅益大师确定地藏三经作为地藏信仰的理论依据，又为信众们制定了一整套修持地藏法门的礼拜形式。地藏信仰体系的形成，是佛教中国化的标志性成果。在佛教中国化的进程中，蕅益智旭大师厥功至伟。

关键词： 地藏信仰；蕅益智旭；九华山

自唐代新罗僧人金地藏在九华山中修成正果，示现"金刚不坏之身"后，随着《地藏菩萨本愿经》等相关佛经的译出，九华山中的历代僧人一直都在坚持修行和弘扬地藏法门。到了明清时期，九华山中频繁出现僧人

---

① 费业朝，九华山莲花书院院长。

的金刚不坏之"肉身",使得部分信众认为这些高僧都是地藏菩萨再来,并确信九华山就是修习地藏法门的圣地。这时候的九华山离"地藏菩萨道场"和"四大佛教名山之一"这两个地位的确立,只差教理教义上的论证和礼拜形式的公认了。恰在此时,"四大高僧"之一的净土宗九祖蕅益智旭大师出现在了九华山,并于此后为九华山做出了无量无边的功德,从而使九华山成为以佛家弘扬孝道著称的南无大愿地藏王菩萨道场,进而使"地藏文化"成为佛教中国化的主要标志之一。

一、蕅益智旭与九华山的因缘

蕅益智旭(1599-1655),江苏木渎人。明末四大高僧之一,中国净土宗第九代祖师。从《蕅益大师年谱》,我们可以查到,大师是明朝崇祯九年(1636)三月"遁迹九华"的,当时38岁时的他正值人生踌躇、身染重疾、身心俱不调和之际。据史料记载,大师此次九华之行是为"求决疑网"而来,因为《地藏菩萨本愿经》和《占察善恶业报经》中救苦救难的地藏菩萨在九华山。据记载,大师一生极为重视占卜拈阄。就连他46岁毅然退戒,再到47岁那年元旦日重又得戒这样的大事,都是通过占卜来决定的。大师在他的《刻占察行法助缘疏》中告诉人们,地藏法门中的《占察善恶业报经》是"末世多障者之第一津梁",并以此引导信众注重地藏法门的修持。

蕅益大师在九华山中修行大约一年多时间。主要住处是华严庵,也就是今天的回香阁。其间,大师大力倡导大愿精神,并以身作则,一门深入,实修实证,成果丰硕。大师刚到九华山时,便于崇祯九年(1636)三月初九日,在地藏塔前燃起六炷臂香,面对地藏菩萨这位"大慈悲父",将自己缺乏管教、造业深重的前半生进行了检讨,并哀求地藏菩萨接受并成全他的四个誓愿。在他专为此举所作的《九华地藏塔前愿文》中,记述了他这四个誓愿。内容大略是:一愿众生未成佛之前,我终不入涅槃;二愿我倘若再入歧途,请大士能警醒我，使我的菩提心能够相续不断；三愿如果我有所进步，请大士助我早成念佛三昧，决生阿弥陀佛世界。四愿大士予我愿力和神通，助我尽未来际，广化有情，无有疲厌。大师的这篇《愿文》是他在九华山中首倡将念佛法门与地藏法门相互融合的标志。也为后世的净土宗大师们在信众中首推地藏法门奠定了宗承的根据。

在后来的梵行中，蕅益大师在不同的时期，在不同的地方，应不同的机缘，为地藏信仰体系的完善，为九华山地藏道场的确立，做出了贡献。他亲自撰文注疏，从地藏信仰必须要依据的经典，到大众礼拜必循的仪轨两个方面完善了地藏信仰的完整体系。关于经典依据，他大力号召广大信众多诵《地藏经》，并告诉大家：《地藏菩萨本愿经》与《华严经》同一血脉。作为一名汉地佛教信徒，诵持《地藏经》是首要的。同时，他又在不同的著作中介绍了涉及地藏菩萨的《大乘大集地藏十轮经》和《占察善恶业报经》，从而向信众们系统地推出了"大士三经"，使"地藏三经"成为"地藏信仰"的教理依据。与此同时，大师又为信众们缔造了一系列与"地藏信仰"相关的礼拜仪轨，以进一步配合"地藏三经"使地藏信仰在汉地佛教中独树一帜，俨然成为一门完整的地藏信仰体系，即所谓地藏法门。

二、地藏三经是地藏信仰的教理依据

佛家的"法门"是一个引领信众建立正知正见、体悟道理、早成佛道的途径，是必须建立在经典依据上的。"地藏法门"最早的提出时间是公元4世纪末。在论证地藏信仰体系的教理过程中，蕅益大师首先号召大家持诵《地藏经》，从而在教理上确认《地藏菩萨本愿经》就是地藏信仰的主要经典依据。九华山地藏道场的华严阁寺院，有一次要举行持诵《华严经》的期会，蕅益大师在为这次期会作缘启"疏文"时，便因势利导地向广大信众宣讲了《地藏经》和《华严经》是同样重要的佛教经典。在《九华芙蓉阁建华严期疏》中，大师告诉广大信众，"地藏本愿一经当与八十一卷华严并参。华严明佛境界，称性不可思议。本愿明地狱境界，亦称性不可思议，一则顺性而修，享不思议法性之乐，一则逆性而修，受不思议法性之苦。顺逆虽殊，全性起修，全修在性，一也。"这段文字告诉信众，《华严经》开示的是佛的境界，《地藏经》描述的是地狱的境界，虽然表述的境界是相反的，但两经并参，却是一次全面的修行过程。大师还告诉大家，人生过程中，"一念迷"，则无上美好的"常寂光"境界会化为刀山火海；"一念悟"，即便是地狱，也会"应念化成普光明殿"。这一迷一悟虽性德无增无灭，看似一样，但表现在顺逆之修行上，其结果可大不相同。大师在"疏"中还以俗语开导大家，"推人扶人，只是一手，赞人毁人，只是一口"。哪能说《地藏菩萨本愿经》仅仅是在谈地狱的事？何况菩萨所在的九华山，"芙蓉九朵，信可与华严九会，同其表法"，同时，"华藏世界，安住大莲华中，如来成道，亦坐宝莲花。而优钵罗，波头摩等地狱亦复名青莲华、赤莲华。可见一名一喻，一事一法悉皆具遍十界"。由此，大师号召主持期会的出家师父们要率领信众们，将这次华严期会引为顺修因缘，以开发正悟。这样，地藏经中描述的铁、围二山也就能成为金刚菩提道场了。所以，在莲花佛国，地藏道场诵持《华严经》与诵持《地藏经》一样，都是妙吉祥的。

在论述《地藏经》和《华严经》同样重要的过程中，蕅益大师说："华严明自心，本具之净土，令人知归；地藏明自心，本具之苦轮，令人知避。一知一避，旨趣永殊。"据此，大师开示人们：《地藏经》是大家终归净土的指引。一念迷，则阿鼻地狱，一念悟，则西方净土。地藏菩萨是"无上医王"，可以"慰穷途之客"。大师的这番开示，确立了《地藏经》是"地藏信仰"的主要教理依据，也为汉地净土宗信众推崇持诵《地藏经》，重视修持地藏法门建立了教理依据。

关于地藏信仰所依据的另一部重要经典，《占察善恶业报经》，蕅益大师是在他为弘扬地藏法门所作的另一篇文献《化持地藏名号缘起》一文中引出的。在这篇《缘起》中，大师依据《占察经》将称诵地藏菩萨名号和个人修行之间的逻辑关系演绎得极其善巧。这篇《缘起》首先从信徒的"自心"开始分析，认为佛弟子修自心最重要，最能明心的莫若佛法。而"佛法非僧不传，僧宝非戒不立，戒也者，其佛法纲维。"这是说，大众要想闻得正法主要靠的是僧人。如果僧众持戒不严，就谈不上和合僧，更不谈教导大众去"明心见性"了。对于这种持戒不严的缺憾，"坚净信菩萨悯之，以问释尊，释尊倍悯之，委责地藏大士，大士更深悯之，爰说《占察善恶业报经》"。在这部由坚净信菩萨向释尊请法、释尊又转请地藏菩萨说出的《占察善恶业报经》经中，地藏菩萨告诉大众，"恶业多厚者，不得即学定慧，当先修忏法"。并为大众分析了个中道理。地藏菩萨接着告诉大众，忏法修成，具足净信之心之后，所有诸障，渐渐捐减，"此人名为学习闻我名者""以闻名为方便，真实持名"便可"得定慧发生，定慧而一实证入矣。明心见性，是真僧宝，真传佛法，吾辈生末叶，闻此真法，宜如何努力以自勉也"。大师通过解析《占察善恶业报经》告诉大众，称诵佛菩萨名号是修地藏法门的一个重要形式。这期间，蕅益大师还曾经专门为刻印《占察善恶业报经》作过一篇《刻占察行法助缘疏》，并在文中进一步从教理上论述了《占察经》的无量功德。

地藏三经中的《大乘大集地藏十轮经》是地藏菩萨问，佛所说的如来由本愿力成就十种佛轮的因缘。关于这部经典，蕅益大师在《礼赞地藏菩萨忏愿仪后自序》中，用自身修持地藏法门的体验，向信众们开示了受持《十轮经》的重要性。《自序》开头说，"大法久湮，人多谬解，执大谤小，举世皆然，然地狱众苦，已随其后。"大师这是在分析末法时期的众生们往往妄自尊大，而浑然不知，如同炼狱般的痛苦就在眼前了。接着，大师观照了自己无知的过去，说："智旭深憾夙生恶习，少年力谤三宝，造无间罪，赖善根未殒，得闻本愿尊经，知出世大孝，乃转邪见而生正信。"在这里，他向大众开示了自己由邪转正的因缘，分析出其间的关键是"每展大士三经，辄不禁涕泪横流，悲昔日之无知，感大士之拯拔也。"在《自序》的结尾部分，大师总结出，"同此过者不少，敬宗《十轮》并《本愿》《占察》二典，述此仪法，庶几共涤先愆，克求后果，不终为无依行乎？未登无生正位，皆可修之，无论初心久学也。"这段文字的大意是，像我一样犯有过错的人不在少处，但只要他们能恭敬地依据"地藏三经"去修正自己，就一定能洗却先前的罪过，并取得一定的成就。只有这样，才能称为依教奉行，而不是不依经典的盲目修行。修持"地藏三经"，人人皆宜，无论是尚未觉悟者，还是初学者或久修者。大师在这篇《自序》中通过《十轮经》的引出，将"地藏三经"系统全面地介绍给了广大信众。

蕅益大师通过缜密的推理和精辟的论述，向大众结论出《本愿经》与成佛的《华严经》一样圆融；《占察经》是"末世多障者之第一津梁"，而《十轮经》则是人们改过自新的警策。"地藏三经"便是地藏信仰的教理依据。

三、地藏信仰特有的礼拜仪轨

在确立了地藏信仰之经典依据的同时，蕅益大师又从大众宗教信仰的另一个重要方面，即礼拜形式上，为"地藏信仰"倡导和撰制了一系列的礼拜仪轨，甚至还首创了一些独具特色的礼拜形式。

为了在信众中大力弘扬"地藏信仰"，蕅益大师在倡导信众礼拜地藏王菩萨时，首先号召大众从诵持地藏王菩萨"灭定业真言"和地藏菩萨名号入手。大师通过自身的实践经验告诉大众持诵灭定业真言功德是非常大的。他说，"敬礼慈尊地藏王，神咒善能灭定业"，并开示说，"智旭与法界众生，迷本净心，已造定业"，所以我们要"扪心内悔，悲仰求哀。恭念地藏大士，无上医王，灭业真言，无边神力，定能拔三障苦，施三德药，是以专心持诵，速望冥加。向持三百二十万，一百万，四十八万竟。合复为某等（在场的人们），各各有差，至心共持一百四十万，伏愿……"这是说，我们大家在这个世界上都是造业深重，都应扪心自责，所以要哀求地藏菩萨这位医王为我们施药救治。哀求的方式是持诵地藏大士的"灭定业真言"。我们已经诵持过总共四百六十八万遍的"灭定业真言"了,而今天,我要再带领在场的诸位再补诵一百四十万遍。并以此功德,伏愿一切比丘,一切沙弥和所有信仰净土大道的众生,都能"咸脱苦轮,毕获安乐"。大师在这里大力赞叹了地藏菩萨"灭定业真言"具有利己利他的无量功德。由此可见,蕅益大师倡导信众用可以统计数据的诵持"遍数"来鼓励大家一心诵持地藏菩萨灭定业真言。

在鼓励信众称诵地藏菩萨名号方面,大师开示他们的方法也十分特别。僧人一般向大众募化食物或净财,而蕅益大师却曾经向大众募化过持诵地藏名号,他希望大家都能多多称诵"地藏菩萨名号",以利各自早成佛道。同时,也试图从礼拜形式上使"地藏信仰"体系得以更加完善。关于称诵地藏名号的功德,蕅益大师在他的《化持地藏菩萨名号缘起》一文中开示说,"吾人最切要者,莫若自心。世间善明心要者,莫若佛法。"意思是,大众要想明心见性,见性成佛,就必须学习佛法。关于如何学习佛法,大师援引《占察经》,为大家开示说,"宿习恶心猛利,现在必多造恶,毁犯重禁",所以要"先修忏悔,若戒根清净,及宿世重罪得微薄者,则离诸障。又曰,虽学信解,修唯心识观,真如实观,而善根业薄,未能进趋,诸恶烦恼不能渐伏,其心疑怯怖畏,及种种障碍。应一切时处,常勤念我之名字。若得一心,善根增长,其意猛利。观我及诸佛法身,与己自身,体性平等,无二无别,不生不灭,常乐我净,功德圆满。是可归依,又观自身心相,无常苦……"这段开示的是,众生恶业深重,应当从忏悔开始修行。而初学者因为善根不深,也难免障碍重重,所以要修好"观我及诸佛法身"这"二观",要修二观,就要时时处处坚持念诵地藏名号。而且大师还告诉大众,"戒不清净,二观绝不易修,二观不修,一实何由证契?而欲戒根清净,舍忏悔持名,岂更有方便哉?"这是告诉大众,以上"二观"不修,岂能证悟无二无别的一实相真谛?而要修好"二观",得到清净的戒根,除了称赞"地藏菩萨名号"哪里还有更方便的办法了?大师在这里告诉大众,要像念佛法门中称念"阿弥陀佛"名号一样,念念不忘地称诵"南无大愿地藏菩萨",

这种称念名号的方式是修行地藏法门的一个重要礼拜形式。

为了鼓励和方便信众修持地藏法门，蕅益大师于卓锡九华山期间曾专门撰制了《赞礼地藏菩萨忏愿仪》。还于此前撰述有《占察业报行法》，在今天的九华山各大寺院中，拜地藏忏这台佛事活动几乎天天都在举行。

为了鼓励和方便信众修持地藏法门，蕅益大师于卓锡九华，期间曾专门撰制了《赞礼地藏菩萨忏愿仪》。还于此前撰述有《占察业报行法》。在今天的九华山各大寺院中，拜地藏忏这台佛事活动几乎天天都在举行。

蕅益大师为九华山，为"地藏信仰"奔走呼号多年。他用倡导诵持《地藏菩萨灭定业真言》和募化百万称的地藏名号的方式，鼓励当时文盲率极高的普罗大众以简便易行的礼拜方式来践行地藏法门。除此之外，大师还号召大家通过"敲地藏菩萨幽冥大钟"来救拔沉沦并警策自身。因为敲钟偈告诉人们，"闻钟声，烦恼轻，智慧长，菩提增……"，而敲地藏钟则利益更多。大师将架设在地藏殿内的大钟命名为"幽冥教主地藏王菩萨"，简称"幽冥钟"，并尊称其为"铁地藏"。"铁地藏"之说应该是蕅益大师对地藏文化的一大首创性贡献。地藏法门的信众中也还有人将依据《占察经》用木料制成的"占察轮"称为"木地藏"。关于"铁地藏"，蕅益大师在为九华山募铸幽冥钟的《化铁地藏疏》中为大众开示了"敲幽冥钟"的功德。《疏》曰："洪钟具无边音性，一击而顿彻铁围，地藏圆同体大悲，瞻礼而顿蒙与拔。幽冥之觉可期，现在之障缘宜转。"《疏》文的一开头就告诉大家，洪钟与地藏菩萨对我们众生示现的是同体大悲，敲响大钟，我们就可能得到救拔。然后又告诉人们，画影图形的佛像为"是像作像，皆性同虚空"，"而炼就纯钢，可表坚固不坏。"这坚固不坏的大钟便是对"三身无像"的表法。因此，大师号召大家要铸一口钟来表法，"藉影像以妙彰，寄语高贤，共行檀施，助铁者，如正因心发，法身妙果可鉴，助炭者，如了因心发，般若光明可悟。助食用者，如缘因心发，解脱神通可基。"大师的这段话为大家分析了助铸大钟的利益。无论是贡献钢铁原料的人，贡献煤炭的人，还是贡献食物用度的人，大家都可以从正、缘二因出发，为了完成铸钟这项圣举作出自己的贡献。《化铁地藏疏》还说，捐铸"铁地藏""从大士而发其心，正是全性起修。由众信而成此缘，正是全修在性。如是事，如是理。如是因，如是果，真语实语，谛思谛行。"《疏》文结尾这几句告诉大众，捐铸幽冥大钟这尊铁地藏"像"就是实践地藏法门，就是一种全面的修行。这些因果关系是真实不虚的，大家要用心思量，踊跃参加。大师当年为九华山募化的这口大钟后来的下落我们无从考证，但后人于大清光绪年间再铸的"铁地藏"至今依然在蒲牢的利爪下，被牢牢地悬挂在九华山的开山祖寺化城寺大殿中，钟表的铭文标有"南无幽冥教主地藏文佛"字样，寺中僧人依然每日在撞击此钟。"化城晚钟"是"九华十景"之一。蕅益大师推出"铁地藏"之说，显然是在引导信众将膜拜拟人化的地藏菩萨升华到对地藏精神的理性修为上来。当然，蕅益大师募化的铁材，后来也可能被铸成一尊地藏圣像，毕竟此前的万历年间，九华山中出现过一尊地藏铸像。

蕅益大师在着力为"地藏信仰"充实礼拜形式的同时，还非常关怀九华山的道场建设和道风建设。大师曾在信众中为九华山营建僧人塔院开展过募化活动。其间，他专门著过一篇《九华山营建众僧塔疏》。在这篇疏文中，大师向信众们开示了建塔供奉僧人舍利的重要性。他说："凡夫比丘，未断思惑，倘尸骸暴露，则神识不安，可悲也。堂堂僧宝，可敬也。矧凡圣莫测……安知肉眼所谓凡僧，非即大士曲示乎？"也就是说，在这些示寂的僧人中，可能就有以凡人示现的菩萨。所以，大师号召大家在九华山中营建僧塔，以供奉僧人骨殖，即所谓的"黄金锁子"，以示对地藏法门中僧宝的礼敬。

蕅益大师关心九华僧众的道风建设，主要突显在他关注九华山的僧伽和合方面。九华当地有人给大师去函，告之九华有少数僧人道风不严等现象。为此，大师在《复九华常住书》中告诉九华僧众，"即一二僧众，不拘小节者，亦作志公、济颠等想。圣道场地，鱼龙混杂，凡圣交参，不敢以牛羊眼妄测，自招无间重罪也。"这是说，对那些不拘小节者，权且把他们当宝志公和济公和尚看待。对九华道场的僧人，我们不能以小人之心度之。万一他们是委身在众人中的圣者，那我们岂不是在造恶业吗？大师赞叹九华僧众，说，"山中大众，皆吾幼主，臣无轻君之念，而有谏君之职，唯是诚惶诚恐。稽首顿首。"这是大师在赞叹九华山中僧人，说大家都是地藏大士的真实眷属，而我只是你们的仆佣，对我的意见，你们"亦须慈恕"。可见，大师对九华山中的僧伽和合是何等的关注。

蕅益大师弘扬"地藏信仰"过程中，还有一件事，值得我们关注。那就是大师的影响力决定了九华山的"庙会"日期。关于九华山金地藏和尚圆寂时间的记述，只有"贞元十年夏"的记述，并无具体日期的记载，而诞辰日期更无记录。在清朝之前，没有九华山庙会的记载，更没有农历七月卅（或七月的最后一天）是"地藏诞"的记录。后人在记述九华山庙会的由来时，也只称是"旧俗"，并未交代具体依据。至于民国版《九华山志》在引用《神僧传》时说"金地藏端坐九子山头七十五载，至开元十六年七月卅日夜成道"云云，经查阅《神僧传》卷八之地藏条下，并无"七月卅"之说，纯属编《志》者的添油加醋。在阅读《蕅益大师文集》时，笔者注意到，明朝天启六年，大师23岁时，在决意出家之际，于农历七月卅日撰写过一篇署名大朗优婆塞的《四十八愿愿文》；又于清顺治元年，大师46岁时撰写了一篇《甲申七月卅日愿文》，以期在幽冥教主地藏慈尊面前为国祝釐，为民祈福。这两篇愿文一直以来，受到了教界的广泛关注。由此，笔者认为，就是因为蕅益大师的这两个"七月卅日"，使得极为崇敬蕅益大师的广大汉地信众，特别是长江中下游的信众从清朝开始，便逐渐将每年的农历七月卅日（或七月的最后一天）认定为地藏菩萨诞辰，甚至还认为，地藏菩萨的诞辰和入寂同为这一天，并举行庙会专事祭祀，从而约定俗成了今天的九华山七月卅日（或七月廿九日）庙会。

四、结束语

由蕅益大师的上述文献中可见,大师系统而又全面地向广大佛教信众介绍了《地藏菩萨本愿经》《占察善恶业报经》和《大乘大集地藏十轮经》,即所谓的"地藏三经",为"地藏信仰"确立了经典依据。同时,大师又鼓励信众们诵持《地藏灭定业真言》,称诵"南无大愿地藏王菩萨"名号,拜《地藏忏》,敲"南无地藏王菩萨幽冥钟",行"占察行法"等等。他自己还曾寄书调和九华山僧伽和合,又为僧众募化墓塔等等。大师通过这一系列的措施,从"三宝"的多个方面着手,使以九华山为基地的,以弘扬孝道为特色的"地藏信仰"在信众中得到了广泛的认同。进而使汉地俗成的松散型"地藏信仰"得到了完美的整合和巩固。是蕅益大师完善了汉地佛教中的"地藏信仰"体系。正如大师自己所说:"推人扶人,只是一手,赞人毁人,只是一口。"正是蕅益大师对九华山的一手扶植和扶持,正是蕅益大师对九华山的始终赞叹和赞扬,才有了今天九华山。

中国佛教的主动流

——试析太虚大师对佛教中国化历史经验的总结

裴 勇 [①]

内容提要：本文全面分析论述了太虚大师对佛教中国化历史经验的总结和归纳，强调指出，当今佛教仍需坚守中国佛教本位、坚守太虚大师指出的"中国佛教的主动流"，太虚大师这一对佛教中国化历史经验的精准归纳总结，仍是今天中国佛教进一步落实和深化佛教中国化、开创佛教中国化新境界的重要指南。

关键词：太虚大师；佛教中国化；主动流

众所周知，佛教产生于印度，光大并保全于中国，至今中国仍然是三大语系佛教、三传佛教俱全的国家。笔者曾经移译荷兰汉学家许理和《佛教征服中国》一书，佛教之所以能"征服"中国，是因为佛教来到中国经过不断应机调适，适应了中国的土壤，不但存活下来，而且大放异彩，早在 1300 多年前的唐代就总体上实现了佛教中国化。而且佛教的中国化没有改变佛法的本质，而是保持佛法纯正性的基础上，融会贯通，把佛法的见修行证推向了高峰。佛教中国化的历史经验和有益成果被太虚大师归纳概

[①] 裴勇，北京大学宗教文化研究院研究员。

括为"中国佛教的主动流"①，应该说，尽管这个"主动流"在中国佛教的发展演变中也出现过一些问题和流弊，但中国佛教在不同阶段都能够结合时代环境和机运，善于把握"契理契机""变与不变""新与融贯"的辩证关系，不断反思、调试、校准，而使这个主动流得以保留延续下来。万变不离其宗，这个主动流一直到今天也仍然是当代中国佛教进一步深化并创造佛教中国化新实践、新境界的基础和坐标。

一、太虚大师对中国佛教主动流基本特征的归纳

太虚大师主要在《中国佛学》和《论中国佛教史》等讲述中集中概括了"中国佛教主动流"的形成和特点。太虚大师认为，中国佛教史上"道安—慧远"一系，开启了中国佛教的主动流，将之概括为四大特点：本佛、宗经、博约、重行②。可以说这四个重要特点就是佛教中国化的基本特征和主要表现，与印度本土的佛教和在（中国）西藏、日本等地流传的佛教在旨趣和形态上都有着显明差异。因这四个特点符合汉文化的特点和汉民族的习性，所以在此传统之下的中国佛教主流诸宗派尽管不断受到各种不同程度的冲击和影响，但这四个特点总体上还是延续下来直到今天。

我们首先看一下太虚大师关于中国佛教（主要指汉传佛教）的三个历史分期归纳：③

第一，佛本主源一味时期，自永平求法到东晋道安。（佛教初传阶段）

第二，空识夹变主流时期，自慧远到清凉受罗什到玄奘之重重扩变。（东晋到隋唐佛教发展演变阶段）

第三，主流递演不绝时期，会昌后禅宗下的台贤净律。（唐代会昌法难以后，已经形成的佛教主流，进一步不断发展演变阶段）。

---

① 《太虚大师全书》第一编佛法总学，《论中国佛教史》。
② 《太虚大师全书》第一编佛法总学，《论中国佛教史》。
③ 《太虚大师全书》第一编佛法总学，《论中国佛教史》。

太虚大师还总结了汉传佛教有三大系统：①

第一，"道安重行系"。包括慧远承道安修持戒律和净土，觉贤（佛陀跋陀罗）传禅法，天台宗的慧文禅师，修实相禅而演出天台一宗，光统持律与杜顺修法界观出贤首一宗，就是华严宗，乃至慧能以后的禅宗。这些可统称为法界圆觉宗。

第二，"传龙树学系"。就是从鸠摩罗什传龙树的《中论》《大智度论》等等到中国，到兴皇（法朗）、嘉祥（吉藏）的集三论宗之大成，这可称为法性空慧宗。

第三，"传世亲学系"。就是菩提流支法师、真谛、玄奘三人相次的传世亲论著进入中国，而演出地论、摄论和唯识三宗，其中还附带传入俱舍论，成立俱舍宗。这可称为法相唯识宗。

在太虚大师这里，汉传佛教三大系就是这样划分的，应该说是非常深入的考察和准确的概括。但有些人一听说这个，颇感质疑，甚至认为是"胡说"。因为一般认为在佛教中，中观和唯识绝对是核心、是主流，怎么在这里成了旁流。应该说，在印度大乘佛教流传演变中，确实中观唯识这两大学派始终占据两大主流地位。如来藏思想在印度大乘佛教中尽管内容也十分丰富，但是并不是那么突出到自成一系。到了中国以后，通过空（中观）识（唯识）夹变不断演进，如来藏思想渐成主流（实际是将中观唯识融摄于其中），而形成中国汉传佛教三大系，其中的道安重行系，也就是法界圆觉、佛性如来藏一系，此后一直在汉传佛教中占据了主流地位。这种情况在印度和其他佛法流传地区是未曾有过或不占主导地位的。在这个主流中，隋唐时期的天台、华严、禅、净土等中国本土化宗派的建立，在佛教史上一般被认为是佛教中国化的基本实现或完成。

太虚大师所说的"佛本主源一味时期"，就是指"在罗什以前所传译的，有禅教律密净，般若、法华、华严（单品）。那时候的大德们，只把

---

① 《太虚大师全书》第一编佛法总学，《论中国佛教史》。

它当作佛教来传译、来宏扬,根本就没有宗派存在,所以不该拿后来宗派的眼光去衡量它。而且,后来中国佛教佛本的主动流就是确立在这个时期,所以可以叫它作'佛本主源一味时期',其代表人物可以说是道安"。①

太虚大师指出:佛本论主动流的递演不绝,就是"自道安以来,有慧远、觉贤、慧思、达摩、智者、杜顺、慧能等,且收且破,而性空论终由智者融摄而为天台宗,唯识论亦由法藏融摄而为贤首宗。所以自罗什以来,虽然性空唯识二旁支加入法流,但始终是以佛本论为主动流的。唐朝自慧能以来,禅宗独特兴盛,净土也渐遍的流行,正如《中华佛教之三大系》一文②里所说的:'注重修行即为净土宗。吸收(法华涅槃及龙树系)演教即为天台宗。专崇悟证即为禅宗。吸收(华严楞伽及世亲学系)演教即为贤首宗。此中国晚唐以来之佛教所由行证不出禅净、教理不出台贤欤'!这说明了佛本论主动流的递演不绝,也正是所以成为'中国佛学'之特质所在。"③

"汉传佛教的主动流,道安重行系,它永远是中国佛教思想的主动流。传龙树学系和传世亲学系,就是中观和唯识,只是两种外入流。它从印度传入,而兴盛的时期虽曾影响到主流,但不久被融摄而至衰歇,不能撼动主流,更不能进为主流。主流尊其为主流,旁支还其为旁支。循是以观,才能见到中国佛教演变的真相,所以在研究中国佛教史的时候,辨别认清这个主动流与外入流两者特质的不同,这是一件非常重要的事情。"④

可以说,我们把握理解了太虚大师所说的中国佛教的主动流,就能把握中国佛教的特质和精华之所在,也便能认识到佛教中国化的经验和成果。

我们看中国佛教主动流的四个特点:本佛、宗经、博约、重行。

1. "本佛"。什么叫本佛?太虚大师说:"自道安以来的中国佛教代

---

① 《太虚大师全书》第一编"佛法总学",《论中国佛教史》。
② 《太虚大师全书》第一编佛法总学,《会昌以前中华佛教三大系》。
③ 《太虚大师全书》第一编佛法总学,《论中国佛教史》。
④ 《太虚大师全书》第一编佛法总学,《论中国佛教史》。

表人物，如慧远、智者、贤首、慧能等，都是直本于佛"①，并举例"如道安倡以佛姓为姓，一切以探本于佛为宗。"②众所周知，从道安开始，中国的出家人统一姓释。以前是不统一的，出家人有很多的姓，有姓竺的，如竺法护，"竺"字表明此人来自印度。于法开，表示来自西域的于阗。安世高，来自西域的安息。支娄迦谶、支谦，则来自西域的大月支。康僧会，来自西域的康居等等。到了道安以后，出家人都统一为释姓。这是从一个角度说明，一切以探本于佛为宗。中国佛教一向称、念"本师释迦牟尼佛"，就是始终把佛陀作为根本导师，一切推本于佛，凡是佛说的，都作为圣言量而遵守，凡是非佛说而是他者所说都要认真推究考量一番而做出抉择取舍。此外，"本佛"也是相对于主流的旁流"本理"对比而说。

2."宗经"，什么是宗经？太虚大师说："就是他们都是以无上正等觉，就是佛的金口亲宣的经典为根据"③。汉传佛教特别重视佛经，把佛经、把佛说的戒律作为学习、理解、指导修行的根本依据。而其他的，包括论典和其他一切非圣者的修行人的言论都只能作为某种程度的参考，而不能作为根本的、最终的依据。只有坚守"宗经"的立场，才能真正地、更好地落实佛教"依法不依人"的学修原则。

3."博约"，什么是博约？太虚大师说："因为经的浩繁，所以他们都博览全教而约其要旨，比如道安博览众经而综理经录，天台、贤首的博综一代时教而为判摄，都是这种表现。"④这就是说，中国人、特别是中国学人的一个重大特点就是善于总体、宏观把握全体，然后融会贯通其中的关联和要点，提炼出根本宗旨和心要。中国人的性格是善于归纳总结、总体把握，善于化繁为简，不喜欢烦琐和复杂，而喜欢简约、直截。比如说，同样是佛教宗派，中国佛教的宗派，虽然以某种经典为宗经，但大多

---

① 《太虚大师全书》第一编佛法总学，《论中国佛教史》。
② 《太虚大师全书》第一编佛法总学，《论中国佛教史》。
③ 《太虚大师全书》第一编佛法总学，《论中国佛教史》。
④ 《太虚大师全书》第一编佛法总学，《论中国佛教史》。

是博览众经加以抉择取舍后总结归纳并用自己创造的语汇概念表达出既符合佛法根本精神宗旨又具有独特简洁表达的佛学思想。而日本佛教的宗派，则大多以单一经典或某类经典为宗经建立宗派，比较排斥其他经典和宗派，因而被后世称为宗派佛教，是典型意义上的宗派佛教。而中国汉传佛教八大宗派中，除了天台、华严、禅宗、净土汇通佛教各类思想外，实际上汉传佛教中相当于旁流的三论宗、唯识宗，也是综合了不同经典思想加以融会贯通而建立自己的宗派，包括汉传的律宗实际上也是融合了律学、唯识等思想而建立的宗派。汉传的密宗更是以各类显教教理为基础而建立起其理论体系。

4."重行"，什么是重行？太虚大师说："博览中提出一种心要，就成为实践的行门，或者是修净土，净业，或者修禅观，作为自行化他的修证法门"①。即是说中国化的佛教宗派在博通教理的基础上都能总结出一种心要，并转化成一个简捷实用、容易入手、具体实行的修行方法，像净土宗的念佛和修净业三福，天台的止观修行、开圆解、禅宗的参悟、华严的法界观门等，都非常重视实践、重视简明实用的实际修行。这一点也是与中国人的崇尚简易的心性和注重实践的性格分不开的。

以上就是中国佛教主动流的四个重要特点。

为了加深对中国佛教主动流的理解，我们再对比看下太虚大师归纳的中国佛教旁流的四个特点，即：本理、宗论、授受、重学。②

1."本理"。太虚大师指出："鸠摩罗什、玄奘大师等，就所立宗都是以他们所本的性空或唯识为本，而不是推本于佛"③，就是说两者都是间接以性空或唯识的教理为本，不是直接承接于佛。"这传学本理而宗论的性空唯识二支，虽然大大影响了佛本论主流，但终不能夺其主流而代

---

① 《太虚大师全书》第一编佛法总学，《论中国佛教史》。
② 《太虚大师全书》第一编佛法总学，《论中国佛教史》。
③ 《太虚大师全书》第一编佛法总学，《论中国佛教史》。

之。"① 就是说虽然性空和唯识这两大旁流对佛本论的主流有很大影响，最后其思想理论都被这个佛本论的主流融摄进来了。

2. "宗论"，太虚大师指出，"因本的是理，所以就以专明此理的论典为宗依，他们或者是宗龙树论，或者是宗世亲论（就是中观和唯识的论），都不是直接宗于佛说的经"②。就是说两者更注重以有关大乘论典为依据，而不是直接依据佛经。

3. "授受"，太虚大师指出，"因为有宗本论典，所以他们的思想只是论师们授受下来的一套，不能自己直探佛法作更伟大的创建。"③ 这就不像主动流能够直探佛法并加以融会贯通形成一种简约的心要。相对来说，容易形成一种繁琐的经院哲学体系。

4. "重学"，太虚大师指出，"承受所传授的论典，孜孜钻研讲说，所以他们不能从一种扼要简易的行门，直接去修行证果，需要长时间循序渐进一点点慢慢修行"④，就是说，两者非常重视学习和传讲，注重循序渐进的慢慢学修，所以提倡各种修行的次第和阶位，好处是次第明确、体系清晰，弱点是复杂繁琐，实行较慢。

通过上述的对比，我们会更加清晰地看到中国佛教主动流的鲜明和独到之处。这个主动流的形成与中国文化特点有很大的交集、很深的融合，全面彰显了佛教中国化的内在特征和外在表现。

历史有惊人的相似。到了现代，中国佛教应该说也还是这三系两流之间的消长回互，但主动流的佛本论—法界圆觉宗—道安重行系仍然占据主流地位。我们看太虚大师，他是仍然承续了主动流一系，同时结合新时代特点普遍融摄南传、藏传、日本等中外各宗派，同时推进人间佛教的思想和实践。印顺法师经过一番自己的综合抉择后，主要推尊性空论系，即中

---

① 《太虚大师全书》第一编佛法总学，《论中国佛教史》。
② 《太虚大师全书》第一编佛法总学，《论中国佛教史》。
③ 《太虚大师全书》第一编佛法总学，《论中国佛教史》。
④ 《太虚大师全书》第一编佛法总学，《论中国佛教史》。

观，一方面他激烈批评中国传统的佛教宗派，甚至有否定的倾向。一方面也强调应吸收佛法各时期的可取之处。但其否定是否合理、如何以及是否做到恰当吸收，则存在很大争议。欧阳竟无居士则是承续并主弘唯识论系，他激烈批判中国佛学的主流宗派，像禅宗、天台宗、华严宗等等，他有一句话，叫"自天台贤首兴，佛法之光日晦"①。他的意思是说，中国这些传统宗派出来以后，遮蔽了佛法的光辉，中国传统宗派远离了佛法。应该说，后两者都有回到所谓"纯正"印度佛学的倾向和主张，太虚大师则质疑这种批判到底是正本清源，还是推墙倒屋。正本清源是很必要的，反思和批判佛教传统中的一些弊病和一些问题也是很正常的。但是这两种倾向，往往导致把中国特色的宗派完全推倒的倾向，其实是对佛法整体和中国传统宗派的严重误判。由于太虚大师关于中国佛教的主动流这一对中国佛学特征的准确恰当的判断没来得及被有效继承延续下来，又加上后来"文革"时期佛教从理论到实践的断层，上述对传统佛教不同的反思态度，或者说主流和旁流之间，直到今天仍处于激烈的角力之中。在当代，上述情况实仍有表现。当前汉传佛教界有一些法师和居士所主张的佛教本位的义学研究，总体上是承续了太虚大师关于汉传佛教佛本论的主动流。另外还有一批佛学研究者，主要推尊法相唯识论，或者是性空中观论，并以其为究竟。

据实平心而论，中国（汉传）佛教的主动流应该说是非常广大精深的！太虚大师指出，"在这两流里面，佛本论的主流是能博教而得其要行，摄末而直追根本。这就是中国佛教的主流，充分表现了中国人伟大的创造力，终于建立起具备深厚特质的中国佛学"②，可以说，富有特色的中国佛学、创造性的佛教中国化就是体现在太虚大师所说的"佛本论"的主动流里。太虚大师指出："在世界佛教的三大系中，南方巴利文系只是局限在小乘三藏，未闻摩诃衍义（就是没有大乘）。流行在卫藏地区的西藏文系，认

---

① 王雷泉编：《悲愤而后有学——欧阳竟无文集》，第一编佛学通论，《唯识抉择谈》。
② 《太虚大师全书》第一编佛法总学，《论中国佛教史》。

为佛教所宗不是有部、经部，便是中观唯识，那充分说明了它只是本理的、宗论的与授受的，能够直本于佛，探一切经，在'博教约行'中表现其伟大创造力的，只有流传在中国的汉文系的佛学。"①"大一统之国家，中和性之民族，非统贯一切之道不足以尽其情，非圆澈一切之理不足以定其志。而就其知识思想言论之所及，必于变中求得其常，偏中求得其圆为满足。"②"顿悟禅为中国佛学之骨髓，又为佛学之核心。唯中国佛学握得此佛学之核心，故释迦如来真正之佛学，现今唯在中国。"③著名佛学思想家也是当代大儒熊十力先生也说，"印度佛学，亡绝已久，今欲求佛学之真，必于中国。东土多大乘根器，佛又悬记，证验不爽。"④牟宗三先生说："佛教并未中国化被变质，只是中国人讲纯粹的佛教，直称经论义理，发展至圆教的境界。"⑤纵观俯瞰全体佛法、吞吐自如、契理契机、灵活应变、以简摄繁、以顿摄渐、以易摄难、以大总持智融会贯通，这就是我们中国佛教的主动流的精神体现和精华之所在，真正的完整系统的佛法也唯在中国。

当然，太虚大师也毫不回避，而是同时清醒地看到佛本论的主动流在后来发展演变中所出现的问题和弊端，他指出，"最初的佛本论不但重行，而且能宗经博教，教证本末都很圆满健全，后来的禅净在发展过程中，承这个重行之走到极端，有一部分末流专重要行而舍去了经律，孤陋寡闻而致佛教衰落。现在要复兴中国佛教，应该重新继承佛本论的主动流，力戒孤陋的弊病，直探佛经，博搜教理，精简以取其要，见之实行，绝不是承受哪一家的旧套"⑥。正如太虚大师所言，要复兴中国佛教，还是要重新

---

① 《太虚大师全书》第一编佛法总学，《论中国佛教史》。
② 《太虚大师全书》第十六编书评，《再议印度之佛教》。
③ 《太虚大师全书》第一编佛法总学，《佛学之源流及其新运动》。
④ 《佛家名相通释》撰叙大意，熊十力。
⑤ 《佛性与般若》序，牟宗三。
⑥ 《太虚大师全书》第一编佛法总学，《论中国佛教史》。

继承佛本论的主动流。太虚大师的办法就是结合时代特点和需求，博采众派众经所长，进一步加以综合融摄，重建以中国佛教佛本论、主动流为基础和基调的新时代的中国佛学。

二、太虚大师对中国佛教主动流的接续

太虚大师面对中国佛教在现代社会环境下面临的新对机，着眼于佛教的现代转型，提出了佛教能够契理契机、如理如量，圆融传统与现代、既坚守传统的中国佛教的主动流、又能够返本开新的思想理路和解决方案，我称之为——"太虚法则"，即：一要以佛教为中心、二要以中国佛教本位为中心、三是进行普遍融摄。① 其中第二点坚持中国佛教本位，就是集中强调，即使佛教进入现代社会也仍然要坚持作为佛教中国化历史经验和有益成果的中国佛教的主动流。

（一）坚持中国佛教的主动流要把握太虚法则的基本内涵

太虚大师首先强调要处理好佛教方面传统与现代、继承与发展的关系，特别是在进入百年未有之大变局的现代社会，要认清并把握好新与融贯的关系。对"新"要有正确的认识。面对新的机宜，需根据具体情况，灵活应对、稳妥把握。太虚大师指出，首先要对"新"进行理性观照、加以适当把握。太虚大师在《新与融贯》一文中指出："依上面的意趣，可以观察本人的思想，即新的思想与融贯的思想。先说新的意义：平常说新乃对旧的反面而言，而佛法真胜义中无新无旧，缘生义中则没有一定的分划，小至一事一物，大至一世界乃至无量世界，都刹那刹那生灭相续的迁流着而新陈代谢。然依佛法契理契机的契机原则，以佛法适应这现代的思想潮流及将来的趋势上，因为人类在一个区域之中一个时代里面，适应其现在的将来的生活，则有一种新的意义。便是契机的意思。根据佛法的常住真理，

---

① 《太虚大师全书》第一编佛法总学，《新与融贯》。

去适应时代性的思想文化，洗除不合时代性的色彩，随时代以发扬佛法之教化功用，这在四悉檀中叫作世界悉檀，即是佛法活跃在人类社会或众生世界里，人人都欢喜奉行。如是，即为本人所提倡的弘扬佛法的新的意义。若是故步自封不能适应时代；或标奇立胜，从古代或异地另寻来一个方法，欲以移易当地原状，则都不免落于非契机的病根上。一般为佛法传持的人，若能依照契理契机去躬践实行，则不但目前及将来的中国的佛教可以发扬光大，即全世界佛教亦会因此而鼎新起来。"① 大师所说的新，就是契机的意思。但他首先强调佛法的契理问题，即佛法的真胜义是无新无旧的，是常住真理。而不是像世间的理是随着时代发展而不断发展变化的。所以，"新"是要根据佛法的常住真理，去适应时代性的思想文化，洗除不合时代性的色彩，随时代以发扬佛法之教化功用"，而不是把佛法的常住真理也来一通任意发挥"发展"。有了这样的认识，就佛教而言，便不难处理好传统与现代的关系。

　　1. 以佛教为中心。太虚大师强调他所说的新是以佛教为中心的新。大师指出："新，需要佛教中心的新，即是以佛教为中心而适应现代思想文化所成的新的佛教。这佛教的中心的新，是建立在依佛法真理而契适时代机宜的原则上。所以本人三十年来宏扬佛法，旁及东西古今文化思想，是抱定以佛教为中心的观念，去观察现代的一切新的经济、政治、教育、文艺及科学、哲学诸文化，无一不可为佛法所批评的对象或发扬的工具，这就是应用佛法的新。" ② "然而，若不能以佛法适应时代、契众生机，则失掉这里所谓的新，在社会众生界是一种没有作用的东西；如此的佛教，会成为一种死的佛教！又若不能以佛教为中心，但竖起契机的标帜而奔趋时代文化潮流或浪漫文艺的新，则他们的新已经失去了佛教中心的思想信仰，而必然的会流到返俗叛教中去！这都不是我所提倡的新。" ③ 太虚大

---

① 《太虚大师全书》第一编佛法总学，《新与融贯》。
② 《太虚大师全书》第一编佛法总学，《新与融贯》。
③ 《太虚大师全书》第一编佛法总学，《新与融贯》。

师所强调的求新出新要把握佛教这个中心这一点是非常重要的,也是从世间学术角度看颇有疑义的一点。因为在现代学术看来,一般认为学术原则和学术方法有"客观"标准,或者说预设了世间学问和学术是"客观"标准。但实际上所谓学术的"客观"标准也有其信念和价值取向在内,也并非"客观"。可以说,一个预设的前提就是一切都可以被人类的理性思维所完全证实,比如通过不断的观察实验、论证辨析等等。然而对于宗教信仰和实践而言,恰恰是人类理性从根本上所不能到达的。对于佛教来说,佛法就是佛陀所证悟的真理,是终极常住、不会随时代变化而发展变化的。因而太虚大师强调要以佛教为中心,要建立在佛法真理上才能考虑如何适应时代机宜、如何出新的问题。正是基于此点,佛教才能圆融传统和现代,才不至于为了出新,而背离和抛弃了佛教本具真理,如果那样,就等于"反俗叛教",新也就失去了意义。

2. 以中国佛教本位为中心。太虚大师强调他所说的新是基于中国佛教本位的新。大师指出:"本来,佛教是没有民族和国界的限制的,现在讲中国佛教本位的新,则因在中国已有一二千年历史的佛教,有不得不注意的必要。而此中所谓中国佛教,更应简别为华文佛教。今中国虽合汉、满、蒙、回、藏,然汉文占十之九有余,故通称汉文为国文。"[1] 太虚大师这里所说的中国佛教主要是指汉传佛教。汉传佛教是中国佛教的主流,太虚大师传承也是汉传佛教,所推进的佛教现代转型主要也是指汉传佛教。大师接着指出:"我此中所云中国佛教本位的新,是以中国二千年来传演流变的佛法为根据,在适应中国目前及将来的需要上,去吸收采择各时代各方域佛教的特长,以成为复兴中国民族中的中国新佛教,以适应中国目前及将来趋势上的需求。"[2] "由此,本人所谓中国佛教本位的新,不同一般人倾倒于西化、麻醉于日本,推翻千百年中国佛教的所谓新!亦不同有些人

---

[1] 《太虚大师全书》第一编佛法总学,《新与融贯》。
[2] 《太虚大师全书》第一编佛法总学,《新与融贯》。

凭个己研究的一点心得，批评中国从来未有如法如律的佛教，而要据佛法的律制以从新设立的新！此皆不能根据中国佛教去采择各国佛教所长，以适应目前及将来中国趋势上的需要。"① "所以本人所谓的中国佛教本位的新，有两点：一、是扫去中国佛教不能适应中国目前及将来的需求的病态，二、是揭破离开中国佛教本位而易以异地异代的新谬见。在这两个原则之下，在中国目前及将来趋势的需求上，把中国佛教本位的新佛教建立起来。"②太虚大师这一强调是有针对性的，因为当时就有人根据用西学考证方法得来的并非确切的结论作为依据来否定推翻传统中国佛教，认为中国佛教传统主流宗派不是正宗佛教、偏离了佛教的本义。应该说这是一种简单地以学术规则为标准、典型的现代学术霸权的又一体现。知识界可以将佛法作为一门学问进行世间意义上的学术研究，但不能盲目到认识不清佛法本身首先不是学术，而是一种信仰实践，有其本位性和特殊性，应该尊重佛教本身的观察研究的原则和方法、尊重佛教千年以上的传统和实践。特别是对于中国人，汉传佛教及主要传统宗派是中国僧众对佛法的综合把握和智慧开显。应该正确对待、客观判断中国佛教的价值所在，接续优良传统，在此基础上广采众长，融会新知，建立中国佛教本位的新佛教。太虚大师的这一指引无疑也是正确恰当符合实际的。

3. 综合融贯、普遍融摄。太虚大师强调在以佛教为中心、以中国佛教本位为中心的基础上还要进行综合融贯，即要融会贯通古来各宗乘、各文系的佛教思想，包括大小、显密、中国八宗、世界三大语系佛教，以及各国现代佛教弘法应用方面的经验和实践。如此的融会贯通当能创发出结合传统与现代的中国乃至世界的新佛教。这一原则实际上也就是与中国文化品格相应、在中国佛教主动流形成发展中发挥作用的根本原则。

以上三个方面是相辅相成的，第一点以佛教为中心，表明中国佛教的

---

① 《太虚大师全书》第一编佛法总学，《新与融贯》。
② 《太虚大师全书》第一编佛法总学，《新与融贯》。

发展创新始终不能偏离佛法的本质，佛教中国化是在保持了佛法纯正性的前提下而发展开新。第二点以中国佛教本位为中心，表明中国佛教始终要继承和发扬自身的中国化的优良传统，继续接续中国佛教的主动流，因为这是中国佛教的优势和精华所在。第三点普遍融摄，正是中国这一文化特质和民族性促成了中国佛教主动流的形成，佛教中国化的实现。这也是未来在新的时代结合新的特点，进一步坚守中国佛教的主动流、进一步深化佛教中国化的根本原则。

（二）坚守中国佛教的主动流要坚持以中国佛教本位为中心

前述太虚大师在《新与融贯》一文中已经明确指出要在坚持中国佛教本位的基础上去开新的基本原则。一方面"扫去中国佛教不能适应中国目前及将来的需求的病态"，就是反思批判中国佛教传统的弊端，另一方面更重要的是认清中国佛教传统的特质以及精华精髓所在，坚持优良传统，防止"离开中国佛教本位而易以异地异代的新谬见"。从而"在中国目前及将来趋势的需求上，把中国佛教本位的新佛教建立起来"。太虚大师也正是在对古今中外各时期、各宗各派佛教体系进行综合辨析比较研究后才得出如上观点。历史事实表明，中国佛教传统是经过综合融摄，在保留佛法精髓和实质的基础上创造出的博大精深的中华佛学体系。

反思中国佛教传统中的弊端和问题是非常需要的，但有人在反思批判问题的时候却盲目地把中国佛教传统中的根本和精华也反掉了。比如、有人反对中国佛教传统主流至顿至圆至简的圆教特点。其实至顿至圆至简本身不但不是问题，而且是佛教至高境界的体现。应该反对的是末流错解误用圆顿简易产生的流弊。正如印度空有各宗也有末流偏解之徒，也不能因此而否定空有各宗。中国佛教传统主流至近代之所以出现衰败的现象有很复杂的原因，有政治和社会结构局限的原因，也有自身无法当机对机的原因等等，教在大乘、行在小乘的情况比较突出。而封建社会结束，中国进入现代社会恰恰为中国佛教真正展现大乘特质提供了契机，太虚大师正是抓住了这个历史机遇，力倡人间佛教，不但可以扭转中国佛教的颓势，而且将重新提振大乘佛教的真精神。同时，无论进入怎样的时代，中国的文化精神和民族性格不会因之改变，佛教也必然需要沿着适应中国文化和民族性格的传统主流继续推进。因此，太虚大师着重强调要坚守中国佛教本位，在这个基础上去开新方为稳妥和有效。

还有人认为坚持中国佛教的本位是出于民族主义、民粹主义和政治正确，其实认同太虚大师以中国佛教为本位，绝不是单纯出于民族情感或民粹主义，认为只要是中国的就好，也不是为博取政治正确，而偏说中国化佛教就是好。而是实事求是的通过考察抉择，确实认为以禅宗为代表的中国佛教传统主流既贯彻了佛法的根本和实质，又充分适应中国的文化环境和民族性格。因而必须继续继承和坚守、传续并发扬。很多有见识的高僧大德和专家学者都对中国佛教传统主流的特点都作了精深论述，都认为无疑应该肯定、继承和发扬中国佛教传统主流。[1] 近现代以来，有不少中外学者，包括一些学术大师认为中国佛教传统主流偏离了佛法的思想教义，有的认为如来藏思想是实体说、基体说，有的将真常唯心说等同于印度教梵我论。而实际上，这些观点在论据和论证上并不足够充分谨严，当时就有人反驳，至今也不是定论。还有人过度迷信梵文、巴利文等文本，将其当作绝对可靠的标准，总觉得汉文佛典为二手材料，价值不高，可信度低，认为中国化佛教教义思想不但没有印度佛教纯正，甚至是偏离的、错误的。近年来，日本创价大学辛嶋静志教授在北京佛教文化研究所所做《犍陀罗语与大乘佛教》讲座中指出，"早期佛典不是梵语的，而是口头传诵；最初佛典不是文字版本，是口头传承；佛典是不断变迁的；缺乏以上三个视点，就会像今天的大多数学者以为最早写于11世纪至17世纪的梵语写本就是原典，而轻视对汉语佛典的研究与重视"。[2] "今天看到的最古梵语佛经

---

[1] 见王雷泉《太虚大师论人间佛教之定位及中国佛学之重建》和陈兵《中国佛学的继承与重建》等。
[2] 辛嶋静志：《犍陀罗语与大乘佛教》北京佛教文化研究所讲座，师道大学堂公号。

写本是几百年以来不断进行梵语化、不断进行错误的逆构词、添加、插入的结果，这就意味着正确理解早期大乘佛典或追溯它们传播过程时，如果仅依赖现存的梵语写本，是不可能理解佛典的真相。很多汉译佛典先于绝大多数现存的梵语写本，尤其是公元2世纪至6世纪之间的作品，这期间的汉译佛典多为完本，而且翻译年代确凿，是最为重要的研究资料。"①

中国著名佛教文献学家纪赟先生也指出："犍陀罗语本(《般若八千颂》)比十多年前发现的巴米扬贵霜时期（公元后3世纪的下半叶）梵语本《八千颂》残卷，更为接近中国早期支娄迦谶的译本。换言之，就是这个早期中国汉译本比目前发现的最早的梵语本还要更为接近此经的原始本！"② 这不但让我们更加深入全面了解和重视中国佛教传统和经典的价值，也让我们进一步认识到，研究佛学应该始终小心求证、郑重其事，避免迷信妄断。我们可以尊重某些学术大师的人格和学问但不必迷信其的观点和考证，像蔡元培的"以美育代宗教"、陈独秀的"以科学代宗教"、冯友兰的"以哲学代宗教"、梁漱溟的"以道德代宗教"的观点至今无一有效，像胡适对禅宗的考证虽然具有开创性但并不都恰当准确。在那个现代性极强、科学突进的时代，人们往往容易以有限的人类理性对宗教和信仰问题进行简单化处理。到如今，我们发现宗教不可替代、佛法更无可替代，因为除了有共世间性之外，他还有不共世间性、超越性。对于近现代以来对中国佛教传统主流思想可能存在的轻断和误判，对汉文佛典可能存在的轻视和误读，应该重新进行一番新的审视和考察。陈兵先生指出了否定中国传统佛教主流的错误所在并予以批驳，认为他们是"以虚无主义态度贬弃传统佛学，或者从西方人文科学研究的路子，以所谓'原始佛学'或外地的某一宗派之学为准则，否定中国佛学的核心内容心性论及台贤禅净之学，证《楞严》《圆觉》，《起信》为伪作，斥心性本觉，'真常唯心'说为印度教

---

① 辛嶋静志：《犍陀罗语与大乘佛教》北京佛教文化研究所讲座，师道大学堂公号。
② 纪赟：《佛教经典大发现时代：佛教的死海古卷犍陀罗语佛经篇》，原佛公众号。

梵我论。殊不知心性本觉义,出《华严》等大乘教典,'真常唯心'义,不过是三法印中涅槃寂静印的表诠,台贤二宗之圆教义理,质诸佛经,无不有据,禅净二宗之经久流传,必有其既契理又契机的坚实基础。另一种人则对本土传统佛学丧失信心,舍本外求,唯认南传、藏传、日本的某种宗派之学为真正佛法,欲图原样移植,以取代汉传诸宗。殊不知吸取南传、藏传,日本佛学之精华,取长补短,固属必要,但南传、藏传、日本的宗派之学,亦是流非源,各有其契当地时机的方便,亦各有其需要改革的积弊,原样移植以取代本土诸宗,更难契合时机,即使得以流布,也难免产生弊端。"① 事实上,也正如陈兵先生所说,如禅净二宗经久流传,至今不衰,说明了其契理又契机、具有长久生命力。可以说,中国佛教传统以法界圆觉学的圆教思想为主流,最终主要汇归于中国禅学,因而太虚大师说:"中国佛学的特质在禅。"当然,大师明确承认"后来的禅净,承这个重行之绪,走到极端,专重要行而舍去了经律,孤陋寡闻而致佛教衰落"②。就是说末流将之偏狭极端化,成为后来佛教衰落的原因。但我们认为瑕不掩瑜,不能因噎废食。所以他说,"现在要复兴中国佛教,应该继承佛本论的主动流,力戒孤陋的弊病,直探佛经,博搜教理,精简以取其要,见之实行;绝不是承受那一家的旧套的"③。太虚大师强调中国佛学的特质在禅,应该在立足教律的基础上稳健禅宗,主张易禅宗的"直指人心见性成佛"为"直依人生增进成佛",或"发达人生进化成佛"④的道路,即主张以大乘渐法为主,这应该是比较符合客观实际,符合当今大多数学人的根机。

应该说,太虚大师既有理论阐释,又有实践设计,专门提出了人间佛教的今菩萨行和菩萨学处的实践方法,这就是当代人间佛教主要的修证方法。同时还可以辅以禅宗一行三昧的大乘生活禅法,以及西方或弥勒净土

---

① 陈兵:《中国佛学的继承与重建》,《法音》1992年02期。
② 《太虚大师全书》第一编佛法总学,《论中国佛教史》。
③ 《太虚大师全书》第一编佛法总学,《论中国佛教史》。
④ 《太虚大师全书》第二编,《人生佛学的说明》。

和密宗的方便行，毕竟现代留存下的仍能在现实中发挥实际作用的大乘修行法门仍然主要是禅净密。禅净是中国汉传佛教传统主流的代表，在汉地为主，密当代主要指中国藏传佛教，实际上藏传佛教是显密共修的宗派，真正进入到密宗修法阶段的人很少，普通信众主要还是以显宗闻思修为主。藏传佛教在藏地为主，民国以来至今也流传到汉地民间。有人认为，中国佛教传统主流因有演变成分而有妨碍解脱的后果，有人认为藏传密宗不是佛法、不可能得到佛法意义上的解脱。但唐以来，中国佛教传统主流的台贤禅净与性相律密一样得大成就的高僧大德代有人出，藏地亦有众多修密法得大成就者，并未影响解脱，这些都是史实。而人间佛教建立起来之后至今的禅净密其实已经成为人间佛教的禅净密。因为禅净密本身都是大乘佛法、都讲发菩提心、都讲悲智双运，在人间佛法发达人生、利益人生、即人成佛的道路上将会更好地落实大乘精神，真正成为教在大乘、行在大乘的中国佛教。

　　说到宗派问题，有些偏狭者往往一刀切、机械地看待问题。有的虽然标榜不是宗派徒裔，平等尊重各宗各派，但实际上往往依人不依法，言行中充满宗派门户之见。有的认为既然不应有宗派之见，就应取消宗派。正确的态度应该是：不应有宗教之见，但可以有宗派之行。宗派之见、门户之见要不得，但行履和入手上通过某一个宗派或法门一门深入方有助于修学佛法。历史上，佛法的见修行证也通常是通过不同宗派进入的，佛法本身也是通过不同宗派流传下来。又比如，太虚大师提出人生佛教时，强调"'人生佛学'者，当暂置'天''鬼'等于不论"[①]，因此，有人便认为应取消、消除佛教中与天、鬼有关的一切，方为纯正的佛教、纯正的人间佛教，实际上这正如太虚大师所说的割离了余有情界、孤取了人间。实际上大师说的是"暂置不论"，并不是完全排除，只是为了对治以往的不当偏重而产生的弊端。再有太虚大师提倡修弥勒净土，他本人也身体力行专修弥勒净土。

---

① 《太虚大师全书》第二编，《人生佛学的说明》。

而弥勒净土在哪里？在兜率天弥勒内院，此乃天界。这对于那些唯人间论者是不能接受的。有些偏狭者听到这些便会说，你看，这位先生反对人间佛教、提倡天神教、为鬼教迷信张目。这样的论调，不是误解、就是曲解。我们应该辩证地、综合地看问题，真正做到契理契机、实事求是地如实观照佛法，既不要瞒盱笼统，更不要以偏概全，应该在除弊纠偏、趋利避害的过程中恪守佛法中道圆融的精神，把握好传统与现代的关系、把握好主次关系，才能正确适宜地弘扬好佛教。

前述对中国佛教传统主流的强调并没有独尊主流的意思，而是强调以符合佛陀本怀、佛法特质并适应中国情况的传统主流为主，为本位。正是在确立了以佛教为中心的佛教本位、中国佛教本位的基础上，太虚大师按照"去吸收采择各时代各方域佛教的特长，以成为复兴中国民族中的中国新佛教，以适应中国目前及将来趋势上的需求"①，主张进行包括宗乘融贯和文系融贯在内的普遍融摄。宗即印度、中国、日本之各部各宗各派，融贯以梳理清楚佛教各宗派源流。乘即诸乘，把五乘共法、三乘共法、大乘不共法融贯起来。文系，即把巴利文、汉文、藏文各文系佛教融贯起来。太虚大师强调，一要"普遍融摄前说诸义为资源而为中国亦即世界佛教的重新创建"，二要"不是依任何一古代宗义或一异地教派而来改建，而是探本于佛的行果、境智、依正、主伴而重重无尽的一切佛法"。②"时至今日，则须依于全部佛陀真理而适应全人类时机，更抉择以前各时域佛法中之精要，更综合其精要而整理之。"③太虚大师正是按照普遍融摄的原则，注意吸收各时期、各宗各派的佛教精髓用以重新构建新时代机宜下的中国佛学。

今天，尽管我们已经进入一个崭新的时代、一个快速发展的全球化时代，但仍需坚守中国佛教本位、接续中国佛教的主动流、继承中国佛教传统优

---

① 《太虚大师全书》第一编，《中国佛学》。
② 《太虚大师全书》第一编，《中国佛学》。
③ 《太虚大师全书》第二编，《人生佛教开题》。

秀和精髓部分。太虚大师的有关重要论述、观点以及太虚大师对中国佛教主动流的接续，正是今天中国佛教进一步落实和深化佛教中国化、开创佛教中国化新境界的重要指南。

三、新时代进一步推进佛教中国化的角度和方向

（一）佛教中国化所面临的新境遇、新时代、新对机

太虚大师曾指出："现在讲佛法，应当观察民族心理的特点何在，世界人类的心理如何……才能把人心中所流行的活的佛教显扬出来"，"根据佛教的常住真理，去适应时代性的思想文化，洗除不合时代性的色彩，随时代以发扬佛法之教化功用。"[①] 当前中国佛教所处的新时代面临着新的对机，可以概括为四个方面，即全球化、现代化、法制化和信息化。可以说，进一步推进佛教中国化需要稳妥地应对这些新的对机。

1. 佛教在古代的中国化主要解决的本地化的问题，融入本地、本民族的文化和社会环境中。而进入近现代后，特别是当代，佛教的进一步中国化、主要是要应因全球化的新的时代特征，需要放眼全球，与各种文明、各种宗教开展接触和对话，既要应对其他文明、其他宗教的挑战，也要在交流互鉴中向更广阔的范围内弘传中国佛教。

2. 佛教在当代仍然面临着现代化转型的问题，近现代以来的以太虚大师为代表的中国佛教的现代化转型虽然已经开启但由于种种因缘的不具足至今仍没有完成。今天，我们面对的现代社会结构、现代心理结构变得日益复杂，现代性面临重大危机，而且后现代化的思考和实践也已经开启，中国佛教如何面对在继续完成现代转型的同时，避免现代性的弊端而向后现代迈进是一个更加复杂的问题。

3. 佛教在当代面临着如何与社会的法制化、法治化相协调的问题，这

---

① 《太虚大师全书》第一编佛法总学，《新与融贯》。

也是佛教现代转型中的一项重要内容。佛教本身有着深厚的民主协商、民主治理的传统和实践，如何引入现代法律管理机制、如何与现在民主法制治理结构结合好也是一个需要深入思考和探索的重大问题。如何保证既要纳入现代法律治理结构中，又不影响传统佛教戒律和教制的实施和落实。接受现代法律治理结构不意味着丧失佛教传统特征和主体性，这一点如何把握，敏感而复杂，需要认真思考。

4.佛教在当代还面临着如何应对信息化网络化的生存方式，如何能在信息化网络化的挑战中，不但能存身自护，而且能如虎添翼。技术壁垒如何超越，都是佛教面对的重要问题和考验，需要佛教界有识之士和领导阶层能够调动智慧、加以创造性的解决。

我们当前应该站在一个比前人更高的起点，在更广的视野下来观察佛教的整体，把握佛教的走向，通过树立佛教自身主体性、把握中国佛教自身本位所在，冷静而稳健地推进新时代条件下的佛教中国化进程，佛教的新一轮发展将与此同步。

（二）新时代佛教中国化的努力方向和着力点。

我们仍然可以从太虚大师提出的佛教三大革命，即教理、教制、教产三个方面来思考和推进新时代的佛教中国化。当然的佛教中国化的基本任务仍然是佛教三大革命的继续和完成、也就是太虚大师总结的中国佛教主动流、即佛教中国化历史经验和重要成果的接续和新的开展。

1.教理方面：继续太虚大师提出、探索而尚未完成的现代中国佛学的重建，这是进一步推进和深化佛教中国化的思想基础。一要坚持太虚大师"以佛教为中心"的法则，把握佛法特质、坚守佛教本位，进一步夯实佛法建在果证上、佛教务求实证的正确认知。二要坚持太虚大师"以中国佛教本位为中心"的法则，接续中国佛教的主动流，继承这一佛教中国化的宝贵历史经验和成果，将之延续及深化下去。具体而言就是坚持中国佛教的佛本论、道安重行系、法界圆觉学、佛性如来藏说的主流，继续融汇性空中观、法相唯识学,并结合藏传道次第、南传律仪及应用佛学等方面的优点,进行普遍融摄,创生新时代的中国佛学乃至世界佛学。继续分析检视太虚大师提倡并付诸实施的人间佛教的定位、路径和方法,以及后人各自发展推进的人间佛教进路的成败得失,去粗取精、正本清源,加以更好的落实,这是新时代佛教中国实践的一项重要内容。

2. 教制方面:进一步深入发掘研究佛陀制定的戒制和中国祖师制定的清规,在坚持传统戒制清规的基础上,合理结合国家现行宗教政策法规和现代法律治理结构,探索建立行之有效的各项僧团和教团制度。第一,建立切实有效的戒律监督制度,提升僧人的持戒自修和威仪行持;第二,建立切实有效的僧团羯磨制度,把僧人自清机制落到实处;第三,建立切实有效的僧团管理制度,落实好佛制和清规,努力做到既能维护好传统的僧团秩序,又能够提高运行的效率。第四,建立切实有效的僧才培养制度,根据个人情况分层培养,注重提高质量,将传统丛林与现代佛学院僧才培养方法有效结合,努力建立一个能够住持佛法的具有完善僧格的清净僧人群体。

3. 教产方面:进一步推动佛教团体、佛教寺庙道场的财产确权,特别是土地使用权和房产所有权以及各类其他物权、债权、知识产权等。进一步推动佛教非营利法人地位的落实,逐步做好法人登记工作、努力建立现代法人治理结构。进一步推动合理合法、行之有效的佛教经济建设,在国家法律框架下,坚持非营利的原则,探索佛教兴办实业、流通资金、开展公益活动等具体办法。

4. 弘传方面:第一,建立团结互助的教内关系,包括汉传诸宗的交互融摄、汉藏佛教的团结整合、三大语系佛教的互尊互鉴互补互利等。第二,建立良性互动的政教关系,佛教界和佛教领袖要主动监督政府有关部门切实维护宪法制定的宗教信仰自由原则,切实落实政教分离的原则,监督领导干部不能用行政权力随意干涉佛教内部事务。而佛教界自身要自觉严格遵纪守法、不得以宗教权威对政府人员和政府施政施加影响、不得勾结政商权贵谋取不正当利益甚至从事违法犯罪活动。第三，建立友好互尊的教教关系，佛教界应加强与国内外基督宗教、伊斯兰教等其他宗教的交流互动，主动加强对话沟通、努力做好增进互相理解的工作。减少互相排斥和攻击，努力维护宗教界的共同利益，佛教界自身应该做出表率、占据主动，从而扩大佛教的正面形象和影响力。第四，在护法护教方面，佛教界要主动学习借鉴其他宗教的现代护教经验和模式，努力建立佛教现代护教学。第五，佛教界特别是佛教高层应该努力培养国际视野和宏观思维，做好世界弘法的准备和战略规划，在具备条件的情况下逐步推进。第六，佛教界应该在现有法律框架下，充分利用网络资源和技术手段、探索行之有效的合法弘法模式，提供信众喜闻乐见的弘法内容，加强佛法内容的供给侧改革和有效投放。以更好地适应现代化、城市化、网络化的时代特点。任何时候，寺庙和僧团仍然是住持佛法、传讲佛法、指导修学的中心。

总之，通过一系列的探索和努力，佛教界如果能够建立起现代佛教思想体系、现代佛教管理体系、现代佛教学修体系、现代佛教弘化体系、现代佛教传播体系和现代佛教教育体系，佛教的现代转型就能够得以实现，而在坚持中国佛教主动流的前提和基础之上，佛教的现代化正是新时代佛教开拓中国化新境界的最集中的体现和最有效的落实。

地藏精神解析

——太虚讲《地藏经》的诠释与增补

邓子美[①]

内容提要: 地藏精神就是蕴含在地藏文化中的积极精神,其特色为大愿。本文引用太虚法师讲《地藏经》之概要作为地藏精神的正解,即个体皆可量力而行,弘扬地藏菩萨为众生求解脱的悲悯大愿精神。为便于从多方面理解这一精神,文中还列举"唯意志论"、地藏即地狱等误解,加以比较剖析,并说明其由来。突出正解,澄清这些带有消极内涵的误解,正本清源,有利于继承弘扬地藏文化的积极精神,汇聚正能量。东亚、南亚文化共同孕育了地藏文化,乃能成其大。我们弘扬中华优秀传统文化,也须历史性地分析理解欧洲、印度文化,品味涵化,吸收其有益养分,不但长知识,不同文化间火花碰撞更能启迪大智慧。

关键词: 地藏精神;地藏菩萨;中华优秀传统文化;《地藏经》

一、正解

地藏精神就是蕴含在地藏文化中的积极精神,其特色为大愿,正如"悲、智、行"分别概括了普陀、五台、峨眉佛教特质一样,九华佛教正体现着大愿。正因大愿也不可或缺,不但汉传佛教寺院多设有地藏殿,地藏菩萨及其象

[①] 邓子美,江南大学宗教社会学研究所教授。

征在东亚日本、韩国也到处可见。不过,地藏文化的积极精神之恰切含义是什么,恐怕并不容易回答,而太虚大师(1890-1947)于1935年10月在上海雪窦寺分院讲《地藏经》时已经阐明:

1."'地藏',是菩萨的德号,愍念地狱受苦众生,分身十方世界,所谓'我不入地狱,谁入地狱';以悲愿住地狱度生,名为地藏。"可见"地藏"不是别的什么,就是菩萨德号,望文(字)生义多舛。

2."次则因大悲愿最胜最广,犹如大地一样:大地为一切所依止,又能荷担一切含藏万物;而此菩萨悲愿心亦复如是,为一切众生之所依止,荷担十方诸佛事业。所以如大地样的,将诸佛功德事业并众生苦恼荷担起来,含藏在悲愿心地之中,名为地藏。"①这说明了大愿之"大"以及为什么"大"。"地"指大地,非为简单的地下。

3."此地藏菩萨誓愿度空罪障极重的阿鼻地狱,这是特别悲愍愿力所成。"②人为"六趋"的中枢,可以因"向上"而升华,也很容易因"贪、瞋、痴"而堕落,以致"罪障极重"坠入精神重重痛苦的深渊。这类重重痛苦只有自己发愿也仰仗地藏菩萨愿力才也有可能获解脱。

这三点正是地藏文化积极精神的正解。太虚还通俗地说:"如我们(每个人)能够发一种自利利他心,也就是菩萨。"③如金地藏正是一位从新罗(今韩国)来华学佛又把地藏精神回传东亚的菩萨。太虚大师本人也在苏州平望小九华寺出家,该寺正是地藏菩萨道场。可惜,太虚原《讲要》已被删,仅存开题与科目大纲。否则,讲经内容当能给我们更多启发。

幸好,太虚应其小九华出家师祖叒年法师之请,还特地撰写了《重刻地藏经序》,文中重申了地藏悲愿,还举例证明地藏本愿功德所在,"龙猛(即古印度的龙树)发菩提心法,先依子母天性之爱,观母沦于地狱,痛切赴救,然后廓充此心于一切含识,悲愿乃不期然而深广,非成佛莫由竟此悲愿,

---

① 太虚:《地藏菩萨本愿经开题》,《太虚大师全书》第29册第2469页,善导寺,1981年。
② 太虚:《地藏菩萨本愿经开题》,《太虚大师全书》第29册第2471页。
③ 太虚:《地藏菩萨本愿经开题》,《太虚大师全书》第29册第2470页。

而誓成正觉之大菩提志，遂确乎其不可摇夺矣。此非即经中所昭示之菩萨本愿功德矣！"[①] 其中"不期然而深广""非成佛莫由竟"尤其值得来到九华的众多发愿者品味。不过，当下仍存在着对地藏文化精神的诸多误传、质疑甚至非议。显然，面对着城市化的不断推进，民众文化教育程的度普遍提高，对这些总不能一直回避吧？

二、大愿不是唯意志论

就学术界而言，很有代表性的一种说法是把大愿与唯意志论划归为一类。

唯意志论由德国哲学家叔本华（1788-1860）率先提出，他主张生存意志是主宰世界运作的力量，被认为西方现代哲学开创者的德国哲学家尼采（1844-1900）所提出的权力意志论，也受到叔本华这一主张的启发。叔本华与黑格尔（1770-1831）所提出的客观的绝对精神是世界本质，并体现为历史必然性之说针锋相对，认为主观的生存意志才是世界本质。然其理由却似与佛教讲的众生皆苦一样。叔本华确是最早受古印度哲学思想影响的西方哲学家之一，就推动东、西方哲学思想对话而言，他也是有贡献的，但综观其学说，似他受《吠陀》《奥义书》（皆婆罗门教经典）的影响更大，佛教影响为次。其实，佛法之愿与其唯意志论存在着根本分歧。

首先，叔本华认为意志为苦因之主导，佛法则把无明作为第一苦因。因而叔本华认为只有消灭所谓"生存意志"——生存欲，才能灭苦。这跟古印度婆罗门教、外道的主张，乃至中世纪东、西方都繁盛过的苦行禁欲主义如出一辙。同时，这也是做不到的，若做到，则等同于生命消逝而恰恰不是解脱。而佛法认为依靠智慧照破无明，及凭相应的对众生苦难的悲悯，只要众生也有愿有缘，皆有可能获致解脱，离苦得乐；佛法反对纵欲，

[①] 太虚：《重刻地藏经序》，《太虚大师全书》，第60册第764页。

也不太赞同禁欲，主张两者间的中道，即节欲。

其次，叔本华的本质说继承着西方哲学从现象（叔本华称为"表象"，与佛教之"相"接近）追究本质的本体论传统。从柏拉图的先有"质料"还是"形式"到康德的"自在之物"，什么才是现象后面的本质？西方哲学界为此争执不休。叔本华继承康德，并以意志替换了自在之物概念。但且搁置这类先有鸡还是先有蛋的争论，现代哲学界也确已扬弃了何者为先的问题，转而以何为表象后面的本体，及其何以确定存在等问题的讨论为多。确实，世界上大部分哲学、神学都以存有（存在）为其基石，只有如中国道家、印度耆那教等少数才从"无"中生有。尽管存有论与虚无论两者相反，但从已确定可靠（或可信）的一个或多个基本概念，例如质料、形式、理念、上帝、物质、精神、器、道、气、理、一、无等等出发，并在与之相应的范畴中逻辑地推理展开，形成整个哲学或神学体系是相似的。唯有佛学与它们都不同，佛学的独特性在于"空"，真如、般若、"涅槃"、自性清净心等等都是"空"的别名。空意味着超克有、无对立的中道，它不否定确定性的存有，但认为凡确定的存有都依赖于内因外缘，因而有限。换言之，佛学从一切的可变性及其易逝性，即变化无限出发，它绝非不重视确定性，即因果律，但更着眼于可能性，因为这乃佛学独特性所在，是从人类众生潜能（即向上或向下的可能性）无限出发。佛学也不否定人们在认知上追求的"本体""本性""本质"之暂时且局部地存有，但断定这些同样是有限的、短暂的，随着其构成条件与因素之消逝而消逝，永恒的只是变化。[①]因而大多数哲学、神学从现象追究本质、本体，又自称已抓住本质、觅得其确定的本体，并依此建构概念体系。佛学认为它们各有其合理性，但并非像其所宣称的那样靠得住。换言之，它们虽认为现象多变，但有个不变

[①] [古印度]龙树："众因缘生法，我说即是空，亦为是假名，亦是中道义。"《中论·观四谛品》，《大正藏》第30册，第32页。黄心川：《印度哲学史》，商务印书馆，1989年，第219页。印顺：《空之探究》，正闻出版社，1992年。[英]凯思：《印度和锡兰佛教哲学》，上海古籍出版社，2004年，第35-56页。

本质存在，佛学则认为本质也是多种缘起构成，缘起变而随之变，仅较现象（相）改变慢且方式不同。因而所谓作为世界本质的意志，不能依叔本华的自定义去理解。虽然按西方哲学惯例，大多由自定义扩大基本概念范畴，以达至其体系的逻辑自洽。① 依一般词义，意志指为达到特定目标而克服困难的决心与毅力。它只有人类具备，因为意志的形成以有充分的"意识"为前提（有情众生中的一部分如灵长类也有意识，但尚朦胧）。意志也不是一时冲动，而众生本能恰是无意识的冲动的。所以说，叔本华认为生存意志是世界的本质，此乃把众生求生本能与人类意志混为一谈。当然人类也是众生的一部分，其求生本能也绝不可能改造，但人之所以为人，恰因其能理智地节制盲目冲动。黑格尔是理性论者，叔本华因此把意志与理性的关系对立起来。其实，意志与理性的关系也不是对立的，而是相辅相成的。以对批评的接受为例，恰恰是理性对本能恼怒（瞋）的克制，才能提升认知，纠正贯彻意志的方向。通常人们也都肯定立大志，如志在向上与志在四方，相较庸碌的谋生而言，都很可贵。佛教也肯定这一"俗谛"，但大愿才显"真谛"，因而更可贵，大愿之大在强调为众生得解脱，但个体能力有限，因而需要启发帮助。菩萨之不同于阿罗汉，就在于其体察众生疾苦，因而能帮到众生。换句话说，阿罗汉的知识分子气质似更强，菩萨则更"接地气"，

---

① 叔本华对驱动意志的欲望分析远远不够，依佛学的缘起论："缘"义为万象间的相互关系，"缘起"则是万象（相）形成的因素与条件。因此，意志即为强的相互关系中的意愿（弱关系中的意愿仅为愿望），意志的形成与贯彻也由复杂的因素、条件构成，并可从多角度分析。例如作为意志驱动力的欲望因素，可分为本能、情感、多层次交织三类。所谓器界的"盲目欲望"如水往低处流等，乃叔本华拟人化、拟生化的想象套用而已，而世界本来在变动不居中存在，并非由谁来推动。众生界本能欲望包括食、色（繁衍）、惰（懒散）等，且本能欲望也不尽为负面，纵欲过分即贪欲才引向负面。有情众生界的情感则往往与本能欲望聚合，如安全感与本能恐惧欲望结合驱动的逃生欲，由"瞋"激发也可转为负面的杀生欲，这类聚合对意志的驱动力最为强大。从理性与非理性关系角度分析，两者也并非仅对立关系，也伴随相辅相成关系。如判断力、执行力是意志的决定性构成因素，但判断、执行也都有赖于理性，判断须依据理性所把握的知识，知识则源于有情本能的求知欲，又经理性去伪存真的梳理。执行力既取决于信念、情感的勇气，也有赖于理性对其实现条件的把握。否则，勇气沦为鲁莽，意志沦为瞎想。总之，意志的形成、贯彻都依赖于种种自然社会条件等，意志背后的复杂的因果链更可无限地去探索、延伸，此不赘述。

特别是地藏菩萨。尽管菩萨愿力大，但若个体自己仍溺迷不觉，就任谁也帮不了。以罪障极重者为例，若不反省、真心忏悔，那就不可能与地藏菩萨同心协力，也就难获救度。反之，罪障虽重，发心尚属初步者也有可能。这说明佛教注重的是自他相应与协同关系。与此有异，叔本华强调的是求生意志乃世界运行的"第一推动力"。虽然两者都认为放纵本能酿苦果，"相"即"表象"。①

其三，不妨承认众生本能的求生欲及求知欲为现实世界中最为强大的力量，不过佛学则认为世界由众生业力创造，包括由求知欲推动的科学技术创造力。就反对神创论而言，叔本华之说也有合理性，但他的求生欲主宰世界说则过分了。佛学认为由于根本"无我"，世界就不存在任何主宰，任谁的意志也成不了整个世界的主宰。任何意志，即便存心非恶，但如强制推行，也必致自身与众生两方面苦果。所以"大愿"并非唯意志论，更不是极端的主观唯心主义。

三、地藏与地狱

在民众中，普遍有地藏王就是掌管阴曹冥府的阎罗王，地狱就是阴曹冥府的传说，导致佛教被讥为迷信。太虚曾说："世人多以佛教为迷信鬼神，不切人生实际，不知佛教宗旨，正以解除众生苦难为唯一责任！"②虽然这一佛教中国化进程中的传说演化，也起到让罪者有悔过机会，其家属可行善以获救度的积极效能。不但如此，它也有令作恶者生畏而改恶行善的作用，若非此，就不乏像《红楼梦》中的凤姐一样之人，因"不信地狱"，干出阴损杀人等伤天害理之事。又如《窦娥冤》所叙，这一传说也给冤屈者以"恶有恶报"，公道终有实现的希望。所以这也如太虚所说，反映了苦难民众对佛教的需要。尽管阎罗王原为印度婆罗门教经典《吠陀》中的

---

① ［德］叔本华：《作为意志与表象的世界》，商务印书馆，2004年。
② 太虚：《佛教与护国》，《太虚大师全书》第48册，第67、68页。

夜魔神，地狱说也早见于婆罗门教经典《奥义书》，而佛陀则反对以神通惑众，既定下戒律严惩，也借阎罗、地狱说为方便，警示违戒出家人，故该两词也见于《阿含》。印度文化传入中国后，阎罗、地狱与道教类似之说及民间信仰结合，至唐末五代，衍出冥界十王的系统化之说，即《十王经》。然而代表佛学界见解的佛经目录对该经持警示态度，拒绝将其录入，有的则著为伪经。

古印度关于地狱的传说众多，归结起来乃某些罪障极重的众生趋向处，即六趋（趣）之一。"极重"也就是说，比陷入贪欲（饿鬼）、愚痴（畜生）者更重的各种罪与业障，其恶报皆为坠于地狱，特别是杀戮。因早见于《奥义书》的"六道轮回"也被用于劝善去恶，世俗多误传佛教也肯定人死为鬼。其实，佛法之为佛法，系于其独特的缘起论。与此相应的缘聚缘散生死观，并不需要夹杂鬼神。佛陀之所以沿袭印度古传，只是因为在民众普遍被当地民俗文化笼罩着的当时条件下，为使更广大众生能接受佛教传播，以此为方便说法而已。太虚对此早了然，他说在古印度，除少数人觉醒之外，曾经也是"其余大多数科学幼稚、人情寡薄……皆如聋如盲，不能同喻。为适应此印度的群众心理，即（当）人天福报及道解脱之机感，（佛陀）乃不得已而示说。"[①] 至于佛教是否承认鬼怪存在？即便太虚明知这只是沿袭南亚及中亚、东亚古传，但恐如径直否定，会连带伤及劝善戒恶与众生慰藉哀痛的情感需求，所以仍善巧地说："以人死流转六趣，实非皆作鬼灵，且亦非皆从鬼灵投胎以来。其以人畜等鬼灵身为在人世身副本，亦属不当"。[②] 然而怎么说才得当呢？太虚说："以常见对治断见之损减执，以断见对治常见之增益执，两相对照，庶可发见世界众生业果相续之俗谛道理；两相穷极，空无所执，庶可远离断常，获证真谛！"[③] 佛教戒"杀生"，也正是从反对婆罗门教"祭祀万能"中严重的杀生祭祀开始；佛教提倡众

---

① 太虚：《人生观的科学》，《太虚大师全书》第46册，第40、41页。
② 太虚：《阅科学的人灵交通记》，《太虚大师全书》第50册，第371页。
③ 太虚：《评精神不灭论》，《太虚大师全书》第50册，第396页。

生平等，既来自反对种姓制度，也来自无论贵为王族，富可敌国，还是名满八方，学贯中西，待生老病死来临，谁都逃不过的洞察。而无视世间真相，以逃避求解脱，即为断见（断灭空）之执；从世俗流传、世间常识到以某一角度的即使正确的观察或学术推论，尽管也很有道理，但若将其夸大（增益）至其不能涵盖的更广大范围，即为常见之执；太虚此言也就是说，中道方证真谛。

在佛教信众中，也存在着对地藏的误传、谬见，如在明清墓葬中多有发现把《地藏经》作为陪葬品。太虚说："启解导修之法谓之经。"① 也就是说，佛经是用来启发生者智慧，指导修行的。有信众将其用作为度死之具，大概出于对亲人丧亡无可奈何的悲痛，希冀借助佛力超度。对慰藉众生哀痛的需要，完全应由佛教予满足。为超度亡者，应该办佛教忏仪，这才是为给亡者亲属以慰藉的专门仪式。然而，滥做经忏也助长了向佛要钱的不良风气，太虚为纠正此风，在上海也做过改革忏仪的尝试。有信众可能会问，《地藏经》当陪葬品或许过分，但忏仪中不也要念经、念佛吗？这意思不是差不多吗？消除这类误解，莫如梦参老和尚（1915-2017）生前所澄清。他说：念经、念佛号以及回向，是为消除业障，"业障消了，智慧增长了，你自己看佛经，你自己就想往里头进了。这是真正进佛门，就深入下去了，你自然会研究（佛理）。"② 所谓业障，指某些行为（业）既已做了，其辗转的社会影响（业力）并不会因个体已不在而消失，所以需要消除其影响，即众生宿业；特别对个体自身而言，导致做错事的习惯的盲目的思念、行为模式往往也构成智慧增长的障碍，这也是业障。专注地念经、念佛更有利于消自业，进而"启解导修"。

* * * *

地藏文化早已融入皖南乃至东亚文化，成为九华山特色所在。地藏文

---

① 太虚：《地藏菩萨本愿经开题》，《太虚大师全书》第29册，第2471页。
② 梦参：《懂得这个道理，就叫修行》，https://fo.ifeng.com/c/88H9sjFNGko，21-08-28。

化也是佛教文化的内涵之一，佛教文化则早已融为中国传统文化的内在有机组成部分,而"中国化佛教在传统文化中最富现代化转型之潜质"。[①]然而，不论在学术界还是社会上及佛教信众中，有关"地藏"的想当然、以讹传讹、似是而非的消极之说甚多，本文仅各举一例说明而已。澄清这些带有消极内涵的误解，正本清源，有利于继承弘扬地藏文化的积极精神。东亚、南亚文化共同蕴育着地藏文化，才能成其大。我们弘扬中华优秀传统文化，也须历史性地分析理解欧洲、印度文化，品味涵化，吸收其有益养分，不但长知识，不同文化间火花碰撞还能启迪大智慧。

---

① 邓子美：《新世纪中国佛教应承担的社会历史使命》，《法音》1999年第12期，第9页。

浅论宣化法师的地藏菩萨愿行

李福标①

内容提要：宣化法师，年轻时以孝亲而发十八大愿。其后从东北而岭南，在虚云和尚座下得嗣沩仰宗法脉；既而毅然从岭南而奔赴美国，建立法界总会。究其一生，从北而南，从中而外，从庐墓僧而"墓中僧"，往还十方法界，艰苦备尝。他是地藏王菩萨"地狱不空，誓不成佛；众生度尽，方证菩提"精神真实的信仰者和勇猛的践行者，并秉持"心净即佛土净""心能造天堂，心能造地狱"的理念，呼吁世界和平，力图把佛教中国化进程推向全球化的高度。

关键词：宣化法师；地藏行愿；佛教全球化；世界和平

20世纪中叶后，毅然只身入美，弘法达三十余年的高僧宣化法师（1918-1995），出生于吉林双城人（今属黑龙江省），俗姓白，名玉书。15岁皈依双城三缘寺常智老和尚，19岁正式出家，名安慈，字度轮。民国三十七年（1948）春，跋涉至广东曲江曹溪南华寺。虚云老和尚一见即识为法器，后命其传沩仰宗法脉，为第九代，赐法号宣化。随后不久入美。他的一生，从东北而岭南，从岭南而美国，从北而南，从中而外，从庐墓僧而"墓中僧"，往还十方法界，艰苦备尝。他是地藏王菩萨"地狱不空，誓不成佛；众生度尽，方证菩提"精神真实的信仰者和勇猛的践行者，并

---

① 李福标，文学博士，中山大学图书馆古籍部研究馆员。

力图把佛教中国化进程推向全球化的高度。

一、墓旁僧：宣化法师在东北家乡的誓愿与功行

（一）以孝亲而发十八大愿

据宣化法师《水镜回天录》附录《宣公上人简传》述云：法师幼年即随母亲茹素念佛。年11，见邻居一死婴，感生死事大，毅然有出家之志。12岁，闻双城王孝子常仁大师，尽孝得道，发愿效法。每日早晚向父母叩头忏悔，以报亲恩，人称"白孝子"。15岁皈依三缘寺常智老和尚。三缘寺，在县城东北八十里正黄旗四屯。其正殿三楹，中间太阳佛，东间关帝，西间岳武穆；后殿三楹，中间太阴佛，东间观音，西间地藏王。[①]故儒家忠孝侠义观念和佛教地藏信仰可谓早植于其心中。同年入学，于四书五经、诸子百家等，无不贯通。期间又为不识字者讲《六祖坛经》《金刚经》等，为贫寒者创办义务学校。民国二十五年（1936）19岁，母亲辞世，遂礼常智老和尚剃度出家，法名安慈，字度轮，并披缁结庐于母墓旁。该年夏六月十九日，在佛前发十八大愿云：

（一）愿尽虚空、遍法界、十方三世一切菩萨等，若有一未成佛时，我誓不取正觉。

（二）愿尽虚空、遍法界、十方三世一切缘觉等，若有一未成佛时，我誓不取正觉。

（三）愿尽虚空、遍法界、十方三世一切声闻等，若有一未成佛时，我誓不取正觉。

（四）愿三界诸天人等，若有一未成佛时，我誓不取正觉。

（五）愿十方世界一切人等，若有一未成佛时，我誓不取正觉。

（六）愿天、人、一切阿修罗等，若有一未成佛时，我誓不

[①] （民国）高文垣等修、张鼐铭等纂《双城县志》卷十一，民国十五年（1926）铅印本。

取正觉。

（七）愿一切畜生界等，若有一未成佛时，我誓不取正觉。

（八）愿一切饿鬼等，若有一未成佛时，我誓不取正觉。

（九）愿一切地狱界等，若有一未成佛，或地狱不空时，我誓不取正觉。

（十）愿凡是三界诸天、仙、人、阿修罗、飞潜动植、灵界龙畜、鬼神等众，曾经皈依我者，若有一未成佛时，我誓不取正觉。

（十一）愿将我所应享一切福乐，悉皆回向，普施法界众生。

（十二）愿将法界众生所有一切苦难，悉皆与我一人代受。

（十三）愿分灵无数，普入一切不信佛法众生心，令其改恶向善，悔过自新，皈依三宝，究竟作佛。

（十四）愿一切众生，见我面，乃至闻我名，悉发菩提心，速得成佛道。

（十五）愿恪遵佛制，实行日中一食。

（十六）愿觉诸有情，普摄群机。

（十七）愿此生即得五眼六通，飞行自在。

（十八）愿一切求愿，必获满足。①

此十八大愿中，前十愿，均与地藏菩萨"地狱不空，誓不成佛；众生度尽，方证菩提"之愿同；第十一至十四愿，乃将前十愿回向一切众生，有"我不下地狱，谁下地狱""我不成佛，而令一切众生速得成佛"之大气概，又似较地藏之愿无不同且有过之；第十五至十七愿，乃表示其为达救苦难众生之誓愿而决定之实行与神通本领。第十八愿，总括以上十七愿。此十八大愿，宣化法师一生中无时或忘，乃至在西方弘法时，镌刻在每一部流通佛典、开示语录之后，广为传播。

---

① 宣化：《宣化上人开示录》，宗教文化出版社，2015年版附录《宣化上人十八大愿》。

（二）济世活人的地藏践行

有愿即有行。宣化法师守孝三年期满，隐居长白山支脉弥陀洞修苦行。后回三缘寺，为首座，观机逗教，点化迷蒙，其济世活人、驱邪除疫等度世的善巧方便颇多，在吉林、黑龙江两地传播着法师的威德道力。疑难危重的病家多来请求救治，法师总是教以至诚念诵大悲观世音菩萨圣号、大悲咒，戒杀吃素，止恶行善。宣化法师在美国万佛城讲述《地藏菩萨本愿经浅释》卷下嘱累人天品"六者疾疫不临"时回忆道：

> 记得我在东北时，那里有一次就生瘟疫病，一个家庭里头十一口，三天的时间死了十三个人。怎么十一口人，死了十三个人，又多出两个来？有两个送礼的，因为十一个人，大概死得不够数，所以要再添上两个。这两个人，一个是他们家做工的工人，另一个是一个亲戚，离得很远，到这儿来探亲，也跟着去凑数。所以家里十一口人，三天死了十三个，这是传染病。当时我在那个地方，带了四个小徒弟说："我们要救人去！"

另，信众中持诵观音名号，预知时至、安详舍报往生极乐净土者约数十人之多，其中多人尘脱，一人立亡。其化度之众，千古罕见。[①] 此大概可见宣化法师在母墓旁发十八大愿之后的最早实践。

二、宣化法师弘法西方世界的因缘

宣化法师19岁披缁为母守孝，发十八大愿后，拜华严、礼净忏、修禅定、习教观、日一食、夜不卧。一日在母墓旁打坐，相传定中见六祖大师至茅棚，告曰："将来你会到西方，所遇之人无量无边，教化众生如恒河沙，不可悉数，此是西方佛法崛起之征象。"言毕忽然不见。此事对他一生的影响至为关键。

[①] 郑颂英：《宣化上人事迹》，《广东佛教》1999年第3期，第118页。

王子慧有《美国万佛城兴建六祖宝殿颂五首》，其一云："微尘沙数佛世界，在土释迦大鉴在。万佛城始祖尊，一苇渡海宗风振。"①大鉴，即六祖惠能。此诗正点出了他早年的梦想。为实践禅定中六祖的记莂，1946年东北与内地交通不受阻滞之后，宣化法师遂束装就道，投奔南华寺虚云老和尚。途中备经艰苦，终于1948年方抵曹溪。②

虚云老和尚乃民国四高僧之一，其于地藏王菩萨甚深谛信。清光绪十五年（1889），虚云老和尚过安徽境，游黄山后，朝九华山，礼地藏王菩萨塔。光绪三十三年（1907），住龙泉寺，讲《地藏经》。1955年6月25日，又在云居山方便开示，云：

> 地藏王菩萨发大誓愿："众生度尽，方证菩提；地狱未空，誓不成佛。"一切菩萨也如此发心，我们每天上晚殿，也如此发愿说："众生无边誓愿度，烦恼无尽誓愿断，法门无量誓愿学，佛道无上誓愿成。"凡佛弟子无不发此誓愿，证果深浅大小不同，皆由愿力深浅，依愿行持大小而定。佛由众生修成，众生能依愿行持，就是菩萨，就能成佛。……《六祖坛经》解释四弘誓愿曰："众生无边誓愿度"，所谓邪迷心、狂妄心、不善心、嫉妒心、恶毒心，如是等心，尽是众生，各须自性自度，是名真度。又，"烦恼无尽誓愿断"，将自性般若智，除却虚妄思想是也。又，"法门无量誓愿学"，须自见性，常行正法，是名真学。又，"佛道无上誓愿成"，既常能下心，行于真正，离迷离觉，常生般若，除真除妄，即见佛性，即言下佛道成。③

又，据《虚云和尚自述年谱》载：1959年3月，"美洲汪宽慎、香港

---

① 王子慧：《美国万佛城兴建六祖宝殿颂五首》，《广东佛教》1991年第2期，第46页。
② 宣化：《水镜回天录》附录《宣公上人简传》，四川新都宝光寺1986年铅印本。宗教文化出版社，2007年。释宣化：《地藏菩萨本愿经浅释》附录《宣化上人简传》。
③ 净慧主编：《虚云和尚全集》第1册"开示"，第316-318页。

曾宽璧，以师今年为百二十寿辰，各以资来，请造地藏菩萨一尊，用祝师寿。师令刻日兴工塑造，两月而成，分供于钟楼及海会塔中。此师最后之造像也。"①可见虚云老和尚一生地藏信仰的坚定不移。尤其在国家危亡之际，虚云老和尚发大誓愿遥接五宗，弘扬大法，使"一花五叶"重现世间，实在最能体现其地藏王精神。中国禅宗史上，五宗之中沩仰最先兴起，事理并行，非大根器不易继承，因乏后嗣而较早衰亡，故虚云老和尚对此宗传承尤为重视。据《禅宗五派历代源流》"沩仰宗派"，虚云自为第八世，下列第九世即宣化度轮禅师。而这，是虚云和尚经过慎重考察，于1956年在云居山密传法卷的。②宣化法师于1948年到达南华寺之后，被任为南华戒律学院监学之职。后南华戒律学院遭匪患，师僧离去，法师一人独力支撑戒律学院教学任务。1949年，因南华戒律学院的停办，宣化法师乃辞别南华寺和虚云和尚，赴香港弘法。在港期间，法师仍心系虚云和尚重兴云居山祖庭的事业，捐款捐物。③可见虚云和尚与宣化法师之师资契合如此。又，从《地藏菩萨本愿经浅释》中多次讲及虚云和尚及南华寺故事，也可见出宣化法师对虚云和尚的感念。

徐焕佛《放声歌唱万佛城——并颂宣化上人》第九首赞叹云："法师自称墓中僧，又称蚊虫小蚁蚂。法船开入西半球，上宣下化点佛火。"注云："法师曾自号'墓中僧'。鉴于世界动荡，是因佛法衰落，西方科学虽昌盛，但精神空虚。乃于1962年只身赴美讲学弘法。为了宣扬佛法，故改名'宣化'，上宣圣教，下化众生，西方人士受了法水熏陶，折服佛教为救世真理，敬仰法师，纷纷皈依。……他还说：'鉴于世界风云暗淡，危机潜伏，复兴三宝，匡扶正教，已到了刻不容缓的地步。'"④徐氏云宣化法师是去美国之后才更名为"宣化"，这是不确切的。实际上，"宣化"是虚云老和

---

① 净慧主编：《虚云和尚全集》第5册《虚云和尚自述年谱》，第258–259页。
② 净慧主编：《虚云和尚全集》第8册，第160页。
③ 参南华寺主编：《曹溪通志》，广东人民出版社，2021年，552–554页。
④ 徐焕佛：《放声歌唱万佛城——并颂宣化上人》，《广东佛教》1996年第3期，第113–114页。

尚1956年传法时，赐予他的法名，即"上宣圣教，下化众生"之义，寄予了虚老的殷切希望。只不过在香港时仍以"度轮"之字行，而赴美后惟称"宣化"之名耳。宣化的弘法西方，因缘种种，不可思议。但从根本上来说，盖因守孝而发愿，因发愿修行而感应六祖；又为实现六祖记莂而投奔南华、皈依虚云，进而奔赴美国的。

三、墓中僧：宣化法师弘法西方的途径

1959年，宣化法师在香港时即已创立法界佛教总会。1962年，他只身赴美，初期暂住于一地下室中，待缘而化，自号"墓中僧"。1968年机缘成熟，始在美国建立僧团。僧团壮大后，相继成立20余座道场，遍布美、亚、大洋洲，以距旧金山北部的万佛城为枢纽。各分支道场均遵守法师所立下的严谨家风：冻死不攀缘，饿死不化缘，穷死不求缘；随缘不变，不变随缘，抱定我们三大宗旨。舍命为佛事，造命为本事，正命为僧事；即事明理，明理即事，推行祖师一脉心传。法总设立的教育机构，有国际译经学院、法界宗教研究院、僧伽居士训练班、法界佛教大学、培德中学、育良小学，除了积极地培养弘法、翻译及教育之杰出人才外，并推展各宗教间之交流与对话，以促进宗教间的团结与合作，共同致力于世界和平之重大责任。[①]而观其最初发心，都与其在母墓旁发十八大愿相关。从"墓旁僧"到"墓中僧"，宣化法师的地藏信愿是一贯的，且上升到前所未有的境界。

其弘法西方世界的途径，一言以蔽之曰"上宣圣教，下化众生"。先说"上宣圣教"一节。1981年7月宣化法师于万佛城禅七期间向信众开示其出家的因缘，说：

在我没出家以前，我也参加过天主教的弥撒，也参加过基督

[①] 宣化：《地藏菩萨本愿经浅释》附录《法界佛教总会简介》，宗教文化出版社，2007年版，第512-513页。又见宗教文化出版社，2015年版《宣化上人开示录》附录《宣化上人简传》。

教的安息会，到处来研究他们这个教义。还有很多旁门外道，我也都参加过。这样子，以后，我发觉到天主教、基督教很普遍地令一般人接受，不论中国，还是其他各国，东方、西方人能接受它、信仰它，就因为它这个《新约》《旧约》都有种种的语言文字，所以能令一般人接受这种教义。佛教这个教义，是非常圆满的，为什么没有那么多人来信仰？也就因为没有外国的语文，没有西方这种文字，只有中文和梵文，所以很不普遍的。因为这种关系，我就发愿，一定要把佛经翻译成世界的语言。可是我自己既不懂世界的语言，又没有这种聪明智慧，也没有这种因缘来学习，所以只发这么一个空愿！等来到美国后，在一九六八年，我们开始翻译佛教的经典成英文。这么多年以来，我们虽然没有完全把藏经都翻译成英文，可是一点一点地，算翻译出来一部分了。我们要是大家继续努力，从事这种神圣的工作、这种清高无上的工作，能把佛经都翻译成英文，这是天地间最要紧的一种弘法工作！①

并立《佛经翻译委员会八项基本守则》，其第八项为："从事翻译工作者之作品，经、律、论以及佛书，在获得印证之后，必须努力弘扬流通，以光大佛教。"② 可以说，前人把梵文翻译成中文，是佛教史上的一次巨大革命；宣化法师发愿把梵文、中文有计划地译成西方文字，是佛教史上的又一次革命！

再说"下化众生"一节，宣化法师之首要一着即讲经。他在美国开讲《大方广佛华严经浅释》《大乘妙法莲华经浅释》等大乘经典数十部，均以"浅释"为旨趣。其中，对号为中国地藏信仰发展史上里程碑的《地藏菩萨本愿经》尤为重视，讲释多次。因为地藏信仰是佛教中国化的典型成果，《地藏菩萨本愿经》是中国地藏信仰发展史上的重要里程碑。选择此经向美国

---

① 宣化：《宣化上人开示录》，第1册，第142-143页。
② 宣化：《宣化上人开示录》附录。

信众重点宣讲，有其殊胜之处。宣化法师早期的《地藏菩萨本愿经浅释》释经题说："佛最初时说华严经，此时好像牛乳。第二时说阿含经，好像从乳出酪。第三时说方等经，好像从酪出生酥。第四时说般若经，好像从生酥出熟酥。第五时说法华经、涅槃经，好像从熟酥中炼出最上妙味的醍醐。这部经，有的人说是生酥，但是我觉得这一部经，应该属于醍醐的味道，因为它具足无上的妙味。"①《地藏菩萨本愿经浅释》说："释迦牟尼佛显神通，到忉利天为母亲说这一部佛教的孝经，这是一部孝顺父母的经典，做人的经典，是知因达果、去恶向善、改过自新的经典。诸位研究佛法，一定要明白道理，不要囫囵吞枣，食而不知其味，盲修瞎炼，就变成一个木偶。要用真正的智慧来学佛，不要跟着人家跑，否则可怜得很！"②在《地藏菩萨本愿经浅释》经前悬谈中云："因为希望我们每一个人都学地藏王菩萨那种孝顺父母的精神，所以来讲这部《地藏经》。"③他概括此经宗旨为八个字：孝道、度生、拔苦、报恩。说到地藏王发"地狱不空，誓不成佛；众生度尽，方证菩提"之愿，他讲释道："这个愿力按照我们现在的科学家、哲学家来评观，是不是最愚痴的一种行为？最愚痴的一种思想呢？……这根本就是办不到的事情，地狱根本也不会空。那么，地藏王菩萨不是永远都没有成佛的机会了吗？不是，这不是最愚痴的一种思想和行为！这是最慈悲的一种行为、一种思想，也是最孝顺的一种思想和行为。"④又说：

> 在美国，本来许多制度都非常好，尤其是在教育方面。美国的教育这样普及，这样鼎盛……如果每一个人再知道孝顺父母……那么，美国这个国家就一定更好。因为孝顺父母的人，就不会去

---

① 宣化：《地藏菩萨本愿经浅释》，1994年，福建莆田广化寺铅印本，第14页。
② 宣化：《地藏菩萨本愿经浅释》，1994年，福建莆田广化寺铅印本，第19页。
③ 宣化：《地藏菩萨本愿经浅释》，宗教文化出版社，2007年版，第3-4页。
④ 宣化：《地藏菩萨本愿经浅释》，宗教文化出版社，2007年版，第12-13页。

做种种非法的事。而你若能守法，就是国家的一个良好的公民。整个国家的人，都变成良好的公民，这也可以说是做整个世界的好公民。因此可以说，你引导整个世界的人类都向好的路上走。所以首先人人就都要知道孝顺父母。①

今所见《地藏菩萨本愿经浅释》广化寺本简明扼要，偏于用书面语浅释；宗教文化出版社本详细深入，偏于活泼生动的语体。二本大约受众不同，在某个具体问题的讲释上，此本简者则别本详，内容也有不同。

除多次讲述《地藏菩萨本愿经》之外，为地藏信仰在信众中的推行，又有建立地藏菩萨道场之举。中国有四大道场，即山西省五台山文殊师利菩萨道场、四川省峨眉山普贤菩萨道场、安徽省九华山地藏菩萨道场、浙江省普陀山观世音菩萨道场。宣化法师建法界佛教总会，在美国和加拿大两国也成立四个道场，以为弘扬佛法的根据地：在万佛城为观音菩萨道场，以观音菩萨为主，以地藏王菩萨为副；在洛杉矶为地藏王菩萨道场，以地藏王菩萨为主，以观世音菩萨为副；在西雅图为普贤菩萨道场，以普贤菩萨为主，以观世音菩萨为副；在温哥华为文殊师利菩萨道场，以文殊师利菩萨为主，以普贤菩萨为副。

又召集信众打地藏七。1982年3月7日至12日于万佛城万佛宝殿"效法地藏菩萨的精神"开示道："我们打地藏七，要学习地藏菩萨救众生的精神。他在往昔时，曾经发过十八大愿，愿愿度众生出离苦海，得到快乐，他说：'地狱不空，誓不成佛。'又说：'众生度尽，方证菩提。'又说：'我不入地狱，谁入地狱。'这种大愿，多么伟大！诸位应当效法菩萨舍己救人的精神，地藏菩萨如今仍在地狱中为受苦的众生说法。……我们虔诚地念'南无地藏王菩萨'，祈求把世界的大灾难，化为小灾难，把小灾难化为乌有。以我们一片至诚恳切的心，来为世界所有的人类祈祷和平，得到

---

① 宣化：《地藏菩萨本愿经浅释》，宗教文化出版社，2007年版，第20—21页。

幸福,这是我们打地藏七的目的。这是广大心,这是无量心,凡是出家人,皆要存这种胸襟,视众生如亲人,'人溺己溺,人饥己饥',要发自利利他、自觉觉他、自度度他的菩萨心。"①

四、宣化法师弘法西方世界的目的

宣化法师青年时披缁守孝发十八大愿,表达了强烈的地藏信仰。而从在母墓旁打坐、定中受六祖记莂开始,他就怀揣上了一个"弘化西方"的梦想。《坛经·决疑品》云:"人有两种,法无两般;迷悟有殊,见有迟疾。迷人念佛,求生于彼;悟人自净其心。所以佛言:'随其心净,即佛土净。'使君东方人,但心净即无罪;虽西方人,心不净亦有愆。东方人造罪,念佛求生西方;西方人造罪,念佛求生何国?凡愚不了自性,不识身中净土,愿东愿西,悟人在处一般。"当然,虽然《坛经》所谓的"西方"属于信仰的世界,非浅俗、现象层面上的欧美世界,但这给了宣化法师一个重要的启示,即"人有两种,法无两般",无论东方、西方,人心是相通的。使他深刻认识到:人心可以是地狱,人心也可以是天堂;"随其心净,则佛土净"。这决定了宣化法师弘法西方世界的最根本目的。除此之外,宣化法师半生饱经战乱之苦,尤其是东北,被日本占领达十四年之久。这样的生活经历,自然会引发他对战争与和平的深刻思考。呼吁人类和睦相处、和平无战争,是宣化法师弘法西方的最急切的目的。而这两个目的实际是联结在一切的,是一而二、二而一的关系。

(一)一切唯心造,息灭贪瞋痴

1981年12月12日晚宣化法师以"佛法在美国刚开始"为题开示道:

我在香港住了十多年,有很多年轻人跟着我学佛法,因为

---

① 宣化:《宣化上人开示录》,宗教文化出版社,2015年版,第2册,第155–156页。

我也很喜欢年轻人。以后机缘成熟便到美国去。在一九六二年至一九六八年之间，我是住在坟墓中，所以为自己取名为"墓中僧"——坟墓里的一个和尚，意思是我不和任何人争。说我是，我也不争；说我非，我也不争。十多年以前，在香港有一位谢居士，到美国去见度轮法师。我在（中国）香港叫"度轮"，在美国叫"宣化"，可是他不认识我，到了佛教讲堂，一看见我便问："度轮法师在哪儿？"我说："度轮已经死了！"他听了，好像很伤感。又问："他过世多久了？"我说："他死去很久了。"……这位居士昨天也来看我，所以我记起这件有趣的事情。①

又有"炼成金刚不坏之身"开示道：

"若要人不死，须做活死人"，你要想你不死吗？你先要试试看！……所以现在我们虽然没有死，就准备像死那个样子，就没有争心，没有贪心了，也没有瞋心，也没有痴心了，和谁去贪瞋痴呢？②

1980年12月1日开示"我向你们化大缘"道：

你们皈依我的人，今天我要向你们下一道命令。什么命令？要布施！我要向你们化缘。有人说："师父！这么多年来，你也没有向我们化过缘，今天向我们化缘，一定要化一个大缘啰！"……那么我要向你们化的是什么缘呢？就是要化你们所有人的脾气，所有人的无明、烦恼、瞋恚。这一切都要舍给我，因为我是一个"辣椒"师父，这些东西我都不嫌多，越多越好！全部施舍给我之后，待我用无明炉，慢慢用无明火锻炼，把这些东

---

① 宣化：《宣化上人开示录》，第2册，第101–103页。
② 宣化：《宣化上人开示录》，第2册，第21页。

西都炼成真金、钻石，将来大家共成佛道。①

他又在"杀气弥漫全世界"开示道：

> 人人都有一颗原子弹：烦恼，等待机会爆炸。烦恼的力量，比原子弹还要大。你们看！现在全世界的人类都有很大的脾气。不管哪个国家的人民，都没有修养的工夫，差不多都有阿修罗的思想，成为斗争专家，一天到晚在想如何斗争得胜利。因为这个关系，所以杀气弥漫三千大千世界。在虚空中充满戾气（毒素），令人生出奇奇怪怪的绝症。②

（二）化解战争戾气，呼吁世界和平

1982年9月4日于万佛城地藏七开示"求菩萨为全球消毒"云："现在的人默默中都有个感觉，都知这世界不和平，岌岌可危。所以现在所有的道场都说祈祷世界和平。……可是真正祈祷世界和平的道场是万佛城，为什么？因为我们作什么法会，并没有希望大护法供养多少钱，每年都是无声无息地做，到时就做。不管有没有斋主，都照样举行，当成自己的本分事，而不存丝毫之企图。我们只希望得到佛光加被，将全世界毒气消除。观音菩萨用甘露水来灌顶，令众生灾消痛除，罪灭福生。地藏菩萨愿力广大，希望他使众生离苦得乐，把灾难厄劫化为乌有。"③他曾作"为世界和平而努力"开示云："世界好或坏，乃由一念心而起，'人人心善，世界永住；人人心恶，世界毁灭'，这是必然的道理。佛教是劝人向善，了解因果，多作善功德，也就是不争、不贪、不求、不自私、不自利、不打妄语，世界自然转危为安。所谓'一切唯心造'，心能造世界，心能毁世界，心

---

① 宣化：《宣化上人开示录》，第6册，第45页。
② 宣化：《宣化上人开示录》，第6册，第147页。
③ 宣化：《宣化上人开示录》，第3册，第83-84页。

能造天堂，心能造地狱。"①

他特别寄希望于未来。1987年4月4日在奥立冈大学佛学研究班的"人为什么来到这世界上"开示青年人，说："如果普天下有一个人没有饭吃、没有衣服穿，那是我对不起这个人，因为我没有尽到自己的心和能力来帮助他。做人真正的责任，就是真正利益他人，要有功于世、有利于民，这是我应该负起的责任，不可以推诿。如果人人都存此心，世界一定会和平，没有战争。""有为的青年们，应该真发大愿大力，来成就全世界人类的幸福，拯救那些处在水深火热的人，令他们离苦得乐。"②1983年8月20日于万佛城作"儿童是国家的栋梁"开示，说："你们是这个国家的先觉者，因为你们知道尽孝道，知道为人服务，将来要将国家治理得平平安安，把杀人的武器统统消灭，所谓'马放南山，刀枪入库'。你们的责任，是要化解这世界战争的戾气，使人人都能安居乐业、丰衣足食，这样世界就能成为大同世界。"③

从以上所引的这些开示中，可知宣化法师不厌其烦，莫非是秉持"心净即佛土净""心能造天堂，心能造地狱"的理念，号召信众每人都要以佛法息灭个人心中的贪瞋痴（即地狱），使人我心地清凉纯净；并呼吁一切人类众生消灭社会存在的各种烦恼、戾气、恶念等无明，以达到和平无战争，以成大同世界（天堂）。以此目之，宣化法师不但是中国佛教地藏信仰的慈悲践行者者，而且是一个世界和平发展事业的推动者。

---

① 宣化：《宣化上人开示录》，第3册，第61-62页。
② 宣化：《宣化上人开示录》，第6册，第284-286页。
③ 宣化：《宣化上人开示录》，第5册，第166页。

安立道场端正好

——赵朴初对地藏道场的关心支持

殷书林 [①]

内容提要：九华山佛教道场建设，如九华山佛学院、地藏大铜像等，倾注了赵朴初老居士极大的关怀，给予了大力的支持。他在有关讲话、批示中，要求九华山佛教发扬爱国爱教精神，大力弘扬地藏信仰、坚持佛教建设这个中心等重要思想，对于今天的九华山佛教贯彻党的宗教工作方针政策，坚持佛教中国化方向，仍然具有一定的学习和借鉴意义。

关键词：赵朴初；地藏道场；关心；指导

全国政协前副主席、中国佛教协会前会长赵朴初老居士（下简称赵朴老）生前十分关注九华山佛教道场建设，倾注了极大的关怀，给予了大力的支持，发表了许多重要讲话，做出了若干重要批示。赵朴老作为安徽人，对家乡的地藏道场更表现出一份浓厚乡情。他对九华山的一些题词等，极大地宣传了九华山和地藏信仰。赵朴老圆寂21年了，回忆赵朴老对地藏道场的关心支持，重温赵朴老对地藏建设的讲话，对于今天九华山佛教认真贯彻执行党的宗教工作方针政策，坚持佛教中国化方向，引导佛教与社会主义社会相适应的工作，无疑仍然具有一定的学习和借鉴意义。

---

① 殷书林，安徽省赵朴初研究会副会长兼秘书长。

一、赵朴老对九华山佛教的关心支持

（一）与义方法师的因缘

赵朴老对九华山的关心还得从义方法师说起。义方法师（1914-1959），俗名崔思庆，太平县人。民国二十六年（1937）起，先后住持天台寺、肉身殿、东岩禅寺等寺。义方法师思想进步，积极支持中国共产党，在解放战争时期，为党做了大量工作。新中国成立后，义方法师带领九华山佛教界积极参与新中国的建设，全力支持抗美援朝等。1953年，义方法师作为九华山佛教代表参加了中国佛教协会成立大会，并当选为理事。会议期间，赵朴老曾向义方法师询问九华山佛教情况，希望九华山佛教积极开创新气象。义方法师回山后，积极贯彻会议精神，带领九华山佛教界投身农业合作化和爱国和平运动等。为扩大九华山佛教的影响，1955年，中国佛教协会组织代表团恭送佛牙赴缅甸接受瞻拜，赵朴老特将义方法师选为代表团成员，这是九华山佛教徒首次出国访问。后来，赵朴老特别欣赏义方法师的才华，将义方法师调入中国佛学院工作。义方法师后多次随中国代表团出访缅甸、柬埔寨、印度等国，还赴云南、西藏参观，与南传、藏传佛教进行交流，所到之处，他大力宣传了九华山和地藏信仰。[1]

改革开放后，仁德法师主持九华山佛教工作，恢复寺院、创办僧伽培训班、修编《九华山志》等，得到赵朴老的嘉许。特别是1989年筹办九华山佛学院，困难甚多，仁德法师邀请爱徒时在中国佛学院工作的圣辉法师帮助办学，赵朴老不但同意此事，还鼓励圣辉法师去九华山勇猛开创新局面。

（二）视察九华山佛教

1990年9月，九华山拟举办一系列佛事，仁德法师特别希望赵朴老能够参加，九华山管理处和佛教协会联合给赵朴老发来的请柬。赵朴老少年

---

[1] 参见张高《九华山佛教史》，宗教文化出版社2016年10月第一版，第370-374页。

离家，到上海求学、后参加佛教工作和革命事业。几乎不曾回过安徽。新中国成立后，也仅几次因政协事和家事回安徽，强烈的乡情促使他推掉先前决定前往峨眉山参加金顶开光的想法，而改回安徽。

9月17日，赵朴老在时任省政协副主席徐乐义，池州行署副书记、专员季昆森等陪同下，经安庆过池州上九华山。下午4时到达九华山，赵朴老一下车后，径直到祇园寺礼佛。9月18日上午，赵朴老在安徽省佛教协会会长仁德长老的陪同下，来到十轮殿，参加十轮殿丈六金身地藏铜像开光仪式和重修十轮殿竣工庆典。典礼毕，赵朴老去朝拜月身宝殿。他拒绝了为他安排的抬轿，坚持步行上山。当天下午，赵朴老来到海拔800多米的百岁宫，参拜该庙保存下来的明代无瑕和尚肉身。接着，又在客堂欣赏了江西九江能仁寺佛教音乐团的演出。9月19日上午，赵朴老来到甘露寺，参加九华山佛学院第一届学僧开学典礼。开学典礼结束后，在仁德、圣辉法师的陪同下，赵朴老参观了教室、宿舍、阅览室等，浏览了学生们自办的"学习园地"壁报。下午，赵朴老在下榻的东崖宾馆听取有关方面的工作汇报。季昆森代表池州行署作汇报，九华山管理处副处长叶可信代表九华山管理处作汇报。20日，赵朴老去了闵园，详细询问了园里比丘尼生活情况，观赏了九华街景，参观了九华山佛教文化展览馆。21日，赵朴老一行离开了九华山。

（三）重视九华山佛教教育

此后，赵朴老与九华山的联系进一步加强。赵朴老对佛学院升国旗、唱国歌、参观革命圣地等的爱国主义教育做法尤其赞赏，要求在全国佛学院予以推广。1991年，赵朴老接受圣辉法师建议，授命九华山佛学院创办全国佛教执事进修班。仁德法师、圣辉法师勇挑重担，在池州地区行署、池州地委统战部以及九华山管理处领导的全力支持下，先后办起两期中国佛学院九华山执事进修班，以坚定信仰、纯正道风、学习法律政策为重点，对来自全国近百名寺院执事进行培训，以提高他们的寺院管理能力和法律政策水平,促进了新时期中国佛教的健康发展。这种专门培训佛教执事的办学,也为中国佛教之前所未有,为后来中国佛教协会在广东等地再办类似的执事班积累了丰富的经验。

1992年初,中国汉传佛教教育工作座谈会在上海召开。圣辉法师因大雪封山,无法与会。赵朴老得知后,特意让夫人给九华山学僧每人寄去一双手套。

(四)对九华山佛教其他工作的关心

1992年,中韩正式建交,拉开了中韩文化交流的序幕。九华山风景管理处和佛教协会拟组织赴韩举办文物展览。季昆森率叶可信等人赴京向赵朴老请示,赵朴老热情地接见了他们,同意此事,并为展览命名"九华山佛教文物展"。当年11月,九华山首次组团赴韩,与韩方商谈有关事宜,后来成功地举办了展览,双方交流日渐增多。

仁德法师晚年发愿建设九华山地藏菩萨大铜像。1995年夏,叶可信与仁德法师等人进京,汇报建大铜像的事,赵朴老在家中接见了他们。大家谁也不好先开口,还是赵朴老先说了起来,九华山好啊,四大佛山,地藏菩萨道场,地藏大愿了不得呀。仁德说:"我这次来是请朴老支持建设地藏菩萨大铜像的。"赵朴老认为,中国南北方,五方五佛。四大佛教名山,五台和峨眉有大佛,普陀他批了观音大佛,九华山造地藏大佛是好事。赵朴老建议大铜像为99米高。后来,有关部门充分尊重赵朴老意见,批复大佛像身高76米。在实际操作中,加上铜像底座,总高度达到99米。[1]

---

[1] 参见叶可信《九华山水长相忆》,原载《池州日报》2000年9月2日。

二、赵朴老对九华山佛教的重要讲话和有关批示、指示和题词

（一）赵朴老在九华山有两篇重要讲话，分别形成书面文字

1.《在九华山十轮殿落成典礼上的讲话》[①]

九华山十轮殿 1972 年毁于一场大火，1990 年重建落成。9 月 18 日，赵朴老出席落成典礼，发表了这篇书面讲话。由于人多，麦克风效果不好，他就站了起来，大声地说，声音极其洪亮，讲了 30 多分种。

这是一篇饱含深情、高屋建瓴的讲话，有以下几层意思：

（1）对十轮殿落成表示祝贺，对各级各有关部门和九华山佛教协会的辛勤工作表示感谢。

（2）抒发了热爱家乡安徽、热爱地藏菩萨的深厚感情。他说："我虽离开家乡数十年，一直在外地工作，但我时时都在怀念生我养我的故乡山水，时时都在思念家乡的父老兄弟。星霜数十载，直到耄耋之年才能返回桑梓，朝拜九华山佛教圣地，看望家乡的父老兄弟，酬偿多年的心愿，尽管迟了一些，毕竟回来了。此刻的我，面对这名山胜会的壮观场面，真是心潮起伏，万念萦怀，即使通身是口，也无法倾诉我此时的心声。"此情吐自肺腑，催人泪下。

（3）指出四大名山四大菩萨所代表的"智慧、实践、慈悲、誓愿"四大精神，是大乘佛教利生济世思想的完整体现，是我们每个佛教徒必须精进修学的佛法总纲。

（4）高度赞美了地藏菩萨的牺牲精神和奉献精神。

（5）对九华山佛教下步工作的指导意见。

2.《在九华山佛学院开学典礼上的讲话》[②]

1990 年初，在赵朴老的亲自过问和大力支持下，九华山办起了佛学院，

---

① 赵朴初《在九华山十轮殿落成典礼上的讲话》，原载《法音》1990 年 12 期。
② 赵朴初《在九华山佛学院开学典礼上的讲话》，原载九华山佛学院院刊《甘露》创刊号。

由仁德法师任院长、圣辉法师任副院长。9月19日，赵朴老出席开学典礼，发表了这篇即席讲话。

这篇讲话针对学僧的学习、针对佛学院的工作作了重要指示，体现了赵朴老的佛教教育思想，讲了以下几层意思：

（1）九华山佛学院的开办，是九华山佛教协会的又一大功德。

（2）学僧贵在立志，要效法地藏菩萨，兴起度众生的大愿。

（3）实现大愿，必须"法门无量誓愿学"。

（4）要开展宗教"五性"的教育。

（5）发挥宗教"五性"的优势。

（6）要求学僧"知恩报恩"。

（二）其他有关指示、批示

赵朴老这次来到九华山，除这两篇讲话之外，还在不同场合就九华山佛教工作作出指示。如他在听取仁德长老、叶可信副处长的汇报时，就要求"管宗教的干部就要求懂党的宗教政策"，"你们要进一步搞好（僧俗）团结，搞好关系！"①

1997年，原池州行署领导季昆森将在九华山佛教协会第六次代表会议上的讲话寄赵朴老求教。赵朴老立即回信，肯定了季昆森"把做好宗教工作同推进本地区全盘工作有机结合起来，把阐扬佛教文化精华同促进社会主义精神文明紧密地联系起来"。他也指出："九华山的工作，成绩很大，但在管理体制、指导方针以及寺院管理建设方面，还存在一些认识和实际问题。"②

---

① 参见叶可信《九华山水长相忆》，原载《池州日报》2000年9月2日。
② 参见季昆森《爱国爱教，为党为民——学习弘扬赵朴老的崇高精神和宝贵思想》，原载《赵朴老研究动态2013年秋季号》。

（三）给九华山的题词、题联、题签

赵朴老1990年视察九华山，专门抽出一个晚上，应请为寺院题名，写书法送有关领导表达陪同的谢意，并填《临江仙》一首：

> 静影心苏山色里，是何意态雍容。朝霞暮霭映群峰。神光离合处，秀出九芙蓉。
>
> 安立道场端正好，清泉清磬清风。众生无尽愿无穷。可能空地狱，三界佛香中。

赵朴老一直关注地藏菩萨大铜像的建设，为大铜像题联：

> 长忆谪仙人，开九芙蓉殊胜境；
> 仰瞻菩萨像，放大吉祥光明云。

赵朴老还应请为九华山十王殿撰联：

> 百千方便救拔众生，诸佛共称扬，担荷如来殷情付嘱；
> 万亿毫光照明胜地，九华垂胜迹，慈悲示现不坏金刚。

仁德法师积极弘扬地藏信仰，特请叶可信编文、陈志精绘画《地藏九华垂迹图》[①]，将书稿呈赵朴老指正，赵朴老很高兴，应请写来题签，并题词：

> 智珠誓铠，画意文心。
> ——乙丑秋仁德法师寄示地藏菩萨《九华垂迹图赞》敬题
> 　　　　　　　　　　　　　　　　　赵朴初

赵朴老还应仁德法师之请为进山牌坊、地藏殿、百岁宫、上禅堂、大觉禅寺、历史博物馆、九华山佛教协会、九华山历史文物馆、《九华山志》《九华山大辞典》等等题签。

---

① 《地藏九华垂迹图》，黄山书社1999年9月第1版。

这些妙文和墨宝饱含了赵朴老对地藏道场的敬仰，对家乡的热爱，也极大宣传了地藏信仰和九华山，使地藏信仰进一步深入人心。

三、学习和弘扬赵朴老有关九华山佛教建设的指导思想，推动九华山佛教的健康发展

赵朴老一生的历史，也见证了中国佛教的一段历史。新中国成立以来，赵朴老以其高超的智慧和深厚的爱国爱教之情，带领中国佛教走与社会主义社会相适应之路，把中国佛教巧妙地圆融于新中国，为利乐有情、庄严国土发挥了重大的作用。改革开放后，赵朴老提出"人间佛教"指导思想，无论从理论到实践，都与中国现实紧密契合，使中国佛教焕发出勃勃生机，走上健康发展之路。

赵朴老离世21年了，今天，回忆他对九华山佛教的关心支持，特别是他对九华山佛教的一些希望和指示，笔者以为，对今天的九华山佛教坚持佛教中国化方向、努力建成国际地藏信仰的核心基地，都是有值得学习和借鉴之处。有几点特别值得我们重视，应该始终坚持和发扬光大：

（一）坚持党和政府的领导，发扬爱国爱教的精神

自中国佛教协会成立以来，赵朴老就把追求政治进步，坚持党和政府的领导、发扬爱国爱教的精神，作为中国佛教协会的宗旨。

在九华山十轮殿落成典礼上的讲话中，他再次强调："我希望九华山佛教协会在政府宗教工作部门的领导下，认真加强全山各寺庵的管理工作，加强佛教人才的培养工作，进一步发扬佛教优良传统，树立纯正朴实的学风和道风，在全山僧尼信众中深入开展爱国爱教、遵纪守法的教育，把九华山真正建成'东南佛国'、人间净土。"[1]

"知恩报恩"是赵朴老毕生推崇和积极追求的伟大行愿，他不止一次

---

[1] 赵朴初《在九华山十轮殿落成典礼上的讲话》，原载《法音》1990年12期。

要求九华山佛教弘扬"知恩报恩"的精神，特别是报党和国家、人民的恩情："佛教是主张知恩报恩的，我们的佛教，我们的名山大寺，能够有今天这样的欣欣向荣、兴旺发达的盛况，是和我们国家改革开放、政治稳定分不开的。"① 他特别要告诉九华山佛学院学僧："……这一切成绩，都得感谢党和政府的大力支持。"② 在这个中国特色社会主义新时代，国际国内环境比之30年前发生了翻天覆地的变化。历史进一步证明，中国离不开共产党的领导，新时代的中国的优势就在于中国共产党的领导。我们佛教徒应该追求政治进步，坚持中国共产党的领导，自觉增强"四个意识"，坚定"四个自信"，做到"两个维护"，实现"五个认同"。这也是决定坚持佛教中国化方向正确与否的前提所在，失去政治站位，佛教中国化方向就可能迷失，甚至走向非中国化方向，有害于国家与人民，还会断送自己的法身慧命。

（二）地藏精神是人间佛教精神的重要体现，应该大力弘扬

在十轮殿落成典礼上的讲话中，赵朴老特别提到地藏"安忍如地""代众生苦"的精神，认为他鼓舞了历代许多佛教徒为缔造祖国的文明做出了不可磨灭的贡献。赵朴老指出："地藏菩萨更有'众生度尽，方证菩提；地狱未空，誓不成佛'的大愿。这种思想，这种大愿，充满了伟大的牺牲精神和奉献精神，我们每个佛教徒都能如是信解，如是行持，就能真正发扬人间佛教积极进取的思想，就能为社会作贡献，为众生谋福利，也就能令正法久住，佛日增辉。"③

人间佛教思想是赵朴老提出的，引导中国佛教做出了阶段性伟大贡献。今天这个新时代必然赋予人间佛教思想更新内容，那就是："要以习近平总书记关于宗教工作的重要论述为指导，以建设新时代人间佛教思想体系，

---

① 赵朴初《在九华山十轮殿落成典礼上的讲话》，原载《法音》1990年12期。
② 赵朴初《在九华山佛学院开学典礼上的讲话》，原载九华山佛学院院刊《甘露》创刊号。
③ 赵朴初《在九华山十轮殿落成典礼上的讲话》，原载《法音》1990年12期。

完善佛教内部管理规范和强化规章制度落实、加强教风建设和抵制佛教商业化不良影响、涵养佛教的中国文化气质为重点，团结带领全国佛教界开创新时代佛教中国化新境界。"① 这是中国佛教新的使命、新的目标。佛教中国化，落实到九华山佛教中，首先是进一步与九华山政治、经济和社会的融合，发挥九华山佛教的积极进取作用。而发扬地藏精神，弘扬地藏信仰，让地藏信仰成为佛教徒的鼓舞力量，应是其中最为重要的一部分。要通过开展文化和学术研究，让世人知晓、领会地藏信仰。要在九华山树立一批积极践行地藏信仰的僧尼楷模，为世人了解、崇敬地藏信仰作出示范，把地藏精神和信仰化为自身的正能量。

地藏信仰、地藏精神在我们日常生活中，也无处不受用。正如赵朴老所说："要像地藏菩萨立志，有了志向还要肯学；要像地藏菩萨吃苦持戒，人格就不会丧失……"②

（三）坚持围绕佛教这个中心，发挥九华山的优势

赵朴老特别强调"九华山是以佛教为中心形成的一座佛教名山，因此，九华山的一切设施和建设，都要围绕佛教这个中心，决不能背离或冲淡了佛教这个中心，这是九华山的优势。"③ 赵朴老在同九华山有关领导讲话中也特别要求这一点，无论何时，都不能背离和冲淡了这个中心。九华山是地藏道场、四大名山之一。如果背离或冲淡这个中心，特别是当今时代，如果过于偏重旅游业，或者受拜金主义影响，一切为追求利益，是绝对不利于九华山发展的。

近年来，因多方面原因，九华山佛教商业化倾向严重，也证明了赵朴老当年这个思想的提出，不愧是一种高瞻远瞩。其实，早在20世纪90年代初，

---

① 演觉法师《坚持佛教中国化方向，推动佛教事业健康发展，为实现中华民族伟大复兴的中国梦贡献力量——中国佛教协会第九届理事会工作报告》，原载《法音》2020年第12期。
② 赵朴初《在九华山佛学院开学典礼上的讲话》，原载九华山佛学院院刊《甘露》创刊号。
③ 赵朴初《在九华山十轮殿落成典礼上的讲话》，原载《法音》1990年12月。

赵朴老就敏锐地意识到佛教界受市场经济的影响出现信仰、思想、道风等下滑的问题,而及时提出要加强佛教的五个建设。党和政府积极开展对九华山商业化现象进行治理,使九华山佛教面貌焕然一新。

佛教界要积极弘扬以奉献牺牲、普度众生为内涵的地藏文化,要以佛教的清净戒律、以对地藏精神的积极践行,为世人树立榜样,把九华山建设成有信仰、有文化的佛教道场,使其成为一处爱国主义教育基地。

(四)发扬九华山佛教的优良传统

佛教传入中国二千年,形成了诸多优良传统,得到世人公认和赞许。佛教传入中国,一直在进行着中国化的过程。这些优良传统,是前人积极主动去推行佛教中国化所做出的有益实践,是佛教中国化的宝贵经验。

赵朴老几乎在任何场合都非常强调要发扬佛教优良传统。这些优良传统在新时代佛教也应积极弘扬。九华山佛教作为中国佛教的一部分,秉承着中国佛教共有的优良传统,但作为地藏道场,又传承着九华山佛教特有的优良传统。九华山佛教优良传统很多,笔者以为,应该努力发扬的传统主要有:

1. 发扬戒律清净、刻苦清修的优良传统。九华山自有佛教以来,以其偏远、清苦的自然条件,对佛教徒的修行提出了很高的要求。金乔觉住岩洞、食观音土,以清修著称,成为地藏菩萨示现,感染无数信众,使九华山佛教大兴。几乎每个时代,都有高僧高人于九华山出世,他们苦修的故事代代相传。不断出现的肉身菩萨,更是名扬海内外。在今天这个社会,在九华山的许多寺院,特别是一些偏僻小寺,仍然住着许多道风纯正、一心苦修的僧尼,为当代佛教树立了榜样。

2. 发扬重视教育、树立人才的优良传统。佛教要兴盛,首先是人才。讲经、办学,在九华山千年蔚然成风。古代,著名高僧宗杲、智旭、玉琳等都在九华讲经。近代,月霞所办翠峰华严道场,开创了中国僧伽教育史上办佛学院的先例。民国时期,江南九华佛学院培养了大批人才。改革开放办起的九华山佛学院，培养的优秀僧才不仅成为振兴九华山佛教的重要力量，也成为当今中国佛教的一支中坚力量。

3. 发扬九华山广泛开展佛教国际交流的优良传统。九华山能成为地藏道场，也是佛教国际交流的产物。金乔觉、胜瑜、净藏等新罗僧人，使九华山与韩国结下深厚佛缘。几乎历代，都有外国僧人来山参学、修行。改革开放后，这种佛教国际交流明显增多，九华僧人也多次远涉韩国、日本、美国等，仁德法师率团出访达20多次。广泛开展国际交流，大力宣传地藏信仰，对于中国佛教走向世界、推动世界和平、倡导人类命运共同体意识必然有着积极意义。

4. 发扬九华山重视弘扬佛教文化和学术研究的优良传统。自古以来，来九华山讲学、立说、读书者不可计数。九华僧人积极保藏了大量具有重要价值的佛教建筑、典籍、文物等，游山名人描写九华山的文字、书法、绘画等成为中国文化宝库中的瑰宝。改革开放以来，各种佛教学术会议也常在山中举行，多次召开有关地藏信仰的专题会议，推动了佛教文化和学术的发展。作为九华文化重要载体的九华庙会连续举办30多届，对于丰富、宣传以地藏文化为主的九华山文化起到了很大的作用。九华山要继续大力挖掘、整理和弘扬以地藏信仰为核心的九华山文化。

5. 发扬九华山慈悲济世、关怀社会的优良传统。自古以来，九华山僧众广施赈济、救苦救难。近现代，九华山上施药、施食活动开展非常活跃。特别是当代，几乎每有灾难发生，九华山僧众率先行动，诵经祈福，捐款救济，每次捐献都在数百万元不等。不仅于此，他们对敬老院、学校、贫苦家庭、基础建设也时有捐助。在新冠疫情发生后，九华山佛教的捐款创全国最多。

6. 发扬僧俗互相团结、共同繁荣的优良传统。九华山虽然是佛教名山，但僧俗杂居。金乔觉入山修行，正是得到俗众的敬仰和帮助，而始开化城道场。这种僧俗和谐共处，是九华山佛教兴旺的一个重要条件。当今多元化社会，这种团结尤其显得重要。僧俗之间要团结，僧与僧之间也要团结，佛教与管理部门之间更要团结。团结才能产生正能量。

结　语

　　赵朴老当年寄语要"把九华山真正建成'东南佛国'、人间净土"。这个愿望，在党和政府的领导下，在九华山僧俗的共同努力下，正在不断地变成现实。赵朴老对九华山的热爱，他给九华山留下的精神财富，也必将永载九华山的史册。

誓作地藏真子

——仁德法师对地藏信仰的弘扬及对佛教中国化的启示

余世磊[1]

内容提要：改革开放以来，仁德法师积极组织讲经和学术研究、开展佛教国际文化交流、筹建地藏大铜像等活动，并以个人的刻苦修行和勇猛精进，大力推动和践行地藏信仰，使地藏信仰进一步深入人心，推动了九华山成为国际地藏信仰中心这一格局的初步形成。仁德法师的宝贵思想和成功做法，对于在新时代如何做好坚持佛教中国化方向，无疑具有学习和借鉴意义。

关键词：仁德法师；地藏信仰；佛教中国化

仁德法师是当代九华山佛教史上一位著名高僧、佛教领袖。改革开放以来，仁德法师主持九华山佛教工作，一方面，狠抓寺院的恢复；另一方面，狠抓以地藏信仰为中心的九华山佛教自身建设，为九华山佛教发展做出了极大的贡献，进一步彰显了作为地藏菩萨道场的九华山佛教特色。

仁德法师为地藏信仰的弘扬奉献出了大量的心血和智慧，体现出其独具魅力的佛教思想和工作方法，展示出其精进的修行和崇高的僧格，对于今天九华山乃至全国佛教界坚持佛教中国化方向，无疑具有一定的借鉴和指导意义。

---

[1] 余世磊，安徽省《安徽佛教》编辑部。

一、仁德法师把自己的一生，奉献给了九华山佛教

仁德法师少小出家，虽读书不多，但在出家的太尉庵，得到学识渊博的石点师公的器重，系统为其教授儒家和佛学知识。稍长，仁德法师参学于云居山、高旻寺、终南山等名山大寺，受教于虚云长老等高僧大德，为其将来成为一代名僧、以远见卓识主持九华山佛教建设打下了深厚的基础。

1957 年，仁德法师朝礼九华山，被留住后山九子岩华严寺。他热爱九华山，崇敬地藏菩萨，立下"誓作地藏真子，愿为南山孤臣"的悲心宏愿。他自学医术，为九华山民和僧众治病疗伤。在"文革"期间许多僧人被迫还俗的或外流的情况下，他不改初心，戒行清净，始终保持一颗平常心，把修行落实于农禅之中，不为风云动荡的岁月所扰，真正展现了一个禅者的风范。

1979 年，党和国家拨乱反正，落实宗教政策，53 岁的仁德法师当选三届九华山佛协副会长，着手开始恢复九华山佛教。1984 年，他当选四届九华山佛协会长，担起九华山佛教新时期建设的重任。他在努力恢复九华山被毁的寺院的同时，还大刀阔斧地推行开一系列的工作，使九华山佛教在短时期里呈现出一派兴旺景象，在海内外产生深远的影响，有力地推动九华山佛教自身以及安徽、池州的发展。譬如他一改祇园寺方丈继承制为选贤制，并当选首任方丈；连续组织大规模传戒活动，使一大批僧尼获得清净戒体；继举办僧伽培训班后，又创办了九华山佛学院，培养了一大批优秀僧才；致力开展九华山佛教与国际文化交流，20 多次访问韩国、日本及我国台港澳地区；晚年再发大愿，筹建地藏菩萨大铜像，为此奔波不止，直至生命的最后一息……

仁德法师还曾任第九届全国政协委员、中国佛教协会咨议委员会副主席、安徽省佛教协会会长等职，为安徽佛教乃至中国佛教的发展做出了一定的贡献。

二、仁德法师推行人间佛教思想，致力推动九华山地藏信仰建设

1983年，中国佛教协会会长赵朴初在中国佛教协会成立三十年大会上正式提出人间佛教思想，注重发扬中国佛教的三个传统："第一是农禅并重的传统"，"第二是注重学术研究的传统"，"第三是国际友好交流的传统"①。仁德法师可谓党的宗教政策忠实的执行者，人间佛教思想忠实的践行者，特别是注重学术研究、国际友好交流这两个方面，在仁德法师的工作中可谓开展得有声有色。

仁德法师作为文化高僧、"地藏真子"，他深知，地藏信仰的树立才是九华山佛教建设的核心所在，正如他所说："九华山所以成为佛教圣地，为海外海内僧俗所颂扬，个中原因除其美好的自然风光外，最根本的成就就是，由于地藏菩萨他那'众生度尽，方证菩提，地狱未空，誓不成佛'的愿代众生受一切苦的慈悲宏愿，铭刻在僧俗们的心中，成为他们的精神财富，千百年来备受他们的敬仰，为他们所纪念着！"②仁德法师一直高度重视九华山地藏信仰建设，把地藏信仰建设落实于九华山佛教的方方面面，可谓口不离"地藏"，行不离"地藏"。

（一）深入开展对地藏信仰的学习和研究

一是广泛宣讲《地藏经》等地藏经典。"文革"之后，中国佛教百废待兴，除了寺院建设，对佛教的误解和无知在社会上也普遍存在。仁德法师广泛聘请海内外名家来山讲经，如1981年和1982年，邀请我国香港宝莲禅寺圣一法师来山讲《地藏经》，一讲就是月余。1986年4至5月，又请清定上师在祇园寺讲《地藏经》。1991年，邀请上海玉佛寺方丈真禅法师来山讲《地藏经》。之后，来山讲经、传学者不乏其人。

二是举行地藏信仰的学术研究活动。1981年，仁德法师就在佛协成立

---

① 赵朴初：《中国佛教协会三十年》，载《赵朴初文集》，华文出版社2007年10月第1版。
② 仁德法师：《在九华山佛学院首届学僧开学典礼上讲话》，载《甘露》1991年创刊号。

"九华山佛学研究组"，请山上一些有一定文化素质的高僧讲课，开展研究工作。1991年9月上旬 由九华山佛教协会与九华山管理处在东崖宾馆联合举办了"金地藏生平事迹论证会"。来自上海、美国加州大学、中国佛教协会文化研究所、吉林、安徽等社会科学院和大专院校学者、专家、佛教界高僧大德共40余人出席了会议，从不同的学科，对金乔觉的生平、九华山地藏道场的形成作了多方面考证。仁德法师主持会议，希望学术界重视地藏信仰的研究。论文集《金地藏研究》由黄山书社出版。1995年8月，又举行了"金地藏佛学思想研讨会"，30多位专家参加了研讨，论文结集《金地藏研究（续集）》由黄山书社出版。仁德法师还积极参加了安徽省禅宗文化学术研讨会、地藏茶文化研讨会等学术研讨活动，并撰写论文，围绕地藏信仰的内涵、地藏信仰中的禅学思想、地藏信仰与现代文明等主题进行了深入的探讨。

三是借助办学培养弘扬地藏信仰之人才。1985年，仁德法师就在祇园寺办起"九华山僧伽培训班"，亲任班主任，聘请明心法师、体灵法师、赵家谦居士等任教师。1990年，正式创办九华山佛学院，仁德法师亲任院长，并邀请爱徒圣辉法师主其事。为突出地藏信仰的学习，佛学院专门开设了《地藏经》课程，每学期新生开学，必发地藏誓愿："我们——九华山佛学院的学僧，来自五湖四海，聚会于地藏菩萨道场，将在'众生度尽，方证菩提，地狱未空，誓不成佛'的悲愿摄受下，成为中国佛教事业的传承人，为此，我们倍感自豪和责任的神圣……"[1] 仁德法师参加开学典礼或毕业典礼，必以地藏精神开示学僧。以佛学院为平台，邀请国内外高僧大德，举行包括地藏信仰在内的各种佛学讲座。如1998年6月，佛学院与韩国佛教法师总联合会韩国佛教法师大学在甘露寺举行"中韩佛教学术交流结缘大会"。仁德法师与法弘大宗师代表双方在缔结友好学院誓约书上签字。誓愿为两国佛教发展共同努力；以两国佛教文化学术发展为基础，谋求学术研究和

---

[1] 《甘露》，1991年创刊号。

佛教教育方面的共同利益；进行互访增进佛教交流。同时还进行了结缘证书的交换。刚晓法师等在会议上发表了《从金乔觉到地藏》的论文，韩国朴相甲法师等也发表了《现代生活与地藏信仰》的论文。佛学院还创办了《甘露》杂志，每期开辟专栏，发表地藏信仰研究和九华山佛教文化的文章。这些弘扬地藏信仰的优良传统，在九华山佛学院办学中坚持至今。

四是丰富多彩的弘扬地藏文化活动。从1983年开始，在仁德法师等提议下，九华山传统地藏庙会得以恢复，每年举办。各种宣传九华山的电视、电影、书籍等相继问世。20世纪80年代后期，为记录九华山历史文化，启动《九华山志》的编修工作，赵朴初题签，刘海粟作序，1990年正式出版。之后，又出版大型工具书《九华山大辞典》。有关方面拍摄电视片《莲花佛国九华山》《金地藏足迹》，电影纪录片《九华圣境》。至于出版的相关书籍就更多了，如1983年，外文出版社编辑王春树几次上九华，拍摄大量图片，出版英文画册《九华山》；1999年，由叶可信撰文、陈志精绘画的《九华垂迹图》出版等。这些工作，都得到了仁德法师极大的支持。仁德法师特别注重从文化层面来树立地藏信仰，他认为："九华山既是佛教圣地，又是文化名山，应该为振兴中华文化焕发出光和热。能否有计划地将先哲留下的文化遗址修复，建立一座以佛教为特色的佛教博物馆……"[①]在佛教尚在恢复的1992年能提出这些观点，可见仁德法师对佛教文化的一向重视和高瞻远瞩。

（二）积极走向海外大力宣传地藏信仰

仁德法师组织九华山佛协积极开展国际文化交流，并亲自力行，自1986年首次出访日本后，20多次到韩国、日本、新加坡、美国等国家以及我国香港、澳门、台湾等地区访问交流。每到一地，仁德法师除宣传党的宗教政策、传播和平思想、学习外地佛教建设的成功经验外，还特别注重

---

① 仁德法师：《对九华山发展的建议》。载《甘露》1992年3期，总第6期。

对九华山和地藏信仰的宣传，应邀请方要求，多次在外讲经说法。

九华山佛教是中韩佛教交流的产物，是有了金乔觉在九华山的地藏菩萨示现，才有了九华山地藏道场。仁德法师特别注重九华山佛教与韩国佛教的交往，1991年在有关部门批准下，邀请韩国朝山团来九华山参访。1993年，积极策划九华山佛教文物赴韩展览，当年组团赴韩访问，签署文物赴韩展览协议，访问团成员谢澍田、叶可信等还在东国大学举办了"金地藏学术演讲会"。1994年5月，仁德法师亲率代表团访韩，在韩国奉元寺、道峰寺、正觉寺参加了浴佛及讲经法会，朝拜了地藏菩萨金乔觉的故乡——庆州。1995年11月20日，仁德法师再次率团对韩国进行了为期12天的访问，受到韩国佛教领导人宋月珠长老欢迎，参观了韩国多座名刹，还在药泉寺开座讲经。1996年10月，应韩国"韩中文化艺术交流协会"的邀请，仁德法师率团赴韩参加"九华山佛教文物展"开幕剪彩仪式。此次九华山有关方面精心挑选佛教文物59件，在汉城民俗博物馆展出，后又在大邱民俗博物馆和庆州佛国寺展出，展出时间达10个月，参观人数达50万人。这次展览规模大，时间长，影响深，辐射广，在韩国各界掀起了一阵"九华山热"。

中韩合作，形成了宣传地藏信仰的合力。一是互赠资料，双方互赠资料达数万份；二是举行学术研讨会；三是合作拍摄宣传地藏信仰的电视片，韩国多家电视台来九华山拍摄，九华山电视台积极提供母带；四是双方学者出版研究专著，到目前为止，已超过30本。韩国方面出版物中收录仁德法师、谢澍田等人的论文；五是兴建纪念设施，如九华山管理处和九华山佛教协会协助汉城修孝寺在南阳州柏川寺建立了永久性的金乔觉纪念馆，韩国佛教曹溪宗同肉身宝殿合作在韩国安养市建设地藏禅寺等。

九华山佛教文化交流向海内外极大地宣传了九华山和地藏信仰，极大地促进了九华山旅游事业的发展，九华山作为地藏道场受到海内外佛教的关注，在九华山佛教恢复期，兴建寺院和办学得到海内外的支持，如按相关政策，接收新加坡居士林给九华山佛学院的物资支持。这与仁德法师个人的努力也是分不开的。

（三）筹建地藏菩萨大铜像使地藏信仰进一步形象化

筹建地藏菩萨大铜像，无疑是仁德法师弘扬地藏信仰的一件大事。1991年10月，仁德法师到香港访问，参拜了大屿山宝莲禅寺的天坛大佛，让仁德法师感到无比震撼，他想到了九华山，建设地藏大铜像的种子便从此种在他心中。正如黄复彩所描绘的："相比之下，九华山虽有独具江南风格的寺庙建筑群，但是，比起其他三座佛山来，将要走向世界的九华山毕竟缺少一些什么……一个无比美丽的憧憬潮水般开始在仁师的头脑中漫溢起来。"①1995年，仁德法师出访新加坡，与新加坡李木源居士谈起建设大铜像的愿望，得到李居士及新加坡信众的大力支持，更加增添了仁德法师的信心和愿力。此后，仁德法师争取省、市、山有关领导重视和全山佛教徒的支持。并于1995年去北京向赵朴老汇报，得到赵朴老的肯定。回来后，即组建"中国九华山地藏菩萨大型铜像筹建委员会"，全面启动这项工作。

1995年8月26日，九华山佛教协会举办筹建99米地藏菩萨大铜像新闻发布会，仁德法师在会上发表讲话，阐述建设大铜像的缘起、意义等。他说："由于历代战乱加上屡遭火患，先人留给我们的是一批缺乏形象性的佛教建筑和相对狭窄的宗教活动场所。现状显然与佛教四大名山之名誉不相符合。念及于此，全山广大佛教徒心仪已久，发下宏愿，决心在九华山这方钟灵毓秀之地建造一尊地藏菩萨大型铜像，以期弘扬大愿精神，倡导人间佛教、维护佛山道场，为开展国际佛教友好交流促进世界和平作出如是无量功德。"②他畅想大铜像建成的远景："不久的将来，在此峰顶将耸立起一座紫金巍巍、无与伦比的地藏菩萨青铜立像，而以地藏道场名于世的

---

① 黄复彩：《仁德法师》，九华山佛教协会2000年印制。
② 仁德法师：《跨越世纪的佛教大业》，载《甘露》1995年第3期，总第14期。

九华灵山也必将更加庄严辉煌!"①

此后,仁德法师致力于大铜像的建设,在国内乃至远行韩国、新加坡,发动信徒捐款,为大铜像选址、设计等,终因积劳成疾,于2001年8月舍报西归。2013年8月,大铜像建成开光,圆满了仁德法师的心愿,成为九华山标志性建筑,使地藏形象更加深入人心,对于推动地藏信仰的弘扬发挥了不可替代的作用。

(四)毕生以精进的个人修为践行地藏信仰

仁德法师发下"誓作地藏真子,愿为南山孤臣"的宏愿,为九华山佛教发展,为地藏信仰的弘扬呕心沥血,难行能行,这个宏愿也成为他一生的真实写照。

仁德法师是一位坚定的爱国者,他始终把国家的最高利益和民族的整体利益放到第一位,立身行事以国家利益为根本旨归。他的剃度弟子有数百人,皈依弟子数万人,海外弟子遍布东南亚和欧美。他在佛教界大力倡导爱国爱教的道风学风,谴责一切打着佛教旗号从事分裂祖国、危害社会、有损佛教的罪恶企图,运用佛教教义深入揭批邪教"法轮功",匡扶正教,抵排异端,保持九华山佛教的纯洁性,维护了九华山佛教界的团结与稳定。

仁德法师毕生效仿地藏菩萨,刻苦薰修,普度众生,无有疲厌。在"文革"的逆境中,他采药行医,服务山民,坚守戒行,以苦为乐。在九华山佛教蓬勃发展的顺境中,他亦不失衲子本色,处处严格要求自己。他生活俭朴,衣只两身土黄长衫,一薄一厚,分冬夏二用,一身杏黄长衫,只是开会或接待贵宾时才穿,食只一碗白饭,一碟咸菜,白菜或豆腐两样菜。住只一丈见方,是谓丈室。居士虔诚的供养金,往往是接过来,马上就开了大铜像发票,自己不乱花一分钱。晚年法体欠安,来拜求的他信众络绎不绝,他从不厌烦,平等待之,"不为自己求安乐,但愿众生得离苦",仁德法师堪为当代"地藏",受到海内外信众的崇敬和爱戴。

---

① 仁德法师:《跨越世纪的佛教大业》,载《甘露》1995年第3期,总第14期。

三、继承仁德法师遗愿，坚持佛教中国化方向

仁德法师示寂20年了，九华山佛教在20年中发生了极大的变化。新时代对佛教的发展又提出了新使命。党的十九大和习近平总书记关于宗教工作一系列论述要求宗教界："全面贯彻党的宗教工作基本方针，坚持宗教的中国化方向，积极引导宗教与社会主义社会相适应。"坚持佛教中国化方向，成为当前佛教界最大的事。

回首仁德法师弘法利生的一生，他所做的，即是在中国共产党的领导下，把佛教中国化，并且取得巨大的成绩。在当前如何推动坚持佛教中国化方向的问题上，前人的宝贵思想和成功做法无疑具有深刻的学习和借鉴意义。

（一）加强九华山佛教思想建设，深入开展地藏信仰研究

我国佛教史上高僧辈出，大德如林，他们译经著述，创立宗派，传经授业，留下了浩瀚的佛教文学、艺术、历史、哲学的宝贵资料，大大丰富了我国民族文化的宝库。九华山佛教史上，涌现出了如宗杲、智旭、月霞等著名的学术高僧，深入开展地藏信仰的学术研究，撰述了许多著作，有力地推动了地藏信仰的弘扬。地藏信仰中关于孝道、大愿、牺牲等精神，在历史上给数不清的人以鼓舞，也必将在新时代里发挥它的积极作用。

我们要学习仁德法师高度重视并身体力行开展地藏信仰的思想建设和学术研究，改变香火道场为文化学术道场。要注重发挥九华山佛学院的平台作用，把学术研究作为佛学院建设的一项重要内容，制定课题，选定人员，产生成果。支持海内外专家学者出版相关书籍，编纂系列丛书。要广泛借脑，团结发动海内外专家学者，深入开展地藏信仰的研究。要与时俱进，在这"新时代丰富发展人间佛教思想，要增强时代意识、忧患意识、创新意识，以社会主义核心价值观为引领，用中华优秀传统文化浸润，立足人间，以信仰为根，以人才为本，致力于护国利民，服务社会，净化人心，利益人群，造福人间。要探索建立立足佛陀本怀、发扬优良传统、融入时代精神、体现中国特色、服务当代社会的新时代人间佛教思想体系，开启弘扬人间

佛教思想新阶段。"①

（二）继续推动佛教国际文化交流，广泛传播地藏信仰

中国佛教及地藏信仰是佛教国际文化交流的结果。我国历史上法显、玄奘、义净、鉴真等大师西行或东渡，交流了中外文化，传播了和平友谊，促进了佛法兴盛。前人赵朴初、仁德法师等都很重视佛教国际文化交流，无论对佛教自身以及文化交流、人类和平都是大有益处的。

新时代，九华山要继续推动佛教的国际文化交流，敞开怀抱迎接海内外宾。要把仁德法师与韩国、新加坡等国家及中国台港澳地区等建立的联系加以巩固和发展，特别是要重视与韩国的联系，加强共建活动，把地藏信仰推向全世界。

（三）构筑九华山佛教文化特色，建设国际地藏信仰中心

九华山佛教文化的特色和本质，即地藏信仰。在这新时代九华山文化建设过程中，要认真推动佛教中国化："在保持基本信仰、核心教义、礼仪制度的同时，深入挖掘教义教规中有利于社会和谐、时代进步、健康文明的内容，对教义教规作出符合当代中国发展进步要求、符合中华优秀传统文化的阐释。"对地藏信仰中关于孝道、奉献、大愿的精神，做出时代性的阐释和弘扬，成为促进人们服务社会、利益人群的正能量。

要通过多途径、多层次，深入开展九华山地藏文化的建设。应该说，地藏大铜像的建成开放，使九华山真正实现成为国际性地藏信仰中心的格局。但我们不能满足这些，九华山佛教文化、建筑、教育等方方面面的提升，仍然需要付出巨大的努力。要积极履行社会责任，广泛开展慈善救济事业，这一点，九华山佛教做得非常好，每逢国家有难，九华山佛教总是立即响应，捐助巨额资金、物资，受到党和政府的好评。

---

① 演觉法师，《坚持佛教中国化方向，推动佛教事业健康发展，为实现中华民族伟大复兴的中国梦贡献力量》，载《法音》2020 年第 12 期。

（四）学习仁德法师，坚定地藏信仰和践行地藏精神

只有坚持中国化方向，才能更好地传承发扬中国佛教优良传统和具有中国特色的佛教文化，更好地解决佛教领域的突出问题，不断地提高佛教与社会主义社会相适应的水平。坚持佛教中国化方向，更需要每一个佛教徒为之深思和力行。每个佛教徒从思想上、行动上来认识和推动佛教中国化，整个佛教必然形成一种强大的合力。

而仁德法师，是九华山佛子学习的榜样，是坚持和推动佛教中国化方向的先驱。佛弟子首先要学习仁德法师爱国爱党爱教的较高政治站位。只有树立较好的政治素质，坚持中国共产党的领导，才能确保佛教中国化方向的正确，这也是佛教中国化的核心和前提所在。新时代日益复杂的国际形势，更需要佛教徒加强政治学习，切实增强"四个意识"，坚定"四个自信"，做到"两个维护"。佛弟子其次要学习仁德法师戒行清净、勇猛精进的精神。仁德法师自出家日起，就以坚定的信仰和难行能行的精神，投入个人的修行。驻锡九华山后，更是以地藏大愿为自己愿，自利利他，自觉觉他，把个人修行与九华山佛教发展、与普度众生的事业联在一起，勇猛精进。地藏菩萨"地狱未空，誓不成佛。众生度尽，方证菩提"，在这娑婆世界，度众生的事业是永远无尽的，所有，每个佛教徒的事业也是无尽的。佛弟子要学习仁德法师慈悲善良、谦虚朴素的高僧人格和僧格。"不为自己求安乐，得愿众生得离苦"，以苦为师，以戒为师，为众生拔苦与乐，是每个中国佛教徒应该具备的基本素质。

地藏信仰是人类智慧的结晶，正是前人一代代的传承发扬，使得它的内涵更加丰富，在新时代里，对于滋养人间、净化社会必然产生积极进取作用。

地藏菩萨精神的当代价值

[韩] 如 山 [①]

内容提要： 在佛教信仰中，菩萨是怀有慈、悲、喜、舍四无量心，致力于度化众生的力行者，地藏菩萨则向以"众生度尽，方证菩提，地狱未空，誓不成佛"的宏深大愿成为大乘佛教普度众生的力行典范，其博施济众的大愿担当、自利利他的普世慈悲以及平等真如的生命智慧不仅荟萃了博大精深的佛法精华，也是中华优秀传统文化及人类文明的思想结晶，历经千年风雨依然德泽深厚，并在社会发展的过程中显示出蓬勃旺盛的生命力，成为增进人类福祉、构建人类命运共同体的不竭泉源。

关键词： 菩萨；地藏菩萨精神；人类命运共同体

在佛教信仰中，菩萨是怀有慈、悲、喜、舍四无量心，致力于度化众生的力行者，地藏菩萨则向以"众生度尽，方证菩提，地狱未空，誓不成佛"的宏深大愿成为大乘佛教的力行典范，彰显了大乘佛教普度众生、普世慈悲的本质。地藏菩萨的"大愿"精神与慈悲利他、平等真如的佛法智慧是古老文明及中华优秀传统文化的思想结晶，历经千年风雨依然德泽深厚，并在社会发展的过程中显示出蓬勃旺盛的生命力，成为增进人类福祉、协力应对挑战，迎接美好未来的不竭泉源。

---

① 如山，北京大学哲学博士，北京大学宗教学系特聘研究员。

一、菩萨及地藏菩萨精神

菩萨在佛教中的地位仅次于佛，意为"觉有情"，也称"高士""大士""法王子""广大萨埵""最胜真子"等。早期经典《大毗婆沙论》卷一七六中记："如契经言：有一有情是不愚类，是聪慧类，谓菩萨埵。"[①]表明菩萨的原始含义为"聪慧者"，又见大乘佛教诸多经典将菩萨称为"菩萨摩诃萨（埵）"意译"求道之大心人"，有大心入佛道，表明菩萨不仅为聪慧觉悟者，而且发无上菩提心，自觉觉他，自利利人，担当着帮助佛陀解救苦难中芸芸众生的职责，践行用佛教的义理与精神引导众人离苦得乐，实现肉体和精神的超越。因此，在大众信仰中，菩萨被普遍当作大慈大悲、救苦救难、护佑众生、神通无限的象征。

中国的佛教信仰以菩萨信仰为显著特征，文殊菩萨、普贤菩萨、观世音菩萨与地藏菩萨是中国佛教和民众崇奉的四大菩萨。大乘经典中，文殊菩萨的"大智"，普贤菩萨的"大行"，观世音菩萨的"大悲"，地藏菩萨的"大愿"被广泛弘扬，因之，四大菩萨亦被视为"大智""大行""大悲""大愿"教理的化身，道场分别在中国的峨眉山、普陀山、五台山、九华山，即中国佛教四大名山。四大菩萨皆深具智慧、慈悲、平等、利他等佛教文化精神，而这些精神，尤其是大愿宏深的地藏菩萨精神，在经济全球化、社会信息化、文化多样化的今天有着促进世界和谐发展的重要现实意义，为建设人类命运共同体提供了强大的精神支持。

地藏菩萨，也称地藏王，据《地藏十轮经》卷一所云，因其"安忍不动犹如大地，静虑深密犹如秘藏"故名地藏。秘藏有奥秘不可思议的境界，所以地藏象征定力超群，智慧无边。关于地藏菩萨的本缘故事有很多，典型的如《地藏菩萨本愿经·忉利天宫神通品》的两则：一则说过去久远劫前，地藏菩萨曾是一位长者子，因见师子奋迅具足万行如来之相好庄严，

[①] 任继愈主编：《佛教大辞典》，江苏古籍出版社，2002年12月版，第1071页。

敬慕不已，为证得此庄严之相，发愿尽未来际不可计劫，度脱六道罪苦众生。二则说地藏菩萨为过去不可思议阿僧祇劫时一婆罗门女，为救度其母出离地狱，设供修福，并发愿尽未来劫广度罪苦众生。再如《地藏菩萨本愿经·阎浮众生业感品》两则：一则说过去久远劫时，地藏菩萨为一国王，国内人民多造众恶，乃发大度尽罪苦众生皆至菩萨的大愿，否则不愿成佛。二则说过去久远劫时，地藏菩萨为光目女，因其母堕于地狱受苦而发愿救拔一切罪苦众生，待众生尽成佛后，方成正觉。地藏菩萨"众生度尽，方证菩提，地狱未空，誓不成佛"的大愿反映了大乘佛教普度众生的根本精神，也反映了生佛无别、同一真如的平等精神与普世慈悲，它们作为中华优秀传统文化及人类文明的重要组成部分，为构建人类命运共同体提供了丰厚的思想源泉。

二、宏深大愿与责任担当

地藏信仰是随着大乘佛教的兴起而产生的。大乘佛教简称大乘，因指能运载无量众生从生死大河之此岸到达菩提涅槃之彼岸成就佛国而得名。一般而言，小乘佛教把释迦牟尼视为教主，追求自我解脱，以证得罗汉果位为最高目标。大乘佛教则提倡三世十方有无数佛，宣传大慈大悲，普度众生，以成佛度世、常乐我净为最终理想。《大乘起信论》以"众生心"为"大乘"，《显扬圣教论》则以"七大性"相应释大乘，即"法大性""发心大性""胜解大性""胜意乐大性""资粮大性""时大性""成满大性"。依大乘佛教，发心修持，证得无上菩提的全过程，皆名"大乘"，将世界一切现象的"缘起"归于"性空"，倡导以六度为基本内容的菩萨行。在四大菩萨中，地藏菩萨以"地狱未空，誓不成佛"的广大无边的誓愿被誉为"大愿王"，成为"不为自己求安乐，但愿众生得离苦"的大乘佛教精神的表率，又因一切众生凡信奉地藏菩萨均蒙救济的教理，而成为一般民众信仰的核心。

地藏菩萨的主要教义是"大愿",体现了大乘佛教普度众生的愿望。《地藏菩萨本愿经》记,地藏菩萨曾受释迦牟尼佛嘱托,在弥勒下生之前救助六道受苦众生,故发大愿普度众生:"我今尽未来际,不可计劫,为是罪苦六道众生,广设方便,尽令解脱,而我自身方成佛道。"在《占察善恶业报经》中,有菩萨问释迦佛:假如佛入灭后,善法消减,恶法炽烈,众生将依靠谁来修行,以何种方便开示化导,令大众生信心,除烦恼?释迦佛便推荐了地藏菩萨。地藏菩萨的大愿担当精神对当今整个人类社会的和谐发展有着历久弥新的现实价值。在当前这个充满分歧与冲突的多元化世界里,各国之间的联系与相互依存的关系比过去任何时候都更加紧密,没有国家能够独善其身,人类前途命运休戚与共。解决全球性的危机与难题,需要胸怀地藏菩萨那样的宏深大愿,站在全人类共同价值的高远视野,顺应人类发展的时代潮流,凝聚各方力量,共同携手行动。

三、慈悲利他与和谐社会

地藏菩萨"明知不可为而为之"的大愿体现了大乘佛教普世慈悲的大情怀,也因此具有不可思议的功德。慈悲是菩萨行的最重要的特征之一,为梵文 Maitri-karuna 的意译。"慈"即爱护众生、给予欢乐,"悲"即怜悯众生、拔除苦难。《大乘义章》卷一三:"慈悲观者,普愿众生,作其与乐、拔苦之想。"《大智度论》卷二七言:"慈悲是佛道之根本""大慈与一切众生乐,大悲拔一切众生苦。"大乘依此异于小乘。慈悲亦含于"四无量心",《俱舍论》卷二九言:"无量有四:一慈二悲三喜四舍。"慈无量,即为无量众生求安乐之心;悲无量,即为无量众生拔苦之心;喜无量,即为无量众生离苦得乐而喜悦之心;舍无量,即视众生平等而无憎爱亲怨等差别心。《大智度论》卷二十阐释了三种慈悲:一是众生缘慈悲,指以众生为对象的慈悲,属于小慈悲;二是法缘慈悲,指觉悟到诸法无我之理所起的慈悲,属于中慈悲;三是无缘慈悲,指离一切差别,心无所缘,属大慈悲。地藏菩萨拔一切众生悲苦、给一切众生欢乐的本愿充分体现了大乘佛教普缘众生的大慈悲。

慈悲精神是佛教两大基本精神之一，传递了和谐友爱的思想观念，也应是和谐社会所倡导和具有的社会理念。佛教的慈悲精神基于普遍联系的哲学思想，认为芸芸众生的世间一切皆出于关系之上，个体虽拥有独立意志，但同时受环境和关系的制约，与他人、社会和自然相互依存。佛教生死轮回的观念也可视作普遍联系思想的延展，在佛陀眼里，一切众生无始以来或曾互为父母子女，因此应普报众生之恩，行利他之为，利他即利己，度人即自度。可见，地藏菩萨无缘慈悲的利他精神，有着广阔而深刻的哲学内涵，为和谐社会建设提供了重要理论支撑。佛教的慈悲利他精神在社会实践中，对于个体行为主要表现为以布施为核心的社会慈善事业。这与中国构建人类命运共同体思想下的新型国际关系不谋而合。构建人类命运共同体，弘扬和平、发展、公平、正义、民主、自由的全人类共同价值，以平等、互鉴、共存的国际交往、交流方式超越文明隔阂与冲突，站在人类进步的立场上，站在世界发展潮流前沿和人类价值道义的制高点，致力于建设更加美好的世界未来。

四、平等真如与生命境界

除慈悲外，智慧是佛教两大基本精神，也是最重要的精神之一。智慧即般若，在修道中具有决定性作用，《大毗婆沙论》卷九五言："云何为智？答：五识相应慧；除无漏忍，余意识相应慧。"据此，与感性认识相应的判断能力，以及除"无漏忍"以外的所有意识的分析决断能力皆称为智慧。《大乘义章》将"现量""比量""圣教量"称为"三智"，所以智也包括逻辑推理的能力。《瑜伽论记》卷九："梵云般若，此名为慧，当知第六度；梵云若那，此名为智，当知第十度。""一般说，作为第六度的智慧，重在观空，把握真谛实相；

作为第十度的智慧,重在空观运用于诸有,属于权善方便。"① 地藏菩萨于无量无边劫修行已深具佛的智慧。《占察经》说:"地藏菩萨发心以来,过无量无边不可思议阿僧祇劫,久已能度萨婆若海,功德满足。但依本愿自在力故,权巧现化影应十方。"萨婆若,代表一切智,也就是佛的智慧。地藏菩萨虽早已具有与佛齐等的如海般大觉悟大智慧,却不现佛身,而现菩萨身,志愿用无边智慧度脱一切众生。

《占察经》坚净信菩萨问地藏菩萨如何示求大乘,地藏菩萨答说:应依止一实境界,以修信解。地藏菩萨阐释一实境界包括三层智慧:第一,生佛无别,同一真如。认为众生平等,自性清净,犹如虚空。因离分别故,平等普遍,无所不至。圆满十方,究竟一相,无二无别,不变不异,无增无减。以一切众生心,一切诸佛心皆同一真如故。这一平等无差别的智慧是个体生命认知与实现自我价值的基础,也是人与人、人与社会、人与自然和谐相处的基础。第二,妄心无体,妄境不实。在地藏菩萨眼里,天下本无事,只因众生无名痴暗,现妄境地,生念着心。此心不能自知,妄自谓有,而实无有觉知之相,以此妄心,毕竟无体。若无知觉能分别者,则无十方三世,一切境界,差别之相。以一切法,皆不自有,但依妄心,分别固有。认知妄心无体、妄境不实才能自觉克己,降服对外物的贪欲之心,克服对财富、权力、地位、名声等的贪欲之心,最终制胜因贪欲不能满足而生的忿恨之心,消除贪、瞋、痴三毒,从而使身心安定。第三,心境互依,似有实无。一切境界,随心所缘,念念相续,生灭不停,但有名字,实不可得,如镜中像,无去无来,本性空寂。知此智慧,并依之修行,关注当下念念,止息种种妄想、思虑,才能去无知、觉悟生命真谛。地藏菩萨依"一实境界"认为心有真心与妄心的区别:真心,如如不动,清净圆满;妄心,起念分别,觉知缘虑。一切种种境界皆源于心,了然此心,熏习断舍离之习气,便亲近常乐我净之生命境界。

---

① 任继愈主编:《佛教大辞典》,江苏古籍出版社,2002年12月版,第1182页。

五、基本结论

千百年来,地藏菩萨的大愿精神及慈悲利他、平等真如等思想文化在传承中促进了社会发展和文明进步。如今,人类所面临的新问题、新挑战层出不穷,地区冲突、贫富差距、气候变化等全球性问题凸显,重大疫情、自然灾害、恐怖主义等安全挑战加剧,构建人类命运共同体已成为各国人民求和平、谋发展、促合作的普遍诉求。构建人类命运共同体,地藏菩萨的"大愿"精神与担当情怀,为创化深邃的佛法智慧,以引领正信,在安顿与拯救当代人内心世界的同时,为增进人类福祉,弘扬人类共同价值,解决全球性危机与难题,建设持久和平、普遍安全、共同繁荣、开放包容、清洁美丽的世界,凝聚各方力量,提供不竭的思想源泉与精神支持。

九华山寺院弘扬中华孝文化所发挥作用的调查报告

杨天舒[1]

内容提要：关于九华山地区儒释道交流融合、地藏孝亲文化等方面的研究已经很多，这些研究普遍认为，九华山寺院群落理应在中华孝文化的发扬光大中起到重要作用。而在现实中具体效果如何，至今尚未见有相关数据；同时社会大众对中华孝文化与佛教相关性的认知度也需要数据才能得到解析。本研究采用自主完成式匿名问卷，通过对九华山寺院访客的调查，试图了解九华山寺院访客对中华孝文化的理解，孝道与佛教相关性的认知，以及九华山寺院群作为一个整体在推广孝文化方面的作用，同时希望发现一些九华山寺院访客的一般特征。数据分析主要得出以下结论：九华山是代表中华孝文化的一个标志性佛教圣地；绝大部分访客赞同佛教对孝亲文化的作用和贡献，认为中国佛教应坚持以弘扬孝道文化为己任；大部分被试认同佛事活动是实践孝道的重要手段，九华山寺院活动对中华孝文化具有推广作用；这与原始佛教经典的思想一致；大部分游客通过对九华山寺院的访问，丰富了对中华孝文化内涵的理解。

关键词：佛教中国化；中华孝文化；九华山；地藏菩萨；寺院

---

[1] 杨天舒，北京大学博士，九华山佛学院教师。

一、绪论

中华文化是开放的文化，其形成本身就是多元文化融合的结果。作为适应性很强的宗教，佛教在传入中国后，经历了不断的中国化过程，与中国本土文化的结合促进了佛教在这片土地上的传播和发展。孝道是人类道德伦理的重要组成部分，对于中华民族，孝是最古老的道德观念之一，是中国传统儒家文化的核心。黑格尔曾说："中国纯粹建筑在这样一种道德的结合上，国家的特性便是客观的家庭孝敬。"孝道在中国佛教中占据着重要位置，成为中国佛教的一个鲜明特色。可以说中国佛教中的孝道内容已经成为中华孝文化的重要组成部分。

一些国外学者如陈观胜（Kenneth Ch'en）和道端良秀（Ryoshū Michihata）认为孝道在汉传佛教中占有重要地位；而约翰·斯特朗（John Strong）和格雷戈里·肖潘（Gregory Schopen）指出，孝道在印度佛教中也很重要，因此不能将此视为中国佛教的特色。事实上，原始佛教经典中教导关于孝道的美德，但只是美德之一而非大功德，孝敬父母的内容主要是从报恩和因果的角度展开的（广兴 GuangXing 2005）。

《尼柯耶第二集五十经》中有这样的表述："诸比丘！我说对二种人不能尽报。云何为二种人？是母与父……复次，诸比丘！不信之父母，则劝之令发信、令入〔信〕、令住。破戒之父母，则劝之令持戒、令入〔戒〕、令住。悭吝〔之父母〕，则劝之令行施舍、令入〔施舍〕、令住。恶慧〔之父母〕，则劝之令发正慧、令入〔正慧〕、令住。诸比丘！齐此以事奉父母，是为报恩者。"即，令父母乐善好施，获得智慧，相信佛法才是真正的尽孝。大乘经典中有更多关于孝道的内容，例如，《大集经》云："世若无佛，善事父母；事父母即是事佛也。"汉传佛教在与儒、道思想的碰撞交流过程中，为适应当地的文化土壤，将孝道的内容加以发扬光大。

九华山作为中国佛教四大名山，地藏菩萨道场，在汉传佛教系统中具有广泛和深远的影响。在九华山，中国佛教与道、儒融合的特点有着突出表现。仅以儒家重孝道而言，其精神就与地藏法门相合。《地藏经》可以说是佛门孝经，而地藏菩萨更是"孝"的代表。在中国佛教大乘佛法里以四大菩萨为表率，第一位就是地藏菩萨，表的是孝敬；汉传佛教认为孝是学佛的基石，更是做人的根本(吴轶寒 2008)。关于九华山地区儒释道交流融合、地藏孝文化等方面的研究已经很多，这些研究普遍认为，九华山寺院群落理应在中华孝文化的发扬光大中起到重要作用。而在现实中具体效果如何，至今尚未见有相关数据；同时社会大众对中华孝文化与佛教相关性的认知度也需要数据才能得到解析。

本研究采用自主完成式匿名问卷，通过对九华山寺院访客的调查，试图了解九华山寺院访客对中华孝文化的理解，孝道与佛教相关性的认知，以及九华山寺院群作为一个整体在推广孝文化方面的作用，同时希望发现一些九华山寺院访客的一般特征。

传统的纸质问卷和新兴的网络问卷各有利弊。纸质问卷需要更多人力发放、回收和整理数据，还涉及问卷的印制与运输，周期长、环节多(孙发友、荀丽丹 2017)，同时也不够环保，但由于环境相对封闭，因而易于控制执行情况；网络问卷方便快捷，数据实时掌握，完成质量较易受控，而线上推动完成难度较大。两种形式的成本大致相当。最终，考虑到时间因素，本研究采用了网络问卷和现场纸质问卷相结合的方式，利用微信二维码接入网络问卷，同时在九华山大愿文化园随机拦访征集答卷。

自 2021 年 9 月 10 日开始收集数据，截至 2021 年 10 月 8 日，共计收集 389 份样本，剔除无效样本 18 份，最终得到 371 份有效样本，有效样本率 95.37%。其中网络调查共收集有效样本 98 份，线下拦访有效样本 273 份。问卷报告内容分五部分，包括：九华山寺院访客基本信息情况；访客对九华山寺院及佛教的了解情况；访客对孝亲文化的看法；访客对孝亲文化与佛教关系的评价；访客对九华山之行的感受与评价。

二、九华山寺院访客基本信息情况

1. 性别分布

在368名自我认定与佛教相关的访客中,男性185人,占比50.27%;女性166人,占比45.11%。男女分布大致平衡。此外,性别保密的访客17人,占比4.62%。

2. 年龄分布

访客年龄主要集中在26岁–50岁之间,占比69.29%。此外,66岁或以上、18岁以下到访九华山寺院的样本比例相对较少,均不足5%。

3. 学历分布

访客学历是大学本科及以上(或同等学力)的人员占比最高,为30.16%;其次是大专(或同等学力),占比28.80%;中专或高中、初中或以下占比分别是21.47%、17.66%。说明九华山游客中高学历者较多,当然他们也更容易参与问卷调查。

4. 常住地分布

参与调查的访客中,常住地是安徽省的人员最多,占比55.71%;其次是华东地区(安徽以外),占比22.01%;西南地区、大陆以外地区、中南地区、西北地区访客相对较少,占比均不足1%。特别注意到华北地区访客占7.34%,仅次于华东地区,位居第三。

5. 访客与佛教的关系

本问题为单选题,请被试者选择他们自认为与佛教的关系。参与调查的访客中,占比最大的是"希望佛菩萨保佑"的类型(48.79%),另外有

28.30% 的访客对佛学知识感兴趣，有 19.41% 的访客为已皈依的佛教徒，不感兴趣和"说不好"的占 0.81% 和 2.7%。访客来到九华山，祈福是第一需求。

6. 访客信仰佛教或对佛学感兴趣的年限分布

参与调查的访客中，信仰佛教或者对佛教感兴趣的年限主要集中在 10 年或以上，占比 43.75%；其次是 1-3 年，占比 22.01%；其他时间段分布均在 10% 上下。

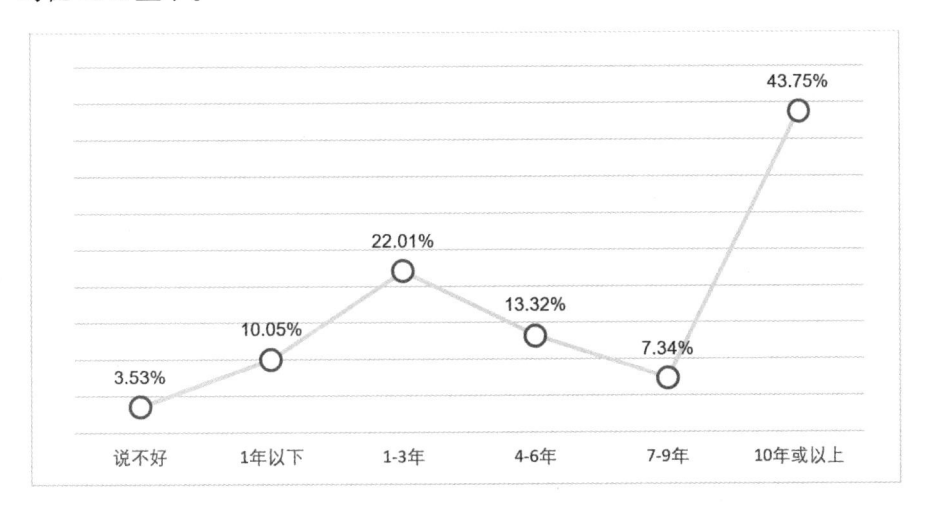

7. 到访九华山频次

参与调查的访客中，42.39% 的访客表示第一次到访九华山；30.98% 的访客表示第四或更多次到访九华山；第二次和第三次的分别占 16.58% 和 9.24%。说明九华山游客中过半访客属于回头客，访客的满意度也就尤为重要。

三、访客对九华山寺院及佛教的了解情况

1. 了解与九华山寺院相关信息的主要渠道

数据显示，39.09% 的访客表示通过熟人介绍了解与九华山寺院相关的

信息；38.81% 的访客表示通过互联网了解；27.48% 的访客通过手机应用程序了解；16.71% 的访客通过书籍了解，通过广播电视、报纸杂志等传统渠道了解九华山寺院情况的人员相对较少，分别占 7.08% 和 4.53%。说明九华山寺院访客主要是从熟人、互联网及手机网络了解九华山寺院的相关信息。

2. 到访九华山的目的

烧香礼敬佛菩萨（占比最高 –68.48%）、旅游（38.04%）、祈福消灾（33.15%）是访客来九华山寺院的主要目的。其次为了解中国文化、修习佛法、禅修、参加佛事活动，占比分别是 17.93%、14.13%、8.70%、7.34%。数据表明在礼佛之余，旅游也是访客来九华山的重要目的之一。

3. 对地藏菩萨的了解

数据显示，访客对地藏菩萨的认知主要包括：普度众生的大愿（66.58%）、保佑自己和家人平安顺利（57.07%）、地狱不空誓不成佛（39.95%）。

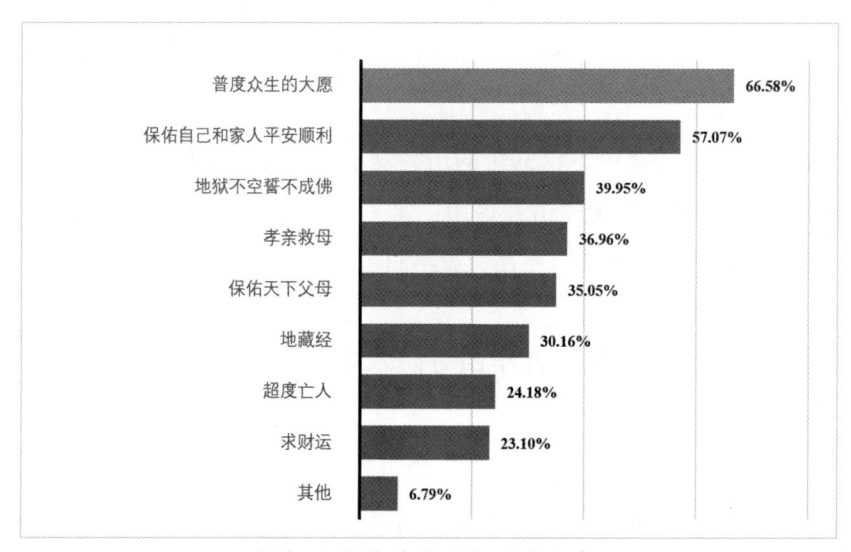

提起地藏菩萨所联想到的元素	
普度众生的大愿	66.58%
保佑自己和家人平安顺利	57.07%
地狱不空誓不成佛	39.95%
孝亲敬母	36.96%
保佑天下父母	35.05%
地藏经	30.16%
超度亡人	24.18%
求财运	23.10%
其他	6.79%

提起地藏菩萨所联想到的元素

4. 对九华山的了解

数据显示,地藏菩萨(80.71%)、佛教名山(70.65%)、寺院众多(32.88%)、中国传统文化(30.16%)依次是访客对九华山的主要认知内容。相当一部分访客认为九华山与中国传统文化联系紧密。

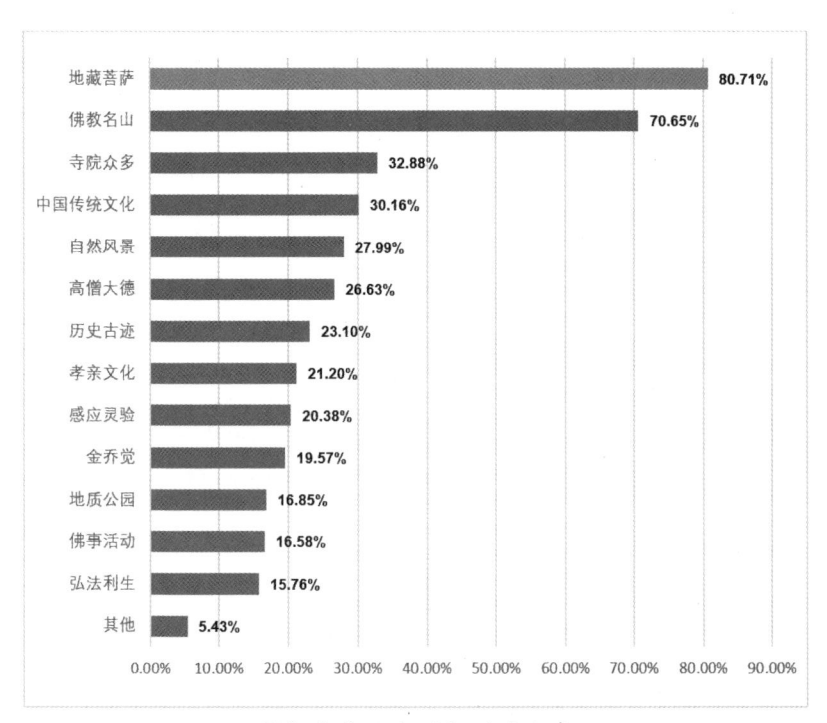

元素	百分比
地藏菩萨	80.71%
佛教名山	70.65%
寺院众多	32.88%
中国传统文化	30.16%
自然风景	27.99%
高僧大德	26.63%
历史古迹	23.10%
孝亲文化	21.20%
感应灵验	20.38%
金乔觉	19.57%
地质公园	16.85%
佛事活动	16.58%
弘法利生	15.76%
其他	5.43%

提起九华山会联想到的元素

5. 在四大佛教名山中选择最能代表中华孝亲文化的地点

数据显示,81.52%的访客认为九华山最能代表中华孝亲文化,选择峨眉山、普陀山、五台山占比相对较少,均不足3%。说明在访客心目中,九华山在某种意义上代表着中华孝文化。

四、访客对孝亲文化的看法

1. 孝敬父母长辈较好的方式

在孝敬父母长辈较好的方式中,在生活上关心照顾是首要方式(90.76%)。此外,经常去看望或电话联络(62.77%)、在经济上支持(61.14%)、尊重他们的意愿(55.71%)也是比较主要的方式。排在第五位的是,在寺院为他们消灾祈福(48.91%),多于第六位的共同外出休闲或旅游(41.30%)和第七位的让他们有精神寄托(26.63%)。与劝导父母相比,在寺院消灾祈福更受重视。

2. 纪念已故长辈较好的方式

在纪念已故长辈较好的方式中,定期扫墓(56.25%)、祭祀或烧纸(52.72%)、尊重他们的愿望(50.27%)是主要的方式。接下来依次为经常追思(39.13%)、参与超度先人的佛事(34.78%)、厚葬(11.96%)、其他(10.33%)。说明超度亡人这样的方式受到约三分之一访客的认可或重视。

3. 对《地藏经》中地藏菩萨在漫长的修行过程中"孝敬母亲、为母发愿"的故事的认知

64.40%的访客(印象比较深、印象很深比例之和)表示对《地藏经》中地藏菩萨在漫长的修行过程中"孝敬母亲、为母发愿"的故事印象深刻,27.17%的访客(不太有印象、没有印象比例之和)表示印象不深刻,还有8.42%表示说不好。数据显示大部分访客对地藏经有了解,对地藏菩萨的孝亲故事印象深刻。

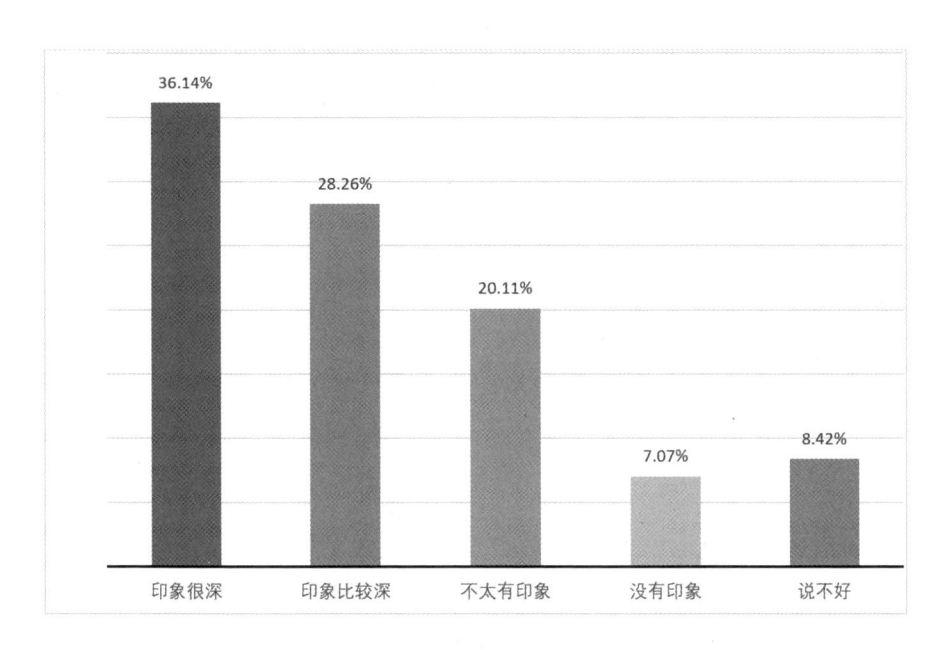

根据访客对《地藏经》故事的印象深刻程度，我们把此题的选项重新赋分，其中"印象很深"为5，"印象比较深"为4，"说不好"为3，"不太有印象"为2，"没有印象"为1（下同）。通过独立样本T检验（T=-2.591，P<0.05），发现不同性别访客对《地藏经》中地藏菩萨在漫长的修行过程中"孝敬母亲、为母发愿"的故事评价存在显著差异。其中男性访客对故事印象深刻度为3.50分，显著低于女性访客印象深刻度（3.87分）。通过单因素方差分析（F=5.766，P<0.001），发现不同年龄访客对此问题的回答存在显著差异，其中25（含）岁以下访客对故事印象深刻度为3.09分，显著低于40-50（含）岁访客印象深刻度（3.91分）；而不同教育背景的访客对这一问题的回答不存在显著差异。

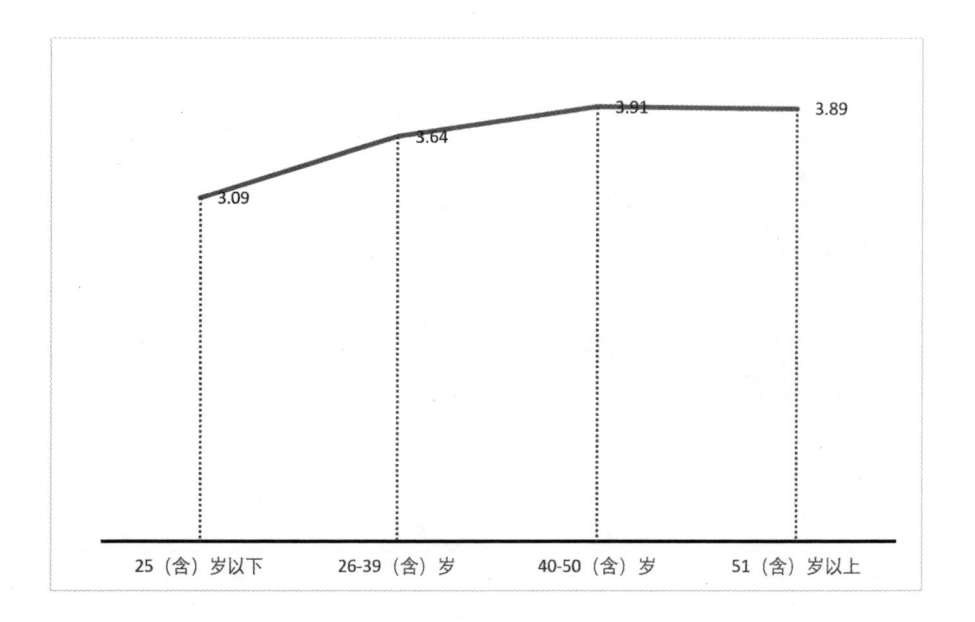

通过单因素方差分析（F=4.420，P<0.05），发现不同地域访客对该故事的印象存在显著差异。其中华北地区访客对故事印象深刻度为 4.26 分，显著高于华东地区（安徽以外）访客（3.61 分）。

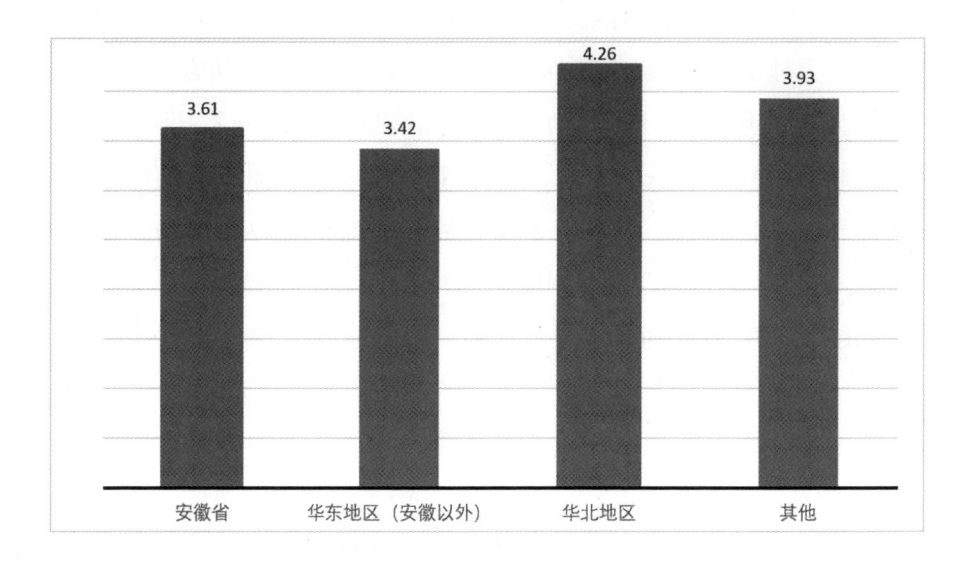

五、访客对孝亲文化与佛教关系的评价

1. 对"孝亲文化是中国佛教的一大特色"这一表述的评价

94.02% 的访客表示同意"孝亲文化是中国佛教的一大特色"（包括非常同意和比较同意，下同），仅有 1.90% 的访客表示不同意。此外还有 4.08% 的访客表示说不好。对这一问题的回答，不同性别、年龄、教育背景的被试没有表现出显著差异，而只在地域方面存在显著差异。通过单因素方差分析（F=5.348，P<0.05），发现华北地区访客同意度为 4.89 分，显著高于华东地区（安徽以外）访客（4.56 分）。

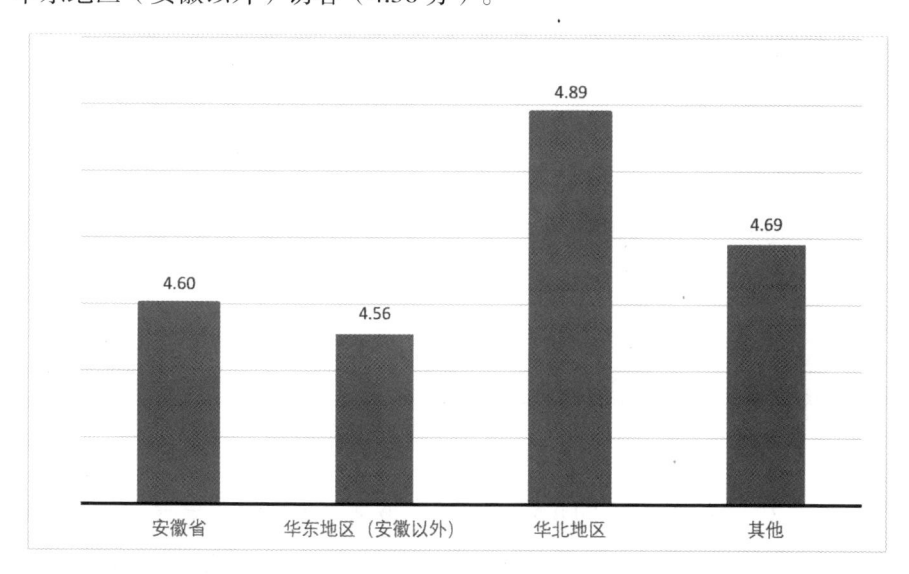

图表数据：安徽省 4.60；华东地区（安徽以外）4.56；华北地区 4.89；其他 4.69

2. 对"中国佛教应该以更大力度宣传孝亲文化"评价

94.02% 的访客表示同意"中国佛教应该以更大力度宣传孝亲文化"，仅有 2.72% 的访客表示不同意。此外还有 3.26% 的访客表示说不好。通过单因素方差分析（F=3.954，P<0.05），发现不同地域访客对"中国佛教应该以更大力度宣传孝亲文化"评价存在显著差异。其中华北地区访客同意度为 4.85 分，显著高于华东地区（安徽以外）访客（4.52 分）和安徽访客（4.61）、其他地区（4.58）。而不同年龄、性别、教育背景的访客没有表

现出显著差异。

3. 对"在寺院为父母长辈祈福消灾、积累功德是一种很好的孝亲方式"评价

88.86%的访客表示同意"在寺院为父母长辈祈福消灾、积累功德是一种很好的孝亲方式",仅有5.98%的访客表示不同意。此外还有5.16%的访客表示说不好。

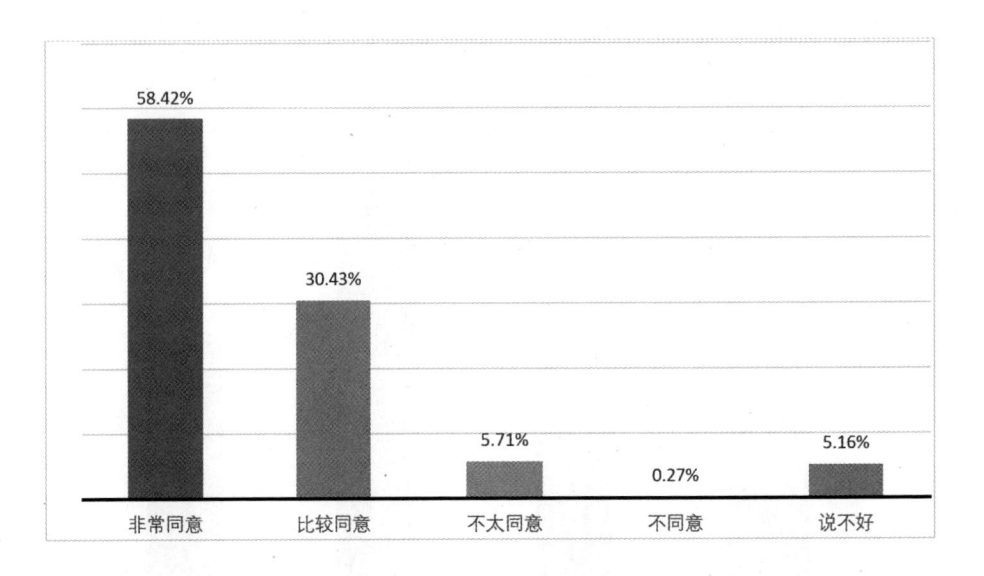

选项	比例
非常同意	58.42%
比较同意	30.43%
不太同意	5.71%
不同意	0.27%
说不好	5.16%

对此问题的回答,不同年龄、地域的被试表现出显著差异。就不同年龄而言,($F=5.431$,$P<0.05$),25(含)岁以下访客同意度为4.00分,显著低于51(含)岁以上岁访客(4.52分);华北地区的访客同意度(4.78)显著高于其他地区($F=3.229$,$P<0.05$)(其他地区维持在4.4左右)。而不同性别、学历被试没有表现出显著差异。

4. 对"让父母长辈有精神寄托是一种很好的孝亲的方式"评价

80.98%的访客表示同意"让父母长辈有精神寄托是一种很好的孝亲的

方式",仅有7.34%的访客表示不同意。此外还有11.68%的访客表示说不好。

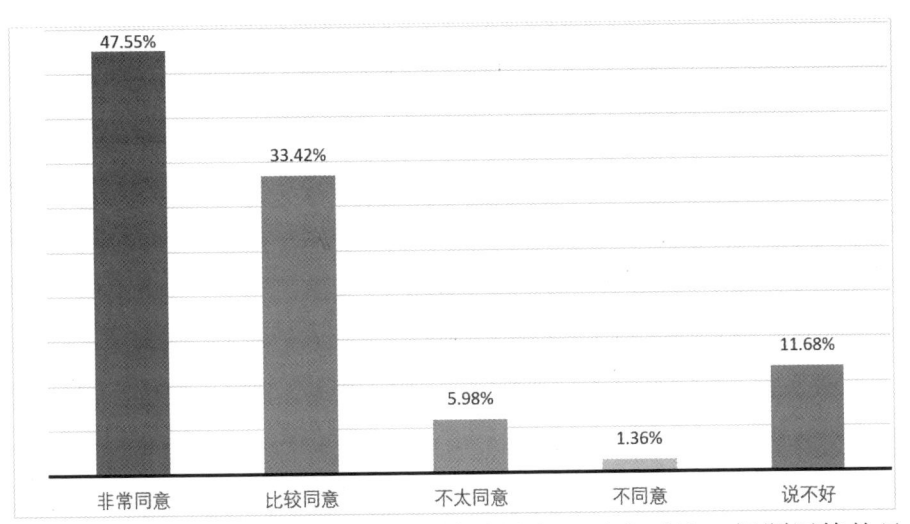

非常同意	比较同意	不太同意	不同意	说不好
47.55%	33.42%	5.98%	1.36%	11.68%

不同性别、教育背景、地域的被试没有显示出对这一问题回答的显著差异。而不同年龄的访客对此问题的答复存在显著差异（$F=5.516$，$P<0.05$），且随年龄增长认同程度呈现提高趋势，40岁以上被试同意度为4.38，25岁以下访客仅为3.7分。

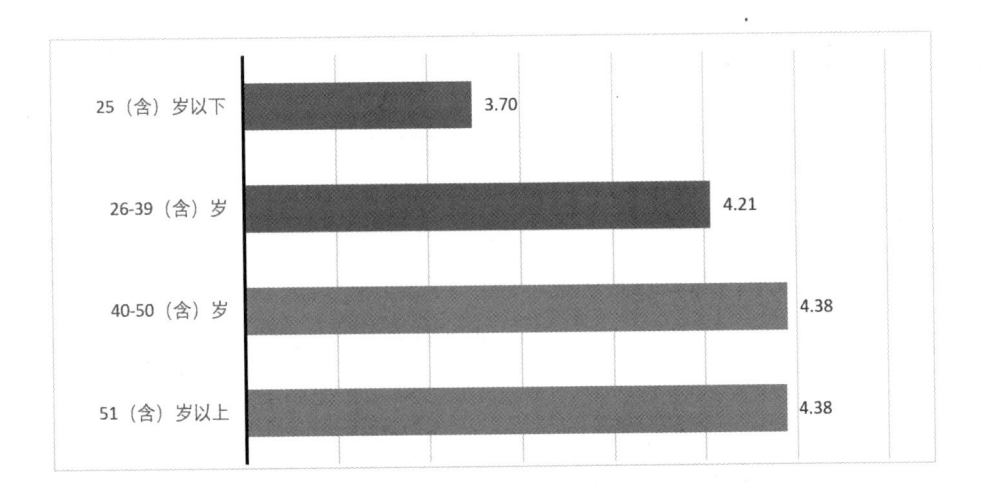

年龄段	同意度
25（含）岁以下	3.70
26-39（含）岁	4.21
40-50（含）岁	4.38
51（含）岁以上	4.38

六、访客对九华山之行的感受与评价

1. 对九华山的寺院的总体感受

68.21%的访客表示对九华山的寺院总体感受很好，28.53%的访客认为比较好，仅有1.90%的访客表示不太好。此外还有1.36%的访客表示"说不好"。通过独立样本T检验（T=-2.925，P<0.05），发现不同性别访客对九华山的寺院总体感受评价存在显著差异。

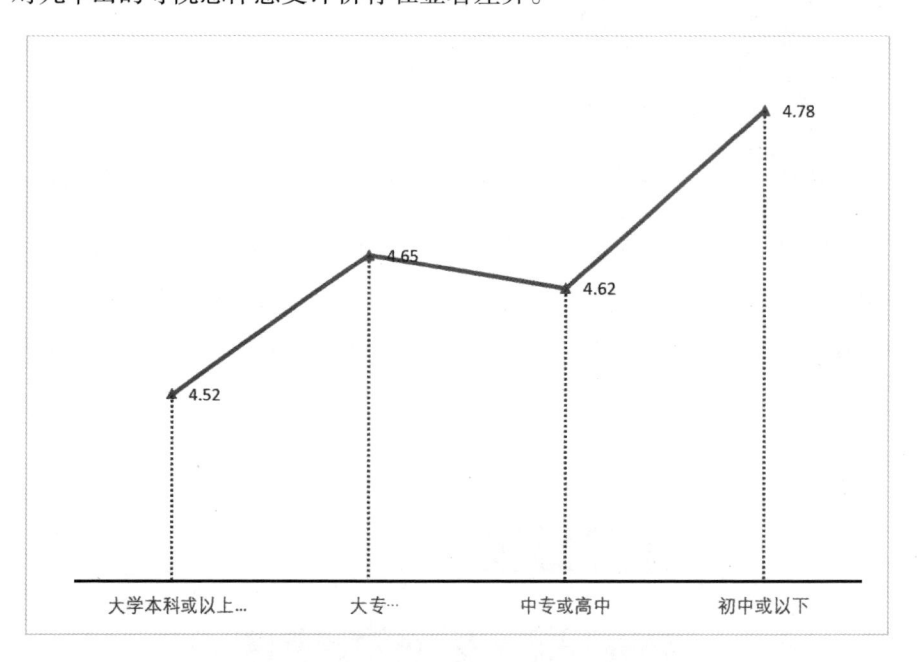

其中男性访客评价4.54分，显著低于女性访客评价（4.72分）。不同学历访客对九华山的寺院总体感受评价存在显著差异。其中，初中或以下访客对九华山的寺院总体感受为4.78分，显著高于大学本科或以上（或同等学力）访客（4.52分）。而不同年龄和地域的访客没有表现出差异。

2. 与相关宗教场所法师的沟通

85.87%的访客表示与九华山宗教场所的法师沟通顺畅，仅有3.80%的访客表示不顺畅。此外还有10.33%的访客表示"说不好"。

3. 对"来到九华山,加深了我对佛教与中华孝文化关系的理解"这一表述的看法

91.58%的访客表示同意"来到九华山,加深了我对佛教与中华孝文化关系的理解",仅有2.99%的访客表示不同意。此外还有5.43%的访客表示"说不好"。华北地区被试同意度显著高于其他地区。

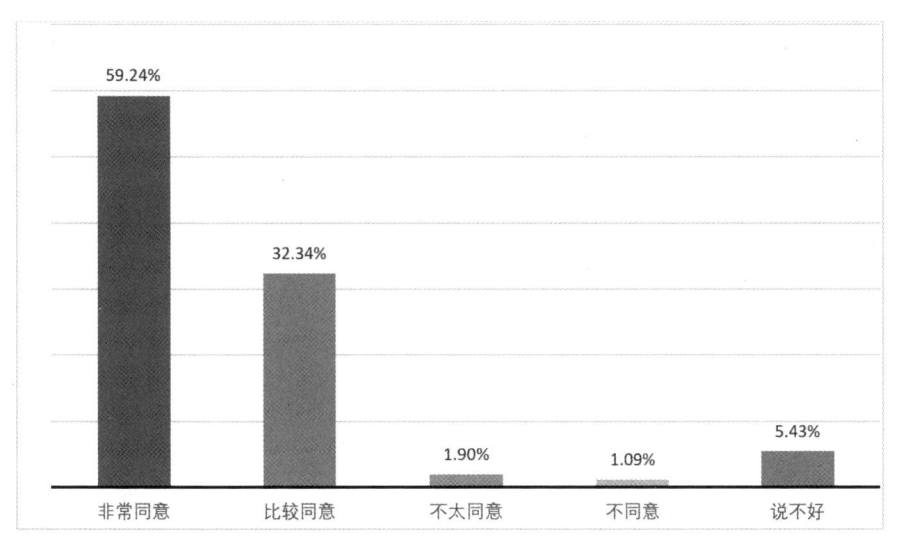

选项	比例
非常同意	59.24%
比较同意	32.34%
不太同意	1.90%
不同意	1.09%
说不好	5.43%

4. 九华山之行的总体满意度

96.47%的访客对九华山之行满意,仅有1.36%的访客表示不满意。此外还有2.17%的访客表示"说不好"。说明绝大部分游客在九华山获得了满意的体验。

5. 是否会再来九华山

69.29%的访客表示一定会再来九华山,22.55%的访客表示应该会再来,4.62%表示也许会再来,仅有0.27%的访客明确表示不会来。此外还有3.26%的访客表示说不好。这一结果解释了九华山回头客占比高的原因。

另外有7.07%的被试者在问卷上留下了补充意见,包括赞赏、鼓励和希望改进之处,由于意见较分散,在此省略。

七、总结

此次问卷调查的数据提供了一些有意义的发现，现总结如下：

1. 从人口学分布来看，九华山寺院的访客以安徽省内、中年人较多；华北是华东以外访客来源较多的地区，该地区被试对九华山与孝亲文化认可度高。参与问卷调查的被试中大专以上学历占大部分（58.96%）。

2. 九华山之行总体满意度高（96.47%），大部分游客很可能再次来访（69.29%被试回答一定会再来）。这解释了九华山访客中回头客多的原因。

3. 九华山是代表中华孝文化的一个标志性佛教圣地（81.52%的被试认为九华山在四大佛教名山中最能代表中华孝亲文化）。

4. 绝大部分访客赞同佛教对孝亲文化的作用和贡献，认为中国佛教应坚持以弘扬孝道文化为己任。

5. 大部分被试认同佛事活动是实现孝道的重要手段。通过对九华山寺院客堂法师的走访，了解到九华山佛事活动大约一半是为健在或已故的长辈祈福禳灾。这也从一个侧面反映出九华山佛事活动对孝文化的推广作用。

6. 大部分访客同意"让父母长辈有精神寄托，是一种很好的孝亲方式"（80.98%），这与原始佛教经典的思想一致。

7. 大部分游客通过对九华山寺院的访问，丰富了对中华孝文化内涵的理解。

当然，社会学研究需要掌握各个依据的环节之间的内在关系，从而对研究结论的可信程度作出方法论意义上的评价（时宪民 1991）。此次调研因时间限制等原因样本较小，其结论还需要通过进一步的访谈验证。

参考文献

1.《大正藏》"增支部尼柯耶"，中华电子佛典协会。

2. 吴轶寒：《论九华山佛教文化对当地民俗文化的影响》，《安徽农业大学学报》（社会科学版）2008 年第 3 期。

3. 周贤君、王愚：《中国孝文化的当代价值探讨》，《高等农业教育》2012 年第 3 期。

4. 孙发友、荀丽丹："在线问卷调研系统设计与实现"，《网络安全技术与应用》，2017 年第 7 期。

5. 广兴 GuangXing："Filial Piety in Early Buddhism，" *Filial Piety in Early Buddhism* 12，2005。

6. 时宪民："社会学研究的评估方法及其应用"，《社会学研究》，1991 年第 4 期。

7. 汤用彤：《汉魏两晋南北朝佛教史》，昆仑出版社，2006 年。

8. 黑格尔：《历史哲学》，上海人民出版社，1990 年。

论地藏法门中的"人间佛教"思想

果 尚[1]

内容提要： 在近代中国佛教史上，太虚法师提倡的"人间佛教"理论，标志着对传统佛教观念的重大变革，倡导佛教应融入日常生活，更好地以佛教思想普度众生的理念，结合"契理"与"契机"原则及"人格"与"僧格"概念，促使佛教与社会更紧密地结合，参与社会活动以拯救时弊。太虚法师对于九华山佛教的考察和相关文稿中表达了"人间佛教"的实践方案，认为地藏法门中的"行愿"与"孝行"包含了"人间佛教"的理论，为其实践提供了借鉴。"人间佛教"是入世与出世两个方面的结合，不仅提升了儒家的孝道，也构建了人间净土的佛教新范式，展示了入世精神与出世目标的和谐共处。这种理论与实践相结合的方法，为当代佛教提供了宝贵的发展指南。本文尝试辩证地讨论太虚法师尊重大乘佛法入世精神，致力于实现佛法与现代社会的契合，提高佛教僧众的社会参与和义务感的精神，同时也推动九华山地藏法门与"人间佛教"入世思想高度契合的大乘佛法核心要义。

关键词： 太虚法师；人间佛教；九华山地藏法门

太虚法师所提倡的"人间佛教"是近代佛教史上一场划时代的变革，其影响意义深远。"人间佛教"的宗旨在于发扬佛教入世之精神，使佛法

---

[1] 果尚，九华山佛学院副院长。

融入世间、融入时代,而入世的目的是更好地普度众生,使众生脱离生死轮回、臻于涅槃彼岸。因而,一方面,深契大乘佛法的要旨;另一方面,又将入世的精神与出世的目标融为一体,在此基础上,太虚法师提出"契理""契机"两大原则,和"人格""僧格"的构想。在这一理论的指导下,太虚法师身躬力行,率领佛教僧众发起并参与了众多有益于国计民生的社会活动,为佛教的入世精神注入了时代的洪流,承担了拯救时弊的使命。

民国时期,太虚法师至九华山礼谒地藏王菩萨肉身并考察佛教事务,于欢迎大会上做《对于九华山佛教的感想》的讲话;随后不数年,又为九华山地藏法门重要经典《地藏经》做序言(《重刻地藏经序》)。在这两篇文稿中,太虚法师不仅重申了其"人间佛教"的思想,并对九华山佛教界如何进一步发展,提出了方向与建议。仔细研读法师的这两篇文稿,可以发现,地藏法门的"行愿"与"孝行"蕴含着"人间佛教"的理论,可为"人间佛教"的实践提供可资借鉴的方案。本文拟阐释地藏法门中的"人间佛教"思想,分为三个部分展开论证:先概述太虚法师"人间佛教"的主要观点;其次总结太虚法师两篇文稿的主要内容;再论证"人间佛教"与地藏法门的契合之处,从而更好地融合九华山的佛教资源与太虚法师"人间佛教",更好地理解与发扬法师"人间佛教"的精神。

一、太虚法师及其"人间佛教"

"人间佛教"并非太虚法师"凭空创造",在大乘佛法"普度众生"的根本精神中,自然就蕴含了这一种入世情怀,试问不入世,又如何度众生?因此,"人间佛教"正是大乘佛法入世情怀的继承与发扬。考较印度佛教典籍,都可以找到"人间佛教"的理论依据。如,在印度早期佛经《阿含经》中,佛说:"诸佛世尊,皆出人间,非由天而得也。"佛陀并以自己为例说:"我身生于人间,长于人间,于人间得佛。"《法华经·方便品》亦有说明:"诸佛世尊唯以一大事因缘故出现于世。诸佛世尊欲令众生开佛知见……欲示众生佛之知见……欲令众生悟佛知见……欲令众生入佛之知见。"可见，度众生成佛，既是佛菩萨于娑婆世间示现之缘起，亦是佛菩萨入世之宗旨。这样一份对众生的怜悯、垂爱，正是菩提心生起的源泉。而众所周知，若无菩提心，则成佛无从谈起。因此，众生与佛，从宇审生成论（即本体论）来讲，二者同源所出——所谓"六道众生与佛菩萨无二无别，皆同一如来本性"；而从起用（作用）来讲，二者相辅相成，相互成就。众生需得佛菩萨的开示、加持、渡化，方能悟佛理、修佛行、彻见本来面目，根除习气，从而最终证得佛的果位；而菩萨又需通过渡化众生来成就道业，最终臻于佛的果位。因此，从化用、起（妙）用的视角来看，菩萨与众生是彼此成就、互携互助的关系。换言之，无众生，也就无菩萨。正是从这个意义上讲，释迦佛才说："我身生于人间，长于人间，于人间得佛。"可见，入世情怀是大乘佛法根本精神的体现，佛理上早有说明。

同样，从中国佛教典籍上，我们也能找到"人间佛教"的理论出处。禅宗六祖惠能大师之《六组坛经》，是佛教由印度传入中国以后唯一一部由中国汉地僧人所作，却将其列入"经"的一部典籍，其之历史及思想地位自不待言。如果说禅宗是佛教中国化的最大成就，那么，《六组坛经》则是中国禅宗的最重要的经典，修禅者必须要研读的一部经典。在《六祖坛经》中惠能大师说："佛法在世间，不离世间觉。离世觅菩提，恰如求兔角。"换言之，修法、成佛都必须入世，入世不仅仅是大乘佛法的根本精神，还是佛法修证的必由之路。由此可知，不入世，则成佛无从谈起。

从上述所引经书典籍可知，太虚法师的"人间佛教"与佛法之入世情怀本是一脉相承，

在继承这一入世情怀的同时，太虚法师又做了新的开创与发扬，提出了"契理""契机"两大原则，以及"僧格"与"人格"的概念。太虚法师在《怎样来建设人间佛教》一文中谈道："人间佛教，是表明并非教人离开人类去做神做鬼，或皆出家到寺院山林里去做和尚的佛教，乃是以佛教的道理来改良社会、使人类进步、把世界改善的佛教。""人间佛教，

并非人离去世界,或做神奇鬼怪非人的事。即因世人的需要而建立人间佛教,为人人可走的坦路以成为现世界转变中的光明大道,领导世间的人类改善向上进步。"这段话充分说明要发挥佛教积极入世的干预精神,把对彼岸的向往转为对现实人生的关注,在现实的此岸世界建立人间净土。《阿弥陀经》清晰表明:随其心净,则佛土净。故净土无需外求,净秽之别,皆在人心。因此,发扬佛法之入世精神,构建人间净土,亦是佛教之的旨。

而如何构建"人间净土"?太虚法师进而提出"契理""契机"两大原则。"非契真理则失佛学之体;非协时机则失佛学之用。"而所谓"真理,即佛陀所究竟圆满觉知之'宇宙万有真相'";"时机"乃一方域、一时代、一生类、一民族各别之心习或思想文化。"契理"指向契合佛理,如前文所论,太虚法师整个"人间佛教"的构想皆有其佛理上的依据或出处;"契机"指向具体的历史情境,实际上是要求佛教发挥如同儒学的"经世致用"的功能,即,解决现实问题,满足当时之社会需求。这就把佛教对死后去处的关注转变到了对生前即现实人生的关注。由此,太虚法师又提出了"僧格""人格"的概念,认为僧人不仅是佛教徒,还是社会成员,故有其社会义务,必须完善人格,再进一步圆满僧格。太虚法师所提出的这一点,是针对佛教的"出世"倾向,即远离现实人生、时代社会的倾向。近代文化名人辜鸿铭就对此有所批评,他在向西方译介儒学时提到,佛教徒、基督徒只记挂其宗教之彼岸,往往隐居山野,遗忘了其人世间的义务。辜氏之批评有一定道理,佛法是中道,是在"出世"与"入世"之间寻求平衡、圆融之道。如果过于强调"出世",那必然出现辜氏所说的情况。故太虚法师的"人间佛教"正是对"入世"与"出世"的辩证阐释。

二、太虚法师的讲稿及《重印地藏经序》

因缘际会下,太虚法师于民国十八年(1929)8月15日,至九华山考察佛教事务并礼谒地藏王菩萨肉身塔。太虚法师的到来,使九华山全体僧众为之欢欣喜悦。虽然，太虚法师一再说明不要惊动大众，但是九华山佛教界还是于次日在九华山祇园寺举办了隆重的欢迎大会。在欢迎大会上，太虚法师做了《对于九华山佛教的感想》（以下简称《发言》）的讲话。在《发言》中，太虚法师肯定了九华山佛教事业所取得的成就，同时发表了六点感想。第一是感慨世人信仰佛教者，多为消极的迷信，不能积极自觉，故而佛教信仰者不能发挥其有利于社会民生的作用；第二个感想是僧团的团结，只有团结一心才能做好佛教事业，这是法师对佛教未来前景的担忧；第三个感想是做事畏难的固有习气；第四是僧材的缺乏；第五点则是针对第四点，提出僧材培养的教育方法：先于学习的前两三年系统的学习佛法大意，然后再根据各自情况，选择专门深究。并要求学僧在学习之余还要锻炼身体，避免做中国式的文弱书生；第六点，则是感慨佛教与社会的隔膜，因为不能很好地融入社会，参与社会事务，致使社会中人对佛教有所误解。《发言》结尾，法师对九华山寄予厚望，希望九华山佛教界在培养僧材、消除社会隔膜方面发挥重要作用。

民国二十二年（1933），太虚法师并为九华山所重刻地藏经做序言（《重刻地藏经序》），在《重刻地藏经序》中，法师再三赞叹地藏王菩萨普度一切众生之大悲大切，并劝世人多诵读《地藏经》，必然于自渡渡他之道有深切体会。

太虚法师的《发言》与《重刻地藏经序》两篇文稿中，饱含其对实践"人间佛教"的展望。考较之下，可以发现地藏法门与太虚法师的"人间佛教"，有诸多符契之处，见下文详述。

三、地藏法门与"人间佛教"的契合

《地藏王菩萨本愿经》是佛陀为其母在忉利天所讲的一本经。经文以光目女救母的故事开始。光目女梦见母亲在地狱受苦，遂发愿要度化母亲出离地狱，使之最终成佛，离苦得乐。可见，从文学文本的角度看，《地藏经》本身就是弘扬孝道与孝文化的一部经，与中国儒学传统"经世致用"的精神一致，即，行使道德教化的功能。这正是"人间佛教"入世精神、现实关怀的具体表征。

在儒家的道德人格中，如，仁、义、礼、智、信、孝、悌、忠等道德质素中，只有"孝"和"礼"，被单独列出而成独立的经典，如《礼记》《孝经》。可以说，孝在儒家道德人格中，居于重中之重的地位，是整个道德人格的基础。近代文化名人辜鸿铭在向西方译介儒家经典时，谈到"君子入则孝，出则悌"是整个儒教（儒学被视为一种准宗教形态的人文宗教）的基石，他将"孝悌"并举，译为 be a good son and be a good citizen，转译为中文，意为"做孝子，做好的公民"，言下之意，只有孝子才能成为良好的公民，并论证"孝悌"是中华民族几千年道德秩序得以维系的基石之一。辜氏的论断切中肯綮。从"国家"的词源意义剖析，以中华民族而言，国是家的延伸，或拓展。从"君子之道，造端乎夫妇"开始——由婚姻关系的缔结开始，形成一系列的道德关系：先是夫妻之道、再到父子之道、兄弟之道，由此构成一系列的家庭道德关系，而在家庭道德秩序中，父子之道居于首要地位，而父子之道的核心则是"孝"与"慈"——所谓父慈子孝。由家庭扩展为家族、宗族，由家族、宗族，最终扩展形成"国家"。所以说国是家的延伸，而在家庭中侍奉父母的"孝道"，进入国家层面，便形成对君主的"忠诚"，故中国传统文化中，总是将"忠"与"孝"并举，所谓"忠孝"，而君主被视为天下人之父亲，皇后被视为天下人之母亲，故有"君父""母仪天下"之说法。因此，辜鸿铭认为，儒家以对祖先的缅怀、尊崇代替了基督教对上帝的崇拜，以宗族祠堂行使基督教教堂的功能，从而以"在家为孝子，在国为良民"的"忠孝"之教维系了中国几千年的道德秩序。辜氏的论断符合中国的历史事实，儒家所提出的"修身、齐家、治国、平天下"的依次递进上升的道德修养之法，正如辜氏所言，由家庭之孝道而扩展至天下之忠道的道德秩序。因此，"孝"可以说是整个儒家道德人格的基石。

那么，如何践行孝道呢？儒家的孝道有小大之分。孔子在《论语》中多次提及孝，针对不同弟子的提问，孝分为不同的层次。"子游问孝。子曰：今之孝者，是谓能养。至于犬马，皆能有养，不敬，何以别乎？"孔子在此处批评了最低层次的孝——赡养父母，如果仅仅只是赡养而不存敬意，那与饲养牛羊犬马有何区别？进一步，孔子提出"色难。有事，弟子服其劳；有酒食，先生馔，曾是以为孝乎？"有论者将"色难"解释为"要以和颜悦色的态度对待父母很难。"基本上，"色难"指向态度、情感等内在状态，是对前文"子游问孝"的补充——对待父母除赡养外，还必须有恭敬的态度。再进一步，孔子认为"孝"是"父母唯其疾之忧。"可以解释为"想想子女生病时父母如何担心，便可知如何对父母尽孝了"。此处已经把孝指向对父母养育之恩的感念、报答。再进一步，到孟懿子问孝时，孔子先是回答"无违"，继而解释"生，事之以礼；死，葬之以礼，祭之以礼"。此处孝道已经上升到父母死后的祭拜、缅怀的高度，意味着孝是贯穿个人一生的德行（哪怕父母不在了，仍事之以孝）。然而，在孔子看来，这仍然不够，又进一步提出："父在，观其志；父没，观其行；三年无改于父之道，可谓孝矣。"——不仅生前无违于父母，还要继承父亲之志、完成其愿。于一个家庭而言，孝至此，方可尽到极致。然而，这仍然不够。到了孟子那里，提出"老吾老，以及人之老；幼吾幼，以及人之幼"的口号时，孝才突破个人小家的范围，发展成一种遍及全人类的博爱的人文主义精神。儒家之"孝"至此才可说是发展到极致。然而，相对于《地藏经》中所阐释的地藏王菩萨的"孝"，则儒家只能称之为小的"孝道"。地藏法门更是发挥、扩展了儒家之孝。首先，是时间上的扩展。地藏王菩萨在因地修行时，作光目女、婆罗门女时，对其母所尽孝道，不仅只限于母亲在生时，还遍及母亲死后。"日有所思，夜有所梦"——正是对母亲的忧思，才会梦见母亲在地狱受苦。为了救母亲出地狱，光目女、婆罗门女发下广大誓愿，通过自己的愿力、修行，使母亲得到救渡，不仅脱离地狱，最终还成就佛果。因此，从时间上看，地藏王菩萨承担的孝道，践履的孝行，遍及母亲的生生世世。其次，是空间上的扩展，即，种类或数量上的扩展。前文提到，儒家的孝道"老吾老，以及人之老；幼吾幼，以及人之幼"，已是发展到极致，成为一种遍及全人类的博爱的人文主义精神。然而，这仍然只是限于全人类。而地藏法门，地藏王菩萨是在佛教全法界的观照下，因看到与母亲一样，有地狱备受煎熬的众生的痛苦，从而将这种对母亲的垂怜、爱护的情感，扩展到地狱众生的身上，遂生起要救拔、引渡这些众生的大愿——"地狱未空，誓不成佛"；而"地狱"并非一物理空间的概念，"地狱"一词在佛经中有着无限丰富的象征意蕴——凡痛苦所在、习气所在皆是地狱，故有"人间地狱"之说。因此，地藏王菩萨又由对地狱众生的垂怜，扩展到对一切众生的垂怜，而这个"众生"并不单指人类，六道众生——一切有生命的人、动物，乃至我们肉眼所看不见的生命，如天人等，都成了地藏王菩萨要救渡的对象，因此，菩萨的悲愿也随之扩充，由"地狱未空，誓不成佛"到"众生度尽，方证菩提"，从而，将尽虚空、遍法界一切有情众生皆纳入菩萨慈爱、悲悯的怀抱，远远超越了儒家"老吾老，以及人之老"的范畴。

上文所述，这种对孝道的提升、发展，正是"人间佛教"之入世精神的体现。而由孝道扩展而形成的大悲大愿，又见出"人间佛教"的出世精神。兹分析如下：在中国大乘佛教中，四大菩萨象征四种精神：文殊菩萨代表智慧，普贤菩萨代表行持，观世音菩萨代表慈悲，地藏菩萨代表愿力。这四种精神与修证的信、解、行、愿又有着内在的联系：信，字面意义是相信，相信佛理，认可佛法是真实不二的道理，这是修行的第一步，而必须借助文殊菩萨之智，才能勘破娑婆如幻的宇宙真相，从而生起出离心，这是修行的开始；"信"以后，接下来便是"解"，理解佛理，指闻思修；再接下来是"行"，泛指一切修行，落实到具体的行动上，必然要借助普贤菩萨的行持力；在修行的过程中，逐渐生起观世音菩萨的大悲心，由悲悯一切众生之苦，再生起要拔除众生之苦大愿，这便是地藏王菩萨的愿力，可见，成就佛的果位最终要落实到地藏王菩萨所代表的"愿"上——愿一切众生离苦得乐的大愿。换言之，如无这种度尽众生的大愿，成佛无从谈起。

而这种大愿正是"人间佛教"中出世精神的体现。即，如何使众生离苦得乐？必须脱离轮回、跳出娑婆世界的生死苦海。因此，"入世"的目的是"出世"。

四、结语

太虚法师的"人间佛教"整个就是围绕"入世"与"出世"这两极进行论述。针对佛教脱离现实的倾向，在"入世"与"出世"之间，找出契合时代、契合社会，解决具体社会问题的佛法实践之道。法师提出的"人格""僧格"之说，也是围绕"入世"与"出世"之两极。"仰止唯佛陀，完成在人格"。其中，"人格"指向"入世"，个人作为社会一分子，首先必须承担完成社会义务。而如前文所论，于中国文化传统而言，最重要的社会义务莫于过"孝"，因此，人格首先就要落实到"孝"道的践履。"人间佛教"在此与儒学接轨，共同承担了道德人格塑造的现实使命。而地藏法门又可以说是将儒家之"孝"扩展到极致，由对父母之孝，扩展到对尽虚空、遍法界一切有情众生的悲悯、慈爱之情，由此，生动诠释了"人间佛教"的"入世情怀"。

在完成人格的基础上，太虚法师又提出"僧格"之说，"僧格"指向"人间佛教"中的出世精神。出家人不仅要尽社会、国家的义务，还要承担佛教徒的使命，所谓"荷担如来家业"，唯其如此，才是一个合格的僧人。而佛子的使命，就是要度众生，使众生脱离生死苦海。这正是地藏王菩萨所发的大悲愿"地狱未空誓不成佛，众生度尽，方证菩提。"这样一来，又将"人间佛教"之入世情怀与出世精神完美衔接，在"入世"与"出世"之间给出了一个具体可行的修行法门。地藏法门可以说是"人间佛教"生动诠释与具体实践。

参考文献：

1. 《九华山志》2013 版。

2. 昙摩难提译《增一阿含经》。

3. 《太虚大师全书》，宗教文化出版社 2004 年版。

4. 黄夏年主编：《太虚集》，中国社会科学出版社 1995 年版。

5. 赵朴初：《赵朴初文集》，华文出版社 2007 年版。

6. 宗宝本《六祖大师法宝坛经》。

7. 实叉难陀译本《地藏菩萨本愿经》。

关于如何依教修行的构思

印 刚 ①

内容提要： "地狱未空，誓不成佛"，众生度尽，方证菩提，地藏菩萨在因地中发的弘愿，但在现实中大家却都喜欢在菩萨面前"许愿"。"还愿"却不知如何"行愿"。发愿是行为的动力和向导，依愿而行是实现目标的唯一途径。所谓行愿，就是依照所发的愿，去行持，去努力。我们更应该是发愿依愿依教去修行。

佛法流传二千余年了，两千年来古今中外无数修行者都依教修持，这些修行者分为两种：一种是终生修持碌碌无为；一种是即生就得了圣果，有的获得了人天善果，有的证得了声闻果，有的证了缘觉果，有的证了菩萨果，有的当下成就了佛果。这两者的差别就在于有否依教修行。我们修行人一生的目标就是要成就解脱圣果，谁也不愿意把自己一生虚度。那么如何能如那些成就者一样通过依教修行来让自己成就呢？

关键词： 依教修行；戒；皈依；传承；分别念；正见；外道

自永平年佛法入中国敕洛阳白马寺为中国僧寺之始，西土称为僧伽蓝，僧伽蓝译言众园。谓众人所居所，在园圃生殖之处，佛弟子则生道芽圣果也，经曰伽兰陀竹园祇树给孤独园。是西域之寺舍也。后魏太武帝始光元年创立伽蓝而名以招提之号，隋炀帝大业中改天下之寺为道场，至唐复为寺。

---

① 印刚，九华山翠峰寺住持。

纵观历史，自古寺院无论是官寺还是私寺都是为了安僧兴办佛事成办道业之用。但是随着历史环境的变迁，寺院作为道场的作用已经越来越不明显了。面对现状特别是今天如何做好僧教育办好真正的道场，如何真正地修行是眼前的当务之急。

释题：

依，梵语为依止、依凭之意。有能依、所依之别，二者系相对而立者。依赖、依凭者，称为能依；被依赖、依凭者，称为所依。如地与草之关系，地为所依，草为能依。

教，梵语音译设娑恒罗。意译效、训。即圣人垂训，众人效之；或谓圣人被泽于下者之言。亦即能诠之言教，为始于佛陀一代所说之法与菩萨诸圣所垂教道之总称。

修，《大毗婆沙论》一百六十三卷四页云：

> 问：何故名修？答：遍修故名修。数习故名修。熏故名修。学故名修。令常净故名修。应知此中，现在、习信所显；未来，得修所显。复次现在、习故名修。未来、得故名修。复状理，受用故名修。未来、引发故名修。复次现在。办事故名修。未来、与欲故名修。复次现在、在身中故名修。未来、得自在故名修。复次现在、现前故名修。未来、成就故名修。

行，身口意之造作，曰行。又，内心之趣于外境如心行。《大乘义章》卷三曰："内心涉境，说名为行。"《俱舍论》曰："行名造作。"《大乘义章》卷二曰："有为集起，目之为行。"

综合起来解释：按照正确指导去修改身口意行为让我们得到成就。

一、为何要依教修行

（一）佛陀教法圆满究竟

人人都说"道在日常""佛法不离世间觉"，但我们发现，说者身上往往只见日常而不见道，只有世间而未"觉"原因何在，就是缺乏相应的行法特别是现代社会，与祖师那个时期佛陀时代完全不同，道当然在日常，佛法原就不离世间觉，故唐代大珠慧海讲"饥来吃饭，困来眠"看似简单其实不然，因为常人吃饭不肯吃饭，百般索求；睡时不睡千般计较，而这百般索求，千般计较，当然就是万般烦恼，特别现在这个社会更是如此。祖师们的"农禅并重，师徒传授"等受到了一定限制，僧伽教育相当重要。也是佛教生存发展之根本。"依文解字，三世佛冤，离经一字，即同魔说"，故依教修行相当重要一点就是必须依止佛陀的教法去修。

世出世间一切善法的根本就是佛陀圣教。佛名正等觉，正等觉者，梵语"三藐三菩提"，即是无倒真正遍觉诸法之义。无明已断，智慧广大，是"等觉"之义。所谓"正"，是"真正圆满"之义。总的来说佛之智慧并非不圆满、不清净，而是获得无上究竟之义，这种智慧超出一切轮回世间六道众生，超出声闻、缘觉、超出菩萨，唯一究竟圆满，即名正等觉。如此可知，依止佛陀圣教就是依止最究竟最圆满的智慧，由此修持必定正确无误渐次圆满。所以阿私陀仙人因无法在待太子成道，受其教化，而悲叹号泣。

（二）不依教必无明

如果我们不依止佛陀圣教，那我们会依止什么呢？我们会依止自己的无明贪瞋痴烦恼！因为凡夫无始以来一直心被无明所覆，一直被贪瞋痴所主，已经熏习成了习惯。正如《菩提道次第广论》云："盖从无始，自为心所自在，心则不为自所自在，心复随向烦恼等障，而为发起一切罪恶。"如此，舍弃正确圆满的圣教，我们必定随无明烦恼而转，由此，所有的一切都是造以轮回为本质的善恶业，那么所有的行持都是空。

(三)不依教就是外道

印度有九十六种外道,虽然外道的形式各种各样,但是所有的外道修持方法无非是随顺无明的推寻,随顺自己的习气而心外求法,因为没有智慧必定随顺无明,随顺无明必定无法真实修行,无法真实修行,就根本不可能得到一个真实的解脱果。

而佛的常随众中迦叶、舍利弗、目犍连等之前都是外道,他们随自己的抉择修行,没有一点点解脱之果,而一旦随顺佛陀教诫后马上就可以获得殊胜的果位。据《佛本行集经》卷四十八舍利目连因缘品载,舍利弗自幼形貌端严,及长,修习诸技艺,通晓四吠陀。年十六即能挫伏他人之论议,诸族弟悉皆归服。年少之时,与邻村之目犍连结交,尝偕伴赴王舍城外只离渠呵之大祭,见众人混杂嬉戏,顿萌无常之感,即剃除须发,投六师外道中之删阇耶毗罗胝子出家学道仅七日七夜即贯通其教旨,会众二百五十人皆奉之为上首,然舍利弗犹深憾未能尽得解脱。其时,佛陀成道未久,住于王舍城竹林精舍,弟子阿说示(又称马胜比丘)着衣持钵,入城中乞食。舍利弗见其威仪端正,行步稳重,遂问所师何人,所习何法。阿说示乃以佛陀所说之因缘法示之,令了知诸法无我之理。舍利弗旋即与目犍连各率弟子二百五十人同时诣竹林精舍皈依佛陀。

据《十二游经》载,舍利弗归佛后,常随从佛陀,辅翼圣化,为诸弟子中之上首;复以聪明胜众,被誉为佛弟子中"智慧第一"。《法华经》上也授记他将来成就佛果,并且国土众生都极为殊胜。

为什么舍利弗能有如此成就呢?从他一生的事迹来分析,就是因为他值遇佛陀教法,并且依教修行。而经典上如此类似的公案不胜枚举。

二、如何依教修行

(一)持净戒为基础

"以戒为师",是佛陀涅槃之前最后开示,《华严经》:"戒是无上菩提本,应当具足持净戒。"任何法门的修行,持戒永远是第一步。戒是根本,戒是一切善法之梯,如果没有以戒为基础,一切皆为空中楼阁,如蒸沙煮饭。在家居士有三皈、五戒、菩萨戒,出家众更有沙弥戒、比丘比丘尼戒,无任何信仰的人同样也有社会的法规、法律。戒如同十字路口的红绿灯,只有大家共同遵守,一切才能畅通,否则不可想象。持戒就是断恶修善,防非止恶,持戒可以远离诸多恶业,自然不得恶果。不懂戒往往犯了戒而不自知,就如行于黑暗,泥足深陷而不觉,受戒懂戒之人,如点燃内心智慧之灯,光明烛照秋毫安宁。如今学佛之人、修善者的确不少,在日常生活中多少都会做些善事,来山朝圣者都会做一些功德。还有一些人做了恶事就赶快做些善事来抵消,殊不知一切皆有因果,如同借了张三的钱给李四再多的钱,张三同样追讨。止一个恶行比做十件善事更加重要,止恶就是持戒,如果想为一块布染色,正确的方法是先将其洗干净,然后再着色,否则很难达到目的。《大智度论》中把持戒的功德讲得很清楚:"大恶病中戒为良药,大恐怖中,戒为守护,死暗冥中戒为明灯,于恶道中戒为桥梁,死海水中,戒为大船。"修持五戒以得人身(不杀生,不偷盗,不邪淫,不妄语,不饮酒)也就是做人的准则,佛陀戒律的精髓,其实也就十六个字"诸恶莫做,众善奉行,自净其意,是诸佛教"。《楞严经》讲:"因戒而定,因定发慧",故戒是一切善法之梯,戒能止恶,戒能生定,戒能生慧,戒有清凉……

受戒容易,持戒难。受戒几十天持戒一辈子,甚至无量劫(菩萨戒)。大家熟知的弘一法师,未出家之前,就才学名世,其诗词、书画篆刻音乐戏剧各种技艺集于一身,但一出家,便告别尘世繁华,倾心向佛,并誓愿"非佛经不书,非佛事不做,非佛语不说",谢绝一切名闻利养,以戒为师,粗茶淡饭,从翩翩浊身佳公子,一变而为郁郁葱葱律精严之头陀,中兴南山律宗,穷究华严,深古开净土,力著《四分律比丘戒相表》等,被尊为南山律宗,第十一代祖,并利用其书法接人无数,让更多的人明白真正的佛法,为佛法树立了"华枝春满,天心月圆"之崇高典范。

（二）依教修行的根本就是修皈依

佛教认为，修行就必须要趣入佛教，而皈依就是趣入佛教的大门。阿底峡尊者云：内外道以皈依别。我们可以清楚地看出，对于三宝诚心皈依的人，才可能会踏上断除烦恼的修行道路，从而获得佛法的真实利益，因此，皈依是进入佛法大门的一把钥匙。而对于三宝狐疑不信的人，必然不会按照佛陀的教诲去实践，这样也就不可能获得解脱烦恼的快乐。

可见一个没有生起真正皈依心的人，还不具有佛弟子的身份。阿底峡尊者精通显密教法，但是他认为在一切法当中最开始是生起皈依非常重要，他在所有的法会中都主要强调皈依。而古今诸多大德在反复强调：皈依是一生应该坚持的修行。现在有些人喜欢谈论佛法、研究佛法，认为不皈依也同样可以学佛，这样实际上没能进入佛法的大门，只是在城外绕着转而没进入城堡，佛法的实际利益也就难以得到。

皈依就是归投依靠的意思。这个世间是无常的，没有一样是不变的，而佛是佛弟子真正的皈依处，不能永远地来帮助我们。唯有佛性，具足真净功德，永恒不变。

因此，皈依让佛弟子找到了人生的目标，内心得到佛法的滋润，变得有主心骨，这样力量就会越来越强大。我们常常说要开发正能量，懂得用佛法来转化现实生活中的烦恼，正能量才可以慢慢地被开发，才能真正地去利益众生，升华自己。

皈依的两个根本因是怖畏轮回诸多苦痛和信三宝能救。前者既是生起皈依的动力又是对自我执着的否定。后者是对三宝对佛陀圣教的皈投。两者相应就能推动佛弟子真正地将佛陀圣教作为唯一的指引，而彻彻底底地去依靠它修行。

所以长时间坚持修皈依能让自己具备依教修持的根本。

(三)依教修行的关键是依师承、善知识。

《华严经·离世间品》:"成就菩萨,必须凭十种善知识,一令住菩提心善知识,令生善根知识,令生诸波罗蜜善知识,令解说一切法善知,令成熟一切众生善知识令决定辨才善知识。令不着一切世间善知识,令于一切劫修行无厌倦善知识,令安往普贤行善知识,必须凭十种善知识,令入一切佛智善识。"如理如法依止善知识相当重要,因此菩提道上的每一步都离不开善知识的指点,特别是在这个五浊恶世末法时期,善知识相当重要。如果没有善知识的指引,如果不依止善知识,修行的路上危机重重,有几个人能不误入迷途、险境。故善知识就是指路明灯,《华严经》中善财童子就是依靠善知识,亲近善知识而趋向成就。亲近依止善知识是成就无上菩提的根本。善知识就是培养菩提的有力保障,如婴儿需要呵护一样,刚出家初修行者必须有善知识的指点方能健康成长。

师承是传递教法的一种传统形式。师者,传道、授业、解惑。依靠师父—善知识来传授、传递佛法的内涵,承是继承、领纳。由诸佛菩萨、祖师大德把清净的佛法传授给有缘弟子,弟子领纳继承,获得传承的加持力量。正是这样一脉相承、代代相传的传承,才使得佛法灯灯相续、源远流长。不但佛法重视传承,就连要做好世间的学问同样也需要重视传承,人们常说的"师出名门""名师出高徒"等等表达的就是这层意思。

师承的作用就是能使佛法传续不断,从而保证佛法的完整、纯正,只要传承不断,佛法就不会流失、变质。不论是哪种佛法都需要清净的传承,如果没有得到相应的传承,普贤王如来等都不开许闻思修行,更不用说在没有师承的情况下给别人传法、引导、实修了。因为没有师长的传承,我们就不能保证依靠自己的分别念正确理解佛陀圣教内涵。如果依靠自己的分别念来修行,必定远离经典内义,如同魔说。所以祖师云:离经一句,等同魔说。

在佛法的传授中,师师相授传承方式不可缺少,每一种传承都有其殊胜的加持力量。具体来说，口耳音声的传承传授的是诸佛菩萨和历代祖师所传授下来的佛法，每一次的念诵和听闻，以代代相传的传承加持力，对于弟子来说，都能获得殊胜的功德，同时也能保证佛法的完整、纯正，杜绝外道伪经伪论混入佛法中，也能杜绝把佛经和菩萨论典排出佛法的邪行；口耳讲授传承，能把佛菩萨的真实密意正确地传给后代的弟子，使弟子获得对经论句义的正确理解，同时也能防止不依止上师以分别念随意解释经论的做法，还能防止外道的观点渗入到佛法中；经论实修引导传承，能把经论中诠示的实修关要传给后代的弟子，使弟子不至于停留在口头空谈上，而是按照佛菩萨的言教去实修，同时也能防止仅仅把经论作为一种知识、没有实修的关要的错误认识，而造谤法重罪；以心印心的传承，是上师把自己证悟的明空无二的心性境界，以灵活、应机的方式传授给弟子，使弟子直接了悟自心的本来面目，防止弟子迷失在无念的智慧之外，落在依然以分别念修行的歧途。

总的来说，佛法的任何一种法脉传承，都具有住持、延续佛陀教证二法的作用，具有传承，教证二法的闻思修行就不会间断，没有传承，完整纯正的佛法就会衰败乃至彻底中断，所以佛法的兴盛与否，和重不重视师承有很大的关系。

对照佛教的历史，我们也能看出师承的重要性，唐朝时期正因为汉地和藏地的各个显密传承都保持并延续着，从而才保证了当时佛法的全面兴盛。后来汉传佛教和藏传佛教都经历过几次大的灾难、之后，某些法脉变得一蹶不振，而某些法脉直到今天还保持着巨大的生命力，尽管这里的原因很多，但传承是否延续，是造成这种差别的一个根本原因。

总之，传承是极为重要的，佛弟子应当提高对传承的认识和重视程度，这样佛法才有兴盛的基础。

如果我们凡夫人，如果不依师承，以一个随心所欲的心，随便在这些传统和规矩上增加、减少，甚至废弃，这样的结果会如何呢？这会破坏传统、破坏传承，如果自己没有足够的智慧，只是以一种分别念随意来创新，

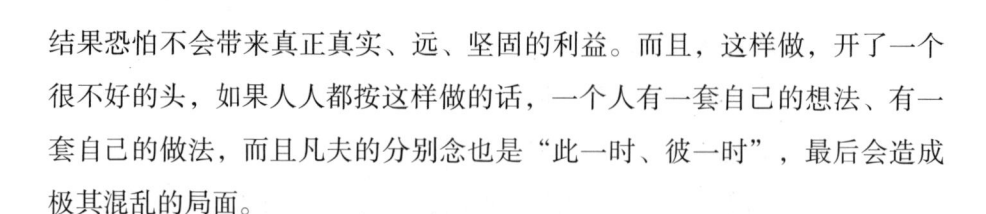

结果恐怕不会带来真正真实、远、坚固的利益。而且，这样做，开了一个很不好的头，如果人人都按这样做的话，一个人有一套自己的想法、有一套自己的做法，而且凡夫的分别念也是"此一时、彼一时"，最后会造成极其混乱的局面。

（四）依教修行需要长时精进。

佛法中修学的成就需要两个要素，一个是正确的方向，一个是持续的努力。那就是正知见和正精进。正见是修行中最关键的一点，甚至比戒律更重要如果在知见上有问题，根本谈不上解脱佛教与其他宗教的根本区别就体现于见地上。戒定慧是修行必经之路，但知见的正邪更加重要，某种意义上讲破见远大于破戒，一旦破见则自断善根。依教，能保证我们在师承的引导下获得正确的修行方法、修行方向。但仅仅是这样还是不够的。我们需要持续的动力。好比，一辆汽车有了一个正确的导航系统，确定了它的方向和路线，这并不代表它能到目的地。如果这辆车没有一个持续运转的发动机，车在中途会抛锚、会停滞不前。《庄严经论》亦云："资粮善中进第一，谓依此故彼后得。"又云："具进受用无能胜，具进烦恼不能胜，具进厌患不能胜，具进少得不能胜。"《菩萨地》亦云："惟有精进是能修证菩萨善法最胜之因，余则不尔，故诸如来称赞精进能证无上正等菩提。"《摄波罗蜜多论》亦云："若具无厌大精进，不得不证皆非有。"诸多经论均数数宣说了精进是获得成就的重要性。所以，依教修行需要长时的精进，修行是马拉松长跑非短跑，三天打鱼两天晒网、一曝十寒是不行的。

（五）依教修行要从细节做起。

古书云："道也者，不可须臾离也！"《菩提道次第广论》云："所言修者，谓其数数于善所缘，令心安住，将护修习所缘行相。"其中说到了，修就是安住善所缘境让心不要失去正念。那么很明显其中没有说到时间、地点、对境要求。而经上时刻讲到修行的要求会用"一切时处",这就表明了修行就是在任何时间、任何地点、任何事情上都能修。佛法中讲四大威仪、八万四千细行,处处都是修行。在《华严经·净行品》中:智首菩萨向文殊师利菩萨请法:作为菩萨,如何能够清净身、口、意三业,自利利他,成就佛道。

智首菩萨向文殊师利菩萨的提问"如何成佛",以"十"为单位,将佛陀具足的圆满功德,一项一项罗列出来提问。全部问题共分成十一段,每段都有十个问题,总共一百一十个问题。可以说智首菩萨的提问,让我们学佛弟子既看到了佛陀的圆满功德,也更加清楚学佛精进用功的目标。

文殊菩萨则罗列一百四十一大愿,以日常生活为缘,指导凡夫若能每天善用己心,念念不离众生,把握当下随事发愿,为广大众生发心。

下足住时	当愿众生	心得解脱	安住不动
若举于足	当愿众生	出生死海	具众善法
着下裙时	当愿众生	服诸善根	具足惭愧
整衣束带	当愿众生	检束善根	不令散失
若着上衣	当愿众生	获胜善根	至法彼岸
着僧伽黎	当愿众生	入第一位	得不动法
手执杨枝	当愿众生	皆得妙法	究竟清净
嚼杨枝时	当愿众生	其心调净	噬诸烦恼
大小便时	当愿众生	弃贪瞋痴	蠲除罪法
事讫就水	当愿众生	出世法中	速疾而往
洗涤形秽	当愿众生	清净调柔	毕竟无垢
以水盥掌	当愿众生	得清净手	受持佛法
以水洗面	当愿众生	得净法门	永无垢染

从中我们可以看到,连喝水、吃饭、上厕所、说话都有要求,而这些要求就是佛陀圣教妙理,我们如果在一切时处,都能以正知正念来摄持,

尽量生起善的对治，力求连细微罪业也不沾染，这就是修行。如果能如此，则道业日日时时事事增进，修行何愁不成？

六祖惠能大师讲"迷人口说，智者心行"，又讲"口诵心不行即是被经转"，《论语》的开篇中讲："学而时习之，不亦说乎。"在这里的"习"并非温习复习之意，而是习惯、实践体验之意，孔子的意思就是告诉我们学了以后赶快在生活中实践并养成习惯，这么多的好习惯自然会给我们带来更多的收获和喜悦。

三、勉励

《金刚经》云："是法平等无有高下。"但是我们今日向这路一逛，明日又向那路一逛，流离浪荡，则终无到达之期。《六祖坛经》云："离道别觅道。终身不见道。波波度一生。到头还自懊。"所以我们修行要一门深入，不可分心，不可退转。

理论人人会说，修行却是实践。行者所以是行者，正因能将抽象的哲理化成具体修行。我们作为修行人，今生已经值遇了如此殊胜的佛陀解脱妙法，此法清净、圆满、正确无误。如果能坚持正确的行持，一生取办解脱大道是可以做到的，已经有无量的古德为我们作了示范。修行虽艰辛，但轮回更恐怖。祈愿大家都能认识到依教修行的必要性和要点，能够如实地去行持，能令道业蒸蒸日上，今生就踏上解脱的莲花，自利利他获得圆满。

中国佛教菩萨信仰及其当代意义

——以弥勒菩萨信仰为例

能 仁 [1]

内容提要： 中国汉传佛教是以大乘佛教信仰和实践为主体的北传佛教，菩萨信仰十分盛行。弥勒菩萨既是现在的菩萨，也是接替释迦佛教化之责的未来佛，受到众多民众的信奉。五代以来，以契此为原型的布袋和尚被广大信众尊为弥勒菩萨显化的真身，受到普遍崇敬和供养。弥勒菩萨化身"布袋和尚"道场的形成，及其他弥勒信俗道场的建立，是佛教中国化的重要成果与文化结晶。启迪民众安身立命，秉承家国情怀，建设美好家园，维护世界和平，是中华儿女责无旁贷的使命和担当。在维护家国安宁、争取世界和平的事业中，佛教信众与其他宗教信徒共同团结，积极参与社会主义建设，为实现国家富强与世界稳定做出了应有的贡献。当今时代，发扬以中国佛教菩萨信仰为表征的佛教慈悲精神、和平精神、和乐精神，以智慧启发众生，净化人心，制止和消弭人类的争端和暴力，求得个体心灵的安乐和人类生存环境的和美，具有积极重要的意义。

关键词： 弥勒菩萨；布袋和尚；佛教中国化；家国情怀；慈悲和乐

佛教从印度传入中国，积极主动地与中国社会制度、思想文化、民众

---

[1] 能仁，中国佛教文化研究所《佛学研究》编辑部主任。

生活激荡融合，逐渐形成了丰富璀璨的中国佛教文化。中国汉传佛教是以大乘佛教信仰和实践为主体的北传佛教，菩萨信仰十分盛行。文殊菩萨、弥勒菩萨、观音菩萨、普贤菩萨、地藏菩萨等是被佛教信众广泛尊奉的菩萨。其中，弥勒菩萨既是现在的菩萨，也是接替释迦佛教化之责的未来佛，受到众多民众的信奉。五代以来，以契此为原型的布袋和尚被广大信众尊为弥勒菩萨显化的真身，受到普遍崇敬和供养。许多寺院在天王殿须弥坛上供奉的弥勒菩萨一般皆取自他的形象，袒胸露肚，满面堆笑，给人以慈祥、宽厚、坦诚和亲切的感觉，民间也流行各种各样有关布袋和尚的传说和以他形象为造型的丰富多彩的艺术品。

一、记述弥勒菩萨的经典

"弥勒"是音译，意译为慈氏，名阿夷多。据现存汉译佛典，早期《阿含经》中就记载了弥勒菩萨的名号，在《中阿含经》卷十三〈说本经〉、《长阿含经》卷六〈转轮圣王经〉等经中都记载有释迦牟尼佛预言授记弥勒未来将继承释迦牟尼佛教化之责降临人世成佛的内容。弥勒信仰伴随着佛教传入中国。东汉所译大乘般若类经典《道行般若经》、两晋陆续译出的《放光般若经》《摩诃般若经》《维摩经》等，都有弥勒信仰的内容。西晋竺法护译《弥勒菩萨所问本愿经》《持心梵天所问经》卷四、前秦竺法佛念译《菩萨处胎经》、后秦鸠摩罗什译《思益梵天所问经》卷下、南朝宋时译者不明的《法灭尽经》等，也都有关于弥勒菩萨宣说佛法或上生兜率天、出世成佛的内容。

集中记述弥勒的经典主要有：一、《观弥勒菩萨上生兜率天经》，北凉沮渠京声于南朝宋初译，一卷，讲述作为释迦佛弟子之一的弥勒在死后当生到兜率天宫，为诸天众生说法，以及众生如何祈愿往生弥勒兜率天净土的方法。二、《弥勒下生经》，西晋竺法护译，一卷，讲述弥勒从兜率天宫下降人间成佛的故事，与东晋僧伽提婆译《增一阿含经》卷四十四的第三个小经几乎全部相同。三、《弥勒成佛经》，后秦鸠摩罗什译，一卷。比前经在篇幅上有增加，有前经所没有的大乘佛教"六度"（布施、持戒、忍辱、精进、禅定、智慧）等内容。与唐义净译《弥勒下生成佛经》是同本异译。这三部讲述弥勒信仰的主要经典，被称为"弥勒三经"。

弥勒信仰主要包括两个部分：一是弥勒上生兜率天宫，为诸天人说法的信仰。《观弥勒菩萨上生兜率天经》讲释迦佛在众多弟子面前预言（授记），弥勒命终之后，必将生往兜率天内院。按照佛教的说法，欲界有六天：四天王天、三十三天、焰摩天、兜率天、化乐天、他化自在天，兜率天位居第四，此处的生命体被称为"兜率天子"。此经说兜率天拥有金碧辉煌的宫殿，莲花盛开的园林，美丽的天女，到处是珠宝乐器，在此生活的天子无比幸福欢乐，弥勒在此向诸天众生说法。并且说，如果世上有人读诵佛经，修禅持戒，或是称念弥勒的名字，积累功德，并且发愿生到兜率天净土，死后便可如愿往生此天，在将来弥勒下生成佛时也将跟随弥勒下生人间传法，最后达到解脱。二是讲述弥勒下生人间成佛，"龙华三会"度化众生的内容。《弥勒下生经》《弥勒成佛经》记述，弥勒上生兜率天以后，经过56亿万年，将下降人间（鸡头国的某婆罗门种姓家，国王名儴佉），经历如同当年释迦牟尼佛那样的出家成佛过程，在菩提树下成佛。经文说，弥勒下降人间时，到处普现光明，人民丰衣足食，社会安定祥和。弥勒佛在龙华树下举行三次传法大会，向众生说法，普度众生达到解脱。

弥勒经典相继译出以后，弥勒信仰在社会上相当盛行。弥勒兜率净土的信仰热度仅次于阿弥陀佛西方净土的信仰，历代都有人发愿往生兜率净土。如东晋道安及其弟子法遇、道愿和唐代玄奘法师等在临终前就曾发愿逝后往生弥勒兜率净土，希望追随弥勒菩萨受教高深佛法。弥勒下降人间成佛的信仰也很流行，信众盼望弥勒下生，天下太平，社会光明，民众安乐长寿，并且希望亲自在龙华树下聆听弥勒说法，以求早日达到解脱。玄奘法师及其弟子们译传弥勒系为主的佛典和思想，成立了中国佛教唯识宗。隋唐直至明清，中国佛教菩萨信仰本土化现象十分明显，先后形成了以菩萨道场为中心的佛教名山信仰：五台山文殊菩萨道场、峨眉山普贤菩萨道场、九华山地藏菩萨道场、普陀山观音菩萨道场。在弥勒菩萨信仰上，唐末五代明州奉化契此和尚被看作是弥勒的化身，取材于契此和尚形象的弥勒菩萨信仰逐渐发展为中国弥勒信仰的主流。契此和尚主要活动的四明山雪窦寺，则被视为了弥勒菩萨化身的道场。

二、弥勒菩萨信仰与佛教中国化

据《景德传灯录》《宋高僧传》[①]、元昙噩《布袋和尚传》[②]、明广如《布袋和尚后序》[③]等资料记载，契此和尚生活在唐末五代初，出生于奉化长汀，在奉化岳林寺出家，法名"契此"，当地人曾称他为"长汀子"。契此长得蹙额皤腹，笑口常开，常以杖荷一布袋，游走街市、田野之间，向人行乞，不管人们布施什么东西，统统投入布袋中，自称："我有一布袋，虚空无挂碍，展开遍十方，入时观自在。"[④]人称"布袋和尚"。布袋和尚常在雪窦寺弘法，在奉化流传着很多关于他的传奇逸事。布袋和尚于公元917年圆寂，临终时他说了四句偈言："弥勒真弥勒，分身千百亿，时时示世人，世人自不识。"[⑤]布袋和尚因此被信众奉为弥勒菩萨化身。从此以后，中国汉传佛教寺院的弥勒造像逐渐从印度的天冠菩萨形象变成了布袋和尚的形象，更加具有了人性化、中国化的特色。雪窦寺也因此被认为是弥勒道场而闻名寰宇。

时至近代，1932年，民国佛教革新领袖太虚大师应蒋介石邀请住持雪窦寺，大师在雪窦寺宣讲《观弥勒上生经》时，倡议在中国佛教四大名山——

[①] （宋）赞宁撰：《宋高僧传》卷21，《大正藏》第50册，第848页中；（宋）道原纂：《景德传灯录》卷27，《大正藏》第51册，第434页上、中。

[②] （宋）昙噩撰：《定应大师布袋和尚传》，《卍续藏》第86册，第42页中-48页上。

[③] （明）广如：《布袋和尚后序》，《定应大师布袋和尚传》，《卍续藏》第86册，第44页下-47页中。

[④] （宋）昙噩撰：《定应大师布袋和尚传》，《卍续藏》第86册，第43页中。

[⑤] （宋）昙噩撰：《定应大师布袋和尚传》，《卍续藏》第86册，第44页上。

即文殊菩萨道场五台山、普贤菩萨道场峨眉山、观音菩萨道场普陀山、地藏菩萨道场九华山的基础上增列弥勒道场雪窦山为五大名山。他提出了三大理由：一、佛教中五台文殊表智属风大，峨眉普贤表行属火大，普陀观音表悲属水大，九华地藏表愿属地大，雪窦弥勒表慈属识大，五大名山、五大菩萨、五智、五大密意相成，缺一不可。二、密宗曼荼罗中以普贤、文殊、观音、弥勒四菩萨代表四方四智化身而成四佛，九华在中央代表无障碍智，不可缺代表"成事智"的雪窦弥勒。三、按中国五行来说，普陀在南方属火，峨眉在西方属金，五台在北方属水，九华在中央属土，雪窦在东属木，不可或缺。若离开弥勒为代表的慈心，所有一切皆成魔业。太虚大师的这一倡议颇得时人响应，1934年出版的《佛学辞典》中就记载道："今有人提议于四大名山外，加雪窦弥勒道场为五大名山"。[①]

1987年，时任全国政协副主席、中国佛教协会会长的赵朴初居士莅临雪窦寺考察，十分赞同太虚大师当年的倡议，并提议当时尚在重修中的雪窦寺，增加一座其他寺院所没有的弥勒宝殿，以突显五大名山弥勒道场的特色，寄言："雪窦乃弥勒应化之地，殿内建筑应有别于他寺，独建弥勒宝殿，彰显弥勒道场特色。"[②] 其后弥勒宝殿落成，殿中供奉布袋弥勒菩萨像为主尊，四周以佛教五大名山为背景，环列各种形态弥勒化身雕像千尊，表"弥勒真弥勒，分身千百亿"之意，弥勒宝殿成了雪窦山弥勒道场新时期建设的重要特征。2005年，国家宗教事务局批准在雪窦山建造露天弥勒大佛，大佛总高56.7米，是全国最高的坐姿青铜弥勒大佛。大佛于2006年12月29日奠基，2008年11月落成开光，同时落成的大慈摩尼殿，大殿供奉弥勒三尊，是国内罕见的造像形式，金身弥勒说法相及银身大妙相菩萨相、法音林菩萨相，凸显弥勒道场独特之处。近年来，各级政府、社会人士、中央媒体等都积极关注五大名山弥勒道场雪窦寺的各项建设。

[①] 王舜祁：《太虚大师与雪窦寺》，《法音》，2008年第9期，第51页。
[②] 张爱林：《雪窦山与弥勒信仰》，《法音》，2008年第4期，第58页。

此外，贵州梵净山、云南弥勒市、浙江绍兴龙华寺等地，也根据当地的民间信俗，建设起弥勒信仰道场。弥勒菩萨化身"布袋和尚"道场的形成，及其他弥勒信俗道场的建立，是佛教中国化的重要成果与文化结晶。

三、菩萨信仰精神的当代价值

佛教被称为慈悲的宗教，在其发展进程中，从"自度"到"度人"，甚至发愿有一众生得未能度化誓不成佛，贯穿着一种伟大的慈悲精神。[①]慈悲体现为一种同情和怜爱。按佛教经典本来的解释，慈与悲是分别从两个不同方面来体现佛教的同情和怜爱的，慈是给予快乐，悲是除去痛苦。《大智度论》卷二十七中说："大慈与一切众生乐，大悲拔一切众生苦。大慈以喜乐因缘与众生，大悲以离苦因缘与众生。"[②]佛教视世间与人生为无尽的苦难，佛陀以拯救众生出此苦海为己任。佛教的慈悲精神，随着大乘佛教的兴起和发展，得到了进一步的发扬，甚至认为是佛教的根本精神。《大智度论》卷二十七中说："慈悲是佛道之根本"。[③]佛教的这种慈悲精神，不单是对于人类社会，它也遍及于一切有情之生命，乃至所有无情之草木土石。所谓"无缘大慈"，"同体大悲"，体现了佛教最博大、平等、无私的精神。

佛教在中国化进程中，形成普陀山大悲观世音菩萨、五台山大智文殊师利菩萨、峨眉山大行普贤菩萨、九华山大愿地藏王菩萨四大菩萨的信奉体系。四大菩萨之外，通过菩萨的形象来体现佛教的慈悲和乐精神，最典型的是弥勒菩萨。弥勒菩萨象征与乐的"大慈"精神，而笑态可掬、洒脱自在的布袋和尚形象正是这种慈悲和乐特点的典型体现。弥勒菩萨以"慈心三昧"得道，以大慈之心救度众生。其名弥勒，就是突出了慈悲思想。"佛

[①] 楼宇烈：《论佛教的和平精神》，《中国宗教》，2006 年第 5 期，第 16 页。
[②] （后秦）鸠摩罗什译：《大智度论》卷 27，《大正藏》第 25 册，第 256 页中。
[③] （后秦）鸠摩罗什译：《大智度论》卷 27，《大正藏》第 25 册，第 256 页下。

佛同道"，无缘大慈，同体大悲。这是佛教的根本精神，也是弥勒菩萨的大行大愿。布袋和尚春风满面，笑容常在，袒腹示人，光明磊落。进寺者首见弥勒，悉生欢喜，烦恼顿除。布袋和尚曾说偈："一钵千家饭，孤身万里游。青目睹人少，问路白云头。"[①] 现今很多佛寺天王殿也往往悬联："大肚能容容天下难容之事，开口常笑笑天下可笑之人"，这些都体现了布袋和尚笑容满面、豪情满腹、有孤身万里游积极向上的自信乐观精神，有问路白云头的自我超越的境界。

实现个体的平安喜乐，人人和睦相处，维护家国天下长久幸福安宁，是人民的共同愿望。古往今来，多少仁人志士为此理想奋斗终身，甚至献出宝贵的生命。启迪民众安身立命，秉承家国情怀，建设美好家园，维护世界和平，是中华儿女责无旁贷的使命和担当。在维护家国安宁、争取世界和平的历程中，中国佛教信众与其他宗教信徒精诚团结，积极参与社会主义建设，为实现国家富强与世界稳定做出了应有的贡献。当今时代，发扬以中国佛教菩萨信仰为表征的佛教慈悲精神、和平精神、和乐精神，以智慧启发众生，净化人心，制止和消弭人类的争端和暴力行为，求得个体心灵的安乐与人类生存环境的和美，具有积极重要的意义。

---

① （宋）道原纂：《景德传灯录》卷27，《大正藏》第51册，第434页中。

晚唐社会经济背景下的九华山佛教

——以甘贽为例

宗 伟[①]

内容提要：晚唐是中国历史上的一个社会政治、思想文化发生深刻变革的时期，在这一时期，人们的信仰世界也有着诸多变动。安史之乱后，经济重心南移，在藩镇割据的政治形势下，九华山地区相对经济繁荣、社会稳定。本文通过梳理禅宗史籍中提到的第一位九华山人物甘贽的生平情况，以宋代陈岩的《九华山诗集》、清代周赟的《九华山志》中所载的"道者甘贽庄"为线索，厘清甘贽的活跃时间、宗教身份、经济情况等信息，借此呈现出晚唐社会经济背景下的九华山佛教生态，对于了解九华山地区的佛教，尤其是禅宗的发展情况有着重要意义。

关键词：晚唐；甘贽；道者；道庄；佛教

前 言

佛教自汉代传入中国，历经魏晋南北朝的发展，至隋唐时期形成了具有中国特色的佛教宗派。不同于盛唐的繁荣与强盛，晚唐[②]是社会、民族

[①] 宗伟，九华山佛学院教务长。

[②] 本文所谓的"晚唐"是指始自唐大和元年（827）至唐哀帝天祐四年（907）这80年的历史时段，虽然关于唐王朝的历史分期说法不一，但史学界黄永年《六至九世纪中国政治史》认为"中唐习惯到大和元年即公元827年结束"，傅璇琮、吴在庆编著的《唐五代文学编年史》之《晚唐卷》直接以唐文宗大和

矛盾频发的时期，这无一不在瓦解着唐帝国曾经的秩序和辉煌。由于经济的"均田制"向"两税法"的发展，农民起义、宦官专权、朋党之争、藩镇割据、边疆民族入侵等，整个社会面向了一个更为复杂的社会经济环境。北方的连年战乱，南方政权相对稳定，吸引着大量的北方人口南迁，使得江南的经济得到了前所未有的发展，这也就是历史上有名的经济重心的南移。① 在这样的社会政治经济背景下，通过梳理九华山晚唐历史人物甘贽的生平事迹，以"甘贽""道者""庄"为线索，来窥探晚唐社会经济背景下的九华山佛教。以此丰富对九华山佛教的研究，应当是有着一定意义的。

一、晚唐社会经济背景

唐王朝自安史之乱后，便从全盛的巅峰跌落了下来，至晚唐已衰微到难以恢复元气的地步，到了晚唐中期社会危机进一步酝酿、深化乃至爆发。实际上，从中唐开始到北宋初期，是中国历史上的一个剧变时期，期间"中国社会发生了深刻的变化，使得11世纪的北宋与8世纪的唐代比较起来，在很多方面好像是两个不同的世界"②。特别是晚唐时期，由于社会经济大背景的巨大转折，相对于北方而言，南方政权是稳定的，吸引着大量的北方人口南迁，经济重心南移，社会文化呈现出从未有过的变革。由于"均田制"向"两税法"的发展，经济结构也发生了巨大变化，士族经济向富民经济转变。这种政治经济社会的变化，必然引发社会结构以及社会心理的变异。黄正建先生在《中晚唐社会与政治研究》③一书中总结了中晚唐社会出现的变化：第一是"制度化"，即唐玄宗开元天宝以来萌芽的种种

元年为晚唐的开始。而本文中涉及的历史时间点以甘贽的师父南泉普愿太和年初开山接引大众（827）开始，至甘贽晚年（唐天佑年间）舍宅为寺结束。正符合这一看法，故采用这一说法。另"大和"有作"太和"。

① 赵黎君：《唐朝经济重心南移的原因及表现》，《安徽农业科学》，2010年，第38卷24期。
② 陈弱水：《中古传统的变异与裂解——论中唐思想变化的两条线索》，《唐代文士与中国思想的转型》，广西师范大学出版社，2009年，第1页。
③ 黄正建：《中晚唐社会与政治研究》，中国社会科学出版社，第3页。

应对社会危机的政策、办法，经过中晚唐的发展，渐次制度化了。第二"官僚化"，体现着由贵族社会向官僚社会的演变。第三是"实用化"，打破律令制度，制定与实行一些实用的政策或规范。第四是"世俗化"和"平民化"，平民在社会中的地位得到提升，社会文化的种种带有"世俗"的和"平民"的色彩。第五是"地方化"，地方势力明显加强。第五是"商品经济"的大力发展。

晚唐政治秩序的动乱乃至瓦解，就不可避免地影响到社会各阶层的外部生活和内心世界，费孝通先生认为："结构可以带来一种秩序，这种秩序依靠一种意识形态而得到稳固，并经过长久时间的运作而使其极为稳固，这种稳固也很容易因为抽掉一些最为核心的要素而变得异常不稳定，这种不稳定是秩序的不稳定，也必然是社会的不稳定"①。晚唐社会就是这样一种秩序不稳定的社会，在这个时期，人们的思想世界发生了诸多变化。如晚唐时期的君主大多痴迷于道教，甚至可以说"唐代上自帝王卿相，下至平民百姓，信道者众。没有哪个朝代像唐朝有那么多皇帝信道、崇道、殉道"②。晚唐君主的崇道，势必会对朝堂之上甚至全国民众的信仰产生影响。陈弱水先生在《柳宗元与中唐儒家复兴》一文中指出唐代士人与佛、道教有着密切的关系，认为这一时期的士人在内心里或者倾向道教或者倾向佛教，或者佛道兼修，儒家思想比较薄弱。③ 而晚唐的佛教，正由于这种社会的动乱和君主崇道的政策及寺院庄园经济的破坏，由学理佛教向山林或世俗佛教转变。由于社会的动乱和寺院庄园经济的破坏④。世俗佛教的发展，必然导向儒释道三教的融合，这种趋势在晚唐有着显著发展，"反映了中国封建社会后期阶段的政治经济结构，适应了维护这种政治经济结

---

① 费孝通：《中国士绅》，生活·读书·新知三联书店，2009 年，第 245 页。
② 查庆：《唐代臣僚与道教的关系》，《社会科学研究》2009 年 6 月，第 126 页。
③ 陈弱水、王汎森主编：《思想与学术》，中国大百科全书出版社，2005 年。
④ 黄正建《中晚唐社会与政治研究》,中国社会科学出版社,2006.7,第 576 页.黄正建先生认为"学理佛教与世俗佛教优势强弱的转换发生在中晚唐时期"。

构的需要"①。

二、甘贽的生平

甘贽系禅宗史籍中提到的第一位九华山人物,其事迹最早见于宋代道原编的禅宗名著《景德传灯录》,之后《五灯会元》《指月录》等书皆有收录。如《五灯会元》卷4：

> 池州甘贽行者。一日入南泉设斋,黄檗为首座,行者请施财。座曰："财法二施,等无差别。"甘曰："怎么道,争消得某甲觑。"便将出去,须臾复入。曰："请施财。"座曰："财法二施,等无差别。"甘乃行觑。又一日,入寺设粥,仍请南泉念诵。泉乃白椎曰："请大众为狸奴白牯念摩诃般若波罗蜜。"甘拂袖便出,泉粥后问典座："行者在甚处。"座曰："当时便去也。"泉便打破锅子。②

> 甘常接待往来。有僧问曰："行者接待不易。"甘曰："譬如矮驴矮马。"僧休去。有住庵僧缘化什物。甘曰："有一问,若道得即施。"乃书心字。问："是甚么字？"曰："心字。"又问妻："甚么字？"妻曰："心字。"甘曰："某甲山妻亦合住庵。"其僧无语,甘亦无施。又问一僧："甚么处来。"曰："沩山来。"甘曰："曾有僧问沩山,如何是西来意,沩山举起拂子,上座作么生会沩山意？"曰："借事明心,附物显理。"甘曰："且归沩山去好(保福闻之,乃仰手覆手)。"③

甘贽经常性供僧,家族经济想必一定富足。这在《虚堂和尚语录》卷

---

① 任继愈：《汉唐佛教思想论集》,人民出版社,1994年,第295页。
② (宋)普济：《五灯会元》卷4："池州甘贽行者",《卍续藏》第80册,第97页下16。
③ (宋)普济：《五灯会元》卷4,《卍续藏》第80册,第97页下16-98页上6。

5中可以窥知一二：岩头因沙汰，在甘贽家过夏。补衣次，贽行过，头以针作札势，贽遂整衣欲谢。妻问云："作甚么？"贽云："说不得。"妻云："也要大家知。"贽举前话。妻云："此去三十年后，须知一回饮水一回噎。"女子闻云："谁知尽大地人性命，被蠢上座针锋上札将去也。"①岩头禅师在甘贽家过夏，过夏就是结夏安居②。过夏，即须三旬，僧人安居一处精进修行。甘贽家能够提供三个月的安居修行，综合其经济情况，宅院势必也宽敞。宋代的陈岩隐居九华，其所著的《九华诗集》中有一首《曹山延寿院》："三角坳泓一角亏，其间灈水照摩尼。风幡不动炉烟直，正是禅僧定起时。"在诗题下，作者自注："玉田庄东，寺后有三角泉，本甘贽道者庄。"③除了这处宅院以外，在光绪年间编撰的《九华山志》中提到了另一处宅院位于舍宝山④中，甘贽晚年舍宅建寺，名圆寂寺。据清末年间周赟《九华山志》卷十《杂记》的考证，九华山旧志所记圆寂寺乃"梁天监二年建，为伏虎禅师道场"有误，当为"唐天祐中（甘贽）舍拾宝山为伏虎禅师建道场"，"梁武"为"杨吴"之误，"天监"为"天祐"之误。⑤这种说法是可信的。

虽然甘贽本人的生卒年月并不清楚，但是甘贽经常性亲近普愿禅师（748-834），普愿禅师是贞元十一年（795）驻锡南泉的，而前三十年足不下山，直到公元827年，御史大夫兼宣翕观察使陆亘、前池阳太守因皆知普愿"抗迹尘外，为四方法眼"，与护军彭城刘公一道同迎请下山，申弟子之礼，普愿决定开山弘法。就在这一年，应陆亘之请，唐文宗赐额"南

---

① （宋）妙源：《虚堂和尚语录》卷5，《大正藏》第47册，第1022页中7-12。
② 过夏，即结夏安居，为僧人从四月十五日至七月十五日在一处安居精进修行。如《十诵律》卷2："尔时憍萨罗国安居比丘，过夏三月作衣毕，持衣钵游行到维耶离国。"《大正藏》第23册，第11页中27-28。
③ （清）《钦定四库全书·集部》文渊阁本，（宋）陈岩：《九华诗集》，第39页。
④ 舍宝山，又名拾宝山、石宝山。
⑤ （清）周赟：《九华山志》，安徽文艺出版社2019年12月版，第358页。

泉承恩寺"。各路青年禅师云集南泉，普愿培养了一大批弟子①。也就是说南泉禅师接引弟子的公案大部分都发生在827年至834年之间，甘贽亲近普愿禅师也应当在这个时间范围内。前面提到岩头全奯（828-887）因沙汰曾在甘贽家过夏，《释氏稽古略》卷3记载岩头全奯值武宗沙汰僧尼曾隐居湖边，如此岩头全奯的过夏还有另一种需要即是避难。又位于九华山下的延寿寺，便是甘贽舍庄所建的寺院②。在寺院的遗址上存有一块明成化六年（1740）的《重修延寿寺记》碑，碑文已经模糊，据当地的老人回忆碑文的开头写着的是"唐贞观年间甘贽祖师"，寺院也是贞观年间所建③。贞观年间（627-649），若从这里开始算起，即使此时的甘贽是壮年，参礼南泉普愿、经常性供僧时已是百岁的老人了，于情于理都是不对的。又至会昌沙汰沙门，而武宗沙汰僧尼明确是会昌六年（846）④，岩头全奯在甘贽家过夏与甘贽及其妻女所发生的公案就更加不可能了。如此，这块成化年间的碑记内容的失误应当是寺院为了宣传募缘的需要故意为之的。会昌六年（846），唐宣宗即位后中兴佛教。甘贽只有在佛教得到中兴后，舍宅为寺才有可能。甘贽是普愿禅师的得法弟子，即使是晚年亲近普愿禅师，普愿禅师圆寂之时也当是壮年。若算是唐天祐年间人，天祐初年，即已是一百余岁的老人了。如此算来，甘贽比其师父南泉普愿要小得多，壮年时亲近南泉普愿，不过甘贽倒是个长寿之人。

---

① （宋）赞宁：《宋高僧传》卷11："贞元十一年，挂锡池阳南泉山，堙谷刊木，以构禅宇，蓑笠饭牛，溷于牧童。斫山畲田，种食以饶。足不下南泉三十年矣。夫洪钟不为莛撞发声，声之者，故有待矣。太和初，宣使陆公亘、前池阳太守皆知其抗迹尘外，为方法眼，与护军彭城刘公同迎请下山，北面申礼。不经再岁，毳衣之子奔走道途，不下数百人。太和甲寅岁十月二十一日示疾。"《大正藏》第50册，第775页上16-25。

② （清）周赟：《九华山志》，安徽文艺出版社2019年12月版，第103页。

③ 此信息来源于刘向阳先生于2007年3月发布于天涯论坛的《九曹山甘贽考及其它》一文。

④ 沙汰，即武宗灭佛沙汰沙门。据《佛祖统纪》卷23："会昌六年诏毁天下佛寺沙汰僧尼"。《大正藏》第49册，第248页下21。会昌六年即公元846年。《释氏稽古略》卷3："岩头，鄂州岩头禅师，名全奯。泉州柯氏子。少礼青原谊公落发，禀戒于长安宝寿寺。习经论诸部，忧游禅苑，后参德山契旨住岩头。值武宗汰教乃于湖边隐作渡子。"《大正藏》第49册，第843页下14-17。

至于甘赟为什么会选择晚年舍宅为寺，如果简单认为是甘赟晚年面临唐王朝的覆灭而心灰意冷，则是欠妥的。因为在任何动乱的时代，建寺安僧都是可能的，这全在乎于信徒的虔诚。因为舍宅建寺是有历史渊源的，早在吴大帝孙权时其母吴夫人便舍宅置通玄寺①。到了唐朝，唐太宗也曾将唐高祖潜龙旧宅舍而为兴圣尼寺②，唐大中八年（854）处州人马厚舍宅为马禅寺③，唐光启（885-888）中刺史曹信子珪舍宅建招提寺④。从佛教传来至隋唐，舍宅为寺蔚为风尚。而王季文、甘赟都是唐宣宗之后舍宅为寺的，这一原因应当与武宗灭佛一事有关，据圆仁的《入唐求法巡礼行记》卷4记载：

> 又敕下天下寺舍，不许置庄园庄。又令勘捡天下寺舍，奴婢多少兼钱物斛斗疋段，一一诣实具录，令闻奏。……且城中寺舍奴婢三等，收身有艺业者军里，收无业少壮者货卖，老弱者填宫奴婢。……又敕令天下诸寺，僧尼年册已下，尽勒还俗，递归本贯。……道士奏曰：缘国中释教，与道教竝行，里气越着，寻于仙道，所以登仙不得。……数日后敕下。天下僧尼。五十已下。尽勒还俗。递归本贯讫。后有敕云：天下僧尼，五十已上，无祠部牒者，尽勒还俗，递归本贯。⑤

　　武宗的这些举措对于佛教而言，实是一场灭顶之灾。因此，当宣宗继位后宣布恢复佛教，之前大量佛寺被毁，又加上民众被压抑的宗教情感需要释放，如此舍宅为寺之事反而增多。

---

① （唐）陆广微撰，曹林娣校注：《吴地记》，江苏古籍出版社，1986年，第90页。
② 李芳民著作：《唐五代佛寺辑考》，商务印书馆，2006年，第37页。
③ 李芳民著作：《唐五代佛寺辑考》，商务印书馆，2006年，第173页。
④ 李芳民著作：《唐五代佛寺辑考》，商务印书馆，2006年，第177页。
⑤ [日]圆仁著：《入唐求法巡礼行记》卷4，广西师范大学出版社，2007年，第144页。

三、对于"道者"的考察

陈岩在《曹山延寿院》诗中自注:"玉田庄东,寺后有三角泉,本甘赞道者庄。"① 甘赞道者,"道者"一词很容易被误以为是道教人士或受到道教影响的人士。实际情况是,"道者"一词并不局限于道教教职人员,而多用于佛教之中。在关于甘赞的身份时,会提到"道者""行者""白衣"等词,而道士与道者经常混用,本文首先从"道士"一词依次厘清。

首先,"道士"一词首次出现在汉代董仲舒的《春秋繁露·循天之道》中,谓:"古之道士有言曰:'将欲无陵,固守一德。'"② 不过这里的"道士"是指有道之士。而这个时期佛教还没有正式传入汉地,道教也没有诞生。之后的《汉书·王莽传下》中,记录了道士西门君惠:"卫将军王涉素养道士西门君惠。君惠好天文谶记,为涉言:星孛扫宫室,刘氏当复兴,国师公姓名是也。"桓谭《新论·辨惑》:"曲阳侯王根迎方士西门君惠,从其学养生却老之术。"这里的"道士"是指"方士"。③

南北朝乱世,百姓颠沛流离,却也正是佛教大发展的年代。当时住在襄阳的高人习凿齿,曾经在给名臣谢安的信中这样写道:"来此见释道安,故是远胜,非常道士,师徒数百,斋讲不倦。"④ 道安是鼎鼎大名的高僧,习凿齿在这里称他为"非常道士",非常厉害的"道士"。接着后秦时期佛陀耶舍在翻译《长阿含经》时,也提到了"道士"一词:"凉州沙门佛念为译,秦国道士道含笔受"。⑤ 这里的道士则成了沙门。其实,不仅是

---

① (清)《钦定四库全书·集部》文渊阁本,(宋)陈岩:《九华诗集》,第39页。
② 苏舆:《春秋繁露义证》,中华书局出版,1992年12月第一版。
③ 任继愈主编:《宗教大辞典》,上海辞书出版社,1998年8月,第883页。
④ (梁)慧皎:《高僧传》卷5:"习凿齿与谢安书云:'来此见释道安,故是远胜,非常道士,师徒数百,斋讲不倦。无变化伎术,可以惑常人之耳目;无重威大势,可以整群小之参差。而师徒肃肃,自相尊敬,洋洋济济,乃是吾由来所未见。其人理怀简衷,多所博涉,内外群书,略皆遍睹,阴阳算数,亦皆能通,佛经妙义,故所游刃。作义乃似法兰、法道,恨足下不同日而见,其亦每言思得一叙。'"《大正藏》第50册,第352页下9-18。
⑤ (后秦)佛陀耶舍、竺佛念译:《长阿含经》卷一,《大正藏》第1册,第1页中2。

中土的僧人被称作"道士",外国僧人也一样。南朝的《高僧传》里有记载:"无罗叉比丘,西域道士,稽古多学,乃手执梵本,(竺)叔兰译为晋文,称为《放光般若》。"① 到了唐代,宗密大师在《佛说盂兰盆经疏》中则直接解释了佛教与道士一词的关系:"外道道士者,外道中之道士也,简内道中之道士。佛教初传此方,呼僧为道士故。"② 可见在相当长的时间里,"道士"是对有德者的通称,并不局限于道教人士。

其次,"道者"一词早在《黄帝内经素问》中就出现了:"夫道者能却老而全形身年虽寿能生子也。"③ 这里的道者是善于养生之人。在佛教中,道者的用法比道教的用法更加普遍。早在后秦时期,在翻译佛典时,即已使用"道者"一词来说明出家身份,如《长阿含经》卷十七:"佛告梵志:'若有异学欲于我法中出家为道者,先四月观察,称众人意,然后乃得出家受戒。虽有是法,亦观人耳'"。④ 到了唐代,这种用法有增无减,如《抚州曹山元证禅师语录》:

> 纸衣道者来参。师问:"莫是纸衣道者否?"云:"不敢。"师曰:"如何是纸衣下事。"道者云:"一裘才挂体,万法悉皆如。"师曰:"如何是纸衣下用。"道者近前应诺便立脱。师曰:"汝秖解恁么去,何不解恁么来?"道者忽开眼问云:"一灵真性不假胞胎时如何?"师曰:"未是妙。"道者云:"如何是妙?"师曰:"不借借。"道者珍重便化。师示颂曰:"觉性圆明无相身,莫将知见妄疎亲,念异便于玄体昧,心差不与道为邻,情分万法沉前境,识鉴多端丧本真,如是句中全晓会,了然无事昔时人。"⑤

---

① (梁)慧皎:《高僧传》卷4,《大正藏》第50册,第346页下4-6。
② (唐)宗密:《佛说盂兰盆经疏》卷2,《大正藏》第39册,第510页上13-15。
③ (唐)王冰:《四库全书荟要》《内经素问·上古天真论》卷一第七。
④ (后秦)佛陀耶舍、竺佛念译:《长阿含经》卷17,《大正藏》第1册,第112页下7-10。
⑤ (唐)本寂:《抚州曹山元证禅师语录》,《大正藏》第47册,第527页下19-528页上1。

这里的纸衣道者即克符道者，涿州人氏（今河北境内），临济义玄禅师的法嗣。又如《虚堂和尚语录》卷六：“栽松道者郁郁冰壑姿，株株手亲植，欲知来去踪，双峰耸寒碧。”①即使到了明朝以后，僧亦用道者，如《大明高僧传》卷七：“甞和忠道者牧牛颂曰：'两角指天，四脚着地，拽断鼻绳，牧甚屎屁。'”②

不仅僧人称为道者，居士称道者的也有人在。如莲池大师的《往生集》卷二：“陈氏宋广平陈氏，剪发为出家相，朝夕念佛，四众称为道者。后病中集缁素念佛，两日忽合掌，泊然而化。”③这里的出家相是"剪发"，而不是"剃发"，只是为了表明他的志趣为僧，而不是真正出家为僧。这可以说是居士称"道者"的佐证。

在佛教的典籍中，对于甘贽的身份给予的称呼主要有三个，如《传法正宗记》称呼他为"白衣"④，《五灯会元》⑤《景德传灯录》⑥则称他为"行者"，而《率庵梵琮禅师语录》直接称他为居士⑦。白衣表明的是在家身份⑧，《禅林象器笺》提出行者有两种，一种是依寺而住的未出家的修行人，一种是居家修梵行的人⑨。因为甘贽的妻子也是禅宗门下修持高超的优婆

---

① （宋）妙源：《虚堂和尚语录》卷6，《大正藏》第47册，第1031页上6-8。
② （明）如惺：《大明高僧传》卷7，《大正藏》第50册，第928页上2-10。
③ （明）袾宏：《往生集》卷2，《大正藏》第51册，第145页下8-11。
④ （宋）契嵩：《传法正宗记》卷7：“一曰池州白衣甘贽者”，《大正藏》第51册，第752页中21。
⑤ （宋）普济：《五灯会元》卷4：“池州甘贽行者一日入南泉设斋，黄檗为首座，行者请施财。”《卍续藏》第80册，第97页下16-17。
⑥ （宋）道原：《景德传灯录》卷10：“甘贽行者设粥”，《大正藏》第51册，第279页中11。
⑦ （宋）梵琮：《率菴梵琮禅师语录》：“岩头禅师甘贽居士安居俗舍太无稽，黑白分明类不齐，谩向人前露针线，赚他女子与夫妻”，《卍续藏》第69册，第660页中19-21。
⑧ （唐）慧琳：《一切经音义》卷21：“袈裟，具正云迦逻沙曳，此云染色衣，西域俗人皆着白色衣也"。《大正藏》第54册，第439页下3。
⑨ [日]无着道忠《禅林象器笺》卷7：释氏要览云：“善见律云'有善男子，欲求出家，未得衣钵，欲依寺中住者，名畔头波罗沙（未见译语）'。今详，若此方行者也。经中多呼修行人，为行者。行是所修二种行也，者即五蕴假者，是能修行之人也。凡十六岁已上，应呼行者。谓男生八岁毁齿，十六阳气全，

夷，如此便可确定甘贽行者指的是居家修梵行的人。关于甘贽妻子，在《优婆夷志》中，提到了"甘贽妻"："甘贽行者，修普贤愿，同妻一女皆办道，尝请岩头在家过夏。一日头补衣次，贽自外归，端立头侧。头拈起针札贽示之，贽便领悟。咲归宅堂，着衣礼谢。女见便问：'咲甚么？'贽云：'你莫问。'妻云：'好事也要大家知。'贽因举，其妻顿悟。便云：'三十年后，一回饮水一回噎。'女方从傍听话才毕，亦顿悟。"①甘贽作为居士身份，成为南泉普愿的嗣法门人②，这一点是极为难能可贵的，可见他的禅法境地是相当之高的。湛然圆澄在开示中便赞扬甘贽未出家而悟道③。如此，甘贽的宗教身份便确定是虔诚的居家修行的佛弟子无疑了，其妻女皆是顿悟禅法的居家修行的优婆夷，甘贽出于虔诚的缘故晚年舍宅、舍庄为寺便能够理解了。

四、对"庄"的考察

在现存九华山相关史料中，最早提及甘贽的是宋代陈岩的《九华诗集》，以诗文注释的方式对九华山的人文地理一一进行解说。在《曹山延寿院》诗中自注："玉田庄东，寺后有三角泉，本甘贽道者庄。"④这也是最早提及甘贽庄的史料。而在陈岩在《玉田庄》一诗的备注中中明确解释了玉田庄，说是曾侍中筑，并赋诗："妇馌夫耕笑语喧，地平一望暖生烟。得

以其有意乐信忍，修净梵行。故自晋时，已有此人，如东林远大师下，有辟蛇行者。"《大藏经补编选录》第19册，第297上。

① （清）圆信：《优婆夷志》，《卍续藏》第87册，第266页下。
② （宋）契嵩：《传法正宗记》卷7："大鉴之四世。曰池州南泉普愿禅师，其所出法嗣凡十七人。其一曰长沙景岑者，一曰白马昙照者，一曰终南山师祖者，一曰香严义端者，一曰赵州从谂者，一曰池州灵鹫闲禅师者，一曰茱萸山和尚者，一曰子湖利踪者，一曰嵩山和尚者，一曰日子和尚者，一曰苏州西禅和尚者，一曰池州白衣甘贽者，一曰资山存制者，一曰江陵道弘者，一曰宣州玄极者，一曰新罗道均者，一曰宣州刺史陆亘者。"《大正藏》第51册，第752页中。
③ （明）圆澄：《湛然圆澄禅师语录》卷8："如庞居士、甘贽、陆钉校等未必出家而后悟道也"。《卍续藏》第72册，第852页上。
④ （清）《钦定四库全书·集部》文渊阁本，（宋）陈岩：《九华诗集》，第39页。

毋划草来寻璧，好倩山家护玉田"①。最后一句点明了"玉田庄"的维护是请农夫来耕作，实际上是租佃关系。在陈岩的《九华诗集》中又提及了另一处庄园："源清庄，原注吴氏别业，山泉环境，凿池以名其轩，取源清则流清之意，波及民田甚广②。"这里点明了庄田与民田的不同。

考察甘贽所处的时代，正是唐代庄园经济兴盛的时代。庄田，又称田庄、别业等。亦指隋唐时期的封建皇室、贵族、官僚、地主及寺院道观所占有的以土地为主的产业，建中元年（780）实行两税法后庄田成为土地占有的主要形式。庄园经济一定程度上造就了富民阶层，也影响了人民的思想观念和社会风气。富民阶层作为"民"与士族门阀有着质的区别，富民阶层只能依靠财富的力量，在签订契约的基础上，将土地租佃给农民。所谓"富民"，也就是那些仅仅占有财富而没用任何社会特权的群体③。庄园的经济关系，主要体现为以土地租佃为主的契约关系，即所谓的"主户之与客户，皆齐民"④。宋人云："富好行德，子孙修业。"⑤作为乡村社会中集财富、声望和文化修养为一体的庄园富户，通常都明白财富与道义的关系。在追求公平正义的价值驱动下，凭借雄厚的经济实力，庄园富户常常成为乡村公益事业的出资人和倡导者，并以此成就其道德形象。这些公益事业包括兴修水利、道路、学馆等。庄园的主人通常作为乡绅精英引领乡村文化风尚，甚至"成为民间礼仪、乡规民约的制订、推行者，及社会舆论与道德评判的主导者，在乡村社会担当着精神领袖的角色"⑥。作为唐宋财富力量崛起的重要标志之一，庄园是"富民"阶层的重要物质载体，如果说"富民是财富力量的人格化"⑦，那么庄园经济就是富民财富的具体化。

---

① （清）《钦定四库全书·集部》文渊阁本，（宋）陈岩：《九华诗集》，第41页。
② （清）《钦定四库全书·集部》文渊阁本，（宋）陈岩：《九华诗集》，第14页。
③ 林文勋：《唐宋社会变革论纲》，人民出版社，2011年，第85页。
④ （清）《钦定四库全书·集部》文渊阁本：（宋）胡宏：《五峰集》卷二，与刘信叔书。
⑤ 康武刚：《论宋代富民兴教化民与乡村社会秩序》，《兰州学刊》，2010年（10）。
⑥ 康武刚：《论宋代富民兴教化民与乡村社会秩序》，《兰州学刊》，2010年（10）。
⑦ 林文勋：《唐宋社会变革论纲》，人民出版社，2010年，第132页。

张锦鹏教授认为："唐宋时期农业增长不仅呈现出数量扩张型增长，而且呈现了质量提高型增长。推动唐宋时期农业质量提高型增长的决定因素是制度，尤其是私有土地产权制度。"①庄园经济在中唐之后冲破了体制的障碍，得到了新的发展。以至于社会上"疆畛相接，半为豪家；流庸无依，率是编户"②的局面。曾侍中的玉田庄与道者甘贽庄相接，呈现的即是此一现象。导致庄园经济在唐宋时期发生重大变化的另外一个原因便是中唐以后的"两税法"制度，即使是佛教寺院庄园经济也得到了空前发展，这和以往主要依靠信徒施舍钱粮布帛维持寺院大不相同。

佛教义学所依赖的门阀士族庄园经济由于受到晚唐崇道排佛的影响，特别是会昌法难，直接导致了佛教义学的没落。而佛教的重心也由义学向禅宗转移，南方禅宗的农禅并重在经济重心的南移，知识分子南迁当中快速发展。而甘贽在家经常接待云游僧人③，甚至为躲避沙汰避难的岩头全豁提供安居过夏，这无不证明晚唐时期的九华山禅宗曾经有过一段黄金期。

五、结论

通过对"甘贽""道者""庄"一一进行探讨，以晚唐社会经济为背景，以此希望能够窥探晚唐九华山地区的佛教生态。以甘贽亲近参礼南泉普愿开始，到甘贽晚年舍庄为寺结束，其生平活跃时间与整个晚唐命运一起沉浮并消失在历史的烟云中。由于安史之乱，唐王朝由盛转衰，藩镇割据、农民起义、宦官当政致使整个晚唐的政治在极不稳定中步入灭亡。而由此导致的经济重心南移，江南耕地开发，富民阶层的崛起，是甘贽经营庄园的历史背景。而晚唐时期的君主大多崇信道教，排斥佛教，北方佛教义学

---

① 张锦鹏：《制度创新与唐宋时期农业经济增长》，《中国唐史研究学会第九届年会暨唐宋社会变迁国际学术研讨会论文集》。

② 曹瑞波：《唐代富民阶层的崛起与乡村控制的变迁》，《广西社会科学》，2005年第8期。

③ （宋）道原：《景德传灯录》卷10："雪峰和尚来，甘闭门召云，请和尚入，雪峰隔篱掉过衲衣，甘便开门礼拜。"《大正藏》第51册，第279页中。

因会昌法难及门阀士族庄园经济的衰微而没落。由此，我们可以窥见晚唐时期的九华山佛教迎来了高僧驻锡、禅师云集的时代，而知识分子的南迁，同时也为九华山地区的儒释道融合奠定了坚实的基础。

《地藏经》的菩萨精神与地藏信仰中国化

刘田田[①]

内容提要：《地藏经》是地藏信仰的重要经典，集中体现了地藏菩萨的慈悲愿力。地藏信仰中国化的过程是中土菩萨信仰形成发展的一部分，体现在很多方面，有九华山名山信仰，也有与中国传统文化中的孝道思想、业报思想、幽冥传说等的融合发展。弘扬地藏精神是地藏信仰的核心内容，也是践行佛教中国化的题中之意。

关键词：《地藏经》九华山；地藏信仰中国化

一、地藏信仰与孝道思想

地藏菩萨作为中土四大菩萨之一，与观世音菩萨、文殊菩萨、普贤菩萨一起承载着中国人的菩萨信仰。九华山作为地藏菩萨道场，与普陀山、五台山、峨眉山一起成为佛教名山，无数信仰者朝礼，是名山文化的重要组成部分。地藏菩萨的愿行殊胜，无量劫来以"地狱不空，誓不成佛"的慈悲愿力度化众生。地藏菩萨救母的故事更是广为流传，作为地藏信仰中的重要部分，与儒家的孝道文化相融合，使地藏信仰在中土迅速传播，体现了地藏信仰的中国化。孝是儒家思想的重要部分，孝道文化作为中国传统文化的核心内容，体现在生活的方方面面，在中国人的基因里传承。《地

---

① 刘田田，陕西省社科院宗教研究所。

藏经》记载了地藏菩萨无量劫来的慈悲愿力,其中婆罗门女和光目女地狱救母的故事是地藏信仰中孝道和慈悲的集中表现。

地藏菩萨久远劫前发愿度化六道罪苦众生。最苦莫过地狱,地狱众生刚强难化,地藏菩萨的慈悲愿行是罪苦众生的明灯和解脱希望,体现了佛法的大慈悲。《地藏经》中地藏菩萨首次发愿是在久远劫前奋迅具足万行如来时。

据《地藏菩萨本愿经》卷一〈忉利天宫神通品1〉:

> 文殊师利!是地藏菩萨摩诃萨,于过去久远不可说不可说劫前,身为大长者子。时世有佛,号曰师子奋迅具足万行如来。时长者子,见佛相好,千福庄严,因问彼佛:"作何行愿,而得此相?"时师子奋迅具足万行如来告长者子:欲证此身,当须久远度脱一切受苦众生。文殊师利!时长者子因发愿言:"我今尽未来际不可计劫,为是罪苦六道众生广设方便,尽令解脱,而我自身,方成佛道。"以是于彼佛前,立斯大愿,于今百千万亿那由他不可说劫,尚为菩萨。[①]

地藏菩萨见佛相好,从而发愿度化六道中罪苦众生,众生解脱,自身才成就佛道。如是百千亿劫为菩萨,度化众生无数。地藏菩萨非于一时一佛前发愿,而是于无量劫来佛前发此愿力。《地藏经》中婆罗门女救母是在无量劫前觉华定自在王如来时。彼时婆罗门女为三宝弟子,常劝说母亲正见。其母未信,死后神魂堕无间地狱。婆罗门女是孝女,她的孝是大孝,心忧母亲死后必随业堕于恶道,遂变卖家财,供养三宝,求问母亲死后的处所。婆罗门女念佛寻找母亲归处,到达大铁围山东面第一重海,地狱在业海中。有两事能到地狱,一是威神,一是业力。婆罗门女念佛威神所至,众生为业力所感。业海地狱无数。地藏菩萨为救母亲而到地狱,见众生受

---

① 《大正藏》第13册,第412页中。

大苦,发愿救助无量受苦众生。

据《地藏菩萨本愿经》卷1〈忉利天宫神通品1〉:

> 鬼王问圣女曰:"菩萨之母,在生习何行业?"圣女答曰:"我母邪见,讥毁三宝。设或暂信,旋又不敬。死虽日浅,未知生处。"无毒问曰:"菩萨之母,姓氏何等?"圣女答曰:"我父我母,俱婆罗门种。父号尸罗善现,母号悦帝力。"无毒合掌,启菩萨曰:"愿圣者却返本处,无至忧忆悲恋。悦帝力罪女,生天以来,经今三日。云承孝顺之子,为母设供、修福,布施觉华定自在王如来塔寺。非唯菩萨之母得脱地狱,应是无间罪人,此日悉得受乐,俱同生讫。"鬼王言毕,合掌而退。婆罗门女,寻如梦归。悟此事已,便于觉华定自在王如来塔像之前,立弘誓愿:"愿我尽未来劫,应有罪苦众生,广设方便,使令解脱。"
>
> 佛告文殊师利:"时鬼王无毒者,当今财首菩萨是。婆罗门女者,即地藏菩萨是。"①

婆罗门女的母亲不敬甚至毁谤三宝,感生到无间地狱。因为地藏菩萨功德供养的缘故,得到解脱。非但其母,无间罪人都得到解脱。婆罗门女看到地狱景象,地狱众生种种罪苦发起大愿,尽未来劫解脱罪苦众生。无毒鬼王是财首菩萨的化身,婆罗门女即是地藏菩萨化身。

地藏菩萨的孝道是大孝,《孟子》中倡导"老吾老以及人之老,幼吾幼以及人之幼"的圣人境界,实际上很难做到。儒家的孝道表现在日常生活中主要是物质上供养和精神上服从,衍生出许多故事,比如广受传播的二十四孝。二十四孝中物质供养的极端如郭巨埋儿奉母的传说就颇受争议。儒家的孝道还强调精神上服从,这种服从往往是绝对的,父为子纲。《论语》中的"父为子隐,子为父隐",父亲偷了羊,儿子要帮助隐瞒,认为这是

---

① 《大正藏》第13册,第779页上。

孝的体现。又如二十四孝中的戏彩娱乐，年逾七十的老莱子佯装婴儿哄双亲开心。这些故事引发出许多关于孝道的思考，物质供养的极端可能是以牺牲他人的性命为代价，精神服从的极致可能导致是非不分甚至丧失理智。

佛教也讲孝道，讲报恩，上报四重恩，众生恩、父母恩、国土恩、三宝恩。下济三途苦，畜生道苦、地狱道苦、恶鬼道苦。佛教孝道的依据是慈悲，佛法的无缘大慈、同体大悲中蕴含着佛陀觉悟的智慧。慈悲的概念超脱了善恶的范畴和道德的束缚，有人性的自由和智慧的通达，佛教的智慧是中道的，佛教的孝道也是这样。

佛教汉末东传，与道家、儒家思想融合，体现了佛法的圆融智慧和中华文化的包容属性。佛教文化早已为中国文化的一部分，《地藏经》和地藏信仰的流传与其中蕴含的孝道思想密不可分。婆罗门女的大孝由母亲生前延续到身后，由母亲的悲苦延及到所有受苦的众生。生前劝说母亲生起正念，以避免恶业的果报；劝说无用后，以功德供养，入地狱找寻救拔。对于像自己母亲一样受苦的众生，生起同等的慈悲心，志愿救拔。

地藏菩萨曾在一切智成就如来时为国王，发愿先度罪苦众生，然后成佛。又曾在清净莲花目如来时为光目女，救度母亲，与婆罗门女无二。光目女的母亲喜食鱼鳖鱼子，杀生无数，死后堕于恶趣。地藏菩萨念佛观佛供养，为母亲祈祷。

据《地藏菩萨本愿经》卷一"阎浮众生业感品4"：

> 光目问言："地狱罪报，其事云何？"婢子答言："罪苦之事，不忍称说，百千岁中，卒白难竟。"光目闻已，涕泪号泣，而白空界："愿我之母，永脱地狱。毕十三岁，更无重罪，及历恶道。十方诸佛，慈哀愍我，听我为母所发广大誓愿：若得我母永离三涂，及斯下贱，乃至女人之身，永劫不受者，愿我自今日后，对清净莲华目如来像前，却后百千万亿劫中，应有世界，所有地狱，及三恶道，诸罪苦众生，誓愿救拔，令离地狱恶趣、畜生、饿鬼等。

如是罪报等人，尽成佛竟，我然后方成正觉。"

发誓愿已，具闻清净莲华目如来而告之曰："光目！汝大慈悯，善能为母发如是大愿。吾观汝母，十三岁毕，舍此报已，生为梵志，寿年百岁。过是报后，当生无忧国土，寿命不可计劫。后成佛果，广度人天，数如恒河沙。"

佛告定自在王："尔时罗汉福度光目者，即无尽意菩萨是。光目母者，即解脱菩萨是。光目女者，即地藏菩萨是。过去久远劫中，如是慈悯发恒河沙愿，广度众生。"①

光母女听到母亲诉说地狱诸种苦事，发起"地狱不空，誓不成佛"的大愿，解脱母亲升天。地藏菩萨愿行无量，婆罗门女、光母女救母事扩大了孝道的范围，引发了关于孝道的思考，使得孝道在儒家思想的基础上有了更加广泛的内容和意义。由孝顺自己的父母到他人的父母再到受苦的众生，是大仁大孝。真正的孝道不仅是顺从和服从，不是愚孝，而是中道。父母的恶也是恶，对于不正确甚至违法的行为，要及时劝导纠正，而不是一味偏袒维护，这才是真正的孝。地藏信仰中婆罗门女和光目女的愿行是佛教孝道的代表，体现了佛法众生平等的精神和地藏菩萨的慈悲愿行。

二、地藏信仰与业报思想

业报思想在中国各家哲学思想中都有体现，俗语"善有善报，恶有恶报"深入人心。又"为善之家必有余庆，为不善之家必有余殃""勿以善小而不为，勿以恶小而为之"等，已经成为孩童的启蒙教育和为人准则。业报思想与劝善相关联，千百年来成就了中华民族的忠厚品格和高尚道德。地藏信仰中的业报思想比较具体和详细，是地藏菩萨度化众生的方便法门。关于地狱的种种极苦业报也有劝善的警示作用。

---

① 《大正藏》第13册，第781页上。

据《地藏菩萨本愿经》卷一"阎浮众生业感品4":

> 地藏菩萨若遇杀生者,说宿殃短命报。若遇窃盗者,说贫穷苦楚报。若遇邪淫者,说雀鸽鸳鸯报。若遇恶口者,说眷属斗诤报。若遇毁谤者,说无舌疮口报。若遇瞋恚者,说丑陋癃残报。若遇悭悋者,说所求违愿报。若遇饮食无度者,说饥渴咽病报。若遇畋猎恣情者,说惊狂丧命报。若遇悖逆父母者,说天地灾杀报。若遇烧山林木者,说狂迷取死报。若遇前后父母恶毒者,说返生鞭挞现受报。若遇网捕生雏者,说骨肉分离报。若遇毁谤三宝者,说盲聋瘖痖报。若遇轻法慢教者,说永处恶道报。若遇破用常住者,说亿劫轮回地狱报。若遇污梵诬僧者,说永在畜生报。若遇汤火斩斫伤生者,说轮回递偿报。若遇破戒犯斋者,说禽兽饥饿报。若遇非理毁用者,说所求阙绝报。若遇吾我贡高者,说卑使下贱报。若遇两舌斗乱者,说无舌百舌报。若遇邪见者,说边地受生报。[①]

恶业的报应各不相同,杀业短命报,偷盗穷苦报,邪淫雀鸟报等,众生举心动念皆有相应果报。即便是善人,遇到恶缘,也会近墨者黑,恶业念念转增,如泥中行走,又如身负重石。众生为善为恶皆随境转,自己不能做主,随业轮转五道,无有出期。

伴随业报思想的是各家修身哲学。儒家说君子慎独,讲究浩然之气的修养。道家天道自然,认为人应当效法天地之德,保持自然随顺的品格。佛教倡导慈悲智慧,众生从烦恼中解脱,首先要有智慧,正身净意;其次要有善知识的帮助和教化,善知识的范围非常广泛,可以是身边有智慧的家人朋友师长,也可以是圣人经典。《地藏经》中众生业力是感召地狱果报的原因,清净三业就能不招恶果。

据《地藏菩萨本愿经》卷1"地狱名号品5":

[①] 《大正藏》第13册,第781页下。

地藏菩萨告普贤菩萨言："仁者！此者皆是南阎浮提行恶众生，业感如是。业力甚大，能敌须弥，能深巨海，能障圣道。是故众生莫轻小恶，以为无罪，死后有报，纤毫受之。父子至亲，歧路各别，纵然相逢，无肯代受。我今承佛威力，略说地狱罪报之事。唯愿仁者，暂听是言。"①

众生业力广大，能敌须弥深巨海，障圣道。恶业不分大小，纤毫皆受报。"勿以善小而不为，勿以恶小而为之"的意义在此，因果皆自招，而且自作自受，地狱极苦恶报即使至亲也不肯代受。

业报思想对人心的作用在于潜移默化，如春风化雨，虽然不像法律一样有强制性，却是悬于人头顶的道德律，系于人心中为人做事的绳墨规则。《地藏经》中的善恶业报内容包含了身口意三业的诸多内容，有很强的劝善功能，有利于人心的纠正和社会的发展。中国文化中儒家的仁义道德论与佛教的业报思想经过漫长的融合，已经不分彼此。业报思想中国化，成为中国文化的一部分。

三、地藏信仰与幽冥救苦

地藏菩萨发愿"地狱不空，誓不成佛"，其主道场在地狱。地藏菩萨又称幽冥教主。地藏菩萨的慈悲在于救拔地狱中的罪苦众生，使其得到解脱。地狱不止在佛教的六道轮回中，也在中国人的思维意识里。中国文化中的冥界传说由来已久，虽然子不语怪力乱神，但对于死后世界的好奇逐渐滋生出一整套的冥界理论，比如相信人死后有灵魂，有审判，有神鬼传奇等等。这些思想集中表现在志怪小说、文人杂记中，如《搜神记》《西游记》《聊斋志异》等。神鬼地狱的思想来源复杂，有道家道教，也有佛教的各种记载和传说。《地藏经》中关于地狱的内容很多，是地藏信仰的重要组成部分。

---

① 《大正藏》第13册，第782页上。

幽冥界的内容也构成了中国幽冥传说的一部分，如无间地狱、十八层地狱等，传播甚广，尽人皆知。

地狱界在大铁围山中，分布无数，名号各别，其中最有名的是无间地狱。据《地藏菩萨本愿经》卷1"观众生业缘品3"：

> 独有一狱，名曰无间。其狱周匝万八千里，狱墙高一千里，悉是铁为，上火彻下，下火彻上，铁蛇铁狗，吐火驰逐，狱墙之上，东西而走。狱中有床，遍满万里。一人受罪，自见其身，遍卧满床。千万人受罪，亦各自见，身满床上。众业所感，获报如是。又诸罪人，备受众苦。千百夜叉，及以恶鬼，口牙如剑，眼如电光，手复铜爪，拖拽罪人。复有夜叉，执大铁戟，中罪人身，或中口鼻，或中腹背，抛空翻接，或置床上。复有铁鹰，啖罪人目。复有铁蛇，缴罪人颈。百肢节内，悉下长钉，拔舌耕犁，抽肠剉斩，洋铜灌口，热铁缠身。万死千生，业感如是。动经亿劫，求出无期。此界坏时，寄生他界。他界次坏，转寄他方。他方坏时，展转相寄。此界成后，还复而来。无间罪报，其事如是。

> 又五事业感，故称无间。何等为五？一者，日夜受罪，以至劫数，无时间绝，故称无间。二者，一人亦满，多人亦满，故称无间。三者，罪器叉棒，鹰蛇狼犬，碓磨锯凿，剉斫镬汤，铁网铁绳，铁驴铁马，生革络首，热铁浇身，饥吞铁丸，渴饮铁汁。从年竟劫，数那由他，苦楚相连，更无间断，故称无间。四者，不问男子女人，羌胡夷狄，老幼贵贱，或龙或神，或天或鬼，罪行业感，悉同受之，故称无间。五者，若堕此狱，从初入时，至百千劫，一日一夜，万死万生。求一念间，暂住不得。除非业尽，方得受生。以此连绵，故称无间。

> 地藏菩萨白圣母言："无间地狱，粗说如是。若广说地狱罪

器等名，及诸苦事，一劫之中，求说不尽。"①

无间地狱称为无间的原因有五，日夜受罪无有停歇，一人满多人亦满，各种苦楚相连无有间断，不分老弱贵贱天龙鬼神罪业同受，由入到出求一念暂住不得，直至业尽。无间地狱是众生业力所感，其苦无量。无间地狱或者地狱原指幽冥界某处，也代指现实人生中众生的困顿境遇或者心理感受，如坠地狱云云，是对当下某种境况的形容。

感召无间地狱的业力很大，所以地狱苦极大，各种刑罚无数。有取人舌使牛耕，取人心夜叉食，或入热汤或报铜柱，或使火烧或用寒冰，铁棘火枪无限粪尿，人类想到想不到的种种罪苦地狱皆有，有多少业力受多少罪苦，有多少种业力就感召相应数量的地狱苦。地狱众生刚强难化，地藏菩萨誓愿救拔，无有疲厌。菩萨有大方便大智慧，能拔出众生根本业缘，使得解脱。有恶业众生旋出又入，经劫不息，地藏菩萨则经劫度脱。

地藏菩萨的大慈悲大智慧使众生找到正确的方向，不入歧途，慎作恶业，免遭地狱苦。地藏菩萨殷勤度化，能使罪苦众生得生天人中，知地狱苦从而永不做恶业。也有众生刚强难化，屡入地狱，业力增重，是不能解脱的。

《地藏经》中描述的幽冥界地狱事并不神秘，成因是众生业力感召，地狱名号各种罪苦皆是业力所成。不做恶业不入地狱才能不受地狱苦。恶业所成自作自受，直至恶业消尽才得出地狱。《地藏经》中地藏菩萨悲悯地狱中的罪苦众生，为说地狱事，劝化为恶众生向善，免遭苦难。对于已入地狱的众生，也有众多方便法门救赎，如婆罗门女光目女地狱救母一样，诵地藏菩萨名号或者持诵经文等。

地藏菩萨慈悲愿力加持解脱地狱之苦是地藏信仰的重要部分。法门有礼敬地藏菩萨，香花饮食供养，闻地藏菩萨名合掌赞叹，供养瞻礼地藏菩萨像，持诵书写《地藏经》等，或自求解脱或为他人求，皆能得到利益。佛陀总说地藏菩萨信仰的二十八种利益。

---

① 《大正藏》第13册，第412页上。

《地藏菩萨本愿经》卷二"嘱累人天品13":

> 佛告虚空藏菩萨:"谛听!谛听!吾当为汝分别说之。若未来世,有善男子、善女人,见地藏形像,及闻此经,乃至读诵,香华饮食、衣服珍宝,布施供养,赞叹瞻礼,得二十八种利益:一者天龙护念,二者善果日增,三者集圣上因,四者菩提不退,五者衣食丰足,六者疾疫不临,七者离水火灾,八者无盗贼厄,九者人见钦敬,十者神鬼助持,十一者女转男身,十二者为王臣女,十三者端正相好,十四者多生天上,十五者或为帝王,十六者宿智命通,十七者有求皆从,十八者眷属欢乐,十九者诸横销灭,二十者业道永除,二十一者去处尽通,二十二者夜梦安乐,二十三者先亡离苦,二十四者宿福受生,二十五者诸圣赞叹,二十六者聪明利根,二十七者饶慈愍心,二十八者毕竟成佛。"
>
> "复次,虚空藏菩萨!若现在未来,天龙鬼神,闻地藏名,礼地藏形,或闻地藏本愿事行,赞叹瞻礼,得七种利益:一者速超圣地,二者恶业销灭,三者诸佛护临,四者菩提不退,五者增长本力,六者宿命皆通,七者毕竟成佛。"[1]

地藏信仰的利益有天龙护念、增长善果因缘,菩提不退,衣食丰足,不患疾病,离水火盗贼灾祸等。天龙鬼神闻地藏名也能得七种利益。由此可见地藏信仰的内容和意义非常广泛,地藏菩萨和观世音菩萨一样,俱大慈悲方便,免灾除祸,利益众生。

九华山是地藏菩萨道场,地藏信仰作为中土菩萨信仰的一部分,与儒家孝道思想、传统业报思想和幽冥传说等融合,地藏信仰中国化的过程是儒释道三家思想相互影响和融合的体现。

---

[1] 《大正藏》第13册,第789页下。

从《地藏菩萨本愿经》和《梵网经》论佛教孝道精神

彭瑞花[①]

内容提要：《地藏菩萨本愿经》被认为是佛教"孝经"，树立了地藏菩萨这一佛教大孝的形象，《梵网经》提出"孝名为戒"，处处强调以"孝顺心"持戒，将尽孝提高到戒律的高度，实现了孝戒一体。一经一戒一菩萨，佛教孝道精神得以立体化的呈现，不仅使地藏信仰成为四大菩萨信仰之一，更使《地藏菩萨本愿经》和《梵网经》流传千年而不绝。佛教孝道精神契合了中国传统孝道思想，既是佛教中国化的重要体现，也是佛教中国化的重要推动，时至今日，仍是值得深入挖掘和阐释的重要精神。

关键词： 地藏菩萨；孝名为戒；孝顺心

在中国的四大菩萨信仰中，文殊菩萨象征大智，普贤菩萨象征大行，观音菩萨象征大悲，地藏菩萨象征大愿。智旭在《灵峰蕅益大师宗论》中说："五乘该尽孝慈心，最是医王愿力深。"[②] 地藏菩萨不仅以其"地狱不空，誓不成佛"的宏深愿力备受推崇和信仰，而且被认为是佛教"孝"的形象代表。地藏菩萨大孝的精神主要体现在《地藏菩萨本愿经》，该经被称为"孝经"，广为流传。《梵网经》是菩萨戒根本经典，该经提出"孝名为戒"的观点，

---

① 彭瑞花，现为西北政法大学马克思主义宗教学研究中心执行主任、教授。
② （明）智旭：《灵峰蕅益大师综论》卷9，《嘉兴藏》第36册，第408页上。

将孝提高到戒律的高度，倡导"孝戒一体"，成为劝导世人尽孝的重要戒律经典。佛教大孝精神契合中国传统孝道思想，消弭了世人对佛教不孝的质疑，不仅使地藏信仰得以广泛流行，而且促使佛教之孝与儒家之孝的融合，推进了佛教中国化的进程。

一、《地藏菩萨本愿经》中的孝道精神

《地藏菩萨本愿经》是地藏三经之一，内题"实叉难陀译"，隋唐以后开始广泛流行，学界普遍认为该经为中土所撰，为伪经。尽管如此，却并未影响该经的广泛传播。印光大师评价该经时称："诚可谓险道之导师，昏衢之慧炬。贫乏之宝藏，凶岁之稻粱。俾一切迷昧众生，速得觉悟。一切孝顺儿女，有所师承。"[①]之所以将该经称为"孝经"，源于该经记载了四则地藏菩萨本生故事，其中有两则涉及地藏菩萨救母事迹，树立了地藏菩萨的"大孝"形象。

第一则故事载于"忉利天宫神通品"。像法之中，地藏菩萨化身为一婆罗门圣女，"宿福深厚，众所钦敬。行住坐卧，诸天卫护。"她的母亲不信佛道，不信因果，反信邪门歪道，所以常轻三宝。虽然圣女常劝母亲要生正知正见，无奈其母未全生信，所以命终后魂神堕入无间地狱。圣女只知其母生前所做之恶业必堕地狱之中，但无法获知具体地点，救度无门。于是便变卖家产，备齐香花和供养物品，送至佛塔寺中，瞻礼觉华定自在王如来，大兴供养。如来感动于圣女的孝行，便指引她到无间地狱寻母。圣女在无间地狱中遇到无毒鬼王，获知无间地狱中种种恐怖现象，救母心切。无毒鬼王告知圣女："愿圣者却返本处，无至忧忆悲恋。悦帝力罪女，生天以来，经今三日。云承孝顺之子，为母设供、修福，布施觉华定自在王如来塔寺。非唯菩萨之母得脱地狱，应是无间罪人，此日悉得受乐，俱同

---

① 印光：《地藏菩萨本愿经序》，民国十七年（1928），莆田广化寺1982年印本。

生讫。"①圣女为救母亲，便在觉华定自在如来塔寺为母设供、修福、布施，还立下宏深誓愿："愿我尽未来劫，应有罪苦众生，广设方便，使令解脱。"②立誓愿为无间地狱所有罪苦众生寻找解脱之道。

第二则故事载于"阎浮众生业感品"。像法之中，地藏菩萨化身为一名叫光目的女子，设食供养一罗汉。罗汉问她"欲愿何等"，光目回答说："我以母亡之日，资福救拔，未知我母生处何趣？"③罗汉怜悯光目的孝心，依靠神力获知光目的母亲已经堕于恶趣，正受极大苦。光目得知后，诚恳请求罗汉予以救度。罗汉指引光目称，应念清净莲花目如来，并雕刻如来之塑像，便可获知母亲所堕之处。光目一一照做，以恭敬心悲泣瞻礼清净莲花目如来。如来告知光目，其母不久后将生其家。不久后，家中婢女生有一子，出生后三天对光目说："生死业缘，果报自受。吾是汝母，久处暗冥，自别汝来，累堕大地狱。蒙汝福力，方得受生。为下贱人，又复短命，寿年十三，更落恶道。汝有何计，令吾脱免？"④光目知是其母亲无疑，哽咽悲泣。当她从婢女处获知母亲是因为生前所做罪业而获地狱罪报后，更是啼泪号泣，于是便立下誓愿："愿我之母，永脱地狱。毕十三岁，更无重罪，及历恶道。十方诸佛，慈哀愍我，听我为母所发广大誓愿：若得我母永离三涂，及斯下贱，乃至女人之身，永劫不受者，愿我自今日后，对清净莲华目如来像前，却后百千万亿劫中，应有世界，所有地狱，及三恶道，诸罪苦众生，誓愿救拔，令离地狱恶趣、畜生、饿鬼等。如是罪报等人，尽成佛竟，我然后方成正觉。"⑤其母遂得解脱。

上述两则故事均发生于像法时期，地藏菩萨为女身，为救堕入无间地狱之母，发下宏深誓愿，若能救母永脱地狱，愿救拔地狱一切罪苦众生。

---

① （唐）实叉难陀译：《地藏菩萨本愿经》卷1，《大正藏》第13册，第779页上。
② （唐）实叉难陀译：《地藏菩萨本愿经》卷1，《大正藏》第13册，第779页上。
③ （唐）实叉难陀译：《地藏菩萨本愿经》卷1，《大正藏》第13册，第780页下。
④ （唐）实叉难陀译：《地藏菩萨本愿经》卷1，《大正藏》第13册，第781页上。
⑤ （唐）实叉难陀译：《地藏菩萨本愿经》卷1，《大正藏》第13册，第781页上。

这两则本生故事反映的是地藏菩萨对母亲的孝心，并将救母之孝拓展到对地狱罪苦众生的救度，使其孝亲精神得到了延伸和升华，也树立了地藏菩萨的大孝形象。

除了通过救母的本生故事来表现地藏菩萨的大孝精神外，该经"观众生业缘品"详细列举了地藏菩萨一再强调的堕无间地狱的五种具体表现，其中第一种表现就是不孝或杀害父母，经中称："若有众生，不孝父母，或至杀害，当堕无间地狱，千万亿劫，求出无期。"① 将不孝父母的行为与出佛身血、毁谤三宝、侵损常住、伪作沙门、欺诳白衣、违背戒律、偷窃等行为相提并论，并将其置于首位，一旦违犯，不但堕入无间地狱，而且千万亿劫，求出无期。由此可见《地藏菩萨本愿经》对佛教大孝精神的强调。

二、《梵网经》中"孝名为戒"彰显的孝道精神

《梵网经》是菩萨戒根本经典，在中国大乘戒律发展史上具有不可替代的作用，但其真伪问题历来众说纷纭，可谓见仁见智，且《梵网经》为伪经的观点常常占据主导地位。尽管如此，却并不妨碍《梵网经》的广泛流行，在这一点上，《地藏菩萨本愿经》与《梵网经》是相同的。《梵网经》具有非常浓厚的中国化色彩，经中提出"孝名为戒"，以孝作为戒之纲领，打通孝与戒的关系，将孝的精神提高到至关重要的地位，影响广泛。

（一）开篇提出"孝名为戒"

《梵网经》下卷开篇提出："孝顺父母师僧三宝，孝顺至道之法。孝名为戒，亦名制止。"② 孝顺的对象包括父母、师僧、三宝，父母为生身父母，师僧即法身父母，三宝乃慧命父母，皆应孝顺，并将对生身父母之孝排在

---

① （唐）实叉难陀译：《地藏菩萨本愿经》卷1，《大正藏》第13册，第779页下。
② （后秦）鸠摩罗什译：《梵网经》卷下，《大正藏》第24册，第1004页上。

首位。戒有万行，号称无量无边，但只需一个"孝"字，便可总领戒义，一孝立而诸戒尽，一孝尽而梵行具足。正如后人所评价"孝名为戒者，谓能行孝之一事，则诸戒无不备足"。①"若有众生，持此戒者，孝心即是佛心，孝行即是佛性"②。后人在不同的历史时期分别对"孝名为戒"进行了理论阐述和发挥，提出了"孝戒一致""儒释以孝为宗""戒即是孝""即孝即戒""孝戒名异义同"等各种观点，建立了佛教孝戒伦理体系。

新罗太贤《梵网经古迹记》提出"孝戒名异义同"，他说："孝为百行之本，先王要道，戒为万善之基，诸佛本原。善从此生，孝名为戒，恶从此灭，亦名制止，所以孝戒名异义同。"③善从孝生，恶从孝灭，而佛教的戒正是以止恶扬善为根本宗旨，因此孝和戒只是名字的不同，在本质上是一样的。

对"孝名为戒"思想进行广泛而深入理论阐释的是蕅益智旭，他在《灵峰蕅益大师宗论》中称："父母生我色身，师僧生我法身，三宝生我慧命，是故咸须孝顺。"④在《梵网经合注》中进一步讲："父母生我色身，依之修道；师僧生我戒身，由之成佛；三宝生我慧命，成就菩提。故一一须孝顺也，由此得至无上大菩提道，故云至道之法。"⑤在《梵网经菩萨戒经义疏发隐》中，智旭又进一步阐述了孝和戒的关系，认为"孝"总括"戒"，孝顺自具戒义。"如孝顺父母，则下气怡声，言无犷逆，名口戒；定省周旋，事无拂逆，是名身戒；深爱终慕，心无乖逆，是名意戒。顺止恶义，恐辱其亲，名律仪戒；顺行善义，思显其亲，名善法戒；顺兼济义，拾椹回凶，舍肉悟主，锡类不匮，名摄生戒。"戒的宗旨在于约束身口意三业，以孝顺心对待，言无狂逆为口戒，事无拂逆为身戒，心无乖逆为意戒。佛

---

① （清）书玉：《梵网经菩萨戒初津》卷3，《卍续藏》第39册，第94页上。
② 《梵网经菩萨戒初津》卷3，《卍续藏》第39册，第94页上。
③ （新罗）太贤：《梵网经古迹记》卷2，《大正藏》第40册，第702页中。
④ （明）智旭：《灵峰蕅益大师宗论》卷4，《嘉兴藏》第36册，第324页下。
⑤ （明）智旭：《梵网经合注》卷3，《卍续藏》第38册，第646页上。

教有句偈语"诸恶莫作，众善奉行，自净其意，是诸佛教"。孝顺作为至道之法，自具止恶扬善的精神，因其涵摄了止恶、扬善、救度众生的内涵，因此便具备了律仪戒、善法戒和摄众生戒。大乘戒律没有律藏，内容散见在大乘经典中，内容总括为三聚净戒，即摄律仪戒、摄善法戒和摄众生戒。《梵网经》十重四十八轻戒正是三聚净戒的具体体现，由此将孝与戒有机统一起来，"但能孝顺，自然梵行具足。"①

（二）反复强调"孝顺心"

《梵网经》十重四十八轻戒，"只一孝字可概戒义"，经中反复强调"孝顺心""慈悲心""恭敬心"，"孝顺心"是核心，因为"慈悲性"和"恭敬心"皆从"孝顺心"中流出。在十重戒中，第一、二、三、十戒均称"孝顺心"，四十八轻戒中，第一、十三、十七、二十九等戒，亦称"孝顺心"。其他轻重诸戒，"多举父母为言，则是贯彻乎十重之始终，联络乎四十八轻之首尾，一孝立而诸戒尽矣。"②

第一重戒为"杀戒"，经中说："佛子！若自杀、教人杀、方便赞叹杀、见作随喜乃至咒杀，杀因、杀缘、杀法、杀业，乃至一切有命者不得故杀。是菩萨应起常住慈悲心、孝顺心，方便救护一切众生，而自恣心快意杀生者，是菩萨波罗夷罪。"③这一条指出"戒杀为孝"，视一切众生为父母，不仅不能杀害，还应方便救护一切众生，所以不杀即尽孝。不仅不杀，还应常行放生。第二十轻戒"不行放救戒"，六道众生皆是父母，杀而食之，等于杀多劫多生之父母，所以应常行放生业，见有世人杀生，应方便救护，解其苦难。另外值得注意的是，第二十一轻戒"瞋打报仇戒"，明确规定"杀生报生，不顺孝道"，禁止佛弟子以瞋报瞋，以打报打，若有世人杀父母兄弟六亲，不得加报，若有国主被杀，亦不得加报。认为杀一生，而报一生，

---

① （明）智旭：《梵网经合注》卷3，《卍续藏》第38册，第646页上。
② （明）朱宏：《梵网菩萨戒义疏发隐》卷2，《卍续藏》第38册，第163页中。
③ （后秦）鸠摩罗什译：《梵网经》卷下，《大正藏》第24册，第1004页中。

会使众生生生世世互杀不已,等于杀多生父母以报今生父母,有违孝顺之道。

第二重戒为"盗戒","菩萨应生佛性孝顺心、慈悲心,常助一切人生福生乐,而反更盗人财物者,是菩萨波罗夷罪。"①第三重戒为"淫戒","菩萨应生孝顺心,救度一切众生,净法与人,而反更起一切人淫,不择畜生,乃至母女姊妹六亲行淫,无慈悲心者,是菩萨波罗夷罪。",②因视一切男子为父,一切女人为母,不敢犯之。第十重戒为"谤三宝戒","若佛子!自谤三宝、教人谤三宝,谤因、谤缘、谤法、谤业,而菩萨见外道及以恶人一言谤佛音声,如三百鉾刺心,况口自谤,不生信心、孝顺心,而反更助恶人邪见人谤者,是菩萨波罗夷罪。"③将佛看作大慈悲父,能拔苦与乐,故应生孝顺心。

除了以上重戒外,四十八轻戒第一轻戒"不敬师友戒"敬重戒师,如敬父母,不敢稍有违逆。第十三轻戒"谤毁戒",对于父母兄弟六亲,在上者应生孝顺之心,在下者应生慈悲之心。第十七轻戒"恃势乞求戒",应观众生如父母,一切师长,均应奉侍供养,若反以恃乞求,使其穷苦怨恨,则无孝顺心。第二十九轻戒"邪命自活戒",明确了贩卖男女色、解梦吉凶、和合毒药等八种邪命事,都未视人如父母,亦无孝顺心。以上诸戒,均犯轻垢罪。

(三)以孝为"十愿"之本

《梵网经》第三十五轻戒为"不发愿戒",经中说"常应发一切愿",众生无尽,而烦恼障、业障、报障等无尽,所以菩萨之愿心亦无尽。但虽然愿心无量,仍可以概括为十愿:一愿孝顺父母,二愿求好师,三愿求同学,四愿求大法,五愿求十法趣,六愿求十长养,七愿求十金刚,八愿求十地,九愿求开解佛乘,十愿坚持佛戒也。菩萨发愿意义重大,明弘赞《梵网经

---

① (后秦)鸠摩罗什译:《梵网经》卷下,《大正藏》第24册,第1004页中。
② (后秦)鸠摩罗什译:《梵网经》卷下,《大正藏》第24册,第1004页中。
③ (后秦)鸠摩罗什译:《梵网经》卷下,《大正藏》第24册,第1005页上。

菩萨戒略疏》说："不发此十大愿，则志不坚牢，加行进修，犹恐为魔所障。中途成滞，而妙觉果海，无由得至。故云庄严佛界事大，独行功德不能成。故须愿力相持，譬如牛力，虽能挽车，要须御者，能有所至。是知志不可不坚，愿不可不发。"① 在这十愿之中，第一愿即孝顺父母，这是十愿之本，"一切愿者，该下十愿，初愿孝顺四人，即持戒愿。以孝名为戒，故孝为十愿之根本，根本若亏，九即随失。"②

三、佛教孝道精神对佛教中国化的影响

孝是中国传统文化的核心思想，是中华民族历来奉行的主要价值观，孝的理念不局限于孝养父母的家庭范围内，还被作为治世的重要手段，用来构建和维持封建社会秩序，所以孝在中国传统中不仅具有伦理规范的意义，还具有政治、法律规范的意义。佛教传入中国后，曾在很长时间内面临不孝的质疑和批评。按照佛教的教义和戒律要求，佛教出家信徒须剃发，不婚娶，辞亲弃家，这与儒家"身体发肤受之父母，不可轻易毁伤""不孝有三，无后为大"等观念相背离，因而遭到世人的批评。比如《太平经》《牟子理惑论》《喻道论》《三破论》等都是典型代表，尤其是《三破论》，列举佛教出家五大过失，"一有毁伤之疾，二有髡头之苦，三有不孝之逆，四有绝种之罪，五有亡体从诫"③。可谓"罪大恶极"。为了消除世人对佛教不孝的质疑和批评，佛教通过比附、翻译和撰写经典著作等方式会通儒佛孝道思想，建立佛教孝道伦理体系，证明佛教对孝道的重视和倡导。具体表现在以下三个方面：

首先，翻译和撰写宣扬孝道的经典，在理论上肯定儒释均以孝为宗。翻译的经典包括《孝子报恩经》《父母恩难报经》《大方便报恩经》《盂

---

① （明）弘赞：《梵网经菩萨戒略疏》卷6，《卍续藏》第38册，第746页下。
② （明）弘赞：《梵网经菩萨戒略疏》卷6，《卍续藏》第38册，第746页上。
③ （梁）僧祐：《弘明集》卷8，《大正藏》第52册，第50页中。

兰盆经》《佛说父母恩难报经》等，撰写的经典包括《地藏菩萨本愿经》《梵网经》等。《地藏菩萨本愿经》和《梵网经》多被认为是伪经，前者为经，后者为律，共同之处在于宣扬佛教大孝精神，不同之处在于前者是通过耳熟能详的本生故事宣扬孝道，后者则是通过戒律的形式劝导世人尽孝。另外，《如来广孝始终报恩道场仪》中说："诸佛设教，以孝为宗，菩萨修行，以孝为本。"以孝为众妙之门，菩萨修行均应遵循孝的伦理规范。

其次，对佛教之孝和儒家之孝进行对比，强调佛教对孝的倡导并不亚于儒家之孝。智旭将孝分为世间孝和出世间孝，又将两种孝各自分成小中大三个层次。他说："夫世闲孝，以朝夕色养为最小，以不辱身不玷亲为中，以喻亲，于道为大。出世孝亦如是，勤心供养三宝，兴崇佛事，小孝也。脱离生死，不令佛子身久在三界沦溺，中孝也。发无上菩提心，观一切众生无始以来皆我父母，必欲度之令成佛道，此大孝也。舜，尽世闲大孝之道，玄德升闻于尧而为天子。今出家儿，尽出世大孝之道，玄德闻于法界，必成无上菩提明矣。"① 在佛教之孝的三个层次中，以一切众生为自己的父母，以度众生成佛道，为孝中之大，即"大孝"。

民国高僧印光大师在《佛教以孝为本》中说："孝之为道，其大五外。经天纬地，范圣型贤。先王修之以成至德，如来乘之以证觉道。"无论是世俗之人要修成至圣先贤，还是佛教的如来证觉，都离不开一个"孝"字。在儒家看来，孝是天经地义之事，人人都应遵行，而在佛教看来，孝的内涵包括对父母师僧三宝的孝，也就是说，无论世间法还是出世间法，都以孝为修行的根本。儒家之孝被认为是世间孝，佛教之孝被认为是出世间孝。儒家之孝包括两种，一种是现世父母的服劳奉养，包括照顾衣食住行，病床前的照顾等等。第二种是对祖先的祭祀，包括对死去父母的守丧和祭祀。不管怎样，儒家的孝"皆显乎耳目之间"，因此有迹可循，显而易见。佛教之孝被认为是出世间孝，其表现方式在于："亲在，则善巧劝谕，令其

---

① （明）智旭：《灵峰蕅益大师宗论》卷4，《嘉兴藏》第36册，第324页下。

持斋念佛求生西方。亲殁,则以己读诵修持功德,常时至诚为亲回向。令其永出五浊,长辞六趣。忍证无生,地登不退。尽来际以度脱众生,令自他以共成觉道。"佛教认为,儒家之孝为小孝,佛教之孝才是大孝,因为佛教的孝,"致力于本",以成道利生为最上报恩之事。"不仅报答多生之父母,并当报答无量劫来四生六道中一切父母。不仅于父母生前而当孝敬,且当度脱父母之灵识,使其永出苦轮,常住正觉。"佛教以轮回思想为理论基础,六道众生都有可能是自己的父母,因此,佛教尽孝不仅要对多生之父母尽孝,更要求对无量劫以来四生六道中的一切父母尽孝,孝的方式,不仅仅包括生前尽孝,还包括父母死后如何度脱其灵识,使其永出苦轮。

再次,以"孝名为戒"将孝提升到戒律的高度,以此约束信徒尽孝。戒律是佛教三学之首,正法久住的根本,不仅用于约束信徒的身口意三业,也用来规范僧团,维护僧团和合。孝和戒看似两个风马牛不相及的问题,却在《梵网经》得到了融合,"孝名为戒"不仅将孝和戒统一起来,还将对父母的孝推广至对六道众生之孝,成为佛教"大孝"。正所谓一孝具而诸戒尽。"诸佛无量法门,不出一戒藏,一切戒法,不出一孝行而已。是知菩萨万行,以孝为本。"[①]

一部《地藏菩萨本愿经》不仅成为宣扬佛教孝道的"孝经",还树立了地藏菩萨这一佛教孝道精神的形象代表,而一部《梵网经》则成为宣扬佛教孝道的戒经,一经、一戒、一菩萨,既有教义的阐发,又有戒律的约束,还有具体的菩萨形象,佛教孝道伦理体系得以塑造,并立体地呈现出来。这样的做法不仅使《地藏菩萨本愿经》和《梵网经》流传千年而不绝,更使地藏信仰独具特色,后来者居上,成为与文殊、普贤、观音信仰相提并论的四大菩萨信仰之一。这是佛教中国化的典型案例,在佛教中国化进程中具有重要意义。

除了在理论上不断会通、调和儒佛之孝外,中国历代高僧不断将佛教

[①] (清)正印:《紫竹林颛愚衡和尚语录》卷4,《嘉兴藏》第28册,第673页下。

孝道思想落实在日常的修行实践中。以出家为例，佛教要求出家须以父母的允许为前提，出家后，如果奉养父母的兄弟去世导致父母无人奉养，应当以部分衣钵之资奉养父母。历史上，曾有很多这样的事例。比如宋代长芦的宗赜禅师，父亲早亡，母亲带他在舅舅家长大，29岁时出家，得法应夫广照，住持长芦寺弘扬云门禅法，在方丈室旁边设一小室安置奉养母亲，并劝其念佛求生净土，历时七年。据《高僧传》记载，唐朝道丕禅师，孝为天性，周岁时父亲死于战争，便整日没有笑容。宗赜7岁时出家，19岁时世道大乱，粮食价格上涨，他就背着母亲躲进华山，自己辟谷不食，却每日乞食以孝养母亲。20岁时，受母亲之命，到战场寻找父亲的遗骨，背回家里安葬。因此，供养父母的功德与供养一生补处菩萨的功德是相等的。菩萨六道万行，都是孝道的扩充。民国印光大师说："夫佛制，出家必禀父母。若有兄弟子侄可托，乃得禀请于亲，亲允方可出家，否则不许剃落。其有出家之后，兄弟或故，亲无倚托，亦得减其衣钵之资，以奉二亲。"

四、佛教孝道精神的现代阐释

孝是中国传统文化的重要精神，也是我国伦理价值体系的基本规范，佛教大孝精神既是对中国传统孝道精神的吸收、融合，更是重要补充，不仅是佛教中国化的重要体现，更是当前值得深入挖掘的有利于社会和谐、时代进步、健康文明的重要内容。如何挖掘，如何阐释佛教的大孝精神，值得深入思考。

首先，挖掘佛教教义和戒律中对父母之孝的精神。

随着时代的发展，传统生产方式、生活方式、人际交往方式的变革，传统孝道观念日益淡薄，孝道精神式微。近年来我国社会老龄化程度逐步加深，各种忽视老人权益、欺老、虐老、弃老的事件频发，甚至出现少数老人晚年生活凄惨甚至自杀等现象。为此，中华人民共和国《婚姻法》规定了子女有赡养父母的义务，《老年人权益保障法》也规定了老年人权益保障的诸多内容，甚至将"常回家看看"也以法律的形式予以保障，但效果恐难令人满意。我国实行宗教信仰自由，信仰佛教的信徒人数众多，佛教教义和戒律对信徒具有很强的约束力，因此可以通过挖掘佛教中的孝道精神，劝导信徒对父母尽孝，形成重孝的社会氛围，使其成为法律、伦理道德的重要补充。

其次，挖掘佛教教义和戒律中的"大孝"精神。

佛教之孝之所以被认为是"大孝"，其"大"在于将对父母之孝扩大到对六道众生之孝，将对现世父母的孝养扩大救度父母摆脱六道轮回，将对现世父母之孝扩大到七世父母，乃至六道众生之孝。所以才有《梵网经》"孝名为戒"的深入人心，也才会有地藏菩萨"地狱不空，誓不成佛"的宏深誓愿。佛教的"大孝"精神，以六道众生为孝的对象，其本质是一种无私奉献的担当精神，是一种菩萨道，是牺牲自己，成就他人的奉献精神，这样的精神在当前社会尤为可贵，值得大力倡导。

地藏信仰与佛教的临终关怀

张敬川 ①

内容提要：佛教的临终关怀，以因果缘起的生命观为基础，临终关怀的目的不仅关乎死亡，更是为了更好的生。临终一念在生死的刹那具有重要的意义，应尽力护持善念，便可以投生在善道之中，善识因果、念佛诵经，乃至不哭泣等都有助于临终善念的维持，是佛教临终关怀的重要手段。佛教通常以身体的温度来作为死亡的判定标准，又承认死后"中有"的存在，故临终关怀的过程不止于医学上的死亡，而是会持续更长时间。在地藏信仰中，地藏菩萨可以帮助临终者消除罪业，并可以救度堕入地狱的亲人，故供奉地藏菩萨像、诵《地藏经》等都成为临终关怀的一部分。即使在去世很长时间后，相关的度亡法事，仍然能够为失去亲人的生者提供精神上的慰藉。

关键词：临终关怀；地藏菩萨；中有

临终关怀是指"是由医生、护理人员等多学科的人员组成的团队，为没有治愈希望的临终病人及其家属提供全方位的舒缓治疗看护和心理关怀，使临终病人能够舒适平静地度过人生最后阶段"②。佛教自诞生之初即关

---

① 张敬川，陕西省社科院文化与历史研究所助理研究员，主要研究方向为陕西佛教、南北朝佛教思想。

② 庄孔韶：《临终关怀：一个医学与文化的双重命题》，《社会观察》2007年第9期，第18-19页。

注对病人、临终者的照顾，有着非常悠久的临终关怀历史。学界对于佛教中的临终关怀传统与制度已有过许多研究。[1]但对于地藏信仰在临终关怀实践中所能发挥的作用还缺少专论。事实上，地藏信仰在民众中盛行的一个重要因素就是其与死亡及死后的生命世界相关。本文拟从佛教生命哲学的大背景出发，探讨佛教对临终关怀的理解，以及地藏信仰在临终关怀实践中所能发挥的作用。

一、佛教生死观与临终关怀的目的

现代意义上的临终关怀虽然起源于西方，但事实上，佛教自古即有临终关怀的传统。《杂阿含经》记载佛陀看望生病的叵求那比丘为其"示、教、照、喜"，经过佛陀的安慰，叵求那"当命终时，诸根喜悦，颜貌清净，肤色鲜白"[2]。

西方的临终关怀其目的主要是减缓患者的痛苦，提高患者及家属的生活质量。而佛教由于其特殊的生死观，在这一系统内临终关怀不仅仅关涉死亡，更关涉到死后生命的延续。可以说，临终关怀不仅仅为了更好地死，也是为了更好地生。

在佛教的信仰体系中，地藏信仰与死亡有着密切的关系，地藏菩萨有"幽冥教主"之称，在佛教"追福超度"的仪轨中扮演着重要的角色。在历史上，还一度与净土信仰相结合，如敦煌遗书中的《地藏菩萨经》宣称："造地藏菩萨像，写地藏菩萨经及念地藏菩萨名，此人定得往生西方极乐

---

[1] 陈兵：《佛教的临终关怀与追福超度》，《法音》2005年第8期，第17-22页。海波：《临终关怀语境下佛教生死观的当代价值转换》，《世界宗教研究》2014年第1期，第44-51页、第194页。张晶晶、魏圆源：《佛教临终关怀服务的实践与传播——基于南京市玄武湖喇嘛庙的个案研究》，《世界宗教文化》2018年第1期，第137-142页。

[2] 《杂阿含经》卷37；《大正藏》第2册，第266页下。关于早期佛教的临终关怀，可参见田秋菊：《阿含经中的临终关怀研究》，陕西师范大学，2008。陈兵：《佛教的临终关怀与追福超度》，《法音》2005年第8期，第17-22页。

世界。"① 而在流传更为广泛的《地藏菩萨本愿经》中，则宣扬在临终时念诵经文及地藏菩萨名号，消灭众罪，得生人天善道。② 时至今日，在许多寺院的地藏殿中，仍可见许多信众将往生者的牌位安置于地藏菩萨周围，以求地藏菩萨超度救济。在一些佛教的安宁院中，为濒死者所作的临终关怀过程中也包括了诵读《地藏经》的内容。围绕地藏信仰，特别是与在地藏菩萨相关的佛教典籍中，可以看到许多与现代临终关怀相近的理念与实践，也能感到佛教信仰体系下，临终关怀的许多特别之处。

佛教认为，死亡并不是生命的终点，而同时是新的生命的开始。众生在未断尽烦恼之前，都是受惑、业的支配，在六道中轮回。《阿毗达磨俱舍论》云："无我唯诸蕴，烦恼业所为。由中有相续，入胎如灯焰。如引次第增，相续由惑业。更趣于余世。故有轮无初。"③ 首先，六道众生的生命是平等的，对生命的关怀不仅仅限于人类。也包括其他有情。其次，生命是相续不灭的，一期生命的死亡并不意味着生命永远的消亡，而是一个新生命的开始，这个新生命的形态由过去的业力来决定。佛教把众生的业力分为两类，一类是牵引业，一类是圆满业。其中，牵引业决定了来世轮回于哪一道。《阿毗达磨俱舍论》云："一业引一生，多业能圆满。"④ 一业，即牵引业。这是说，众生的业虽有许多，但决定来世投胎在某一道的，只是其中一个业。如果这个业是善业显现，则投胎在三善道中，而恶业显现，则投胎在三恶道中。而其他众多善恶间杂的业，都属于满业，在投胎后随因缘而慢慢发挥作用。

既然死亡并不是生命的终结，而只是漫长生命周期中的一个具有关键意义的点，因此，临终关怀在观照病者身心而外，还要关注未来的生命，即不仅让濒死者更好地死，也要让延续的生命更好地生。这是佛教在临终

---

① 《地藏菩萨经》，《大正藏》第85册，第1455页下。
② 《地藏菩萨本愿经》卷二，《大正藏》第13册，第784页上。
③ 《大正藏》第29册，第47页中。
④ 《大正藏》第29册，第92页上。

关怀理念上与西方临终关怀的重要差异。

佛教认为,众生来世投胎于哪一道,可以通过死亡时身体最后温度的停留处来判断。"生恶趣者识在脚灭,生人中者识在脐灭,生天上者识在头灭,般涅槃者识在心灭。"① 身体最后的温度所在,也被认为是识神离开的方向,如最后的暖气在头部,则说明识神从头部离开,意味着投胎于三善道。而如果最后的暖气在脚下,则往往意味着堕入恶道之中。如玄奘法师的传记中,记载其临终时体温的变化,"从足向上渐冷,最后顶暖,颜色赤白,怡悦胜常,过七七日竟无改变,亦无异气"。② 除玄奘外,僧传中还有多处记载高僧临终"顶暖"的现象,③ 这表明,在佛教的临终关怀理念中,死后生命的去向是非常重要的一个维度,包括助念在内的实践方法都与此有关。④

安乐死也是一个与此相关的话题,是否可以为患者提供安乐死服务,目前还存在很大的争论,面临着宗教、伦理、法律等方面的难题。在佛教的临终关怀理念中,也是反对安乐死的。一方面,安乐死无论是自己进行还是由他人代行,都属于杀生,这是佛教所明确反对的。《摩诃僧祇律》中记载有一患病比丘,因痛苦难忍,又治愈无望,便请求另一位僧人杀死自己,那位僧人便杀了他,后来,佛陀因此便制定了戒律,不允许僧人杀人,即使是告诉自杀的方法也不可以。⑤ 一方面,这种行为违背了佛教的慈悲精神,另一方面,也与佛教的因果报应思想有关。今世的果必有前世的因,安乐死也是一种杀生的行为,也会产生相应的果报。更为重要的是,安乐

---

① 《阿毗达磨大毗婆沙论》卷六十九,《大正藏》第 27 册,第 359 页中。
② 《大正藏》第 50 册,第 277 页中。
③ 《续高僧传》卷七:释慧勇,大渐之时神容不变,经宿顶暖。释宝琼,顶暖信宿手屈三指。《续高僧传》卷十:释智聚,顶暖身柔皆如平日《续高僧传》卷十九:释灌顶,举体柔软,顶暖经日。《宋高僧传》卷二十五:释鸿莒,七日顶暖。《景德传灯录》卷二十七:衡岳慧思禅师,顶暖身软,颜色如常。
④ 如镇江大圣寺安养院,在临终关怀的实践中就有往生后的测温环节,并试图通过助念来改变体温最后的停留处。见方静文、齐腾飞:《老年临终关怀:来自佛教安养院的启示》,《思想战线》,2018 年第 3 期,第 48—56 页。
⑤ 《摩诃僧祇律》卷四,《大正藏》第 22 册,第 253 页下。

死虽然表面看来可以暂时消除濒死者的痛苦，但并不能保证其来世往生善趣，而后者才是佛教临终关怀所关心的问题。佛教认为，为临终者念诵佛经、佛菩萨名号更有助于其往生善趣。《地藏菩萨本愿经·利益存亡品》：

是诸众生，有如此习，临命终时，父母眷属宜为设福，以资前路。或悬幡盖，及然油灯，或转读尊经，或供养佛像及诸圣像。乃至念佛菩萨及辟支佛名字，一名一号，历临终人耳根，或闻在本识。是诸众生所造恶业，计其感果，必堕恶趣，缘是眷属为临终人修此圣因，如是众罪，悉皆销灭。若能更为身死之后，七七日内，广造众善，能使是诸众生，永离恶趣，得生人天，受胜妙乐，现在眷属，利益无量。①

此处提供了两个阶段临终关怀的方法，在未死之前，主要是由亲属等为其悬幡、燃灯、读经、供佛菩萨像、念佛菩萨名号。在死后七七日内，还要广造众善。其最终的目的都是希望能让濒死者"如是众罪，悉皆销灭"，从而能远离地狱之罚，而往生人天善道。

二、临终一念与临终关怀的方法

佛教的临终关怀，既关注死，又关注生，或者说，如何引导濒死者走向更好的生，是临终关怀最核心的目的。在这方面，佛教特别重视临终者的心念。认为即使是作恶之人，"临死时，善心心数法生，亦生好处。不善心心数法生，亦生恶处。"②基于这一理念，佛教在佛教的临终关怀实践中，反对痛哭以及挪动遗体等行为，认为这样都会影响到临终的心念。③

---

① 《大正藏》第13册，第784页上。
② 《大智度论》卷二十四，《大正藏》第45册，第238页中。
③ 印光法师临终三大要中第三条即"切戒搬动哭泣，以防误事"。《续高僧传》卷十九：释智晞：告弟子曰：将汝等造次相值，今当永别，会遇靡期，言已，寂然无声。良久，诸弟子哭泣，便更开眼诫曰：人生有死，物调始必终，世相如是，宁足可悲。今去勿尔闹乱于吾也。《大正藏》第50册，第582页下。在实践中，如天津鹤童老年公寓规定，人死后24小时内不动其身体，不哭泣。陈兵：《佛教的临终关怀与追福超度》，《法音》2005年第8期，第17—22页。

对于当期的生命而言，临终一念是十分微弱的，极易受到外在环境的影响，而对于来世而言，这又是最接近新生命的一念，故对后世的影响最为强烈，《大智度论》中说，临终一念"虽时顷少，而心力猛利，如火、如毒，虽少能成大事。是垂死时心，决定猛健故，胜百岁行力；是后心名为大心，以舍身及诸根事急故。如人入阵，不惜身命，名为健"。①

在临终一念的维护上，佛教特别重视"信"。在佛教对法相的分类中，共有十个善心所法，即信、不放逸、轻安、舍、惭、愧、无贪、无瞋、不害、勤。②临终时，只要这十个心所法生起，表明此心念为善念，更容易投生入善道。其中，"信"作为十法之首，最为关键。所谓"信"，包括信仰佛、法、僧三宝，信奉佛陀的教义，特别是关于善恶因果报应的教义。在《大毗婆沙论》中记载，室罗筏国中，有人本来由业力可以往生天道，但因临终一念不信因果，产生邪见，故堕入了地狱。③《大智度论》云："善念者，思惟分别善业因缘，制伏其心。复次，涅槃是真善法，常系心念涅槃，是善念。"④在佛教看来，对临终者重要的关怀在于让其相信因果缘起的法则，只有缘起的法则才能真正"制伏其心"，也就是让临终者获得身心的安宁。现代临终关怀的实践虽然也有种种方法来安抚病人，但究竟在多大程度上可以减少对死亡的恐惧，尚无定论。而佛教则提出了较为独特的看法，即将生命理解为缘起的过程，让心念集中在自己所做的善行之中，或将心念集中在烦恼寂灭无余的涅槃法中，能真正克服对死亡的恐惧，让心境平静。

在实践中，佛教通常会以临终者的善业来对其进行最后的安抚。据道宣《四分律删繁补阙行事钞》记载，古印度"临终者不问道俗，亲缘在边看守，及其根识未坏，便为唱读一生已来所修善行，意令病者内心欢喜，不忧前途，

---

① 《大正藏》第25册，第238页中。
② 《阿毗达磨俱舍论》卷四，《大正藏》第29册，第29页上、中。
③ 《阿毗达磨大毗婆沙论》卷六十九，《大正藏》第27册，第359页下。
④ 《大正藏》第25册，第381页下。

便得正念不乱，故生好处。"①而在佛教戒律中，也有类似的制度，如对于以诵经为修持法门的僧人，临终时则云："涅槃常住二字尚闻不生恶道，况复依教广诵，无谬滥过。何能坠陷，必生善处。"对于禅修者，则云："佛法贵如说行，不贵多说多诵。"②这些一方面是肯定因果业报的法则，另一方面也是要在临终时多说善行，给临终者以信心。

而对于那些难以摆脱对死亡的恐惧，特别是心念始终为恶业所系而无法自拔的众生而言，佛教则主要采取诵经、念佛等方法。其含义主要有两方面，一是临终者通过听闻到经文、佛菩萨名号，能消除自身的罪业。如《地藏菩萨本愿经》云："一切众生临命终时，若得闻一佛名、一菩萨名，或大乘经典一句一偈，我观如是辈人，除五无间杀害之罪，小小恶业，合堕恶趣者，寻即解脱。"③另一方面，借助于佛、菩萨之力，可以远离恶道，往生善道。如《那先比丘经》云："人在世间作恶至百岁，临欲死时念佛，死后者皆生天上。"④又如《地藏菩萨本愿经》云："若未来现在诸世界中，六道众生，临命终时，得闻地藏菩萨名，一声历耳根者，是诸众生，永不历三恶道苦。"⑤此外，在《地藏菩萨本愿经》中特别强调亲友眷属的助念对于濒死者的意义，而目前寺院体系中的安宁护理虽有亲属的参与，但多数还是以志愿者团体为主，因此，在助念中亲人的参与是十分重要的。

对于临终善念的维护，除了明识因果、念佛诵经而外，佛教还强调日常的善行，这也包括多个方面。

首先是对于众生而言，平时即应多行善行，在《十轮经》中，描述了佛教中的十善业道，认为若能守护十善业道，远离恶行，必获一切殊胜果

---

① 《四分律删繁补阙行事钞》卷三，《大正藏》第40册，第144页下。
② 《四分律删繁补阙行事钞》卷三，《大正藏》第40册，第144页下。
③ 《大正藏》第13册，第785页下。
④ 《大正藏》第32册，第701页下、702页上。
⑤ 《大正藏》第13册，第788页上。

报。① 而《地藏菩萨本愿经》中，也多次提及造恶业者堕入地狱之报。如觉华定自在王如来时，婆罗门女的母亲因为邪见、讥毁三宝，而堕入地狱之中。又如地藏前世为目光女，其母因为"好食噉鱼鳖之属，所食鱼鳖多食其子，或炒或煮，恣情食噉，计其命数，千万复倍"而堕入地狱中。"众生业缘品"中，列出众生不孝父母乃至杀害父母等五无间业而堕入无间地狱。② 因此，临终关怀首先是自己对自己的关怀，即在身心健康时，少做恶业，多种善因。

其次，亲人眷属也应该避免杀业，特别是避免为了濒死者而造的杀业，佛教认为，这样做非但无益，反而增加其罪业。如《地藏菩萨本愿经》云："是故我今对佛世尊，及天龙八部、人、非人等，劝于阎浮提众生：临终之日，慎勿杀害，及造恶缘，拜祭鬼神，求诸魍魉。何以故？尔所杀害，乃至拜祭，无纤毫之力利益亡人，但结罪缘，转增深重。"③

佛教既反对祭拜鬼神，更反对为临终者再造种种杀业。如今，很多地方在老人故去后，仍然有摆酒席的习惯，从佛教的视角来看，这种做法并不可取。

三、中有与临终关怀

现代的临终关怀，止于死亡，一般是以医学上的脑死亡为标准。而佛教的临终关怀，持续时间则更为长久，往往持续在死亡后的几个乃至几十个小时。因为佛教认为，在死亡后，生命还会以"中有"（中阴身）的形态存在。佛教依存续状态将生命分成四个阶段，即生有、本有、死有、中有。其中，生有是指心识入胎的刹那，死有是指心识离开色身的刹那，生有和死有之间，即一期生命称之为本有。死有之后，至入胎之前，生命的存续

---

① 《大乘大集地藏十轮经》卷八，《大正藏》第13册，第763页上。

② 《地藏菩萨本愿经》，《大正藏》第13册，第783页下、第784页上。

③ 《大正藏》第13册，第784页上。

状态称之为中有。

关于中有存在的时间,古印度主要有四种观点:一是无定限,"生缘未合,中有恒存",二是极多七七四十九日,三是极多七日,四是住少时,"速往结生"。根据普光的《俱舍论记》,第四种说法较为合理。但在其他经典中,七日、七七日的说法仍然存在,如《瑜伽师地论》即有中有七日、七七日得生缘投胎的说法。① 在藏传佛教的传统中,专门有中阴救度的法门。② 而在汉传佛教的传统中,由中阴身而得度的说法并不多见,与之相关的是基于业报理论下,中有是否可转的问题。即本来因业力应该形成恶道的中有,是否可能转变而成为善道的中有,反之亦然。对此,佛教中有不同的说法,说一切有部坚持认为中有不可转,而譬喻部则认为中有可转。③ 在佛教中有这样的记载,即临终时有时会看见所趣轮回六道之景相,如生色界则可见色界的种种景相,而堕入地狱则见地狱的种种恐惧之相。在此过程中,仍然有可能改变,如《大毗婆沙论》记载,无闻比丘因修习禅定,临终第四静虑中有现前,但因其心念颠倒,不信因果,因此邪见,"第四静虑中有便灭,无间地狱中有现前,命终后生无间地狱。"④

依说一切有部自己的解释,所见的景象并非中有阶段,而仍然是本有阶段,生命还没有结束。依佛教的业力观,此时,已经决定轮回的引业发挥作用,故有种种现象出现。但如果心念发生转变,会导致引业发生改变,临终时的邪见或正见将变为决定轮回的牵引业,从而决定中有的形态。

基于这样的中有观,在汉传佛教的文化圈中的临终关怀实践中,更注

---

① 《瑜伽师地论》卷一:"又此中有,若未得生缘,极七日住。有得生缘,即不决定。若极七日未得生缘,死而复生,极七日住,如是展转,未得生缘,乃至七七日住,自此已后决得生缘。"《大正藏》第 30 册,第 282 页上。

② 如《中阴救度密法》(西藏度亡经)。关于这个经文在学术界的争论,可参见张文良:《日本佛教界对生命的理解——以关于"中有"的讨论为中心》,《南昌航空大学学报》(社会科学版),2007 年第 4 期,第 1-8 页。

③ 《阿毗达磨大毗婆沙论》卷六十九,《大正藏》第 27 册,第 359 页中。

④ 《阿毗达磨大毗婆沙论》卷六十九,《大正藏》第 27 册,第 359 页下。

重死亡之前的种种活动，而对于中阴救度等法门实践的并不多。可以说，临终关怀的实践之所以要持续到医学上的死亡之后一段时间，一方面是因为佛教的死亡标准与医学上的死亡不同，二是为了维护临终一念之善，而使生命能在善道继续轮回。对于净土宗的信仰者、修行者而言，则是希望依靠佛力而往生净土世界。

需要注意的是，佛教的中有作为生命的延续，并非灵魂一类的精神性实体，在本质上仍然是五蕴，且"一切中有皆具五根"。[1]因此，中有仍然符合佛教"无我唯诸蕴"的生命法则，与佛教的无我论并不矛盾。

由于在佛教中，中有存在的时间有最多七七日的说法，故很多经典中也指出，在七七日内为临终者兴办福业，也可以帮助亡者消灭罪业，往生净土。《地藏菩萨本愿经》云："若能更为身死之后，七七日内，广造众善，能使是诸众生永离恶趣，得生人天，受胜妙乐，现在眷属，利益无量。"又云："是命终人，未得受生，在七七日内，念念之间，望诸骨肉眷属，与造福力救拔。过是日后，随业受报。"[2]但佛教终究是讲究自业自报的宗教，他人所作的福业更多的是一种增上缘，对于生者的意义要大于死者。[3]但这种仪式仍然可以为生者提供足够的心理安慰，这种慰藉也是临终关怀的一部分，因为临终关怀不仅仅是对于濒死者的关怀，也包括了对于家人的关怀。因此，这种追福超度的法事也是佛教临终关怀的重要内容，也确实可以为亲人眷属提供精神安慰。[4]

---

[1] 《阿毗达磨俱舍论》卷九，《大正藏》第29册，第46页中。

[2] 《大正藏》第13册，第784页中。

[3] 《地藏菩萨本愿经》卷二："若有男子女人，在生不修善因，多造众罪，命终之后，眷属小大为造福利一切圣事，七分之中，而乃获一，六分功德，生者自利。"《大正藏》第13册，第784页中。

[4] 陈兵教授在《佛教的临终关怀与追福超度》一文中云：就临终关怀、"全家照顾"、解除亡者家属的痛苦而言，特别是对有宗教信仰和宗教关怀的人来说，这种法事的作用，大概非一般的咨询安慰所能代替。陈兵：《佛教的临终关怀与追福超度》，《法音》2005年第8期，第17—22页。

结　语

目前，我国已进入人口老龄化社会，但老年人的死亡质量总体并不高，与西方发达国家还存在一定的差距。[①] 多数人仍然视死亡为禁忌，不愿意多谈，导致缺少必要的死亡准备。死亡教育也仍然处于起步阶段，多数是在医学院校展开。临终关怀机构也普遍缺少资金支持和专业的人员配备。即使是获得临终关怀的病人，目前的临终关怀实践是否能给予其生命的慰藉，达到优逝的目的，也并不确定，因为这涉及个人的文化背景以及信仰状况，特别是对死亡、对死后世界的理解。

佛教的生命关怀是以其缘起的生命观为基础的，这样的生命观本身就是一种死亡教育，而且，这种无我的缘起观本身就具有克服死亡恐惧、获得身心安宁的功能。佛教非常重视临终一念，认为此时的心念能决定来世的趣向，而现代医学体系中一些强行延长生命的做法，往往并不利于临终善念的建立，故佛教的临终关怀更强调安静、祥和，主张通过赞扬濒死者一生的善行来安慰其对死亡的恐惧，并鼓励其临终善念的生起。并辅之以诵经、念佛等活动，让经文、佛菩萨名号通过耳根进入濒死者的心识，这也可以帮助其维护临终时的善念。在佛教的临终关怀理念中，非常重视因果报应的思想，这一点比较符合大多数中国人的文化背景，也更容易为人们所接受。如果一个人相信自己一生的善行必然会有好的果报，或者通过佛菩萨的愿力，能够往生的善道，自然会减少对死亡的恐惧。

就地藏信仰与临终关怀而言，虽然目前佛教的临终关怀实践多以净土宗的临终助念为主，但由于《地藏菩萨本愿经》的巨大影响，也有持诵经文、

[①] 在 2015 年经济学人智库（EIU）发布了死亡质量指数报告中，我国在 80 个国家和地区中排名第 71 位。关于我国老年人死亡质量的调查研究，可参见宋靓珺、苏聪文：《中国老年人死亡质量的研究现状与政策应对》，《北京社会科学》2021 年第 6 期，第 119-128 页。郑真真、周云：《中国老年人临终生活质量研究》，《人口与经济》2019 年第 2 期，第 44-54 页。

供奉地藏菩萨像者。另外，由于相信地藏菩萨在地狱中救度众生，故为亡者超度的法事多与地藏菩萨有关，而这类法事可以慰藉人们失去亲人的痛苦，这也是临终关怀的重要内容。

正如许多学者已经指出的，临终关怀不仅仅是一个医学问题，还涉及民族文化、宗教信仰等内容。对于不同文化背景的人，一些普遍的临终关怀实践也许并不能起到慰藉生命的作用。[①] 因此，在推广临终关怀实践的同时，也应该不断的反思什么才是临终关怀之初衷，什么样的临终关怀方式才能更好地为中国社会所接受。

在这方面，佛教团体已经有了比较好的常识，许多寺院开设了安宁院，专门为老年人提供养老及临终关怀服务，其中，临终关怀一方面提供医学的照顾，但更多的是引入佛教的修行理念，特别是净土宗的观念，在具体方法上主要以临终助念为主。这个模式已经在很多地方实施并取得了很好的效果。除了助念、诵经等宗教性的仪式以外，佛教的临终关怀还体现了其独特的生命观，以及对死亡的态度，对这些问题的深入了解将有助于扩展对临终关怀的认知，在实践中也有助于更好地为有佛教信仰者提供临终关怀服务。佛教的临终关怀有其自身的宗教背景，对于不信仰佛教或者信奉其他宗教者而言，未必适用。但其对于死亡的理解以及对临终一念的维护，仍然值得我们借鉴学习。

[①] 比如，彝族人因为其特殊的文化背景，一般都不会选择在医院死去，其临终关怀实践也较为特别。嘉日姆几：《试析凉山彝族传统临终关怀行为实践》，《社会科学》2007年第9期，第124-128页。

佛教本土化与地藏信仰的人文精神
——兼论楼宇烈先生《中国的人文信仰》

曾 辉[1]

内容提要： 佛教在本土化过程中表现出对中国文化的自适性，佛教的人文精神与中国文化特质具有高度的契合性。地藏信仰所蕴含的人文精神，包括愿力与本心，主动吃苦和担当的精神，先人后己、不抢功劳的自我牺牲精神，以及孝义精神等。这些人文精神体现了佛教乃至地藏信仰在漫长的历史发展过程中与中国本土文化的融合。

关键词： 佛教；地藏信仰；人文精神；本土化

佛教本土化或曰中国化经历了一个非常漫长而复杂的历史过程。佛教从古印度传入中国后，与中国传统的社会和文化不断地交流、碰撞与融合，进而在中国开花结果。总体上讲，佛教本土化是比较成功的。佛教本土化背后的原因是什么？呈现出什么规律性的特征？楼宇烈先生的新作《中国的人文信仰》（中国大百科全书出版社2021年8月版）从中国文化的总体特征入手，归纳分析中国宗教信仰的发生、发展、变迁的规律，对佛教及佛教本土化的分析着墨尤多，且要言不烦，体现了他在中国文化和宗教研究方面的深厚造诣。

---

[1] 曾辉，中国大百科全书出版社社科学术分社社长、副编审。

一、佛教对中国文化的自适性

楼宇烈先生认为，"佛教本土化的过程中，呈现出了文化交流的两个根本规律：一个是外来文化的自适性，一个是本土文化的包容性"。今天，中国文化的包容性特点已经成为一个社会常识，而关于佛教对中国文化的自适性问题，则大众所知不多。实际上，佛教在两汉之际传入中国时，人们对它的了解很少，往往"把它看成与当时人们所熟悉的黄老之学、神仙方术相类似的学说"。佛教对中国文化的融入也是不自觉的，表现之一是佛经的翻译，为了使中国人更好地理解、接受佛教思想，汉译佛经大量借用了儒家、道家的名词、概念加以比附，客观上促进了佛教与儒、道的融合。但是，佛教毕竟是一种外来文化，与中国传统文化观念有很多矛盾和冲突的地方。东晋南北朝以来，随着佛教影响的扩大，佛教与儒、道在思想上、在争夺社会地位上的冲突加剧，致使"法难"降临，佛教面临信仰危机。但佛教终以其强大的自适性在中国扎根，并与以儒、道为主的中国传统文化进行了自觉的、主动的融合，佛教与儒、道相互渗透。在本土化过程中，"印度佛教杂多而烦琐的名相分析，逐渐为简约和忘言得意的传统思维方式所取代；印度佛教强调苦行累修的解脱方法，则转变为以智解顿悟为主的解脱方法；印度佛教的出世精神，更多地为世出世不二，乃至积极的入世精神所取代"。佛教在理论上也广泛地吸收儒、道思想，终于与儒、道形成三足鼎立的局面，成为中国传统文化的主体构成。当然，儒教、道教也大量吸收了佛教的思想，如宋明理学受佛教理论的影响很深，道教受到佛教的影响，仿效佛教的戒律仪轨、经典组织等，不断地完善自己。在《中国的人文信仰》著作中，《中华文化与宗教本土化》《三教合流与中国宗教的融合精神》等文章对此作了精妙的阐发。

二、佛教的人文精神与中国文化特质的契合性

佛教本土化的成功，与佛教本身具有的人文精神是密不可分的，而中

国文化的总体特征就是富有人文精神。楼宇烈先生认为，"人文精神是中国传统文化最鲜明的特征，它有两个最突出的特点：一是'上薄拜神教，下防拜物教'，注重人的精神生活，使人不受神、物的支配，凸显人的自我价值；二是强调礼乐教化，讲究人文教育，反对武力和权力的压制"。北大哲学系教授张志刚说："楼宇烈先生对于'中国人文精神'的阐发，不但重视其哲学根据，而且倾注了对中国宗教文化传统的重新思考。譬如，他着重指出：中国人的宗教信仰带有比较浓厚的理性色彩，比较强调'入世的精神'和'个人内在的自我超越'，这便使中国宗教文化传统表现出强烈的'伦理与人道精神'。"[①] 楼宇烈先生甚至说，佛教是一种理性宗教。

一般来说，信仰是在理性消失的地方取而代之，与理性并不同质，"正是人的理性的局限给信仰留下了存在理由，在理性把握不了的时候人们才可能依据信仰来把握，信仰正是在理性的极限处发挥着自己的功能"。[②] 说佛教是一种理性宗教，乃是从佛教彰显的人文精神的角度来谈的。佛教自创教之时起，"即充满了重视人类依靠自身的智慧和毅力来自我解脱的人文精神"。佛教所谓的因果报应，并不是宣扬人的命运由神灵决定，而是"告诉我们要超越自我，要学会在今生造新的善因、结新的善果"，"人是可以掌握和改变自己的命运的"。"而到了中国禅宗，把成佛、成菩萨化为每个人自己的问题、内在的问题。悟了就是佛，迷了就是众生。"这和中国传统文化是契合的，儒家文化和道家文化都强调自我的觉悟、自我的约束、自我的提升，例如，儒家的"修身、齐家、治国、平天下"，以修身为本，强调人格完善、道德修养和社会规范；道家主张随顺个人的自然本性，要积极地去把握事物的客观规律。儒释道共同具有的人文价值关怀，是"三教"融合的一大推动力。

---

① 张志刚：《"宗教中国化"与中华文化传统》，《中国社会科学报》，2016年5月31日。
② 邵龙宝：《中国人的信仰问题与精神世界诉求》，《陕西师范大学学报（哲学社会科学版）》，2008年6期，第20页。

三、地藏信仰的本土化及其蕴含的人文精神

在佛教本土化的历史进程中,地藏信仰的本土化是比较典型和彻底的。据尹富考证,地藏菩萨及其信仰传入中国,是在公元 6 世纪中叶以后的事。"最早宣扬地藏信仰的经典出自印度或中亚,但该信仰在这些地方并未发展起来,相反在中国却得以兴起并获得了巨大的发展。"[①] 究其原因,地藏信仰中蕴含的人文精神是不容忽视的因素。

佛教本是出世法,在中国经过漫长的发展、传播,具有了强烈的入世精神。这种入世精神,集中体现在它的悲智精神中,包括地藏菩萨的"大愿"精神、文殊菩萨的"大智"精神、普贤菩萨的"大行"精神、观音菩萨的"大悲"精神。地藏菩萨在佛前立下"地狱未空,誓不成佛;众生度尽,方证菩提"的宏愿,体现了对世间有情众生强烈的人文关怀。慈恩大师窥基在《说无垢称经疏》中解释:"菩萨发愿度众生尽,方入涅槃。以众生界无尽期故,菩萨毕竟不入涅槃。" 大乘佛教这种"把救度众生作为自己的根本宗旨,把能否为救度众生而舍弃自己一切,作为证菩提、成佛道的根本条件"的悲智精神和利他精神,与中国传统文化的底层心理是暗合的,也更容易为普罗大众所接受。这里面包含了几种合乎人性的道德品质。

一是愿力与本心。人人皆有愿,愿力的大小深浅因人而异,地藏菩萨的宏愿是本愿,也是本心,这种"不为自己求安乐,但愿众生得离苦"的深心大愿,对信众具有感动和教化的力量,也极易引起心理的共鸣。清代高僧省庵大师说:"尝闻入道要门,发心为首;修行急务,立愿居先。愿立则众生可度,心发则佛道堪成。苟不发广大心,立坚固愿,则纵经尘劫,依然还在轮回。虽有修行,总是徒劳辛苦。"唐太宗撰写的《大唐三藏圣教序》,描述了玄奘历经无数艰难险阻,前往西域求法,继而称赞他"诚重劳轻,求深愿达,周游西宇,十有七年。穷历道邦,询求正教"。可见,愿力乃

[①] 尹富:《中国地藏信仰研究》,四川大学博士论文,2005 年,第 1 页。

高僧大德的一个重要品质。二是主动吃苦和担当的精神。地藏菩萨度众生，是哪里最艰苦，就到哪里去。"难行而行，难忍而忍"，与中国文化中的吃苦文化相契合。儒家文化中有很多关于主动吃苦和勇于担当的名言。孟子说："天将降大任于斯人也，必先苦其心志，劳其筋骨，饿其体肤，空乏其身，行拂乱其所为，所以动心忍性，增益其所不能。"范仲淹所谓的"先天下之忧而忧，后天下之乐而乐"。三是先人后己、不抢功劳的自我牺牲精神。功成不居的思想，不仅佛教中有，在道家、儒家中也很常见。老子说："生而不有，为而不恃，功成而弗居。夫唯弗居，是以不去。"在中国历史上，范蠡、张良、刘基等能做到功成身退的人，一直被后人所称道。

地藏信仰的人文精神，还体现在其融入了中国的孝道文化。中国传统道德价值取向重孝道，在佛教传入中国后，与儒家冲突的焦点"主要集中在佛教的出世出家是否违背了中国传统的孝道和忠道。"而产生于五代宋初的《地藏菩萨本愿经》对孝道的宣扬，为地藏信仰注入了孝道精神，使地藏信仰的本土化更加深入。据《地藏本愿经》记载，地藏菩萨于过去久远劫时为一女子，名光目，因其母犯杀生罪极重，死后堕入地狱受苦，为了拯救母亲，光目发愿救拔一切罪苦众生，众生度尽，方成正觉。光目救母与中国民间广为流传的目连救母的故事类似，光目救母的度化神迹，"在佛教僧侣向民间俗讲中，通过佛教变文并经民间进一步加工、创作，最终成为中国民间戏曲《目连救母》，成为民间宣传'孝道'的样本曲目。"[①]虽然，地藏本生故事将地藏与目连混杂，以强化地藏的孝与义，但这恰恰体现了地藏信仰对中国本土文化的借鉴和融合。

四、结　语

佛教的人文精神是促进佛教本土化的重要因素，而且佛教的人文精神在佛教本土化的过程中不断被发展和丰富。地藏信仰作为佛教本土化的典

---

① 李兴中：《民俗学视野中的地藏信仰》，《池州师专学报》，2003年4期，第41页。

型，其所蕴含的人文精神与中国文化倡导的道德价值契合，特别是引入孝道文化，地藏成为代表孝与义的大愿菩萨，更易被中国人所接受。

楼宇烈先生在《中国的人文信仰》中，对佛教的人文精神多所阐发，将其视为中国人文信仰的重要组成部分。然而，该书所论及的问题，远远超出了佛教，它以中国文化为大背景，从比较文化的视角论述中国文化和中国宗教的特征，分析了中国人文信仰的精神特质、价值关怀和现实意义。尤为可贵的是，楼宇烈先生面对当代社会的信仰危机，面对现代人精神上"自我"的失落，指出佛教的慈悲精神、兼容精神、净化精神依然具有深远的意义。"我们不是靠神的力量来解救自己，而是靠自己的力量来解救自己。我们不是把一切希望都寄托在彼岸世界，而是注重在此岸世界来实现自己的解脱。"这是包括佛教在内的中国的人文信仰所具有的恒久的价值。

具有文明类型意义的整体性思维方式
——读《中国的智慧》有感

孙国柱[①]

内容提要：在《中国的智慧》一书中，楼宇烈先生认为中西哲学存在类型上的差别。为了更好地说明这种哲学上的类型差别，本文选取了颇具文明类型意义的整体性思维方式进行了深度分析。研究可知，中国文化所具有的整体性思维方式，与其文明路向的选择有关。先秦时期所发生的"莫为""或使"之辩即是这种影响文明路向选择的历史性事件。在楼宇烈先生的诠释中，整体关联、动态平衡、自然合理构成了中国智慧的典型性思维方式。这些典型性思维方式的特质都可以在文化自觉的意义上得到解释。

关键词：文明类型；整体性思维方式；文化自觉；世界观

21 世纪伊始，更具体来讲是 2001 年 9 月，法国哲学家德里达访华，说了一句令人惊讶的话——"中国没有哲学，只有思想"。虽然德里达解释这句话并无贬义，但还是引起了轩然大波，这就是迄今为止中国学界所旷日持久讨论的"中国哲学合法性问题"。其实，在中西文化交流过程里，如德里达这样引起争论的观点并不少见。比如，早在 19 世纪，黑格尔就认

[①] 孙国柱，中国政法大学哲学系副教授。

为如孔子这样的圣贤，更多的是一位注重现实的智者，至于《论语》中也没有思辨的理性哲学，只是一些道德的教条。或许有的中国朋友听到这样的评价，心中会油然生出不乐，但实际上大可不必。因为这样的误解性偏见本来就是文明交流中所经常发生的事情。而且，如果追溯历史更可以发现，其实早有中国学者在黑格尔之前就预先认为西方缺乏哲学思维，这位中国学者就是17世纪"百科全书式"的罕见全才——方以智。方以智在《物理小识》自序中认为西学"详于质测，而拙于言通几"。所谓的质测，相当于今天所讲的自然科学；而所谓的通几，相当于人们常说的哲学。谈到这里，就出现了一些非常有意思的话题——比如，什么是哲学？中国有哲学吗？西方意义上的哲学，为什么会受到方以智的质疑？这些话题，毫无疑问都是非常深刻而庞大的。在此，我们可以转化一个思路进行讨论——虽然有关哲学的定义，迄今为止众说纷纭，并无定论。但是哲学是关于智慧的学问，这个说法还是受到相当程度的认可。那么，现在问题来了，中国文化是有智慧的吗？毫无疑问，传承五千年的中华文明，当然是富有智慧的存在。那么，有智慧的中国，有无哲学呢？这真是一个现实与理论之间对比强烈、反差巨大的问题。现在我们至少可以说，鉴于中国所富有的古老智慧传统，传统中国即使没有形式意义上的"哲学"，也有实质内容意义上的"哲学"。

当然，对于何谓中国智慧，已经有诸多哲人进行了精彩的论述，比如张岱年先生在《中国哲学大纲》中就认为中国哲学具有"合知行，一天人，同真善"的特色，这样的论述对于认识中国的智慧是大有裨益的。但是，"何谓中国智慧"这样的问题，在当今社会，依然还有讨论的必要。现在摆在诸位面前的著作《中国的智慧》[①]就是北京大学哲学系宗教学系教授楼宇烈先生在燕园教书育人半个世纪以来苦心孤诣探索经年的结晶。本书共分坚定文化自信、中华文化的主体构成、中国人的价值观念与思维方式，以及"中华文化，世界共享"四大板块。

---

① 楼宇烈：《中国的智慧》，中国大百科全书出版社，2023年1月。

在这诸多中国的智慧中，正如安乐哲先生所提示的，首先要强调其中一点，那就是楼宇烈先生所讲的："中国人认识世界的方式是整体的，是整体性思维方式。当我们整体认识某事物之后，在应用时我们就可以面对各种情况、现象而加以区别对待，解决实际问题。"①从楼宇烈先生的阐释可知，这种整体性的思维方式，为儒释道三家所共同分享，并反映在各个方面："如中国的儒、释、道三家，都十分强调人与自然和谐一体的思想，认为人与天地万物同为一气所生，互相依存，具有同根性、整体性和平等性。"②对此，楼宇烈先生还特别指出："最初道家用道德这两个字，原指世界是一个整体，万物都有各自的特点、各自的本性。"③楼宇烈先生还引用卡普拉的观点指出，现代科学家越来越认识到直觉也能够认识到这个世界是整体的、关联的、动态的世界，是一个你离不开我、我离不开你的世界。这就在更高的层次上肯定了东方所谓具有神秘特质的文化所含的合理性乃至先进性。

下面探讨一下更深层次的问题，那就是这种整体性的思维方式，何以构成了中国智慧的根本性特点，而这也是本文所要解释、强调的重点。在此非常有必要超越学科文化本身造成的割裂与遮蔽，将中国的这种整体性思维放在具有文明类型差别的高度加以理解。正如楼宇烈先生所经常强调的："传统文化的样式，尤其是中国传统文化的样式，是一种综合性的文化样式，所谓综合性，就不是那么分门别类的，而是把世界看成一个整体，所以研究世界的所有学问，也是相互关联的，天地万物一理贯通。中国的儒释道三教都共同地整体性讨论所有的天地万物，它们是不分科的。"在此，本文继续穷根溯源地加以探讨。首先应该肯定的是，这种整体性思维方式，是具有文明类型意义的。而整体性思维方式所具有的文明类型意义，非常集中地体现在世界观或宇宙论意义上。归根结底，正如许多学者所论

---

① 第14页。按：凡下文所引《中国的智慧》一书原文，只标注页码。
② 第289页。
③ 第190–191页。

述的那样——中国的精神世界，不是依靠超越性的人格化"上帝"所维系的；中国文化里即使有"上帝"观念，也不是意指创世者、主宰者；在中国文化语境里，整个世界就是一个彼此联系、互相作用、变动不居的有机整体。正如《荀子·天论》所刻画的宇宙大化图景那样："列星随旋，日月递炤，四时代御，阴阳大化，风雨博施，万物各得其和以生，各得其养以成。不见其事而见其功，夫是之谓神。"

那么，中国文化为什么会有这样的精神特质呢？究其根本，这和中华文明的文明精神倾向有关。研究可知，此一文明倾向的选择，可以从中国先秦时期所发生的文化争鸣窥探一二。关于这场涉及天人之际的深刻论争，《庄子·则阳篇》曾记载道，"季真之莫为，接子之或使。"在此，"莫为""或使"实际上是回答世界起源、运行问题的两种不同主张。当然，庄子本人并没有陷入这种"戏论"之中，而是认为"六合之外，圣人存而不论；六合之内，圣人论而不议"。庄子这句话是什么意思呢？楼宇烈先生这样解释说："看也看不见、摸也摸不到的，可以存而不论，不去问，也不去说。……看得见，摸得着的，可以说，可是究竟是什么原因，可以不去讨论。"[①] 在此，为了避免不必要的争论，可以将"莫为""或使"这两种观点作为某种启发进一步抽象改造并阐发引申为两种不同的思维倾向进行讨论。这个世界是自我产生的呢？还是说在世界之外另有产生的原因呢？这样一来，就可以发现先秦的阴阳家、道家，乃至儒家等，后来几乎总体上都不认为存在一个创世意义的造物主，这就没有将天地万物的产生归因于某种世界之外的存在，而是逐渐倾向于认为天地万物的产生皆是世界本身自然而然的演化。比如说，"道法自然"这句话，其实是在根本上讲这个世界的产生和运行是自然而然的，这个世界本来就是如此。至于孔子赞叹的"天何言哉"，庄子主张的"自本自根"，《淮南子》论述的"物物者亡乎万物之中也"，以及郭象强调的"故造物者无主，而物各自造"，无不与"道法自然"的

---

① 第189页。

致思方向一脉相承。对于这样的文化类型差异，钱穆先生在《湖上闲思录·神与圣》中的总结可谓言简意赅、高屋建瓴——"由此言之，尚神论者认为这一世界之上或外另有一世界，崇圣论者则认为只有这一个世界了。故自尚神论之演变而有哲学上之本体论，崇圣论者则至多只讲此世界有理性之存在，然此理性仍与西方人所想象之本体不同。"[1]谈到这里，其实业已论及中国哲学合法性危机的关键，那就是中国文化为什么缺乏所谓的本体论思维，而钱穆先生的论述或可以为此疑惑提供一可能的答案，那就是中国文化并无超越世界之外的无凭想象，自然也就不会设立西方哲学意义上的本体论问题——事实上，不仅是钱穆有此认识，在东西相交的清末民初，有诸多的学人都有这样的文化自觉性认识，比如熊十力先生在《乾坤衍》一书中反复阐释这样的哲理："现实世界以外没有独存的实体，故吾人不能离开现实世界而空想或幻想别有超越万有的实体。"[2]在中国文化这种宇宙论模式中，无论是动力因还是目的因，都要从世界本身去寻找相应的答案。在此，吾人不可以说中国文化缺乏超越性或者终极性——所谓的终极或超越，都在于世界本身。事实上，中国文化具有亦宗教亦哲学的特点。在中国文化语境里，宗教与哲学并不需要拆分为两种截然对立的精神体系。明白乎此，则不难理解否定大梵天创世的佛教为什么能够在中华大地生根。明白乎此，则不难理解中国传统文化里的整体性思维方式为什么具有根深蒂固的包容性、开放性和创造性。归根结底，这种整体性的思维方式，是建立在对于整个宇宙人生唯一性、整体性、自因性的把握基础之上的——这个世界乃是彼此联系、互相作用的整体存在；这个世界乃是生生不息、永恒运动的整体存在。一言以蔽之，整个世界就是充满无穷可能的有机整体。当然，在这样的整体性思维方式下，我们或许更容易明白楼宇烈先生为什么强调中国文化具有不分科的通学特点，要从整体出发把握中国文化。

---

[1] 钱穆：《湖上闲思录》，生活·读书·新知三联书店，2000年，第64页。
[2] 熊十力：《乾坤衍》，上海古籍出版社，2019年，第108页。

行文至此不得不说，忽略文明类型的差异就会在文化比较时缺少应有的精神坐标。文明类型的差别，会影响宗教存在的形态，也会影响哲学本身的特点。这点正如楼宇烈先生所讲，"中西哲学的差别，不是简单的形式上的差别，而是类型上的差别。要把握数千年的中国文化，就要懂得中国传统哲学的特点，即整体关联、动态平衡、自然合理，这样才不至于雾里看花、隔靴搔痒。"[1] 或许有些读者见到这样的表达，会不由地以为这三句话过于直白简易，甚至以为其浅显，那就是缺乏应有的文化自觉了。事实上，这三个彼此区别又内在统一的思维特点，无不折射出中国人对于宇宙人生起源、运行问题的深刻探索和笃定回答。那么，现在首先来看"整体关联"，所谓的"整体关联"即是指"任何事物都不是孤立的，而是相互关联在一起的"。[2] 而且，"部分在整体里面的任何变化，都会直接影响到整体；同样地，整体的变化也会影响部分的变化。"[3] 对于这样的概括，中国人早就习以为常了，一般人也根本不会深思其中的奥义所在。事实上，这种思维具有相当程度的科学性，正如楼宇烈先生所介绍的——"现代有些西方科学家也注意到，中国古代思想家用最简单的语言却最深刻、最全面地把握了宇宙规律。"[4] 此类发现东方智慧价值的现代西方科学家是不少的，比如楼宇烈先生经常提及的李约瑟、普里高津、卡普拉，等等。而从事物本身存在的哲理来讲，这种整体关联的背后，恰恰是事物之间的相互作用。恩格斯在《自然辩证法》中这样解释说：自然科学证实了黑格尔曾经说过的"相互作用是事物的真正的终极原因"，并进一步指出"我们不能比对这种相互作用的认识追溯得更远了，因为在这之后没有什么要认识的东西了"。[5] 为什么我们不能追溯到比这个"相互作用"的认识更远

---

[1] 第219页。
[2] 第219页。
[3] 第219页。
[4] 第14页。
[5] 恩格斯著，中共中央马克思恩格斯列宁斯大林著作编译局编译：《自然辩证法》，人民出版社，2015年，第96页。

的地方？如果借用前文所言的文明类型差别，则更容易精准把握个中关键了。这是因为，在中国文化背景下，万物的产生和运行，并不能归因为某种神秘莫测的造物主，万事万物本身就是自己存在的第一推动力。由此可见，中国的智慧，其实是与中国传统文化的世界观乃至宇宙论紧密相连的。要想解读中国的智慧秘密，首先要到中国传统文化的世界观乃至宇宙论中寻找。在此不由联想到李泽厚先生的论述："我以为，其真正关键仍在一个世界还是两个世界的区别，后者当然以归依于神即另个世界才能得到真理、道路和生命，才能有真实的生存和安息。中国传统命题与之不同。中国的人道即天道的一个世界观恰好使历史能成为宇宙（天、becoming）、'天行'的主要课目，并使这课目得到不断的活泼生动、丰富多彩的开展。"① 而中国另外一位著名的哲学家张世英先生亦有非常明确的论断——"我以为万物一体之外，别无其他任何所谓超时空的本体，那是不现实的、抽象的。"②

下面来讲讲"动态平衡"。正是由于世界是整体关联的，在运作上则表现为"动态平衡"。换言之，"动态平衡"在根本上也是因为万事万物都是基于自然演化的动态过程形成的。对此，楼宇烈先生认为，"自然本身是在调整平衡中发展的，万物冲突下更可见平衡本色，有些自然灾害也是自我调整取得平衡的表现，万物是相生相克的。"③ 关于这点，楼宇烈先生在多种场合反复阐释——"在中国文化中，整个宇宙万物都是一个自我完善、自我运动的整体。这个运动无非是阴阳的相反相成、五行的相生相克。正因为这个相反相成、相生相克，宇宙才能永恒地运动，否则就死了。只有相生没有相克不行，只有对立没有统一也不行。"④ 事实确乎如此，正如中国文化尤其强调和谐共生那样，在动态平衡中，整个世界方有生生不息

---

① 李泽厚：《伦理学纲要》，出自李泽厚：《人类学历史本体论》全3册（上卷），人民文学出版社，2019年6月，第292页。

② 张世英：《进入澄明之境：哲学的新方向》，商务印书馆，2022年，第114页。

③ 第210页。

④ 第14页。

的可能。如果乾坤颠倒、阴阳失序，那么整个世界就有可能陷入坍塌或湮灭。至于"自然合理"，也与"整体关联""动态平衡"是密切联系在一起的。梳理可知，楼宇烈先生强调"自然合理"是源于魏晋玄学的文化成就。楼宇烈先生在对比中西方文化特点后指出——"由于玄学家们还不能完全正确解释事物的所以然之理，同时也由于他们所处时代的限制，在他们的理论中存在着严重的命定论内容。但是，我们应当看到，他们把命归于'自然合理'之自性，而没有归之于造物主的决定，这在理论思维上是有重要意义的。就此而言，玄学的'自然合理'论是一种具有理性思辨形式的理论形态。正是这种理论形态，在改变两汉的神学目的论的理论形态以及开创宋明理学的理论形态，以至确立中国传统哲学的基本性格等方面，都有着重要的意义。"[1] 为了强调"自然合理"的实践效用，楼宇烈先生还特意举了大禹治水、李冰筑堤的例子生动诠释"自然"背后的伟大力量。除此之外，楼宇烈先生还经常引用"维齐非齐"的古语，发人深省地指出："自然合理的一个重要特点就是个性化，这跟现代科学的普遍适用不一样，它注重的不是普遍适用，而是如何符合这个事物的特性。"[2] 可见，"自然合理"的人文标尺对防止那些过度运用科学所导致的异化现象是大有裨益的。楼宇烈先生常讲："大道至简，真理平凡。""整体关联""动态平衡""自然合理"的概括可谓言约义丰，这三句话可以说是深入浅出地概括了中华文明固有的智慧——在此不得不附带强调一句，如果我们说如"时中"这样的权智即是中国的古老智慧，这样的论述当然是可以的，但是从语言表达本身所需的生动、准确、深刻来讲，显然"整体关联""动态平衡""自然合理"这样的概括总结才是更加符合现代化要求的创造性诠释。本文所做的梳理性解读工作，或可以为这几句概括与总结做一可能的注脚。总体而言，如果我们借用中国传统体相用的思维框架——比较而言，"整体关联"

---

[1] 第120-121页。
[2] 第223页。

描述了宇宙人生的本体存在，"动态平衡"诠释了此中道智慧在实践上的功能作用，而"自然合理"则概括了宇宙人生的基本相状。当然，在此体相用三者也是浑然一体的存在，并不宜加以机械性的割裂理解。

　　总之，在诸多维度上，我们都可以这样说，中国哲学是存在的，而且中国哲学是这个世界上具有独立范式意义的哲学。那些对于中国哲学存在的质疑，很大程度上都是由于缺乏必要的文化自觉所导致的。正如本文之前引述楼宇烈先生所言："中西哲学的差别，不是简单的形式上的差别，而是类型上的差别。"对此，本文重点阐释了楼宇烈先生所论述的具有文明类型意义的整体性思维方式。当然，对于这种文明类型差别的有意强调，并不是要否定中西方文化的共通性乃至互补性，而是对于自身文化主体性的自觉彰显。或许，正视中西方文明的类型差异，可以更好地促进中西方文化的共生，为人类文明新形态的诞生奠定必要的基础。那么，这个世界到底是怎么起源的？这个世界到底是怎么运行的？对于这些问题最终可能只能是仁者见仁，智者见智。庄子在《秋水篇》中早就告诫人们"知东西之相反而不可以相无"。事实上，无论是西方哲学，抑或者中国哲学，都是人类文明不可或缺的一部分。在此，无问东西的精神，又一次彰显了整体性思维方式的深邃与博大。当然，从当前人类文化的发展大势来讲，中国哲学所具有的范式意义，仍未被世人所自觉认可。在这个意义上，推出一部专门诠释中国智慧的作品，可以说是具有时代性价值的了。

菩萨行履处

——地藏精神之大愿与孝道

宗 学[①]

内容提要：在大乘佛法的修习中，菩提心与般若代表慈悲与智慧，如鸟之两翼，相辅相成、相得益彰，即悲智双运。悲智双运不是简单的知行合一，而是在探求真理的社会实践中，同时保持对有情众生的深切关怀。地藏精神是悲智双运的典范，深刻体现在孝道与大愿精神，大愿基于对众生苦难的深刻理解，是跳出相对世界的一种超越，而孝道的实践则是智慧与慈悲在生活行为中的具体体现。地藏精神之孝道与大愿展现了为众生造福的智慧与慈悲并举的追求。

关键词：地藏精神；大愿；孝道

从宗教实践的角度来看，"自力"与"他力"是两种修行解脱的方法。大部分宗教信仰通常认为，世界由一个主宰神创造，这个神主宰着宇宙人生的一切，人需要靠主宰神修行解脱。这种强调"他力"的救赎，以信仰和服从为准则。而"自力"的修行方法，则指依凭自性的力量，达到解脱之境，是以个体生命和人的意志为价值基准。佛教以人为本，依靠"自力"，自性自度，而非依靠人格化宗教信仰的"他力"救赎。

[①] 宗学，九华山大觉禅寺住持。

佛陀在菩提树下睹明星而悟道，感叹一切众生皆有佛性，都有成佛的可能。从这个意义上来看众生平等。楼宇烈教授说："中国人的精神世界是一个自我圆满的世界，它不是靠外力来创造、调整的，而是通过自我调整来达到圆满的状态。"这与佛教依靠"自力"、追求自性自度的道路相同。

佛教最初是以方术融入中国社会，最重要的诱因是东汉社会流行神仙方术。至魏晋时期，玄学盛行，玄学与佛教般若学互相影响，逐渐合流，并被佛学所取代。佛教也就此充分地融入了中国本土文化，形成独具中国特色的佛教修行体系，被称为大乘佛教。到了隋唐时期，可谓是佛教中国化的历史转折点，中国大乘宗派纷纷创立，同时，菩萨信仰也流行开来。菩萨是指正在沿着觉悟之路修行、自觉觉他的行者，菩萨精神尤为重视对现实人间的关怀。

一、悲智双运

《华严经》云："初发心时便成正觉，知一切法真实之性，具足慧身不由他悟。"当我们相信佛性本自具足，那么我们的一言一行都会滋养心中的幼佛。根据大乘佛法，当我们发愿，志求无上正等正觉的正因佛性，我们就已然成为菩萨。由于众生执着于六根所带来的妄想，故而流转于生死轮回之中，唯有证悟诸法空性，才有可能摆脱因六根而起的妄念束缚。

佛教修行的总持法门是戒、定、慧三无漏学。若要成就无上菩提，离不开般若智慧。《大智度论》云："般若波罗蜜是诸佛法之母"，一切佛法都可纳入般若之中，般若成就了诸佛。般若一词源于梵语，是佛教核心教义中一颗璀璨的明珠。在佛教经典中，般若智慧得到广泛探讨，汉传佛教中，最具影响力的般若经典包括《金刚经》与《心经》。

般若观照是一种了悟空性的无上智慧。通过般若智慧的观照，修行者能够超越相对性的现象，直观地认识事物的真实本质，洞悉空性。这种观照不受执着和误解的束缚，让人能够超越表象，深入体验事物的空性、无常和无我。般若观照也是一种深刻的洞视彻听，使修行者能够解脱于对现象的执着，超越对个体自我的困扰。在般若观照中，智慧不仅是理性的思考，更是一种直观、超越言语的体验。修般若空性是理智修行，修菩提心是情感修行，大乘佛法特别强调这两者之间的融合。

菩提心是"阿耨多罗三藐三菩提心"的简称。"菩提"二字源自古印度的梵语，译成汉文的意义为"觉"。发菩提心，就是志求无上正等正觉。菩提心是一种慈悲心，"上求佛道，下化众生"，表达了对众生痛苦的深切关怀，以及愿意为他们的解脱而努力的决心。在发菩提心的利他实践中，即臻于超越自我的圆满。

般若强调一切现象的空性，通过修习般若，修行者能够超越对"相"以及对"现象"的执着，追求事物的真实本性。通过般若的修持，修行者能够培养出深刻的智慧，这种智慧不仅会深化自我认知，也是对整个法界一体的证悟。然而，这种智慧并非冷漠的超然。

菩提心与般若代表慈悲与智慧，如鸟之两翼，使修行者得以在求佛法的道路上持续前行。般若让我们明了一切现象的虚妄，而菩提心则像在这虚妄中绽放出慈悲的花朵，如此，智慧不再是冷酷的理智，而蕴藏着慈悲的济世情怀。悲智双运强调的是智慧和慈悲心的平衡发展。

悲智双运是发菩提心的核心精神，这也是为什么大乘佛教特别强调"发菩提心"的原因所在。情感在人类社会中是不可或缺的存在，它们为社会赋予了丰富性、人性化和温暖。没有情感的社会是机械化的。在没有情感的社会里，每个人都将生活在孤独之中，会更倾向于冷漠和以自我为中心，不关心他人的感受。在没有情感的社会里，人与人之间难以建立深刻、有意义的联系，不得不面临分散、疏离，缺乏凝聚力。情感赋予了人类同理心和关怀他人的能力。情感能够激发创造性和激情，催生丰富多彩的表达和创作，推动人们追求目标。缺乏情感的社会，是文化的沙漠。"不俗即仙骨，多情乃佛心"，怀有清净无染的心境，以及救苦救难的悲悯之情，才是圆满的修行正果。

禅宗有一则"婆子烧庵"的著名公案：昔有婆子供养一庵主，经二十年，常令一二八女子送饭给侍。一日，令女子抱定，曰："正恁么时如何？"主曰："枯木倚寒岩，三冬无暖气。"女子举似婆。婆曰："我二十年只养了一个俗汉！"遂遣出，烧却庵。

关于禅宗公案的解读，虽然仁者见仁、智者见智，但从这则公案的广为流传至少反映出纯粹理智的修行并不圆满。在修行佛教的道路上，只有当菩提心与般若智慧相融，修行者的内在世界才变得丰富而平和。智慧使我们超越相对的束缚，而慈悲则让我们在这个超越中找到真正的意义。有了般若的智慧，修行者更能理解众生的苦恼皆源于对现象的执着，从而激起发菩提心的慈悲愿望。相得益彰，菩提心的慈悲也使修行者更有动力去深入修习般若。因此，修习菩提心与般若智慧，并非简单的相加，而是一种相辅相成、花开并蒂的关系。般若为菩提心提供了理论基础，让慈悲心不再停留于感性，而菩提心则为般若赋予了生命和情感的力量，使其不再是一种冷漠的智慧，这是人类最高贵的品质。在这个相互交融的过程中，修行者逐步走向圆满的觉悟。

大乘佛教中，地藏菩萨的精神是悲智双运的典范，深刻体现在孝道与大愿精神，展现了为众生造福的智慧与慈悲并举的追求。以感恩和孝心回报宿世父母，延伸至法界一切众生，是为大孝。地藏菩萨发心度化六道众生，不分贵贱，不论罪福，其大愿是智慧与慈悲的结晶，是对空性的深刻体悟，从而对众生苦难有深刻的理解。地藏大愿代表了同体大悲的济世情怀，以及无所畏惧的担当。

二、孝道与悟道

在孝敬父母的过程中，个体可以达到心灵觉醒，便是孝道与悟道的结合，也就实现了一种通过实践孝道来领悟更深层"依体起用"的理想。依体起用是宇宙法则，指深入生活，接触社会，在相互交流、相互支持、共同应对挑战的过程中，能够不断加深情感，自我反省，激发出同体大悲的同理心。孝道与悟道的结合，也是将个人的修养与社会伦理、宇宙法则相融合，从而实现整体和谐。这种观念为个体的精神发展提供了有益的方向，也有助于更加包容的社会建设，打破包括宗教信仰在内的，凡与圣、此岸与彼岸、世间与出世间的种种对立。

我们的生命直接来源于母亲，所以，孝敬父母是一种溯源的行为。从最亲的人那里，体悟生命的本真，从而对生命产生深刻的理解与感悟，不断提升悟性，从有相的世俗生活（俗谛），进入无相的真谛，体解大道。

孝敬父母与培养子女的思维不一样。如果说养育子女如同培育树木的成长，使之枝繁叶茂，开花结果；那么，孝顺父母则如同滋养树根，使之不断深扎大地。人人都懂得根深叶茂的生活常识，却少人思量其中蕴含的人生最深刻的智慧源泉。

《梵网经》云："尔时，释迦牟尼佛，初坐菩提树下，成无上正觉已，初结菩萨波罗提木叉，孝顺父母师僧三宝；孝顺，至道之法。"我们熟知的《无量寿经》《观无量寿经》《父母恩难报经》以及《盂兰盆经》都是弘扬孝道的重要经典。《地藏菩萨本愿经》更被称为佛门的孝经，佛教在中国人的心中稳稳地扎下根，从某种意义上来说，与中国佛教重视孝道思想的构建是分不开的。援儒入佛，中国佛教对儒家的孝道进行了会通和升华。

《地藏菩萨本愿经》中，婆罗门女救母心切，一心称念觉华定如来，从而进入甚深禅定，悟宿世之因缘，明了因缘果报。如果不是因为救度母亲，这样强大的情感力量驱动，婆罗门女如何能那么快进入甚深的禅定，所以情感的修行是修行大乘佛法的重要组成部分。

《地藏经》中，地藏菩萨曾为婆罗门女，其母信邪，常轻三宝，死后堕入无间地狱，婆罗门女为救母亲脱离地狱苦海，而发大愿。地藏法门，从孝道入手，从孝敬自己的父母开始，反观自己，长养善根。行孝即是修行，孝至极处是悟道，正如佛陀所说："孝顺，至道之法。"

为什么《地藏经》中的孝道故事，基本上都是孝敬母亲？"母"通常用来形容本体、源头、道、智慧等。在佛教，女性代表智慧和慈悲，男性代表善巧方便。佛教追求人类的终极智慧，所谓般若涵盖了"终极智慧"（女性所代表）和"辨识智慧"（男性所代表），乃三世诸佛之"母"，如实认知一切事物的本质。《道德经》有云："我独异于人，而贵食母"，这句话的意思是，我和别人不一样，我能深入地思索宇宙万物的本源，从而得到"道"的滋养；六祖说："弟子心中常生智慧"，也是因为闻经悟道，从而每天智慧增长。所以，孝道是打开我们心地宝藏的一把金钥匙。

佛教的孝道理想是弘道济世，以及帮助一切有情众生，脱离轮回之苦。生死的究竟解脱才是佛教孝道之根本。中峰明本禅师关于孝道说："且在家不为色身之养，不孝也；出家不为法性之养，亦不孝也！"地藏菩萨的孝道是对儒家重孝的呼应，也是佛教融入中华文化的显著标志。儒家重视对父母的孝顺，地藏菩萨则不仅重视对此生父母的孝顺，而且将之扩大到累世父母，以及法界一切众生，从而将孝道融入普度众生的大愿精神之中。

隋唐时期，地藏菩萨救济六道的思想与地狱信仰、泰山信仰相结合，形成地藏十王思想；明清时期，又吸收九华山金地藏的真实故事，形成地藏、道明、闵公，以及统辖十王的庞大体系，地藏信仰也彻底中国化、本土化和民间化，成为佛教中国化的典范。地藏信仰在我国的形成并广为传播，在佛教中国化过程中，具有里程碑式的意义。地藏信仰的核心精神是大愿和孝道。而《地藏菩萨本愿经》中，四个本生故事，皆是由于孝道因缘而发愿。地藏菩萨的大愿，被概括为"地狱未空，誓不成佛，众生度尽，方证菩提"，这是大乘佛教中最为宏大的誓愿，因而地藏菩萨被尊为大愿地藏王菩萨。地藏菩萨的大愿和孝道精神，契合了儒家文化的核心价值。其中，地藏菩萨度尽一切众生的宏大愿望与儒家《大学》中所称的齐家治国平天下的远大理想相得益彰，与"达则兼济天下，兼善万世"的精神相融合，成为中华民族宝贵的精神财富。

"百善孝为先"，人来到世上的第一遇见就是父母。父母是最真实具体的存在。相对于抽象概念的宗教信仰，以孝入道、悟道，乃至证道，更适合中国人的心性和文化传统。印度佛教具有"出世"倾向，其与在中国传统文化中占主导地位的、主张积极"入世"的儒学，有一个基本共同点，就是注重孝道，这可能是佛教能够融入中华文化、生根繁衍的重要原因。

三、菩提心中的大愿

发菩提心意味着明确了目标和愿望，坚定了对佛法的信心。在佛教中，发愿意味着对利益他人和自身解脱的渴望。清晰的愿望能够引导行为，使之符合佛法的原则，并将信仰和愿望转化为实际行动。事实上地藏菩萨的大愿，包括了信、愿、行。

菩提心源自于真如本性，真如法性是心的原始力量。菩提心是愿力源源不绝、涵盖乾坤的根本，因其有无量功德，使大愿具备了"真空生妙有"的特质。愿力与法界相应，超越了个体的有限能力，是一种强大而无限的力量支撑，触动我们为利益他人、消除烦恼而努力。愿力能够转化一切对立、分别执着，将个体与整体融合，回归自性。

通过菩提心，修行者不断挑战自我，体悟同体大悲的同理心。与此相呼应的大愿，便是为实现菩提心所做出的宏大誓愿。菩提心的觉醒使人认识到一切现象的空性，进而培养出无私、利他的大愿，这是一种对远大目标的坚定承诺，是修行者为众生的解脱而努力的宏愿。大愿超越了个体欲望的范畴，这样的超越又滋养了修行者的菩提心，使之更澄澈透明。对修行者而言，菩提心是发大愿的内在动力与根本，是激发大愿的源泉，为实现大愿提供了内在力量和坚定信念；大愿则是修行者将菩提心的理念化作对众生有益的实际行动，让菩提心不再停留于表达，而是转化为积极努力，为众生带来实际的利益。

"我不入地狱，谁入地狱"是地藏菩萨积极入世的生动写照，会通了中华文化"实践性与实用性"的文化特质。佛陀涅槃后，佛教的传承一方面倾向于出世间法，主要是指声闻乘或缘觉乘，向往高不可攀的抽象概念之巅，认为戒、定、慧次第相生，由戒生定，定能生慧，超凡入圣。另一方面，大乘学者反对冷漠的声闻理想，积极倡导菩萨的入世精神，将成佛境界的绝对超越性还原至运水搬柴的生活琐事，主张顿悟顿修，定慧等持，不假次第。例如，"安般守意"的修行方式，通常是运用观呼吸、打坐等比较常用的方法修身"修定"，反过来，专注于洗碗、弹琴、练习书法、砍柴等生活实践也会促使呼吸均匀舒畅，使身体得到放松和自我调整，起到"修定"的作用。在此过程中，修行者能够充分利用手、脚，包括丹田（小腹部）的特殊功能，开启直觉，避开大脑的干扰，实现人与自然和谐统一，以至天人合一的境界。如果说六祖大师闻《金刚经》之前砍柴是在"修定"，闻《金刚经》"应无所住而生其心"之后舂米，则是"定慧等持"，砍柴、舂米将禅生活化了，禅的生活充满了艺术、热情与活力。所以，弹琴、写书法、擦地板等实用的生活实践无不是修身"修定"的途径。

　　由此反观艺术创作，如果内心浮躁，则必然在艺术实践中有所暴露，音乐、书法、绘画等，都能从作品中看出创作者的心境，无论平和与浮躁，也由此可见创作者的修行次第。要把事情做好，或创作高水准的艺术精品，就必须降伏其心，克服浮躁情绪。例如，打坐"只管打坐"，只是安住当下，同时以般若之智观照；做家务或艺术实践时保持正念，心无杂念，如擦地板、洗碗、练琴，只管做、练，则功到自然成。我们生活中所遇到的种种困难与挑战，更是磨砺与修行心性的良机，由外而内，摄用归体，从而产生由内而外的蜕变。阳明先生说："人须在事上磨，方能立得住，方能静亦定、动亦定。"

　　"大愿"不是好高骛远，追求不切实际的幻想，而必须落实在刷牙、洗脸等每一个当下。在佛教中，强调业力的作用，认为行善积德将带来善果，而恶行则导致痛苦的果报。因果业力源自过去的种种行为，延续呈现在正在进行时的当下的生命。现在也就是当下又将决定未来，因此，当下才是唯一的真实存在，把握当下才是最有意义的，这也是佛教追求的价值所在。

　　如果我们发菩提心，菩提心中的大愿就会影响我们的思维和行为，激发我们的信心，使我们更积极地追求善行，更清醒地回归当下，以缓解或改变因果法则所带来的果报，从而影响了我们的因果业力。当一勺盐放在一个碗中，会非常咸；如果一勺盐放入一条河中，对河水几乎没有什么影响。以此类比，当因果业力聚焦在某一时间或空间，可能释放出我们无法承受之重的能量或破坏力，但当业力的结果被愿力从时间上拉长、空间上分散，那么业力所致的后果会变得不那么具有伤害性。

《三国演义》中，诸葛亮会奇门借东风，呼风唤雨，神秘莫测，可是为自己延寿，被魏延无意中给破了，真是业力难逃。正所谓"纵使千百劫，所做业不亡，因缘会遇时，果报还自受"。有道是"神通不敌业力，业力不敌愿力"。愿力来源于菩提自性，涵藏一切对立分别。业力本质上也是缘起性空，且个人所造"业力"毕竟有限，而菩提心中的大愿与法界一体，有无量功德。人生可以通过愿力改变业力，继而改变命运。源于自性的愿力，引导着我们的意识能量，与时空相应，完成意识的显相（类似编程），并与物质世界产生关联。在正能量不断增长的累积中，愿景会逐渐成相。这是一个创作的过程，因果业力和愿力共同作用，塑造一个人的现实境遇和未来的生命状态，创造我们向往的生命奇迹。愿力从发菩提心开始，最终成就无我。大愿如同大海，容纳百川，转化一切对立分别意识，使之回归自性，从而改变业力。愿力越大越能像河水稀释"一勺盐"一样，化解业力。

如果一个人身处时空的迷宫中，要想探索走出迷宫的路径，仅靠头脑的记忆和分析，可能永远也走不出去。所谓"不识庐山真面目，只缘身在此山中"。但愿力从自性中流出，从体起用，始终以超越时空的存在，俯瞰复杂的物理时空和尘世的繁华。

禅宗有一则公案"龙衔海珠，游鱼不顾"。意思是，神龙口衔宝珠，不再理会身边的鱼虾，义无反顾游向远方。菩提大愿也如"海珠"的牵引，使人摒弃心中繁杂与外界纷扰，坚定信念，脚踏实地一步一步朝着心中的目标前行。在此过程中，头脑只是一个执行者、参与者。愿力的形成，是以利益他人的愿望和志向为驱动，以不入色声香味触法为心要。只有以利益他人为基础的发愿,才能契入法界,承佛愿力,广度众生。基于菩提心的愿力,带给人们空明的直觉和智慧,能够透视物质世界的万象,如同全覆盖的导航系统引领着人生旅途趋吉避凶。

地藏菩萨到地狱里度众生。地狱充斥着重浊阴气,就是妄想幻境。地狱不是一个具体的空间,而是我们心中的痛苦、绝望与恐惧。经中有云:"起心动念,无不是业,无不是罪",破除了妄想,分别,执着,意味着粉碎了心中的地狱。

宋代有个无德禅师,曾收了不少青年学僧,大家慕名而来跟他学禅,但学僧有的好吃懒做,讨厌工作;有的贪图享受,攀缘俗事。无德禅师不得已,说了下面一段故事:

有一个人死后,神识来到一个地方,当他进门的时候,阎王对他说:"你喜欢吃吗?这里有的是东西任你吃。你喜欢睡吗?这里睡多久也没有人打扰。你喜欢玩吗?这里有各种娱乐由你选择,你讨厌工作吗?这里保证没有事可做,更没有人管你。"于是此人高高兴兴地留下来,吃完就睡,睡够就玩,边玩边吃,三个月下来,他渐渐觉得有点不是滋味,于是跑去见阎王,并求道:"这种日子过久了,并不见得好,因玩得太多,我已是不起什么兴趣;吃得太饱,使我不断发胖;睡得太久,头脑变得迟钝。您能不能给我一份工作?"阎王:"对不起!这里没有工作。"又过了三个月,这人实在忍不住了。又向阎王道:"这种日子我实在受不了了,如果你再不给我工作,我宁愿下地狱!"阎王:"你以为这里是天堂吗?这里本来就是地狱啊!它使你没有理想,没有创造,没有前途,渐渐腐化,这种心灵的煎熬,要比上刀山下油锅的皮肉之苦,更来得叫人受不了啊!"

现代人最缺乏的不是智慧,而是志向、勇气和正直的纯正品性。如果一个人不能正视自己的弱点,就无法突破心理的阴霾。地藏菩萨"地狱未空誓不成佛,众生度尽方证菩提"的宏大誓愿,体现了高尚的道德情操,无畏的勇气、正直和担当精神,这何尝不是我们这个时代所最需要的?

"金刚非坚,愿力惟坚",愿心被称为金刚种子,是历劫不坏的,出自愿心的愿力就是动力。在一切力量中，心力最大，诸佛成正觉，都是依靠心力、愿力的牵引与驱动。《地藏经》阐述了一切有情生、老、病、死的过程，揭示了不可思议的因缘果报，指出福报的聚集和修行功德的累积是他人无法替代的，同时阐明了消除业障、积累福慧、广利有情众生以及改变命运的方法。地藏精神出自挚诚的孝心和爱心，地藏菩萨从事的是没有时空界限的永恒的救护工作，无视任何恶劣的环境，亲自参与，一念不舍地教化顽劣刚强的众生。

在地藏菩萨的大愿与孝道中，我们可见悲智双运的内在联系。大愿基于对众生苦难的深刻理解，是跳出相对世界的一种超越，而孝道的实践则是智慧与慈悲在生活行为中的具体体现。所以，在追求智慧的过程中，不应忽视慈悲的重要性；在表达慈悲时，要有智慧的引导，使其更具深度和广度。于此，悲智双运不是简单的知行合一，而是在探求真理的社会实践中，同时保持对有情众生的深切关怀。

地藏菩萨的精神呼唤我们在修行中追求慈悲与智慧的平衡。在日常生活中，我们可以通过修炼内在的智慧，超越相对的困扰，理解生命的真谛。与此同时，我们也应怀有慈悲心，将这种理解转化为实际行动。在这个过程中，我们或许能够体悟到智慧与慈悲的真正力量，使其在日常生活中得以充分发挥，为自己和他人创造更多的善缘。

后 记

九华山是中国佛教四大名山之一，地藏菩萨应化道场。《大乘大集地藏十轮经》中，如是阐扬地藏菩萨名号的深刻内涵："安忍不动犹如大地，静虑深密犹如秘藏"；"地狱未空誓不成佛，众生度尽方证菩提"。地藏菩萨的大愿大孝精神，对佛教中国化乃至中国社会皆有重大影响。

2021年是中国共产党百年华诞，百年征途波澜壮阔，百年初心历久弥坚。中华民族站在"两个一百年"的历史交汇点，踏上了全面建设社会主义现代化国家的新征程。为庆祝这一举国盛事，彰显安徽省佛教界爱党爱国爱教的优良传统，发掘地藏菩萨精神在建设社会主义现代化国家中的积极作用，推进新时代佛教中国化实践及其学术创新，弘扬中华优秀传统文化，2021年10月23-24日，在池州市委统战部民宗局、安徽省佛教协会的指导下，九华山佛教协会隆重举办"弘扬地藏精神，践行佛教中国化"——首届九华山地藏论坛。

首届九华山地藏论坛堪称群贤云集，盛况空前。中国佛教协会、全国政协原副主席黄孟复、多位海内外高僧大德纷纷发来贺信贺词；北京大学宗教文化研究院名誉院长楼宇烈教授欣然拾笔题词；安徽省委统战部副部长、省宗教局局长陆友勤先生，池州市委常委、常务副市长、市委统战部部长张杰华先生莅临现场发表重要讲话；百余名来自国内高校、研究机构、佛教院校的专家学者和代表人士济济一堂，围绕弘扬地藏精神，践行佛教中国化的价值导向、文化内涵、传承创新等丰富内容，展开了广泛而深入的学理研讨。与此同时，论坛还举办了两场高峰对话——"佛系与大愿：何为地藏真精神"和"烦恼与智慧：何为地藏正法门"；再加一场精彩纷呈的文艺晚会——"地藏法音：开启心地的宝藏"；并在开幕式上揭牌成立"九华山佛教中国化研究中心"。

首届九华山地藏论坛能够成功举办，离不开各界人士的鼎力扶持，"台前幕后英雄"众多：感谢中共池州市委统战部、安徽省佛教协会的精心指导，感谢政邦智库柳理先生、凤凰卫视李猛先生、许莉团队的倾心付出，感谢圣凯法师、余临院长、林琳博士、何俊峰先生、丁鹏先生等善知识的无私奉献，感谢如山法师、赵普先生、萨顶顶女士、马条先生、胡莎莎女士等一批艺术家带来的精彩演出……

摆在读者面前的这本《誓愿宏深：首届九华山地藏论坛文集》，为此次论坛的标志性成果，选自当时提交给组委会的近百篇论文。本书从策划、统稿，直到今日出版，历时近三年，实为不易。在此还要特别感谢：中国佛教文化研究所能仁法师自始至终的默默付出，成都蔡英居士的发心资助，中国艺术研究院黄海贝副研究员大量细致而烦琐的工作。

本书编辑中可能仍存在不足和疏忽，乞望各界海涵。我们将继续努力，持续办好"九华山论坛"，持续编好相关文集。

宗　学
癸卯岁末于九华山